ESQUISSE
D'UNE
CLASSIFICATION SYSTÉMATIQUE
DES
DOCTRINES PHILOSOPHIQUES

SAINT-DENIS. — IMPRIMERIE CH. LAMBERT, 17, RUE DE PARIS.

ESQUISSE

D'UNE

CLASSIFICATION SYSTÉMATIQUE

DES

DOCTRINES PHILOSOPHIQUES

PAR

CH. RENOUVIER

TOME PREMIER

PARIS

AU BUREAU DE LA CRITIQUE PHILOSOPHIQUE

54, RUE DE SEINE, 54

1885

ESQUISSE

D'UNE

CLASSIFICATION SYSTÉMATIQUE

DES

DOCTRINES PHILOSOPHIQUES

La philosophie, si l'on en croyait Hegel, serait un tout organique se développant suivant des lois nécessaires. Elle aurait un contenu réel, toujours le même, formé d'une seule et même vérité, qui seulement traverserait des phases diverses pour arriver à une expression définitive. Les systèmes ont la prétention de représenter l'idée entière de la philosophie, mais ils n'en seraient en ce cas que des parties ou des degrés, des moments, des déterminations soumises à une succession logique ; ils seraient nécessaires, chacun à la place qu'il occupe dans l'ensemble, et même aucun d'eux n'aurait vraiment péri ; car après avoir figuré en leur temps et à leur rang dans cette espèce de *découverte progressive de la pensée par elle-même*, qui est l'histoire de la philosophie, ils subsisteraient fixés à jamais dans la philosophie accomplie qui les absorbe et représente le résultat définitif de leurs productions et destructions mutuelles, semblable à une plante dont le fruit est à la fois la vie et la mort de tous les organes végétaux qui ont servi à le former. Ce *système absolu* ne pouvait être, on le comprend, que celui de l'auteur lui-même d'une telle exégèse de l'histoire des systèmes. Mais il a manqué au sien, pour se vérifier de la manière dont ses prétentions lui faisaient une loi, de pouvoir s'attribuer une place entièrement à part de tous les autres, et une situation de supériorité et de neutralité à l'égard des doctrines contraires entre elles ; au lieu qu'il se classe en compagnie de certaines d'entre elles et en opposition avec certaines autres, sur tous les points d'importance où il peut être consulté ; que son originalité est plus apparente que réelle sur ces mêmes points ; qu'il ne jouit enfin d'aucun privilège pour faire accepter, sous prétexte de conciliation et de synthèse, des assertions que les anciennes méthodes de démonstration n'ont pas réussi à soustraire aux divergences, à mettre au-dessus du débat.

Tout homme d'un jugement ordinaire qu'on mettra en présence du spectacle qu'offre l'histoire de la philosophie s'en formera d'emblée une idée singulièrement différente de ce que voudrait le sophisme de la philosophie hégélienne. Le point de vue où celle-ci prétend nous placer exigerait de deux choses l'une : ou qu'il fût possible de composer des synthèses de conceptions réellement contradictoires entre elles, de formuler des sortes de vérités compatibles avec le oui ou le non touchant les mêmes questions ; ou qu'il n'existât de contradictions réelles ni entre les doctrines les plus considérables qui se rencontrent dans l'histoire, ni entre telles ou telles de ces dernières, et la doctrine par laquelle on se propose de les unir en leur donnant satisfaction à toutes. Le premier moyen de sortir du dilemme convient à une philosophie qui nie le principe de contradiction, et il est naturel que le penseur qui n'est pas arrêté par ce principe, dans l'idée qu'il se forme des existences, ne le soit pas davantage dans l'explication qu'il donne des opinions ; mais précisément toutes les autres philosophies sont inconciliables avec la sienne sur ce chapitre. Elle peut bien les *absorber*, mais non de leur consentement ni autrement qu'en paroles. Le second moyen de sortir du dilemme est un démenti donné aux faits les plus éclatants.

Dès l'époque la plus ancienne où les hommes ont appliqué l'effort d'une réflexion personnelle à l'intelligence du monde, à la recherche des causes premières ou cachées, il s'est produit des vues absolument divergentes, des affirmations mutuellement contradictoires ; il s'est formé des écoles et des sectes dont les unes soutenaient ce que les autres contestaient, et *vice versa*.

De tout temps, depuis vingt-cinq siècles, en Occident, les plus grandes oppositions se sont maintenues entre les philosophes. Sans doute, la controverse et le progrès des connaissances positives ont pu éliminer certaines questions et supprimer certaines dissidences, mais la plupart et les plus graves de toutes n'ont fait que reculer ou se transporter ailleurs. Les variations de la terminologie, la diversité des rapports sous lesquels peut être envisagé chaque problème ont permis de donner une forme et des expressions nouvelles à des opinions en réalité anciennes et qui restent dans le même état de rivalité où elles ont toujours été avec d'autres opinions également considérables.

Enfin, quand on examine un certain nombre de propositions, parmi celles dont le sujet intéresse le plus l'humanité ou ses croyances, on voit aisément qu'elles sont susceptibles d'être mises en une forme où elles répondent les unes par oui et les autres par non à des questions posées catégoriquement. Et au fait, c'est bien ainsi que les philosophes se présentent les uns aux autres : occupés à se contredire, et ceux qui cherchent la conciliation, souvent suspects d'être mus en cela par des motifs d'ordre extérieur.

S'il faut renoncer à chercher, pour les doctrines philosophiques, un système de classification où elles puissent entrer toutes comme les moments d'un développement et les parties d'un tout organique, il est clair qu'on doit, au contraire, les décrire et les classer d'après leurs oppositions, et chercher d'abord ou la plus ancienne ou la plus importante de toutes ces oppositions, et s'en servir comme d'un premier principe de division. Un grand avantage de cette méthode, c'est que pour la mettre en œuvre on n'a pas besoin soi-même d'un système, comme quand on prétend opérer, en même temps qu'un classement, une synthèse et tout envelopper dans une explication universelle. Mais il est relativement facile de faire abstraction de son jugement propre sur le fond des choses, alors que la question n'est que de constater et de définir les divergences de la pensée à l'origine et dans le cours de la spéculation philosophique.

Maintenant, laquelle de ces oppositions durables, inconciliables en fait jusqu'ici, est-elle à préférer pour jeter la plus grande lumière sur la nature intime et profonde de la cause qui tient les philosophes ainsi divisés, et sur toute fin qu'on puisse attendre de leurs divisions ? La plus anciennement manifestée entre toutes, si elle s'est conservée jusqu'à nos jours dans toute sa force, doit avoir évidemment beaucoup d'importance ; mais celles qui se sont dégagées progressivement peuvent présenter encore plus d'intérêt, quand elles se rapportent à un usage plus avancé de la réflexion, et surtout de la réflexion dans le domaine moral. Enfin, la dernière venue peut offrir cet avantage de concerner la méthode même de la connaissance à la suite d'une investigation spéciale. C'est un fait frappant, à la fois très naturel et bien propre à nous étonner, puisqu'il s'agit ici des philosophes, des penseurs de profession, qu'une recherche, logiquement préalable à toutes celles qu'on peut entreprendre d'ailleurs, ait été la dernière qu'on s'est proposée pour objet dans la poursuite du savoir. La division qui en est née sera pour nous la plus instructive de toutes; c'est probablement du point de vue de celle-là qu'il nous sera donné de voir une lumière aussi vive qu'on la puisse souhaiter se répandre sur la raison d'être des autres.

PREMIÈRE PARTIE. — PREMIÈRE OPPOSITION.

LA CHOSE; L'IDÉE.

Il est facile en vérité de définir, autant que de constater comme durable et même permanente, dans le champ de la philosophie, la plus ancienne séparation, et de doctrine et de méthode, accomplie par la spéculation des Grecs; source de la nôtre. La question n'est pas ici d'établir, à la manière des historiens, des filières de philosophes, de discuter des dates, des rapports particuliers d'écoles, etc., etc. Nous cherchons à former des groupes par contrastes. Or, ils sont aussi saisissants, plus saisissants même dans la philosophie antésocratique, à ce moment de maximum de spontanéité de la pensée spéculative, qu'on ne les a retrouvés à aucune autre époque. C'est à ce point, que nous pourrions, en généralisant suffisamment, ne compter que deux principales écoles, là où l'analyse en distingue peut-être plus de diverses et d'originales qu'il n'en parut jamais dans la suite. D'une part, on s'attache avec une sorte d'absolutisme naïf à définir le principe de l'univers en se fiant à la vue objective et spontanée des choses, telles que la sensation les donne : tout le travail de la réflexion s'applique alors, en différentes manières très hardies, à expliquer à la production de la variété dans l'unité fondamentale dont on a fait choix de prime abord. D'une autre part, avec une naïveté non moins grande et qui nous paraît aujourd'hui plus extraordinaire encore, on laisse entièrement de côté les choses, *les substances*, bien plus, *les phénomènes* eux-mêmes, et l'on n'est frappé que de l'existence d'un principe abstrait qui en constitue la forme, l'essence et l'ordre, qui parfois même est regardé comme les réduisant à néant par la force d'opposition de sa propre unité; et ce principe, c'est la pensée pure qui le suggère. Là se marque donc pour la première fois, et avec toute la force qui appartient aux vues primesautières, la séparation profonde des doctrines qu'on nomme aujourd'hui *matérialistes* ou *idéalistes*; et de bien longtemps on ne verra s'établir entre elles ce passage dont l'analyse des sensations comme telles a révélé l'existence, mais qui ne favorise leur communication qu'en des points qui ne sont pas réellement leurs points caractéristiques.

Je suis obligé pour être clair d'expliquer, au moins sommairement, comment je conçois que des penseurs antésocratiques, d'ailleurs fort divergents, se classent d'un même côté de ce premier dualisme philosophique. Du côté matérialiste, je n'en reconnais pas moins de trois qui ouvrent des voies dans lesquelles ils trouveront des suivants, conscients ou inconscients, dans toute la suite du mouvement intellectuel; — et tout autant du côté idéaliste. Il s'agit des doctrines, non des individus, et les déterminations de détail, arbitraires et passagères, sont à négliger. Je ne compte donc que pour un, dans la première classe, l'idée émise d'abord par Thalès, reproduite par d'autres avec des variantes, et approfondie par le génie d'Héraclite : l'idée qui consiste à prendre un de ces *éléments* sensibles de l'univers, que l'on compta plus tard au nombre de *quatre*, mais dont on devait tarder si longtemps à imaginer ou la nature complexe ou les moyens scientifiques de réduction à l'unité (subjective ou objective), et de le considérer, pour l'explication des phénomènes, sous une double face, 1° comme étant le fond, la substance de tous les êtres qui en sortent et peuvent y rentrer, 2° et par une conséquence naturelle, comme susceptible d'autant de transformations que les choses de ce monde offrent de formes et de propriétés distinctes. *Substantialisme* et *transformisme*, avec désignation naïvement objective du sujet universel, telle est ici la pensée qui nous intéresse et qui, une fois dégagée, rejette, pour nous dans les accessoires, relativement insignifiants, tout ce qui concerne les modes d'exécution du plan. Ceux-ci sont subordonnés à la tournure d'imagination et à l'état d'infirmité des connaissances positives de chaque philosophe. J'irai plus loin et je remarquerai qu'il ne devrait y avoir aucune différence métaphysique, aux yeux de l'historien généralisateur, entre la conception moderne de *Force et Matière*, et la doctrine héraclitéenne (plus tard stoïcienne) du « feu toujours vivant, s'allumant et s'éteignant avec mesure ». En effet, songeons à la nature indéfinissable de la *force* en général et à son inséparabilité, qu'on professe, d'avec la *matière*; puis au caractère matériel de ce *feu* protée des anciens, dont le symbolisme, en tant que cause apte à tout produire par ses transformations, a le même sens et les mêmes emplois que le vocable plus abstrait des modernes, la *force* : la similitude est telle, et si profonde, qu'il n'y a place pour aucune distinction métaphysique entre les systèmes de substantialisme transformiste imaginés à l'origine et ceux qui sont aujourd'hui plus que jamais en vogue.

J'ouvrirai ici une parenthèse. Je désire remarquer que ces anciens penseurs, en général, n'entendaient nullement opposer leurs doctrines à une conception religieuse de l'univers, et que les religions de l'antiquité n'étaient pas telles non plus qu'elles les obligeassent à prendre à leur endroit une attitude négative. Aussi ne se déclara-t-il entre le matérialisme et la religion aucun antagonisme. Il était admis, sans qu'aucune croyance, aucun culte se crussent compromis par là, que la *nécessité* (on dit aujourd'hui les *lois du monde*, mais c'est le même sens) était antérieure aux dieux vivants, et que les dieux étaient *nés* comme tous les êtres. Les penseurs s'attachaient à la recherche des formes universelles de la nécessité et à la détermination de la substance dont les êtres sont sortis. Ils pouvaient donc compter parmi ces derniers, et c'est ce que communément ils faisaient, ces êtres invisibles et puissants, objets de l'adoration des mortels. Si le phénoménisme, au lieu du substantialisme, avait été la méthode suivie dans ce temps-là, le cas eût été entièrement analogue à celui que soumet aujourd'hui à notre attention la philosophie de M. Hodgson. On peut dire, je crois, sans faire tort à cet éminent philosophe, que la manière dont il définit les causes et le genre d'enchaînement des phénomènes le classe dans l'école *matérialiste*, au sens le plus technique du mot; mais comme il n'a point la prétention d'embrasser dans les phénomènes actuels et sensibles, dont il demande à la science les théories, d'embrasser, dis-je, tous les phénomènes réels ou possibles, mais qu'il admet au contraire l'existence d'un « monde invisible », quoique phénoménal encore et en relation avec le monde visible, il est clair que, s'il se met par là en opposition avec une théologie métaphysique dont nos religions modernes portent le faix incommode, ce n'est du moins pas avec ce qu'il y a de vraiment essentiel dans les croyances religieuses. Or, les anciens matérialistes se trouvaient dans un cas semblable, et nul *dogme* religieux n'était là pour les gêner. Le commun de ceux de notre temps, plein du « savoir obscur de la pédanterie », prétend nier tout ce dont la science ne peut connaître, ce qui lui donne vis-à-vis des croyances un caractère de brutalité et de sottise dont presque toute l'antiquité fut exempte.

Les deux autres formes capitales de matérialisme que je retrouve dans cette si intéressante époque de l'initiation à la philosophie différent essentiellement l'une de l'autre, mais sont toutes deux opposées à la première en ce que l'idée de multiplicité essentielle des données primitives y domine l'idée d'unité, et que, par suite, les effets des *séparations* et des *combinaisons* doivent s'y substituer à ceux des *transformations* pour produire les êtres et leurs propriétés. L'*unité* de l'élément-principe est alors remplacée par l'*infinité*, qui en tient lieu, sans doute, en guise de désignation de la somme totale, quoique indéterminée et inimaginable de ce qui est, mais qui par là aussi échappe elle-même au caractère d'unité. Ce n'est pas tout d'abord l'infini avec lequel nous ont familiarisés la métaphysique et la théologie soi-disant religieuses illégitimement incorporées au christianisme, et qui n'est qu'une face de l'Absolu manifesté par des propriétés contradictoires. C'est simplement le *sans bornes* des anciens, la quantité indéfinie, rien de plus, dont la possibilité d'existence *actuelle* en même temps qu'*indéfinie* n'a pas encore été mise en question. Or, à l'égard de ce qui forme une quantité de choses dans le monde, il y a deux points de vue tout à fait différents où l'on peut se placer. De là deux sortes de doctrines, mais d'importance bien inégale dans l'histoire de la philosophie et des sciences.

Si en effet on considère les qualités et propriétés des choses, et qu'on renonce à en demander l'explication à autant de transformations d'une chose première et unique, — exclusivement connue elle-même par des caractères qualitatifs, ce qui rend l'explication illusoire jusqu'à ce qu'on recoure à l'idée abstraite de force-matière, — il est naturel que, pour sortir d'embarras, on imagine autant d'éléments premiers qualitatifs et fondamentaux qu'il en faut pour apporter dans les choses variées et complexes toutes les qualités qui les distinguent; et il n'est pas non plus étonnant qu'on juge qu'il en faut une *infinité*. Voilà la conception d'Anaximandre, plus tard reprise et éclaircie dans celle des *homœoméries* d'Anaxagore.

Sous l'influence d'un esprit plus scientifique, une autre idée s'est présentée, une idée de génie : expliquer la qualité par la quantité. Dès qu'on admet une quantité de choses quelconques, à titre de primitives, on peut, au lieu de les constituer par des qualités propres, infiniment variées, les définir par des caractères identiques en toutes : ce seront les dimensions spatiales, la figure, le mouvement, le pouvoir de résister et de réagir dans le choc. De là, à la faveur des déplacements et des rencontres, dans l'espace vide, de ces corps supposés très petits et en nombre infini (comme précédemment les qualités), on tirera des effets de composition et de décomposition auxquels il ne restera plus qu'à rapporter les apparences sensibles, les qualités et leurs changements. C'est l'atomistique de Leucippe et de Démocrite.

Pour bien juger de la valeur de cette idée et de sa fortune, il faut distinguer entre son rôle philosophique et son rôle scientifique. Mais à laquelle de ces deux considérations qu'on s'attache, il importe pour l'étude qu'on poursuit ici de négliger un moment comme accessoires et relativement indifférentes les variations survenues dans le cours des spéculations métaphysiques et physiques, touchant la définition de l'atome matériel et du milieu où il se meut.

Le vide peut être remplacé par un plein d'étendue pure, indéfiniment divisible suivant toutes sortes de figures; et le mouvement des atomes dans le vide, par une circulation de parties en nombre indéfini dans des anneaux fermés, — ainsi que cela eut lieu dans la physique de Descartes; — les atomes peuvent être spécifiés cristallographiquement, comme plusieurs l'ont essayé; on peut en demander la détermination expérimentale à la chimie; on peut les traiter en points matériels ou molécules, par les procédés mathématiques de la mécanique rationnelle; et on peut enfin ajouter à l'ancienne conception du choc et à la recherche de ses lois, une autre sorte de lois (hypothétiques et peut-être bien un peu artificielles) portant sur des forces attractives et répulsives dont le siège serait dans les atomes : *simple manière d'exprimer les mouvements dont ils sont la cause les uns pour les autres selon leurs distances;* — tout cela, question du vide ou du milieu matériel continu, et question de la nature de la monade, pourvu que le concept en demeure toujours matériel, est évidemment d'une importance capitale pour les sciences, mais n'est point de notre sujet. Le tout pour nous est de savoir si l'idée de

Démocrite a gardé, parmi les écoles actuelles, une place au moins égale à celle que l'école Épicurienne lui a conquise dans l'antiquité. Or cette idée, convenablement généralisée consiste : 1° dans la réalisation, en des concrets réels, des qualités objectives d'étendue, figure et mouvement; 2° dans un système de réduction de toutes les qualités possibles et de tous les phénomènes, y compris ceux de l'entendement, de l'émotion et de la volonté, aux phénomènes du mouvement de ces êtres élémentaires dont la donnée formerait la substance unique, et dont les combinaisons seraient exclusivement les causes de tout ce qui se produit dans le monde. Il me paraît incontestable que cette idée a conservé, en face des écoles opposées, autant de force, par le fait, qu'on ait pu lui en reconnaître à aucune autre époque.

Cela posé, je reviens à ma distinction qui, toutefois, n'est ici qu'une parenthèse, entre la valeur de cette idée pour la science et ses prétentions en philosophie. Sa valeur pour la science est considérable, et tient à ce que l'objet de la physique générale est la solution du problème posé par Démocrite, Épicure et Descartes, mais en tant seulement que ce problème est réduit, comme il l'a été dans l'esprit de ce dernier, à la recherche des rapports empiriques entre les phénomènes objectifs de figure et de mouvement et les phénomènes de toutes les autres espèces. La science sort de ses limites, je veux dire renonce à sa propre méthode et perd son autorité, quand elle veut passer, de l'établissement des faits positifs et des lois des phénomènes à la spéculation sur les essences, les causes et les origines premières. Quant aux prétentions en philosophie, elles ne peuvent que prendre une place parmi les systèmes entre lesquels se partagent les penseurs; mais on ne saurait la leur refuser.

J'arrive à l'autre forme du matérialisme pluralitaire. Il s'agit encore cette fois d'une infinité d'éléments formant une infinité de mondes et constituant tous les êtres déterminés, mais alors grâce à la *séparation* de principes *divers*, d'abord mêlés et confondus, dont chacun peut correspondre à la nature de chaque chose particulière, et non plus grâce à des *combinaisons* variées de principes *identiques*. Le mouvement de la génération universelle dans le système de Démocrite, — système beaucoup plus savant, né postérieurement à l'école mathématique des pythagoriciens, — est le même au fond que le mouvement de la destruction, toutes choses pouvant naître, durer, périr, selon les chances des rencontres. La genèse d'Anaximandre est, au contraire, le débrouillement progressif d'un chaos de qualités sensibles et vitales, si l'on peut s'exprimer ainsi (1). Ce que l'idée a d'un peu enfantin est racheté, comme on le verra plus loin, par l'hypothèse d'une évolution de la nature, à laquelle l'atomisme ne se prête pas si facilement.

Le démêlement des qualités qui, tirées d'une masse aux diversités infinies, doivent produire l'individuel et l'organisé est une doctrine qui appartient au matérialisme en ce que les éléments y sont définis par des formes sensibles objectives que le philosophe substantialise. Ce point de vue est trop naïf et trop simple pour qu'on doive s'attendre à en retrouver les traits essentiels reproduits, comme ceux de l'atomisme, dans les périodes ultérieures de la spéculation jusqu'à nos jours. Il subit une révolution, quoiqu'en se présentant encore avec son concept original, et, pour nous, le plus bizarrement formulé qu'il se puisse, dans les « homœoméries », quand Anaxagore émet, le premier à ce qu'il semble, cette idée, que les choses « infinies en nombre et en petitesse » qui sont à l'état mêlé et sensiblement indistinct, dans la masse de la primitive multitude, réclament l'existence d'une intelligence pure qui les distingue, les sépare et les ordonne, commence le mouvement et produise, par une nécessité de développement qui tient à la préméditation, ce monde dont la nécessité aveugle, un pur nom, disait-il, ne peut nous rendre compte, non plus que le hasard, qui n'est que notre ignorance des causes. Au demeurant, la méthode d'Anaxagore est un empirisme sensationiste, et il paraît que ce philosophe, dans le détail de son système, cherchait partout des explications matérielles et ne recourait au νοῦς que rarement et faute de trouver

---

(1) L'interprétation que j'adopte est celle de Ritter, qui me paraît à la fois claire et la seule immédiatement adaptable aux renseignements les plus autorisés. L'interprétation différente de Zeller est, au contraire, assez obscure, soit en elle-même, soit dans la façon d'expliquer les principaux textes anciens. Seulement Ritter a commis la faute de classer Anaximandre et Anaxagore, et même les éléates, à certains égards, parmi les philosophes sectateurs de la « physique mécanique », en opposition avec ceux de la « physique dynamique ». Plus tard, la vraie place des atomistes étant ainsi manquée, il exposera les vues de Leucippe et de Démocrite, dans le chapitre des sophistes! Erreur énorme, inexcusable; car ce qui constitue le *mécanisme*, c'est l'explication des choses, c'est-à-dire de leurs qualités quelconques, à l'aide d'une simple composition d'éléments exclusivement définis par le nombre, l'étendue, la figure, le mouvement et les modes de communication du mouvement. C'est une différence capitale d'avec les philosophes qui n'excluent pas de l'essence de la matière la multitude des autres propriétés, mais qui l'y renferment à l'état chaotique et expliquent par leur séparation et leur coordination graduelle la génération du monde.

autre chose. C'est le reproche que Platon et Aristote lui ont adressé.

Les formes ou causes formelles d'Aristote, les formes substantielles de la scolastique, et même les monades de Leibniz (car ce dernier ne répugnait pas au rapprochement) pourraient, en dépit du caractère plus intellectuel des conceptions, et si l'on considérait simplement la réalité *subjective* et la multiplicité irréductible de ces sortes d'essences, être regardées comme des progrès accomplis dans les vues d'Anaximandre et d'Anaxagore. Le principal changement qui s'est marqué dans les tendances, a tenu au remplacement méthodique des atomes qualitatifs très confus de ces philosophes, d'abord par des qualités objectives moins mal définies que les leurs et moins exclusivement sensibles, et finalement par des « atomes de substance » (le mot est de Leibniz) capables de s'organiser sous le gouvernement de certains d'entre eux. Toutefois l'analogie, aussi bien que la filiation historique des systèmes, établit ici un rapprochement plus intime avec l'école idéaliste de l'antiquité qu'avec l'école matérialiste. Le rapport à retenir porte donc principalement sur le trait commun de substantialisme, mais ne laisse pas d'avoir une grande importance, attendu que la notion de substance, matérialiste en son origine, n'a jamais reçu ce qu'on lui prête de clarté que de la perception ou de l'imagination des *corps*, quoi qu'on en dise. Si cependant nous voulons trouver le véritable équivalent actuel de la doctrine dont nous tâchons de caractériser les plus anciennes manifestations, c'est à une certaine conception atomistique courante qu'il faut nous adresser. Il existe en dehors de tout système philosophique fortement formulé, et en dehors des hypothèses radicales de physique mathématique dont la tractation offre, dans l'état actuel de l'analyse, des difficultés insurmontables, il existe une conception vague de l'univers comme constitué par un nombre infini (ou indéfini) d'éléments *subjectifs* (1), essences distinctes et séparables qui seraient douées de propriétés spécifiques, on ne sait bien lesquelles, mais en tous cas de cet ordre sensible où l'on fait entrer confusément du méca-

---

(1) Éléments *subjectifs*, réalité *subjective*, ainsi que je m'exprimais plus haut, je veux dire par là *de la nature d'un sujet*, indépendamment de nos représentations, de nos phénomènes propres de conscience. C'est l'inverse du sens qu'il est aujourd'hui d'usage de donner au mot. Je me conforme moi-même ordinairement à cet usage dans mes articles de la *Critique philosophique*. Toutefois, comme il s'agit ici d'un travail important de théorie, j'emploie les termes dans le sens que j'estime de beaucoup le meilleur. J'entendrai donc toujours par *objectif* ce qu'on se représente *à titre d'objet*, et par *subjectif* ce qu'on suppose appartenir à un *sujet donné*. (Voyez pour éclaircissement, *Essais de Critique générale*, Premier Essai, p. 16-22.)

nisme, des affinités, des actions vitales inférieures, et qui engagées, par la vertu de ces propriétés, en des états de composition divers, forment tous les êtres de la nature. On ne niera pas qu'une telle explication du monde ne soit très répandue parmi les savants et les ignorants.

Nous pouvons donc sur ce point comme sur d'autres, en élaguant les déterminations accessoires et passant par-dessus les différences d'expressions et de langage, faire les deux bouts de la spéculation se rejoindre dans une vue commune à travers toutes les révolutions de la philosophie.

Remontons maintenant aux débuts de l'école opposée, de l'école idéaliste. Je dois remarquer, et j'aurais peut-être dû le faire au commencement de cette étude, que je n'emploie le terme d'*idéalisme* que faute de disposer d'un meilleur terme, celui de *spiritualisme* étant plus mal indiqué encore, pour d'autres raisons, à cause des doctrines qu'il rappelle. Le premier de ces mots est d'une acception sujette à varier, donne lieu à des malentendus et soulève des préjugés légitimes. Il faut donc bien le définir ici. Je désignerai constamment comme idéalistes les philosophes qui définissent les éléments ou principes des choses par des caractères donnés exclusivement en des phénomènes de conscience et d'entendement, alors même que ces philosophes leur prêteraient la plus forte existence *subjective*. Je les oppose à ceux qui déterminent l'existence par des caractères qui, sans doute, — on l'a de mieux en mieux reconnu — apparaissent essentiellement, eux aussi, dans la conscience, mais qui *s'objectivent* (1) le plus fortement de tous à titre de *sensibles*, et, par là nous sollicitent à leur rapporter tous les autres quant à l'essence ou à l'origine (2).

Ceci posé, je suis frappé de l'énergie spéculative avec laquelle s'est affirmé l'idéalisme dans les hautes écoles de l'antiquité. Ne doit-il pas sembler étonnant, surtout quand on songe aux habitudes d'esprit qui se sont établies depuis, qu'en regard des philosophes matérialistes dont nous venons de voir en aperçu le subjectivisme naïf, il en ait apparu d'autres,

---

(1) Voyez, pour l'emploi que je fais des mots *subjectif* et *objectif*, la note ci-dessus.
(2) Il résulte de mes définitions de mots que les philosophes empiriques purs et sensationistes, qui réduisent l'existence aux phénomènes sensibles, quoique le caractère interne de ces phénomènes ne leur ait point échappé, ne seraient pas simplement, sans distinction, à classer comme *idéalistes*. On entend bien pourtant que je ne conteste à personne le droit de servir des désignations reçues. J'use seulement du mien pour poser des définitions nominales qui me sont utiles.

leurs contemporains, qui ont assigné pour principes de l'existence les idées les plus inséparables de la conscience la plus réfléchie, et même les plus abstraites de toutes? Cependant, ce n'est là qu'un effet du génie auquel s'ouvrent des voies libres et contraires, et qui s'élance, dans celle qui obtient sa préférence, avec l'ardeur, la témérité d'une pensée dont personne encore n'a signalé les écueils. Il ne se trouve pas moins, dans la suite, que le génie a eu raison devant l'expérience, et que *mutatis mutandis*, abandonnant ce qu'il faut abandonner, il a posé des principes qui ne manqueront plus jamais de défenseurs.

Pythagore et ses disciples ont été assez hardis, ayant découvert d'importantes lois numériques liées à l'ordre abstrait de l'étendue et de la figure, puis généralisé l'existence des rapports exacts de *quantité* dans toutes les choses dont les *qualités* ont été menées à perfection et réglées harmoniquement, telles que les sons produits par des cordes vibrantes, ont été, dis-je, assez hardis pour affirmer que le Nombre est l'essence même des choses déterminées, la propre substance dont elles sont faites et dont elles sont inséparables. Toutefois cette subjectivation du nombre ne peut évidemment pas se prendre en ce sens que le nombre serait la *matière* en même temps que la *forme* du sujet (1). Ou du moins il en sera, si l'on veut la matière, c'est-à-dire l'élément constitutif, mais seulement à l'égard de ce qu'il y a en lui d'ordonné, et qui fait de lui une chose connaissable, définissable. Grâce au nombre, les sujets particuliers sont *finis*, et le monde qui les comprend tous est un *cosmos*, tandis que, sans le nombre, les choses sont *infinies*, sans limite et sans règle, inconnaissables. A l'infini correspondaient, dans le dualisme pythagoricien, la multiplicité sans terme, le désordre, l'obscurité; au fini, c'est-à-dire au nombre, l'unité, l'harmonie et la lumière.

Le point caractéristique à noter pour nous, en opposition avec l'école matérialiste, c'est le grand parti pris de cette méthode de chercher la connaissance dans une application de l'esprit au côté intellectuel des choses. Sans doute, le procédé de subjectivation naïve est commun des deux parts,

---

(1) C'est, dit Zeller, après une discussion approfondie des textes, « c'est l'un de caractères essentiels du pythagorisme de n'établir encore aucune différence entre la forme et la matière, de chercher immédiatement l'essence et la substance des choses dans les nombres, où nous ne pouvons voir quant à nous que l'expression de leurs rapports » (*La philosophie des Grecs*, traduction de M. Boutroux, t. I; p. 332-338). Il faut retenir cette conclusion, sauf en ce qui touche l'identité de la forme et de la matière, incompatible avec le dualisme pythagoricien.

mais le contraste n'en ressort peut être que plus saisissant entre des penseurs qui définissent la nature du sujet par des idées empruntées à la perception sensible, et d'autres qui ne l'estiment intelligible et même réel, d'une réalité ordonnée, qu'à la condition de l'envisager comme soumis à de certains concepts de l'entendement. Franchissons tout d'un coup vingt et quelques siècles de réflexion sur les principes de la connaissance, n'est-ce pas exactement le même genre de divergence que nous trouvons entre un Descartes ou un Leibniz, qui fondent leurs conceptions de l'univers sur des notions propres et essentielles de l'esprit, et un Gassendi, un Locke, un Condillac, aux yeux desquels l'intelligence elle-même est un produit dérivé des sensations? — puis entre Hume et ses disciples empiristes, jusqu'à nos jours, tous également voués, avec autant d'ardeur et une conscience plus claire que jamais de leur but, à la tâche d'expliquer les idées les concepts et les lois par des phénomènes antécédents où les idées, les concepts et les lois ne seraient encore entrés pour rien, et Kant et le criticisme, soutenant que ces phénomènes ne sont eux-mêmes intelligibles, ne sont eux-mêmes possibles, qu'autant qu'assemblés en des concepts, c'est-à-dire réglés et ordonnés par des lois d'entendement? Cette dernière assertion diffère-t-elle beaucoup de celle des pythagoriciens?

Elle en diffère en deux points : premièrement en ce que les pythagoriciens ont borné à la contemplation du nombre et des lois numériques leur étude des concepts à l'aide desquels on obtient l'intelligence du cosmos. Il est à peine besoin d'ajouter que le génie d'un Pythagore ou d'un Philolaos n'ont pu défendre ces philosophes contre l'inconvénient de l'expérience insuffisante, ou les préserver, dans l'établissement de leur système des nombres, de l'abus des symboles, auxquels tant d'autres qu'eux et de tout temps ont recouru pour suppléer les connaissances absentes. Secondement, les pythagoriciens, comme je l'ai dit, ont imaginé une réalité subjective des nombres, en toutes les choses du monde, pour en constituer la forme, ou caractère fini et harmonique, au lieu que l'idéalisme moderne se refuse à séparer l'idée quelle qu'elle soit, *comme sujet*, d'avec l'idée *comme objet*, c'est-à-dire comme représentation de conscience, à laquelle seule sont inhérentes les lois qui rendent les perceptions elles-mêmes possibles. Ce sont là des différences importantes, et on me permettra de dire aussi de grands progrès accomplis dans la méthode ; mais il n'est pas moins vrai que le principe essentiel est demeuré le même ;

la divergence, à l'égard d'une autre école, la même, et tout aussi radicale, en se définissant plus clairement.

Revenant sur l'intervalle que notre comparaison a franchi, nous trouvons en premier lieu les *idées* de Platon, système qui est une généralisation du système pythagoricien, savoir une extension de la manière dont les pythagoriciens avaient traité le concept de nombre, aux autres concepts divers qu'il est possible de regarder comme les causes formelles des choses sensibles, comme les principes de toutes les qualités des choses qui sont susceptibles de se définir pour l'intelligence. On a voulu introduire ici une distinction entre les méthodes, fondée sur ce fait, que Platon aurait attribué aux *idées* une existence réelle, séparée des choses, au lieu que l'école pythagoricienne rapportait les *nombres* aux choses comme étant leur essence même. Mais le fait est mal vu, parce qu'on s'attache aux mots, sans songer que les pythagoriciens avaient, en leur dualisme du fini et de l'infini, l'exact équivalent de la séparation platonicienne entre l'idée pure et la matière des choses constituées à l' « imitation de l'idée ». J'ai remarqué plus haut que l'identité du nombre et de l'essence de la chose ne devait s'appliquer qu'à l'essence proprement dite, à cela qui établit le caractère fini ou harmonique, et non à la matière infinie du sujet. Aussi les pythagoriciens postérieurs à la plus ancienne école n'ont-ils trouvé aucune difficulté à user du nouveau langage et à dire que les choses sont « à l'imitation du nombre ». D'un autre côté, Platon, dans sa cosmogonie, se sert des nombres pythagoriques, et les platoniciens de l'Ancienne Académie sont des pythagoriciens. L'étroite parenté des méthodes est ainsi confirmée.

Après les *idées* de Platon, viennent les *formes*, ou *causes formelles*, qu'Aristote emploie pour constituer les essences des choses, et auxquelles il joint la *cause matérielle*, où les formes contraires subsistent en puissance, et le principe de *privation*, nécessaire, suivant lui, pour poser une forme à l'exclusion d'une autre, et enfin la *cause finale*, raison et règle des évolutions dont la *cause efficiente* est le moteur. Par ce système de notions abstraites, incontestable application de ce que j'appelle la méthode idéaliste, Aristote a entendu, comme il le dit lui-même, réunir tous les principes auxquels ses divers prédécesseurs n'avaient donné satisfaction que partiellement. Bornons-nous à considérer la cause matérielle et la cause formelle, les seules qui concernent cette première partie de notre étude. Dans l'une, qui est dite aussi le *sujet* indéterminé, la *substance* commune des choses, il est aisé de reconnaître l'*infini* des pythagoriciens et la *matière* de Platon, puisqu'il s'y agit de quelque chose qui n'a de soi ni qualité ni forme. Dans l'autre, on retrouverait également les idées pures de Platon, si ce n'était qu'Aristote introduit une distinction de la plus haute importance entre les produits de la cause formelle. Les uns sont des « essences premières », qui ne peuvent être énoncées comme attributs d'aucune autre chose, et ne servent jamais elles-mêmes que de sujets pour l'affirmation ou la négation : ce sont les individus. Les autres sont des espèces et des genres, des attributs universels qui supposent la réalité et ne la possèdent pas par eux-mêmes. Mais les déclarations d'Aristote à cet égard, encore que nettes, n'empêchent pas que sa théorie des causes, sa physique et sa métaphysique ne rappellent la méthode des philosophes qui subjectivent l'universel et les lois de l'univers. Aussi le *réalisme*, c'est-à-dire cette méthode même, en tant qu'appliquée surtout à la question des rapports entre l'individu, ou chose concrète quelconque, d'une part, les propriétés spécifiques et les genres, de l'autre, le réalisme a lutté, et victorieusement le plus souvent, contre le *nominalisme*, durant la période de la philosophie où l'autorité d'Aristote était dominante.

On ne peut pas dire que le réalisme ait disparu aujourd'hui. S'est-il seulement beaucoup affaibli? On pourrait en douter. Il se couvre de différents noms; mais tous les philosophes qui n'admettent pas des consciences à l'origine et au fondement de l'univers, en d'autres termes, des représentations, pour produire, assembler, régler n'importe ce qu'il existe de phénomènes; tous ceux qui posent des lois comme principe de la Genèse du monde, sans les rapporter à quelque chose de la nature de l'intelligence, et qui, par conséquent, sont obligés ou de leur prêter une existence, une réalité propre, ou de les insérer dans des sujets fictifs, dans des matières dont les propriétés, en ce cas, n'expriment rien de plus que les idées générales de ceux qui les imaginent, tous ceux-là ne sont-ils pas vraiment des réalistes? Leurs origines spéculatives se trouvent en partie dans la méthode idéaliste, à leur insu; ils ne retournent au matérialisme que par la manière dont ils prétendent établir un support des lois qui, au fond, ne sont jamais que leurs propres idées réalisées, fixées sur ce support. A plus forte raison sont-ce des réalistes, les philosophes qui admettent des intelligences en principe, ou des âmes, mais qui conçoivent ces essences pures comme des supports de phénomènes, et qui y joignent, si ce n'est toujours des idées en soi, venues du dehors pour les informer, au moins d'autres notions générales accessoires, réalisées sous le nom de facultés, pour servir à la définition de leurs opérations. Le substantialisme n'est après tout que la principale des applications de la méthode réaliste ; c'est celle qui porte sur la notion générale du rapport d'un attribut à son sujet déterminé, c'est-à-dire d'une qualité, ou propriété, à l'ensemble des phénomènes qui composent ce sujet et dont l'entendement la détache. Seule, la doctrine phénoméniste peut exclure tout réalisme en bannissant et la substance et les fictions du genre de la substance, et néanmoins rester idéaliste en refusant d'envisager des phénomènes à part des lois qui les assemblent, les ordonnent, et qui sont toutes des fonctions de la conscience, ou du moins inintelligibles pour nous à tout autre point de vue.

La seconde des deux directions prises par la philosophie au temps de l'influence prédominante de l'aristotélisme (et brièvement indiquées, en ce qui concerne le rapport de l'universel au particulier, dans la phrase célèbre de Porphyre) (1) est très bien définie par le nominalisme, doctrine qui, ne voulant reconnaître les idées générales, relativement à l'être, que pour des *mots*, ne rejette pas simplement les essences intelligibles des réalistes, mais bannit les lois propres de l'entendement, et par là s'oblige à recourir à des hypothèses d'un genre tout physique pour expliquer ce qui dans la nature dépasse les individus, les relie entre eux et les régit. Le nominalisme, longtemps oublié depuis l'époque des premiers péripatéticiens, des épicuriens, des stoïciens, qui l'adoptèrent en grande partie, reparut au moyen âge ; et il aurait certainement produit dès lors, si la liberté lui en avait été laissée, des systèmes réputés matérialistes et athéistes, comme le fut dans l'antiquité celui de l'aristotélicien énergiquement nominaliste, Straton de Lampsaque. Telle qu'elle put se montrer, cette doctrine prépara l'empirisme moderne et, finalement, le phénoménisme, sous sa forme empirique : service considérable rendu à la philosophie pour le développement des méthodes. Son esprit règne maintenant sur toute cette importante école qui nie la nécessité des lois intellectuelles *a priori* pour l'explication des phénomènes. C'est donc encore un point de vue qui s'est conservé et qui s'accuse, en opposition avec d'autres, aussi fortement que jamais, quoique on n'ait pas toujours la claire conscience du point extrême où il peut être porté.

(1) Voyez V. Cousin, Introduction aux *Ouvrages inédits d'Abélard* (1837), p. LX.

La philosophie moderne, en son cycle d'apriorisme, de Descartes à Kant, fut probablement redevable à l'action antérieure du nominalisme de son renoncement franc et résolu au réalisme platonicien et aux formes ou qualités en soi du moyen âge. Descartes ne conserva de *substances* que pour la pensée (comprenant toutes les formes de l'intellect, de la passion et de la volonté) et pour l'étendue ; encore même celle-ci fut-elle abandonnée par Leibniz, et à peu de chose près par Malebranche, en attendant que l'autre reçût de terribles atteintes de la part de l'école rivale. Quant aux « idées innées », quelque interprétation que se soient plu à en donner des adversaires, on peut dire aujourd'hui, je crois, qu'elles ne diffèrent pas essentiellement des concepts et des formes de la sensibilité, que Kant a regardées comme nécessaires pour la constitution même des perceptions dans la sphère de l'expérience. Ce dernier philosophe a gardé la substance sous le nom de *noumène*, mais en refusant de la qualifier d'une façon quelconque, ce qui équivaudrait à l'abandonner, s'il ne prétendait pas s'en servir néanmoins pour une solution générale des antinomies de la raison ». Or, le noumène, les antinomies et la solution des antinomies n'ont pu, malgré l'effort de Kant, que prendre une place au nombre des systèmes métaphysiques qui varient sans cesse et se combattent les uns les autres. Les antinomies s'offraient comme le tableau en abrégé du commun naufrage du dogmatisme, avec indication d'un port de salut, si l'on trouvait moyen de les résoudre. Par malheur, elles ne constituent elles-mêmes qu'une doctrine contestée, et la valeur qu'elles conservent est celle d'une ébauche des principales contradictions établies entre les philosophes, et non point du tout de celles qui seraient inhérentes à la raison, *c'est-à-dire à ce qu'il devrait en ce cas leur être donné de s'accorder à nommer la raison*. A les considérer sous ce point de vue historique, on peut hardiment y joindre l'opposition des méthodes, dont je m'occupe en ce moment, et dont on se formera l'idée la mieux éclaircie en comparant les deux genres d'analyse de Hume et de Kant pour l'étude de l'entendement, et constatant la dissidence finale entre les philosophes qui cherchent dans les phénomènes eux-mêmes, pris en quelque sorte individuellement, la génération des lois des phénomènes, et ceux qui estiment ces lois indispensables à l'intelligence des phénomènes, ou, à vrai dire, à leur existence même.

Je me suis un peu étendu sur cette première section des applications de la méthode idéaliste. Des aperçus plus brefs suffiront pour les deux autres. La spéculation sur les idées, au lieu de se porter sur les nombres, comme éléments de l'harmonie et de la définition réelle des choses, puis sur d'autres rapports généraux et des qualités exemplaires, ou propriétés spécifiques, informant une sorte de matière abstraite et neutre, peut s'élever d'emblée au genre *generalissime* et gagner ce comble de l'abstraction métaphysique qu'on aurait tort de croire réservé à un état plus avancé et plus complexe de culture intellectuelle. Ces idées de l'être pur ou absolu, ou de l'Un, qui ont tenu et qui tiennent toujours une si grande place parmi les systèmes, remontent, elles aussi, aux origines de la philosophie des Grecs et manifestent tout d'abord une énergie qui ne sera jamais dépassée, qui ne sera pas même égalée pour la franche négation de la réalité des choses relatives, ou des phénomènes. Le vieux Xénophane, adversaire déclaré des divinités populaires et des fictions mythologiques, « embrasse du regard l'étendue du ciel et dit que l'Un est Dieu. » Les pythagoriciens aussi disaient que « l'unité est Dieu »; mais l'accord de l'unité pure avec l'unité constitutive des nombres est resté un point des plus obscurs de leur doctrine. Il n'en est pas ainsi de l'Un de Xénophane. Cet un est comme une « sphère impassible » qu'on ne peut qualifier ni de limitée, ni d'illimitée, ni dire en repos, ni dire en mouvement, mais qui ne laisse pas d'exclure toute multiplicité et tout changement, et d'être une pensée pure et universelle. C'est le commencement des doctrines systématiquement contradictoires en soi dont l'attrait a été grand pour les métaphysiciens de tous les temps. Xénophane joignait à la sienne une théorie physique des apparences, mais seulement comme telles (on peut au moins le supposer), et sans prétention à la réalité. Son disciple, Parménide, apporte à cette doctrine des preuves dialectiques : *l'être est*, le *non être n'est pas*; de cette simple vérité (qui n'est autre que la contemplation exclusive de l'idée abstraite d'*être*) il ressort pour lui que l'être est un, universel, immobile, continu, sans parties, sans commencement, ni développement ni fin, entier, fini ou accompli, et nécessaire. Enfin, l'être est la même chose que la pensée, identique elle-même avec l'objet de la pensée; car l'être et la pensée s'impliquent mutuellement, et en dehors de l'être il n'y a rien, puisque le non être n'est pas. Après cela, vient, comme chez Xénophane, une théorie des phénomènes, mais que son auteur, cette fois, traite lui-même d'illusoire en la totalité de son objet, et bonne seulement pour compatir à la faiblesse des mortels, qui croient à l'être du non être, à la naissance et à la mort, au changement et au mouvement, et à tout ce que leur apporte le continuel mirage de leurs sensations.

On sait de quel intérêt ont été, durant tout le cours des disputes philosophiques, les fameux arguments de Zénon d'Élée, disciple de Parménide, contre la réalité du mouvement, en d'autres termes, les analyses dialectiques des idées d'unité et de continuité, de multiplicité et de composition, envisagées dans l'étendue et le mouvement. Cet intérêt, selon moi, n'est nullement diminué aujourd'hui. Je ne puis m'arrêter encore à dire pourquoi il ne l'est point; je constate un fait seulement : c'est que la valeur de ces arguments et la vraie conclusion qu'on en peut tirer sont encore à présent un sujet de controverses.

Indiquons maintenant par des traits rapides la présence de la conception éléatique dans toute la suite des hautes spéculations, depuis le vi^e siècle avant notre ère, où remonte son origine. Platon, au-dessus de sa doctrine anthropomorphique de la création, dans le *Timée*, a sa théorie des idées, fortement influencée par l'éléatisme, dans laquelle il admet au sommet, sous le nom de *Bien*, un principe dont tout ce qui est intelligible et tout ce qui possède l'être tire son essence et son être; et ce principe est, dit-il, « au-dessus de l'essence ». C'est donc bien l'Un et l'Être pur des éléates, à cela près que Platon y veut rattacher un monde intelligible et, par l'intermédiaire de ce dernier, les existences phénoménales qui en sont les *ombres*, au lieu que les éléates traitaient encore plus sévèrement les phénomènes. Mais y a-t-il une différence logique appréciable entre la relation obscure du monde physique de Platon avec un absolu duquel il bannit tout rapport intelligible, et la relation, niée dans l'éléatisme, entre cet absolu et les apparences qui en sont en effet la contradiction. C'est cependant là le commencement des systèmes d'émanation qui, depuis les platoniciens jusqu'à Hegel, ont essayé de faire comprendre le monde comme la descente des êtres d'une source qui est à la fois tout l'être, et plus même que l'être, et toutefois le non être aussi, vu son indétermination absolue.

Aristote échappa aux doctrines de cette sorte par une vue de génie, lorsque, laissant aux phénomènes et aux lois de l'univers, aux êtres finis et déterminés qui le composent, la vraie et pleine réalité, il n'attribua au souverain principe qu'une action de cause finale, qui n'est pas une action proprement dite, du côté de ce principe, mais seulement du côté des existences phénoménales dont ce principe motive les tendances, ce qui permet de lui refuser à lui-même toutes modifications et le mouvement. Il n'est pas moins vrai qu'Aristote subit à sa manière l'influence de la spéculation à outrance sur les idées abstraites. Nulle idée ne le cède en abstraction à celle de la *pensée de la pensée pure*, sans détermination, qui est le point culminant de sa métaphysique. Nous devons reconnaître encore là, sans la moindre difficulté, la *sphère* absolue, l'être identique au penser, de Parménide. Le « premier moteur immobile » d'Aristote se posa dès ce moment, parallèlement au « Bien supérieur à l'essence » de Platon, comme le principe ultime de la théologie, tantôt avec l'idée contradictoire d'émanation, tantôt avec l'idée contradictoire de création. C'est ainsi que l'éléatisme se fit sa part; et, on ne peut certainement pas dire qu'il l'ait perdue, car si la théologie métaphysique a de nombreux adversaires très écoutés, — elle en eut toujours quand ils purent parler librement, — elle ne manque pas non plus de puissants défenseurs, ni d'imitateurs conscients ou inconscients. Chez ces derniers, de tous les éléments dont se forme la foi en Dieu, celui qui paraît faire assez ordinairement défaut, ce n'est pas l'idée de l'Absolu.

On peut, ce me semble, distinguer quatre modes d'emploi de cette idée dans les doctrines, et tous les quatre ont largement prouvé leur puissance. Ce sont : 1° le mode alexandrin ou néoplatonicien. Plotin et ses disciples conçoivent trois *hypostases* : l'Un pur, l'Intelligence, l'Ame du monde (le dieu de Platon, le dieu d'Aristote et le dieu des stoïciens, ainsi échelonnés). Puis, à l'âme commune se rattache la multitude des âmes, sans qu'aucun des principes souffre diminution ou changement par l'effet de l'émanation de son inférieur, lequel cependant n'existe qu'en lui et que par lui. La théorie de la *descente* et du *retour* des âmes a été et reste un trait caractéristique de cette doctrine, partout où elle a trouvé des partisans.

2° La théologie liée historiquement au christianisme. Dans ce système, l'unité et l'immutabilité divines sont posées, par une autre sorte de contradiction, en regard du monde dont Dieu est cependant le créateur et le conservateur, unique agent efficace de tout ce qui s'y produit de réel. Le temps, l'espace et les choses finies ont leur principe dans une unité qui n'admet ni succession, ni étendue, ni changement.

3° Les systèmes tels que ceux de Bruno et de Spinoza. Dans ceux-ci, on rapporte au monde lui-même les attributs divins, en continuant d'opposer aux phénomènes les idées d'unité et de totalité, d'universalité abstraite ou substantialité unique, et d'infinité actuelle enveloppant tout le possible au même titre que le réel. C'est dans cet Un que les phénomènes doivent tous plonger, sans préjudice du développement qui leur est essentiel, qui même les constitue, et qui n'a ni commencement ni terme.

4° Enfin le système plus récent de l'hégélianisme. Ce qui le distingue le plus des précédents, à n'en considérer que les grandes lignes, c'est qu'il se donne pour une théorie du devenir universel, plutôt que de la substance, au fond immuable, des anciennes doctrines. Il ne laisse pas de se rattacher à ces dernières, et en somme à l'éléatisme, beaucoup plus qu'au vieil Héraclite que Hegel a tant vanté. En effet, il y a d'abord le point primordial, d'où Hegel est parti à la suite de Schelling : *l'identité absolue* du subjectif et de l'objectif, et *l'indifférence du différent*, constitutive de la nature de Dieu (le *Sphairos* de Parménide), principe équivoque d'être et de non être d'où il il faut, à l'exemple des néoplatoniciens, faire descendre le tout dont rien n'y est contenu. Il y a ensuite cet universel devenir qui, soit qu'il doive à la fin nous ramener à l'indistinction primitive, soit qu'on veuille l'arrêter en quelque lieu moins indéfini du mouvement de *l'Idée* qui en est la matière, implique en tout cas le sacrifice de tous les phénomènes particuliers et de tous les êtres individuels qui ont apparu comme termes de la série écoulée, et rappelle par conséquent de très près l'illusion dont les éléates faisaient le caractère essentiel de toute explication du monde phénoménal. Quant à la forme propre du système de Hegel, à l'identité du réel et de l'idéel abstrait, à cette qualification de toutes choses, tant de l'esprit que de la nature, comme des *moments* d'un prétendu développement de cette abstraction suprême appelée *l'Idée*, nous ne saurions ici tenir aucun compte d'une construction logique que les purs adeptes sont les seuls à ne pas tenir pour absolument artificielle et chimérique. Dès lors ce système n'est plus à considérer que dans ses traits les plus généraux, et il faut le nommer un platonisme à base éléatique, joint à une tentative de tracer l'histoire de *l'Idée* confondue avec l'histoire du monde des phénomènes.

Il me reste à indiquer un troisième point de vue, dans l'emploi des idées pour la qualification des principes du monde, un troisième mode de l'uni-

tiative vivement prise, dès l'âge de la philosophie antésocratique, en un genre de doctrines dont il existe toujours des représentants. Nous avons assisté, chez les pythagoriciens, à la conception première du système des nombres, absorbé, dans toute la suite de l'histoire de la philosophie, par le système plus compréhensif des idées. Nous avons vu la naissance et la fortune de l'idée de l'Un ou de l'Absolu. Il s'agit maintenant d'une certaine détermination des idées-principes qui ne se sera plus du genre purement intellectuel, mais du genre passionnel. A celle-ci, de moindres destinées ont été réservées, au moins jusqu'à nos jours, car l'intellectualisme a de tout temps prédominé en métaphysique ; mais l'importance n'en est peut être pas pour cela diminuée intrinsèquement.

En réfléchissant au dualisme des pythagoriciens, et à ce fait que la doctrine des transmigrations était reçue dans leur école, on peut soupçonner que si nous connaissions le développement et les applications de leur table des *dix oppositions* de principes (qui nous a été transmise toute nue) nous y trouverions, sous la catégorie du Bien et du Mal, par exemple, la part faite aux principes moraux dans la genèse physique du Cosmos. Mais ceci n'est qu'une conjecture. On n'est pas mieux informé sur les éléates, quoique la théorie du monde phénoménal de Parménide admette deux éléments premiers qui joignent aux qualités matérielles de chaleur, lumière et fluidité, pour l'un, de froid obscur, lourd et solide, pour l'autre, les attributs intellectuels et moraux d'être et de vérité, d'une part, de non être et d'indistinction ou négation (ἄφαντος) de l'autre. Mais c'est en réalité chez Héraclite et chez Empédocle qu'il faut chercher le premier emploi philosophique des idées générales exprimant la passion : idées du même genre, on doit le dire, que celles qui avaient déjà figuré, avec d'autres idées mythiques, dans de plus anciennes cosmogonies. Héraclite, en sa théorie de l'universel devenir, auquel l' « éternel feu créateur » servait de substance, imaginait une alternance continuelle de deux principes contraires dont l'accord ou l'harmonie devait déterminer chaque plein moment du développement de l'agent unique incessamment transformé. Le principe moteur était pour lui la *Discorde* ou la *Guerre* ; le principe opposé, la *Paix*, apportait l'unité indispensable à l'harmonie de chacun des états successifs du grand protée. Ces personnifications mythiques du genre passionnel prirent, chez Empédocle, un caractère beaucoup plus anthropomorphique. Ce philosophe, très éclectique pour son âge, admettait avec les pythagoriciens un dualisme fondamental, puis les transmigrations à la suite d'une division survenue dans l'être. Il admettait aussi le *Sphairos* des éléates, mais avec un sens plus accessible à l'imagination, et l'axiome qu'il n'y a pas de non être et que ce qui est est toujours. Il tenait enfin des Ioniens leurs *éléments*, qu'il réunissait, au nombre de quatre, mais sans y joindre aucun transformisme ; il les supposait composés et divisibles, chacun conservant sa nature ; ensuite il les groupait sous une dualité dans laquelle le Feu était opposé aux trois autres, comme principe essentiellement vivifiant. La séparation, dans l'ordre physique, était pour lui le mode général d'explication des phénomènes, nulle chose au monde ne pouvant ni naître ni périr ; et cette même séparation lui fournissait sa cosmogonie, dans l'ordre moral. C'est ici que vient l'emploi des principes mythiques du genre des passions. Le *Sphairos* immobile était, suivant Empédocle, le siège de l'*Amour* et de l'universelle nécessité ; les êtres y vivaient d'abord en paix, retenus au foyer divin par le lien de cette force unique ; mais la *Guerre*, la *Discorde*, en vertu de la même nécessité, a séparé les êtres, opposé les éléments primitivement unis, en sorte que des membres de Dieu sont aujourd'hui errants et destinés à se combattre les uns les autres pendant de longues périodes. Il convient d'ajouter que les deux principes, l'Amour et la Guerre, ne servaient pas seulement à ce philosophe à expliquer la chute primitive, mais qu'il en faisait encore usage dans tout le cours de ses théories sur les phénomènes physiques et vitaux, sur la formation de l'univers et les rapports de ses parties.

A prendre le principe de division en son application suprême ou génésique, il est parfaitement le même, au fond, chez Empédocle que chez Plotin, qui, sept cents ans plus tard, l'a élaboré sur un fondement d'abstractions hypostatiques. Seulement, par l'effet d'un renversement d'idées qu'on s'explique, l'amour, l'union, le bien, demeurant l'essence du Sphairos, la guerre qui le rompt est remplacée par un attrait pour l'inférieur. Cet attrait, peut-être impliqué dans la succession des hypostases de Plotin, s'y montre à découvert quand on arrive à la séparation des âmes. « Quoique Plotin s'efforce de séparer de la *procession* des trois principes la *descente* des âmes, c'est toujours en définitive une extension de la même pensée ; c'est en cédant à la même inclination qui a entraîné l'âme universelle à sortir, pour procéder dans le monde, du sein de l'intelligence, que l'âme particulière se détache de l'âme universelle et s'attache en particulier à un corps » (1). Cette *inclination*, cause de la chute des âmes dans les corps, est une généralisation, une extension à la genèse du monde phénoménal, de l'hypothèse présentée sous une forme mythique dans le *Phèdre* de Platon; c'est, sous un autre nom, le *Désir* de la philosophie bouddhique et de diverses sectes gnostiques ou manichéennes; et ce sera, seize cents ans encore après, la *Volonté* de cette même philosophie bouddhique restaurée par un interprète de la métaphysique de Kant; car les noms sont indifférents quand la question proposée est de qualifier l'essence ou la cause d'un fait mystérieux, incompréhensible, à l'aide de notions nécessairement empruntées à un ordre de choses postérieur dont il faudrait pouvoir se dégager pour envisager ce fait et le définir.

Il faut lire dans l'*Essai sur la métaphysique* d'Aristote de M. Ravaisson, la curieuse gradation de théories par laquelle l'école néoplatonicienne, en se débattant pour expliquer comment se peut faire le passage du supérieur à l'inférieur, dans la procession de l'Un aux autres hypostases et finalement aux âmes, — et comment se peut concevoir la relation du premier, qui est le centre et le tout-être anticipé et permanent des autres, et néanmoins reste inaltéré, avec eux tous qui sont séparés de lui et pourtant ne le sont point, — arriva peu à peu à substituer le point de vue d'Aristote à celui de Platon. Suivant cette marche des idées, au sein de la philosophie dernière sur laquelle se clôt le monde antique, « au lieu de la procession par laquelle la nature divine descendait d'elle-même, sans descendre, à une condition inférieure d'existence, de plus en plus reparaît et domine l'idée de la manifestation de la cause première en un élément inférieur qui aspire à elle et tend à l'égaler; au lieu d'un seul principe d'où émane, avec ce qui lui ressemble, ce qui lui est contraire, deux principes dont l'un n'est rien que par le désir que l'autre lui inspire et l'attraction puissante qu'il exerce sur lui » (2).

Ainsi le principe passionnel, le désir, change de place, et, de moteur ou efficient qu'il était, devient motif et final. Ce n'est plus l'extrême généralisation de l'être et du penser, au point de vue purement intellectif, laquelle a conduit à l'Un absolu, identique avec le non être; mais c'est l'extrême généralisation de l'idée d'affection ou de tendance, la thèse absolue de l'universalité d'un but pour tout ce qui se meut dans la nature.

(1) Ravaisson. *Essai sur la métaphysique d'Aristote*, t. II, p. 444.
(2) *Essai sur la métaphysique d'Aristote*, t. II, p. 538.

La difficulté de réaliser la cause finale universelle, en la fixant dans une essence première qui ne soit pas une simple abstraction, devient beaucoup mieux sentie, quoique la même au fond, dans ce système, que dans celui où le philosophe est soutenu par le concept, matériel à son insu, d'une substance qui porte tout, d'où tout sort et où tout rentre, et dont l'indétermination absolue, qui la fait égale à Rien, peut paraître justifiée par là même. C'est pourquoi M. Ravaisson, interprétant la pensée aristotélicienne, pose deux principes : l'un, l'élément inférieur qui aspire et qui comprend l'ensemble des êtres; l'autre, le supérieur, qui, dit-il aussi nettement qu'on puisse le souhaiter, « *n'est rien que par le désir que l'autre lui inspire* »; — « et par l'attraction puissante qu'il exerce sur « lui », ajoute-t-il, il est vrai, mais trop tard; car quelle attraction pourrait *exercer* une chose désirée dont toute l'existence se réduit à l'aspect objectif de la représentation, au sein de l'être mu par le désir ? Il est manifeste que, généralisée de la sorte, la chose désirée est ce qu'on appelle un idéal.

Nous voilà donc parvenus, dans cette voie, au principe favori, mais élevé ici à l'absolu, d'une philosophie morale qui compte de nos jours un grand nombre de partisans, encore que divisés entre eux sur d'autres sujets. Cette philosophie est celle qui remplace les suprêmes réalités, impossibles à atteindre ou à définir, par des représentations idéales, données dans les consciences particulières, où elles remplissent la même fonction de cause finale et de mobile que si elles avaient une existence réelle et séparée, mais dont pourtant toute la nature est renfermée dans les idées mêmes où la marche des phénomènes les conduit à se manifester.

Je n'ai plus, pour finir cette section de mon travail, qu'à mentionner les autres applications remarquables de la détermination du premier principe, sous le point de vue passionnel. J'ai déjà signalé en passant le néo-bouddhisme, parfaitement assimilable au bouddhisme ancien, qui définissait la cause première par l'*Ignorance* et le *Désir*. Au fond, la *Volonté* et l'*Inconscient* de nos pessimistes ne sont pas autre chose, car il n'est question ici que de l'origine du monde, non des systèmes ajoutés pour expliquer plus ou moins spécieusement, à l'aide des notions scientifiques acquises, la constitution et la procession des phénomènes. L'intelligence, née de l'inconscient et destinée à y faire un jour rentrer le monde, garde à son tour le rôle qui, dans ces sortes de doctrines, a toujours été attribué, sous un nom ou sous un autre, à la connaissance pour apporter aux hommes le véhicule du salut, en leur dévoilant les illusions de la vie et leur enseignant les moyens de s'y soustraire. Au reste, le système pessimiste, en son ensemble, est évidemment d'une inspiration toute passionnelle, et non pas seulement dans le choix du premier principe. Les notions d'ordre intellectuel et les explications physiques n'y prennent qu'accessoirement place. Un autre rapprochement particulier que je me borne à indiquer, et qui relie directement la philosophie de Schopenhauer à celle d'Empédocle, c'est l'identité primitive des êtres par laquelle le penseur moderne explique la sympathie qui les unit encore, et que le penseur ancien caractérise par la paix et l'Amour au sein du *Sphairos*, avant que la cruelle nécessité les eût séparés par la Haine. Entre la Haine et la Volonté comme causes de la naissance des choses, quand, avec l'une aussi bien qu'avec l'autre, la génération est une séparation qui commence la guerre universelle, et quand toutes deux ont pour objet l'explication d'un fait aussi inconnu en soi que celui-là, en vérité, l'assimilation n'est pas difficile.

Je ne terminerai pas sans rappeler l'usage qui a été fait de l'Attraction dans les spéculations modernes, soit de l'ordre physique, soit de l'ordre moral. L'attraction, comme principe général, est une notion du genre de celles dont je viens de m'occuper, une idée empruntée au domaine passionnel, et généralisée, de manière à devenir applicable à un système de relations autre et plus vaste que celui d'où elle tire son origine, et, au besoin, à une cosmogonie.

Je dois passer maintenant à d'autres divisions de mon sujet, à d'autres éléments essentiels des doctrines que je me propose de classer.

DEUXIÈME PARTIE. — DEUXIÈME OPPOSITION

L'INFINI ; LE FINI.

L'idée du chaos, ou matière sans qualités fixes, à l'état vague et désordonné, est certainement une idée facile et familière à l'esprit humain, surtout avant la réflexion, parce qu'elle met en œuvre à la fois, pour se former, l'imagination et l'abstraction instinctive, cette espèce de généralisation d'où résultent des concepts indéterminés, par lesquels on ne sait au juste ce qu'on garde de la réalité ou ce qu'on en retranche, ni si les éléments que la pensée conserve peuvent subsister sans ceux qu'elle supprime. Et cette idée de la matière chaotique, ou des phénomènes qui ne seraient soumis à aucune détermination constante, ni quant à leur nature, ni quant à leurs causes, n'est la source d'aucun embarras pour l'esprit qui se pose cette question : Par quoi et comment l'ordre est-il entré dans les phénomènes que nous voyons se développer en des cours réguliers de génération et de destruction? mais qui ne songe pas encore à se poser ces deux-ci, quoique logiquement préalables : Pourquoi, en vertu de quoi existe-t-il absolument des phénomènes? Est-il possible qu'il ait toujours existé des phénomènes? Le problème philosophique du commencement premier et absolu des choses, — ou de l'éternelle identité d'un être pur, immobile, invariable, unique, excluant tout phénomène au dedans et au dehors, — ou d'une infinité réelle et déjà actuellement accomplie des choses qui ont été dans le temps, qui ont été ou qui sont dans l'espace, — ce problème échappa longtemps à l'analyse, et resta confus, même alors que quelqu'une de ses solutions était plus ou moins clairement supposée dans chaque doctrine. Les arguments, de forme toute négative et d'apparence paradoxale, employés par celle des écoles qui proposa et soutint vigoureusement la thèse du caractère illusoire du monde phénoménal, ne purent que jeter le trouble dans les esprits des philosophes; un mortel embarras se fit dès lors sentir dans toutes les doctrines; on vit le dogmatisme réduit à associer des affirmations contradictoires sur le fondement de l'existence; et cette espèce d'antinomie historique, profondément marquée dans les dissidences des écoles comparées, quand ce n'était pas dans les partis pris d'une seule et même école théologique ou philosophique, parvint à sa dernière expression dans les célèbres thèses et antithèses de Kant, entre lesquelles on ne semble pas encore près de s'accorder à trouver le moyen de choisir.

Les mythographes partaient de la matière comme d'une donnée sans origine et sans détermination, et cherchaient dans des faits d'expérience externe, ou même interne, — dans l'œuf animal, dans les transformations sensibles d'une substance en voie de développement, dans les générations successives et dans la lutte des produits nouveaux contre les anciens, dans les symboles des passions fondamentales qui motivent les mouvements et les conduisent à des fins, — les moyens de rendre intelligible le passage de l'indistinction à la coordination. Les dieux engendrés achevaient l'œuvre de l'arrangement cosmique et ouvraient eux-mêmes l'ère du règne humain. Il y avait au fond de tout cela un infini conçu comme antérieur à tout, mais un infini à titre d'indéfini et d'indéterminé, plutôt que d'achevé en soi, et actuel et toutefois sans bornes ; en sorte que la contradiction intrinsèque, au point de vue de l'esprit qui conçoit, ne se dégageait pas encore. Les premiers philosophes ioniens ne s'avancèrent pas beaucoup au delà, quoiqu'ils eussent une plus claire conscience du but qu'ils poursuivaient, et que, avec eux, l'intention scientifique s'accusât. L'Eau de Thalès, substance sans origine et transformable en toutes sortes de choses diverses, différait de l'être fondamental qu'Anaximandre appela l'infini, comme l'unité diffère de la pluralité indéterminée ; mais cette dissidence a beau paraître énorme, elle s'efface, pour la question qui nous occupe en ce moment, quand on réfléchit que, ni par rapport au temps, ni par rapport à l'espace, le caractère indéterminé du fond et de la source des existences phénoménales n'est affecté par ce fait qu'on envisage les êtres et leurs qualités ou comme des produits de transformations indéfinies d'une seule essence, ou comme dus à une évolution par laquelle des essences en nombre indéfini se séparent ou se réunissent.

Un progrès immense fut accompli pour la réflexion concernant le fini et l'infini, quand Pythagore, appliquant sa pensée aux idées mathématiques, remarqua que ce qui est rebelle en soi à toute limitation est inaccessible à la connaissance, et que, par conséquent, le nombre, essentiel à l'ordre et à la définition, est un principe universel des choses soumises à l'entendement. Mais l'école pythagoricienne, tout en réduisant ainsi l'infini ou le continu de la quantité, et, par suite, de la matière, à une sorte d'existence négative parce qu'elle est inintelligible, ne laissa pas de le conserver comme répondant à quelque chose dans la nature, dans le sujet en soi des phénomènes, et de l'employer comme l'un des termes du dualisme par lequel s'expliquent la production ordonnée des choses et notre propre représentation du monde. On peut donc dire que les spéculations de ces philosophes, malgré l'immense intérêt de leur découverte et malgré l'espèce de défaveur qui se trouva jetée, grâce à eux, pour les plus grands penseurs de l'âge suivant, sur l'« essence de l'infini », ne modifièrent pas profondément l'idée que, dans les écoles matérialistes, on se formait d'une substance antérieure aux phénomènes ordonnés du cosmos. Cette idée, la même après tout que celle des mythographes, seulement mieux reconnue, — on ne peut pas dire définie, — est toujours au fond celle qui figura, dans le rôle de matière, pour le dualisme d'Anaxagore, pour le dualisme platonicien, et pour une autre espèce de dualisme imaginé par Aristote; elle se conserva donc, nous verrons avec quelles interprétations, encore après que l'hypothèse d'un ordonnateur suprême ou d'un premier moteur se fût posée en antagonisme avec les conceptions transformistes, évolutionistes, ou enfin purement mécanistes d'une époque antérieure.

Au moment où se terminait le cours de la philosophie ionienne et où la doctrine purement mécanique allait recevoir son premier grand éclat du génie de Démocrite, voici comment les philosophes les plus renommés (éléatisme à part) s'étaient arrangés de l'idée de l'infini, à mesure qu'elle se dégageait en se distinguant de l'idée de l'indéterminé. Les ioniens qui vinrent après Thalès et Anaximandre suivirent les vues du premier de ces philosophes, c'est-à-dire qu'ils s'attachèrent au subtantialisme **transformiste**, jetant seulement leur dévolu sur une autre qualité que celle de l'eau, pour se représenter un principe matériel dont les transformations parussent aptes à rendre compte des diverses propriétés des choses. De là l'Air d'Anaximène et, plus tard, de Diogène d'Apollonie, le Feu d'Héraclite d'Éphèse. Mais les partisans de l'Air-principe, tout en donnant la préférence au transformisme de la substance unique sur le *séparatisme* des infinis éléments, — d'autant plus, sans doute, qu'on ne voyait pas encore dans cette école, quelle raison et quelle cause à assigner au fait des séparations et des nouveaux groupements, d'où serait provenu l'ordre du monde, — accueillirent l'infini d'Anaximandre et en firent un attribut de leur élément favori, attribut dès lors appliqué à l'espace où il s'étend et à la puissance qu'il possède. Le principe d'Anaximène fut l'« Air infini », duquel tout a été, est ou sera engendré, qui est illimité en grandeur, qui se meut perpétuellement, change d'état, revêt toutes les formes, détermine et compose, par ses seules condensations et raréfactions, tout ce qui existe, les dieux mêmes, et des mondes infinis, au moins successifs, formés, détruits et renouvelés de période en période (1).

Le « Feu éternellement vivant » d'Héraclite et l'Air d'Anaximène peuvent être des *infinis*, du moins au sens vague du mot, et le monde ne pas laisser d'être limité quant à l'espace. L'infinité aurait rendu difficilement abordable à l'imagination l'hypothèse du renouvellement périodique des phénomènes : par exemple, l'universel *écoulement mesuré* d'Héraclite et la réabsorption des choses au sein de l'éternel protée, à chaque retour d'embrasement du monde. Ces philosophes ne s'étaient probablement préoccupés ni du problème de l'extension sans fin, ni de celui de la composition interne, indéfinie de la substance matérielle. En revanche, l'idée de l'infini dans le temps s'imposait à eux ; car en admettant des révolutions périodiques dont chacune est le terme final d'un devenir et le terme initial d'un autre, ils se trouvaient en face d'un monde total, sans commencement ni fin, composé de tous les mondes successifs de durée limitée. Peut-être Héraclite n'avait-il pas plus réfléchi à la loi d'écoulement de tous les écoulements réunis, à la cause de l'apparition, à chaque fois répétée, de *Polémos*, père des contraires dont l'opposition engendre l'harmonie, que les penseurs indiens n'ont approfondi le symbole des alternatives de sommeil et de réveil de Brahma. Ceux-ci ne sont pas à leur tour plus avancés que leurs ignorants compatriotes qu'on dit avoir imaginé la terre portée par un éléphant que porte une tortue, etc. Le problème de marquer un point d'arrêt, ou de concevoir que les choses aient été toujours, et toujours auparavant, et que le nombre infini, cette contradiction

(1) Il y aurait peu de différence entre l'Air infini d'Anaximène et l'Air également infini et éternel qui est l'Arché de Diogène d'Apollonie et qui remplit pour lui les mêmes fonctions de la même manière, si ce n'était que ce dernier philosophe accordait de la façon la plus expresse à l'Air la propriété de penser et lui attribuait en conséquence ce rôle d'intelligence organisatrice pour lequel Anaxagore recourut à un principe spécial. Cette circonstance a donné lieu à une conjecture, suivant laquelle Diogène (un peu postérieur peut-être à Anaxagore) aurait essayé d'une sorte de retour offensif du matérialisme contre l'idée nouvelle. Mais je n'ai pas à entrer dans les questions de cette nature.

pour l'entendement, soit un fait acquis pour la nature, ne s'était pas encore posé nettement, avec force, aux auteurs de ces spéculations. Mais ces spéculations ne laissent pas d'émaner au fond du même esprit infinitiste dont l'examen logique de la question ne parvint pas dans la suite à triompher.

Le cas est à peu près pareil en ce qui concerne Empédocle. Ce philosophe rappelle Héraclite par le circulus des mondes renaissants, et aussi par les rôles, quoique tout autrement entendus, de la Paix et de la Guerre, dans les fins et dans les genèses. Mais il embrasse le principe des séparations et des combinaisons, au sein d'un tout de composition invariable, au lieu du principe de l'évolution d'une essence unique. Il n'est nullement atomiste pour cela, car ses corpuscules sont qualitatifs, leurs intervalles ne sont que des pores, et il admet la pénétration mutuelle de ses quatre éléments, d'une façon mal éclaircie qu'on expliquerait aujourd'hui par la divisibilité infinie de la matière. Toutefois, cette dernière doctrine ne semble pas avoir pu être pour lui quelque chose de plus qu'implicite, et la thèse correspondante de l'infinité de l'univers en extension a dû lui être interdite par la même raison qu'à Héraclite, la conception du *Sphairos* amenant tout naturellement celle d'une limitation dans l'espace. Au contraire, l'illimitation dans le temps, l'éternité successive des phénomènes, de monde en monde, était une conséquence forcée du circulus de la génération cosmique, pour Empédocle comme pour Héraclite.

C'est chez Leucippe, d'une part, chez son contemporain Anaxagore, de l'autre, et cela malgré l'opposition radicale de ces deux philosophes en matière de cosmogonie, que nous voyons l'infinitisme se dégager pleinement. Leucippe et après lui Démocrite nient à la vérité la divisibilité infinie de la matière; mais l'atome est leur unique point fixe, leur moyen de limitation et de détermination de l'être; ensuite et corrélativement ils admettent un *vide réel*, auquel l'extension infinie réelle et la divisibilité infinie réelle ne peuvent manquer d'appartenir; ils placent dans ce vide infini un nombre infini d'atomes; ils déclarent enfin que rien n'a pu commencer d'être, que le mouvement est éternel et a produit éternellement des corps innombrables, des mondes innombrables, infinis, du genre de celui dont l'universelle nécessité des chocs et des assemblages atomiques nous a constitués les habitants.

Anaxagore, de son côté, avec son dualisme de la matière confuse et désordonnée et du premier principe moteur et ordonnateur, s'il innove profondément en définissant comme *Intelligence* l'agent cosmogonique, et refusant aux éléments de la matière l'aptitude à se mouvoir d'eux-mêmes et à produire des phénomènes réglés, il ne fait, au contraire, que s'enfoncer plus sciemment que ses prédécesseurs ioniens dans le matérialisme infinitiste. Il ne s'agit plus, en effet, de cet *Infini* d'Anaximandre, qui pouvait n'être qu'un indéterminé; encore moins de tel ou tel élément des philosophes transformistes, au caractère d'infini encore imparfaitement accusé, si ce n'est nié quant à l'espace; mais bien d'une infinité actuelle d'éléments à la fois qualitatifs et quantitatifs, composant un plein et un continu, indestructibles par voie de division, c'est-à-dire dont la division ne saurait avoir de terme. Et, comme pour mieux consacrer l'être en soi de cet infini éternel chaos qu'il posait en regard de l'Intelligence capable de l'agiter et de le débrouiller, Anaxagore le laissait exister hors du monde formé par celle-ci, comme une matière intarissable et toujours disponible de laquelle elle pouvait tirer incessamment de nouveaux matériaux à annexer, pour un ordre cosmique agrandi. En un sens donc, le monde de ce philosophe est actuellement fini dans l'espace, à ne considérer que ce que l'Intelligence en a dégagé et formé; mais infini, dans un autre sens plus voisin des cosmogonies matérialistes modernes, en ce que sa substance et sa source, tant de qualité que de quantité, sont sans bornes. La même distinction est très probablement applicable à la question de la limitation dans le temps; car, si d'un côté l'idée même d'une cosmogonie, quand elle porte sur un monde donné dont un principe formel et distinct de *puissance* et de *science* a mu et coordonné les éléments, semble exiger l'introduction d'une limite dans l'idée de la succession antérieure indéfinie, de l'autre, l'imagination de cette succession de phénomènes matériels désordonnés, et de l'action corrélative d'une science organisatrice parfaite, dont l'œuvre est graduelle, appelle plutôt la pensée d'une évolution éternelle du monde infini sous l'impulsion constante de l'Intelligence. Mais quoi qu'il en soit de la question que nos documents laissent obscure : Anaxagore avait-il opté décidément entre le principe de l'évolution, familier à ceux de son école, et la doctrine de la création avec une matière préexistante, dont l'invention lui fut généralement attribuée ? il reste toujours que ce penseur représente, avec son contemporain Leucippe, et nonobstant des manières si profondément différentes de comprendre la matière, les éléments et leur composition, l'entrée définitive en philosophie de l'idée nettement consciente de l'infinité réelle et actuelle d'un nombre de choses donné.

Cependant, à la même époque ou à peu près, Zénon d'Élée démontrait la contradiction interne inhérente à ce concept. Le maître de Zénon, Parménide, avait fondé sa doctrine de l'unité et immobilité absolue de l'être sur l'axiome de la *non existence du non être* et sur l'impossibilité de tout devenir réel ; d'où il suivait que tous les phénomènes étaient illusoires, et une théorie des phénomènes une théorie de l'illusion universelle. Les atomistes, qui posèrent leur doctrine en opposition avec celle des éléates, et née de celle-ci en ce sens, crurent échapper à l'étreinte des arguments de Parménide en admettant qu'à la vérité rien ne peut venir du non être, et qu'il existe un être immuable en soi et éternel, mais multiple. Et comment, pourquoi multiple ? parce que *le non être existe* aussi bien que l'être et sert à le diviser ; le non être, c'est le vide, le lieu que l'être occupe ou peut occuper, où il se meut ; et l'être, c'est l'atome, le plein, insécable parce qu'il est plein et qu'il n'offre aucune prise à la division. L'être ainsi défini est étranger à la pensée, ainsi qu'à toute qualité, d'ailleurs ; il n'est nul besoin de le concevoir comme objet et sujet de lui-même, en l'identité d'une seule et même nature, car il est tout matériel, à le prendre en soi ; mais, infiniment multiple et divers de grandeur et de figure, éternellement mu, engagé dans toutes sortes de combinaisons variables, ce sont ses combinaisons qui produisent toutes les images possibles et toutes les idées, en même temps que tous les corps.

Un point très essentiel à noter ici, c'est le caractère de *sujet en soi*, sous lequel se présentait le vide, c'est-à-dire l'espace, ou lieu général des atomes, en ce système. L'atome lui-même, quoique plein, est un sujet du même genre. On le dit insécable ; on peut l'imaginer tel, en tant que soumis à des actions physiques ; mais ce qu'on ne peut faire, c'est que, ayant un côté droit et un côté gauche, un dessus et un dessous, etc., il ne soit pas composé de parties, et des parties de ces parties à l'infini ; et qu'il n'en soit pas de même du lieu, quand il est vide, puisque l'atome et le lieu sont incontestablement offerts à notre imagination de cette manière, et qu'on admet, répétons-le, qu'ils sont bien des sujets donnés et constitués exactement tels que nous les imaginons. S'il en est ainsi, les idées que l'atomisme voulait qu'on se formât de l'*être* et du *non être qui est un être*, ce sont les idées de certains composés réels dont les éléments de composition réels seraient donnés tous, et dont la somme ne serait pourtant pas ce nombre déterminé d'unités qu'une somme, quelque grande qu'elle soit, doit être. N'était-ce pas demander que la réalité fut définie à l'aide d'une conception dont les termes sont contradictoires entre eux ?

Je ne sais que trois manières de répondre à la difficulté ainsi soulevée sur la nature de l'étendue, — soit pleine, soit vide, matière sans vides ou pur espace continu, car la question est la même : — la première est celle des éléates, et il est curieux qu'elle se soit produite en effet la première dans l'ordre du temps. Nous la connaissons : toute division et, par suite, tout mouvement n'est qu'illusion. Les phénomènes n'ont point de réalité, le réel c'est l'être indivisible et immobile unique. La seconde manière est celle des atomistes. La troisième, et la seule qui donne satisfaction à la fois à la logique et au commun sentiment des hommes sur la réalité phénoménale, fut aperçue par Aristote ; mais Aristote fut empêché par un reste de réalisme, dont il ne put affranchir complètement sa doctrine, de présenter la solution dans toute sa force et avec ses pleines conséquences ; elle consiste à ramener l'espace, vide ou plein, à la représentation, à l'entendement, et, cela fait, à expliquer l'infini et le continu par l'indéfini, inhérent lui-même aux possibilités de la pensée. La contradiction, inévitable, alors qu'il s'agit de la division *en acte*, s'évanouit, quand il ne s'agit plus que de la division *en puissance*. Mais pour que la division infinie ne soit que potentielle, il faut que l'objet n'en soit envisagé que dans la représentation, dans l'imagination.

Si cette troisième solution est écartée du débat, comme en fait elle l'a été, on peut le dire, dans tout le cours de l'histoire de la philosophie, et jusque dans la doctrine de Kant, — de Kant qui avait cependant en son *esthétique transcendantale*, le véritable et propre moyen d'échapper à l'*antinomie* sans se réfugier dans une conception métaphysique assez semblable à la négation éléatique de la réalité phénoménale, — la question reste tout entière telle qu'elle se posa entre les atomistes et les éléates. Car, il ne faut pas s'y tromper, les premiers ont soutenu une opinion qui, en ce qui concerne la divisibilité et le continu, est identique avec celle que soutiennent les partisans d'un sujet en soi de l'espace pur ou de la pure matière, et qui leur est nécessairement imposée ; et les seconds, très faibles assurément, quand on considère la partie affirmative de leur doctrine, ont produit des arguments d'une force irrésistible, et que rien n'a pu diminuer jusqu'à ce jour, quand il n'a fallu que réfuter l'opinion des premiers et faire ressortir la contradiction interne de leurs concepts.

Cette réfutation est l'œuvre admirable du grand dialecticien, Zénon d'Élée. Elle subsiste inébranlable. On a tâché, avec plus ou moins d'embarras et de bonne foi, tantôt de trouver dans les principaux arguments de Zénon une hypothèse à lui, d'où il serait parti, et qu'on pouvait contester ; tantôt de confondre ses preuves négatives, *per absurdum*, qui sont seules en cause, avec le but dogmatique qu'il avait en vue et qu'on en doit séparer ; ou encore de se rejeter, pour lui répondre, sur une thèse du genre de celles que son argumentation détruit ; ou enfin d'en appeler à la loi mathématique de la sommation des séries indéfinies de termes, sans se demander si la saine interprétation de cette loi et sa preuve exigent, si elles n'écartent pas plutôt, la supposition du *nombre infini* qu'on lui donne ainsi la charge de vérifier. Les arguments de Zénon sont nombreux et de différentes formes ingénieuses ; au fond, ils reviennent à un seul qui est extrêmement simple et ne laisse pas la moindre échappatoire : la numération interminable ne saurait aboutir, et, par conséquent, rien de ce qui se compte *in infinitum* ne peut s'épuiser, se déterminer finalement et s'accomplir.

Les arguments célèbres « contre le mouvement », dont je vais parler, sont au fond des arguments contre la pluralité et la composition que tout mouvement suppose. Pour en bien comprendre le sens, il est bon de les rapprocher d'un autre, qui nous a été également transmis parmi ceux de Zénon, et dont la portée est la plus générale possible sur ce sujet. Toute pluralité ou composition forme une grandeur et un nombre, et un nombre est un tout d'unités, disait notre éléate. Que sera-ce donc que cette unité (en ce qui concerne les continus, l'espace ou le temps) ? Sera-t-elle quelque chose de divisible, ou bien d'indivisible ? Si on la suppose divisible, la question de la composition n'est pas résolue, mais ne fait que reculer, et cela indéfiniment : au lieu d'arriver à l'unité demandée, on est jeté dans l'infini. Si, au contraire, on la suppose indivisible, il faut qu'elle soit sans grandeur, car tout ce qui a de la grandeur est divisible ; et si elle est absolument sans grandeur, il ne se peut pas qu'elle forme des grandeurs par voie de multiplication et de composition. Un autre argument encore s'attaquait à la possibilité d'un multiple continu réel, en montrant que là où il n'y a nulle séparation entre deux éléments de grandeur (nulle apposition de limites), il y a unité et non dualité ; et que, dès qu'on établit une dualité en distinguant deux parties dans un continu, on entre dans une dichotomie sans fin, et le multiple limité passe à l'illimité.

Appliquons l'idée précédente de la numération aux lieux successivement occupés par un mobile ; nous trouverons (en supposant *avec l'adversaire* un espace réel, continu et divisible à l'infini, à parcourir) que le mouvement n'est pas possible en cette hypothèse, parce qu'entre le point de départ et le but, quels qu'ils soient, le mouvement ne peut se terminer et s'accomplir. L'hypothèse d'un espace, l'hypothèse d'un temps, l'hypothèse d'un mouvement ainsi conçus sont absurdes, quand on les suppose donnés en des sujets en soi.

Zénon disait : Avant que le mobile n'arrive au but, il doit arriver au milieu du chemin, et, avant cela, au milieu de ce milieu, et ainsi de suite. Donc, pour aller d'un point à un autre, un mobile serait obligé de parcourir une infinité d'espaces en un temps fini, ce qui est impossible ; donc le mouvement est impossible.

Le second argument, celui qu'on a nommé l'*Achille*, diffère du premier par sa forme intentionnellement amusante et d'un paradoxal plus familier, disposé qu'il est de manière à montrer que, de deux mobiles lancés dans la même direction, le plus vite ne pourrait jamais atteindre le plus lent (1), s'il avait une infinité d'espaces à traverser avant de le rencontrer. Le fondement de cette nouvelle réfutation *per absurdum* de l'hypothèse de la division à l'infini actuelle est d'ailleurs le même que pour le cas précédent : à savoir que des espaces ajoutés sans fin sont des espaces qui ne finissent pas, qui, par conséquent, n'arrivent jamais à former un total, en sorte que, entre deux points donnés, un mobile qui aurait à les parcourir ne parviendrait pas à les épuiser. Mais le nerf de la preuve est plus en saillie dans l'*Achille*, parce que la question du temps employé par le

---

(1.) On a quelquefois cru répondre à l'*Achille* par la solution mathématique du « problème des courriers », sans songer que les géomètres prennent *pour accordé*, dans l'abstrait, pour des lignes idéales, la *divisibilité* à l'infini mais ne prétendent pas établir cette *division* infinie actuelle d'un sujet donné, que visent les arguments de Zénon. L'infinitisme est pour les mathématiciens la même question que pour les philosophes, une question de philosophie. Leurs divergences, dans l'application de leurs méthodes touchant ce point, le prouvent assez.

mobile n'est pas mêlée avec celle des espaces, qui suffit parfaitement pour conclure.

Il est permis de douter que Zénon eût lui-même introduit, dans son premier argument, la remarque au moins inutile de l'impossibilité de parcourir une infinité d'espaces en un temps fini (ἐν πεπερασμένῳ χρόνῳ). Si cependant il l'avait fait, comme le portent les textes d'Aristote et de ses commentateurs anciens, il aurait eu la réponse toute prête à l'objection qui ne pouvait manquer de se produire, et qui s'est souvent produite en effet. Le temps se divise en même raison que l'espace (cas du mouvement uniforme); si donc vous supposez, lui aurait-on dit, que le temps peut se trouver *écoulé*, malgré cette division infinie, de manière à constituer le *temps fini* dont vous parlez, pourquoi l'espace, suivant la même loi, ne pourrait-il être *parcouru* et donner à un mouvement accompli l'*espace fini* dont il a besoin. Mais Zénon aurait répondu : Je parle de temps fini pour accommoder mon discours à vos pensées. Vous savez bien que je n'admets pas plus un temps qui s'écoule réellement qu'un espace qui se parcourt réellement. Les deux éléments nécessaires du mouvement ont le même sort l'un que l'autre; les infinis qui composeraient un temps réel qui s'écoule ne peuvent pas plus se finir et s'accomplir que les infinis dont devrait se former un espace réel qui se parcourt (1).

Que tel soit bien l'esprit des deux premiers arguments de Zénon, ce n'est pas matière d'interprétation; c'est un fait prouvé par l'existence d'un troisième, dont l'objet est précisément de faire ressortir l'impossibilité du mouvement par celle du passage d'un mobile d'un lieu à un autre *dans le temps*. Cette fois, au lieu d'effectuer, pour ainsi dire, une série sans fin de divisions par la pensée, le dialecticien suit la marche inverse; il se place au point de vue de la division interminable qui aurait trouvé son terme, conformément à l'hypothèse de la composition infinie réelle, et il s'appuie pour cela sur l'idée commune et inattaquable de l'*instant* ou limite de temps. C'est de l'instant qu'il part afin de montrer qu'on n'en peut faire sortir la succession continue que le mouvement exigerait. On peut dire que c'est au fond la « géométrie des indivisibles » qui est réfutée ici,

(1) Si l'on avait recours au principe de la géométrie des indivisibles, dont je vais parler à l'instant, et qu'on voulût composer les continus d'éléments discrets, non continus, les points et les instants, la réponse serait celle-ci : les points et les instants sont des zéros absolus de grandeur d'espace et de temps, de pures limites. Par quelque nombre qu'on les multiplie, zéro-ligne et zéro-durée ne peuvent donner pour produit aucune ligne, aucune durée.

comme l'était tout à l'heure celle des « infinitésimaux » réels. Le mobile, disait Zénon (argument dit de la *flèche qui vole*), est à *chaque instant* dans le lieu qu'il occupe à cet instant ; il y est donc en repos ; il est donc en repos à chaque instant ; il l'est donc toujours ; il ne se meut donc pas. Rien n'est plus clair, à mon avis, que le nerf de ce raisonnement : le passage d'un instant à un autre, comme celui d'un point à un autre, est inintelligible s'il est considéré dans un sujet en soi ; car les instants, comme les points, s'ils sont contigus, se confondent, il n'y a pas de succession, pas de mouvement (*la flèche qui vole est immobile*) ; et s'ils ne sont pas contigus, on ne peut d'aucune façon combler leur intervalle ; on retombe dans l'insoluble difficulté des parties infinies de cet intervalle (1).

L'histoire de l'idée de l'infini, pendant cette période, se termine d'une manière on ne peut plus intéressante par la doctrine de l'éléate Mélissos, contemporain de Zénon et peut-être plus jeune. Ce dernier opposait à la pluralité et mobilité de l'être, admise dans les autres écoles, sa critique négative, que nous pouvons résumer en deux mots, d'après ce qui précède : la pluralité dans l'espace et le temps, c'est l'infinité ; or, l'infinité contredit le mouvement, attendu qu'à travers des intermédiaires sans fin, rien ne s'écoulerait, ne se mouvrait ; donc il ne se peut que l'être, envisagé dans l'espace et le temps, soit multiple et mobile. Mais cette polémique n'éclaircissait pas la question de savoir si l'être un et immobile doit lui-même être nommé fini ou infini. Qu'avait pensé sur ce point Parménide, dont les arguments de Zénon appuyaient la doctrine d'unité absolue ? D'abord il avait posé l'être pur comme sans commencement, ni fin, ni changement, ce qui semble bien établir l'infini quant au temps, mais ce qui ne fait que le sembler : car l'éternité immuable, exclusive de tous phénomènes, à quelques difficultés qu'une telle idée soit sujette, est du moins exempte de la contradiction interne qui se trouve dans celle d'un *processus in infinitum* des phénomènes. Cette dernière façon de concevoir l'infini, — la plus ordinaire aujourd'hui chez les philosophes, et la seule pour les panthéistes, — est même tout le contraire de la première ; si bien que celle-ci, en comparaison, peut être dite une sorte de concept

---

(1) Je ne dis rien du *quatrième argument* de Zénon d'Élée, parce que les difficultés qui s'y trouvent soulevées contre la réalité du mouvement ne sont plus du genre de celles qui m'occupent ici.

du fini; et elle en est un, selon le sens pythagoricien du mot, expliqué ci-dessus. Plus brièvement, disons que cet être absolument un, n'étant pas dans le temps, n'est donc pas illimité dans le temps. Enfin, Parménide ne le regardait pas non plus comme illimité quant à l'espace, ainsi que cela résulte de l'emploi qu'il faisait, pour le définir, de l'idée d'une sphère accomplie, bornée par elle-même et autour de laquelle il n'y a rien. Mais, de ce côté, le système laissait prise à une objection, la même exactement qui a tant de valeur contre l'hypothèse des volumes insécables des atomistes. La sphère de Parménide n'est pas autre chose qu'un grand atome, unique, immobile, en qui le corps et la pensée ne sont que deux aspects de l'être invariable, toujours identique avec lui-même. Or, du moment qu'il y renferme ainsi l'idée d'existence spatiale, — et supposé que le terme de sphère et les autres termes du genre matériel ne soient pas de pures métaphores, dans les textes que nous avons de ce philosophe, — il devient impossible d'exclure les idées de composition et de divisibilité, car elles sont inséparables de tout concept d'extension et de volume. N'y aurait-il donc pas une autre manière possible de comprendre l'unité et l'immutabilité de la substance universelle, qui permettrait de les concilier avec l'infini matériel? Il y en a une et c'est celle que Mélissos adopta. Elle a cet intérêt pour l'histoire de l'infinitisme, qu'elle donne une première ouverture sur les spéculations de cette sorte de logique illogique et mystique, admettant la coexistence des attributs contradictoires de l'être, qui, longtemps après, prétendit unir, en une même conception du monde en soi, l'un et le composé, le limité et l'illimité, le point et l'espace immense, l'instant et l'éternelle durée, l'immobilité absolue et l'interminable succession, la fixité et le changement.

La doctrine de Mélissos, éléate fidèle, n'aboutissait ni d'intention ni de fait à ce résultat de faire entrer ainsi les phénomènes dans l'être et de supprimer, grâce à l'alliance du fini et de l'infini, le dualisme éléatique de la réalité et de l'illusion. On peut dire pourtant qu'il le préparait, ou le rendait possible, en introduisant formellement l'illimité, l'infini, au sein de la substance unique que l'esprit de son école avait toujours été de considérer comme l'absolu fini. Ce n'est plus le fini qui est l'Un, pour Mélissos : « Si l'infini existe, disait-il, il est un; car, s'ils étaient deux, ils ne seraient plus infinis, mais se limiteraient l'un l'autre; or, l'être est infini; donc il n'y a pas plusieurs êtres; donc l'être est un. ». Il semble bien qu'en consentant à qualifier ainsi l'être d'infini, ce philosophe se condamnait implicitement à lui attribuer la composition et la division interne, en même temps que l'unité ; et c'est ce qui motive ma remarque concernant une tendance possible à faire rentrer dans l'*être un* un principe de multiplicité et de phénoménalité ; mais Mélissos n'entendait nullement en venir là. Il démontrait que la pluralité est impossible, à l'aide toujours du grand axiome éléatique de la *non existence du non être*. Le non être, s'il s'agit de l'aspect matériel des choses, c'est le vide ; or, la pluralité et le mouvement ne sont possibles, pensait-il, qu'à la condition qu'il y ait des intervalles, des lieux vides, pour séparer d'abord les parties d'un tout donné, ensuite leur permettre de se déplacer. Il n'existe pas de tels intervalles, il n'existe donc pas de telles parties. Que si le partisan de la divisibilité adoptait la thèse de la continuité absolue et du plein, et prétendait distinguer et séparer des parties contiguës, en contact immédiat, Mélissos niait qu'il existât une différence, au point même du contact, entre l'identité et l'approchement sans intervalle ; et, dans cette supposition, il montrait qu'une division poussée à l'infini devait ne plus laisser subsister de parties réelles. Les parties disparaissant, l'unité et le tout de composition devaient aussi disparaître, et, par conséquent, la pluralité réelle. Cette argumentation a conservé toute sa force contre la méthode géométrique des « indivisibles », où l'on est obligé de distinguer entre la contiguïté immédiate et l'identité de lieu, et de composer des étendues avec des éléments inétendus ; mais le point faible de l'espèce d'infinitisme de Mélissos était la tentative d'assembler en un même concept d'ordre spatial les idées d'infinité et d'indivisibilité. Quoique intéressante à notre point de vue, la spéculation qui semblait commencer en ce sens ne modifiait en rien la position de Mélissos dans son école. En effet la négation de la pluralité et du changement (1) rend complètement indifférente la qualification de fini ou infini, limité ou illimité, donnée à l'être universel auquel on dénie tout contenu phénoménal.

Quand on met à part les analyses et théories morales, si nouvelles et si fécondes, qui eurent leur point de départ dans la critique socratique, on s'aperçoit que les véritables initiateurs, — et souvent les plus profonds

---

(1) J'ai omis, des thèses de Mélissos, celles qui se rapportent à l'impossibilité du devenir en général et n'intéressent pas directement la question de l'infini.

en ce que leurs vues étaient plus exclusives et plus absolues, — des systèmes qui règnèrent dans les âges suivants appartiennent tous à la première période de la philosophie grecque. Ce n'est pas seulement parce que la physique stoïcienne a sa source dans Héraclite ; la physique épicurienne dans Démocrite ; la théorie des éléments, le transformisme, l'évolutionisme, le mécanisme, chez tels ou tels des ioniens ou chez Empédocle ; le concept d'une intelligence suprême, motrice et ordonnatrice de la matière, dans Anaxagore ; les idées de Platon et les formes d'Aristote, ces principes de détermination de la matière et de limitation de l'infini, dans l'opposition toute pareille établie par les pythagoriciens entre l'illimité et le nombre ; enfin le principe du Bien absolu, père des idées, et celui de la Pensée pure, moteur immobile du monde, dans l'Un immuable des éléates ; mais c'est, en outre, que le problème de la plus haute métaphysique des âges suivants roula sur la difficulté que les éléates avaient tranchée audacieusement en niant la réalité de tout ce qui se divise et change, c'est-à-dire de tout ce qui paraît dans le monde. Ce problème demeura toujours tel qu'ils l'avaient posé, à cela près qu'on ne voulut plus qu'il y eût contradiction entre l'unité fondamentale de ce qui est et la production des phénomènes, qu'il y eût nécessité d'opter, dirions-nous aujourd'hui, entre le phénoménisme, comme sphère de la connaissance, et l'absolutisme qui confère la réalité à l'abstraction suprême de l'entendement. On se proposa de concilier l'unité pure de l'être avec sa multiplicité, son invariabilité avec le changement, le fini avec l'infini. Sous ce dernier aspect des choses, l'idée de l'infini continua d'abord d'être envisagée dans sa liaison avec l'idée de ce qui est inconnaissable au fond, et de la matière ; l'idée du fini et du déterminé, avec l'idée de ce qui possède l'existence réelle et peut seul se penser : c'est ainsi que l'école pythagoricienne avait établi un dualisme que Platon et Aristote conservèrent, quant au point essentiel, et malgré leurs divergences profondes sur la nature des essences premières et de la cause du monde ; plus tard, par le plus étrange renversement des notions, les attributs infinis touchant l'espace et le temps furent transportés à l'essence suprême, à Dieu, par conséquent, et les propriétés du fini se trouvèrent associées à la matière.

On remarquera, à ce propos, qu'après Anaxagore, et surtout après Socrate, il se produisit dans l'esprit des penseurs, — en dehors des écoles mécanistes et des écoles sceptiques, bien entendu, — une grande révolution sur la manière d'appliquer l'idée de divinité. Jusque-là, les philosophes avaient en général compris les dieux dans l'ordre universel de la génération : dieux aux attributs finis, par conséquent, et aux attributs du genre anthropomorphique et moral, sans la moindre difficulté, ce qui leur permettait d'éviter tout conflit avec les croyances religieuses. Parménide lui-même n'avait nulle part donné le nom de Dieu à cette essence une et immuable qui, absolument étrangère, selon lui, aux phénomènes, devait plus tard, en étant mise en rapport avec eux de manière ou d'autre, devenir le dieu de plusieurs grandes philosophies, et enfin de la théologie religieuse elle-même. Mais lorsque Anaxagore eut mis en avant sa théorie du premier moteur, intelligence suprême, et Socrate sa conception d'une providence universelle, on commença à assembler sous l'idée de Dieu les notions les plus générales possibles, et portées jusqu'à l'absolu, de la pensée, de l'ordre, de la cause, de la fin et du bien moral.

Platon, en un sens, s'éloigne bien peu des éléates, qu'il a combattus ; et, d'une autre part, il est bien près des pythagoriciens, dont lui-même et ses premiers disciples ont embrassé le dualisme et imité les spéculations sur les nombres. Sans doute, il ne nie pas précisément la réalité des phénomènes, comme le faisaient les éléates : il entend concilier le Même et l'Autre, l'Un et le Plusieurs, ce qui est et ce qui devient ; mais la pensée dominante de tous ses écrits ne laisse pas d'être celle qu'il exprime en opposant avec la plus grande force l'essence de ce qui *est toujours et jamais ne change* à celle de ce qui *devient perpétuellement et n'est jamais*. Sans doute aussi, les choses qui ont été faites ou qui se font *à l'imitation des idées immuables* ont par là même une réalité, selon lui, mais une réalité qui ne diffère pas beaucoup de l'existence réelle d'une illusion. La différence capitale avec l'éléatisme consiste en ce que les *idées* forment par rapport à l'unité suprême dont elles dépendent une vraie pluralité, et qu'ensuite ces essences multiples servent de types ou d'exemplaires pour la création des choses soumises au devenir. C'est ainsi que les phénomènes se trouvent rattachés au noumène, comme on dirait en langage kantien. Ils le sont par l'œuvre d'une création proprement dite, et non plus par le fait d'une évolution dans le cours du temps, ainsi que l'entendaient les « physiciens » ; car, selon Platon, le monde sensible (monde unique) est un monde qui a commencé, comme a commencé le temps lui-même, *image mobile de l'éternité* et caractère essentiel de tout ce qui se meut en observant certaines mesures et subissant l'empire du nombre. Qu'est-ce maintenant que le principe créateur ? Un Dieu éternel qui, pour créer, prend modèle sur les idées, et qui, à son tour, constitue des dieux inférieurs, engendrés mais impérissables, parties souveraines de la création, auxquels il transmet la fonction de produire les êtres mortels.

Il est difficile de discerner sûrement ce qui, dans cette dernière doctrine, a un caractère mythique et ce qui doit y être entendu à la lettre. Mais voyons comment s'y appliquent les idées de fini et d'infini, les plus propres de toutes à éclaircir le sens le plus profond d'un système touchant l'origine des choses. Si l'on voulait étendre le doute sur les vraies croyances de Platon jusqu'à celles des opinions qu'il a professées touchant l'éternité, l'infinité, le temps et le changement, et qu'Aristote lui a reconnues sans aucune trace d'hésitation, — on va quelquefois jusqu'à nier qu'il ait réellement admis l'immortalité de l'âme ! — on tomberait manifestement dans le mode d'interprétation le plus arbitraire; mais s'il s'agit simplement d'argüer de certaines intentions religieuses et sociales, parfaitement avérées d'ailleurs, qui auraient porté le penseur à déguiser sous des formes populairement accessibles, et utiles à la république, un concept métaphysique de création qui ne laisserait pas d'être sérieux dans sa doctrine, et suffisant pour la classer absolument à part de l'infinitisme panthéiste, alors, rien n'est plus vraisemblable.

Je me placerai successivement à deux points de vue. Dans une autre partie de mon travail, quand je traiterai des concepts opposés d'évolution et de création, et de la marche des idées sur ce sujet, après Platon, je considérerai sous son aspect vulgaire de débrouillement d'une matière chaotique préexistante l'œuvre démiurgique à laquelle se substitua, sous l'influence des penseurs judaïsants, la création *ex nihilo*. Ici je vais tâcher de me rendre compte des définitions les plus générales et les plus absolues de la métaphysique platonicienne, et d'en tirer les conséquences.

Les idées du fini et de l'infini se présentent, chez Platon, avec le même sens général que chez les anciens pythagoriciens, quoique les *nombres* prennent une heureuse extension, en passant aux *idées*, essences finies, à la fois déterminées et universellement déterminantes comme eux ; et quoique la thèse d'un premier commencement des phénomènes se dégage, en opposition avec le concept plutôt évolutionniste du cosmos pythagorique. La dépendance de la multiplicité ordonnée à l'égard de l'unité prémière et absolue est loin de s'éclaircir, car Platon s'exprime presque comme un éléate quand il parle du principe suprême et du néant des choses qui changent. Il faudra arriver à la théorie d'évolution des néoplatoniciens, pour trouver une tentative de solution de ce problème ultime de métaphysique transcendante. En somme, le dualisme pythagoricien est ce qui se formule le plus clairement, en fait de hautes généralités, dans la doctrine de Platon. Le fini devient la sphère des idées éternelles, un monde intelligible où tout ce qui se détermine dans le devenir prendra sa forme et son ordre avec les seuls caractères auxquels la réalité se reconnaisse. L'infini reste l'inconnaissable, l'indéterminé rebelle au nombre, un composé de contraires qui eux-mêmes ne se définissent que par les idées. Le rapport de cette nature avec celle de l'espace et de la matière est, à vrai dire, un rapport d'identité ; car la matière, indéfinissable, elle aussi, et infinie de composition, et composée de contraires, qualifiée de pure apparence et de non être, la matière a beau s'appeler d'autre part une *mère de la génération* dont Dieu est le *père*, on s'est interdit de lui attribuer aucune essence ou action positive, elle n'est jamais qu'indétermination pure.

Prenons le dualisme sous un autre aspect, celui du bien et du mal. Platon oppose à la *nature divine*, source et forme de tout bien, ce qu'il appelle une *nature de la nécessité*, qui ne se prête qu'imparfaitement à la vertu des formes ; il admet l'existence d'un contraire du bien (ὑπεναντίον τι τῷ ἀγαθῷ) ; mais le principe d'imperfection réside-t-il dans la sphère des idées, et faut-il l'y reconnaître aussitôt qu'on cesse de contempler le bien ou unité pure ? Ou bien la racine du mal est-elle dans quelque chose d'étranger aux idées et avec quoi le démiurge est forcé de compter ? Toute la question est là, quand on veut percer le voile des expressions mythiques de Platon et pénétrer sa pensée la plus profonde sur la nature de la création et la préexistence d'une matière. En effet, si la racine *idéale* du mal, la racine *métaphysique* (ainsi que la nommait Leibniz, traitant la même question au fond), est déjà dans le monde intelligible ; si le mal luimême se réalise nécessairement par l'acte créateur qui fait passer l'éternel sous les conditions du temps, et l'unité dans l'infinie multiplicité ; si le mal se présente, en ce cas, sous l'aspect d'une propriété des choses sensibles, attribuable à la nécessité de séparer et d'opposer les unes aux autres, en créant, les idées qui étaient ordonnées en leur nature éternelle, et qui entrent en conflit dès qu'elles passent dans les phénomènes, il est clair que la matière concrète et rebelle à mettre en œuvre par l'ouvrier devient inutile pour l'explication du mal ; et néanmoins l'acte créateur conserve sa réalité, par opposition à l'éternel, pourvu qu'on admette un commencement du temps. Or, telle me paraît bien être la pensée de Platon, attendu qu'il fait entrer formellement, dans la sphère des idées, l'*autre* aussi bien que le *même*, les *contraires* en général (tels que le *grand* et le *petit*) et jusqu'à l'*infini*, c'est-à-dire l'idée même de la matière, et que c'est là d'ailleurs une exigence de sa théorie de l'intelligible, dans lequel il faut que le sensible puise tout ce qu'il a de connaissable et l'idée même de ce qui n'est pas connaissable. Cela posé, les relatifs et les contraires ne pouvant entrer en jeu, dans le devenir et sous des apparences phénoménales, sans des exclusions mutuelles, des privations et des négations, on a évidemment une source du mal qui ne doit rien à la matière chaotique. Cette matière n'est plus qu'un symbole adapté à la représentation imaginative de l'œuvre du démiurge.

S'il en est ainsi, on peut voir dans le principe métaphysique de la théodicée de Platon, si obscure qu'il l'ait laissée, le germe d'une théorie du mal qui devait faire fortune en philosophie et en théologie, que Leibniz a mise en la plus grande lumière, et qui est encore loin d'être généralement abandonnée : c'est celle qui considère le mal comme inhérent à l'ordre phénoménal, à la réalisation du fini dans un monde créé, et par là réductible au fond à une *privation*. Ce qui fait que l'analogie n'a pas encore été aperçue, c'est la différence profonde, à d'autres égards, entre la manière pythagoricienne et platonicienne de comprendre la production des choses finies et sensibles, et la manière qui a prévalu dans la théologie chrétienne et dans la philosophie moderne. Suivant la première, comme j'ai dû souvent le rappeler, c'est le fini qui est le principe éternel de toute réalité et de tout bien ; l'ordre des phénomènes est l'effet d'une sorte de pénétration du fini dans l'infini ainsi soumis au nombre et à la mesure, qui seuls rendent la connaissance possible. Suivant la seconde, qui constitue à mes yeux une aberration complète, l'infini va avec la perfection en tous genres, et la production du fini devient la cause de l'imperfection d'un monde créé. Mais il reste cela de commun entre les deux sortes de conceptions de la création, que le passage du monde éternel immuable et des idées exemplaires au monde sensible du variable et du devenir implique des séparations et des oppositions, des réalisations de possibilités diverses et contraires. Il y a donc place, de part et d'autre, pour la théorie qui attribue le mal à la présence inévitable des actes partiels, des actes privatifs ou négatifs, en tous les phénomènes qui se déterminent dans le temps.

Il résulte de là que le concept de la création absolue n'est pas infirmé chez Platon (tout mythe écarté) par celui de l'éternité de la matière telle qu'il l'entend. S'il l'était par la doctrine des idées éternelles, on ne pourrait pas dire qu'il fût bien entier non plus pour les docteurs du christianisme. La pente de Platon au panthéisme n'est nullement plus accusée qu'elle ne l'a été chez la plupart des métaphysiciens; elle l'est beaucoup moins, si nous reconnaissons que sa manière de comprendre l'infini le préserve de l'infinitisme. C'est le point sur lequel j'ai maintenant à conclure. Le concept de l'éternité ne porte pas sur le développement d'un devenir qui n'aurait jamais commencé, puisque la production du temps lui-même dépend de l'acte créateur ; donc, de ce côté, la contradiction du nombre infini est évitée. D'une autre part, la divisibilité infinie de la matière échappe également à la contradiction, la matière n'étant rien de réel, et l'idée de la matière, ou de l'infini en général, ne comportant que des multiplications ou divisions possibles indéfinies, sans réalisation dans les phénomènes. Enfin, on ne saurait non plus attribuer à Platon la thèse infinitiste de la continuité du devenir dans le temps, car nous savons par Aristote, qui le combat en cela, qu'il considérait le changement (ou ses éléments) comme ayant lieu, non dans la durée, mais dans l'instant. Toutes ces thèses réunies obligent à classer la doctrine propre de Platon comme exempte d'infinitisme ; mais ceci n'empêche point que l'infinitisme ne se soit parfaitement adapté plus tard aux théories platoniciennes. Nous verrons l'interprétation se produire en ce sens, au moment où le concept du monde émané se substituant à celui du monde créé, les philosophes ont fait entrer l'infini dans l'unité, comme le contenu d'un contenant indivisé en soi, ce qui est contradictoire.

La différence d'Aristote à Platon, sur la question de l'infini, est profonde et intéressante. Aristote a appliqué à l'infini de quantité sa distinction familière de l'acte et de la puissance, et l'on peut dire qu'il a été en cela le premier auteur de la vraie théorie logique de l'infini, la seule qui échappe à la contradiction interne. Mais cette théorie ne peut être bien comprise, ni poussée à ses plus simples conséquences, qu'autant que l'idéalité du temps et de l'espace est reconnue; et Aristote n'a eu sur ce point que des éclairs fugitifs, — comme quand il lui arrive de se demander si le temps, ou peut-être même le mouvement, pourraient exister *sans l'âme* (*Physiq.*, IV, 20); — son réalisme physique l'emporte en ce qui concerne le mouvement, et il est conduit à l'infinitisme sous la double forme : procès à l'infini des phénomènes matériels dans le passé, continuité absolue de composition et de changement dans la quantité sensible. Par ce côté, il est indubitable que la doctrine d'Aristote est susceptible de se tourner en panthéisme matérialiste, et c'est en effet ce qui est arrivé plus d'une fois. La suppression du *moteur immobile* suffit à ce résultat.

Voyons d'abord son opinion de l'éternité du monde. Platon, dit-il, et lui seul jusqu'ici, a admis que le temps et le ciel sont nés; mais le temps est éternel, parce que tout instant suppose un *avant* ainsi qu'un *après;* le mouvement est une condition du temps, et, par conséquent, éternel comme lui; il faut, pour expliquer le mouvement, admettre un premier moteur immobile, mais ce moteur éternel est le principe d'un mouvement éternel en un temps infini. Ce principe n'a point de parties, point de grandeur; car s'il avait une grandeur, il faudrait que celle-ci fut infinie ou finie; or, infinie, nulle grandeur ne le peut être; finie, elle ne pourrait produire des effets à l'infini (*Physiq.*, VIII, 1 et 15). Quoi qu'il en soit de la nature de cet incompréhensible moteur, on voit par là que le monde qui dépend de lui est un infini actuel, ou réalisé, quant au passé, quant au nombre des phénomènes qui y ont pris place dans le passé; ce nombre est donc un *nombre infini*. Voilà bien un infinitisme déclaré; il semble qu'Aristote perde ainsi le droit d'affirmer qu'aucun multiple n'est infini en acte, car c'est certainement un acte accompli que celui qui se compose de tous les actes antérieurs qui se trouvent acquis au moment présent; et cependant voici comment il s'exprime, quand il a à s'expliquer sur l'infini d'une manière générale :

On peut dire de l'infini qu'à la fois il existe et n'existe pas; il est en puissance, soit comme addition, soit comme retranchement et division (nombre, temps, etc.), jamais en acte; il n'est pas *ce en dehors de quoi il n'y a rien*, l'entier, l'accompli, mais *ce qui laisse toujours en dehors quelque chose;* il est partie plutôt que tout, il est toujours contenu plutôt qu'il ne contient; il n'est jamais un tout donné, car il faudrait en ce cas qu'il fût divisible en d'autres infinis moindres que lui, ce qui est absurde, et Mélissos a eu tort contre Parménide quand il a voulu regarder le *tout*, non pas comme fini, mais comme infini. En un mot, l'existence de l'infini est démontrée par le fait de l'illimitation de la pensée du quantum, en nombre, temps, espace vide ou plein, mais la preuve ne saurait conclure *quant à l'acte*, attendu que *l'illimitation peut exister dans la pensée sans que cela prouve qu'il existe un illimité actuel* (*Physiq.*, III, 5-12). De ces analyses, assurément remarquables, et qui touchent par le point principal au criticisme, Aristote devrait conclure que l'infini n'est que l'idée des possibles du quantum, — non pas « ce qui contient », ou « ce en dehors de quoi il n'y a rien », car cela c'est *le tout*, et il l'a bien reconnu, — et non pas davantage « ce qui est toujours contenu », ou « ce qui laisse toujours en dehors quelque chose », car ceci est précisément *le fini*, — mais simplement la pensée des parties d'un tout idéal de composition indéterminée et arbitraire, variable à volonté. Au lieu de cela, séduit par le réalisme de la matière et du mouvement, il regarde l'infini, appartenant selon lui à la matière, à la *cause matérielle*, comme un *tout en puissance*, une *matière de la perfection possible de la grandeur* (III, 10) : définition contradictoire, puisqu'il s'agit d'une puissance inépuisable et dont l'acte correspondant est irréalisable, d'une perfection qu'on appelle possible et qu'on a déclarée impossible; définition illusoire, d'une autre part, vu que la matière est, aux yeux d'Aristote, comme à ceux des pythagoriciens et de Platon, le *pur indéterminé, sans forme*, et que l'indéterminé ne peut, ainsi qu'il le dit lui-même, rien déterminer ni rien soumettre à la connaissance.

Un point remarquable à noter ici, pour être complet, c'est que, des deux impossibilités logiques, touchant l'univers, qui sont comprises dans l'impossibilité de l'infini actuel, Aristote fait droit à l'une, sans se rendre compte de l'autre. Quand il est question du temps, qu'il définit *le nombre du mouvement quant à l'avant et à l'après*, il fait, on l'a vu, procéder le temps du mouvement, éternel suivant lui, et pose forcément ainsi un infini terminé, une « perfection de grandeur » acquise au moment présent pour ce qui ne devrait être infini qu'en puissance. Mais il en est tout autrement quand c'est de l'espace qu'il est question : Aristote n'admet point d'espace à part des choses, point de vide dans les corps ou entre les corps, aucune existence quelconque au delà du *ciel* ou des bornes de l'univers. L'univers, dit-il, borne tout et n'est pas lui-même borné par autre chose ; l'espace, en tant que grandeur extensive ou multipliable, n'est pas un infini ; au contraire, il est défini par une limite, à savoir par son contenu fini, et non point par une propriété de contenance sans fin : *l'espace est la limite première immobile du contenant* (IV, 6-17). En résumé, le monde d'Aristote est fini dans l'espace, infini dans le temps.

L'infinitisme, ainsi évité quant à l'extension spatiale, ne l'est pas clairement quant à la multiplicité interne qu'entraîne l'étendue divisible et le mouvement. Nous arrivons à la question de la continuité mathématique. Ici les analyses d'Aristote manquent de clarté : c'est qu'il est jeté dans un insurmontable embarras, voulant d'une part que les éléments de l'étendue et de la durée, dans le parcours d'un mobile, ne puissent se diviser et descendre effectivement à l'infini, vu que l'infini doit toujours demeurer en puissance ; et contraint, d'une autre part, en son réalisme invincible, à regarder comme traversées, parcourues en fait, des parties d'espace et de temps qu'il lui est interdit de considérer comme données en nombre déterminé, quelque grand qu'on imagine ce nombre. Mais, malgré l'obscurité qui enveloppe son explication sur la nature réelle du continu, je crois que sa pensée ne doit pas être interprétée, sans réserve, comme l'a fait Schopenhauer, en ce sens que le changement impliquerait des degrés à l'infini, et le mouvement local des parties en nombre infini dans toute ligne à parcourir et dans la durée de tout parcours (1). Il est vrai que cette interprétation s'impose par voie de conséquence, quand on considère une ligne, par exemple, comme actuellement donnée, avec des éléments linéaires sans nombre actuellement donnés en elle et comme elle. Mais voilà précisément ce qu'Aristote n'a pas bien éclairci dans sa physique.

La discussion des arguments de Zénon, telle qu'il l'institue, est ce que nous avons de plus instructif à cet égard ; et on peut dire que la solution apparente qu'il donne de la difficulté des continus mathématiques s'y rapporte tout entière. Il y revient à deux fois dans le même ouvrage : à la seconde, il reconnaît s'être contenté en premier lieu d'une réponse trop

---

(1) Schopenhauer, *La quadruple racine du principe de la raison suffisante*, p. 143-146 de la traduction française. — Ce philosophe oppose cette proposition d'Aristote à celle de Platon posant (dans le *Parménide*) le changement comme un acte soudain, ἐξαίφνης, un produit qui ne comporte ni lieu ni temps, ἄτοπος φύσις, ἐν χρόνῳ οὐδὲν οὖσα.

superficielle aux adversaires du mouvement. Il ne laisse pas de leur prêter, cette fois comme l'autre, certaine thèse facile à réfuter, devenue la plus familière peut-être à des éléates malhabiles, mais qui n'avait pas pu être au fond celle de Zénon, je pense l'avoir montré ci-dessus. Il suppose que ce dernier, ou communément les philosophes qui objectent à la possibilité réelle de traverser des intervalles divisibles et dont les parties se peuvent distinguer sans fin, imaginent pour leur propre compte des lignes géométriques composées d'éléments indivisibles, de points ; tandis que les arguments *sceptiques* (comme les aurait nommés Hume) de Zénon ont une portée générale, indépendante de la manière dont on conçoit la composition des continus, pourvu seulement qu'il s'agisse d'une composition *et réelle et infinie*. Aristote formule de plus l'objection de ces philosophes en ce sens que la possibilité contestée par eux aurait été celle du parcours d'un mobile traversant en un temps fini des intervalles distincts infiniment multipliés. Il lui est bien facile de faire à ceux qui présentaient la difficulté avec si peu d'intelligence une réponse cent fois reproduite depuis : le temps se divise en même temps que l'espace, etc.

« Cette réponse, dit Aristote, à l'endroit où il revient sur la question, est satisfaisante envers celui qui doute que les infinis (en étendue) puissent être traversés et nombrés dans le fini (du temps) ; mais au fait et pour la vérité même, elle ne suffit point ;... car si l'on fait porter la question sur le temps, qui admet des divisions à l'infini, la solution cesse de convenir ». Sous ce nouveau point de vue, le philosophe commence par rappeler brièvement une thèse sur laquelle il a souvent insisté, et qui est mathématiquement irréprochable : c'est que les continus ne sont pas composés d'indivisibles ; que la ligne en particulier n'est pas formée d'éléments insécables ; que le rôle du point, dans la contiguité des parties distinctes quelconques d'une ligne, est de servir d'extrémité commune à ces parties contiguës, la dernière de l'une et à la fois la première de l'autre ; et voici ce qu'il veut conclure de là pour expliquer le fait du mouvement continu (l'explication se rapporte à celle des formes de l'argument de Zénon où l'intervalle linéaire à traverser est considéré comme offrant une première moitié à parcourir d'abord, et, avant cela, la moitié de cette moitié, et ainsi de suite, à l'infini, ce qui est impossible, encore bien que le temps soit sujet aux mêmes divisions):

« Il est vrai que le continu admet des moitiés à l'infini, mais en puissance et non point en acte ; si on les obtient en acte, alors on ne les obtient plus avec continuité, mais on s'arrête », — savoir à chaque point-milieu qu'on a à traverser ; — « c'est ce qui évidemment arrive quand on compte les moitiés, car il faut en ce cas que le point unique compte pour deux, celui qui commence chaque moitié étant celui qui en termine une autre, lorsque l'on ne compte pas une longueur continue, mais deux demi-longueurs ». Cette observation fort juste sur le rôle du point dans la ligne continue ne touche pas la vraie difficulté. En effet, que le mobile idéal s'arrête ou qu'il ne s'arrête pas en chaque point-limite, et que ce point compte pour deux ou pour un, comme il ne s'agit pas de compter des points, mais bien des éléments linéaires décroissants à l'infini en progression géométrique, *et qui ne défaillent jamais*, il restera toujours vrai qu'un infini est parcouru en acte, *si la ligne est telle que ses parties existent en soi, elle-même étant quelque chose de donné en soi*. Il faut donc en venir à s'expliquer sur la nature de la ligne ou de l'idée que nous en avons. Aristote continue et reproduit d'abord sa distinction habituelle :

« Il faut donc répondre à celui qui demande si les infinis, soit de temps, soit de longueur, peuvent être parcourus : c'est ainsi, et ce n'est pas ainsi ; les choses en acte ne le peuvent, les choses en puissance le peuvent ; car le mobile qui se meut avec continuité parcourt les infinis par accident (κατὰ συμβεβηκὸς), mais, absolument parlant, non (ἁπλῶς δὲ οὔ). Il arrive (συμβέβηκε) à la ligne d'avoir des moitiés à l'infini, mais son essence et son être sont tout autre chose » (1). La distinction de l'accidentel et de l'absolu n'ajoute rien à celle de la puissance et de l'acte, pour faire apercevoir, à qui n'admet pas le nombre infini en acte, un rapport intelligible quelconque entre l'*acte* du mobile et les *puissances* infinies de division de la ligne qu'il parcourt, — à moins qu'on ne veuille interpréter les derniers mots ci-dessus d'Aristote, en ce sens que l'*essence* et l'*être* de la ligne, de ses parties et du mouvement lui-même, sont choses d'intuition, de représentation objective, et nullement des données en soi, indépendantes de toute pensée. Dans ce cas, le parcours *absolu*, qu'Aristote nie, serait celui que les réalistes imaginent tout le long d'une ligne en soi divisible sans fin ; et le parcours *accidentel*, qu'Aristote admet, se rapporterait à la représentation du mouvement entre deux limites d'espace et de temps données en cette même représentation. Tout s'éclaircirait alors,

---

(1) Aristote, *Physique*, VI, 1-14 ; VIII, 1.

mais Aristote ne s'est pas expliqué de la sorte. Il l'aurait pu assurément, car l'idée qu'il se formait de l'espace et de la matière en général est, comme celle de Platon, à l'extrême opposé du matérialisme ; mais elle est à la fois négative et réaliste, et le grand empêchement pour lui était là. S'il avait idéalisé nettement les notions qui sont des nids de contradiction pour le réalisme, il aurait paru, à son époque, donner raison à l'éléatisme, c'est-à-dire « nier le mouvement », parce qu'on n'avait pas appris encore à envisager dans les phénomènes de la pensée le fond et l'essence de ce qui est vraiment réel.

Le principe général duquel la question de l'infini et ses corollaires dépendent, je veux dire l'hypothèse et la possibilité, qu'il faut nécessairement *affirmer ou nier*, d'un *nombre* de choses distinctes quelconques, à la fois *accompli et sans terme, donné et déterminé, actuel et inassignable en soi*, ce principe ne parut jamais plus près de se dégager, avant ou depuis Aristote, que je viens de le montrer chez ce philosophe, discutant les arguments de Zénon. Après lui, ce point capital de doctrine retombe dans l'obscurité, son importance logique est ignorée, chaque école en dispose à sa fantaisie, dans un sens ou dans un autre, selon le point de vue qui lui convient pour chaque problème où il est impliqué. Ainsi, Épicure admet l'infini numérique, quand il s'agit du nombre des atomes dont les rencontres forment les mondes dans le vide de l'espace infini ; il le nie des éléments composants des corps, car l'atomisme n'est pas autre chose que l'abandon de l'idée de la divisibilité sans fin de la matière. Mais, tout en combattant la thèse du *plein*, les épicuriens ne peuvent éviter de considérer les atomes eux-mêmes comme des espèces de molécules pleines dont l'insécabilité physique ne saurait empêcher la composition en parties réelles, quand on se place au point de vue réaliste. La difficulté subsiste donc toujours, à l'égard des choses de l'espace. A l'égard de celles du temps, ils sont nettement infinitistes avec Démocrite et Aristote, et professent l'éternité des atomes, l'éternité du mouvement.

Les stoïciens prennent à peu près en tout le parti contraire. Il est vrai qu'en imaginant, à l'exemple d'Héraclite, une suite sans commencement ni fin de mondes vivants, mourants et renaissants, ils posent, eux aussi, une matière éternelle et éternellement mue ; mais ces mondes ne sont jamais qu'un seul et même monde, identiquement reproduit suivant la même loi nécessaire, avec les mêmes phénomènes répétés, sans aucune variation possible. Ce monde, tel en cela que le monde d'Aristote, est fini, borné, et toutefois n'a rien hors de lui, parce que le vide et l'espace ne sont rien de réel, selon les stoïciens. Sous ce rapport, la question de l'infini est bannie du champ de la controverse, comme par une fin de non recevoir. Il semblerait, au premier abord, qu'elle ne peut l'être en ce qui concerne l'intérieur du monde; car cette école admet le plein de matière; elle l'est encore pourtant, à cause de la manière dont on y conçoit l'essence des corps. La matière évolutive et incessamment transformée des stoïciens est identique aux qualités dont elle est revêtue, identique aux forces qui l'animent et qui ne sont jamais au fond qu'une seule et même force de tension du dedans au dehors et du dehors au dedans, dont les degrés divers répondent aux états d'énergie ou de relâchement, d'expansion ou de concentration de l'éternel « feu artiste », l'éther. En un mot, l'essence des corps, selon cette doctrine, diffère tellement de ce que conçoivent les écoles mécanistes, en cela d'accord avec les opinions les plus communes sur la solidité, la résistance et l'impénétrabilité, qu'on y pose la thèse de la *compénétration* des parties de la matière. Si l'on rapprochait la physique stoïcienne de l'une des hypothèses que le progrès des sciences a suggérées aux philosophes modernes, sur la nature ou constitution intime des corps, on pourrait trouver une certaine analogie entre l'éther stoïcien dont les parties, toujours pénétrables, sont liées par une force susceptible de deux sens opposés, qui tantôt les resserre et tantôt les épand, selon que varie le *tonos*, l'état de tension du fluide vivant universel, entre cet éther, dis-je, et le système des purs points d'application de forces, sortes d'atomes immatériels dont les attractions et les répulsions relatives aux distances expliquent les phénomènes sans aucune fiction de solidité absolue ou de résistance invincible. Il est vrai que ce dernier système suppose le vide, tadis que les stoïciens supposaient le plein. Mais l'idée du plein est obscure, dès qu'elle cesse de s'appliquer à une matière impénétrable; ou plutôt sa vraie signification ne répond plus alors qu'à cette solidarité absolue de tous les phénomènes qui est le dogme capital du Portique. A ce point de vue, il serait presque permis de dire que la physique stoïcienne est immatérialiste, malgré toutes les apparences contraires, et c'est par là qu'elle exclut l'infinitisme, en tout ce qui tient aux choses de l'espace. Elle reste matérialiste, suivant l'acception la plus ordinaire du terme, à cause de la doctrine de l'unité de substance, et de la nature des qualités de cette substance, qu'elle tire des propriétés sensibles extériorisées et réalisées, et enfin du transformisme physique de l'agent universel.

Jetons maintenant un regard d'ensemble sur la philosophie dogmatique des anciens, le nouveau platonisme seul étant encore laissé de côté : nous trouverons que l'infinitisme, à l'égard des phénomènes du temps et de ceux de l'espace à la fois, a été professé, depuis Démocrite, par l'école mécaniste, malgré ce que l'insécabilité de l'atome pourrait donner à penser de contraire. La même opinion de l'existence d'un sujet matériel divisé et mobile, mu antérieurement à toute pensée, sans commencement possible, dans un espace également *sujet en soi*, et sans bornes, a appartenu et appartient à la même école dans la philosophie moderne. Elle s'adapte d'ailleurs sans difficulté à l'hypothèse du plein remplaçant celle du vide : on substitue en ce cas au mouvement des atomes et à leurs modes de composition divers, les tourbillons d'une matière divisible sans fin et suceptible de toutes sortes de figures et d'agencements de ses parties. L'infitisme ne devient même par là que plus net et plus accusé.

Si nous distinguons le point de vue du temps de celui de l'espace, nous trouvons que la doctrine de l'éternité du changement et du mouvement est commune aux écoles de l'antiquité, à deux exceptions près : les éléates en ont été exempts, grâce à la thèse de l'unité absolue de l'être et du caractère illusoire des phénomènes du devenir; puis, l'idée de la création, autant qu'elle a pu se dégager de la supposition de phénomènes quelconques antérieurs, a conduit à la thèse d'un commencement du temps, laquelle ne diffère pas de celle d'un premier commencement de phénomènes quelconques. Mais Héraclite et les stoïciens, s'ils doivent être comptés au nombre des partisans d'un monde fini, ne le peuvent pourtant pas, en tant que cette doctrine permettrait d'éviter l'infinitisme quant au temps, puisque le mode fini ne correspond pour eux qu'à l'une des sections particulières que composent toutes ensemble une évolution éternelle de phénomènes périodiques.

Enfin, l'infinitisme dans l'espace est plus ou moins évité au fond par les écoles idéalistes, quoique les explications données à ce sujet manquent de clarté partout ailleurs que chez les éléates. Ces écoles doivent ce privilège au caractère abstrait, ou même négatif, que la notion de matière revêtit chez les pythagoriciens et qu'elle conserva chez Platon, chez Aristote, chez les stoïciens mêmes, en dépit de leur méthode sensationiste et naturaliste, et finalement chez les nouveaux platoniciens, dont il me reste encore à parler. Ceux-ci, en interprétant la doctrine platonicienne des idées dans le sens de l'émanation, transportèrent l'idée de l'infini sur un théâtre nouveau. Avant eux, il était reçu que la matière, indéterminée de sa nature et dénuée de forme, était l'imperfection même, si ce n'est même un pur non être; et l'infini, son attribut et comme son essence, ne pouvait pas davantage répondre à l'idée de la perfection. Cette vue de la matière se conserva sans doute chez les nouveaux platoniciens; et en même temps elle s'altéra (surtout relativement à l'aristotélisme), parce que le système émanatiste exigeait que le dernier degré de l'émanation fût occupé par le *mal*, concurremment avec l'*infini* et la *matière*. Mais, d'une autre part, l'infini se releva jusqu'à prendre place au plus haut sommet de l'échelle des êtres, par une raison fort simple, inhérente au même système; c'est qu'il fallait envisager, à la source de chacune des classes de choses émanées, une certaine nature enveloppante dont le contenu en un certain sens, tout immodifiée en soi qu'on la prétendît, se rapportât cependant à la multitude infinie de ces choses qui en descendaient. Là me paraît être une origine philosophique de la transformation de l'infinitisme, passé de l'idée d'imperfection ou de non être à l'idée de perfection et d'accomplissement de l'être. Il y en a une autre, parallèle à la première et qui tient au développement de la doctrine de la création.

On peut prendre le système de Plotin pour un type excellent de la spéculation néoplatonicienne. Ce philosophe est d'ailleurs, sans comparaison, le plus profond de son école et a toujours été considéré comme le chef de l'une des grandes divisions de la pensée philosophique. Voyons donc sa théorie de l'infini. Le principe, l'*Arché* suprême est, suivant lui, cet Un absolu, le Bien pur de Platon, auquel il refuse tout attribut qu'on puisse nommer, y compris même tout ce que nous pouvons penser de rapports intelligibles quand nous parlons soit du bien, soit de la pensée, soit de l'être; c'est un inconnaissable que nous connaissons par négation, ainsi, dit-il, que nous voyons les ténèbres quand nous ne voyons rien; c'est donc un vrai non être, en dépit du raffinement et de la contradiction systématique qui font dire à Plotin qu'il est l'être et qu'il ne l'est pas, qu'il est en repos et qu'il est en mouvement, etc., etc. À l'extrémité opposée est une autre sorte de non être, la matière, l'infini, le fantôme de l'étendue, l'indéterminé sans forme, aspiration continuelle à la forme. Il semblerait d'après cela que l'infini joue le même rôle ici que dans l'ancienne philosophie idéaliste. Mais rappelons-nous que Platon se trouvait déjà obligé de lui faire une certaine place dans le règne immobile des idées. Plotin le fait de même remonter dans le monde intelligible et distingue pour cela deux infinis, l'archétype et son image, le premier desquels, ou infini idéal, a son principe dans l'Un. Mais la doctrine de l'émanation le conduit plus loin : le réalisme infinitisme se dessine chez lui de plus en plus clairement à mesure qu'on descend les degrés du monde émané. A commencer par l'Un, antérieur à l'être, on est fondé à lui attribuer une nature infinie, quand Plotin le nomme une ἄπλετος φύσις qu'il n'est pas plus possible d'embrasser que de qualifier. Les intelligibles forment une infinité dans l'Un, quoique réellement indivisé. « Dieu, dit Plotin, est partout à la fois, présent tout entier et identique. Si nous reconnaissons une pareille nature pour *infinie*, puisqu'elle n'a pas de bornes, n'avouerons-nous pas que rien ne lui manque. Si rien ne lui manque, c'est qu'elle est présente à chaque être ; si elle ne pouvait l'être, il y aurait des endroits où elle ne serait pas, il lui manquerait quelque chose. Les êtres qui existent au-dessous de l'Un existent en même temps que lui, sont auprès de lui, se rapportent à lui, se rattachent à lui comme ses créatures, en sorte que participer à ce qui est après lui, c'est participer à lui-même ». Plotin donne de cette doctrine une illustration géométrique. Il compare l'Un au centre d'une circonférence, auquel concourent des rayons en nombre infini qui semblent déterminer en ce point unique autant de points particuliers, relatifs aux existences individuelles de ces rayons. Enfin, la même pensée se retrouve aux degrés successifs de l'émanation : l'Intelligence est une et multiple ; elle est infinie, en ce sens qu'elle embrasse tout ce qui descend d'elle ; et l'Ame du monde est infinie à son tour, une et infinie, une vie et toutes les vies, contenant toutes les âmes, qui à la fois s'en séparent et ne s'en séparent pas. A la vérité, Plotin se montre plus embarrassé quand il essaie de s'expliquer sur l'existence du *nombre infini* pris en lui-même ; la contradiction le frappe, ou plutôt la tradition de ses prédécesseurs le retient encore ; il est subtil, obscur et diffus, et n'en finit pas moins par conclure qu'« on peut appeler *infini* le nombre intelligible, en ce sens qu'il n'est pas mesuré... Le nombre qui existe là haut est *universel*, est à la fois un et multiple; il constitue un *tout* que ne circonscrit aucune limite, un tout qui est infini; il est par lui-même ce qu'il est » (1).

La distinction de l'acte et de la puissance ne saurait servir à lever la contradiction, attendu le substantialisme et le réalisme inséparables de cette mythologie des idées. Nous voyons donc s'implanter dans le mysticisme émanatiste auquel aboutit la philosophie platonicienne, et qui est la théologie d'une sorte de religion destinée à rivaliser dans les esprits, tantôt ouvertement, tantôt secrètement et jusqu'au bout, avec le christianisme, un système de propositions contradictoires assemblées pour la définition de Dieu et de l'univers. La racine en est dans l'infinitisme.

Du moment que la notion d'infini cessait de s'appliquer exclusivement à la matière, à cet indéterminé qui reçoit du nombre et de l'idée l'ordre et la forme, et qu'elle fournissait des attributs au principe suprême de toute production ou ordination des choses, il est clair que la notion de perfection pouvait s'unir à celle qui s'était présentée jusque-là comme son contraire. Si on réfléchit à la liaison qu'une métaphore des plus naturelles établit entre les grandeurs proprement dites et les qualités quelconques susceptibles de degrés, on ne trouvera pas étonnant que les attributs intellectuels et les attributs moraux, correspondant à des qualités plus ou moins *grandes* du sujet, aient été regardés comme portés à l'*infini* en même temps qu'élevés à la *perfection*. Introduite peu à peu dans les habitudes de l'esprit, cette malheureuse modification de l'ancienne terminologie engendra l'équivoque qui existe encore aujourd'hui entre l'infini de quantité et l'infini moral : l'un qui ne peut désigner intelligiblement qu'une *puissance* de nombrer, et dont l'accomplissement actuel est contradictoire; l'autre qui exprime au contraire l'*acte* achevé, auquel il ne manque rien de ce qui est de sa nature, savoir en matière de choses qu'on ne pense nullement comme quantités ou nombres quand on les qualifie de parfaites. Infinitiste ou non que soit un philosophe, partout où la question de la possibilité du nombre infini se trouve engagée, il devrait toujours avouer qu'entre l'idée d'une bonté infinie (ou parfaite), par exemple, et celle d'une matière infinie (c'est-à-dire ou étendue ou divisible sans bornes), il n'y a rien de commun en ce qui touche la façon d'appliquer et d'entendre ce mot, *infini*, puisqu'un

---

(1) Plotin, *Ennéades, passim*; trad. de M. N. Bouillet, t. I; p. 132, 143, 220; II, p. 227; III p. 80, 332, 346, 399, 404.

principe à tout le moins contesté se trouve impliqué dans le second cas et ne l'est point dans le premier. Mais il y a toujours ce rapport et ce lien, que, soit qu'il s'agisse des qualités intellectuelles et morales, ou des quantités relatives à l'espace et au temps, on les porte à l'absolu d'un accomplissement qui peut se penser sans contradiction de la nature des unes, et que l'on prétend qui se conçoit également de la nature des autres. De là l'identification et la confusion. De deux absolus on n'en forme qu'un seul; on les assemble sous l'idée la plus générale de la *perfection* ou, comme l'on dit, de l'*être*; et l'on est ainsi conduit tout ensemble au panthéisme, terme fatal qu'on cherche à se déguiser de cette théologie soi-disant rationnelle, et à l'adoption d'un système de propositions au fond contradictoires, parce que de l'infini quantitatif, à savoir de ce qu'on ne peut réaliser *sans laisser toujours en dehors quelque chose* (ainsi que s'exprime Aristote), on s'oblige à faire une chose réelle *en dehors de quoi il n'y ait rien.*

La religion chrétienne avait ses affinités naturelles du côté de la philosophie du fini. La raison en était dans ses origines judaïques, dans son anthropomorphisme divin, dans ses tendances essentiellement morales, dans la doctrine de la création et dans le point de vue exclusivement humain où les chrétiens se plaçaient pour l'explication du mal. Ces causes furent assez puissantes pour écarter du christianisme, non toutefois sans peine et sans de grandes luttes, les doctrines orientales d'émanation ou d'éternité du monde et du mal, représentées par de nombreuses hérésies; mais elles ne suffirent pas pour préserver la théologie de l'infinitisme en ce qui regarde la nature de Dieu et l'enveloppement du monde par les attributs divins. Je ne dirai rien ici des insurmontables difficultés qui n'arrêtèrent pas les spéculations des docteurs de l'Eglise quand ils empruntèrent les dogmes de l'*unité*, de la *simplicité* et de l'*immutabilité* absolues de la nature divine, à des philosophes grecs qui n'avaient pas eu comme eux à les concilier avec les propriétés d'un « Dieu vivant » et avec les rapports réels de ce Dieu à lui-même, à ses pensées, à ses actes, aux pensées et aux actes de ses créatures. Je laisse également de côté l'accord impossible, et cependant affirmé, des existences individuelles et des volontés libres des individus avec une *puissance* et une *science* de Dieu portées « à l'infini », c'est-à-dire auxquelles doit rigoureusement revenir, et c'est bien ainsi qu'on l'entend, tout ce qu'il y a, tout ce qui s'est fait, se fait ou se fera de réel dans le temps, dans l'espace et par les créatures. Ces contradictions solennelles qui ont défrayé deux mille ans de controverses n'intéressent qu'indirectement la question de l'infini de quantité. Mais celle-ci se pose d'une manière directe quand il s'agit des attributs d'*éternité* et d'*immensité*.

Les théologiens se sont partagés entre deux théories de l'éternité : les uns tiennent pour l'*éternité successive*, c'est-à-dire composée d'une multitude infinie de moments (ou durées finies quelconques) qui se succèdent, et cette opinion est manifestement infinitiste; car dès que l'on suppose un sujet réel, pour cet attribut de durer éternellement en mode successif, que ce sujet d'ailleurs soit Dieu ou le monde, son existence à cet égard doit se former d'éléments dont un *nombre infini* est déjà actuellement nombré, à quelque moment qu'on s'arrête; on a une grandeur infinie, à la fois toujours réalisée et toujours susceptible d'augmentation, ce qui est absurde. Mais d'autres, en plus grand nombre, sont partisans de l'*éternité simultanée*, qui, rapportée à la vie divine, a pour formule : *Interminabilis vitæ tota simul et perfecta possessio*. Or, il y a contradiction entre ces deux termes attributifs de la possession : *Interminabilis* et *tota simul*, le premier étant relatif à l'idée du temps qui s'écoule, puisqu'on dit d'une certaine vie qu'elle ne finit point, et le second à l'idée de simultanéité, négatif de la succession; et si l'on cherche la racine de la contradiction, on voit tout de suite qu'elle tient à l'infinitisme. L'éternité simultanée prend en quelque sorte ces deux éternités dites *antérieure* et *postérieure*, ces deux infinis en lesquels se décompose, à un instant donné quelconque, l'infini de l'*éternité successive*; elle les met en bloc et déclare qu'elles existent *en même temps* dans la nature divine. Le procédé infinitiste est ainsi étrangement redoublé, car on ne se contente plus du nombre infini actuel des moments écoulés, on y ajoute un nombre infini actuel des moments *qui s'écouleront*, et on affirme que le tout ensemble n'est pour Dieu qu'un seul et même moment.

Pour Dieu, dit-on; mais *en soi*, absolument parlant, qu'en est-il de cela? voilà ce qu'il faudrait savoir. Il semble que Dieu devrait connaître ce qui est comme il est, et non pas comme il n'est pas; en d'autres termes, il semble bien que si le temps, la succession n'existent pas pour Dieu, — autre formule convenue en théologie, — c'est qu'ils n'existent qu'à titre d'illusion propre aux êtres finis. On pourrait croire que cette manière de comprendre l'éternité et le temps permet d'échapper à la contradiction et à la supposition du nombre infini, que les théologiens, généralement, repoussent, quand elle s'offre directement à eux. Il est vrai que ce moyen a l'inconvénient d'assimiler la doctrine chrétienne à l'Yoga des Indiens, et cela leur répugne fort, quoiqu'ils n'en soient pas loin. Mais même à ce prix, la contradiction et l'infinitisme sont-ils réellement évités ? Je ne le crois point ; il faut considérer la marche que suit l'esprit pour l'établissement du dogme.

On est obligé d'avouer que l'éternité ne se comprend point ; on l'avoue en effet, et même en termes suffisamment énergiques. Mais alors d'où et comment, par quel procédé est-on conduit à définir cette idée d'une chose que l'on ne comprend point ? La réponse est simple : c'est en partant du temps, l'unique intuition que l'on ait, et la seule qui se rapporte à des choses que l'on comprend ; puis en poussant à l'infini l'idée de l'addition des moments de la durée, des éléments de la succession, tant en arrière qu'en avant ; et enfin en formant le concept d'un *tout réalisé* de ces mêmes éléments dont le mode de sommation toujours indéfini, toujours en puissance, exclut logiquement le concept d'un *tout réalisable*. C'est donc bien la méthode de l'infinitisme et de la définition des sujets par des termes contradictoires ; on n'en saurait suivre une autre pour constituer l'idée d'une éternité actuelle.

La généralité des scolastiques ont exprimé l'idée de l'éternité indivisible et simultanée en la définissant comme *un instant dans lequel toutes choses coexistent réellement*. D'autres docteurs, sentant que cela revenait à nier la réalité du temps, et voulant la maintenir, ont objecté aux premiers et à leur vaine distinction de la connaissance divine des choses du temps *in mensura propria*, d'une part, *in mensura aliena*, de l'autre, qu'il était impossible de concevoir comment il pourrait y avoir coexistence entre les choses de l'homme, qui se succèdent, et les choses de Dieu, qui ne se succèdent point (1). Il n'en est pas moins vrai que ceux qui ont assimilé l'éternité *tota simul* à l'instant se sont montrés plus logiques, et ont été plus hardis que d'autres dans les mots seulement, car

---

(1) Voyez Clarke, *Démonstration de l'existence et des attributs de Dieu*, chap. vi. — Voyez aussi dans Fénelon (*Démonstration*, etc., p. II, chap. ii) la curieuse pièce d'éloquence sur le double point de vue de la création, éternelle à l'égard de Dieu, temporelle à l'égard de la créature.

l'instant est, relativement au temps, l'unique concept qui satisfasse à la fois aux conditions de la simultanéité parfaite et de l'indivisibilité.

L'attribut divin d'immensité est parallèle à celui d'éternité et fournit un sujet de spéculations toutes semblables. Dieu est présent partout par son essence et ne peut être borné par aucun lieu, par aucun espace : voilà la thèse. Sans doute, l'espace est créé, selon les théologiens, et n'appartient pas à la nature de Dieu; mais il ne laisse pas d'être infini en extension et infiniment divisible. Quoique l'étendue ne puisse être à l'égard de Dieu, « pur esprit », qu'une étendue « intelligible », c'est par rapport à l'étendue, sujet actuellement donné que les corps occupent ou peuvent occuper, que l'universelle et actuelle présence de Dieu s'entend nécessairement. La question du rapport de Dieu incorporel et inétendu à l'espace est donc exactement la même que celle du rapport de Dieu sans durée proprement dite ni succession au temps. Aussi dit-on qu'il embrasse l'un comme l'autre et sans participer à leurs propriétés. Il est en tout temps également présent à tous les points de l'immensité; il y est et il y agit, quoique son essence demeure simple et indivisible, et il possède l'ubiquité sans s'étendre ni se localiser. Les scolastiques ont été conduits par là, et rien n'était plus logique, à assimiler l'immensité au point, de même que l'éternité à l'instant. A cet aboutissement de la doctrine, le procédé infinitiste s'accuse nettement comme ci-dessus, en ce que, des inépuisables éléments d'un sujet composé que l'on pense, on fait un sujet réel où ils s'accomplissent tous et rentrent dans l'indivision et dans l'unité pure d'un tout qui ne peut plus se nommer un tout. Ou, si ce n'est pas cela, c'est donc qu'il faut dire que l'espace (même l'espace intelligible) est, comme le temps, une illusion des créatures, et ne répond point à ce que les choses sont en soi ou pour le créateur.

Pendant le siècle qui précéda la naissance de la philosophie moderne, l'infinitisme régnait dans les écoles d'ailleurs les plus opposées d'aristotéliciens et de platoniciens, et parvenait chez ceux-ci à sa dernière et à sa plus étonnante expression : l'identité des contraires. Ce n'eût été rien de bien nouveau, après ce qu'on vient de voir des doctrines théologiques, si on n'en était pas venu à appliquer directement à la conception du monde ce que les théologiens enseignaient sur la nature de Dieu, et à substituer l'*immanence* à la *création*, ce qui n'ajoutait certainement aucune difficulté au système, et en faisait disparaître une fort considérable : celle des rapports des attributs de Dieu comme personne avec ses attributs infinis relativement au temps et à l'espace. En même temps, les découvertes astronomiques, l'hypothèse de Copernic et ses conséquences touchant la place et le degré d'importance de la terre dans le monde matériel et dans l'ordre des mouvements agrandissaient singulièrement la vue que le penseur pouvait prendre de l'univers. Une induction sans fondement logique, et néanmoins naturelle, le fait l'a bien prouvé, s'ancrait peu à peu dans les esprits : c'est que, la terre n'étant pas le centre immobile du monde, les corps célestes, leurs distances, leurs révolutions, leur nombre, ne formant pas, *que l'on sache,* un système déterminé unique, mais paraissant se multiplier et s'étendre indéfiniment quant à notre connaissance, le monde en lui-même ne forme pas non plus un tout, mais s'étend réellement dans l'espace infini. L'éternité de la matière et du mouvement est une autre opinion qui n'est pas sans doute inséparable de celle de l'infinité spatiale, mais qui lui est parallèle et s'y joint aisément.

L'aristotélisme averroïste se montre fidèle à Aristote en considérant le monde comme infini quant au temps et au mouvement. La doctrine de l'éternité de la matière et du procès interminable *a parte ante* des phénomènes, jointe à celles de la nécessité de l'œuvre divine, du caractère évolutif de cette œuvre, de l'impersonnalité de l'agent suprême et de l'absorption des individus dans le tout, est ce qui valut tant d'importance à cette école, pendant le moyen âge et à l'époque de la Renaissance, par opposition aux interprètes orthodoxes du stagyrite. Infinitiste à l'égard de la succession et de la causalité (en dépit de l'hypothèse du premier moteur et de l'intelligence active ou première), l'averroïsme cessait de l'être dès qu'il s'agissait de la matière, essence des possibles, infinie en puissance seulement; il s'en éloignait surtout par la conception éminemment aristotélique du monde comme système de corps et de mouvements, tous finis et déterminés de quantité dans un espace qui n'en est que l'universel contenant. Mais cette dernière théorie, liée qu'elle était dans l'aristotélisme à de grandes erreurs portant sur les faits, à des hypothèses d'astronomie et de physique devenues insoutenables, fut précisément celle qui contribua le plus à son discrédit croissant et finalement à sa ruine. Le néoplatonisme de la Renaissance résultait d'un élan plus vif et plus nouveau de haute spéculation philosophico-religieuse, et, moins étroitement attaché par ses traditions propres à des opinions incapables de se défendre sur le terrain de l'expérience, il était plus favorable en somme au progrès scientifique. Or, quand il arriva au néoplatonisme, en la personne de Giordano Bruno et sous l'influence des découvertes du XVIe siècle, d'abandonner la doctrine de l'émanation et les qualifications négatives de la matière, et de rapporter directement les idées d'éternité et d'infinité au monde, au développement propre du monde, on vit paraître le système infinitiste le plus radical qu'on eût encore connu. Ce n'était encore au fond que cette même identification des contraires, dont la scolastique avait donné l'exemple en spéculant sur la nature de Dieu et de ses rapports avec l'ordre créé, mais l'idée, mise absolument à découvert et appliquée à la nature, prenait un caractère d'extravagance plus marqué, — ce qui toutefois ne l'empêcha pas, deux siècles plus tard, de se trouver du goût de bien des philosophes allemands, tant de l'école de Kant que parmi les adversaires du criticisme.

Longtemps avant Bruno, le cardinal Nicolas de Cusa avait composé un système de panthéisme accommodé aux mystères de la théologie chrétienne, dans lequel Dieu figurait comme *grandeur absolue* réunissant dans l'*unité* les deux contraires, le *plus grand* et le *plus petit*, l'*être* et le *non être*, le *repos* et le *mouvement*, et tout à la fois l'Intelligible suprême et la suprême Intelligence. L'identité du *maximum* et du *minimum* expliquait à ce philosophe l'immanence divine, en même temps que la création, la trinité et l'incarnation. En philosophie mathématique, il identifiait la ligne droite, le triangle et la circonférence du cercle, grâce à ce procédé de l'infinitisme qui, aujourd'hui comme alors, peut parfaitement conduire au même résultat toute spéculation réaliste en matière d'idées géométriques. Il suffit de transporter au point de vue physique et naturaliste les idées théologiques du cardinal de Cusa, pour trouver les points fondamentaux de la philosophie de Bruno : l'infinité du monde matériel, quoique unité et tout; la matière simple et indivisible constituant l'infinie multiplicité des choses; l'être de l'univers tout entier présent dans chaque individu; le corps identique au point, le fini à l'infini, l'infiniment grand à l'infiniment petit, le centre à la circonférence. Elle est de Bruno cette formule, si souvent répétée depuis, qu'il n'a pas trouvée le premier, mais développée en ces termes : « L'univers n'est que centre ; ou encore, son centre est partout et sa circonférence n'est nulle part, en tant qu'elle diffère du centre; ou sa circonférence est partout et son centre est introuvable, en tant qu'il diffère de la circonférence ». Avant Hegel, Bruno avait admiré chez le vieil Héraclite la doctrine du devenir universel par le procès des contraires : « Vous entendrez avec plaisir la sentence d'Héraclite ; il dit que toutes choses sont un et que l'un, grâce au changement, a en soi toutes les choses, et que, ayant en lui toutes les formes, toutes les définitions lui conviennent, et qu'ainsi les propositions contradictoires sont vraies ». Enfin, certaines conséquences du principe de l'identité qui intéressent fortement la morale ne lui ont point échappé, quoiqu'il ait laissé à de lointains successeurs le développement du corollaire concernant le bien et le mal, leur nécessité commune et leur fondamentale indifférence. Après avoir expliqué sur un diagramme l'identité mathématique de l'angle le plus obtus et de l'angle le plus aigu, puis déclaré, en physique, l'existence d'un principe indivisible de la chaleur, séparé de toute chaleur, et dans lequel le chaud et le froid s'identifient, « qui ne voit, continue-t-il, que la corruption et la génération n'ont qu'un seul et même principe? Le dernier degré du corrompu n'est-il pas le premier de l'engendré? Ne dirons-nous pas : ôté celui-là, posé celui-ci, c'était celui-là, c'est celui-ci? Certes, si nous observons bien, nous verrons que la corruption n'est rien qu'une génération, et la génération rien qu'une corruption : l'amour est une haine et la haine un amour à la fin. La haine de ce qui est contraire est l'amour de ce qui convient ; l'amour de l'un est la haine de l'autre. *En substance donc, à la racine, c'est même chose qu'amour et haine, amitié et discorde.* N'est-ce pas dans le poison que le médecin cherche avec le plus de facilité l'antidote? et la vipère ne fournit-elle pas la meilleure thériaque? Grands poisons, remèdes excellents. Une puissance est toujours de deux objets contraires. Et d'où voulez-vous que cela vienne, si ce n'est de ce que le principe de l'être est un, de même que le principe du connaître est un, à l'égard d'un objet et de l'autre; et que les contraires sont par rapport à un sujet ce qu'ils sont par rapport à un seul et même sens?... Pour conclure, qui veut apprendre les plus grands secrets de la nature doit regarder et contempler les minima et maxima des contraires et opposés. C'est une magie profonde, celle qui consiste, après avoir trouvé le point d'union, à dégager le contraire. Il y tendait, en sa pensée, le pauvre Aristote, quand il posait la *privation*, jointe à certaine disposition comme génératrice, père et mère de la forme ; mais il n'y arriva pas, il n'y put parvenir, parce que, mettant le pied sur l'opposition comme genre, il s'y empêtra, ne descendit pas jusqu'à l'espèce de la contrariété, manqua le but et s'en écarta au point de dire que les contraires ne peuvent être unis actuellement en un même sujet » (1).

Il ne faut pas, même en une simple esquisse comme celle-ci, oublier de mentionner et de caractériser une méthode mathématique de l'infini dont l'origine est proche voisine du temps de Bruno, et qui servit à guider dans leurs découvertes les plus éminents géomètres du XVIIe siècle, avant la naissance du calcul auquel s'attacha exclusivement le nom d'*infinitésimal*. Il est incontestable, et il est grandement à remarquer ici que, quelque difficulté qu'on ait trouvé de tout temps à éclaircir le vrai principe logique de ce dernier calcul, jamais ni ses deux illustres inventeurs, ni les plus renommés et les plus autorisés de ceux qui ont fait des applications, ni enfin, et jusqu'à nos jours inclusivement, l'immense majorité des auteurs et professeurs qui en ont approfondi ou exposé la méthode n'ont été des infinitistes en géométrie. Ils ont repoussé le nombre infini, la quantité infinie actuelle (le *maximum* de Bruno) comme renfermant une contradiction *in adjecto*, par la raison que toute quantité, par définition, est susceptible d'augmentation et de diminution, que tout nombre est nécessairement déterminé, et que la loi des relations mathématiques exigerait, dans la supposition de l'existence d'un infini quantitatif, qu'il en existât une infinité compris les uns dans les autres, ce qui ouvre un abîme d'absurdités ; et ils ont rejeté l'infiniment petit actuel (le *minimum* de Bruno) parce qu'on tombe, en l'admettant, dans le dilemme ou de lui attribuer, quel qu'il soit en lui-même, la nature d'une quantité, ou de lui dénier toute valeur de quantum. Or, dans la première hypothèse, l'infiniment petit reste une quantité comme une autre, définie comme toute autre par ses rapports à d'autres, susceptible d'augmentation et de diminution, à laquelle enfin l'idée de l'infini n'est applicable en rien ; et dans la seconde hypothèse, on se condamne au contre-sens logique de *composer* la quantité de chaque espèce avec des éléments qui ne sont pas des quantités de cette espèce, *le nombre en soi de chaque chose avec des unités en soi qui sont des zéros !*

Ce dernier vice est précisément celui de la géométrie des *indivisibles*, dont les inventeurs considéraient les lignes comme composées de points accumulés sans fin, les surfaces de lignes, les volumes de surfaces, et ne laissaient pas de conserver les définitions euclidéennes, le point sans

(1) *De la causa principio et uno, Dialogo quinto; Opere*, édit. Wagner, t. I, p. 291.

dimensions, la ligne sans largeur, etc. Aussi ne faisaient-ils pas difficulté d'accorder que leur méthode était injustifiable en principe; ils la proposaient seulement et l'employaient pour résoudre certains problèmes difficiles qui furent plus tard du ressort de la géométrie infinitésimale, — à quoi ils réussissaient en effet pour des raisons qu'on n'a pas à expliquer ici. Cette méthode décriée par ses propres auteurs représenterait, si l'on n'en eût désavoué le principe, la véritable méthode *infinitiste* en géométrie, celle à laquelle conduisait l'étrange élucubration d'un Bruno sur le *maximum* et le *minimum* de grandeur. Si on lui avait appliqué le nom d'*infinitésimale*, elle aurait été plus justement désignée que ne le furent ainsi plus tard les calculs différentiel et intégral, dont le vrai fondement n'est pas l'infini, mais l'indéfini. L'indéfini est en effet l'unique expression correcte du mode de composition et de décomposition des idées géométriques.

Je reviens à la philosophie. De toute la sophistique combinée des théologiens et des philosophes naturalistes au sujet de l'infini, avant Descartes, il resta, pour le dogmatisme du xviie siècle, une forte disposition à manier audacieusement cette idée dans les deux domaines, confondus sous ce rapport, de la perfection intellectuelle et morale, et de la perfection de l'être relativement à l'espace et au temps. L'ardente polémique des novateurs contre l'aristotélisme avait été en grande partie alimentée par les questions physiques; c'est là surtout qu'elle se montrait victorieuse; et la physique était manifestement le principal objet des penseurs, en ce temps de renouvellement et de progrès des sciences et de l'esprit scientifique. L'idée de l'infini devait donc s'étendre sur ce champ de spéculations et de recherches, quoiqu'elle s'y trouvât plus ou moins arrêtée ou gênée par la crainte des théologiens, qui, infinitistes à leur manière, ne voulaient cependant permettre aux philosophes ni de mettre en Dieu l'espace et la matière, ni d'attribuer à la matière une essence infinie qui menait au même résultat. Mais cela n'empêcha point Gassendi, restaurateur de l'atomisme épicurien, de ramener la pensée sur l'infinité des atomes et des mondes d'Épicure (malgré ses propres réserves motivées par le dogme de la création), non plus que Descartes, créateur d'une physique nouvelle, d'ouvrir une large porte au panthéisme et au matérialisme par sa théorie de l'étendue-matière et de l'enchaînement infini, indépendant, des phénomènes de figure et de mouvement, — en dépit de la métaphysique qu'il sut faire passer pour orthodoxe, et qu'il plaça comme un portique superbe à l'entrée de l'édifice de la science du monde physique.

Cette métaphysique, bien examinée, en ce qui touche les célèbres démonstrations de l'existence de Dieu, montre parfaitement les deux idées de l'infini dont j'ai parlé, unies et confondues dans une idée commune de perfection. Ou du moins la distinction, si on veut l'y introduire, exigerait chez Descartes une doctrine de l'essence et de la composition de la matière, autre que celle qui obtint certainement son adhésion. La définition générale qu'il en donne et l'usage qu'il en fait dans toutes ses théories physiques se rapportent à une étendue 1° subjective, je veux dire constituant un sujet hors de la pensée, et réelle (sous la garantie de la véracité divine); 2° telle en soi que nous la pensons, et par conséquent sans bornes; 3° infinie, quant à sa division possible en parties données implicitement avec elle et aussi réelles ou subjectives qu'elle-même. Cette *étendue* de Descartes a pour lui la nature et les fonctions de la matière des philosophes mécanistes, à deux exceptions près, qui sont : qu'il rejette bien loin toute idée de lui attribuer d'autres qualités que la figure et le mouvement, ou de demander à ses modifications les causes proprement dites des phénomènes de la *pensée*; et qu'il remplace par le continu et le plein d'une seule et même existence spatiale les atomes pleins et les intervalles vides de Démocrite et d'Épicure. Mais la première de ces différences, radicale à certain égard, ne touche pas à la question de l'infinitisme matériel; la seconde renforce cet infinitisme, en rend le caractère plus net et plus tranché dans le double sens de l'extension et de la division d'un sujet unique, et ajoute aux autres propriétés de ce sujet du mécanisme celle de continuité absolue et de parfaite solidarité, dont la physique d'Épicure avait tenu à se défendre.

Descartes, en faisant rentrer l'idée de l'infini dans l'idée de la perfection, en soutenant dans ses ouvrages et dans ses réponses aux objections de ses contradicteurs (Hobbes et Gassendi notamment), que nous avons de l'infini une idée positive, laquelle suppose l'existence d'un sujet en qui elle est réalisée et de qui nous la tenons, n'a pas distingué, comme pouvant n'être pas également légitimes, entre les applications de cette idée à l'esprit et ses applications à la matière. Descartes, dans les questions de physique, a, pour des raisons faciles à pénétrer, donné la préférence à l'emploi du mot *indéfini* sur celui du mot *infini*, pour tout ce qui concerne l'extension et la division; mais en s'expliquant sur ce point, il se contente de dire qu'il n'a pas besoin de supposer un infini effectif ni de s'embarrasser des difficultés qu'on fait à ce sujet ; il rapporte quelques-unes de ces dernières, et au lieu de remarquer qu'elles acculent l'esprit à d'inévitables contradictions, il a recours à une défaite, qui est de prétendre qu'il faudrait avoir un « esprit infini » pour les résoudre. Ailleurs, quand il rencontre sur son chemin l'argument de l'*Achille*, il le réfute en alléguant la somme finie de *tous les termes* d'une progression géométrique de *termes à l'infini* (infiniment décroissante), et, dans la démonstration qu'il tente de cette sommation contradictoire, que fait-il ? Il admet tout simplement qu'une certaine opération, sur une ligne droite de longueur finie, a été faite « un nombre de fois actuellement infini ! » Jamais pétition de principe ne fut plus à découvert que dans cette preuve singulière ; mais il en résulte clairement que l'infinité actuelle des parties de l'étendue, et par conséquent de la matière, qui répond identiquement à la même notion dans la physique de Descartes, représente la véritable opinion de ce philosophe (1). On peut en conclure que, s'il lui arrive à certains endroits de remarquer que Dieu seul est infini, rigoureusement parlant, et qu'il y a toujours des imperfections et des bornes dans « les autres choses », malgré toute apparence contraire, il n'entend parler que des modes variables de figure et de mouvement de ces choses, et non de cette « substance » de l'étendue qui les embrasse toutes.

Enfin, si l'on examine avec la moindre attention les attributs compris dans cette définition de Dieu si complexe de Descartes : « une substance infinie, éternelle, immuable, indépendante, toute connaissante, toute puissante, et par laquelle moi-même et toutes les autres choses qui sont (s'il est vrai qu'il y en ait qui existent) ont été créées et produites », on s'apercevra qu'ils impliquent des propriétés relatives à l'espace et au temps, de même qu'à l'intelligence ; que l'infinité de Dieu doit donc porter sur les unes comme sur les autres, et que Descartes n'a songé qu'il fallût démontrer ni que tous ces attributs divers élevés à l'infini n'ont rien entre eux d'incompatible et qu'ils se peuvent unir pour former tous ensemble la *perfection* suprême, ni que ceux qui se rapportent directement ou indirectement à l'ordre de la quantité sont exempts de contradiction en eux-mêmes. Et si

---

(1) Descartes a lui-même dévoilé sa véritable opinion de l'infinité de la matière et du procès infini de la division de ses parties, dans ses lettres au P. Mersenne (n°s 115 et 119 de la Correspondance, édit. de 1667, t. I, pp. 520 et 539). Pour l'*Achille*, voir la lettre 118.

au lieu de détailler ainsi la définition, on s'attache à l'idée générale et abstraite de l'infini et du parfait, telle qu'il faut la concevoir pour donner un sens à la démonstration fameuse de l'existence par l'essence, — l'existence étant réclamée comme l'une des perfections du Parfait, — on reconnaîtra aussitôt que tout ce qui peut être qualifié de réel, et à plus forte raison d'infini, la substance étendue par conséquent, doit appartenir à l'essence divine, selon l'esprit d'apriorisme mathématique de la philosophie de Descartes, — encore que lui-même le nie formellement, sous ce prétexte que la nature corporelle, par le fait de sa composition, témoigne de la dépendance et un manque de perfection (1).

Les deux grands disciples de Descartes furent des infinitistes résolus, ainsi que le comportait le concept de l'étendue-matière, mais avec cette différence considérable entre eux, que Malebranche maintint la doctrine de la création et nia le procès à l'infini des phénomènes *a parte ante*, qu'il n'attribua à Dieu, en qui nous *voyons tout*, que la seule étendue *intelligible*, et que même il révoqua positivement en doute, *au point de vue de la raison et de l'évidence*, l'existence réelle de toute autre étendue ou matière que celle-là; qu'il insista avec beaucoup de force et par des arguments très clairs sur l'impossibilité de se former des idées de l'étendue et du temps en soi, c'est-à-dire de penser sur ce double sujet autre chose que des rapports; et qu'enfin cette importante théorie de Berkeley (aujourd'hui de Helmholtz et de plusieurs autres savants ou philosophes) est la sienne aussi, d'après laquelle tout ce que nous savons des corps a pour nous une valeur pratique et non de théorie. Mais, où l'infinitisme de Malebranche s'accuse nettement et va jusqu'à l'affirmation du nombre infini actuel, c'est quand il admet l'échelle descendante à l'infini des êtres créés et l'emboîtement sans fin des germes des plantes et des animaux (2).

De cette infinité des êtres et des phénomènes, il est évident que le principe doit de manière ou d'autre se transporter à Dieu, en qui, selon Malebranche, ils existent tous par leurs idées, et même par tout ce qu'il y a de réel en eux. L'infinitisme est donc établi là, déclaré en principe, autant qu'il avait pu l'être dans l'*Ethique* de Spinoza. Mais il s'étale chez ce dernier avec une sorte d'extravagance, — dont la source est probable-

---

(1) Descartes, *Discours de la méthode*, 4e partie; *Méditations métaphysiques*, III, 26-32; *Principes de la philosophie*, 1re partie, 14-27; *Lettres*, édit. de 1667, t. I, lettre 118, p. 535.
(2) Malebranche, *Recherche de la Vérité*, liv. I, chap. 6 et 7; *Eclaircissements*, n° 6.

ment à chercher dans la Kabbale, — grâce à l'étrange supposition d'une infinité d'attributs infinis, tous inconnus à l'exception de deux, de la nature divine ; il prend surtout sa signification claire et complète en se joignant à la doctrine énergiquement embrassée du procès à l'infini des deux ordres à nous connus de phénomènes, au sein de l'unité de substance, sans distinction d'étendue intelligible et d'étendue substantielle ; et si, de plus, nous réfléchissons à la conciliation que le spinosisme exige des thèses d'unité, indivisibilité et nécessité, d'une part, et de celles qui posent, d'autre part, l'infinie division et l'infinie succession, nous sommes naturellement amenés à une théorie du genre de celle de l'identité des contraires de Giordano Bruno. Ce point est le seul sur lequel on trouve plus de clarté et des affirmations plus dures chez Bruno, de qui les éjaculations confuses ne soutiennent pas d'ailleurs la comparaison avec le puissant système éthico-métaphysico-physique de Spinoza. Ce système considéré dans l'ensemble de ses principes et de ses conclusions métaphysiques, méthode à part, est resté le type accompli du dogmatisme rationaliste, dans l'hypothèse du monde éternel, infini et nécessaire. Schelling, Hegel et Schopenhauer n'ont pu y rien ajouter d'important à cet égard. Aussi a-t-il conservé de nombreux admirateurs et des adhérents directs, malgré ce qu'ont d'antipathique à la mode aujourd'hui régnante sa méthode géométriquement didactique, sa morale solitaire et l'absence de toute évolution humaine ou cosmique.

Si ce mérite ne semble pas appartenir au même degré à la philosophie de Leibniz, quoique tellement supérieure au pur spinosisme par la manière dont la substance, la cause, le temps, l'espace et la matière y sont définis, ainsi que par la notion, non pas moins stricte, mais plus douce de l'universelle nécessité des choses, cela ne me paraît pas provenir entièrement de ce que les abstractions de Spinoza semblent plus rapprochées du point de vue matérialiste, et les théories de Leibniz, en leur profondeur, moins accessibles à la pensée vulgaire, mais aussi d'un manque de décision ou de franchise de ces dernières, en ce qui concerne la question de l'infini et les conséquences à tirer de l'infinitisme. Considérons les affirmations directes de Leibniz touchant l'univers ; elles sont fort nettes : l'univers matériel est infini en extension, infini également dans le sens de la division, toute partie limitée quelconque du monde sensible étant un composé *plein* de monades qui forment un tout de parties à l'infini, sans nombre. On remarquera qu'ici l'infinitisme n'est nullement écarté par cette circonstance que la doctrine des monades exclut la fiction d'un espace sujet en soi et la matière subjective des philosophes mécanistes. En effet, la divisibilité sans fin et l'infinité numérique portent sur les êtres eux-mêmes, n'importe comment définis, et sur leurs assemblages réels ; il semble donc que Leibniz aurait dû logiquement admettre l'existence du nombre infini actuel; mais il n'en est rien, et ce philosophe la nie formellement, quand la question se présente à lui dans l'abstrait. Dans ce cas, c'est le mathématicien qui se trouve empêché par la rigueur des plus claires notions de se mettre d'accord avec le physicien. L'anomalie est d'autant plus frappante qu'elle se rencontre chez l'inventeur de l'analyse infinitésimale, et que c'est lui-même, cet inventeur, qui s'abstient d'interpréter sa nouvelle méthode de calcul en un sens, mathématiquement erroné, il le déclare, mais qui semblait tellement indiqué, tellement naturel, qui était surtout conforme à ses propres vues sur la composition numérique des corps, sur l'infinité des êtres qu'il regardait comme les éléments d'un être fini quelconque. Il n'y a pas de fait plus instructif que celui-là dans tout le cours de l'histoire de l'idée de l'infini.

Mais le doute ou l'obscurité, dans la doctrine leibnitienne, tiennent principalement à un autre point, et c'est encore l'infinitisme qui s'y trouve mis en cause. Cette fois, ce n'est plus Leibniz le mathématicien qui s'arrête devant une conséquence claire de ses vues sur l'infini dans la nature; c'est Leibniz théologien, ou peut-être retenu par un sentiment conservateur ou intimidé par l'autorité « spirituelle ». Quoi qu'il en soit, si quelque chose ressort fortement de ses arguments et de ceux de l'adversaire, dans sa polémique célèbre avec Clarke, c'est que le principe de la « raison suffisante », tel qu'il le pose et qu'il l'applique à la question de la création, relativement à l'espace et au temps, est incompatible avec la définition traditionnelle de l'acte créateur comme se rapportant à un moment déterminé et coupant l'éternité en deux, au lieu d'être lui-même un acte éternel. Le philosophe qui admettait l'infinité du monde quant à l'espace, et qui soutenait l'impossibilité, avant la création, de déterminer un temps plutôt qu'un autre, aussi bien qu'un lieu plutôt qu'un autre, où la création pût prendre place, ce philosophe aurait dû logiquement penser que le monde est éternel, de même qu'il est infini. L'impossibilité d'assigner la « raison suffisante » d'un commencement des phénomènes du temps semblait l'obliger à soumettre ces phénomènes, ainsi que ceux de l'étendue, à la loi du procès à l'infini; par suite, à déclarer que le créateur, en tant que ce nom convient à Dieu, a créé partout et toujours, et que, à l'égard de la créature, la création signifie simplement l'éternelle dépendance. Cette logique de l'infinitisme a répugné à Leibniz, quoique le plein spinosisme n'en fût pas la conséquence inévitable, et qu'il fût encore possible (car d'autres depuis en ont ainsi jugé) de la concilier avec le maintien des attributs intellectuels et moraux de Dieu, avec la Providence et l'optimisme. — Je veux dire seulement que quelques difficultés insolubles de plus ou de moins ne sont pas faites pour démonter un penseur qui ne s'est pas laissé troubler une première fois pour admettre cette contradiction *in adjecto* : l'*infini actuel* de la quantité. C'est ce que Leibniz a fait formellement (1).

On a vu que, dans l'antiquité, l'infini quantitatif actuel avait été ou rigoureusement exclu, ou reçu incomplètement et à grand peine par les écoles idéalistes, à cause des idées qu'on s'y formait de ce qui est imparfait, indéterminé et indéterminable, et de la matière. Au contraire, les écoles empiristes et sensationistes avaient tout d'abord introduit cet infini d'une façon confuse, et il fut adopté nettement et résolûment par celles d'entres elles qui donnèrent au matérialisme la forme la plus tranchée, la forme du mécanisme universel. Le cas est précisément inverse pour la philosophie moderne, à partir du moment où l'identification de l'infinité et de la perfection devint une sorte de lieu commun des écoles idéalistes, qui, d'une part, prenaient la suite des spéculations infinitistes des théologiens et, de l'autre, en transportaient l'esprit hardiment dans la sphère physique, afin de concevoir un monde matériel aussi *parfait* que le Tout-Puissant eût pu le faire. Ce furent alors les écoles empiriques et sensationistes qui soumirent à la critique les idées d'infini et de substance et parvinrent à mettre en doute l'existence d'un sujet réel et en soi de ces idées. La raison de ce renversement des rôles entre les deux grandes sectes de philosophes tient évidemment à ce que l'empirisme des modernes est beau-

---

(1) Leibniz, *Théodicée*, 2e partie, n°s 195 et 225, et *Discours*, n° 70; *Lettres à des Brosses*, t. 1re; *Examen de Malebranche*, sub. fin.; *Polémique avec Clarke*, 4e écrit, n° 21; 5e écrit, n°s 30, 52, 56-60 et apostille du 4e écrit. — Voyez la *Critique philosophique*, 5e année, n° 31, et Penjon, *De infinito apud Leibnitium*, thèse latine 1878.

coup plus analytique et psychologique que l'empirisme des anciens et que l'apriorisme de l'école rivale (1), et aussi moins dogmatique, en général, que l'un et que l'autre. De là son mérite particulier et les services qu'il a rendus.

Hobbes, le premier, dans le parti opposé à Descartes, s'est expliqué sur la question de l'infini avec cette netteté singulière qui est l'une de ses plus éminentes qualités. Dans les brèves objections qui furent communiquées de sa part à ce dernier, sur ses *Méditations métaphysiques*, on lit ces mots au sujet de Dieu considéré comme *substance infinie* : « J'entends que cette substance est infinie (c'est-à-dire que je ne puis concevoir ni imaginer ses termes, ou ses dernières parties, que je n'en puisse encore imaginer d'autres au delà), d'où il suit que *le nom d'infini ne nous fournit pas l'idée de l'infinité divine, mais bien celle de nos propres termes et limites.* » C'est au fond la thèse adoptée plus tard par Locke et par un grand nombre de ses successeurs et qui s'énonça ainsi : l'infini est une *idée négative*. Hobbes donne, dans ses ouvrages, des définitions concises de ce mot *infini*. Et d'abord en ce qui touche le nombre : « Le nombre infini est celui dont on ne dit pas quel nombre c'est ; car si on le dit binaire, ternaire, millénaire, etc., il est toujours fini ; mais si l'on ne dit que ceci, que *le nombre est infini*, il faut comprendre que c'est comme si l'on disait que ce nom, *le nombre*, est un nom indéfini. »

A l'égard du temps et de l'espace, Hobbes admet une infinité en *puissance*, c'est-à-dire la possibilité qu'il soit toujours donné plus d'heures ou de pas que quelque nombre donné de ces mêmes unités ; « mais on doit observer, ajoute-t-il, qu'encore que dans ce temps ou espace qui est infini en puissance on puisse compter plus d'heures ou de pas qu'aucun nombre qu'on puisse assigner, ce nombre sera toujours fini, parce que tout nombre est fini... De l'espace ou du temps sans bornes, on ne peut dire ni qu'il est un *Tout*, ni qu'il est *Un* ; il n'est pas un Tout, car il faudrait pour cela qu'il fût composé de parties ; et des parties quelconques, toutes finies en particulier, formeraient toujours, même étant prises ensemble, un tout fini ; et il n'est pas *Un*, attendu que l'un ne se dit que d'une chose comparée à un autre, et qu'il est inintelligible que deux espaces ou deux temps

---

(1) N. B. L'apriorisme ne devrait point être au préjudice de l'analyse mentale la plus fine possible ; tout au contraire ; mais, en fait, les aprioristes modernes, avant Kant, se sont contentés d'analyses très sommaires.

soient infinis. » — Il résulte de là, et du principe de relativité, dont l'emploi, fait par Hobbes en cette occasion est remarquable, que l'infini en puissance de la quantité ne peut jamais passer à l'acte.

A l'égard du monde, Hobbes n'accepte pas comme valable le raisonnement suivant, qu'il rapporte, à l'aide duquel un auteur qu'il ne nomme pas a voulu prouver que le monde est fini : « S'il est vrai que le monde soit infini, on peut y considérer quelque partie qui soit éloignée de nous d'un nombre infini de pas; or nulle partie de cette espèce n'y peut être considérée ; donc le monde n'est pas infini. » La majeure de l'argument lui paraît contestable, — à tort peut-être, car la contradiction qu'il y trouve renfermée peut se mettre sur le compte de l'infinitiste et non de l'adversaire de celui-ci ; — mais sa propre conclusion ne laisse pas d'être radicale, et d'ailleurs aussi claire qu'on puisse la souhaiter : « Quand, dit-il, on demande si le monde est fini ou infini, on n'a rien dans l'esprit sous ce mot *le monde* ; car tout ce que nous imaginons est fini par là même, soit que nous allions en comptant jusqu'aux étoiles fixes, ou jusqu'à la neuvième, à la dixième, à la millième sphère. Tout ce qu'on demande au fond se réduit à ceci : autant nous pouvons ajouter espace à espace, autant Dieu a-t-il multiplié les corps actuellement? » — D'après ce qui précède, il faut, ce semble, interpréter ce dernier passage, le seul qui reste un peu obscur, en ce sens : L'étendue du monde est-elle assez grande pour que, *en fait*, aucune de nos supputations ne puisse y atteindre, quoique nécessairement finie en elle-même?

Enfin la divisibilité à l'infini du temps et de l'espace est admise par Hobbes, et même ingénieusement démontrée en son acception mathématique, c'est-à-dire potentielle et idéale, avec une réserve expresse contre toute interprétation qui poserait une division effective infinie ou éternelle (*ac si fieret aliqua infinita sive œterna divisio* (1).

Il y a une cause de faiblesse dans l'argumentation de Hobbes, et de l'école empiriste après lui, contre l'infini. Dans cette école, on ne veut admettre de formes mentales pouvant correspondre à des réalités, que

---

(1) Hobbes, *Philosophia prima*, VII, 11-13. — Conf., *Leviathan, De Homine*, c. III : « Quand nous disons d'une chose qu'elle est infinie, cela signifie seulement que nous ne pouvons en concevoir les bornes, les limites ; que nous ne pouvons rien concevoir excepté notre propre impuissance. C'est pourquoi le nom de Dieu n'est pas prononcé pour que nous le concevions (car il est incompréhensible, et sa grandeur, sa puissance sont inconcevables), mais pour que nous l'honorions. »

celles qui procèdent des sens ou qui sont susceptibles d'être *imaginées*. On croit donc en avoir assez dit contre l'existence réelle du sujet en soi d'une idée objective, quand on a constaté que l'objet mental est négatif, c'est-à-dire posé par voie de simple négation d'un rapport inhérent à toute représentation sensible (le rapport de contenu à contenant, ou de limitation), et, par suite, impropre à figurer dans l'imagination. Mais les aprioristes ne se laissent point convaincre par cet argument : ils prétendent que c'est l'infini qui est positif, et que c'est le fini qui est négatif, étant borné, et que c'est avoir l'idée de l'infini que de nier toutes bornes. Et en effet on peut certainement *concevoir* l'existence en soi d'un objet qu'on n'*imagine* point : — un myriagone, une vitesse d'un milliard de myriamètres par seconde, etc. ; — et, d'une autre part, une chose peut fort bien exister dont on n'obtient l'idée qu'en retranchant, en niant d'une chose déjà connue certain de ses attributs sensibles : — un cygne qui n'est pas blanc ; l'habitant des antipodes, avec sa station opposée de la nôtre par rapport aux étoiles ; la pesanteur des corps qu'on a longtemps nommés *légers* à cause des apparences, etc. — Quand une hypothèse ainsi obtenue par voie négative n'est pas, comme les précédentes, de nature à être confirmée (ou démentie) par l'expérience, l'unique moyen qu'il y ait de l'atteindre sûrement pour la renverser, c'est de montrer qu'elle est illogique, c'est-à-dire contradictoire en elle-même. Hobbes a fait assurément ressortir, dans les passages précités sur le *nombre*, l'*un* et le *tout*, l'illogicité de la réunion de termes contradictoires tels que l'infini en puissance et le tout, l'infini en puissance et l'un, l'infini actuel et le nombre. Mais ses arguments semblent reposer au fond, ou pour le sentiment qui les inspire, plutôt sur l'impossibilité d'une représentation sensible ou imaginative de l'infini que sur le vice logique de la conception que l'infinitiste prétend former.

Si maintenant nous passons de Hobbes à Locke, nous allons trouver la même netteté de certaines affirmations capitales, mais avec une visible inconséquence dans les conclusions, ce qui provient certainement de la faiblesse du point de vue empirique en fait de thèses dont la raison, la logique doit décider. Locke prend l'origine de nos idées de l'infini dans la *réflexion* appliquée aux *sensations*. Il montre comment notre pouvoir de multiplier ou diviser la quantité sans que nous trouvions un terme à ces opérations dans notre pensée nous conduit à l'idée de l'*infinité* ; c'est ainsi qu'il nomme ce qu'on appelle plus ordinairement aujourd'hui l'idée de l'indéfini. Il distingue cette infinité *sans fin* d'avec l'infini lui-même, qui devrait évidemment *avoir une fin*, s'il était réalisé et donné ; et, partant de là, il démontre qu'on ne saurait avoir une « idée *positive* d'un nombre actuellement infini », ni par conséquent d'un espace infini, d'une durée infinie, ou d'une division actuelle infinie de ces mêmes quantités prises dans leur état fini. Voici, à cet égard, le passage le plus saillant :

« Je ne pense pas que ce soit une vaine subtilité de dire qu'il faut distinguer soigneusement entre l'idée de l'*infinité de l'espace* et l'idée d'un *espace infini*. La première de ces idées n'est autre chose qu'une progression sans fin, qu'on suppose que l'esprit fait par des répétitions de telles idées de l'espace qu'il lui plaît de choisir. Mais supposer qu'on a actuellement dans l'esprit l'idée d'un espace infini, c'est supposer que l'esprit a déjà parcouru et qu'il voit actuellement toutes les idées répétées de l'espace, qu'une répétition à l'infini ne peut jamais lui représenter totalement, ce qui renferme en soi une contradiction manifeste... Je crois être en droit de conclure que l'idée d'un espace, ou, ce qui est la même chose, d'un nombre infini, c'est-à-dire d'un espace ou d'un nombre qui est actuellement présent à l'esprit, et sur lequel il fixe et termine sa vue, est différente de l'idée d'un espace ou d'un nombre qu'on ne peut jamais épuiser par la pensée, quoiqu'on l'étende sans cesse par des additions et des progressions continuées sans fin. »

On s'attendrait à ce que le philosophe qui non seulement nie que l'idée de l'infini actuel soit une idée positive, mais qui va même jusqu'à remarquer qu'une telle idée ne s'établirait dans l'esprit que moyennant une contradiction formelle, que ce philosophe, dis-je, niât également l'existence d'un sujet réel et en soi, propre à réunir ces termes contradictoires : fini et sans fin. Il n'en est point ainsi. La doctrine du réalisme atomistique oblige Locke à penser de cela tout différemment. Il admet l'existence d'un espace en soi et du vide, dans le sens où l'entendent les atomistes, et dès lors : « Je pense, dit-il, être en droit de dire que nous sommes portés à croire qu'effectivement l'espace est en lui-même actuellement infini, et c'est l'idée même de l'espace qui nous y conduit naturellement... Partout où l'esprit se transporte par la pensée, parmi les corps ou au delà de tous les corps, il ne saurait trouver nulle part des bornes et une fin à cette idée uniforme de l'espace ; ce qui doit l'obliger à conclure nécessairement de la nature et de l'idée de chaque partie de l'espace, que l'espace est actuellement infini. »

Et de même pour le temps : « Comme nous acquérons l'idée de l'immensité par la puissance que nous trouvons en nous-mêmes de répéter l'idée de l'espace aussi souvent que nous le voulons, nous venons aussi à nous former l'idée de l'éternité par le pouvoir que nous avons de répéter l'idée d'une longueur particulière de durée, avec une infinité de nombres ajoutés sans fin... Mais de savoir s'il y a quelque être réel dont la durée soit éternelle, c'est une question toute différente de celle que je viens de poser, que nous avons une idée de l'éternité. Et sur cela, *je dis que quiconque considère quelque chose comme actuellement existant, doit venir nécessairement à quelque chose d'éternel* (1). »

Il est bon de remarquer que, d'après la manière dont Locke arrivait à l'affirmation de l'espace *immense* et de *la chose éternelle*, il était obligé de considérer dans ces sujets un accomplissement *actuel* du procès *interminable* qui caractérise les idées d'*infinité* et d'*éternité*. La contradiction entre le point de vue réaliste et le point de vue logique est impossible à lever. En abandonnant la métaphysique réaliste en ce qui touche la quantité, Berkeley s'est trouvé dans une situation plus nette à l'égard de la question de l'infini. Le principe que ce philosophe a voulu établir avant tout, et qu'il a développé dans ses principaux ouvrages, a un caractère éminemment criticiste relativement à toutes les doctrines antérieures. Suivant lui, une fausse supposition généralement reçue a été la cause de la confusion et des inconséquences dont la philosophie est pleine, et, par suite, d'une tendance croissante des esprits vers le scepticisme. Cette supposition, c'est que la matière, l'espace, le temps, la substance, la cause, ces abstractions, sont des entités, indépendantes de l'esprit qui les perçoit ou les conçoit. Les objets sensibles n'existent qu'en leurs idées, par leurs idées ; *tout leur être est d'être perçu*. Le point de vue ordinaire de l'empirisme est ainsi complètement renversé. Mais ainsi s'opère un rapprochement singulier, sur la question de l'infini, entre Berkeley et Hobbes, en passant par dessus Locke. L'esprit anti-réaliste est le point de jonction

---

(1) Locke, *Essai philosophique concernant l'entendement humain* (trad. de Coste), liv. II, chap. XVII. — Il est piquant, mais non pas surprenant chez un écrivain du style de Locke, de voir les « réflexions » qui ruinent le fondement de l'infinitisme (n°ˢ 6 et suivants de ce chapitre) non pas précéder mais suivre les conclusions (n°ˢ 4 et 5) qui l'établissent.

entre deux philosophes dont l'un ne croit qu'aux corps et l'autre qu'aux idées, mais qui tiennent tous deux à les déterminer et à les compter et n'admettent de sujet en soi pour aucune conception abstraite et générale. Pour Hobbes, il ne peut exister une infinité de corps, puisqu'ils existent chacun en particulier, et ne peuvent que former un nombre et un tout; pour Berkeley, il ne peut y avoir d'idées qu'autant qu'elles sont données et, par conséquent, individuelles et nombrables. Cette dernière thèse est mise en parfaite lumière dans un argument dirigé contre la notion de la « divisibilité *infinie* de l'étendue *finie*, » notion que ce philosophe nomme résolument « la source de tous les ridicules paradoxes géométriques qui répugnent si directement au simple sens commun et ne pénètrent qu'avec tant de peine dans un esprit que l'érudition n'a pas encore perverti. » Il voudrait en débarrasser les mathématiciens, qui universellement l'admettent, et il ne songe pas à la distinction, cependant si simple, entre la réalité concrète et la fiction abstraite, entre le caractère fini de tout ce qui est en acte et l'indéfinité de division virtuelle inhérente au quantum géométrique *in abstracto*. Mais la thèse du fini n'en ressort que mieux et paraît dans toute sa force :

« Toute étendue particulière finie qui puisse être l'objet de notre pensée est une idée qui n'existe que dans l'esprit, et dont, par conséquent, chaque partie doit être perçue. Si donc je ne puis percevoir des parties innombrables dans une étendue finie que je considère, il est certain qu'elles n'y sont pas contenues; or il est évident que je ne puis distinguer des parties innombrables en aucune ligne ou surface, en aucun solide que je perçois ou que je me figure en mon esprit; je conclus donc qu'elles n'y sont pas contenues. Rien n'est plus clair pour moi que ceci : que les étendues que j'envisage ne sont pas autre chose que mes propres idées; et il n'est pas moins clair que je ne saurais résoudre aucune de mes idées en un nombre infini d'autres idées; en d'autres termes, que mes idées ne sont pas infiniment divisibles (1). Si l'on entend par étendue finie quelque chose de dis-

(1) « L'étendue infiniment divisible, étant non perçue, doit être aussi non existante, s'il est vrai que l'existence dépend d'un percevant et doit être actuellement perçue. L'unique étendue possible est donc l'étendue sensible, qui ne peut pas être infiniment divisée, mais divisée jusqu'au point seulement où ses parties deviennent insensibles ou non existantes. » — Ce commentaire est de M. Fraser, éditeur des Œuvres complètes de Berkeley (t. I, p. 221). — On y voit clairement comment Berkeley méconnaît une autre sorte d'*idée de l'étendue*, savoir celle de l'étendue abstraite, indéfiniment divisible *potentia*; mais l'argument subsiste en forme contre l'étendue infiniment divisible *actu*.

tinct d'une idée finie, je déclare que je ne sais ce que c'est; je ne saurais donc en affirmer ou nier quoi que ce soit; mais si les mots *étendue, partie,* etc., sont pris en un sens convenable, à savoir pour des idées, dire qu'une étendue finie, une quantité finie, est composée de parties infinies en nombre, c'est une contradiction si visible, si éclatante, que chacun la reconnaît au premier coup d'œil, et il est impossible qu'une créature raisonnable y donne son assentiment à moins d'y être conduit par degrés, à tout petits pas, comme un payen converti est conduit à la croyance à la transubstantiation. »

Les passages suivants, sur lesquels je ne pourrais m'arrêter sans entrer dans une autre question qui exigerait de longs développements, renferment, outre de nouvelles attaques de Berkeley contre la doctrine infinitiste, qu'il suit dans les applications qu'il en voyait faire au calcul des fluxions, cette nouveauté mathématique de son époque, renferme, dis-je, une tentative pour restituer à la géométrie la considération des indéfinis qu'il semblait avoir voulu lui interdire. Là et dans d'autres endroits du même ouvrage, il rétablit en quelque manière ces mêmes notions abstraites et générales auxquelles il fait d'ailleurs une si rude guerre, et il n'est pas loin de revenir en conséquence à la vieille distinction de l'infini en acte et de l'infinité potentielle qui n'est que l'indéfini. Je laisse donc ici de côté ce qui touche la question du nominalisme ou du conceptualisme. Mais je dois compléter la thèse berkeleyenne touchant les parties de l'étendue sensible, c'est-à-dire perçue, par la thèse parallèle concernant les partie du temps. Celle-ci n'offre pas un moindre intérêt.

« Quand j'essaie, dit-il, de me former une simple idée du temps, séparé de la succession des idées dans mon esprit, laquelle a lieu suivant un cours uniforme auquel tous les êtres participent, je me trouve embarrassé et perdu dans d'inextricables difficultés. Je n'en ai absolument aucune notion; j'entends seulement dire aux autres qu'il est infiniment divisible; ils en parlent d'une façon qui me conduirait à accueillir d'étranges idées sur mon existence. Cette doctrine, en effet, met chacun dans l'absolue nécessité de penser ou qu'il passe d'innombrables parties de la durée sans avoir une pensée, ou qu'il est anéanti à chaque moment de sa vie : deux choses qui semblent également absurdes. Le temps, donc, n'étant rien à part de la succession des idées dans nos esprits, il s'ensuit que la durée de tout esprit fini doit se mesurer par le nombre des idées ou des actions qui se succèdent en ce même esprit. Et par conséquent, il est clair que l'âme pense toujours », — le temps où elle ne pense pas n'ayant aucune existence; — « et, en vérité, qui voudra essayer de séparer dans ses pensées ou d'abstraire l'*existence* d'un esprit de sa *cogitation* s'apercevra, je crois, que ce n'est pas une tâche aisée (1). »

Tout ceci concerne la division et non l'extension indéfinie de l'espace ou de la durée du temps écoulé. C'est que l'infini extensif n'est pas même une question à examiner, dès que l'espace et le temps ne se séparent point des perceptions réelles, qui, selon Berkeley, et très évidemment d'ailleurs, sont en nombre fini. Ce point de vue de l'idéalisme sensationiste et nominaliste est individualiste aussi, et on n'a point à y expliquer la propriété d'addition indéfiniment prolongée de ces idées auxquelles on ne fait pas correspondre des sujets, et qu'on ne définit même pas, à la manière de Leibniz, des ordres généraux de relation, ou, à la manière de Kant, des formes de toute sensibilité, mais que l'on brise et décompose en perceptions toutes particulières et seules réelles. Pour un philosophe placé à ce point de vue, les difficultés de l'infini quantitatif en extension ne pourraient se présenter qu'au moment où il voudrait considérer les phénomènes réels et concrets qui ont pris ou qui prennent place dans un monde sans commencement et sans bornes. Mais tel n'est point le cas pour Berkeley, qui admet la création et le caractère fini de la création et des créatures.

A la vérité, le problème ainsi écarté du monde reparaît quand il s'agit des attributs de la divinité. Berkeley n'hésite pas plus que tout autre théologien à qualifier Dieu d'infini, éternel et immuable. Il y aurait donc eu lieu pour lui de s'expliquer sur le sens que la durée, peut-être même l'extension spatiale, prennent par rapport à Dieu qui nous en communique des idées particulières en nous donnant nos perceptions ; et il ne suffisait pas de réprouver l'opinion des philosophes qui, avec Newton et Clarke, regardaient l'espace comme nécessaire, incréé, comme un attribut

---

(1) Berkeley, *Of the principles of human Knowledge*, n°ˢ 98, 123 sq., t. I de l'édition Fraser, pp. 206, 220 sq. — La déclaration qui termine la dernière citation, au sujet du temps, est remarquable et bien voisine du phénoménisme, quoique Berkeley n'ait pas songé à étendre aux « esprits » comme Hume allait le faire, sa négation de la « substance » en ce qui concerne la matière. M. Fraser remarque, à ce propos du sens à attacher à l'esprit, au moi relativement au temps, et à l'identité personnelle, que « Berkeley semble quelquefois regarder l'existence du moi comme indépendante du temps ou de la succession, en un présent éternel (un *Je suis*) au milieu du changement des phénomènes dont il est conscient. »

de la divinité, par conséquent. Que les relations spatiales fussent, ainsi que Berkeley l'entend, toutes phénoménales et contingentes, des effets arbitraires de la volonté du Créateur, ce ne serait pas une raison pour se dispenser de rendre compte de la nature d'un esprit créateur qui porte en lui le pouvoir universel de constituer ces sortes de relations à percevoir pour les esprits créés. Mais surtout les relations de succession, la durée qu'on affirme de cet esprit souverain, tout en la disant éternelle, conduisent nécessairement, et par le fait même de l'unique manière dont l'idée de l'éternité puisse être construite, à se poser la question de l'infini actuel relativement au temps. Berkeley ne semble pas avoir été frappé de cette difficulté. L'incompréhensibilité de Dieu, que chacun reconnaît, ne suffit pas pour la lever ; car qui donc oblige le philosophe ou le fidèle à affirmer de l'Incompréhensible des propriétés qui, si elles sont inintelligibles, ne signifient rien excepté des contradictions, et qui si elles sont intelligibles, supposent qu'on le comprend, — contrairement à l'hypothèse ? Mais Locke était déjà tombé dans la même erreur et s'était contenté de la même défaite, en réfutant, comme on l'a vu, l'infini actuel de quantité, et ne laissant pas de dire en termes exprès que « Dieu dont la durée infinie est accompagnée d'une puissance et d'une connaissance infinies voit toutes les choses passées et à venir ; en sorte qu'elles ne sont pas plus éloignées de sa connaissance ni moins exposées à sa vue que les choses présentes (1). » On ne presserait pas la signification philosophique de ce dogme, par rapport au temps, sans être conduit aux conséquences extrêmes de la théologie des thomistes.

Celui des successeurs de Locke qui a porté l'idéalisme sensationiste à sa dernière expression — en même temps que donné naissance au pur phénoménisme, sous une forme incomplète et vicieuse, — David Hume, était fort à l'abri du danger d'être entraîné à des contradictions par le respect des traditions des théologiens et de l'Ecole. D'un autre côté, le terrain des analyses de ce grand psychologiste ne comportait point de spéculations cosmologiques. Il n'avait pas à traiter les questions de l'infinité et de l'éternité du monde. Enfin la nature absolument individuelle et fragmentaire des éléments de sensation dont il composait tout ce qu'il admettait à titre d'étendue, et la nature des phénomènes mentaux objectifs dont la succession perçue lui représentait tout ce dont on a l'idée sous les noms

(1) *Essai concernant l'entendement humain*, livre II, chap. xv, 12.

de temps et de durée, délivraient évidemment Hume, de même que Berkeley, de toute question embarrassante sur l'infinité extensive de ce double *sujet* dont ils n'admettaient ni l'un ni l'autre l'existence. Hume s'est donc borné, comme son prédécesseur, à combattre l'opinion de la divisibilité à l'infini de l'espace et du temps percevables, ou même imaginables ; et il l'a fait avec de longs et subtils développements qui mettent encore plus en évidence, s'il est possible, le caractère paradoxal, à la fois antimathématique et incompatible avec la forme essentielle de l'imagination humaine, d'une doctrine qui non seulement compose les quantités continues d'indivisibles, mais encore d'indivisibles dont l'existence est subordonnée au fait qu'ils sont susceptibles d'être perçus avec certaines qualités sensibles dont ils sont inséparables. « Nous ne pouvons, dit-il, former l'idée d'un vide, ou d'un espace où il n'y ait rien de visible ou de tangible... Nous n'avons pas l'idée d'une étendue réelle sans la remplir d'objets sensibles.... Nos idées d'espace et de temps sont composées de parties qui sont indivisibles... Les moments indivisibles du temps doivent être remplis de quelque objet, de quelque existence réelle dont la succession forme la durée et la rend concevable à l'esprit. » Toutefois, comme Hume ne saurait nier l'apparence d'une « distance invisible et intangible interposée entre deux objets », il est forcé d'admettre une question du *vide* ; il la pose d'une manière qu'il tâche de rendre conforme à ses propres définitions ; il incline à croire à l'existence du vide en ce sens, et se voit réduit alors à l'expliquer par une certaine position des corps, *en elle-même inconnue*, mais qui est telle qu'ils reçoivent des corps entre eux, sans choc ni pénétration. »

Mais toutes les subtilités auxquelles recourt ce penseur pour éviter de distinguer et de mettre au-dessus des perceptions sensibles la notion générale d'un ordre des phénomènes coexistants et successifs et cette forme générale des sensations qui les conditionne toutes, sans dépendre en particulier d'aucune, ne l'empêchent pas d'argumenter contre l'infini actuel de quantité par les mêmes raisons que les tenants des essences mathématiques idéales opposent à ceux d'un sujet en soi de l'étendue ou de la durée. Il rapporte, par exemple, en lui témoignant une faveur spéciale l'argument suivant, dont la forme est en effet très simple : « Il est évident que l'existence en elle-même n'appartient qu'à l'unité et n'est jamais applicable au nombre, si ce n'est en raison des unités dont le nombre est composé. On peut dire que vingt hommes existent, mais c'est uniquement parce qu'il en existe un, deux, trois, quatre, etc. Si vous niez l'existence dans ce dernier cas, elle s'évanouit naturellement dans le premier. Il est par conséquent tout à fait absurde de supposer que le nombre existe, en niant l'existence des unités; et comme l'étendue est toujours un nombre, suivant le sentiment commun des métaphysiciens, et ne se résout jamais en unité ou quantité indivisible, il suit que l'étendue ne saurait avoir aucune existence. » Pour ne pas dépasser dans la conclusion les prémisses, Hume aurait dû dire ici : *Aucune existence autre qu'idéale et potentielle quant à la division.* Au surplus, un mérite à lui reconnaître encore, c'est qu'il montre clairement la nécessité d'accorder que, si une étendue finie est infiniment divisible, il faut qu'elle ait réellement une infinité de parties. Cette remarque prévoit une objection qu'on pourrait faire au raisonnement ci-dessus; mais elle ne vaut que contre un adversaire qui prend cette « étendue finie » pour un sujet donné en soi (1).

L'œuvre du criticisme kantien a été nette et forte en ce qui concerne la réfutation de l'empirisme absolu, la détermination de la place de l'expérience dans la connaissance, et l'éclaircissement définitif de la nature des formes ou concepts aprioriques de la sensibilité de l'entendement. Mais il s'en faut bien qu'on doive en dire autant des parties de cette œuvre qui regardent les questions de la substance et de l'infini. L'empirisme de Hume a empêché Kant de comprendre le phénoménisme de Hume et de l'adopter comme la seule méthode qu'on puisse dire scientifique en philosophie, à la simple condition de ne vouloir plus séparer les phénomènes des formes universelles et des lois sans lesquelles ils ne peuvent se définir pour la raison, ni même s'objectiver dans la représentation. On sait comment, après avoir affirmé la substance comme nécessaire en soi, et non pas seulement à titre de fonction logique, après avoir posé un noumène absolument indéterminé, ce qui pouvait paraître et ce qui aurait dû être sans conséquence dogmatique aucune, Kant pensa *connaître* assez cet *inconnaissable* pour lui attribuer, dans une existence prétendue hors du temps et de l'espace, la vertu de résoudre des questions capitales de l'ordre de l'entendement, qu'il déclarait insolubles pour l'entendement.

---

(1) Hume, *Traité de la nature humaine*, trad. Renouvier et Pillon, pp. 41-91, et appendice, p. 374.

C'est ainsi, comme nous le verrons ailleurs, qu'il put bannir la liberté du monde des phénomènes, moyennant une fiction qui la rétablit dans le monde nouménal ; et c'est ainsi que les *antinomies* du fini et de l'infini (*antinomie*, expression euphémique de la *contradiction*), au lieu de lui présenter des alternatives entre lesquelles devait se prononcer la raison, lui parurent des oppositions purement apparentes qui doivent s'effacer dans le sein du noumène. Au fond, tout cela n'est rien de moins qu'un retour à l'infinitisme et à la doctrine de l'union des contradictoires. Ses disciples le firent bien voir, car ce n'est pas en cela qu'ils furent infidèles à l'esprit de sa métaphysique.

Des quatre antinomies célèbres de la *raison pure*, formulées par Kant, il n'en est pas une où la question de l'infini actuel ne soit directement mise en cause, c'est-à-dire où la thèse et l'antithèse ne soient fondées sur des affirmations contradictoires l'une de l'autre sur cette question. Cela seul suffirait pour montrer de quelle importance elle est en toute philosophie, et jusqu'où s'étendent ses conséquences, selon la solution qu'on en donne. En effet :

La première antinomie porte sur l'affirmation ou la négation des limites du monde quant au temps et quant à l'espace. La thèse s'appuie sur l'impossibilité qu'il y ait une synthèse effectuée d'états successifs, ou de parties ajoutées les unes aux autres, qui, par leur définition même, forment une série interminable. — L'antithèse déclare l'impossibilité de la relation que le tout du monde devrait soutenir avec un temps vide et un espace vide, c'est-à-dire avec le néant, si le monde avait commencé et s'il avait des bornes. Question de l'infinité extensive et de l'éternité des phénomènes.

La deuxième antinomie concerne l'idée de composition, le rapport d'une chose quelconque à ses éléments constituants. La thèse affirme qu'il y a des parties simples, attendu que, sans cela, le composé lui-même, en tant que tel, devrait disparaître avec le composant son corrélatif. L'antithèse nie que la composition, celle des parties et parties de parties, puisse avoir une fin, vu que tout composé étant dans l'espace et ayant ses parties quelconques dans l'espace, celles-ci sont toujours composées comme lui. La thèse revient donc à l'argument employé par Hume (ci-dessus) et fondé sur la contradiction qui existe entre l'affirmation du tout et du nombre et la négation de toute unité qui serve à les former. Et l'antithèse s'appuie sur l'idée mathématique de l'étendue divisible à l'infini, attribuable à toute matière. C'est donc toujours la même question : la question de l'infini actuel de quantité.

La troisième antinomie la pose également, dans les preuves apportées de la thèse et de l'antithèse, quoique l'opposition dont il s'agit cette fois soit celle de la liberté et de la nécessité en ce qui regarde l'origine et la cause des phénomènes en général. En effet, la démonstration que donne Kant de l'existence d'une « causalité par la liberté » se fonde sur ce que la série indéfinie des causes naturelles a besoin pour s'intégrer d'une cause absolument spontanée et d'un commencement absolu ; et la démonstration qu'il n'y a point de liberté, et que « tout arrive uniquement d'après les lois nécessaires de la nature », admet comme prémisse la « loi de causalité » entendue en ce sens que l'enchaînement des effets et des causes est sans fin et que toute cause est l'effet d'une cause antécédente, sans premier commencement possible.

Enfin, la quatrième antinomie est encore dans le même cas. Celle-ci a pour sujet l'affirmation et la négation d'un être absolument *inconditionné* et nécessaire. Or, l'affirmation, dans la thèse de Kant, part de ce principe, — le même que tout à l'heure, en parlant de *conditions* au lieu de *causes*, — que la série des conditions doit remonter et se terminer à un inconditionné pour se compléter ; et la négation, dans l'antithèse, suppose de nouveau que tout ce qui existe ou a pu jamais exister doit être un anneau d'une chaîne et avoir des antécédents qui le conditionnent.

Les propositions dont se forme chacune des antinomies sont certainement des propositions contradictoires, et la contradiction porte essentiellement sur un seul et même point logique dans les quatre cas. Série finie, série infinie de termes, la logique exige qu'on choisisse. Serait-il vrai qu'il n'existe aucun motif d'ordre rationnel qui puisse décider du choix ? Selon Kant, il est de la nature de la raison de ne pouvoir comprendre ni l'existence sans condition et le commencement sans cause, ni une progression infinie et sans borne de phénomènes tous conditionnés et causés par d'autres phénomènes antécédents et ambiants. Mais les deux cas sont-ils vraiment pareils, et les mots *comprendre, ne pas comprendre*, ont-ils des deux parts le même sens ? On reconnaîtra qu'il n'en est rien, si l'on se demande *pourquoi*, dans chacun de ces cas séparément, l'on ne peut comprendre ; car enfin il doit y avoir là, comme en toute autre chose, une raison à donner pour n'accepter pas une énonciation qu'on vous propose.

Or l'obstacle que l'on trouve à affirmer une existence limitée et pour ainsi dire fermée par un bout, ouverte par l'autre, c'est que les formes de la sensibilité et les catégories de l'entendement concernent l'ordre de l'expérience et ne posent jamais que des relations pour ainsi dire circulaires, dont les termes sont eux-mêmes définis par des relations de la même sorte : — le contenu qui est un contenant, le contenant qui est un contenu ; la cause qui est un effet, l'effet qui est une cause, etc. ; — en sorte que le fonctionnement de l'esprit rencontre un point d'arrêt, et nous nous sentons empêchés, quand nous sommes requis de penser ce qui limite et n'est point limité, ce qui commence et n'est point précédé, etc. Cette impossibilité de se représenter est, dans ce cas, tout ce que nous appelons *ne pas comprendre*. Mais on ne saurait dire que l'affirmation de l'incompréhensible en ce sens soit entachée d'aucune absurdité intrinsèque ; la résistance de l'esprit est purement passive. Peut-être l'absurdité va-t-elle se montrer dans l'autre membre de l'alternative.

L'unique impossibilité d'affirmer qui appartienne à la sphère logique est celle qui résulte d'une violation du principe d'identité, ou contradiction, de la part de celui qui affirme. C'est qu'alors ce dernier nie cela même qu'il affirme, ou affirme ce qu'il nie, et détruit sa propre pensée, dément ses propres paroles. Or tel est le cas que présente l'affirmation de l'infini actuel de quantité, ainsi que cela résulte des arguments développés ci-dessus, et qui rentrent tous dans cette simple observation : que l'intégralité accomplie d'une série de termes est contradictoire de la loi qui pose l'existence de termes sans fin pour la composer. Et en effet, dès qu'une telle loi est admise, il est aisé de démontrer *per absurdum* qu'un terme *quelconque* qu'on supposerait assigné comme le dernier ne peut pas être le dernier, qu'il n'y en a donc pas de dernier, et qu'en conséquence ils ne peuvent pas se réunir tous pour former le nombre et le tout que l'intégralité accomplie exigerait. Les antithèses des antinomies de Kant sont donc contradictoires en elles-mêmes, et l'*impossibilité de comprendre*, en ce qui les concerne, n'est plus, ce qu'elle est pour les thèses, une simple incompréhensibilité, mais bien une *impossibilité de dire sans contredire*, la contradiction.

Kant, lui-même en ses « Éléments métaphysiques de la physique, » ouvrage écrit plusieurs années après la « Critique de la raison pure, » a parfaitement reconnu la contradiction inhérente à l'infinité actuelle des parties de l'espace ou des parties de la matière, et il a conclu de là que ni l'espace, ni la matière dans l'espace ne pouvaient être des sujets donnés en soi, indépendamment de la représentation où ils se posent avec des parties potentiellement multipliables sans fin (1). Mais peut-on dire la même chose des phénomènes concrets du monde, dont la considération est engagée dans les thèses et antithèses des antinomies? Ces phénomènes qui, comme tels, ont des existences distinctes les unes des autres dans le temps et dans l'espace, n'ont-ils point de réalité et ne sont-ils pas soumis à cette même condition du nombre et du tout qui nous force à nier l'infinité actuelle de tout composé que nous envisageons en son intégralité? Circonstance trop peu remarquée! Si Kant avait admis la réalité des phénomènes, s'il ne les avait pas traités de simples apparences que rien n'oblige à soumettre aux lois de la raison concernant l'affirmation ou la négation de *ce qui est*, il aurait eu, selon ses principes, à rejeter comme absurdes les propositions antithétiques de ses antinomies; et c'est parce qu'il se réservait de nier la réalité du monde phénoménal qu'il a pu, malgré la contradiction, accorder aux thèses impliquant le procès infini la même valeur dialectique qu'à celles qui le nient, et sortir ensuite d'embarras en déclarant qu'elles ne s'appliquent ni les unes ni les autres, à rien de réel. On n'a pas, dit-il, à se prononcer sur la question du monde fini ou infini, car l'idée de totalité absolue ne lui est point applicable et ne convient qu'aux choses qui existent en soi.

On peut se demander si, de cette manière, Kant a conclu au fond à l'infinitisme. Je crois fermement que c'est ce qu'il a fait. D'abord il me paraît probable que sa doctrine métaphysique du noumène, ou les tendances dont elle procède, ont précédé chez lui l'élaboration du criticisme, loin que l'idée d'opposer aux contradictions prétendues du monde phénoménal une fin de non recevoir tirée de l'existence, seule réelle en soi, d'un être en qui rien n'entre de ce qui ressemble à des phénomènes lui ait été inspirée par l'analyse directe et impartiale du problème des antinomies. Mais, laissant ce qui n'est après tout qu'une hypothèse sur la marche secrète des pensées d'un métaphysicien, je remarque que je force

(1) Kant, *Métaphysique de la physique*, chap. II, sch. 2 du théorème 4e. — Au reste, on peut voir dans la Critique même de la raison pure (t. II, p. 127-130, Barni) que Kant se rendait compte de la contradiction entre l'idée d'une synthèse donnée et celle de l'existence d'éléments sans fin de cette synthèse, avec une clarté qui ne laisse absolument rien à désirer.

peut-être un peu les termes en caractérisant l'opinion de Kant, touchant la nature du monde phénoménal, à peu près comme je pourrais faire un système indien de l'illusion universelle et du néant fondamental des apparences. Mais s'il est vrai que, malgré les expressions, fortes en ce dernier sens, qu'il serait facile de citer de ses ouvrages, un philosophe qui a montré tant de sagesse dans la détermination de la part à reconnaître à l'expérience dans la connaissance, et qui a si souvent stipulé pour les réalités empiriques, n'a pu vouloir traiter d'apparence trompeuse la série totale des phénomènes impliquant l'étendue et la durée dans le monde, alors il est vrai aussi que le procès à l'infini des effets et des causes, qu'il a affirmé en tant d'occasions et en dehors des démonstrations dont ce procès est le principe dans les antithèses des antinomies, est à ses yeux quelque chose de plus qu'un point de vue mental auquel ne correspond aucune réalité en acte. A ce compte, on est forcé d'avouer que les thèses et antithèses, toutes ensemble, réunies au noumène qui les concilie en les mettant *ex æquo* hors de cause, ne donnent à penser rien de plus ni de moins que la doctrine connue sous d'autres formes logiques et plus claires : la doctrine de l'union des contraires au sein de l'être éternel, immense et universel, le panthéisme et l'infinitisme, l'affirmation contradictoire de l'unité absolue enveloppant l'infinie multiplicité des phénomènes sans origine ni fin. Cette interprétation est d'autant plus inévitable que Kant, en insistant sur l'illégitimité des tentatives de définition du noumène inconnaissable, — comme si lui-même il ne lui avait pas déjà prêté les attributions les plus étonnantes, — Kant exclut formellement les déterminations « anthropomorphiques » de l'être en soi. A la vérité, il s'épargne de la sorte certaines des contradictions attachées à la théologie infiniste, mais il garde celles qui tiennent à la métaphysique de l'absolu.

Il est complètement inexact de dire, comme c'est l'usage, que Kant a détruit l'œuvre de la « Critique de la raison pure » en posant les postulats de la « Critique de la raison pratique. » Au contraire, l'harmonie est parfaite entre les conclusions criticistes, qu'on a raison de regarder comme les plus importantes dans le premier de ces ouvrages, et les thèses du second, dans lequel l'auteur a voulu rétablir, sur la base de « la morale » des croyances non pas rejetées, mais dont les preuves se trouvaient infirmées au point de vue de la « raison théorétique pure. » La vérité, c'est que le siège de la contradiction, que l'on sent bien être quelque part, est dans la partie rationnelle même de la critique. A une œuvre qui devait conclure naturellement et suivant l'intention formelle de l'auteur, à la ruine du dogmatisme de l'ancienne métaphysique, il a joint, sous le prétexte de résoudre des antinomies qu'il pouvait laisser subsister, puisqu'il les trouvait réelles, une métaphysique, lui aussi, et la même précisément que les philosophes et théologiens absolutistes les plus profonds avaient rencontrée de tout temps au terme final de leurs spéculations. Comment s'étonner alors que la philosophie allemande après Kant, et relevant de Kant, comme elle le prétendait, mais de ses théories de l'infini, de la causalité et de la substance, et non pas du principe moral de la raison pratique, ait été une philosophie infiniste et panthéiste. Il n'en aurait pas été ainsi, si le fondateur du criticisme avait, à l'exemple de Rousseau dont il suivait à bien des égards l'inspiration et les tendances morales, affirmé exclusivement la divinité sous ses attributs intellectuels et moraux, subordonné le principe de causalité à la volonté libre, renoncé sérieusement à *connaître* le noumène *inconnaissable*, et rejeté les questions relatives à l'infinité et à l'éternité du monde dans le domaine des choses « dérobées à l'entendement », — puisqu'il ne pensait pas que ces dernières fussent résolubles pour la logique, — et enfin s'il avait pu dire, comme le vicaire savoyard : « Pénétré de mon insuffisance, je ne raisonnerai sur la nature de Dieu que je n'y sois forcé par le sentiment de ses rapports avec moi (1). » Si Kant avait fait cela, ou du moins si sa métaphysique infiniste et substantialiste n'avait pas eu en même temps une portée contraire, son œuvre de critique et de morale, à laquelle on ne saurait d'ailleurs comparer une profession de foi presque toute de sentiment, comme celle de Rousseau, se présenterait aujourd'hui au monde avec la force et la clarté qui en grande partie lui manquent et que ses successeurs ont tout fait pour affaiblir.

Il n'y aurait aucun profit pour nous à poursuivre au delà de Kant une revue détaillée des doctrines sur le chapitre de l'infini. Le grand dogmatisme infiniste de l'Allemagne et des germanisants de toute nation est assez connu et n'offre aucun trait nouveau à l'analyse. Tout au plus y a-t-il à remarquer que le réalisme a été souvent poussé dans cette école jusqu'à spéculer non plus seulement sur des sujets aux attributs infinis, Dieu ou le monde, mais sur de pures abstractions, l'*Infini*, l'*Absolu*, qui n'ont plus

(1) *Emile, ou de l'éducation*, livre IV.

aucun sens, ainsi détachées de tout sujet dont on veuille affirmer qu'il est ou illimité ou inconditionné sous tels ou tels rapports qu'on aurait à préciser. Ces manières de parler et de discuter dans le vide, avec un étalage de grands mots qui semblent du domaine commun de la foi religieuse et de la spéculation métaphysique, ont favorisé les ménagements et l'attitude de respect plus ou moins sincère ou calculé des philosophes qui admettaient au fond l'unité de substance, la nécessité universelle et le procès à l'infini, vis-à-vis de la théologie orthodoxe, infinitiste, elle aussi, mais forcée de poser un premier commencement des phénomènes et de concilier les attributs infinis du créateur avec l'acte de la création et avec l'être propre et les actes propres des créatures finies.

Cette théologie a conservé ses contradictions internes, dont la plus connue est l'affirmation de l'accord entre la contingence d'un certain ordre de faits et la science divine, éternelle et actuelle, étendue à tout l'avenir comme à tout le passé du temps; mais la plus profonde, et qui lui est commune avec l'absolutisme abstrait, se découvre à qui se rend compte des termes véritables du problème qu'on prétend résoudre : il s'agit, en effet, de concevoir, dans l'inconditionné, la production du relatif; dans l'unité absolue, le développement de la pluralité; dans l'immutabilité, le changement. On n'ajoute à cela rien de plus inintelligible quand on envisage, ici, des parties sans nombre dans un tout actuel d'extension et de succession, et la genèse des consciences dans le tout inconscient, ou bien là, la personnalité suprême embrassant et séparant à la fois des personnes distinctes, l'indépendance de ce qui dépend, la science infaillible de ce qui ne peut être su. Le panthéisme religieux et le panthéisme purement métaphysique diffèrent en des points essentiels, cela va sans dire, et, de plus, par les efforts que fait le premier pour se déguiser à lui-même certaines conséquences de ses dogmes, mais ils n'ont rien à se reprocher mutuellement quant aux contradictions renfermées dans les explications qu'ils donnent du monde des phénomènes. Et il faut joindre ici aux panthéistes les *panenthéistes*, comme ils se nomment, dont toute la doctrine, assez semblable à celle que Leibniz aurait peut-être formulée, si c'eût été opportun, consiste en l'accumulation de toutes les sortes de thèses infinitistes et de propositions contradictoires que comportent, en se réunissant, le point de vue de l'absolutisme métaphysique et celui de l'absolutisme religieux. Quelques contradictions en plus ou en moins ne changent pas, devant la logique, le caractère d'un système auquel la contradiction est déjà essentiellement inhérente. Peut-être même le plus parfait en ce sens est-il celui qui en contient le plus grand nombre et les assortit le mieux.

Dans la branche du panthéisme qui a été constituée de notre temps par l'école pessimiste, la question de l'infini se prend de deux façons différentes; et c'est là un fait qui ne manque pas d'intérêt, car il nous montre l'infinitisme répudié au nom de la raison par un philosophe que les analogies et les précédents de sa doctrine semblaient condamner à le professer. Schopenhauer, fondateur de l'école, avait posé au sein même du monisme un procès à l'infini, tout semblable à celui de Spinoza; pour lui, point de borne à la causalité ascendante; point d'espace ni de temps finis, affectés au développement du monde; point de limites non plus dans le sens de la division, mais bien la continuité mathématique du changement, et, par suite, le nombre infini des phénomènes distincts entrant dans la composition actuelle d'un phénomène quelconque. Hartmann, au contraire, soutenu par son idée dominante de l'évolution, — de l'évolution qui a commencé, qui doit finir, et qui se forme d'un mouvement progressif partant de l'inconscience pour y revenir, — Hartmann se trouve en position de faire droit aux exigences de la logique, déclare formellement que le nombre infini est une absurdité et pose une limite à tous les phénomènes réels dans l'espace et dans le temps. Il n'est pas inutile d'ajouter que l'éternité de l'Inconscient, dans son système, ne donne point de démenti à la théorie finitiste de l'univers, attendu que l'Inconscient est l'Unité pure, exempte de toute détermination, étrangère à toutes les différences, et que la volonté aveugle qui a produit le monde est une pure *puissance* dont le retour à l'acte, après chaque annihilation, n'est donnée que comme simplement possible et de moins en moins probable à mesure qu'il se répète (1). Naturellement, je n'examine pas ici les motifs, mathématiquement erronés, que ce bizarre métaphysicien fait valoir à l'appui de son calcul des chances d'action ou d'inaction de la cause cosmogonique. Mais il est curieux de voir ainsi reparaître la doctrine des mondes identiques et successifs d'Héraclite, d'Empédocle et des Stoïciens, avec substitution du hasard à la nécessité et renonciation à l'infinité écoulée des mondes produits et détruits antérieurement au nôtre.

---

(1) E. de Hartmann, *Philosophie de l'inconscient*, trad. par D. Nolen, t. II, p. 127-128, 198, 482 sq., 495. — Conf. *Critique philosophique*, 3e année, n° 40, p. 222.

Le véritable enseignement à tirer de là, c'est de voir la thèse finitiste la plus décidée s'introduire dans un système du genre de ceux que toutes les analogies et les plus constantes affinités théoriques semblaient vouer au dogmatisme de l'infini. Rien ne démontre mieux la force de cette thèse en elle-même, et rien ne saurait plus clairement constater le partage des esprits, sur une question, cependant toute logique et rationnelle en somme, et sur laquelle on ne paraît pas plus près de s'entendre qu'on ne l'était au temps des éléates et de Démocrite. C'est que des tendances, des passions philosophiques diverses ont leurs exigences et gouvernent parfois la logique même, parfois aussi en sentent la force et transigent avec elle.

Si, comme on le voit, le monisme contemporain peut se permettre d'embrasser, sur une question capitale pour lui, la solution que l'histoire des idées métaphysiques montre la plus opposée à l'esprit panthéiste en général, les écoles empiristes, de leur côté, sont loin d'être fermes dans l'attitude qui leur conviendrait et qui fut celle de certains de leurs maîtres. La cause en est dans une idée trop faible qu'on se fait, de ce côté-là, du pouvoir de la logique, et dans une attente exagérée de ce que l'expérience pourrait apporter de lumières plus tard sur des sujets qui actuellement lui échappent et sur lesquels on ne voit pas comment elle prononcerait jamais, et encore qu'il s'agisse de cas où la raison doit suffire à décider du possible et de l'impossible. C'est ainsi, par exemple, que les physiciens et les chimistes évitent presque toujours de se prononcer sur le problème de la composition finie ou infinie de la matière en ses éléments, et n'attribuent qu'une simple valeur d'hypothèse, non seulement à leurs théories atomistiques particulières, ce qui est juste, mais même à la doctrine atomistique en général, qui est à la fois inséparable de la physico-chimie en son état actuel, et la seule rationnellement compatible avec le réalisme matérialiste, opinion dont presque tous les savants sont imbus. Cet affaiblissement de l'esprit logique n'est pas exclusivement propre aux poursuivants de la science expérimentale; on peut l'observer, en dehors du réalisme habituel de ces derniers, chez les psychologues idéalistes et sensationistes, qui sacrifient la raison aux associations empiriques des idées, et Stuart Mill en a offert des exemples vraiment extraordinaires en doutant si l'expérience étendue au delà de toute imagination n'arriverait pas à démentir les principes qui nous semblent le mieux certifiés par la nature de l'entendement. D'autres empiristes encore, des mathématiciens, ceux-ci, ont fait porter le scepticisme jusque sur les postulats de la géométrie euclidéenne; non pas pourtant jusqu'à infirmer le principe de contradiction, ainsi que l'a fait Stuart Mill, à la vérité sans y songer et tout à fait contre son intention.

Dans un camp opposé, où des vues criticistes sur la relativité de la connaissance et sur l'impossibilité de concevoir l'inconditionné se sont rencontrées avec le désir de sauver les dogmes théologiques, même dans ce qu'ils ont d'intrinsèquement contradictoire, la logique a dû céder le pas à la volonté d'affirmer, je ne dis pas seulement des vérités que l'entendement ne saurait embrasser, mais des conceptions prétendues qui le mettent en contradiction avec lui-même et devraient condamner ceux qui les accueillent à nier son autorité en toutes choses comme en celles-là. Le passage suivant de Stuart Mill, en sa critique de la doctrine de Hamilton, va nous montrer en abrégé l'attitude de ces deux philosophes et de bien d'autres avec eux sur la question de l'Infini (1) :

« Je dis que l'Infini et l'Absolu, dont Hamilton a voulu démontrer l'incognoscibilité, parce qu'ils se composent de contradictions, ne sont pas plus des objets de croyance », — ainsi que le prétend Hamilton, — « que de connaissance; je dis qu'un esprit qui comprend le sens des mots ne peut professer à leur égard que la non croyance. D'autre part, il y a des infinis et des absolus qui, ne se contredisant point eux-mêmes, sont des objets possibles de croyance, ce sont les réalités concrètes, qu'on suppose infinies et absolues dans certains de leurs attributs. Mais Hamilton, je le soutiens, n'a rien fait pour prouver que ces réalités concrètes ne peuvent être connues par les moyens qui nous font connaître les autres choses, à savoir leurs relations avec nous. Quand donc il affirme que, si nous ne pouvons connaître l'Infini, « nous y croyons, nous sommes forcés « d'y croire, et nous avons le devoir d'y croire, » je réponds qu'on ne croit pas, qu'on n'est pas forcé et qu'on n'a pas le devoir de croire à cet Infini qui, ainsi que l'a prouvé laborieusement Hamilton lui-même, ne peut être connu; et si l'on n'y croit pas, ce n'est pas par la raison qu'il ne peut pas être connu, mais parce que nous devons savoir qu'il n'existe

---

(1) *La philosophie de Hamilton*, par John Stuart Mill, traduit par E. Cazelles, p. 74.

pas ; à moins de soutenir avec Hegel que l'Absolu n'est pas sujet de la loi de contradiction, mais qu'il est à la fois un être réel et une synthèse d'éléments contradictoires. D'un autre côté, l'Infini et l'Absolu qui peuvent réellement être des objets de croyance sont aussi, quelque effort que Hamilton ait fait pour prouver le contraire, capables d'être connus sous certains de leurs aspects. »

Le premier point à noter dans ce remarquable résumé de deux opinions antagonistes, mais non pas en tout si opposées que les jugeait Mill, c'est la complète illogicité de la conclusion que Hamilton prétendait tirer de son analyse des *inconcevables*, — supposé que ce mot *inconcevable* auquel il donnait, ainsi que l'a montré son adversaire, des sens divers et confus, eût toujours cette force toute particulière qui résulte de ce qu'on exige de l'esprit une adhésion simultanée à deux propositions contradictoires. — Il est clair qu'à moins de consentir ouvertement à la méthode des Giordano Bruno et des Hegel, on n'a aucun moyen de joindre à la croyance, en un tel cas, la possibilité d'en penser l'objet ; la croyance se dément rationnellement elle-même en s'appliquant à un *inconcevable* de cette espèce. L'objection de Mill à cet égard est juste, et il semble ainsi s'attacher lui-même au vrai critère en cette matière. Mais ce n'est pas tout, il convient de rappeler ici la thèse principale de Hamilton. D'après lui, deux propositions contradictoires entre elles étant posées, s'il arrive que chacune de ces propositions, prises séparément, soit inconcevable, on ne laisse pas d'être obligé de choisir et d'affirmer l'une des deux à l'exclusion de l'autre, en vertu du principe de l'alternative ; et c'est là que se trouve le joint de la croyance. Cette conclusion est fausse lorsque l'inconcevabilité est de l'espèce définie ci-dessus, c'est-à-dire lorsque chaque proposition séparée implique elle-même contradiction ; car alors, on peut tout aussi bien penser que les propositions sont toutes deux vraies ou toutes deux fausses, en quelque manière inaccessible à l'entendement (c'est la *solution* que Kant proposait pour ses antinomies). Comme que l'on s'y prenne, on violera un principe logique impliqué dans tout exercice de l'entendement. Le parti le plus raisonnable consisterait à rejeter le problème lui-même et à chercher pour la croyance des applications sur un terrain où l'esprit puisse comprendre ce qu'il affirme et ce qu'il nie.

Le défaut des antinomies kantiennes consiste, on l'a vu, en ce que la thèse et l'antithèse y sont de force inégale, et tout à fait incomparables, attendu que l'une laisse le principe de contradiction intact et que l'autre en implique la négation. Les inconcevables accouplés de Hamilton jouent le même rôle et sont entachés du même vice. Ce philosophe s'est montré impuissant à dégager le vrai caractère de l'idée de l'infini, et à distinguer la supposition d'un infini actuel, dans l'ordre de la quantité, d'avec d'autres affirmations dont l'objet n'est *inconcevable* qu'en un sens tout différent. Hobbes et Hume, Locke lui-même auraient pu lui fournir des idées plus précises et plus exactes que celles qu'il entretenait sur la raison de l'impossibilité du nombre infini; et s'il eût compris cette raison, il n'eût pas mis en parallèle, avec les termes vagues dont il se sert le plus souvent, l'incompréhensibilité des limites et l'incompréhensibilité de l'illimité dans des sujets concrets. Mill est presque fondé à lui reprocher de n' « avoir rien fait pour prouver qu'on ne saurait sans contradiction supposer que certaines réalités concrètes sont infinies dans certains attributs. » Mais on peut lui reprocher à lui-même de n'avoir pas, sinon démêlé la preuve en question parmi les arguments multipliés de Hamilton, au moins compris celle que ses prédécesseurs, en sa propre école, ont exposée avec une clarté parfaite. Cela tient certainement à ce que ce penseur subtil était dépourvu de l'esprit mathématique. Il n'aperçoit seulement pas, dans ses raisonnements sur l'infini, la différence de l'infini de qualité (ou perfection, accomplissement d'une qualité déterminée) et de l'infini en nombre. Il soutient que l'infini de multiplication et l'infini de division, en partant d'un sujet concret donné, sont tout aussi possibles que l'existence des derniers termes, et autant ou plus concevables; et il ne répugne pas à recourir à l'argument ordinaire des aprioristes cartésiens : que l'idée d'*un espace plus grand que tout espace donné* est une idée réelle et positive; cela, à côté de certaines suppositions d'un empirisme outré et à vrai dire absurdes. Voulant prouver, par exemple, que l'existence d'une limite à la division de la matière n'est non plus impossible que l'absence de limites, il suppose que l'observation pourrait un jour nous rendre sensible un *minimum visible*, et qu'à dater de ce moment nous croirions aussi à l'existence d'un *minimum d'étendue* et deviendrions incapables de concevoir une divisibilité poussée plus loin, ou d'y croire (1). On voit quelle confusion d'idées résulte de l'affaiblissement de la méthode rationnelle,

---

(1) *La philosophie de Hamilton*, p. 94, 101.

surtout quand il s'agit de questions encore plus logiques, à proprement parler, que métaphysiques. C'est un terrain de plus qui vient s'ajouter au domaine de celles des déterminations intellectuelles des philosophes qui sont sous l'empire de leurs sentiments et de leurs tendances générales. Et il n'y en a guère dès lors qui ne le soient.

La tendance panthéistique, caractère commun, quoique diversement accusé, de presque tout dogmatisme en philosophie, est la grande cause qui a favorisé de tout temps l'infinitisme, principalement dans les écoles aprioristes. Les écoles empiristes ont souvent cédé au même entraînement en faisant occuper à la nature, dans leurs systèmes, la place que les doctrines théistes réservent à Dieu. Même quand elles se sont montrées moins dogmatiques, elles ont pu être portées par esprit d'antagonisme, et sans y être autorisées par leurs principes, à envisager dans l'espace, le temps et la matière une production spontanée de phénomènes à l'infini sous une forme qui répugne au théisme. Enfin le criticisme, à son origine, n'a pu résister au poids des habitudes des métaphysiciens et des théologiens, et il a, lui aussi, sacrifié à l'infinitisme, sous le prétexte de la possibilité que certaines propositions, contradictoires dans l'ordre des phénomènes, contradictoires pour tout exercice de l'entendement, fussent ou des vérités conciliables ou peut-être des assertions également dénuées de sens, au point de vue d'une « chose en soi » qui ne laisse au monde phénoménal que la valeur d'une apparence. Nous avons dû reconnaître tout cela; et toutefois, il ressort aussi de nos analyses des principales opinions des philosophes, sur la question de l'infini, que l'infinitisme n'est nullement une doctrine inséparable des autres idées dominantes des écoles aprioristes et dogmatiques; car ces écoles, et même des plus panthéistes, l'ont évité ou rejeté, tantôt dans l'une de ses applications, tantôt dans l'autre, et ont pu, dans certains cas, la rejeter dans toutes; qu'en second lieu, les écoles empiristes, qui ont souvent accepté les infinis de quantité, les ont d'autres fois combattus, et ont produit, contre la possibilité de concilier les concepts de ce qui est sans bornes et de ce qui forme un tout réel de parties données, des arguments dont rien n'a pu diminuer la force; enfin, que l'esprit même du criticisme est manifestement violé par le criticisme Kantien, qui, sur la question de l'infini, propose une solution qu'il ne peut défendre sans sortir des règles et limites de l'entendement, que sa fonction est de reconnaître et d'affirmer.

La conclusion dernière de cette partie de mes recherches est donc que, depuis l'origine de la question de l'infini, en tant que nettement posée, jusqu'à nos jours, les deux opinions contradictoires se sont formulées et combattues; qu'il n'a pas été fait un pas vers la solution, — si, du moins, la solution devait être la même chose que la reconnaissance générale d'une solution, — et que, pour tout dire, jamais le trouble et la confusion des raisonnements sur cette matière et le défaut de rigueur logique dans la manière de la traiter n'ont été poussés aussi loin qu'ils le sont aujourd'hui.

On pourra m'objecter qu'en dépit de tout ce que je dis ici, je suis forcé d'avouer que la tendance infiniste et panthéiste est grandement dominante chez les esprits éclairés et indépendants qui a pour formule habituelle le *E nihilo nihil*, expression du procès sans commencement des phénomènes dans le temps; à quoi il faut joindre l'idée réaliste d'un espace sans bornes, qu'une induction facile peuple partout de corps, faute de comprendre pourquoi il cesserait tout d'un coup de s'en trouver quelque part. A cette objection je pourrais répondre qu'en philosophie les opinions se pèsent et ne se comptent pas, et que nul philosophe ne voudrait mettre la sienne aux voix en promettant de se conformer à la majorité; et j'ajouterais que mon but étant de démontrer, au moyen de cette esquisse historique, la nécessité où se trouve en fait et en droit le penseur de prendre parti, selon sa conscience, en usant de toutes ses forces intellectuelles et morales, entre certaines conceptions qui ont de tout temps partagé les esprits, il n'importe plus guère de savoir lesquelles ont eu ou ont encore le plus d'adhérents, du moment que les autres ont aussi les leurs, et que rien ne prouve que les plus répandues soient les plus sûres et les meilleures. Mais il existe contre les théories infinistes un argument que j'ai réservé jusqu'ici et qui fait mieux, je crois, que contrebalancer le préjugé qu'on voudrait établir en leur faveur en s'appuyant sur l'adhésion réellement assez commune des hommes de science.

Il existe une science qui, dès l'antiquité, mais d'une manière encore plus particulière et évidente, en raison de son mode de développement moderne, semblait appelée à la considération de l'infini actuel dans la composition des quantités, et intéressée au plus haut degré à vouloir que ce fût là pour elle un point de vue possible. Cette science des Archimède et des Leibniz est celle de toutes qui en elle-même approche le plus de la pure logique, et pour qui la rigueur logique est une loi absolument impérieuse; en sorte que s'il en est une qu'on doive consulter et croire, sur la possibilité d'admettre sans contradiction un concept de son ressort, c'est avant tout celle-là. Chez les anciens, les progrès de la géométrie directe, chez les modernes, la continuation de ces mêmes progrès, plus tard ceux de l'analyse mathématique appliquée à l'étude des relations quantitatives en leur plus entière généralité, dans l'étendue et dans la durée, ont eu pour condition la découverte d'une méthode pour représenter à l'esprit, puis pour *signifier* les quantités dans un état d'accroissement ou de décroissement tels que certains de leurs rapports répondissent à des nombres *plus grands*, par hypothèse, *que tout nombre assignable*. Comment peut s'expliquer et se justifier cette méthode, ou cet art, dont l'invention a devancé la théorie, et dont la philosophie n'est pas encore fixée, du moins d'un commun consentement des mathématiciens, ce n'est point ici la question. Mais ce qui importe à la question de l'infini, c'est que deux solutions réalistes de la difficulté ont été proposées, les seules qui supposent l'existence de l'infini actuel de quantité, et que toutes deux ont été jugées inacceptables. L'une et la plus simple et radicale, dont j'ai déjà eu l'occasion de parler, est la méthode des *indivisibles*; c'est une application directe de l'idée du double infini, *maximum* et *minimum*, et de la synthèse des contradictoires de Giordano Bruno; or, il a été impossible de faire admettre aux mathématiciens, et les inventeurs eux-mêmes n'ont pas admis, que la science de la quantité pût se fonder sur ce principe que les touts réels sont des composés de parties nulles et que l'unité réelle des nombres concrets est zéro. Dans l'autre méthode, celle des *infinitésimaux*, on a cherché sous différentes formes et différents noms à introduire dans l'analyse certaines quantités qui ne fussent pas nulles, mais bien qui fussent, comme les autres, susceptibles de multiplication et de division pour donner naissance à des quantités de la même nature, et qui, toutefois, dussent être regardées comme plus grandes (ou plus petites) que toute quantité assignable de cette même nature. Au point de vue idéal de l'indéfini, ce moyen d'expression de la continuité mathématique, avec un choix de symboles appropriés et de conventions dûment expliquées, est rationnellement justifiable; mais, au point de vue concret, une contradiction formelle est impliquée dans la supposition d'une quantité, d'une part donnée, d'une autre part telle qu'on n'en puisse assigner une plus grande et une plus petite; et, en effet, ce qu'on appelle ici *assignable* répond à la notion de ce qui est possible relativement à une quantité quelconque, et n'est point altéré par l'idée d'une limite qu'on imagine pouvoir atteindre en accumulant les assignés et épuisant les assignables ; et c'est la notion propre de la quantité qui exclut la supposition d'un terme où la quantité arriverait de manière à n'être plus susceptible d'augmentation ou de diminution. De plus, enfin, si l'indéfinité des parties d'une quantité continue concrète se terminait dans une infinité actuelle, il existerait du même coup un nombre abstrait infini actuel, puisque chaque partie concrète ajoutée à une autre partie correspond à une unité abstraite ajoutée à une autre unité, et que la quantité et le nombre, ainsi considérés, vont toujours ensemble et subissent le même sort. Or, l'impossibilité du nombre infini actuel se démontre rigoureusement, par des réductions à l'absurde, de plusieurs manières (1). Il résulte de là que si quelques auteurs se sont rencontrés, qui aient voulu affronter les absurdités accumulées de la méthode réaliste de l'infini et de l'infinité des infinis, presque tous les mathématiciens, et tous les plus éminents parmi ceux qui ont créé ou développé la méthode dite infinitésimale, ont dû répudier la supposition de l'infini actuel. La chose en est encore là aujourd'hui, en ce qui touche l'exégèse et l'enseignement des hautes mathématiques. On peut donc conclure qu'en opposition à des tendances spéculatives infinitistes dont on ne saurait nier la force dans l'histoire entière de la philosophie et dans les opinions actuelles du plus grand nombre des philosophes, il n'y a pas seulement à tenir compte des protestations ou doctrines contraires, mais encore de l'impossibilité de fait qui s'est rencontrée pour la franche introduction de l'infinitisme dans une science vouée à l'étude des problèmes concernant l'indéfini et le continu, et qui a dérivé son nom même du nom de l'infini.

(1) En voici une fort simple que je ne me souviens d'avoir rencontrée nulle part. Si la série des *nombres naturels*, 1, 2, 3, 4. etc., pouvait admettre un nombre infini actuel de termes (actuel, c'est-à-dire de termes tous donnés en soi) on pourrait les doubler tous, individuellement, par la pensée, et obtenir ainsi des nombres qui feraient nécessairement partie de cette série de *tous les nombres*. Soit X le nombre des nombres formés par cette opération ; X est aussi le nombre total des nombres de la série, puisque, par hypothèse, chacun de ceux-ci a été doublé pour former respectivement chacun des autres. Or, ces derniers sont tous des nombres pairs, tandis que la série comprend, outre les nombres pairs, les nombres impairs (qui eux-mêmes sont en nombre infini). On arrive donc à cette conséquence que deux nombres différents sont identiquement le même nombre. On a donc admis une prémisse absurde en supposant que *tous les nombres* sont donnés en soi. Il serait facile de développer d'autres absurdités issues de la même supposition : un tout complet de parties impossibles à compléter, un dernier terme d'une série sans fin, l'infini numérique composé d'autres infinis numériques en tel nombre qu'on voudrait, etc., etc.

TROISIÈME PARTIE. — TROISIÈME OPPOSITION

L'ÉVOLUTION ; LA CRÉATION.

Aux origines de la spéculation philosophique, il est naturel que l'on trouve le principe de l'évolution aussi ancien que le concept de certaines qualités en soi considérées comme formant la substance permanente du monde changeant. L'idée de création *ex nihilo* est en ce temps-là absente de tous les esprits ; elle l'est des croyances religieuses et des traditions, qui toutes, dès qu'il s'agit de s'élever à une conception d'un ordre plus universel que la mythologie ou que ses interprétations anthropomorphiques, supposent un développement spontané du monde, une *cosmogonie* dont la *théogonie* est une partie. L'idée de commencement absolu ne se présente pas plus facilement que celle de création, à ce début de la pensée ; car l'une comme l'autre de ces idées exige que l'esprit se transporte par un grand effort au delà, au-dessus des relations de succession et de causalité, telles que les donne l'expérience, ou que du moins il se sente obligé de leur reconnaître une limite à laquelle l'expérience elle-même doit s'arrêter. Il résulte de là que tout ce qu'on peut alors concevoir, c'est ce que nous appelons aujourd'hui une *évolution*. Seulement, comme le concept d'une première origine n'est pas moins naturel et ne s'impose pas moins, de son côté, que le concept d'un devenir tiré de quelque chose d'antérieur ne s'impose du sien, il arrive inévitablement qu'on imagine des origines indéterminées sous la forme de substances chaotiques ou vagues, auxquelles il faut adjoindre des forces, ne fût-ce que symboliques, pour en débrouiller le contenu.

Qu'on me permette ici une brève digression à laquelle j'attache de l'importance. Il s'agit de la distinction entre la religion et la spéculation philosophique, tant de nos jours que dans l'antiquité. Il est connu, c'est un fait incontestable, que l'antagonisme des philosophes et de la religion populaire, en Grèce, ne s'est nullement produit à l'occasion des doctrines cosmogoniques par lesquelles la philosophie naissante a fait suite à celles des poètes et mythographes, quelque hardies et quelque purement naturalistes, matérialistes, qu'aient pu être ces nouvelles conceptions, après l'élimination des éléments mythiques et religieux traditionnels qui avaient été mis en œuvre par les plus anciennes. Le conflit a éclaté seulement à l'occasion des théories ou simplement négatives, comme celles des « sophistes », ou qui tendaient, comme chez Anaxagore et surtout dans l'enseignement de Socrate, à ruiner le fondement des cultes établis en introduisant dans les esprits une idée de la divinité inconciliable avec les religions des cités. La philosophie et la science, — la science telle qu'on pouvait d'abord la comprendre — avaient été jusque-là complètement à part des croyances religieuses; et le fait est qu'elles se posaient des problèmes qui, de quelque façon qu'on les résolût, laissaient intacte la possibilité de l'existence des dieux, en tant que produits dans le cours général des phénomènes et puis capables d'agir sur eux et sur les hommes. Mais à partir du moment où la philosophie tendit de plus en plus à devenir une théologie, il arriva, d'un côté, que les vieilles religions furent ébranlées, que chaque doctrine cosmique voulut, avec plus ou moins de conscience de ses prétentions, tenir lieu de religion, et qu'enfin celle des théologies qui triompha de ses rivales s'établit et régna avec plus d'intolérance que ne l'avaient fait les religions civiles de l'antiquité, par la raison qu'elle dogmatisait sur tous les sujets, s'attribuait la morale en monopole, et augmentait son autorité de cette part de crédit qui revient à tout enseignement de forme scientifique. Et d'un autre côté, tout ce qui de la philosophie et des parties d'intérêt élevé de la science conserva de l'indépendance, ou put en retrouver, après une longue éclipse de la liberté de penser, s'appliquant à ces mêmes questions que peu à peu la religion avait faites siennes, fut dirigé, ou parut l'être, dans un sens négatif de la religion. En somme, la position de la spéculation vis-à-vis des croyances ne s'est jamais retrouvée ce qu'elle avait été pendant l'ère de la philosophie antésocratique : elle a été hostile aux anciens cultes, qu'elle a même plus que toute autre cause contribué à détruire, et en partie à remplacer; elle l'a été ensuite à la foi du moyen âge; elle l'est aujourd'hui, d'une manière générale, et au christianisme et au théisme même, qui toutefois ne semblent pas pouvoir être atteints et ruinés dans leurs profondes et leurs plus vivantes racines. La formule la plus simple de cet antagonisme est dans l'opposition du concept d'évolution au concept de création, au moins quand on comprend sous le premier toutes les sortes d'essence primitive et de développement qui peuvent être imaginées pour un monde qui se produit spontanément lui-même.

Que cette opposition soit devenue dans une grande mesure celle de la philosophie et de la religion, aussi bien qu'elle est celle de deux grandes doctrines métaphysiques, est-ce là un fait aussi nécessairement inhérent à la nature des choses que l'histoire nous montre qu'il l'a été à la marche des idées ? c'est la question que j'ai tenu à me poser au début de cette troisième partie de mon travail.

La réponse, à mes yeux, ressort clairement de l'examen des conditions du fait. Quelles sont-elles? Premièrement, la théologie liée à la religion fait entrer dans son domaine une détermination métaphysique de l'être absolu et du premier commencement des choses du temps. Il est de toute évidence pour moi que les croyances religieuses réelles et vivantes, païennes, chrétiennes, il n'importe, n'en demanderaient pas tant. Mais que résulte-t-il de là ? C'est que le théisme unitaire et l'idée de création *ex nihilo*, dès l'origine de ces conceptions, s'opposent aux religions de l'antiquité, lesquelles s'accommodaient fort bien de l'évolution englobant le polythéisme, et finissent par les détruire ; et c'est ensuite que le système de d'évolution, subsistant ou se renouvelant sous des formes diverses, bat en brèche une idée de Dieu qu'on a voulu établir dans l'absolu (plutôt métaphysiquement que religieusement à vrai dire), et en négation de tous phénomènes évolutifs dans la formation du monde. Il eût été possible, toutefois, de contenir la foi religieuse dans une enceinte où sinon la philosophie, au moins une science aux méthodes sévères et des découvertes scientifiques quelconques n'eussent pu jamais l'atteindre en lui opposant des faits négatifs avérés. Or, la philosophie, quoi qu'elle tente de son côté, voit toujours ses conclusions infirmées par l'effet de ses divisions intestines.

Secondement, les philosophes qui revendiquent pour leurs systèmes autant de certitude que les savants en obtiennent pour les théories les plus positives de l'ordre de l'expérience, à plus forte raison ceux qui prétendent bâtir sur les mêmes fondements que la science, et avec la même méthode, afin de réclamer le même genre de certitude, ont spéculé sur des idées et sur des principes dont l'établissement ne saurait être démonstratif, pas plus qu'il n'intéresse réellement une foi religieuse simple et naturelle. Leurs doctrines de l'essence universelle et des origines du monde, fruit de la liberté des constructions métaphysiques, se mettent vainement en contradiction avec la pensée religieuse sur un terrain où rien d'ailleurs ne devrait obliger celle-ci à s'établir ; et les négations ordinairement inhérentes à ces doctrines ne peuvent jamais faire légitimement partie d'une suite de déductions tirées en conformité des règles du savoir positif. Il est vrai que le principe de l'évolution est, de sa nature, le seul compatible avec les recherches scientifiques, et on doit en dire autant du principe de la nécessité des phénomènes ; car la création et la liberté sont des bornes à la science. Mais de là même, précisément, il résulte que les applications de ce principe doivent, pour rester scientifiques, se renfermer dans la sphère, progressivement aggrandie sans doute, mais toujours limitée, où l'expérience peut constater l'existence de phénomènes évolutifs et nécessaires.

Si la manière dont je me rends ainsi compte des conditions sous lesquelles s'est produit le conflit des croyances religieuses et des idées philosophiques, sur la question de l'évolution ou de la création, est exacte, je puis conclure que ce conflit n'est pas lié nécessairement au problème en lui-même et n'a procédé que de la témérité spéculative des théologiens et des philosophes ; que la religion proprement dite et la science peuvent être également désintéressées du débat, et qu'enfin il ne s'agit ici, pour mon étude, que d'une opposition ancienne et toujours persistante, toute semblable aux autres que je me propose d'examiner, entre les façons de concevoir le principe *absolu* de l'univers. Voyons maintenant comment la contradiction s'est établie sur ce chapitre.

L'évolution était proprement le principe des anciennes cosmogonies des Grecs, comme au surplus de celles des Babyloniens et des Phéniciens, dont ils avaient probablement reçu quelque tradition. Je ne m'arrêterai pas, ce serait inutile ici, à définir les traits essentiels de la cosmogonie d'Hésiode, ou de la cosmogonie appelée orphique, ou les variantes des anciens mythographes, tels qu'Acusilaos, Epiménide et Phérécyde sur le même thème. Il suffit de remarquer que toutes ces compositions étaient formées d'un mélange d'éléments naturalistes, ou matériels, d'éléments symboliques, ou mythiques, remplissant le rôle d'animateurs de la matière, ou débrouilleurs du chaos, et enfin d'emprunts à la mythologie courante, notamment à ce procédé généalogique suivant lequel les dieux populaires se présentaient déjà eux-mêmes comme les produits d'une certaine évolution. Mais le premier qu'on sache nettement avoir donné à ce genre de conception une forme dégagée des traditions religieuses et des mythes, c'est le philosophe Anaximandre; et le fait est d'autant plus remarquable que ce penseur est le même qui prit l' « Infini » pour principe, au lieu des éléments matériels déterminés des autres ioniens, et qu'il existe certainement un accord naturel entre l'idée de l'évolution, comme loi unique du monde, et l'idée de l'infini, soit qu'on entende celle-ci dans le sens d'indétermination primitive ou dans celui d'absence totale de limites de temps et d'espace.

Il y a de l'incertitude sur la manière de comprendre le mode universel de l'évolution des choses, en son rapport avec l'Infini, suivant Anaximandre; mais il n'en peut exister aucune quant à l'emploi que ce philosophe faisait de cette conception, d'abord en général, et avec la plus grande extension possible, ensuite en l'appliquant à la production particulière de certaines classes d'êtres. En général, c'est ce qui résulte des textes remarquables et très explicites qui lui attribuent la doctrine « que l'Infini a en soi la cause de la génération et de la destruction de tout; que de lui se forment par voie de séparation les cieux et les mondes infinis; que la destruction des mondes, comme leur génération longtemps auparavant, provient de cet Infini éternel dans lequel ils accomplissent un mouvement circulaire »; et ailleurs, « que l'Infini est le principe et l'élément des êtres;... qu'il existe un mouvement éternel dans lequel il advient que se forment les cieux;... que l'Infini est éternel, insénescent, et embrasse tous les mondes dont le temps détermine la naissance, l'existence et la ruine. » Et quant aux applications de l'idée générale, il y en a trois, qui se rapportent aux trois points de vue, astronomique, géologique, physiologique. Les astres naissent et périssent à de longs intervalles; le monde subit une alternative de naissances et de destructions; la terre a commencé par l'état liquide, s'est progressivement desséchée par l'action du feu, et le desséchement, poussé à bout par la même cause, sera la fin de la terre et du monde; enfin les animaux sont nés du limon primitif, ils ont été primitivement aquatiques et se sont dépouillés des organes appropriés à ce genre de vie quand ils ont dû se faire à un autre milieu. L'homme lui-même n'a point une autre origine. Il est sans doute inutile de faire ressortir l'identité d'esprit de ces explications, *mutatis mutandis*, avec celles qui appartiennent à l'évolutionisme moderne. En tant que vue générale et philosophique de l'univers, on peut dire que c'est tout un ; il n'y a des deux parts que l'état des connaissances physiques qui diffère.

On ignore quelle cause Anaximandre pouvait avoir imaginé, ou même s'il en avait invoqué aucune, pour expliquer le fait dans lequel Anaxagore, plus tard, devait regarder l'intervention de la « Pensée » comme indispensable : le fait que la « séparation » des éléments donne lieu à des dispositions régulières des choses et à un ordre de développement dans le temps. L'inventeur de l'atomisme, lui, se posa certainement la question ; il y répondit en sens inverse d'Anaxagore, son contemporain, et formula en conséquence un système auquel ce qui manque précisément pour qu'on puisse l'appeler une doctrine de l'évolution, c'est l'idée d'une loi générale, présidant aux compositions et décompositions d'atomes qui font et défont les êtres et les mondes. Ces mondes de Démocrite sont en nombre infini et de toutes sortes de grandeurs de formes et de distances, selon qu'en décident les rencontres des éléments livrés à un mouvement sans commencement ni fin ; ils naissent et périssent en vertu d'une *nécessité* qui est en fait celle des résultats du choc en chaque rencontre, mais qu'on a appelé avec toute raison le *hasard*, en tant que la règle immuable à laquelle elle soumet tous les faits en particulier n'est pas une règle qui porte sur l'universalité des phénomènes pour les diriger vers une fin commune. On comprend comment ce système, hardiment poussé par Epicure, de l'idée du nécessaire, à celle de l'accidentel, dans les rencontres des atomes, a pu devenir le plus parfait contraire du système de l'évolution, c'est-à-dire une représentation du monde comme composée d'une infinité de mondes sans liaison et produits séparément par des assemblages de causes fortuites.

Il en est autrement de la marche de l'idée de l'évolution chez les philosophes de l'école ionienne attachés à la notion qualitative des éléments ou de la substance du monde.

Anaximène transporta à l'Air, substance universelle, le caractère d'infini qu'Anaximandre avait envisagé dans l'éternel mélange d'où toutes les choses avec leurs propriétés sortent par voie de séparation. L'évolution par laquelle naissent et périssent les mondes fut d'ailleurs pour lui, — ainsi que plus tard pour Diogène d'Apollonie, — ce qu'elle avait été pour son prédécesseur, à cela près que le principe des transformations ou métamorphoses reprit la place de celui des séparations ; mais on ne voyait pas mieux comment la substance matérielle possédait ou obtenait ce pouvoir de se modifier, en revêtant toutes sortes de qualités, et de produire ainsi des êtres individuels dans un ordre réglé. Héraclite voulut assigner la raison et la loi de l'évolution, et définir l'action par laquelle elle commence au début de chaque période de renouvellement de l'univers. Sa tentative a imprimé de fortes traces sur tout le cours ultérieur de la philosophie : devenir incessant et nécessaire des phénomènes; opposition et union des contraires, comme principe de mouvement et de constitution même de tout ce qui est; raison inhérente au développement, immanente dans le tout; caractère matériel du fond de l'existence, quoique régie par ce logos interne et divin ; morale conformiste, enfin, sur ce motif que l'ordre mental doit chercher sa règle dans un accord volontaire avec la nature et la marche nécessaire des choses : autant de traits qui se sont retrouvés depuis dans bien des doctrines.

Héraclite porta la conception caractéristique des philosophes ioniens à son apogée, et la spiritualisa d'une certaine manière, en ce que, substituant le Feu, — âme ou éther, en d'autres termes, — comme élément fondamental, aux autres dont on avait essayé, il considéra de plus cet unique élément comme mu et régulièrement transformé par une action du genre passionnel, et suivant une loi empruntée à la logique de l'entendement. Cette loi, fruit de réflexion et de système, évidemment, pose la continuelle alternance des contraires et la nécessité de leur fusion pour constituer l'harmonie de chaque phénomène entier, de chaque production naturelle; cette action est celle de la *Discorde*, ou de la *Guerre* (ἔρις, πόλεμος), qu'Héraclite nomme la mère de tout, parce qu'elle est la source de la contrariété, la cause du devenir, par conséquent, et le principe qui, uni à la *Paix* dans le *Feu créateur*, le pousse et le suit constamment dans le cours de son évolution.

La vie générale et périodique d'Héraclite se compose d'une suite de transformations qui commencent dans l'unité du feu créateur et viennent s'y terminer. Ce feu est la Raison en même temps que la matière et la vie : la vie en tous ses modes et toutes ses phases, la matière en sa forme ultime; de sorte que le devenir universel résultant de ces incessants changements, suivant la loi de dégagement et d'absorption mutuelle des contraires, doit obéir aussi à la loi d'une destinée immanente, d'une *Providence*, ainsi que la comprirent et la nommèrent les stoïciens, disciples d'Héraclite en cette physique théologique.

Remarquons maintenant que l'idée d'une providence inhérente à la nature du monde est l'une des deux formes principales du panthéisme, — l'autre forme, plus justement nommée peut-être athéisme, étant celle qui exclut du développement du tout la pensée d'une fin et d'un plan général, suivant lequel il se réalise. — Cette idée, au moins en sa logique ordinaire, ne comporte pas l'attribution du caractère de personnalité au tout en tant que tel. Il faut donc que la loi *immanente* à la production, à la suite et au progrès des choses, loi dont les consciences elles-mêmes procèdent, soit aussi une loi *inconsciente*. Nous constatons ici le point de jonction entre la doctrine antique de l'évolution, sous forme de vitalisme (non de mécanisme) avec les doctrines modernes, d'ailleurs variées, où le monde est considéré comme soumis à une loi générale de finalité qui existe et s'applique sans qu'aucune conscience l'ait jamais établie et ait pu se la représenter. De ces doctrines, les unes sont optimistes et spéculent sur un progrès résultant de la nature des choses ; d'autres, pessimistes, placent la fin désirable dans un retour des consciences au néant d'où elles sont sorties, ce qui suppose un progrès aussi, quoique d'autre sorte. Elles s'appuient toutes, d'ailleurs, plus ou moins sur les résultats d'investigations scientifiques et sur l'étude de l'histoire ou naturelle ou humaine pour tracer les lignes d'un mouvement général ; mais rien de tout cela n'est essentiel à la conception philosophique fondamentale. Cette dernière n'est toujours que ce qu'elle a été dans l'antiquité : la loi d'une évolution inconsciente, de quelque manière qu'on puisse pouvoir en déterminer les traits et les moments.

La doctrine de l'évolution, dégagée, durant la période antésocratique, et devenue indépendante de la théologie poétique des mythographes, pour ne plus s'appuyer que sur des principes philosophiques, ne s'est pas seulement formulée chez des philosophes pour qui ces principes affectaient la forme d'un substantialisme matérialiste. L'école pythagoricienne, initiatrice des explications du monde fondées sur des notions du genre rationnel, conçut également le cosmos comme un ordre de développement ; et même, vu la nature de ces notions qu'elle mettait en œuvre, elle dut présenter ce développement comme s'effectuant, depuis l'origine, dans la direction du meilleur. On manque malheureusement d'informations sur un principe, que les pythagoriciens ont pu ajouter ou non à leur principe du dualisme, pour expliquer l'établissement progressif de l'harmonie ; sur la cause ou le mobile et la fin qu'ils pouvaient supposer du progrès. Les historiens de la philosophie ont de plus en plus reconnu la nécessité de distinguer entre l'ancienne école et celle qui, postérieure à Anaxagore et à Platon, a dicté presque tous les renseignements qui nous sont parvenus. Il faut peut-être qu'une critique sévère se décide aujourd'hui à distraire du pythagorisme primitif toute la partie théologique, tout ce qui se rapporte à l'identification de Dieu avec un premier principe philosophique du monde, soit transcendant, soit immanent. Ce n'est pas que cette ancienne école n'eût un caractère éminemment religieux, mais c'est qu'ainsi que d'autres de la même période, elle aurait conduit sa spéculation touchant les origines du cosmos sans y rien introduire qui usurpât la place ou détruisît la valeur de l'anthropomorphisme reçu, en substituant une essence métaphysique aux dieux de la religion. Et quant à sa tendance monothéiste, en la supposant bien démontrée, elle pourrait n'avoir pas une autre portée que chez tant d'autres anciens qui ont reconnu la primauté, la souveraineté d'un dieu entre tous les dieux, et n'ont songé pour cela d'aucune métaphysique touchant l'unité de l'essence divine. Mais, à ce compte, le caractère évolutionniste de la doctrine pythagoricienne, quoique nous en ignorions le détail, paraît clair et net, bien plus que si nous avions à le mettre d'accord avec une action dirigeante de la divinité ; car ce caractère, tel qu'il faut le définir pour l'opposition qui est le sujet de cette partie de notre étude, implique un développement spontané du monde, suivant des lois où il n'entre point de conscience à l'origine.

Les deux traits principaux d'un système d'évolution se constatent sans peine dans l'ancien pythagorisme, une fois cette difficulté écartée. Le premier résulte d'un passage d'Aristote, bien bref assurément, mais aussi topique qu'on pût le souhaiter : « Ceux qui pensent, avec les Pythagoriciens et Speusippe, que le plus beau et le meilleur ne sont pas dans le principe (ἐν ἀρχῇ), parce que les principes des plantes et ceux des animaux sont des causes, tandis que le beau et le parfait se trouvent dans ce qui vient des causes, ceux-là n'ont pas une opinion bien fondée... » Nous voilà fixés sur ce point capital, que, suivant les Pythagoriciens, le *supérieur* vient après l'*inférieur* et en procède, pour employer ici des termes dont s'est servi Auguste Comte, et qui caractérisent fort bien deux points de vue contraires. En effet, le sens très clair du passage d'Aristote est que, selon la doctrine qu'il combat, les principes et causes des êtres ne possèdent pas la perfection, ou le degré de perfection, qui appartient aux produits de ces principes ou causes. C'est, — sur un fondement d'observation simple et commun, apparemment, — tout juste le contraire de l'axiome métaphysique de Descartes : que la cause doit contenir au moins autant de *réalité* qu'il en paraît dans l'effet; et le contraire aussi de celle qu'Aristote opposait déjà aux Pythagoriciens, à savoir que *le primitif est le parfait* : « La semence provient d'êtres parfaits qui lui sont antérieurs, et le primitif n'est pas la semence, mais le parfait; c'est ainsi qu'on peut dire que l'homme est antérieur à la semence : non pas, il est vrai, l'homme qui est né de la semence, mais celui dont elle provient. »

Le second trait du caractère évolutif à reconnaître à la doctrine pythagoricienne du cosmos résulte de l'interprétation que, d'après ce qui précède, on est obligé de donner à leur genèse. Quelle est, en deux mots, celle-ci ? Elle est fondée sur le dualisme de l'Infini et de la Limite. L'Infini est l'Illimité, le Vide, l'Intervalle indéterminé d'espace ou de temps, le Pair (le pair, parce que sa nature est d'admettre la division binaire, — la plus simple des divisions, et symbole à cause de cela de toutes les autres, — et de l'admettre également pour ses parties et pour les parties de ses parties sans fin). La Limite, c'est l'Un limitant, quant au nombre pur, le Point dans l'espace, l'Instant dans le temps (le νῦν et le στιγμή), qui déterminèrent les étendues et les durées ; et c'est l'Impair, comme on l'appelait aussi, parce qu'excluant en elle-même toute division, la limite est l'impair par excellence à l'égard de tous les nombres purs (impairs ou pairs) qu'elle divise, et ensuite l'antithèse de tous les intervalles concrets, toujours divisibles et toujours binaires à volonté et sans fin. Ceci posé, l'esprit de la cosmogonie philosophique des Pythagoriciens consistait à se représenter la Limite s'ouvrant à l'Illimité, ou Infini, *aspirant le Vide*, le comprenant et le limitant, — ou, ce qui a le même sens, l'Illimité, le Vide, l'Intervalle pénétrant l'Un et le divisant. De cette espèce de *respiration de la nature* proviennent toutes les déterminations de l'espace et du temps, ces grands *intervalles de la nature*, et, par suite, les figures et les mouvements, dont les nombres sont l'essence et dont l'ensemble compose l'harmonie générale du cosmos.

Maintenant, que la coexistence des deux principes, que le dualisme soit quelque chose d'éternel, on n'en peut guère douter, quoiqu'il soit facile d'y substituer, comme l'ont fait de différentes manières des philosophes postérieurs, depuis Empédocle jusqu'à Proclus, l'idée de l'antériorité de l'Un, et sa division, sa chute dans l'être. Mais si les anciens de l'école pythagoricienne avaient formé cette dernière conception, il est difficile qu'elle n'eût pas été bien connue d'Aristote, comme l'ont été celles du *Sphairos* immuable de Xénophane, ou du *Sphairos* divisé par la *Guerre* d'Empédocle, et il n'aurait pas pu dire que les pythagoriciens plaçaient « le beau et le parfait, non dans le principe, mais dans ce qui vient des causes ». Il faut conclure de là, et d'ailleurs de la nature mathématique, plus que mystique, de l'idée pythagoricienne, de l'intervention forcée du principe de division dans l'explication de tout ordre et de toute harmonie, que la fonction dualistique, loin de procéder d'une chute première, aux yeux de cette école, était pour elle le mode essentiel d'une description du monde en qualité de *Cosmos*. Il ne reste plus qu'à savoir si le monde ordonné lui-même doit avoir eu un commencement, ou s'il doit être éternel, selon l'esprit d'une semblable théorie. La nature de vérité universelle et sans origine concevable, qui appartient évidemment à l'idée d'un dualisme abstrait duquel l'espace et le temps tirent leur essence et leur explication, nous donne à penser que l'origine de l'existence recule dans le même lointain indéfini que le principe d'où elle procède.

Il n'y a pas lieu de supposer ici la distinction entre un principe logique, supérieur au temps, et une origine physique qui lui serait soumise, ni de se demander si les anciens connaissaient ce genre de subtilités. Il suffit de se rappeler, d'une part, que le développement cosmique était progressif, allant du *moins* au *plus*, dans le système pythagoricien, et, d'une autre part, que le principe de l'ordre croissant du bien était un principe mathématique, éternel et nécessaire, toujours agissant, qui ne devait pas, comme celui d'Héraclite, ou celui d'Empédocle, conduire le penseur à imaginer une évolution périodique de mondes engendrés, qui commencent, finissent et recommencent, sans commencement premier non plus que fin dernière des choses. De même donc qu'après eux, Démocrite, auteur d'une physique mathématique à sa manière, a regardé les atomes et leurs mouvements comme éternellement donnés, de même les pythagoriciens ont pu attribuer au principe général et abstrait de la constitution des nombres, par lesquels ils définissaient les essences et les rapports de toutes choses, une action dont le premier moment inassignable remonte à l'infini. Ils ont pu, plus probablement, tout en ayant au fond cette pensée, ne pas se poser formellement la question de savoir si le jeu d'un dualisme dont le temps et tout ce qui est dans le temps dépendent est incompatible avec un commencement absolu de l'évolution matérielle qui constitue le monde. Mais, dans tous les cas, ce serait bien peu comprendre l'attitude d'esprit de ces anciens penseurs, que de vouloir relever une contradiction entre leur opinion de l'éternité du monde, telle que je viens de l'expliquer, et soit des vues religieuses, soit des constructions de cosmogonie physique *a priori* qui nous semblent à nous appartenir à un autre ordre d'idées qu'une évolution mathématique du multiple et de l'un.

Quant à la cosmogonie pythagoricienne, dont la partie astronomique est, on le sait, si remarquable, il est naturel que son exposition ait affecté une forme descriptive, comme s'il s'agissait d'un ordre qui eût été institué d'après certaines lois, à un moment donné. C'était la forme inévitable d'une construction de ce genre, puisqu'il était impossible au philosophe de pénétrer les voies par lesquelles une harmonie cosmique si accomplie avait été obtenue, et de remplir l'intervalle entre le principe abstrait et le produit de l'évolution. Par le fait, Aristote nous dit expressément (*Mét.* I, VII, 24) que les pythagoriciens ne se rendaient pas compte de la manière dont le mouvement a pu commencer et les phénomènes se produire. Rien de plus simple, dans l'opinion que je soutiens. Remarquons en outre que la divinité qu'ils attribuaient éminemment au *feu central*, foyer de l'univers, trône de Zeus, et puis aux astres engendrés par cet Un ou monade primitive, apportait dans leur conception un point de vue religieux, en quelque sorte statique, qui devait détourner la pensée de toute question relative au dynamisme mathématique abstrait d'où le cosmos et les dieux vivants eux-mêmes avaient dû procéder selon le système.

Cette doctrine, toute de logique mathématique et réaliste, d'un côté, toute religieuse de l'autre, n'avait pas plus de place pour une fin que pour un commencement du monde. L'évolution à formes périodiques des Héraclite et des Empédocle, c'est-à-dire la succession des mondes identiques, engendrés, détruits et reproduits, y était suppléée par cette espèce d'évolution à périodes internes d'un monde unique qu'on appelle la *grande année*. Les phénomènes cosmiques devaient se retrouver les mêmes, avec toutes leurs dépendances, chaque fois que les révolutions célestes ramenaient les astres aux mêmes positions respectives. On a cru dans l'école pythagoricienne, ou du moins dans une partie de cette école, qu'à chacun de ces retours correspondait une exacte reproduction de tout ce qui concerne la vie et les âmes, et, par suite, un recommencement des mêmes séries d'actes et d'événements. Ce cours déterminé des choses avait alors à se concilier avec une évolution de nature bien différente, dont le principe est tout moral et implique la liberté des âmes. C'est, en effet, un dogme pythagoricien des plus authentiques que celui qui admet l'existence des âmes séparées, explique leur présence dans les corps par des punitions qu'elles ont encourues dans leurs existences antérieures, et les soumet à une suite de palingénésies. Nous ne savons pas au juste ce que pensaient ces philosophes du rapport des destinées individuelles avec le principe général de l'évolution. Mais il est plus que probable qu'ils n'admettaient point de fin dernière pour ces destinées, et que, suivant eux, les âmes affranchies par une vie sainte, élevées à un monde supérieur, restaient sujettes à des chutes nouvelles. Par quelles causes ? le platonisme et le pythagorisme des âges suivants permettent sans doute de s'en faire une idée : ce serait le désir de descendre, une espèce d'attrait exercé par ce qui est inférieur.

A aucune époque, les contradictions des philosophes n'ont été plus radicalement accusées, plus intéressantes pour nous, par conséquent, que pendant cette période antésocratique. L'éléatisme, opposé d'avance à l'idée de création, qui ne s'était encore montrée nulle part, ne l'est pas moins à l'évolutionnisme sorti de l'école ionienne et à l'évolutionnisme mathématique des pythagoriciens. Nier tout rapport entre l'Être et les phénomènes, nier la multiplicité, la composition, le changement, comme tenant de l'Infini ou non être; identifier, dans l'essence de l'Être et de l'Un, la pensée et l'objet de la pensée, ce qui supprime toutes les idées, c'est prendre le contre-pied de la doctrine cosmique où tout ce qui est être et harmonie des êtres est déduit de l'opposition du multiple et de l'un, et cherché dans le développement d'une suite de rapports numériques auxquels la pensée et ses objets doivent leur constitution commune. Et cependant, quand Parménide, en sa condescendance pour l'opinion et pour l'apparence, essaie de construire une théorie des phénomènes, il reprend les éléments des *physiciens* et s'efforce d'en tirer une espèce de génération du monde. Il place au centre de ce monde, né du jeu et de l'opposition des éléments, une divinité rectrice, mais qui, d'après son système, ne peut avoir rien de commun avec le principe de l'être. Il résulte de là que, forcé, en quelque sorte, de parler un langage humain, l'éléatisme retombe dans une doctrine du genre de l'évolution physique. Et du reste l'histoire de la philosophie nous montre l'idée panthéistique oscillant toujours entre la négation profonde du monde phénoménal, sa réduction à de simples apparences, et une sorte de naturalisme universel. Un système où les phénomènes émanent éternellement et nécessairement d'une substance unique, dont ils sont toute la réalité, a une telle affinité avec certaines formes du matérialisme, qu'on a toujours hésité sur le vrai sens à donner à la pensée d'un Spinoza, considérée dans son esprit le plus profond. Les uns y ont vu l'acosmisme et les autres l'athéisme. La doctrine éléatique apercevait l'abîme entre les deux conceptions ; puis elle tâchait, non de le combler, mais de donner satisfaction aux besoins créés par les apparences.

Empédocle alla plus loin dans la conciliation. Vers le temps même où se produisait cette révolution philosophique, célébrée par Socrate, Platon et Aristote, qui donnait à l'intelligence pure la fonction ordonnatrice du chaos des qualités sensibles, Empédocle exposa dans son beau poème philosophique universellement vanté par les anciens, et en grande partie perdu, la synthèse des doctrines antérieures résumées en un évolutionisme original. On y trouvait *les éléments* des *physiciens* au nombre définitif de *quatre*, réunis et combinés ; — le *Feu* d'Héraclite, avec un rôle dominant, opposé aux trois autres éléments ; — un mélange primitif (*migma*), comme dans l'*Infini* d'Anaximandre, et puis le principe de séparation et d'union pour expliquer la constitution des êtres ; — le *Sphairos* des éléates, unité et concorde universelle au sein du *migma*, lequel ne répond plus au chaos des mécanistes, mais à un état d'indistinction bienheureuse ; — deux causes pour relier le *Sphairos* au monde : la *Guerre*, qui détermine le passage de l'un à l'autre, l'*Amour*, qui règne seul dans le premier, et qui travaille à la conservation ou à l'établissement progressif de tout ce que le second comporte d'harmonie ; — un dualisme de forme passionnelle, ainsi substitué au dualisme mathématique des pythagoriciens, et opérant sur les éléments physiques ; — les vues de ces derniers philosophes pleinement adoptées, en ce qui concerne les *daimons*, la chute et les palingénésies des âmes ; — enfin l'idée de chute, appliquée à la production du monde que la *Guerre* fait sortir du *Sphairos*, et l'idée de l'évolution, avec un double emploi : périodique pour la succession des mondes qui viennent du *Sphairos* et qui y retournent, particulière pour chacun de ces mondes, où les organes se forment et s'adaptent peu à peu sous l'action constante du désir et de l'amour.

L'opposition de l'idée de création à celle d'évolution a donc réellement commencé avec les deux philosophes de Clazomène, Hermotime et Anaxagore, ainsi qu'on l'a toujours admis. « Ils établirent, dit Aristote, que la cause de ce qui est beau (τοῦ καλῶς τὴν αἰτίαν), c'est le principe des êtres, et la cause aussi d'où vient aux êtres le mouvement » ; et un peu avant : « Celui qui vint à dire que, de même que dans les animaux, ainsi dans la nature, il y a l'Intelligence, cause du cosmos et de l'ordre universel, parut seul en son bon sens, au regard des prédécesseurs qui avaient divagué. » Platon et Aristote n'ont pas laissé pour cela d'adresser à Anaxagore le reproche (suivant les termes de ce dernier) de n'avoir « employé l'intelligence qu'*ex machina* pour la fabrique du monde : quand il ne sait où prendre une cause nécessaire, il a recours à elle ; mais partout ailleurs, c'est à toute autre chose qu'à l'Intelligence qu'il demande la cause de ce qui se produit. » La critique est curieuse, en ce qu'elle rappelle exactement l'objection bien des fois adressée au monde mécanique de Descartes ou à n'importe quel autre système excluant la cause universelle de toute intervention particulière dans le cours des phénomènes, une fois produits et soumis à des lois générales. Elle n'est donc pas juste, car elle tendrait à supprimer le terrain de la science. Mais elle s'appliquait surtout à faux, semble-t-il, à un philosophe qui, comme Anaxagore, admettait une matière primitive, un chaos de qualités substantielles, sensibles, à mettre en ordre, et voyait dans l'*Intelligence* l'initiatrice d'un mouvement qui doit séparer ou rapprocher des natures données, en vue de constituer des êtres d'une composition déterminée, en harmonie avec leurs conditions d'existence. Il est clair que l'emploi de ce concept pouvait passer pour épuisé, une fois accomplie l'opération première du débrouillement de la masse immobile, infinie et sans origine des éléments mêlés. Le « physicien » avait après cela, comme tous ceux de son école, à rendre compte des modes d'assemblage et d'action de ces éléments, modes capables de lui représenter la constitution et la « circulation » des choses de la nature, telles que l'observation nous la montre. C'était là expliquer l'*œuvre faite*, mais seulement après en avoir pris pour agent primitif, non point immanent, mais intervenant à un moment donné, l'*intelligence* motrice et ordonnatrice, au lieu d'un élément comme le Feu d'Héraclite, ou comme l'Air d'Anaximène, ou comme l'un de ces σπέρματα et de ces χρήματα qu'Anaxagore lui-même multipliait à l'infini pour la définition de la matière sensible, et qu'on a nommés les *homœoméries*.

On voit qu'il ne s'agit ni de la création *ex nihilo*, idée bien postérieure à ce temps, ni de l'identification de l'*Intelligence* avec Dieu, et de la conception d'une personnalité suprême, antérieure au monde, séparée du monde et le gouvernant, quoique ce fût évidemment un chemin pour y conduire; mais il s'agit bien d'une opération démiurgique d'une certaine espèce, et de l'introduction d'un principe qui, en tant que séparé de la matière du monde, implique des vues directement opposées à celle d'une évolution intime et spontanée de cette matière elle-même, pour le déroulement des phénomènes. Et, en effet, Anaxagore excluait formellement l'idée de nécessité (είμαρμενη), aussi bien que celle de hasard, de la génération des choses; et il attribuait à son νοῦς une existence *en soi* et un caractère *autocratique* (αὐτοκρατὲς) qui, joints à la toute connaissance de ce qui était, est ou sera, en font quelque chose de fort semblable à une providence universelle. Malgré la force de ces expressions, tirées d'un fragment authentique, il convient de ne voir dans l'idée du νοῦς que la forme abstraite et générale d'un principe de mouvement et de coordination dans la nature. Autrement, on ne s'expliquerait pas la vive critique de Platon (et de Socrate probablement) fondée sur ce que l'arrangement des choses, rapporté à l'*intelligence* par Anaxagore, se trouve n'avoir rien de commun avec le choix du meilleur pour la nature, ou avec celui que fait l'intelligence humaine parmi les actes que le corps peut accomplir (1).

L'aspect moral du principe démiurgique est donc étranger à Anaxagore, mais non pas l'aspect intellectuel, et c'est une opinion invraisemblable que celle de M. Zeller, ainsi que de Grote et de Lewes, d'après laquelle le νοῦς de ce philosophe ne serait point immatériel, mais une sorte

---

(1) Platon. *Phédon*, trad. Cousin, t. I, p. 277-278.

de matière, pure et subtile entre toutes les autres (1). A moins de bannir l'idée de substance, mais ce serait exiger trop de lui sans doute, comment Anaxagore aurait-il pu mieux distinguer la substance du νοῦς de celle de la matière, c'est-à-dire de la masse des *homœoméries*, qu'en disant qu' « elle est autocrate, qu'elle n'est mêlée à rien, qu'elle existe seule et en elle-même », qu'elle ne participe pas de la nature de toutes les choses; car, hormis en elle, « en tout il y a des parties de tout »; et que c'est cette absence de mélange qui la rend capable de « commander à tout. » Joignez à cela la connaissance universelle, on ne voit plus ce qui manque à la description de ce qu'on a jamais pu nommer l'esprit distingué de la matière.

C'est avec Socrate que commence la contemplation du monde sous l'aspect des attributs moraux. L'idée du bien se présente comme le principe dirigeant, le seul intéressant et le seul à notre portée de l'univers. La contrepartie de l'évolutionisme, c'est-à-dire d'une doctrine tirant le supérieur de l'inférieur par voie de développement spontané, ou de transformation ou de combinaison de choses, venait de s'annoncer par la thèse d'une intelligence pure, cause première de tout mouvement et de tout arrangement physique; elle s'achève par celle de la subordination, ou même de la négation des explications d'ordre matériel, en faveur des recherches portant sur les phénomènes internes, les phénomènes humains de la pensée réfléchie, et spécialement sur les idées du Bien, du Beau et du Juste, que l'homme doit transporter dans le monde, s'il veut se le représenter conforme à sa propre nature. En conséquence de cette nouvelle direction morale de l'esprit spéculatif, qui fut ressentie dans tout le cours ultérieur de la philosophie malgré les inévitables retours de la métaphysique matérialiste, la question ne se posa pas seulement de discerner les marques d'un gouvernement du Bien dans l'univers, mais encore de définir ce Bien comme principe suprême, au premier commencement de l'être. L'une de ces deux tâches fut celle à laquelle se dévoua Socrate, penseur critique, extraordinairement subtil et profond, mais exclusivement et systématiquement placé au point de vue pratique. Platon entreprit l'autre et il y rencontra, on va le voir, d'insurmontables difficultés.

(1) Grote. *Plato and the other companions of Sokrates*, I, p. 57-58; Lewes. *The history of philosophy from Thales to Comte*, I, p. 80.

Il faut se tenir ici à ce qu'il y a d'absolument avéré sur Socrate comme philosophe. Alors, quatre points sont à noter : le premier, que je viens de rappeler, c'est la pensée critique de circonscrire la science dans l'ordre des connaissances accessibles, en bannissant tout l'inutile amas des explications contradictoires des « physiciens. » Le second est la détermination d'un nouveau sujet de recherches et d'une méthode : le sujet est une psychologie analytique, une étude des idées, principalement des idées morales ; la méthode, un examen de leurs liaisons et de l'ordre dans lequel elles dépendent les unes des autres quand on les définit. De là, l'art célèbre de l'interrogation savante et de l' « accouchement des esprits. » Le troisième point, celui sur lequel a porté l'illusion de l'inventeur, c'est le principe que les idées sont susceptibles de définitions certaines et positives, indépendantes de la volonté ou des penchants des individus, et qu'une fois définies, une fois la « science » obtenue pour chacune, l'acte correspondant, la « vertu » corrélative, s'ensuit nécessairement pour celui qui possède cette science. A ceci se rapporte le trait caractéristique de ces dialogues du genre socratique où les « sophistes » et les hommes d'État, comparés à des hommes professionnels, sont argués d'ignorance de leur propre métier, qu'ils auraient à apprendre avant de traiter les questions ou de manier les affaires. Enfin, le quatrième point, et le seul auquel j'aie à m'arrêter en ce moment, c'est la disposition religieuse de l'âme, la croyance à une divinité qui régit le monde, s'intéresse aux choses humaines, et fait même connaître aux hommes sa volonté par des avertissements et par des présages.

Le fait du monothéisme socratique est indubitable, si l'on s'en tient au sens *positif* du mot. Au sens *négatif* (juif et musulman), je veux dire exclusif de tous êtres divins subordonnés, il me paraît douteux, pour ne rien dire de plus, et a contre lui tout ce que nous savons de la conciliation habituelle des deux points de vue chez tant de philosophes et de poètes, pendant de longs siècles depuis Socrate jusqu'à Proclus (1). Mais tout ce

---

(1) Je ne saurais me rendre à la démonstration inductive et trop vague du monothéisme absolu de Socrate, essayée par M. G. d'Eichthal (*Socrate et notre temps*, 1881), ni croire avec lui que le *daimonion* particulier de Socrate n'ait signifié qu'un procédé *rationnel* de prévision, d'après une considération religieuse des faits, *sans rien de superstitieux, rien de mystique* (p. 41-42). Mais M. d'Eichthal a éclairci d'une manière remarquable la nature de la divinité et de la providence socratiques, toute tirée de l' « analogie anthropomorphique » (p. 18, 26 sq.).

qui nous importe ici, c'est la conception de la divinité partout présente et universellement intelligente, qui connaît et conserve le monde, en prend soin et le dirige avec sagesse vers des fins conscientes et raisonnées. Cette généralisation de l'intelligence humaine et cet emploi des causes finales au lieu des causes efficientes avaient chez Socrate une d'autant plus franche signification qu'il croyait à l'intervention particulière du *divin* (τὸ θεῖον. τὸ δαιμόνιον) pour la direction de la conduite. Mais le problème métaphysique du Bien, en tant qu'essence et origine, se trouvait écarté du même coup que toute la vieille « physique. » Platon eut à le reprendre au point de vue moral où Socrate l'avait élevé.

A mon sens, je le dirai en passant, il y a une explication très simple à donner et du *daimonion* de Socrate et du fondement de l'accusation qui lui fut intentée d'avoir voulu introduire de nouveaux *daimonia*. Cet homme d'un génie extraordinaire parmi les génies mêmes ne fut pas un monothéiste à la manière hébraïque, pas plus qu'à la manière éléatique. Il ne dut pas davantage admettre littéralement les divinités populaires, quoiqu'il participât pieusement au culte civil. Il crut à l'action providentielle du « divin » dans le monde et dans la cité ; il crut à la divination : probablement à la divination exercée dans les établissements oraculaires, et très certainement à celle qui se produit accidentellement par suite d'inspirations particulières. Ce divin auquel il avait foi était anthropomorphique, et prenait la forme unitaire ou celle de la multiplicité, selon que son action se rapportait à un être suprême et à une direction générale des choses, ou à des manifestations séparées, à des influences distinctes, et enfin à des croyances fondées sur la tradition. De là les cas fréquents de synonymie qu'on remarque dans les témoignages concernant Socrate, dans l'emploi du terme singulier, pluriel ou neutre de la divinité (ὁ θεός, οἱ θεοί, τὸ θεῖον, τὸ δαιμόνιον). L'esprit tout psychologique, antimétaphysique, certains diraient antiphilosophique de Socrate, lui défendait de mieux déterminer l'essence divine, et c'est un contre-sens à sa pensée, que de chercher à lever ce qui semble des équivoques. Et de même, assimiler son *daimonion* particulier à la conscience morale, ou à une forme quelconque de la réflexion, ou, inversement, vouloir brutalement le réduire à une hallucination, c'est substituer de froides définitions à quelque chose d'indéfinissablement vivant ; c'est méconnaître le caractère religieux d'un sentiment, qu'il vaudrait mieux comparer pour le fond à celui de la grâce divine chez le chrétien, et, pour la forme qu'il affectait, à la « voix d'un ange », à cela près que Socrate ne se faisait pas fort d'expliquer ce que c'était que cet être divin dont l'intervention n'était pour lui que d'expérience subjective, comme nous disons aujourd'hui.

Tout autre était l'attitude intellectuelle et tout autres les visées de Platon le *métaphysicien absolutiste*, de Platon le *socialiste*, constructeur d'une république *a priori*, de Platon, le grand artiste du monde des idées, qui ne pouvait se contenter de la psychologie pratique, de la simple morale et des croyances religieuses aussi sincères que peu déterminées de son maître. Le problème de l'origine du cosmos, que Socrate avait certainement banni comme vain, et peut-être même impie, lui était au contraire imposé, et il en eut deux solutions : l'une absolue pour la sphère au-dessus du monde, où le Bien, père des *idées*, était défini comme supérieur à l'Être, et où la matière, d'ailleurs réduite au rôle privatif que lui donne le dualisme pythagorico-platonicien, n'avait point à entrer en guise de chaos mythologique et de principe de résistance au bien; l'autre à la portée du commun des hommes, relative, simplement vraisemblable, tenant un peu de la nature des fictions, et dans laquelle la pensée démiurgique abstraite d'Anaxagore était mise en forme de théologie. Je ne puis mieux faire ici que de citer l'historien qui me paraît avoir le mieux compris le caractère de Platon, quoiqu'il n'ait pas approfondi les points de doctrine éloignés de sa propre interprétation.

« En cet hymne de l'univers (le *Timée* de Platon, ainsi qualifié par le rhéteur Ménandre), la prose du philosophe sert de véhicule à l'imagination poétique, tout autant que les hexamètres d'Hésiode, d'Empédocle ou de Parménide. Les dieux et les déesses que Timée invoque au commencement lui apportent des révélations surhumaines, ainsi qu'à Hésiode les Muses, ou à Parménide la déesse de la sagesse. Platon reconnaît expressément la multiplicité des théories courantes touchant les dieux et la génération de l'univers. Il ne réclame pas pour la sienne une crédibilité supérieure. Il veut que nous nous contentions d'un certain degré de probabilité, parce que la nature humaine ne comporte pas plus de certitude. Il importe de remarquer la modestie formellement exprimée par Platon quant à la mesure de ses prétentions à l'assentiment de ses auditeurs; elle contraste avec la confiance qu'il témoigne dans le dialogue de la *République*, où il charge un héraut de proclamer sa conclusion, et avec le dogmatisme arrogant qui s'étale dans son traité des *Lois*, destiné à fournir un catéchisme pour l'enseignement des citoyens, plutôt que des preuves à éplucher pour des opposants. Il expose, sur des sujets qu'il estime insondables, la théorie qui s'accorde le mieux avec ses propres prédispositions poétiques et religeuses, et qu'il déclare aussi probable qu'aucune autre qu'on ait mise en avant. Le Socrate de Xénophon, qui désapprouve toute spéculation sur l'origine et la structure du cosmos, aurait admis probablement cette égale probabilité, dans le sens d'une absence égale de fondements pour asseoir une croyance... Si la mission que les Dieux avaient donnée à Socrate en le constituant contre-examinateur général de la commune fantaisie de la connaissance, sans la réalité de la connaissance, et le poussant à une perpétuelle controverse avec les hommes d'État, les poètes et les sophistes d'Athènes, si cette mission avait eu à s'appliquer, avec son constant procédé, aux vastes affirmations de Timée, nul doute que, là aussi, le maître ne se fût montré avec son caractère bien connu d'ignorance avouée, mais inquisitive. Le Timée platonicien est positivement antisocratique. Il nous place au pôle opposé, au pôle dogmatique du caractère de Platon.

« Timée commence par établir la distinction capitale entre 1° l'Être ou l'Existant, l'éternel et immuable, le monde des Idées ou Formes, saisi par conception mentale, ou Raison, seulement, mais objet de connaissance infaillible ; 2° l'Engendré et Périssable — le monde sensible, phénoménal, matériel — qui n'existe jamais réellement, mais ne fait que paraître et disparaître, saisi par les sens, mais impropre à devenir objet de connaissance ou de quelque chose de plus que d'opinion ou conjecture. Le cosmos, corps visible et tangible, appartient à cette dernière catégorie. Il ne peut donc pas être réellement connu, on ne peut affirmer de lui rien de vrai, ou incontestable, on ne peut, à son sujet, s'élever au-dessus de l'opinion et de la probabilité...

« Platon procède à son exposition avec ces postulats : — les Idées ou Formes éternelles, — une certaine matière chaotique, ou Quelque chose d'indéterminé, — un Démiurge ou Architecte, pour construire et tirer de ce chaos, après avoir contemplé les Formes, des copies de ces formes aussi bonnes que les comporte le monde des sens. Le Démiurge trouva toute matière visible, non pas en repos, mais dans un état de mouvement irrégulier et discordant. Il la fit passer du désordre à l'ordre. Étant lui-même bon, dit Platon, et désirant rendre toute autre chose aussi bonne que possible, il transforma le chaos en un monde ordonné. Il plaça à son centre une âme se déployant tout autour, de manière à en embrasser tout le corps, et, dans l'âme, la raison, afin que le cosmos devînt animé et rationnel, — un Dieu.

« Le Démiurge de Platon n'est pas conçu comme un Créateur, mais comme un constructeur, un artiste. C'est le Dieu Prométhée, conçu comme précosmique et élevé à la primauté des Dieux, non plus subordonné à Zeus, tel qu'Eschyle et d'autres l'ont dépeint. Il représente l'intelligence providente, ou l'art, et le dessein bienfaisant en lutte avec une force supérieure et irrésistible et s'efforçant de l'améliorer autant qu'elle-même permet qu'on l'améliore. Cette force supérieure préexistante, Platon la nomme Nécessité ; c'est « la causalité erratique, irrégulière et de hasard » qui subsiste antérieurement à l'intervention du Démiurge et sur laquelle on peut agir par persuasion, mais non par coercition. Ainsi la genèse du cosmos résulte d'une combinaison de la force intelligente avec la nécessité primordiale qui se laissa persuader et consentit à voir son action régularisée jusqu'à un certain point, pas au delà…

« La nécessité platonique est identique avec le chaos primitif, reconnu dans la théogonie ou cosmogonie d'Hériode. Ce poète nous dit que le chaos fut le Quelque chose primordial ; qu'ensuite vinrent Géa, Éros, Ouranos, Nyx, Érébos, etc., qui, par voie de mariages, engendrèrent de nombreuses personnes divines ou agents cosmiques, à caractères et attributs plus ou moins définis. Grâce à ces actions nouvelles, le chaos fut modifié et régularisé dans une plus ou moins grande mesure. Le Timée platonicien prend ce même point de départ dans le chaos originel. Mais il admet aussi, comme coévales, mais séparées, ses Formes ou Idées éternelles. Il n'a pas recours alors, comme Hériode, pour obtenir ses agents cosmiques, à l'analogie des mariages et des naissances, mais bien à une autre analogie, également humaine et également empruntée à l'expérience : celle d'un Démiurge, ou artiste constructeur professionnel, architecte ou charpentier, qui travaille avec ces Formes pour modèles et introduit des constructions régulières dans le chaos. L'antithèse présente à l'esprit de Platon est entre le désordre, ou absence d'ordre, désigné comme nécessité, et l'ordre, ou régularité, représenté par les Idées. Pour médiateur de ces principes primitifs opposés, Platon assume le Noûs, ou raison, ou talent artistique personnifié dans ce Démiurge qu'il appelle essentiellement bon, entendant par là qu'il est l'agent régulateur par qui l'ordre, la méthode, la symétrie sont copiées sur les Idées, et réalisées partiellement au milieu des intraitables données de la nécessité. Le bien est quelque chose dont Platon parle souvent en divers termes, mais qu'il ne détermine pas. Quelquefois, son langage implique qu'il saurait ce que c'est que le bien, et quelquefois qu'il ne le sait pas. Mais, autant qu'on peut l'entendre, ce mot signifie ordre, régularité, symétrie, proportion, et par conséquent, ce qui est déterminable et susceptible d'être prédit. Je ne dirai pas que c'est là toujours et exclusivement le sens que veut Platon, mais au moins ce semble l'être dans le *Timée*. Le mal est le contraire. Dans l'esprit de Platon, le bien, ou régularité, est constamment associé avec l'action rationnelle, et ne peut être produit, il le suppose, que par la raison, ou par quelque agent personnel analogue à l'homme intelligent et raisonnable. Tout ce qui n'est pas produit de la sorte est irrégulier ou mauvais (1). »

Nous avons, dans ces quelques lignes, tout ce qui nous est nécessaire pour l'éclaircissement, en ce qui concerne Platon, de l'opposition qui nous occupe, entre les idées d'évolution et de création. Nous devons prendre ici le mot *création* en un sens plus large que ne l'a fait Grote, afin que cette opposition se formule aussi généralement que possible. Platon a donc développé dans le *Timée* la pensée de la création : de la création démiurgique, sans doute (c'est-à-dire avec une matière, avec des forces indéterminées et désordonnées préexistantes), mais d'autant mieux rapportée à un agent intellectuellement anthropomorphique, et présentée comme un acte, inadéquat à l'éternité de la matière et des idées, qui intervient dans cette éternité pour y marquer le commencement du temps. D'une autre part, la doctrine platonicienne des Idées, qui seule est proposée comme pouvant comporter la certitude, cette doctrine avec son principe du Bien absolu qui rappelle le *Sphairos* immobile de Parménide, ou même, l'être-non-être de Hegel, et qui ne ressemble en rien au Démiurge, a ouvert la voie, — l'histoire du platonisme le montre suffisamment — à des systèmes d'émanation et, par conséquent, d'évolution d'un certain genre. Les dieux et les âmes de Platon peuvent tout aussi bien, et mieux, suivant des tendances communes en philosophie, être classés comme des produits de

---

1) Grote, *Plato and the other companions of Sokrates*, t. III, p. 245 sq.

développement dans une sorte d'histoire universelle de l'Un qui devient et déchoit, que comme des œuvres d'art accomplies à un certain moment par la volonté bonne d'un « Dieu éternel. »

Comment expliquer cette contradiction de points de vue, qui a souvent tourmenté les interprètes et d'ailleurs favorisé la liberté de ceux d'entre eux qui ont eu intérêt à concilier Platon avec Aristote ou Moïse, ou avec leurs propres opinions? De la façon la plus simple, en un temps où nous savons laisser là les arguments scolastiques et raisonner d'après le caractère des personnes. Platon, à demi sceptique, cela se voit bien, en tant que pur philosophe, a agité, en pièces détachées, avec toutes les finesses du dialecticien et les allures indépendantes de l'artiste et de l'homme en quelque sorte supérieur à son sujet, de nombreuses questions où les vues des pythagoriciens, et celles des éléates et d'autres encore venaient se combiner et se transformer sous l'influence de la méthode psychologique et de la morale de Socrate. Dans ce fonds si riche, l'Ancienne, la Moyenne et la Nouvelle Académie, le néoplatonisme enfin, ont puisé leurs méthodes variées, qui s'étendent du doute à l'extase. Mais Platon, homme de religion, d'autorité et d'organisation sociale *a priori*, Platon orientalisant et amoureux de l'immobilisme égyptien, Platon qui avait rêvé de composer pour son pays jusqu'à des antiquités fictives (la fable de l'Atlantide) et qui vivait à une époque où les croyances et les institutions de la Grèce étaient ébranlées, menacées de ruine, Platon chercha dans son dialogue de la *République* un système d'éducation et de gouvernement, et, dans son *Timée*, une doctrine cosmogonique et théologique, propres à constituer la forte et vertueuse cité selon son cœur. En pareil cas, ce n'est pas la vérité pure qu'on poursuit, mais bien l'apparence acceptable à titre de vérité à une époque donnée, la vraisemblance et la convenance (εἰκός, εἰκότες λόγοι). La philosophie de l'histoire, le positivisme comtiste et l'esprit saint-simonien du dogmatisme utilitaire nous ont instruits à comprendre ces sortes de plans.

On s'explique ainsi sans peine que, d'une part, l'esprit platonicien ait engendré, dans tout le cours de l'histoire des idées générales, des systèmes appartenant à la famille de l'évolutionisme, encore que mystique, et que, d'une autre part, son autorité ait été revendiquée en faveur des doctrines créationistes. Seulement, Platon ne pouvait pas prévoir que, peu de siècles après lui, un dogme venu de Judée et élevé à la plus haute abstraction par le génie monothéiste, modifierait radicalement les idées de commencement du monde, de matière et de création, rejetterait le démiurgisme dans le domaine des simples opinions philosophiques, et doterait l'humanité — dite alors la chrétienté — d'une théologie autoritaire plus absolue que celle qu'il s'efforçait d'édifier.

La doctrine d'Aristote a éprouvé un sort à peu près semblable, quoique « le Philosophe », pur rationaliste, n'eût jamais songé, lui, à dogmatiser au profit d'une Église future et pour l'organisation de l'immobilité sociale. Il innova profondément sur tous ses prédécesseurs en admettant l'éternité d'un monde unique, ce qui rendait un démiurge aussi inutile que toutes les autres fictions imaginées pour le débrouillement du chaos; il refusa au principe suprême l'action efficiente, pour ne placer en lui la cause de l'ordre et du bien qu'à titre de cause finale, en sorte que le monde, mu par cet immobile et suspendu à lui par tous ses instincts qui le poussent à développer ses puissances, peut être conçu comme un acte progressif. Aristote exprime en bien des endroits, sur la constance de l'énergie vivante — et inconsciente — qui se fait sentir dans le monde, — sur la marche de la nature, la tendance au mieux dans les espèces, et le sacrifice forcé des individus qui réalisent imparfaitement les fins immanentes du tout, — des pensées congruentes à des doctrines aujourd'hui très répandues. Il est juste de rattacher à une telle conception générale tout système d'évolution d'un monde éternel dont l'état des connaissances acquises à chaque époque peut permettre de définir le caractère et les moments; ou, si la pensée d'un commencement est imposée par une loi de l'esprit, on peut le transporter à un éloignement indéfini et le perdre dans l'obscurité des essences indistinctes, les mêmes qui sont à l'usage de l'évolutionisme matérialiste. C'est, en effet, ce que fait l'aristotélisme moderne, si différent de celui dont la nomenclature stérile et les distinctions à l'infini étaient bonnes pour donner carrière aux ardeurs intellectualistes du moyen âge; de celui qui semblait si complètement mort après que les Galilée, les Gassendi et les Descartes en avaient relégué les théories particulières dans l'Hadès des ombres philosophiques. On peut même dire, si l'on se prête à une généralisation suffisante du point de vue, que cette doctrine de l'« idéal », si fort en vogue aujourd'hui, qui a tant d'applications en religion, en morale, en philosophie de l'histoire, et qui explique tous les efforts et les progrès de l'homme par de continuelles aspirations à quelque chose de supérieur qui n'a nulle existence en dehors de ces aspirations mêmes, que cette doctrine dis-je, n'est encore qu'une forme et une application particulière à l'humanité du finalisme aristotélicien, moteur intime du monde. On objectera peut-être que le point principal fait défaut pour l'assimilation : à savoir le Dieu même d'Aristote et sa réalité objective. Mais ce Dieu, « pensée de la pensée », ce νοῦς d'Anaxagore avec l'action et la volonté en moins, et dont l'intelligence exclut de son objet la multiplicité et le changement, c'est-à-dire ses propres conditions, n'est évidemment que l'idée abstraite et générale de l'Esprit, un « idéal » intellectuel pur, qui, s'il n'était cause finale représentée en autrui, ne serait rien.

Mais il faut regarder maintenant cette doctrine par une autre face. Le dieu d'Aristote est comparable à l'Un et au Bien des éléates et de Platon, pour la simplicité et la pureté absolues, mais avec l'attribut en plus de son rapport direct au monde réel et sa qualité de moteur. Ce rapport, cette qualité ne sont pas plus en lui, sans doute, que dans l'Absolu de ces philosophies ; ils n'existent que du côté de l'être mu, mais ils prennent mieux une apparence de cause première qu'ils ne le peuvent chez Platon, parce que le monde des idées pures et immuables ne s'interpose pas entre cette cause et le cosmos, et n'exige pas l'intervention d'un Démiurge opérant sur une matière chaotique éternelle pour en tirer le monde du changement, imitation imparfaite des idées. Ce vice du platonisme, au point de vue créationiste, a été corrigé par les théologiens chrétiens platonisants, qui ont regardé les idées objectives de Platon comme des formes subjectives de l'esprit du créateur, quoique l'identification du « Père des idées » avec l'auteur du monde soit un expédient difficile à concilier avec la vraie doctrine platonicienne des idées. Mais le remède au vice correspondant de l'aristotélisme, à ce même point de vue, s'est trouvé plus simple et plus facile. Les théologiens n'ont eu qu'à rendre au dieu d'Aristote le titre et l'essence de cause efficiente et action providentielle, dont il avait déjà toutes les fonctions en qualité de force immanente du monde pour le pousser incessamment à ses fins. Et ils ont d'autant mieux réussi à transformer ainsi la doctrine aristotélicienne de l'esprit pur, qu'ils en faisaient en même temps disparaître une singulière contradiction qui résulte de la double thèse : 1° d'une limite à la série des phénomènes et 2° de l'éternité du ciel et du monde. Aristote, en effet, prétend démontrer que le mouvement est éternel ;

éternel, en conséquence, le temps, qu'il appelle un mode de mouvement, et il combat à cet égard la théorie du *Timée* de Platon. Mais il prouve, d'une autre part, qu'il doit exister un premier moteur, immobile lui-même, attendu qu'il n'est pas possible de remonter à l'infini de cause en cause, pour répondre à la question de la première cause. Cependant, si cette dernière raison est bonne, elle doit valoir pour arrêter quelque part la série des mouvements dans le passé, tout comme pour mettre une borne à leurs causes considérées régressivement (1). C'est en ce sens qu'a opiné constamment le créationisme, et la preuve de l'existence de Dieu par l'impossibilité du « progrès à l'infini », ainsi comprise, est devenue la première et la plus importante dans l'école ; et on doit encore lui conserver ce rang, ce me semble, après la venue du cartésianisme, et même après les antinomies kantiennes, autant que preuve purement rationnelle, puisse subsister devant la critique de la raison pure.

On voit comment la doctrine d'Aristote, évolutioniste en son esprit véritable, se prêtait cependant à l'introduction de l'idée de création pure. Il faut rappeler ici que l'obstacle principal à toute interprétation de ce genre était écarté du moment que le philosophe, abandonnant l'hypothèse de presque tous ses prédécesseurs, celle d'une matière chaotique préexistante au monde, et repoussant, par conséquent, l'Architecte platonicien, n'envisageait corrélativement au Dieu éternel qu'une espèce d'impuissance ou résistance passive, peu différente de ce principe abstrait de limite nécessaire, ou privation, ou imperfection inhérente à la « créature finie », dont les métaphysiciens créationistes ont toujours fait usage pour expliquer que le monde ne soit pas entièrement bon. Et en effet, le concept de matière est si loin de se rapporter, chez Aristote, à quelque chose de déterminable et de concret, qu'un historien moderne de la philosophie a cru pouvoir interpréter certains textes relatifs à l'idée de commencement des choses, dans le sens d'une création *ex nihilo* et écrire ces lignes : « La

---

(1) Il est vrai qu'en lisant Aristote attentivement, on s'aperçoit que ce qui lui paraît impossible, ce n'est pas qu'il ait existé une série infinie d'actes successifs distincts, telle que l'exige son opinion de l'éternité du mouvement; mais bien que cette série elle-même ne repose sur rien et qu'il n'existe pas une cause de toutes les causes, encore que celles-ci n'aient pas eu de commencement. Mais cette distinction ne lève pas la difficulté principale, et les philosophes qui admettent le *processus in infinitum* des phénomènes trouvent facile et naturel de ne rien chercher au delà du concept qu'ils s'imaginent avoir de leur ensemble ou de la substance dans laquelle ils les imaginent renfermés.

matière qui est nécessaire au monde n'est rien de réel; elle peut très bien s'appeler un non être, de telle sorte que tout aurait été créé de rien par Dieu » (1). Cela serait vrai, si, selon Aristote, le monde n'était pas éternel, éternelle comme lui la matière, quelque négatif qu'en soit le concept, et la causalité efficiente exclue formellement de la nature divine. En tenant compte de ces graves différences, on trouve que l'évolution dirigée par un principe suprême de finalité est le vrai nom qui convient à la pure doctrine d'Aristote. C'est du moins ainsi qu'il faut la concevoir, quand on y fait abstraction de certaines parties qui ont perdu toute importance à nos yeux, là comme dans le platonisme : je veux dire des spéculations théologico-astronomiques et des concessions plus ou moins sincères faites aux croyances polythéistes.

Après Platon et Aristote, la philosophie régnante, ou la plus en vue, accomplit un véritable changement de front, jusqu'à l'époque où, d'un côté, en formulant expressément l'*ex nihilo*, on s'efforce de bannir tous les éléments de doctrine auxquels l'idée d'une évolution quelconque pourrait encore se rattacher, et où, de l'autre, le néoplatonisme, qui pourrait se nommer presque aussi bien néoaristotélisme et néopythagorisme, apporte avec son système émanatiste une manière nouvelle de considérer l'évolution sans toucher à la pureté, à la simplicité absolue du premier principe, ni rendre à la matière les qualités positives, l'existence réelle que lui avaient refusées les écoles idéalistes. Le dualisme de ces écoles, l'habitude qui leur était commune de voir dans la matière un indéterminé, illimité, inconnaissable, moins une essence qu'une puissance des contraires, en elle-même un non-être, furent rejetés par les stoïciens et les épicuriens. Dans l'école même d'Aristote, Straton supprima le dieu-fin, « moteur immobile », et n'admit pas davantage une cause efficiente suprême, extérieure au monde. Ce philosophe, dont on regrette de ne pas connaître d'une façon assez précise la doctrine ou les arguments, attribua à la nature une puissance de développement tout interne ayant pour sujet la matière et pour moyen le mouvement. Cette nature, principe inhérent à l'ensemble des êtres, et dont la puissance se spécifie en chacun d'eux selon son espèce, détermine leurs mouvements propres, causes de la vie,

---

(1) H. Ritter, *Histoire de la philosophie ancienne*, trad. de J. Tissot, t. III, p. 167. Conf. Aristote, *De gener. et corrupt.*, I, 3.

et n'est elle-même qu'une action spontanée qu'on ne peut ramener à rien d'antérieur. En somme, il s'agit ici d'une matière vivante, et Straton combattait l'atomisme de Démocrite.

Les épicuriens, éloignés en tout d'Aristote comme de Platon, reprirent la notion de la matière à propriétés exclusivement mécaniques de Leucippe et Démocrite, et tout ce qu'on peut appeler évolution cosmique se réduisit pour eux à la formation et à la destruction des mondes, selon les effets du concours plus ou moins durable des corpuscules, sans aucun principe de causalité efficiente ou finale qui puisse donner et assurer une direction générale aux phénomènes issus du mouvement éternel d'une infinité d'atomes.

Les stoïciens revinrent, au contraire, à la matière essentiellement active et vivante d'Héraclite et à l'hypothèse des anéantissements et palingénésies cosmiques d'Héraclite et d'Empédocle. De là l'évolution spéciale de chaque monde qui doit rentrer dans la substance dont il est sorti, après avoir produit tous les phénomènes possibles, suivant un ordre nécessaire ; et de là ensuite une évolution universelle de forme périodique, enveloppant toutes les évolutions partielles et les reproduisant à l'infini. Les stoïciens imaginèrent que le monde, en vertu de sa loi immanente d'origine et de développement spontanés, doit reproduire exactement la même nature, avec les mêmes êtres et les mêmes accidents ; les mêmes empires et les mêmes républiques, avec les mêmes hommes et leurs mêmes actes, autant de fois que l'Éther accomplit sa destinée et parcourt sa carrière d'universel devenir. Cette pensée, trop naturelle et trop logique dans le système de la substance évoluant entre deux termes fixes pour qu'on en fasse pas remonter l'origine à Héraclite lui-même, ne nous semble pas essentiellement différente de celle à laquelle on se laisse conduire par les plus récentes spéculations de l'ordre physique. Si, en effet, l'origine des phénomènes doit être cherchée au sein d'une matière primitivement homogène, et non pas jetée et perdue dans la succession éternelle des mouvements à l'infini ; si tout ce qui s'est produit dans le monde est le résultat des différenciations progressives et continues de cette matière à raison de ses propriétés inhérentes et nécessaires, et si enfin les lois de la physico-mécanique permettent de prévoir un retour à l'homogénéité primitive dans la suite des temps, on ne voit pas pourquoi le même jeu ne recommencerait pas à partir du moment où toutes choses se trouveraient rétablies en l'état où elles étaient quand il a commencé (1).

Au reste, cette remarque est également applicable aux doctrines évolutionistes d'une autre espèce, — émanatistes, si l'on préfère les nommer ainsi, — dans lesquelles, après avoir rapporté l'origine du monde à la volonté inconsciente où à toute autre puissance aveugle de naître, de vivre et de développer la vie, on compte sur le pouvoir de l'intelligence pour mettre fin à ce monde qu'on déclare mauvais. On voudrait, dans cette hypothèse, que l'univers anéanti ne pût jamais renaître. Mais cette espérance du pessimisme n'a pas le moindre fondement; ou plutôt la même cause, quelle qu'elle soit, en vertu de laquelle le monde est une première fois sorti du sein de l'inconscience doit probablement l'en tirer de nouveau, dès qu'on suppose les conditions initiales rétablies. Que ces conditions résident dans le divin éther de l'optimisme stoïcien, — ou dans la puissance logique de l'être, sorti de son identité avec le non être, — ou dans le néant de conscience et l'aveugle impulsion à exister de nos pessimistes, — ou enfin dans cet autre néant des physiciens, qu'on pourrait définir par la propriété qu'une chose indéfinissable aurait de se donner toutes les propriétés qu'elle n'a pas, — toujours est-il qu'une évolution qui est tout, qui fait tout, et dont la loi est nécessaire ne saurait manquer de se reproduire elle-même dès que son cours la ramène à un point d'identité. C'est une fonction périodique dont l'équation quelle qu'elle soit, qui ne change pas, doit fournir les mêmes valeurs à compter de celles qui s'y sont déjà présentées une fois.

Cette périodicité, que le brahmanisme a reconnue et symbolisée à sa manière, appartient au fond à tout système d'évolution dans lequel, au lieu de supposer un procès sans commencement ni fin, on fixe une origine et on prévoit un retour au sein de l'unité pure et absolue, soit de la pensée, soit d'une substance matérielle homogène. Autrement, l'intervalle du terme initial au terme final des phénomènes n'a pas de raison et de place qu'on puisse lui assigner dans le temps indéfini, et l'évolution reste comme suspendue entre deux éternités, antérieure et postérieure, qui la limitent arbitrairement. Cette difficulté, c'est-à-dire l'impossibilité de donner la raison du commencement à un moment du temps plutôt qu'à un autre, a

---

(1) Voir Herbert Spencer. *Les premiers principes*, §§ 93, 177, 182, 183, 190. — M. Spencer n'admet pas l'identité des évolutions successives. Pour quelle raison la nier (§ 183 sub. fin.)? c'est ce qu'il ne dit point.

été objectée au système de la création *ex nihilo* ; mais elle a beaucoup plus de force contre les partisans de l'émanation. En effet, ces derniers, les alexandrins ou néoplatoniciens, les théoriciens de la chute des créatures, de degré en degré, à partir d'un principe suprême qui les ignore et qui ignore même l'existence, ne peuvent évidemment, s'ils envisagent une évolution unique et nécessaire avec une limite donnée en arrière, expliquer pourquoi cette limite s'est posée là et non plus tôt ou plus tard, et comment l'éternité a reçu de la nécessité précisément cette borne où commence l'écoulement du temps. Dans le système de la création, au contraire, le libre arbitre de Dieu permet de concevoir la position de limites arbitraires soit dans le temps soit dans l'espace, en d'autres termes, une détermination première des relations qui les constituent (1). Il est vrai que le système de la création présente des difficultés d'une autre espèce, et qui sont insolubles quand on n'apporte pas une rigueur suffisante dans la définition de l'idée de premier commencement des phénomènes. Mais j'ai déjà traité cette question à propos du fini et de l'infini.

Je me suis étendu sur les systèmes philosophiques des anciens, concernant la substance, l'infini et l'évolution, parce qu'il est impossible, sans entrer dans quelque détail, de les approfondir et de reconnaître, sous leurs formes originales, les initiatives réelles des doctrines que les âges suivants jusqu'au nôtre ont diversement reproduites et élaborées. Toutes les espèces d'oppositions de vues qui sont le sujet de mon travail et qui en préparent les conclusions s'y rencontrent, telles au fond qu'elles se sont perpétuées et qu'elles existent encore. C'est ce dont nous achèverons de nous convaincre en passant à la question de la nécessité et de la liberté, puis aux notions morales et au problème de la certitude. Il nous reste à voir ici quelles ont été les péripéties de l'antinomie doctrinale de l'évolution et de la création, à partir du moment où le déclin des grands systèmes

---

(1) Leibniz, en examinant la thèse du libre arbitre, à cet égard, a soutenu que le principe de la « raison suffisante » ne l'obligeait pas à rendre raison du moment de la création, en tant que choisi entre tous les moments possibles, attendu que dans l'éternité tout est égal et qu'on n'y saurait distinguer les instants (principe des « indiscernables », ou de relativité comme nous dirions aujourd'hui). L'argument est inacceptable, car l'objection ainsi repoussée du point de vue de l'éternité peut se reprendre du point de vue du temps et de l'homme ; on demandera toujours une raison suffisante pour que le temps écoulé depuis la création se trouve maintenant égal à n jours, par exemple, au lieu de se trouver égal à $n \pm 1$; et la question est parfaitement claire si la succession est quelque chose de réel.

physiques a laissé se concentrer les deux efforts antagonistes, d'une part, dans le néoplatonisme, et, de l'autre, dans la théologie élaborée par les docteurs chrétiens.

On peut remarquer d'abord que cette opposition fondamentale sur laquelle se clôt le monde antique, en philosophie, est aussi celle, et la seule, qui continue d'exister, quoique ordinairement à l'état sourd, pendant les mille ans du moyen âge chrétien (du ve au xve siècle), et qui revient au jour la première à la faveur de la demi-liberté de la Renaissance. Il serait aisé de montrer que les philosophes juifs ou arabes et la plupart des chrétiens hérétiques, en ce qui touche la personnalité divine ou la création, se rattachaient ou tendaient à des doctrines émanatistes de la famille de l'alexandrinisme, ou à des systèmes d'idées analogues et en vogue à la même époque : gnosticisme et manichéisme, ou enfin à celle des interprétations de l'aristotélisme qui sacrifiait décidément les idées d'individualité, de permanence personnelle, de liberté et de providence à l'idée d'un développement nécessaire inhérent à la *Nature*, et d'une force cosmique immanente ne laissant aux phénomènes passagers de la vie, qu'elle produit et détruit successivement, qu'une valeur relative au mouvement du tout. Averroès, dont la doctrine et l'immense renommée centralisèrent en grande partie, pendant plusieurs siècles, l'opposition à la scolastique orthodoxe, est en quelque sorte le protagoniste, à cette époque, de la théorie du développement éternel, nécessaire et continu, c'est-à-dire de l'évolution (1). A la veille de l'apparition d'une pensée indépendante des traditions et d'une méthode nouvelle de philosopher, les penseurs dogmatiques se divisaient en trois classes : les néoplatoniciens déclarés; les aristotéliciens affranchis de la scolastique, et qu'une libre interprétation des écrits du maître menait à des conclusions contraires à la théologie de l'Église, souvent jusqu'à nier l'immortalité de l'âme; enfin ceux qui, comme Bruno, — nous en connaîtrions peut-être un plus grand nombre si la crainte du bûcher ne les avait pas retenus, — ceux, dis-je, qui travaillaient à la composition d'un panthéisme à formes rajeunies en mêlant les imaginations des platoniciens ou pythagoriciens et des cabalistes avec les nouvelles découvertes astronomiques et les vues infinitistes sur l'univers matériel. On ne peut pas dire que tout cela équivalût à des systèmes formels d'évolution cosmique, tels que celui des stoïciens, par

---

(1) Voir E. Renan, *Averroès et l'averroïsme*, p. 81 et suivantes.

exemple; le stoïcisme tout entier, sa physique et sa morale avaient sombré avec la civilisation intellectuelle de l'antiquité; l'épicurisme également; ou rien ne s'en remontrait encore; mais assurément les doctrines qui régnaient en dehors de l'Église à cette époque ébranlaient ou niaient l'idée d'un Dieu personnel et créateur *ex nihilo* et celle d'un commencement des phénomènes, absolument parlant. Il va sans dire que les croyances générales ne se trouvaient pour cela nullement atteintes.

La rénovation cartésienne fut très loin de faire entrer les esprits, au moins d'une manière directe, dans un courant d'idées évolutionistes. Prise en gros, elle marqua plutôt une grande réaction contre la philosophie de l'objet, un retour au sujet pensant et, par suite, une tendance nouvelle, originale, indépendante des dogmes religieux, à considérer la cause et la raison de l'univers sous l'aspect de l'esprit, sous l'aspect anthropomorphique, au sens élevé du mot. Ce serait donc une erreur de croire que le système de Descartes exclut au fond la personnalité divine et l'acte créateur. S'il en eût été ainsi, les croyances religieuses d'un penseur de la force de Malebranche eussent-elles pu s'accorder avec le cartésianisme? Mais, d'un autre côté, Spinoza et Leibniz sont en grande partie disciples de Descartes, eux aussi, et tous deux ont été des panthéistes : chez le premier, c'est un panthéisme absolu, qu'on pourrait appeler *statique*, car il n'ouvre aucune vue sur un développement progressif de l'univers; chez le second, un panthéisme déguisé mais réel, et, cette fois, plutôt *dynamique*, préparant sous certains rapports les vues évolutionistes qui commencèrent à chercher leurs formules peu après lui. La vérité est que l'influence de Descartes s'exerça en deux sens opposés. Sa méthode poussait à la psychologie rationnelle, favorisait un établissement des principes de l'univers emprunté à l'ordre de la pensée, excluait les explications qui font procéder la conscience de quelque chose qui n'est pas elle. En outre, l'idée que Descartes renouvela de certain scolastique hardi, de faire dépendre de la pure volonté de Dieu l'institution première des « vérités éternelles », pouvait conduire à celle du premier commencement absolu des phénomènes de tout ordre, puisqu'il n'est aucun phénomène qui ait pu être produit ou pensé, aucune conscience humaine ou divine qui ait pu exister, sans qu'une relation quelconque et, par suite, aucun principe de relation, aucune vérité s'y trouvât engagée. A tout le moins la » liberté absolue » de Dieu et la création *ex nihilo* la plus nettement posée semblaient inséparables de cette conception radicale de Descartes. Mais d'autres thèses des plus importantes de la nouvelle philosophie étaient faites pour donner aux esprits une direction bien différente.

C'étaient : 1° la reconnaissance de la matière à titre de sujet indépendant ; car je ne saurais voir autre chose dans la définition de l'étendue infinie comme attribut d'une substance qui n'a rien de commun avec la substance de la pensée ; et il devient aussitôt plus naturel de croire que l'étendue et la pensée sont deux attributs parallèles d'une substance unique, ainsi que le comprit Spinoza ; si tant est qu'on n'arrive pas à se demander, avec d'autres qui se montrèrent dès lors, pourquoi l'origine et la cause de l'esprit ne résideraient pas dans la matière éternelle, aussi bien ou mieux que l'origine et la cause de l'étendue dans l'acte incompréhensible d'une pensée créatrice. — 2° Le parfait mécanisme par lequel s'enchaînent toutes les propriétés et tous les effets de figure et de mouvement dans l'étendue, en correspondance constante et infaillible avec les modifications des esprits, sans toutefois dépendre de ces dernières par une liaison directe et naturelle. — 3° L'infinitisme, qui, pour ne paraître que sous le déguisement de l'extension et de la division « indéfinies » dans l'enseignement public de Descartes, n'introduit pas moins dans son système des éléments qui préparent l'abandon de l'idée de création, et qui vont se retrouver à découvert chez Spinoza et chez Leibniz. — 4° Enfin le déterminisme psychologique, doctrine encore plus voilée que la précédente et qui, toutefois, n'est pas seulement une claire conséquence du mécanisme absolu des déterminations physiques (auxquelles toutes les modifications psychiques sont invariablement liées), mais qui se découvre aussi au lecteur pénétrant, dans les explications que Descartes fournit sur le *vrai sens* à attacher à la liberté humaine (1).

Mécanisme, infinitisme, déterminisme, ces trois thèses formulées de la manière la plus absolue caractérisent la doctrine du Spinoza, quand on les réunit au concept d'une substance unique dont l'un des attributs est la pensée éternellement modifiée en telle sorte que la série infinie de ses modes corresponde invariablement à la série infinie des modes de l'étendue, et que les uns et les autres appartiennent, avec une infinité d'autres encore, à la substance même de Dieu, sans être jamais des *effets* ou des *fins*, dans le sens propre de la causalité ou de la finalité, mais en vertu d'une

---

(1) Voir la *Critique philosophique*, 8e année, n°s 38, 43 et 47.

loi comme celle qui fait dépendre nécessairement l'infinité des propriétés d'une courbe de sa définition géométrique. C'est dire qu'on n'admet plus dans la réalité des choses ni cause, ni force, ni volonté, et que toute idée de création et de commencement doit être réputée chimérique. L'idée antagoniste d'évolution ne se présente pas encore ici, car, en l'absence totale et d'une origine, au moins relative, au sein de l'infini, et de la supposition d'une fin générale, on ne peut plus concevoir qu'un monde éternellement flottant sur l'abîme sans fond et sans bords; et, d'ailleurs, le seul but d'ordre supérieur que Spinoza, éthicien avant tout, ait consenti à distinguer des pures illusions de l'imagination humaine, est un but qui se rapporte à l'individu, dans les cas rares où il peut arriver qu'un penseur s'identifie avec la pensée éternelle. C'est un stoïcisme absolu, mais sans Providence et sans évolution. L'évolution reparaîtra et mettra en œuvre, en partie, d'autres sentiments que n'avait fait la philosophie jusqu'alors, quand l'idée générale du progrès, dont l'expansion est caractéristique des xviiie et xixe siècles, aura pris possession des esprits.

La différence capitale entre Leibniz et Spinoza consiste beaucoup moins en ce que le premier de ces philosophes a donné au déterminisme une forme adoucie et essentiellement psychologique, mais non pas pour cela moins absolue, ou moins négative de tout libre arbitre; qu'en ceci, que pour lui l'infinitisme et le procès à l'infini portent sur ce qu'il appelle lui-même des atomes de substance, et reconnaissent une loi universelle d'organisation et de finalité. Les monades, que cette loi régit, et qui, pour s'y conformer, entrent en nombres infinis dans les moindres composés sensibles, ne laissent pas de garder chacune une spontanéité parfaite; car chacune a son développement propre et intérieur éternellement réglé de manière à se trouver à chaque instant en corrélation exacte avec les phénomènes produits et développés dans chacune des autres et dans toutes; en sorte que le monde entier se réfléchit et est incessamment représenté dans l'infiniment petite sphère de n'importe lequel de ses éléments de composition infinie. La métaphysique de Leibniz réduit l'Étendue, l'une des *substances* de Descartes, et, par conséquent, les étendues partielles qu'impliquent les phénomènes, à la catégorie des relatifs; car l'espace y est défini l'*ordre des coexistants* (de même que le temps n'est que l'*ordre des successifs*); et de là deux grandes conséquences. En premier lieu, si l'Étendue, considérée en général, est une relation des phénomènes entre eux, elle ne peut être, pour chaque pensée dans laquelle elle est donnée, soit en idée universelle, soit avec des déterminations particulières, autre chose qu'une représentation de cette relation ou de ses modes particuliers; et comme, d'autre part, Leibniz a souvent parlé, à propos des sensations, quoique en termes différents, de ce que Kant nomme une forme de la sensibilité, l'intuition du continu spatial, il m'est impossible d'apercevoir, au fond, entre les doctrines de ces deux philosophes touchant l'espace, la différence que l'on croit d'ordinaire y trouver. En second lieu, si l'Étendue, comme sujet en soi, doit disparaître, la matière elle-même ou n'est rien ou doit se définir par l'état de composition et d'organisation des monades inétendues; et les phénomènes de figure et de mouvement deviennent en substance les représentations coordonnées et constamment concordantes par lesquelles et en lesquelles seules ces mêmes phénomènes ont une existence réelle. Le mécanisme de l'univers n'est plus alors qu'un point de vue; le concept de la loi la plus profonde se transpose, pour ainsi dire, passe de l'ordre physique à l'ordre intellectuel et moral; la cause efficiente supprimée cède, il est vrai, comme chez Spinoza, la place à une harmonie nécessaire de phénomènes tous et absolument enchaînés et solidaires à chaque moment donné et pour tout le cours du temps; mais le déterminisme moral de la finalité se substitue au fatalisme du développement mathématique des propriétés de la substance unique; l'ordre universel des fins embrasse à la fois la nature, lui prescrit sa marche pour le plus grand bien de l'infinité des êtres dont elle se compose, assigne à ces derniers leurs rangs dans ces savantes hiérarchies qui sont les corps organisés, et assure le progrès des âmes, monades privilégiées qu'il appelle à centraliser et à régir les assemblages les plus favorablement disposés pour l'expansion de la vie et la portée de l'intelligence.

On rencontre dans les écrits de Leibniz des aperçus divers qui préparent la voie aux spéculations sur le progrès des êtres, et peut-être même sur celui de l'univers pris dans son ensemble; mais il est clair que le langage que ce philosophe s'imposait pour conserver une apparence d'accord avec les théologiens, ou encore avec les idées familières et les termes convenus du spiritualisme cartésien, était un obstacle à ce qu'il fît connaître les vues dernières qu'il pouvait s'être formées de l'univers, — supposé qu'il s'agît d'une évolution générale de cet organisme aux parties infinies, sous l'action immanente d'un principe éternel de finalité (analogue au dieu d'Aristote).

Peut-être aussi croyait-il sincèrement la conscience centrale et divine, une cause efficiente suprême et la création proprement dite, compatibles avec une doctrine aussi facilement interprétable que l'était cependant la sienne dans le sens de l'éternité du monde des phénomènes et de la nécessité du développement du tout infini dont l'unité est Dieu. Sans se permettre aucune conjecture sur la vraie religion de ce grand penseur, on peut dire que toutes les analogies de sa philosophie sont du côté du panthéisme, si l'on songe aux thèses suivantes : l'infinie multiplicité des êtres ; — l'impossibilité de marquer un moment plutôt qu'un autre dans la durée, un lieu plutôt qu'un autre dans l'étendue, à ce qu'on nomme leur création ; — le déterminisme absolu, la solidarité parfaite de leurs modifications, toutes et toujours corrélatives ; — la préordination éternelle de chaque développement particulier spontané, pour correspondre à chacun et à l'ensemble des autres développements particuliers, également spontanés et sans nombre ; — enfin l'optimisme, c'est-à-dire l'inhérence du mal à l'essence nécessaire du *meilleur des mondes*, qui est le seul monde réellement possible. Pour achever de se convaincre sur ce point, on n'a qu'à comparer cette doctrine avec la philosophie chrétienne de Malebranche, avec sa théorie de la liberté, avec sa manière de traiter la nature et de comprendre les rapports de l'âme à Dieu. C'est une direction d'idées profondément différente, un tout autre ordre de sentiments. Là, loin que ce soit la spéculation métaphysique qui arrive d'elle-même à infirmer cette partie des croyances religieuses et des dogmes de la théologie qui se rapporte à Dieu comme personne et comme créateur, et à l'homme comme agent libre, c'est par les dogmes théologiques eux-mêmes, en ce qui concerne l'absolu de la toute-puissance et de l'omniscience, que le penseur est conduit à la métaphysique involontairement panthéiste qui a si souvent motivé un rapprochement entre Malebranche et Spinoza, quoique le premier de ces deux philosophes eût l'autre et son système en « horreur. »

Que maintenant le panthéisme implicite de Leibniz appartint à l'espèce évolutive et différât en cela beaucoup de celui de Spinoza, on peut en juger par ses vues sur le développement progressif des êtres, dont ne tardèrent pas à s'inspirer plusieurs philosophes du xviiie siècle. Si nous envisageons dans l'idée de l'évolution deux parties où elle peut s'appliquer, savoir *a parte ante* et *a parte post* (pour les distinguer par les termes scolastiquement consacrés à la division de l'éternité en deux périodes, avant et après la création), il est clair que l'auteur de la monadologie n'a dû se permettre aucune vue qui fît envisager directement l'organisme universel des monades, en leur état présent, comme le résultat de leurs modifications antérieures, en une série de changements continus, sans aucun premier terme assignable, et suivant une loi dont le *préétablissement* (harmonie préétablie) signifiât simplement l'*immanence*. Mais la continuité et le progrès pouvaient librement s'étendre dans le second membre de l'évolution, le premier ayant sa limite fixe dans l'acte créateur. Après avoir combattu l'opinion la plus commune des philosophes sur l'âme, qu'ils déclarent immortelle, quand il s'agit de l'homme, et qu'ils estiment périssable, en ce qui touche les animaux (1) : « Je ne vois point, continue Leibniz, pourquoi il y aurait moins d'inconvénient à faire durer les atomes d'Épicure ou de Gassendi que de faire subsister toutes les substances véritablement simples et indivisibles, qui sont les seuls et vrais atomes de la nature... Je tiens que les âmes, et généralement les substances simples, ne sauraient commencer que par la création ni finir que par l'annihilation; et comme la formation des corps organiques animés ne paraît explicable dans l'ordre de la nature que lorsqu'on suppose une *préformation* déjà organique, j'en ai inféré que ce que nous appelons génération d'un animal n'est qu'une transformation et augmentation; ainsi, puisque le même corps était déjà organisé, il est à croire qu'il était déjà animé et qu'il avait la même âme; de même que je juge, *vice versa*, de la conservation de l'âme, lorsqu'elle est créée une fois, que l'animal est conservé aussi, et que la mort apparente n'est qu'un enveloppement, n'y ayant point d'apparence que dans l'ordre de la nature, il y ait des âmes entièrement séparées de tout corps, ni que ce qui ne commence point naturellement, puisse cesser par les forces de la nature...

« Je croirais que les âmes qui seront un jour âmes humaines, comme celles des autres espèces, ont été dans les semences, et dans les ancêtres jusqu'Adam, et ont existé par conséquent depuis le commencement des choses, toujours dans une manière de corps organisé... Mais il me paraît encore convenable pour plusieurs raisons, qu'elles n'existaient alors qu'en âmes sensitives ou animales, douées de perception et de sentiment et destituées de raison, et qu'elles sont demeurées dans cet état jusqu'au temps de la génération de l'homme à qui elles devaient appartenir. »

Dans un autre de ses ouvrages, Leibniz résume en sa manière ordi-

---

(1) Leibniz, *Théodicée*, nᵒˢ 88-91.

naire, originale et précise, ses thèses célèbres des *perceptions insensibles de la conscience* et des *variatiations insensibles* des phénomènes externes, de *la loi de la continuité* dans le changement, du principe des *indiscernables*, enfin de l'indissolubilité de l'âme et du corps, du déterminisme absolu, et de l'évolution progressive des organismes ; il montre clairement la liaison mutuelle de toutes ces idées dont nous devons le considérer comme le grand initiateur et qui, sous une forme plus ou moins modifiée, — et abaissée, — sont fondamentales pour les doctrines évolutionistes du jour (1) :

« Il y a mille marques qui font juger qu'il y a à tout moment une infinité de perceptions en nous, mais sans aperception et sans réflexion, c'est-à-dire des changements dans l'âme même, et dont nous ne nous apercevons pas, parce que ces impressions sont ou trop petites et en trop grand nombre, ou trop unies, en sorte qu'elles n'ont rien d'assez distinguant à part; mais jointes à d'autres, elles ne laissent pas de faire leur effet et de se faire sentir dans l'assemblage, au moins confusément... » Suivent des exemples de perceptions faibles et de perceptions confuses.

« Ces petites perceptions sont donc de plus grande efficace qu'on ne pense. Ce sont elles qui forment ce je ne sais quoi, ces goûts, ces images des qualités des sens, claires dans l'assemblage, mais confuses dans les parties ; ces impressions que les corps qui nous environnent font sur nous et qui enveloppent l'infini; cette liaison que chaque être a avec tout le reste de l'univers. On peut même dire qu'en conséquence de ces petites perceptions le présent est plein de l'avenir et chargé du passé, que tout est conspirant (σύμπνοια πάντα, comme disait Hippocrate), et que, dans la moindre des substances, des yeux aussi perçants que ceux de Dieu pourraient lire toute la suite des choses de l'univers : *Quæ sint, quæ fuerint, quæ mox futura trahantur.*

« Ces perceptions insensibles marquent encore et constituent le même individu, qui est caractérisé par les traces qu'elles conservent des états précédents de cet individu, en faisant la connexion avec son état présent; et elles se peuvent connaître par un esprit supérieur, quand même cet individu ne les sentirait pas, c'est-à-dire lorsque le souvenir exprès n'y serait plus. Elles donnent même le moyen de retrouver le souvenir au besoin, par des développements périodiques qui peuvent arriver un jour.

(1) *Nouveaux essais sur l'entendement humain*, édit. Raspe, Avant-propos, p. 8-14.

C'est pour cela que la mort ne saurait être qu'un sommeil, et même ne saurait en demeurer un, les perceptions cessant seulement à être assez distinguées, et se réduisant à un état de confusion chez les animaux qui suspend la perception, mais qui ne saurait durer toujours. »

A la suite de ce remarquable passage, Leibniz emploie les perceptions insensibles à l'explication de celles des causes déterminantes de nos actes qui, nous demeurant cachées, peuvent leur laisser l'apparence d'une *indifférence d'équilibre*, impossible suivant lui. Puis il dégage et généralise l'idée de continuité absolue, impliquée dans la considération de ces impressions qui « enveloppent l'infini » :

« Rien ne se fait tout d'un coup, et c'est une de mes grandes maximes et des plus vérifiées, que *la nature ne fait jamais de sauts*. J'appelais cela la *loi de la continuité*... Elle porte qu'on passe toujours du petit au grand, et à rebours, par le médiocre, *dans les degrés comme dans les parties*; et que *jamais un mouvement ne naît immédiatement du repos, ni ne s'y réduit que par un mouvement plus petit*, comme *on n'achève jamais de parcourir une ligne avant que d'avoir achevé une* ligne plus petite. Tout cela fait bien juger que les perceptions remarquables viennent par degrés de celles qui sont trop petites pour être remarquées. En juger autrement, c'est peu connaître l'immense subtilité des choses *qui enveloppe toujours et partout un infini actuel*. »

Il est bon de signaler en passant le caractère mathématique absolu d'une telle formule de la loi de continuité physique; car il est rare que les auteurs qui la citent pour en faire honneur à Leibniz la comprennent en ce sens, qui est rigoureusement le sien. On a coutume de penser à une continuité sensible, c'est-à-dire à l'existence naturelle d'une gradation plus menue qu'il ne nous est donné de distinguer de degrés dans la génération des phénomènes; mais notre philosophe entend, lui, que tout changement fini, entre des limites assignées, se forme d'une infinité actuelle de changements plus petits, en sorte que *jamais*, dans la série de ces derniers, il ne peut se trouver deux états consécutifs qui ne soient séparés par des états intermédiaires réels et concrets sans fin. Et il en est de la composition *statique* comme de la succession *dynamique* des phénomènes quelconques ou de leurs perceptions. La remarque est importante; il faut la joindre à ce qui a été rapporté de l'infinitisme physique de Leibniz, dans la partie précédente de cette étude.

J'omets l'application de l'idée des perceptions insensibles, — en d'autres termes, de l'infinie continuité de l'être et du percevoir, ainsi que s'en explique nettement Leibniz, — à sa thèse célèbre, suivant laquelle il ne pourrait exister dans le monde deux choses parfaitement semblables, ou dont la différence ne serait pas « *plus que numérique* », et j'arrive aux formules concernant la liaison constante de l'âme et du corps et le progrès de la nature. On doit se rappeler à ce propos (encore un point essentiel que l'on perd de vue presque toujours) que la signification correcte de la relation entre une *âme* et un *corps*, dans la monadologie leibnitienne, c'est la relation spéciale d'une certaine monade avec une infinité d'autres monades assemblées qui constituent son organisme.

« Je crois avec la plupart des anciens que tous les génies, toutes les âmes, toutes les substances simples créées, sont toujours jointes à un corps, et qu'il n'y a jamais des âmes qui en soient entièrement séparées... Il y a cela d'avantageux dans ce dogme, qu'il résout toutes les difficultés philosophiques sur l'état des âmes, sur leur conservation perpétuelle, sur leur immortalité et sur leur opération, *la différence d'un de leurs états à l'autre n'étant jamais, ou n'ayant jamais été que du plus au moins sensible, du plus parfait au moins parfait, ou à rebours, ce qui rend leur état passé ou à venir aussi explicable que celui d'à présent.* On sent assez en faisant tant soit peu de réflexion que cela est raisonnable, et qu'un saut d'un état à un autre, infiniment différent, ne saurait être naturel... » Ce passage se termine par quelques considérations sur la permanence des âmes et les transformations des organismes, qui n'ajoutent rien à ce que nous avons vu plus haut d'après un extrait de la *Théodicée*. C'est sur la question de l'évolution universelle et du progrès que j'ai à insister ici.

Le progrès de l'humanité, cette doctrine qui devait prendre tant d'importance dans l'esprit des penseurs, à partir de la fin du XVIIIe siècle, ne se présente chez Leibniz qu'avec des formules ordinairement vagues, ou en partie dubitatives, et implicitement démenties par d'autres considérations à certains endroits. Le point de vue où il aime à se placer est plus vaste et se rapporte aux transformations physiologiques des individus, des « âmes », indépendamment de leurs rapports à l'espèce humaine ou à la société. Il est permis de croire que la question du péché originel à ménager, l'accord à trouver de la théologie avec l'idée générale d'un progrès continu de la création, inhérent à la loi divine, a été pour lui un obstacle à la liberté de spéculer sur la destinée de l'espèce. Mais quand il s'agit d'affirmer cette loi même en son ensemble, Leibniz s'exprime en termes catégoriques. Toute sa pensée à cet égard est résumée dans le passage suivant de l'un de ses écrits autographes, découverts de notre temps dans la bibliothèque de Hanovre (1) :

« Pour comble de la beauté et de l'universelle perfection des œuvres de Dieu, il faut admettre un progrès perpétuel et complètement libre de l'univers entier, en telle sorte que cet univers s'avance vers un état de culture toujours plus grand. C'est ainsi qu'une grande partie de notre terre a reçu la culture et de plus en plus la recevra. Il est vrai qu'on voit aussi des parties se détériorer ou retourner à l'état sauvage ; mais il faut interpréter ce cas, comme nous avons fait en général l'existence de la douleur, en ce sens que la décadence ou la destruction même sont des moyens de parvenir ultérieurement à quelque chose de plus grand. Et le mal lui-même tourne ainsi en une certaine manière à notre avantage.

« On pourrait objecter qu'à ce compte, le monde devrait dès maintenant être devenu un paradis. Mais la réponse est aisée. Quoique beaucoup de substances se trouvent déjà élevées à une grande perfection, la divisibilité du continu à l'infini est cause qu'il reste toujours, dans l'abîme des choses, des parties endormies à éveiller, à susciter, à conduire au plus grand et au mieux, en un mot à une meilleure culture. Et il s'ensuit de là qu'il n'y a jamais de terme au progrès. »

En résumé, les principes les plus ordinaires des systèmes modernes d'évolution de la nature appartiennent à Leibniz : continuité, infinité, solidarité, nécessité, naturalisme des transformations, procès indéfini de l'être vers la perfection ; et la théorie optimiste qui justifie le mal par les fins. Il est vrai que l'idée de la cause suprême extra-mondaine est maintenue au fond ; et d'autres dogmes prétendent bien l'être encore, dans l'intérêt d'une *théodicée* qu'il faut rendre acceptable à l'Église ; mais de ceux-ci il vaut mieux ne pas parler, car ils dérangent trop la logique de la doctrine. Il est vrai également que le progrès de la matière en organisation et en intelligence prend une face fort éloignée du *matérialisme*, quand la matière elle-même est définie par des assemblages d'essences

---

(1) *De rerum originatione radicali*, n° XLVIII des *Opera philosophica Leibnitii*, édit. de Erdmann, p. 50.

immatérielles, et que ses propriétés sensibles sont réduites à des représentations; mais ni sous l'un ni sous l'autre de ces rapports, — supposition possible d'un acte créateur, au sein de l'Inconcevable antérieur à toute évolution, et reconnaissance du fait logique de la subordination des formes de l'existence aux formes de la pensée, — l'évolutionisme moderne n'est pas forcé de s'éloigner du point de vue de Leibniz, et ne le fait pas non plus toujours chez ses principaux adhérents.

Ce caractère de l'idée de l'évolution, dans le leibnitianisme, paraît encore plus saillant quand on la met en regard de la conception de l'univers à laquelle arriva Berkeley, peu après et suivant ses voies propres. Berkeley s'était borné, dans ses premiers ouvrages, à développer la thèse de l'immatérialisme, en partant de l'analyse des phénomènes psychiques, et à expliquer les rapports individuels de l'homme à Dieu par le moyen des *idées-signes* que l'esprit créateur fournit aux esprits particuliers pour diriger leur conduite en ce monde; plus tard il étendit ses vues jusqu'à une représentation d'ensemble de la création et de l'action divine universelle. Il n'entendait nullement déroger ainsi au principe de l'immatérialisme, mais il parlait du monde, à l'exemple des anciens, comme d'un animal gouverné par une âme, et mû providentiellement par un agent subtil de la nature du feu, ayant soin d'ajouter cette explication qu'on pourrait, sans trop en forcer le sens, regarder comme un aveu analogue à la déclaration des philosophes de l'école d'Élée, quand ils élaboraient des théories de *ce qui paraît* mais qui ne possède au fond nulle réalité (1) :

« L'ordre et le cours des choses et nos expériences journalières montrent qu'il y a un Esprit qui meut et gouverne le système du monde en qualité d'agent réel ou cause proprement dite, et que la cause instrumentale inférieure est le pur éther, feu ou substance de la lumière, qu'un Esprit infini applique et détermine avec une puissance infinie dans le macrocosme, ou univers, ainsi que le fait, suivant les mêmes règles établies, avec une puissance et une intelligence limitées, l'esprit de l'homme dans le microcosme. Ni l'expérience ni la raison ne démontrent l'existence d'aucun autre agent ou cause efficiente que l'Esprit (*Mind or Spirit*). Quand donc nous parlons d'agents corporels ou de causes corporelles, cela doit s'entendre en un sens subordonné et impropre... Quand il est question d'une force, puissance, vertu ou action, à regarder comme sié-

(1) Berkeley, *Siris*, n°ˢ 154-155.

geant et subsistant dans un être étendu, corporel ou mécanique, il ne faut pas attacher aux mots leur signification vraie, naturelle et réelle, mais populaire et grossière, qui s'arrête aux apparences et ne ramène pas les choses par l'analyse à leurs premiers principes. Pour nous accommoder au langage reçu et à l'usage du monde, nous sommes tenus à l'emploi des termes courants ; mais, par rapport à la vérité, nous devons en discerner le sens. Il suffira d'avoir fait une fois cette déclaration afin d'éviter les méprises. »

On se méprendrait donc, si l'on pensait que Berkeley, renouvelant dans son *Siris* la vieille doctrine de l' « âme du monde », sur l'autorité confuse de Pythagore, de Platon, des platoniciens, des stoïciens et des syncrétistes, s'est proposé un autre but que d'esquisser la théorie générale du *système des signes* au moyen desquels le créateur veut que l'esprit humain se représente l'action de la Providence dans le monde créé, dans ce monde où il n'existe *en réalité* que *des esprits*. Les anciens, qu'ils fussent physiciens ou métaphysiciens, soit même que la matière ne fût pour eux tantôt qu'une abstraction et tantôt qu'un symbole, dans les écoles que Berkeley se plaît à rappeler, n'entendaient certainement pas nier la nature. C'est cependant ce qu'il fait lui-même, et sa théorie n'a qu'un fondement fictif, du moment que son *feu vital* n'existe pas avec les qualités sensibles qu'on lui attribue et la vertu d'agent qu'on lui prête, et que les êtres naturels qu'il *anime* sont comme lui de pures apparences. Aussi cette théorie a-t-elle dû demeurer vague ; l'espèce de panthéisme qu'elle favorise (ainsi que la doctrine parallèle de Malebranche) sacrifie la nature et ne connaît guère que Dieu et l'homme ; l'idée de création y domine, quoique la dépendance de la créature y soit très fortement accusée ; enfin il n'y faut pas chercher une évolution, à laquelle manquerait la matière évolutive, mais une action constante de Dieu sur un monde donné. Et de là vient que l'enchaînement des idées du *Siris* — ce livre étrange où l'auteur part des « vertus de l'eau de goudron » pour arriver à l'âme du monde et puis à l'unité divine — s'arrête à l'endroit où une voie s'ouvre à la spéculation, par delà le monde physique, sur le développement de l'être universel. Berkeley rappelle et recommande la trinité alexandrine de l'Un, de l'Intelligence et de l'Ame du monde ; il la défend contre l'imputation d' « athéisme », ne voyant pas d'incompatibilité entre l'unité suprême et l'Esprit souverain, pourvu que la distinction des hypostases soit purement logique et non pas réelle ; mais, par cela seul, il refuse de suivre les alexandrins dans cette sorte de théorie de l'évolution qui est l'émanatisme ; il se renferme strictement dans le point de vue pour ainsi dire statique de la trinité chrétienne (1).

L'idée de la création ne fut pas abandonnée par ceux des philosophes du xviiie siècle qui s'inspirèrent le mieux du leibnitianisme pour envisager la nature sous l'aspect évolutif. On doit même dire de l'un d'eux, le naturaliste Charles Bonnet, que la sincérité de son attachement aux dogmes fondamentaux du christianisme n'a jamais pu paraître suspecte, comme l'a été à plusieurs celle de Leibniz. Mais cet attachement réel ne fut pas pour lui un obstacle à la conception d'un développement progressif de la vie, dans l'enceinte du monde créé. Bonnet suppose que le *chaos* du premier chapitre de la *Genèse* n'était ni l'état primitif du globe terrestre, ni le produit de l'acte même de la création, mais bien celui d'une révolution physique particulière de la planète, révolution survenue par une cause quelconque, en vertu du jeu des forces naturelles. « Ce changement, dit-il, entrait dans le plan de cette sagesse adorable qui a préformé les mondes dès le commencement, comme elle a préformé les plantes et les animaux ». Remontant au-dessus de ce fait du chaos terrestre, qui lui-même a dû avoir sa raison suffisante dans la pensée du Créateur, et être une partie prévue de l'harmonie universelle des choses enchaînées dans le temps ; se demandant alors quelle est l'origine propre des plantes et des animaux dont la production est rapportée au troisième et au cinquième jour de ce « renouvellement de notre monde », dès qu'il est admis que « la volonté divine a créé par un seul acte l'universalité des êtres », Bonnet continue en ces termes : « Abuserais-je de la liberté de conjecturer, si je disais que les plantes et les animaux qui existent aujourd'hui sont provenus par une sorte d'*Évolution* naturelle des êtres organisés qui peuplaient ce premier monde sorti immédiatement des mains du Créateur ». — Le mot *évolution* est souligné dans le texte original. Les *jours* de la *Genèse*, que tant d'interprètes ont essayé vainement d'accorder avec les possibilités physiques, tout en les considérant comme des moments successifs de l'œuvre divine elle-même, sont ainsi remplacés par un développement unique dont toute idée de création est écartée, et où les êtres, déjà existants, ne font jamais

(1) Berkeley, *Siris*, n° 341, jusqu'à la fin.

que se dégager en vertu des lois matérielles de l'organisation et de la vie, et en rapport anticipé avec les révolutions que devaient subir les corps bruts disposés pour le service des vivants :

« Dans ce principe si philosophique, que la création de l'*univers* est l'effet immédiat d'un acte unique de la volonté efficace, il faut nécessairement que cette volonté ait placé dès le commencement dans chaque monde les sources de réparation de tout genre qu'exigeaient les *révolutions* que chaque monde était appelé à subir...

« La terre, cette partie infinitésimale de l'univers, n'a donc pas reçu dans un temps ce qu'elle ne possédait pas dans un autre. Au même instant qu'elle fut appelée du néant à l'être, elle renfermait dans son sein les principes de tous les êtres, organisés et animés...

« J'entends ici, par les *principes* des êtres organisés, les *germes* ou corpuscules primitifs et organiques qui contiennent très en raccourci toutes les parties de la *plante* ou de l'*animal* futur.

« Je conçois donc que les *germes* de tous les êtres organisés ont été *originairement* construits ou calculés sur des *rapports déterminés* aux diverses révolutions que notre planète devait subir ».

Bonnet penche à admettre trois révolutions terrestres, à la suite desquelles les êtres, « en apparence détruits », mais conservés en leurs germes, ont éprouvé ou éprouveront des métamorphoses. Il n'entend toutefois rien déterminer absolument sur le nombre des *révolutions* passées, qui sont des phases d'une *évolution* générale, mais seulement le maintenir fini, ainsi que l'exige la doctrine de la création (1) : « Quelque nombre de révolutions qu'on veuille admettre, dit-il, il est bien évident que ce nombre ne saurait être *infini*. Il n'est point de nombre *infini*, il n'est point de progression *à l'infini*, et, dans une *suite* quelconque, il y a *nécessairement un premier terme*. L'opinion que j'expose ici ne favorise donc point celle de l'éternité du monde ».

On ne cite ordinairement de la doctrine de l'évolution de Bonnet que ce qui se rapporte à l'histoire naturelle des êtres vivants à dater de la précédente *révolution* terrestre, et l'on appuie surtout alors sur son hypothèse de l'« emboîtement », qui consiste à se représenter les *germes* sous la forme des plantes ou animaux eux-mêmes « très en raccourci »; en

---

(1) C. Bonnet, *La Palingénésie philosophique, ou idées sur l'état passé et sur l'état futur des êtres vivants*. Genève, 1769, t. I, p. 254, note.

sorte que la génération reviendrait toujours, dans chaque espèce vivante, à un développement géométrique de figures semblables, toutes données à la fois en petit, les unes dans les autres, et successivement agrandies et mises au jour, sous certaines conditions. Mais cette hypothèse, que l'expérience a condamnée, Bonnet lui-même, après l'avoir adoptée un moment, l'abandonna, comme nous le dirons tout-à-l'heure; elle n'eût formé, en tout cas, qu'un chapitre séparé d'un système différent, plus vaste, qui concerne essentiellement le progrès de la vie et des formes de l'organisation, et non point la conservation et la reproduction constante d'êtres similaires. A chaque révolution, selon ce système, le règne organique, tout en conservant « cette sorte d'unité qui fait de chaque espèce un tout unique et toujours subsistant », est « appelé à revêtir de nouvelles formes ou de nouvelles *modalités*. Ces révolutions multipliées auront multiplié de plus en plus la forme et la structure primitives des êtres organiques, comme elles auront changé de plus en plus la structure extérieure et intérieure du globe ; je me persuade facilement que si nous pouvions voir un cheval, une poule, un serpent sous leur première forme, sous la forme qu'ils avaient au temps de la création, il nous serait impossible de les reconnaître. La dernière révolution apportera sans doute de bien plus grands changements et au globe lui-même et aux divers êtres qui l'habitent ». Au sujet de cette dernière révolution, Bonnet remarque que la période actuelle est celle de « ce monde dont l'Apôtre a dit qu'il est réservé pour le feu, et auquel succèderont de nouveaux cieux et une nouvelle terre »; et, dans l'hypothèse où ce monde serait seulement « le second », dans l'ordre prévu par la création, il compare le progrès cosmique, par une analogie qui lui est familière, avec les métamorphoses naturelles : « Ce monde a été apparemment sous la forme de ver ou de chenille ; il est à présent sous celle de chrysalide; la dernière révolution lui fera revêtir celle du papillon » (1).

Quand on réfléchit à ces théories, assez imparfaitement agencées en somme, et surtout peu d'accord avec la doctrine de la continuité, que Bonnet tenait de Leibniz, et à laquelle il était très attaché, il est aisé de croire qu'un esprit spéculatif tel que le sien, transporté à notre époque et gardant ses sentiments religieux, aurait sans peine embrassé l'opinion de la variation continue des espèces, et renoncé à l'emploi des révolutions

(1) Bonnet, *Palingénésie*, VIe partie, p. 245-262.

pour en expliquer les transformations même les plus grandes et l'ultime avenir. Bonnet, qui ne s'était pas senti empêché par la lettre de la *Genèse* de regarder l'œuvre des six jours comme la suite d'une révolution arrivée très longtemps après la création, n'aurait pas trouvé plus difficile de penser que les êtres vivants, au lieu d'être suscités instantanément par un acte créateur, s'étaient progressivement formés par l'évolution naturelle d'une matière organique dans laquelle ce même acte absolument premier a pu les renfermer tous en puissance et les destiner à se produire au moment voulu. Ce point de vue lui aurait d'autant moins répugné, au fond, que ses idées comme psychologiste et comme naturaliste philosophe le classaient parmi ceux qui font dépendre la pensée de la sensation, et les fonctions psychiques de l'organisation, à tel point que ce partisan très explicite de l'âme distincte du corps a souvent été traité de matérialiste. Combattant une opinion exprimée par Leibniz en sa *Théodicée* (n° 91), d'après laquelle il serait difficile de « concevoir qu'il y ait un moyen naturel d'élever une âme sensitive au degré d'âme raisonnable », mais, de préférence, admissible « que Dieu a donné la raison à cette âme par une opération particulière, ou, si l'on veut, par une espèce de *transcréation*, Bonnet écrit ces mots, dont la portée est grande, dans le sens de l'évolutionisme moderne (1) :

« J'ai employé presque tout mon *Essai analytique* (2) à montrer comment un être, d'abord simplement sensitif ou sentant peut s'élever par des *moyens naturels* à la qualité d'être raisonnable ou pensant... J'aurais pris avec Leibniz l'inverse de la question et je lui aurais demandé si, quand son âme aurait été logée dans la tête d'un limaçon, elle aurait enfanté la *Théodicée?* La nature des organes, leur nombre, la manière dont ils sont mis en jeu par les objets, par les circonstances et surtout par l'éducation déterminent donc *naturellement* le développement, l'exercice et le perfectionnement de toutes les facultés de l'âme. L'âme du grand Leibniz unie à la tête d'un limaçon en aurait-elle moins été une âme *humaine?* en aurait-elle moins possédé ces admirables facultés qui se sont développées avec tant d'éclat dans les parties les plus transcendantes de la métaphysique et des mathématiques? » On voit combien cette manière de considérer l'âme

---

(1) *Id., ibid.*, p. 286.
(2) *Essai analytique sur les facultés de l'âme*, par Charles Bonnet, Copenhague, 1760. — Bonnet renvoie le lecteur particulièrement aux chapitres xv-xviii de cet ouvrage antérieur à la *Palingénésie*.

est voisine d'un système où l'âme serait définie par un ensemble de facultés, c'est-à-dire de fonctions en puissance, déposées primitivement, et au fond les mêmes et de la même étendue, dans une certaine substance ou matière, et puis progressivement développées en harmonie avec les modifications progressives du grand milieu matériel auquel elle est de tout temps liée. Le procédé psychologique par lequel le philosophe, dans l'ouvrage de lui qu'il rappelle, fait sortir l'intelligence de la sensation, trouve son analogue dans l'hypothèse de physiologie évolutioniste où le perfectionnement intellectuel des êtres, — la formation de l'intelligence, comme on dit aujourd'hui, — résulte du progrès de l'organisation, c'est-à-dire de l'évolution de la matière vivante. Je continue de citer (1) :

« Combien ceci est-il simple ! combien est-il évident ! Une âme sensitive, comme la nomme Leibniz, est une âme qui n'a que de pures sensations : une âme raisonnable opère sur ses *sensations*, et en déduit par la réflexion des *notions* de tout genre. La première enfance n'est-elle pas un état de *pure animalité*, pour me servir encore des termes de l'auteur? Et pourtant n'est-il pas très vrai que l'homme s'élève par des moyens *purement naturels* aux connaissances les plus sublimes de l'être *intelligent*?... L'état de l'âme n'est-il pas exactement relatif à celui des organes? Tandis que les organes sont encore d'une faiblesse extrême, comme ils le sont dans le *fœtus*, l'âme n'a que des sensations faibles, confuses, passagères ; elle en acquiert de plus vives, de plus claires, de plus durables, à mesure que les organes se fortifient. D'où il est facile de juger combien les sensations doivent être *sourdes* et transitoires dans l'état de *germe*. On peut même concevoir un temps où la faculté sensitive est absolument sans exercice; *car il y a ici des degrés à l'indéfini, depuis l'instant de la création jusqu'à celui de la conception, et depuis celui-ci jusqu'à l'état de la plus grande perfection* ». — Ces derniers mots nous ramènent à cette idée de progrès continu de l'être, à laquelle il n'est dérogé que pour affirmer un commencement de l'évolution, un acte créateur.

« Si donc, conclut l'auteur de la *Palingénésie*, l'homme peut passer, par des moyens *purement naturels*, de l'état si abject de simple *animal* à l'état si relevé d'être intelligent, pourquoi des moyens semblables ou analogues ne pourraient-ils élever un jour la brute à la sphère de l'homme ? »

(1) *Palingénésie*, p. 288.

Bonnet a cependant une objection à prévoir : l'âme humaine pourrait avoir reçu, à l'origine, des puissances plus étendues que celles qui ont été enveloppées dans les âmes simplement animales. Il la repousse catégoriquement, en alléguant l'existence des communes *facultés* humaines chez l'imbécile, en tout semblable à l'animal, et chez le savant, qui sans doute ne les perd pas pour avoir reçu un coup de marteau sur le crâne, à la suite de quoi il est mis hors d'état de les montrer. L'objection n'est pas, dit-il, *philosophique* ; et, en effet, l'exception qu'elle suppose à une loi générale de développement n'est motivée que par le désir de conférer gratuitement un privilège ; et ce privilège énerve la loi, lui enlève presque toute signification.

On a vu plus haut que Leibniz (préoccupé à cet endroit de considérations et de ménagements théologiques sans doute) avait penché à admettre une opération spéciale de Dieu, pour tirer l'homme de l'animal, et que Bonnet préférait admettre une *évolution* continue unique, organique et psychique à la fois. Cependant Bonnet avait ses *révolutions*, qui dérogent évidemment à la loi de continuité, et, par contre, Leibniz, s'il avait été appelé à s'expliquer sur ce qu'il entendait par un acte divin de « transcréation » aurait pu facilement éloigner toute idée de *miracle* et rester conséquent au principe général du développement, en recourant à une hypothèse qui de nos jours compte des partisans parmi les naturalistes philosophes enclins à concilier la variation naturelle des espèces avec l'existence sensible, apparente du moins, des hiatus, à certains moments du progrès de la vie et de la pensée. Cette hypothèse consiste à supposer que les germes préexistants, préordonnés pour se développer successivement durant la vie de chaque espèce, sont disposés de telle manière que quelqu'un d'entre eux a été doué dès l'origine d'une *puissance* propre et capable de produire une variation d'importance spécifique, au moment où le déroulement de la chaîne des germes l'appelle à se développer à son tour. Leibniz aurait pu chercher quelque moyen subtil de sauver la loi de continuité, en adoptant une explication de ce genre, d'ailleurs si concordante avec sa doctrine de l'harmonie préétablie. En tout cas, il n'aurait fait là, comme son disciple, que se débattre contre la difficulté logique de concilier le point de vue de la création avec celui de l'évolution nécessaire et continue. Mais, il y a une hypothèse physiologique accessoire qui, indépendamment des vices irrémédiables qu'on lui a reconnus, est décidément incompatible avec la variation, soit continue soit discontinue, des espèces, et avec le progrès de l'organisation ; c'est celle de l' « emboîtement des germes ». Faut-il l'attribuer à Leibniz, avec la signification nette d'une préexistence de tout organisme en germe, en un état tel que son *enveloppement* et son *développement* dussent se réduire à de purs phénomènes d'accourcissement et de grandissement de figure? Bonnet l'a ainsi compris ; d'autres interprètes intelligents de la monadologie, un peu autrement (1). En somme, les pensées émises par Leibniz à ce sujet sont trop brèves, trop incomplètes, pour qu'il convienne de prendre à la rigueur les termes qu'il emploie, et d'en presser les conséquences ; il se peut que son idée réelle soit mieux représentée sous la forme dernière que Bonnet donna à sa propre conception, qu'elle ne l'était sous la première, ou de la façon que celui-ci l'avait d'abord comprise, et qu'il continua de la comprendre, après qu'il eut abandonné pour son propre compte l'hypothèse de l'emboîtement *géométrique*.

Bonnet explique assez clairement cette première forme, la plus connue sous le nom de théorie de l'*emboîtement*. Il l'avait adoptée dans son ouvrage des *Considérations sur les corps organisés*, et c'est de là qu'elle est restée depuis attachée à son nom, comme elle l'est d'ailleurs au nom de Haller. Il l'abandonna dans ses ouvrages subséquents ; c'est lui-même qui nous l'apprend ; il cessa de supposer, pour siège de l'âme, un corps tout semblable au corps sensible et que son état seul d'*enveloppement* ou de *développement* peut tantôt soustraire et tantôt soumettre à notre observation. Sa nouvelle hypothèse, portant sur un ordre de phénomènes physiques plus profonds que tous ceux qu'on peut observer dans la succession des faits de la génération, échappe par cela même aux objections tirées de l'embryogénie ; c'est ce que n'ont pas assez remarqué les critiques ; elle devient plus arbitraire, si l'on veut, mais en même temps plus défendable à titre de possibilité. Pour s'en rendre philosophiquement compte et ne rien diminuer de l'intérêt qu'elle peut conserver encore, il faut y distinguer deux parts : l'une, faite de suppositions trop spécifiées et inutiles, l'autre générale qui ne dépend point de ces mêmes suppositions. La première consiste non seulement dans la fiction d'une *âme* siégeant dans le corps (essence bien superflue pour un système antidualiste au fond, où

---

(1) *Palingénésie*, p. 274-286 et 299-307. — Conf. Sigorgne, *Institutions leibnitiennes*, ou *Précis de la monadologie*, 1767, in-4°, p. 45 et 127-128.

les phénomènes psychiques ne sont jamais séparés de ceux d'une organisation quelconque), mais encore dans l'idée que le siège de l'âme est le *corps calleux* des anatomistes, et que le corps invisible, indestructible, placé lui-même entre cet organe et l'âme, est de la nature du *feu*. Ce retour aux errements de la plus ancienne physique rappelle l'éther de Berkeley, dont il a été question plus haut, et d'ailleurs n'ajoute rien que d'inconnu à ce qu'on semble se proposer de faire connaître. Il convient donc, pour rendre justice à l'hypothèse, de n'en considérer que la partie générale, c'est-à-dire la supposition d'un corps actuellement insensible, indécomposable sous l'action des forces actuellement en œuvre dans la nature. On fera sans peine abstraction de tout le reste dans les passages suivants de l'*Essai sur les facultés de l'âme*, de Charles Bonnet.

« Nous pouvons conjecturer avec quelque vraisemblance que le *corps calleux* qui nous est connu est, non le véritable siège de l'âme, mais une enveloppe de ce siège, par laquelle il tient à tout le système nerveux, comme il tient par celui-ci à toute la machine…

« Il me semble que je puis inférer la possibilité que Dieu ait fait une machine organique avec une matière analogue à celle de la lumière, et dont les éléments soient assez variés pour fournir à la composition d'un grand nombre de parties essentiellement différentes…

« Je conçois que c'est par cette machine *éthérée* que les objets agissent sur l'âme et que l'âme agit sur son corps…

« Quelle que soit la manière de cette communication, les fibres du siège de l'âme qui correspondent avec les sens en reçoivent certaines déterminations qui constituent le physique de la mémoire ou du souvenir.

« La mort rompt cette communication du siège de l'âme avec les sens, et des sens avec le monde que nous connaissons.

« Mais la nature du siège de l'âme est telle qu'elle peut le soustraire à l'action des causes qui opèrent la dissolution du corps grossier.

« Dans ce nouvel état, l'homme peut conserver son moi, sa personnalité. Son âme demeure unie à une petite machine dont quelques fibres ont retenu des déterminations plus ou moins durables.

« Il peut se faire dans cette machine des impulsions intestines, d'où naîtront des songes qui contribueront à fortifier les déterminations contractées dans le premier état.

« La marche de la nature ne se fait point par sauts. Elle prépare de loin et dans une obscurité impénétrable les productions qu'elle expose ensuite au grand jour. Si elle a placé dans la chenille le germe du papillon, dans la graine le germe de la plante qui en doit naître, pourquoi n'aurait-elle pu placer dans le corps humain le germe d'un corps qui lui succédera?...

« Le siège de l'âme renferme donc en petit un *corps humain*, bien différent de celui que nous connaissons..... Notre corps actuel a un rapport direct au monde que nous habitons : celui qui est renfermé en petit dans le siège de l'âme a un rapport direct au monde que nous habiterons un jour.

« Le siège de l'âme renferme donc des organes qui ne doivent point se développer sur la terre : il en renferme d'autres qui exercent dès ici-bas leurs fonctions ; ce sont ceux qui correspondent à nos sens actuels. La petitesse presque infinie que ces organes supposent n'est pas une objection : la nature travaille aussi en petit qu'elle veut ; ou plutôt le grand et le petit ne sont rien par rapport à elle (1) ».

J'omets, quoique à regret, pour ne pas quitter le point de vue purement philosophique, les développements que Bonnet donne à sa pensée pour en montrer l'accord avec la doctrine chrétienne de la résurrection et des « corps glorieux » ; mais je dois signaler les intéressantes déductions qu'il en fait pour rapporter cette transformation dernière de l'homme au développement même de sa nature, et, pour tirer de ce dernier la sanction physique des lois morales. La théorie esquissée dans les passages précédents conduit aisément à croire que les déterminations physiques actuelles, suite de l'exercice de la volonté, correspondent à certaines altérations de cet autre corps déjà donné, mais dont le développement n'est que futur. Or, en montrant, nous dit Bonnet, que ces déterminations influent sur le cerveau qui se développera un jour, je fais « *rentrer la résurrection dans l'ordre des événements purement naturels* ». Telle est l'idée dont l'exposition se retrouve dans son principal ouvrage, postérieur à l'*Essai analytique* : la *Palingénésie* (2).

« Le dogme sacré de notre résurrection repose principalement sur l'imputabilité de nos actions ; celle-ci sur leur moralité. Il est dans l'ordre de la souveraine sagesse que l'observation des lois naturelles conduise tôt

---

(1) *Essai analytique sur les facultés de l'âme*, édit. de 1770, chap. XXIV, p. 477-483.
(2) *Essai analytique*, p. 476 ; *Palingénésie*, t. I, p. 309-319.

ou tard au bonheur, et que leur inobservation conduise tôt ou tard au malheur... L'état présent de l'homme détermine son état futur. La mémoire, qui a son siège dans le cerveau, est le fondement de la personnalité. Les nœuds secrets qui lient le germe impérissable avec le cerveau périssable conservent à l'homme le souvenir de ses états passés. Il pourra donc être récompensé ou puni dans le rapport à ses états passés. Il pourra comparer le jugement qui sera porté de ses actions avec le souvenir qu'il aura conservé de ces actions...

« Dieu ne récompense point, il ne punit point, à parler métaphysiquement, mais il a établi un ordre en vertu duquel la vertu est source du bien, le vice source du mal... Cet ordre n'a pas toujours son effet sur la terre... Mais l'immortalité de l'homme prolongeant à l'infini son existence, ce qu'il ne reçoit pas dans un temps, il le recevra dans un autre, et l'ordre reprendra ses droits.

« L'homme, le plus perfectible de tous les êtres terrestres, était encore appelé à un état futur par la supériorité même de sa perfectibilité. Sa constitution organique et intellectuelle a répondu dès son origine à cette dernière et grande fin de son être.

« Il n'y a point de moralité chez les animaux, parce qu'ils n'ont point l'entendement. Ils ont une volonté et ils l'exécutent, mais cette volonté n'est dirigée que par la faculté de sentir. Ils ont des idées, mais ces idées sont purement sensibles. Ils les comparent et jugent, mais ne s'élèvent point jusqu'aux notions abstraites.

« Précisément parce que les actions des animaux ne sont point morales, elles ne sont point susceptibles d'imputation. Comme ils ne peuvent observer ni violer des lois qu'ils ignorent, ils ne peuvent être ni récompensés ni punis dans le rapport de ces lois...

« Mais, parce que les animaux ne sont point des êtres moraux, s'ensuit-il nécessairement qu'ils ne soient point susceptibles d'un accroissement de perfection et de bonheur? Parce que les animaux ne nous paraissent point aujourd'hui doués d'entendement, s'ensuit-il nécessairement que leur âme soit absolument privée de cette faculté? Parce que les animaux n'ont à présent que des idées purement sensibles, s'ensuit-il nécessairement qu'ils ne pourront pas s'élever un jour à des notions abstraites, à l'aide de nouveaux organes et de circonstances plus favorables?

« L'enfant devient un être pensant par le développement de tous ses organes, par l'éducation et par les diverses circonstances qui contribuent à développer et à perfectionner toutes ses facultés corporelles et intellectuelles. Soupçonneriez-vous que cet enfant qui est encore si au-dessous de l'animal percera un jour dans les abîmes de la métaphysique ou calculera le retour d'une comète? Les instruments dont son âme se servira pour exécuter de si grandes choses existent déjà dans son cerveau, mais ils n'y sont pas encore développés, affermis, perfectionnés. Les animaux sont aujourd'hui dans l'état d'enfance; ils parviendront peut-être un jour à l'état d'êtres pensants par des moyens analogues à ceux qui ennoblissent ici-bas toutes les facultés de notre être...

« L'opinion commune qui condamne à une mort éternelle tous les êtres organisés, à l'exception de l'homme, appauvrit l'univers.. Elle précipite pour toujours dans l'abîme du néant une multitude innombrable d'êtres sentants, capables d'un accroissement considérable de bonheur, et qui en repeuplant et en embellissant une nouvelle terre, exalteraient les perfections adorables du créateur.

« L'opinion plus philosophique que je propose répond mieux aux grandes idées que la raison se forme de l'univers et de son divin auteur. Elle conserve tous ces êtres et leur donne une permanence qui les soustrait aux révolutions des siècles, au choc des éléments, et les fera survivre à cette catastrophe générale qui changera un jour la face de la terre. »

En lisant attentivement la *Palingénésie* de Bonnet, on s'aperçoit que son esprit ne parvient pas à se bien dégager de l'hypothèse de l' « emboîtement » dans le sens expliqué plus haut. L'expression, chez lui, quand ce n'est pas la pensée, favorise cette hypothèse : c'est surtout aux endroits où il s'occupe de la génération ordinaire et des modes de reproduction des animaux au sein d'une même espèce. Mais, d'une autre part, quand il expose sa théorie des germes prédisposés pour se développer sous certaines circonstances, après des révolutions, en des formes animales nouvelles, et puis, quand il formule sa croyance en un germe préexistant, pour le développement du corps humain futur, du corps « glorieux », dans lequel les organes essentiels du corps actuel seront non seulement transformés, mais anéantis pour faire place à d'autres, il est clair que le développement cesse de pouvoir se comprendre comme une simple extension géométrique, mécanique, et que l'emboîtement, prenant une autre signification, n'exprime plus que la simple inclusion d'un germe *diffé-*

rencié, latent et inactif, dans chacun et dans toute la suite des germes similaires entre eux qui forment l'ensemble des individus d'une espèce, depuis son origine jusqu'à sa transformation sous l'empire de circonstances nouvelles. Bonnet est alors fidèle à sa propre définition du germe, laquelle ne suppose point la similitude avec un animal antérieur : « J'entends en général par le mot *germe* toute préordination, toute préformation de parties, capable par elle-même de déterminer l'existence d'une plante ou d'un animal » (1). Il est clair que l'idée ainsi généralisée du germe, jointe à la supposition de la préexistence, au sein même du type actuel d'une espèce donnée, de certains autres types dont le développement est subordonné à des changements de milieux et de circonstances, ouvre une voie facile à l'explication du passage naturel d'une espèce à une autre.

On sait que Bonnet n'a point porté jusque-là sa spéculation ; mais si l'on réfléchit à l'idée qui lui était si familière, d'une « échelle des êtres », à cette autre idée qu'ils sont tous perfectibles, que leur gradation est un progrès dans le temps, non pas seulement un fait de classification, et qu'ils sont tous appelés à s'élever de degré en degré sans qu'il y ait même un seul de leurs germes perdu dans la nature (2), on trouvera facile de conclure du mode de l'évolution future au mode de l'évolution passée, et de tirer de la théorie de la *palingénésie* une théorie de la variation des espèces, fondée sur la préexistence des germes des unes dans les germes des autres qui les ont précédées. Une vue analogue, si je ne me trompe, est en passe de rallier ceux des partisans actuels de l'évolution qui conservent la création et rejettent la thèse de la continuité absolue (infinie) du changement, ordinairement liée à celle de l'origine des choses dans le néant de l'être. Ils doivent, en effet, reconnaissant l'existence des limites spécifiques réelles dans les productions naturelles, mais admettant en même temps la succession généalogique des espèces, la préordination et le progrès, supposer des *puissances* aptes à produire chaque transformation organique à laquelle le milieu et les circonstances deviennent favorables. Or, ce qui s'appelle métaphysiquement une *puissance*, est pour l'histoire naturelle un *germe*, et un germe ne peut être en ce cas qu'un *corps* persistant à travers tous les temps et les phénomènes où il demeure

---

(1) *Palingénésie*, t. I, p. 102. — Au reste, l'auteur, dans ce chapitre, rejette expressément l'hypothèse de la similitude du germe et de l'animal, tel qu'il est après l'« évolution », dans la génération des individus.

(2) *Ibid.*, p. 198 sq.

latent, sans aucun développement sensible. On est ainsi conduit à imaginer autant de corps latents de ce genre, dans la série préordonnée de génération des êtres les uns par les autres, qu'il doit se produire de différences réellement spécifiques dans le cours total de la vie générale, ou de *révolutions* dans la marche unique de l'évolution.

Je ne me suis attaché à éclaircir une doctrine longtemps dédaignée par les naturalistes, que pour y montrer la sérieuse initiative d'un genre d'hypothèses qui s'imposent de plus en plus à l'attention des penseurs. Si Charles Bonnet n'a pas formulé lui-même la théorie de la variation des espèces que je viens d'indiquer, et qui s'adaptait si exactement à sa conception de la nature créée, la cause m'en paraît double et contradictoire. D'une part, la déclaration formelle de l'unité généalogique des êtres vivants devait paraître trop hardie et téméraire, soit pour la religion et en présence de la Bible, soit pour la science et les vues communes des savants sur la séparation des espèces. D'une autre part, et tout au contraire, la théorie de la prédisposition et de l'enveloppement de germes distincts en nombre immense, mais fini, en nombre égal à celui des espèces actuelles ou futures de l'univers, constituait une dérogation, dans le plan du monde, à la doctrine de la continuité absolue, que Bonnet tenait de la métaphysique leibnitienne, et qui répugne à toute supposition de degrés d'être entre lesquels ne se placeraient point d'autres degrés intermédiaires sans fin. Ajoutons qu'il n'est pas facile au naturaliste de donner des renseignements sur la nature ou le mode des influences physiques capables d'amener l'atrophie d'un *germe contenant* et le développement d'un *germe contenu*, dans le sein d'un individu d'une espèce donnée, à un moment donné. Ces difficultés réunies ont dû retenir le philosophe sur la voie de l'hypothèse dont nous nous occupons. Il n'a spéculé que sur un petit nombre de *révolutions* des milieux et des germes; encore est-ce surtout parce qu'il y voyait un intérêt pour les croyances religieuses. Mais, en ceci précisément, il n'a pu faire autrement que d'abandonner sans y songer la doctrine de la pure continuité. Cette doctrine, il est aujourd'hui facile de le reconnaître et de s'en rendre compte, est opposée par son esprit et dans ses conséquences à celle de la création.

Un contemporain de Charles Bonnet, disciple comme lui du leibnitianisme, et qui ne fut pas retenu comme lui par la foi chrétienne, s'inspira des principes du maître en un sens tout différent. Le cas est digne d'attention à cause du talent réel de ce philosophe, de l'entière franchise de ses idées, et parce qu'au milieu de beaucoup de divagations d'une histoire naturelle de fantaisie, entreprise sous le prétexte de montrer les fonctions de la vie dans le règne inorganique, on trouve dans son ouvrage (1) des parties de métaphysique approfondie et des vues d'une extrême netteté sur les questions de création et d'évolution, d'infinité et de continuité.

Quant à la création, d'abord, Robinet en réduit l'idée à celle d'une subordination éternelle de la nature, en tant qu'effet, à sa cause enveloppante unique. La causalité, ainsi comprise, est la seule notion moyennant laquelle il consent à se représenter Dieu. Il refuse à Dieu, non seulement les attributs *métaphysiques*, dont il démontre le caractère contradictoire qu'ils tiennent de l'application de l'idée d'infini, mais encore les attributs *moraux*, l'intelligence, la justice, la bonté, etc., et toute personnalité. Dieu, suivant lui, ne serait pas *incompréhensible*, — et on avoue qu'il l'est, — si on pouvait affirmer de lui une nature claire et concevable comme celle de l'homme, des facultés qui sont celles de l'homme. Et cela, c'est de l'anthropomorphisme. La cause universelle étant inséparable de son effet, qui est la nature, Robinet veut tout à la fois qu'on l'en distingue, afin d'éviter le procès à l'infini des effets et des causes, et qu'on admette la coéternité du monde créé et du Créateur. On se souvient que c'est en ce même sens qu'Aristote entendait éviter le procès à l'infini tout en niant l'existence d'un commencement des phénomènes. Seulement la cause efficiente remplace ici la cause finale du *moteur immobile* du stagyrite, et il faut bien convenir que la première ne se prête pas comme la seconde à être conçue indépendamment de l'ensemble de ses effets. Le dieu de Robinet est une abstraction. Au surplus ce philosophe, adversaire décidé de l'infini, s'est posé clairement la question de savoir comment l'absence de tout commencement des phénomènes, comment l'éternité du monde est conciliable avec l'impossibilité du nombre infini. Mais il n'a eu que le mérite de voir la difficulté. Ses raisons sont mauvaises, et lui-même, en concluant, ne paraît pas loin d'en faire le sacrifice : « Il semble, dit-il, que l'évidence n'y soit pas. L'esprit se perd dans cette suite de temps antérieurs qui sans être éternelle n'a pourtant point de premier terme. On doit

---

(1) *De la Nature*, par J.-B. Robinet. Amsterdam, 1763-6. — C'est la seconde édition, en 4 vol. in-8°. La première est anonyme et de 1761.

rejeter cette obscurité sur la *faiblesse de l'esprit humain* » (1). Un lecteur peut regretter que l'esprit humain, chez l'auteur, reconnaisse sa faiblesse après avoir affirmé une absurdité, et non pas avant, de manière à s'arrêter à temps !

Ce qui achève de faire de la création un pur mot, dans le système de Robinet, c'est la négation de toute liberté dans le monde, la thèse de l'enchaînement absolu des actions qui se succèdent dans la relation de l'effet à la cause. Tout s'explique par raison suffisante et continuité. Non qu'il s'agisse ici de la continuité absolue ou mathématique que Leibniz entendait, et qui impliquerait l'infini actuel, mais d'une loi physique, portant que « deux êtres voisins dans l'échelle universelle se touchent d'*aussi près que possible*, d'aussi près que le passage de l'un à l'autre ne puisse admettre ni être intermédiaire, ni aucun vide. Cette loi met une telle liaison entre les êtres que chacun est le produit immédiat, précis et nécessaire de celui qui le précède ». Cette vue conduisait Robinet à spéculer sur l'évolution de la nature, mais il ne parvint point à se satisfaire lui-même sur cet article et à tirer au clair les idées répandues dans ses ouvrages sur l'existence primitive des germes en tout genre, sur l'univers conçu comme un développement de semences, sur la vie universelle et l'*animalité* de tous les êtres possibles, enfin sur « la *Gradation naturelle de l'être, où les Essais de la nature qui apprend à former l'homme* » (2). L'impuissance

---

(1) *De la Nature*, t. III, p. 179.

(2) C'est le titre d'un ouvrage, ou pour mieux dire de l'annonce d'un ouvrage, dont l'auteur déclare à la fin abandonner l'exécution, la laissant à *un plus habile* (1768, in-8°, p. 242). On trouve au commencement quelques grandes généralités sur l' « unité d'acte de la Nature », l' « échelle universelle des êtres », la « continuité de la progression de l'Être par degrés imperceptibles », depuis l'ébauche indistincte, à prendre dans le règne minéral, jusqu'à la « forme humaine, que la Nature méditait » : dernier terme du « prototype » sur lequel elle a épuisé ses combinaisons avant d'arriver à cette « perfection naturelle qui consiste dans l'unité combinée avec la plus grande variété possible. » Tout le reste du livre est une rhapsodie où l'auteur fait preuve à peu près des lumières scientifiques d'un montreur de phénomènes de la foire.

Robinet n'a donc imaginé aucune loi ni même compris, semble-t-il, qu'il en fallût une pour rendre compte de l'opération par laquelle la Nature élève de degré en degré ses produits. Maillet qui, avant lui, dans son système géologique neptunien (Telliamed, 1748) avait émis l'hypothèse de l'origine marine des animaux, y compris l'homme, n'avait pas songé davantage à une loi étiologique de variation progressive des organismes. L'hypothèse de la descendance est d'ailleurs plus ancienne et que Robinet et que Maillet. Voici ce qu'on lit dans l'un des *Cinq dialogues fait à l'imitation des anciens*, de Lamothe-Levayer (édition de Mons, 1673, p. 147) : « Je ne puis me tenir de vous exposer ici la pensée d'un des plus sublimes et métaphysiques esprits de ce temps (D. Polo), qui s'était persuadé que le genre humain était originaire de

du philosophe à cet égard, que lui-même accuse, se comprend fort bien sans trop diminuer ses aptitudes spéculatives. Robinet tenait de l'école de Leibniz ces tendances qu'il n'a pu suivre; mais son système est essentiellement *statique*. L'univers, tel qu'il se l'est représenté, n'a ni commencement ni fin, en aucun des deux sens du mot *fin*, tandis que l'idée d'un mouvement évolutif doit toujours comporter l'imagination de quelque point de départ et de quelque point d'arrivée, tout au moins partiels. Cet univers est un tout unique et limité, tout entier soumis aux déterminations numériques de ses parties, et ne subissant, en son cours éternel, point de révolutions périodiques. Il est le seul possible, ni bon ni mauvais, ni *le meilleur;* car Robinet rejette l'optimisme leibnitien et n'admet pas que les créatures puissent goûter plus ou moins de bonheur. Le mal est à ses yeux la contre-partie nécessaire, constante et équivalente du bien dans tout ce qui existe, les biens et les maux se trouvant partout et toujours partagés de façon à se compenser. Avec ce système d' « équilibre dans toutes les substances et dans toutes les modalités », sans aucun principe d'individuation, et la nécessité enchaînant tous les êtres et les soumettant à leurs instincts comme à la seule loi morale, on est plus près du spinosisme que des vues évolutionistes introduites par Leibniz, même quand on sépare celles-ci de la métaphysique et de la théologie qui les accompagnent et qu'on répudie les idées de création et d'immortalité personnelle. Et c'est un spinosisme terre à terre, sans idéal pour le penseur, où Dieu ne s'appelle plus que la Nature, et où la raison croit abdiquer en faveur des faits dont elle travaille à composer le système.

Aussi la différence est-elle plutôt dans les mots que dans les choses, entre l'ouvrage de Robinet et un autre livre plus fameux qui parut presque en même temps que le sien, et presque avec le même titre. Robinet gar-

---

quelques tritons et femmes marines; soit qu'il eût égard à l'opinion de Thalès, qui tenait l'eau pour le seul élément de toutes choses;

Ὠκεανόν τε θεῶν γένεσιν καὶ μητέρα Τηθὺν;
Oceanum divûm genesim Tethimque parentem;

soit qu'il regarde les cataclysmes et déluges universels, après lesquels ne restant plus que les animaux aquatiques, il crut que par succession de temps ils se faisaient amphibies, et puis après terrestres tout à fait. » — Après tout, il n'y avait rien de plus scientifique ni de plus nouveau dans cette « théorie de la descendance » que ce qu'on trouve déjà dans la philosophie d'Anaximandre, ou même dans la cosmogonie babylonienne rapportée par Bérose. Il faut, je crois, arriver jusqu'à Lamarck pour voir la variation des espèces se présenter sous la forme d'une *loi définie et assignée* de la nature.

dait le nom de Création à la Nature : en rapportant ainsi le monde à une cause unique, encore que ce monde fût lui-même la seule réalité intelligible, et que sa cause fût inconnaissable, il semblait lui reconnaître une certaine unité. Mais comme il ne pouvait définir intellectuellement ni moralement aucun principe d'unification, et qu'il échouait d'ailleurs dans sa velléité de trouver une raison et un but à la succession des formes de la vie, c'est-à-dire de remplacer la création par l'évolution, sa doctrine revenait en somme à celle dont on a l'exposition la plus nette dans le *Système de la nature*. Là, d'Holbach, avec cette clarté qui lui est ordinaire et que plusieurs de nos contemporains pourraient lui envier, abandonne jusqu'à cette idée d'unité que l'on cherche à conserver sous le nom de Nature après qu'on y a renoncé sous le nom de Dieu. L'idée même du Tout ne lui vient qu'*a posteriori*, comme celle d'une somme de données empiriques : « des matières très variées et combinées d'une infinité de façons reçoivent et communiquent sans cesse des mouvements divers. Les différentes propriétés de ces matières, leurs différentes combinaisons, leurs façons d'agir si variées qui en sont les suites nécessaires, constituent pour nous les *essences* des êtres ; et c'est de ces essences diversifiées que résultent les différents ordres, rangs, ou systèmes que ces êtres occupent, dont la somme totale fait ce que nous appelons *la nature*. Ainsi la nature, dans sa signification la plus étendue, est le grand tout qui résulte de l'assemblage des différentes matières, de leurs différentes combinaisons et des différents mouvements que nous voyons dans l'univers... Lorsque je dis que la nature produit un effet, je ne prétends point personnifier cette nature, qui est un être abstrait; mais j'entends que l'effet dont je parle est le résultat nécessaire de quelqu'un des êtres qui composent le grand ensemble que nous voyons ». Il est vrai qu'en d'autres endroits, d'Holbach semble faire jouer à la *matière* en mouvement le rôle souverain qu'il refuse à la *nature*, mais ce n'est toujours qu'une affaire de mots, et on s'aperçoit bientôt, en continuant de lire qu'il ne prétend point spéculer sur les propriétés d'une substance unique, mais seulement sur celles des êtres particuliers sensibles et sur les lois générales auxquelles on peut ramener ces propriétés (1). Les principales de ces lois, qu'au surplus il pose dogmatiquement, plutôt qu'il ne s'inquiète

---

(1) *Système de la nature*, t. I, p. 10-11 et 24. Conf. t. II, p. 168 et suivantes.

de les démontrer, sont la constance et la permanence du mouvement, de la force et de la vie, dans tout ce qu'on appelle matière, le caractère variable et transitoire de leurs produits quelconques, l'impossibilité d'un commencement du monde, la nécessité, l'enchaînement causal indissoluble de toutes les modifications des êtres, enfin l'inconscience et l'absence de but dans le tout de l'existence. Il est difficile après cela de voir autre chose que des déclamations plaquées, dans d'autres passages — qu'on a du reste attribués à Diderot, — où il est question de la nature, cause universelle et cause d'elle-même, de la nature, souveraine de tous les êtres, de la nature-Dieu, de ses filles adorables, vertu, raison, vérité, etc. (1). La vraie pensée de d'Holbach me paraît mieux ressortir de certaines réflexions dont on ne saurait méconnaître le caractère positiviste, comme nous disons aujourd'hui, sur l'impossibilité où est l'homme de « connaître son origine », de « pénétrer dans l'essence des choses » et de « remonter aux premiers principes »; sur la sagesse qui consiste pour lui à « ne point substituer des mots inintelligibles et des suppositions absurdes à ses incertitudes ». L'origine et la fin de l'homme et, plus généralement, l'état passé et l'état futur des espèces, le problème de leurs variations, sont rangés formellement, par le *Système de la nature*, au nombre des questions dont la solution ne nous est pas seulement inaccessible, mais doit nous être indifférente. La science ne doit point s'éloigner de l'expérience et des faits, ni la morale chercher un fondement ailleurs que dans les relations données par la nature des choses (2). La contradiction est la même chez d'Holbach que dans le positivisme, entre la méthode professée de non connaissance et d'indifférence, et les affirmations matérialistes impliquant des hypothèses sur les sujets dont on prétend s'abstenir.

L'idée de l'évolution était donc écartée en même temps que celle de la création, suivant les tendances qui dominaient dans la philosophie française pendant la seconde moitié du XVIII⁰ siècle. Le philosophe le plus renommé de cette époque, Condillac condamna les « systèmes » et, donnant à la philosophie une direction analytique et psychologique, empiriste au surplus et sensationiste, acheva d'éloigner les esprits des spéculations qui les avaient occupés depuis Descartes et Leibniz, et du pro-

---

(1) *Ibid.*, t. II, p. 185-6 et 407.
(2) *Ibid.*, t. I, p. 69, 85, 88, 365.

blème capital autour duquel elles avaient gravité. Après le règne de l'« idéologie », de cette méthode qui aurait pu devenir une sorte de criticisme, en se dépouillant de ses préjugés, sortant de ses étroitesses et s'installant sur un plus large terrain d'analyse, la pensée, dans l'école, n'eut plus ni originalité ni profondeur. Le mouvement lui vint du dehors, quand commença l'importation du panthéisme allemand, dont l'influence se fait encore si fortement sentir aujourd'hui; et du dehors encore, au sens figuré du mot, lorsque les doctrines substituées au condillacisme procédèrent, non d'une évolution interne, mais d'un sentiment d'intérêt social supposé, et de la réaction générale du XIXe siècle contre le XVIIIe. Ce qui prouve qu'il en fut ainsi, ce n'est pas seulement la faiblesse logique et le peu de consistance des théories professées par les « éclectiques », mais c'est qu'en restaurant la philosophie du XVIIe, pour les besoins de l'enseignement, on eut soin de négliger ou de voiler les parties fortes de cette philosophie, tout ce qui, chez Descartes, Leibniz ou Malebranche, ouvre les longs aperçus et conduit aux grandes conséquences.

Durant le cours de ces deux périodes, en France, les idées antagonistes d'évolution et de création ne s'offrirent au public, sous la forme librement spéculative, qu'une seule fois, et ce fut pendant la phase idéologique, mais d'une manière entièrement indépendante de la philosophie du jour, et même de toute philosophie d'école, et, de plus, sans aucun succès. D'un côté, l'évolutionnisme à fondements scientifiques naquit des sciences naturelles, avec Lamarck; de l'autre, et presque en même temps, la « Théorie des quatre mouvements » de Charles Fourier mit au jour un système de création et de lois divines qui, n'empruntant rien aux savants ni aux philosophes, pouvait s'appeler une révélation arbitraire; mais c'est un défaut qui, en un sujet transcendant, et quand on s'attache au fond même des idées, n'en détruit pas entièrement l'intérêt. Ni l'une ni l'autre de ces deux doctrines n'étaient portées par le courant du siècle, au moment où elles apparurent. Mais la première, la doctrine physiologique, était destinée à reparaître avec un grand éclat à notre époque, grâce à un supplément de puissantes hypothèses, et nous la retrouverons tout à l'heure. La seconde, la doctrine de cosmogonie providentielle, n'a pas eu la même fortune; elle n'a même pas trouvé grand accueil auprès des disciples qui se sont voués à la propagation des idées sociales de son auteur; mais elle ne laisse pas de représenter une vue de l'univers singulièrement opposée à celle du monisme de l'évolution, et, à ce titre, nous pouvons nous y arrêter ici un moment.

Charles Fourier, théiste et anthropomorphiste décidé, clair et naïf, admettait la création au sens le plus simple du mot (non point *ex nihilo*). Il posait trois principes coéternels : « *Dieu ou l'esprit*, principe actif et moteur; *la matière*, principe passif et mu ; *la justice ou les mathématiques*, principe régulateur du mouvement. » Ce troisième principe recevait dans sa théorie la fonction qui appartient, chez le commun des théologiens, à la *nature nécessaire* de Dieu, et à ses attributs moraux, dont il ne peut pas lui être donné de se dépouiller pour agir. Mais ces distinctions ne sont pas des séparations réelles. Dieu, selon Fourier, a, aussi bien que l'homme, une âme et un corps ; son âme est formée, comme celle de l'homme et comme celle des astres « et des univers » ; des « douze passions radicales », et son corps est un corps « de feu », analogue à celui de l'homme « dans le cadre et dans le but des fonctions, quoiqu'il y ait différence dans le mode d'exercice, notamment en ce qui touche les passions sensuelles ». La création est donc un acte de démiurge, acte accompli dans le temps, dans un temps déterminé et calculable, au moyen d'une double matière préexistante, animique et corporelle. Les âmes individuelles sont dans la dépendance d'âmes plus vastes, planétaires, solaires, âmes d'univers, âmes de nébuleuses, etc.; de plus, elles sont des créations subordonnées de ces dernières et destinées à leur faire retour après de longues périodes ; et ce cours général de leur vie immortelle a chacune de ses phases distribuée en deux séries de vie alternantes, l'une supérieure, l'autre inférieure et toujours plus courte, qui composent un ordre régulier de métempsychoses de forme humaine. Deux grandes lois achèvent de caractériser ce système : une loi universelle des nombres, qui règle tous les rapports possibles de la création, et une loi d'attraction passionnelle qui préside aux destinées de tous les êtres. La première se forme elle-même de deux parties : l'analogie des productions dans les différents règnes, et les déterminations numériques préétablies, auxquelles est due l'harmonie dont toutes les relations sont susceptibles, à la seule condition que les attractions opèrent sans obstacle. L'analogie existe entre les « quatre mouvements », « social », « animal », « organique », « matériel », dont se compose le « mouvement universel » ; elle est telle que la connaissance de chacune de ces branches, ou du moins et plus sûrement de la première, peut conduire à la connaissance des autres (1), et elle s'étend au détail des moindres productions de différentes espèces qu'on peut comparer entre elles. Quant aux déterminations numériques, elles sont réglées, dans tout l'ensemble de la création, de manière à ce que la quantité de chaque chose, et, par exemple, la distribution des passions et des caractères des hommes dans le mouvement social, d'une part, de l'autre, la nature et la coordination des forces et propriétés physiques et organiques, des produits de la terre, des travaux et fonctions nécessaires à l'entretien et à l'agrément de la vie humaine, se trouvent dans la correspondance voulue pour que le jeu spontané des attractions réalise l'ordre qui est dans les vues du créateur. Enfin l'attraction passionnelle, analogue à l'attraction physique, est la loi générale motrice de tout ordre *animique.* Fourier en compare l'établissement divin au parti que ne manquerait pas de prendre un tout-puissant souverain, s'il était maître d'obliger les âmes aussi bien que de commander aux corps : ce serait, dit-il, d'inspirer constamment à tous, sujets ou étrangers, ou ennemis mêmes, les désirs et les actes qui lui sont les plus avantageux, et conformes à ses desseins, au lieu d'user de moyens de contrainte, pénibles, incertains et toujours imparfaits dans les conséquences. Mais cette espèce d'obligation par voie de spontanéité préordonnée est-elle absolue? Si elle l'était, il n'y aurait ni liberté ni mal dans le monde. Elle est seulement assez étendue pour que l'harmonie soit nécessairement réalisée partout, dans tous *les univers* et sur tous les globes, durant les périodes comparativement les plus longues; et que les périodes plus ou moins inharmoniques ne soient que des temps d'*exception*, encore bien qu'exigés eux-mêmes par la loi universelle. Définitivement, existe-t-il telle chose qu'une liberté pour les âmes, alors que le désordre a, comme l'ordre, sa règle et ses phases prévues, nécessaires? La pensée de Fourier sur ce point n'est pas douteuse. Le domaine de la liberté est réservé, par ce fait que les temps ne sont pas fixés et déterminés rigoureusement, mais seulement dans certaines limites. La liberté se meut dans la sphère de l'*exception*, en toutes choses humaines ou cosmiques. C'est ainsi, par exemple, que le passage social de la *civilisation*, soit au *garantisme*, soit à l'*harmonie*

(1) Ultérieurement, Fourier compta cinq « mouvements » au lieu de quatre. Les rangs s'ouvrirent pour faire place au « mouvement aromal » et le « mouvement social » devint « pivotal » à l'égard des quatre autres.

intégrale, existerait déjà, selon Fourier, depuis plus de deux mille ans, comme une possibilité réelle, et se trouverait retardé par des accidents imputables à la volonté des hommes et à leurs erreurs.

Cette théorie de l'exception est une des plus originales de Fourier. Elle n'a pas seulement pour lui l'avantage de combler jusqu'à un certain point l'intervalle entre les observations qu'il se croit en état de faire et les lois dont il se donne comme le révélateur, en psychologie et en sociologie; mais elle tient la place d'une explication du mal, explication, non pas de théorie précisément, mais de fait et de pratique. Toutes les lois, et de tous les genres, toutes les distributions de propriétés et de temps, sont déterminables et applicables à un huitième près, plus ou moins, et le huitième ou à peu près d'exception correspond à la part inférieure à faire, comparativement à la part supérieure, en toute chose et à tout moment de détermination des êtres, ainsi que de leurs ensembles, à chaque degré d'agrandissement des sphères d'activité cosmique. Nous disons *inférieure* et *supérieure*, mais ces mots doivent s'entendre ici de ce qui domine numériquement, et non point par rapport au bien et au mal; car, en dehors de l'harmonie, c'est le mal qui domine, et c'est le bien qui est à l'état d'exception. Le bien reparaît dominant quand on considère des portions suffisamment vastes des destinées, soit individuelles, soit collectives, et le mal subsiste alors avec l'exception, sans laquelle la liberté n'aurait pu trouver place dans la création.

Fourier, partageant la répulsion que les Français éprouvaient assez généralement pour la métaphysique au commencement de notre siècle, ne voulut pas « s'arrêter aux subtilités de l'école sur le libre arbitre »: « je ne les ai lus ni ne dois les lire », dit-il, dans l'un des fragments les plus remarquables dont nous devons la publication à son école; mais il ne laissa pas, et là même, de se poser à sa manière les deux questions capitales : Pourquoi le mal? Pourquoi la liberté? Aux termes près, qui sont originaux et témoignent de ses sentiments personnels et profonds, ses réponses partent de principes connus « dans l'École ». Il repousse le « système du fatalisme » comme réduisant l'homme à la condition mentale des animaux, et comme incompatible avec « la raison », dans laquelle il voit une puissance de s'écarter de la loi divine (de l'attraction passionnelle); il revendique le libre arbitre et la libre raison comme de bons éléments du régime de la création, et trouve la compensation des maux qui en sont la conséquence, dans le fait de la prédominance d'espace et de temps des arrangements harmoniques, les seuls directement conformes à la volonté de Dieu qui n'a pas dû vouloir les rendre partout et toujours invariables et nécessaires.

Mais puisque, durant les périodes subversives du mouvement social sur la terre, le mal domine, et le bonheur de l'homme est exceptionnel, il est clair que cette solution du problème entraînerait le sacrifice des individus dont le sort est de vivre à de certaines époques. Le système de Fourier répond à cette difficulté par l'immortalité de l'âme, et par une théorie de transmigrations alternantes, périodiques (constamment humaines, quoiqu'avec des corps d'essence et de propriétés différentes); ces transmigrations ont lieu régulièrement de notre monde à « l'autre », et réciproquement, un très grand nombre de fois, durant le cours de notre « carrière planétaire », et sont tellement disposées, que la durée totale des vies heureuses, dans les milieux favorables, dépasse de beaucoup celle des existences relativement sacrifiées, qui rentrent dans le domaine général de l'exception.

Je n'ai pas à m'occuper en ce moment des théories les plus connues (le plus souvent mal connues cependant) de Fourier sur les passions et sur l'ordre social fondé sur l'attraction passionnelle. Je me confine dans la question d'évolution ou de création, et je néglige les rêveries sur les productions animales passées ou futures, les vies et les procréations des astres, etc., etc., sans croire toutefois qu'elles soient plus arbitraires ou plus fausses que les élucubrations moins amusantes d'un Schelling sur l'identité et la polarité, le principe de la lumière et le magnétisme universel. Mais je ne dois pas omettre une remarque plus proche de mon sujet : c'est que Fourier, étranger aux idées d'évolution continue, n'admettant ni marche et développement simple de la nature, ni unité de substance, ni procès constant du moins au plus, de l'inférieur au supérieur, dans une sorte d'essor spontané du monde, Fourier ne s'est pas montré moins éloigné des mêmes idées en leur application aux hypothèses sur les commencements de l'humanité. Les âmes descendues les premières sur la planète n'étaient point, selon lui, dans les conditions que réalisèrent bientôt après la « sauvagerie » et la « barbarie », sociétés dégradées; elles ne pouvaient porter que des caractères compatibles avec une nature mentale non développée pour le bien ni pour le mal, avant la grande expérience, avant la peine, avant la lutte pour la vie et le conflit des passions. A partir de cet état primitif (*édenisme, sectes confuses, ombre du bonheur*); Fourier classe les états sociaux en diverses périodes de *reculement*, puis d'*élan*, installe l'*harmonie* avec les merveilles sociales et cosmiques que l'on sait, et la fait suivre d'autant de périodes de *retraite* et de *caducité* qu'il en a comptées dans le *mouvement ascendant*, et analogues à ces dernières. Alors vient la fin de la vie sur la planète. De tout cet arrangement ingénieux, deux points sont à retenir pour nous, parce qu'ils touchent l'esprit général de la conception. Premièrement, les idées de création positive, d'activité divine personnelle, et de disposition providentielle des séries de choses et d'événements, dominent les hypothèses d'ordre universel et d'évolution dont elles sont aux yeux de Fourier les raisons d'être et les garanties. Secondement, les grands phénomènes évolutifs, tels que celui qui embrasse la vie de la terre et la succession des états sociaux (et il en est de même de ceux que son imagination a esquissés sur des théâtres plus vastes), ne se rapportent point au mode d'évolution en quelque sorte rectiligne, continu et progressif. La loi générale des mouvements, dans l'ordre de la vie universelle, est, au contraire, celui qui nous est enseigné par l'expérience, dans notre sphère réduite, et se compose de phases successives de naissance, croissance, maturité, déclin et mort ; d'où il résulte que les destinées individuelles, partout où elles doivent se prolonger au delà d'un développement de ce genre, affectent nécessairement la forme des retours périodiques et non celle de la continuité. Par la même raison, il ne saurait y avoir ni progrès constant, ni progrès indéfini d'une substance unique transformable. Le progrès ainsi limité est nécessaire, en ses grandes lignes, dans les phases ascendantes quelconques, de même que le déclin dans les descendantes, parce que les « passions » sont divinement disposées pour l'assurer, dans la résultante générale de leurs effets, ou grâce à des interventions supérieures, d'ordre créationnel, également prévues. Mais le jeu du libre arbitre est réservé pour les déterminations individuelles et pour leurs conséquences, dans le cours du temps, entre de certaines limites. A tous ces traits, dont il importe de dégager le caractère philosophique, sans se laisser troubler par l'étonnant mélange des chimères créées par une imagination féerique, on est forcé de reconnaître un système de pensées et un ordre d'hypothèses en opposition directe avec tout ce que la tendance évolutioniste a jamais produit, soit en métaphysique pure, soit en spéculant sur les généralités des sciences naturelles (1).

Ce contraste est le plus grand possible, quand on compare les idées de Fourier à celles de Henri de Saint-Simon, son contemporain. Au lieu des différents *mouvements*, par lesquels le penseur plébéien essayait de faire droit à la variété de la nature, le génie aristocrate, frotté de science, nous invite à expliquer le monde moral par une loi unique du monde physique. L'*attraction* est toujours le grand moteur, mais se réduit à cette *propriété de la matière* qui cause la pesanteur des corps et la gravitation des astres et obéit à loi de Newton. Cette sorte d'épais matérialisme ne se prête évidemment à la recherche d'aucune formule d'évolution cosmique, mais favorise la conception abstraite d'un développement universel dans l'ordre de la causalité, développement dont les éléments fondamentaux et les déterminants, tous exclusivement mécaniques et régis par une seule loi, permettent de représenter les faits et les événements quelconques de l'univers, dans l'infini de l'espace et du temps, comme donnés dans une éternelle équation générale du mouvement. L'évolution du monde de la matière, impliquant la production de toutes les formes ou espèces, de toutes les propriétés possibles et de tous les individus, ne serait donc que le mouvement propre de cette équation, pour ainsi dire substantialisée, qui réaliserait d'elle-même les valeurs successives de ses variables et de leurs fonctions de tous les genres. Ce point de vue, que Saint-Simon tint probablement de quelques savants de son époque, est resté familier à plusieurs de ceux du nôtre et à plusieurs philosophes, et, pour peu qu'on veuille y réfléchir, on s'apercevra qu'il est la conséquence logique de deux opinions rapprochées l'une de l'autre : 1° celle de la nature mécanique des premières et dernières *choses*, des premières et dernières causes ; 2° celle de l'existence de lois mathématiques régissant toutes les forces et déterminant tous les phénomènes avec nécessité et continuité. L'idée, telle que Saint-Simon la présente, était ridicule en un point, c'est qu'elle simplifiait à outrance les forces et lois de l'ordre physique, en voulant les réduire à la gravitation et à sa loi ; mais à cela près d'un vice que le disciple, auteur de la *Philosophie positive*, a corrigé, sans qu'on puisse dire qu'il a

(1) Charles Fourier, *Théorie des quatre mouvements*, édit. de 1808, pp. 47-64, 79-85, 133-136 ; *Traité de l'association domestique-agricole*, édit. de 1822, t. I, pp. 188-189, 235-263 ; *Publication des manuscrits de Fourier*, vol. de 1852, pp. 315-316 ; vol. de 1858, fragment *sur le libre arbitre*, particulièrement aux pp. 258-263 et 298-299.

nettement répudié le fond de la conception, cette espèce d'évolutionisme matérialiste et mathématique, indéterminé par excès de généralité, mais clair en son principe, n'a point cessé d'exprimer l'attitude de beaucoup d'esprits accoutumés aux méthodes scientifiques, en présence du problème des *Causes premières*. Et, après tout, ce n'est au fond que la pensée dont Laplace a donné une formule célèbre, en se rattachant au principe de la *raison suffisante*, et d'ailleurs sans définir les *êtres* ni les *forces de la nature*, mais en considérant implicitement toutes ces dernières comme calculables et sujettes aux mathématiques, si seulement elles étaient connues :

« Les événements actuels ont, avec les précédents, une liaison fondée sur le principe évident, qu'une chose ne peut pas commencer d'être, sans une cause qui la produise. Cet axiome, connu sous le nom de principe de la raison suffisante, s'étend aux actions mêmes que l'on juge indifférentes... Nous devons donc envisager l'état présent de l'univers comme l'effet de son état antérieur et comme la cause de celui qui va suivre. Une intelligence qui pour un instant donné connaîtrait toutes les forces dont la nature est animée et la situation respective des êtres qui la composent, si d'ailleurs elle était assez vaste pour soumettre ces données à l'analyse, embrasserait *dans la même formule* les mouvements des plus grands corps de l'univers et ceux du plus léger atome : *rien ne serait incertain pour elle* et l'avenir comme le passé serait présent à ses yeux (1). » Il est clair que le mathématicien ne peut penser à faire entrer dans une telle *formule* que des fonctions de l'espace et du temps, en dernière analyse, puisqu'il n'y en a pas d'autres de directement évaluables en nombres, et que c'est par leur entremise que d'autres peuvent se calculer. Il s'agit donc bien réellement de l'hypothèse d'une équation générale du mouvement universel, qui donnant la position d'un atome quelconque à un instant quelconque, ferait nécessairement connaître la composition et les états des corps, à chaque moment du cours du temps, passé ou futur, leurs relations et propriétés de toute espèce, en tant que liées à leurs propriétés géométriques et mécaniques, et enfin les effets et les causes de tout ce qui est et se fait, par la relation des antécédents avec les conséquents. La matière et les forces ne pouvant entrer dans l'équation du mouvement que sous le mode physique abstrait, tout mathéma-

---

(1) Laplace, *Essai philosophique sur les probabilités*, p. 3, 5ᵉ édit.

tique au fond, de « points matériels » dont les vitesses varient, suivant certaines lois, avec les distances, il se trouve que, au bout de cette direction de la pensée spéculative, on n'a plus affaire à rien de concret. Tous les phénomènes réels ont été réduits à des vitesses, c'est-à-dire à des déplacements relatifs, plus ou moins rapides, des parties mobiles de quelque chose. Mais de quoi ? La matière est devenue la masse abstraite, un pur coefficient, ainsi que la mécanique est forcée de la définir pour son usage. Le sujet même du mouvement s'est dérobé. La formule imaginaire d'une si haute généralisation ne signifie donc rien de plus que les deux opinions dont elle procède : un monde essentiellement mécanique et la nécessité universelle. C'est l'évolution réduite à son squelette. Aucune idée de finalité et de progrès ne peut naturellement s'y joindre. La doctrine du progrès nécessaire de l'humanité, qui, partie de Turgot et de Condorcet, a pris tant d'importance dans les écoles saint-simonienne et positiviste, et de là s'est infiltrée dans la masse du public, est demeurée sans rapport avec les idées d'évolution générale de la nature, jusqu'au moment où les théories de Darwin et de Spencer et la faveur rendue à celle de Lamarck sont venues lier les deux ordres de questions d'une manière que ni Saint-Simon ni Auguste Comte n'avaient prévue. De cette doctrine du progrès de l'humanité, comme séparée de celle de l'évolution en général, je n'ai point à parler ici, et je me contenterai de remarquer que les philosophes qui ont prétendu l'établir ne sont parvenus ni à démontrer la réalité d'un progrès de l'espèce entière, par l'analyse des idées et des mœurs des différentes nations, ou aux différentes époques, et par la classification de ces époques, ni à définir d'une manière satisfaisante l'essence de ce progrès au milieu de la complexité des variations humaines, à travers les vicissitudes des événements, ni enfin à baser solidement l'induction d'une fin déterminée à atteindre, exempte des chances ordinaires de corruption et de rétrogradation.

L'idée métaphysique de l'évolution, abandonnée en France pendant toute cette période d'hostilité contre les « systèmes » qui embrasse le règne du condillacisme et celui de l'éclectisme, continua, en Allemagne, à dominer les esprits et à marquer le but des travaux des philosophes. Kant et le criticisme n'y apportèrent pas la moindre interruption. La méthode, les formes extérieures, les divisions scolastiques, la nomenclature subirent des modifications. Mais les idées fondamentales dont on s'inspira conservèrent une étroite parenté avec celles que Leibniz aurait toutes professées, s'il s'était exprimé plus librement, et, dont plusieurs sont même assez exemptes d'obscurité dans ses ouvrages ; immanence divine, au lieu de création ; infinité et éternité des phénomènes ; enchaînement universel et nécessaire des modifications des êtres, tous solidaires entre eux, tous invariablement liés, à tout moment, à leurs propres antécédents et aux états actuels ou antécédents de tous les autres à l'infini ; développement progressif des formes de la vie. Kant lui-même, si l'on sépare, chez lui, d'avec l'auteur de la critique de la raison celui de la « décision générale du conflit de la raison avec elle-même », et l'asserteur dogmatique de « l'enchaînement de tous les événements du monde sensible, sans solution de continuité, suivant des lois naturelles immuables », Kant ne voyait pas le monde sous un autre jour que Leibniz ; il s'exagérait l'importance de l'écart que pouvait produire entre le leibnitianisme et ses propres conclusions philosophiques la répudiation des preuves de l'ontologie et de la psychologie rationelle. Il n'est donc pas étonnant que ses successeurs soient promptement revenus au dogmatisme qu'il avait prétendu bannir. Ils l'ont fait en demandant à la nouvelle méthode, à l' « idéalisme *transcendantal* » de nouveaux chemins pour aller aux dogmes *transcendants* que cette méthode avait semblé reléguer sur des cimes inaccessibles. Leurs systèmes ont paru à la fois hardis et imposants, parce qu'ils s'élevaient sur des fondements d'abstraction et d'analyse des idées, en apparence plus profonds que ceux de la philosophie du xviie siècle, et que, tout en laissant paraître la partie négative de leurs conséquences, avec une liberté que seuls un Bruno ou un Spinoza avaient auparavant égalée ou surpassée, ils se paraient volontiers des noms édifiants des doctrines orthodoxes. Ils ont été d'ailleurs discordants entre eux, ainsi que cela arrive toujours pour des thèses absolutistes, celles de toutes qui prétendent le plus hautement s'imposer, mais qui, condamnées à qualifier l'absolu, sont impuissantes à justifier leur choix entre des qualifications différentes. Mais, en dépit de toutes leurs diversités, l'esprit général de ces systèmes est vraiment un, la vue qu'ils ouvrent sur le monde est une. Je ne parle pas des philosophes tels que Herbart, Krause et d'autres moins illustres, qui ont plus ou moins réussi à se créer des domaines à eux en combinant, conciliant le vieux et le nouveau, et essayant de donner satisfaction à des tendances contraires. Ce ne sont là après tout que les œuvres d'une sorte d'éclectisme allemand, seulement plus intelligent, plus sérieux et plus spéculatif de beaucoup que la philosophie professorale qui a porté ce nom en France. Mais la doctrine qui a jeté le plus grand éclat en Allemagne, depuis Kant, et qui réunit dans ses variétés les principaux disciples de Kant, est certainement celle qui nous intéresse ici par ses rapports avec l'idée générale de l'évolution, opposée à l'idée de création. C'est le panthéisme évolutif dont voici les principaux caractères : affirmation d'une identité primitive de laquelle sont sortis, ont procédé, émané (peu importent les noms de cet événement qui n'en est pas un, qui pour ces philosophes mêmes est une abstraction) toutes les différences, toutes les déterminations de l'être primitivement non distinct du non être ; affirmation de la nécessité, de l'éternité, de l'infinité et de la continuité du développement des phénomènes dans un ordre immuable; affirmation de l'inconscience de la substance évoluante, *alias* activité éternelle, qui déroule la logique interne de l'univers, ou, suivant d'autres expressions, produit le poème du monde; enfin, affirmation de Dieu, comme immanent dans ce tout de l'esprit et de la nature, en tant qu'on a égard à la loi, qu'on peut appeler divine, qui régit, quoique inconsciemment, l'évolution de ce tout ; et affirmation de Dieu encore, dans un autre sens, en tant qu'on le considère comme devenant lui-même, en conséquence de l'universel devenir, et prenant conscience de soi dans l'homme. Mais ces deux dernières affirmations sont, à vrai dire, des négations de ce qu'on entend par Dieu en dehors de ces sortes de philosophies.

La philosophie allemande, — à ne m'occuper ici que des systèmes dominants à titre d'importance ou de réputation, — a subi deux modifications très graves depuis l'époque à laquelle se rapporte le résumé précédent; mais ni l'une ni l'autre n'ont en rien diminué le crédit de l'idée générale de l'évolution. La première consiste en ce que le principe idéaliste et les qualifications abstraites du sujet universel, ou des moments de son développement, ont fait place de plus en plus au matérialisme, aux spéculations sur les êtres naturels et sur l'ordre concret des productions qui ont pour agents les forces physiques au sein d'une substance représentée comme matière. La philosophie de la nature de Schelling, toute de fantaisie, disposait de ces forces et des éléments matériels, comme il eût fait d'essences abstraites douées des propriétés qui convenaient à son plan, tout idéal en somme et chimérique. Aujourd'hui, c'est la physico-chimie et c'est l'histoire naturelle qui fournissent à la philosophie naturelle ses données. Il y a progrès en cela, sans aucun doute, mais au fond l'arbitraire n'y perd rien, attendu que les hypothèses et les inductions ne sont pas plus solidement fondées, pour être tirées des faits qu'elles dépassent sans mesure, que si elles prenaient la forme de lois aprioriques, ordinaires prête-noms des inventions de l'esprit de système. Le panthéisme matérialiste n'a pas d'ailleurs le droit de se dire ainsi affranchi des idées aprioriques; car la matière et le mouvement sont des notions nécessaires, mais inscrutables pour les sciences; et toute philosophie qui veut les poser comme les réalités fondamentales aurait d'abord à les comprendre et à les définir. Quoi qu'il en soit, le monisme, c'est-à-dire le panthéisme à qualifications matérialistes, est une doctrine qui admet une matière éternelle et éternellement mue, cause universelle de tout ce qui est et s'enchaîne suivant des lois nécessaires. La force est inséparable de la matière; en d'autres termes, à une abstraction qui réunit toutes les qualités susceptibles de tomber sous notre expérience, — la matière, — on ajoute une autre abstraction qui représente la propriété de passer d'une de ces qualités à une autre, — la force. Le transformisme fait naturellement suite au substantialisme matérialiste; on s'en sert pour expliquer l'origine de la vie, de la sensation et de la pensée, ou des êtres et des propriétés qui sont des formes de cette substance universelle et des effets de cette cause universelle; et on croit parler de choses réelles et connues. On pose en principe l'invariabilité de quantité de cette matière indestructible et de cette force constante, rapportée à l'étalon de l'une de ses transformations, à une certaine mesure du mouvement. On admet enfin, et on s'efforce de démontrer que, sous l'unité et l'invariabilité de la substance et de la cause, il existe une loi générale en vertu de laquelle l'ensemble des transformations ou effets dans le temps répond à un progrès des êtres, quoique tous individuellement périssables. L'évolutionnisme vient ainsi compléter le substantialisme et le transformisme. La raison générale, le principe et la fin de la marche progressive des transformations ne se découvrent pas, mais on peut recourir aux hypothèses que suggèrent les sciences naturelles, pour expliquer le comment du grand fait supposé dont on ignore le pourquoi.

Les distinctions principales que comporte ici le point de vue matérialiste sont relatives, l'une à la notion ultime de l'essence des choses, l'autre à la limitation du fait de l'évolution. Je m'explique : après Kant et l'école idéaliste, on a bien pu voir, en Allemagne, des philosophes et surtout des savants revenir à un matérialisme peu différent de celui du siècle précédent; mais d'autres, et, en première ligne, Schopenhauer, tout en admettant pleinement la physique matérialiste pour l'explication du monde et pour l'établissement de l'universelle causalité des phénomènes, ont posé un principe métaphysique de la phénoménalité en général, et reconnu que l'univers matériel tout entier rentre logiquement dans le fait de la représentation de l'univers. Le profond historien du matérialisme, A. Lange, a adopté une vue semblable, et M. Spencer n'est pas loin d'y arriver, quand il met au-dessus de la matière évoluante un Inconnaissable, et qu'il proteste contre l'interprétation, pourtant spécieuse, de son système, d'après laquelle l'esprit serait un produit de la matière. A ce compte, la question d'idéalisme ou de matérialisme semblerait écartée, et le débat ne porterait plus essentiellement que sur la question de la nécessité et sur celle de la vraie nature de la loi évolutive des phénomènes.

Quant à la limitation du fait de l'évolution, j'entends par là que toute évolution du genre physique que l'on conçoit définie et ordonnée, non pas livrée au hasard des combinaisons indéfiniment variables des atomes d'Épicure, doit avoir un commencement et une fin. Et il s'agit alors de savoir (vu l'éternité qu'on suppose de la matière et de la force) si des évolutions semblables ou différentes doivent se succéder, et pour quelle raison : problème embarrassant sur lequel on n'aime pas toujours à s'expliquer. On a deux ressources pour tenter de le résoudre. On peut essayer, à l'aide de spéculations sur fondements scientifiques, eux-mêmes incertains, d'imaginer un état primitif et homogène de la matière, où les différenciations et transformations du mouvement commencent, et où elles reviennent, par une marche en retour, après l'accomplissement de la longue série des phénomènes de l'évolution. Et on peut feindre, en mettant en jeu l'Inconnaissable, en lui subordonnant au besoin l'apparition même de la matière et de la force, une essence inconsciente de volonté ou de désir, qui commence et recommence, autant de fois que le cas se renouvelle, un monde, le seul possible, dont la loi est fatale. Rien de tout cela ne se présente avec un sens philosophique et une valeur logique bien différents, ni surtout supérieurs à ce qu'avaient conçu les évolutionistes de l'antiquité. Nous n'avons en plus que des tentatives pour soumettre l'évolution à une loi générale empruntée à la physique mathématique. En tout cas, les ressources que je viens de mentionner, pour ce qui concerne l'inévitable problème de la *limitation* de l'évolution (lié a celui de sa *définition*), sont faibles, ou pour mieux dire vaines, soit qu'il s'agisse de définir l'origine, la cause physique ou morale, de chaque série intégrale des phénomènes, soit de donner satisfaction au penchant humain indéracinable à la demander.

Aussi la doctrine athée de l'évolution, en dehors des philosophes dont l'activité spéculative s'épuise à contempler des théories physico-mathématiques, encore plutôt espérées que construites, et desquelles ils ne sont seulement pas eux-mêmes des appréciateurs compétents, cette doctrine est en passe d'aboutir, chez plusieurs, à un revirement complet dans le point de vue à prendre du monde moral ; et ceci m'amène à l'autre nouveauté qui, concurremment avec le matérialisme, s'est introduite dans la philosophie allemande, au déclin de l'esprit de la triade illustre : Fichte, Schelling et Hegel. On ne peut pas dire que ç'aient été de biens grands philosophes, ceux qu'on a appelés de l' « extrême gauche » de Hegel, qui se sont attachés au sens négatif de son système, ont dénoncé la vanité des grands mots sous lesquels la divinité, la personnalité et la liberté semblaient encore y être représentées, et disposé par là les esprits clairs et pratiques à remplacer le développement logique de cette abstraction, l'Idée, par le développement physique des causes et des effets dans le tout concret de la nature. Cependant ces hégéliens descendus au matérialisme et à l'athéisme ont eu le mérite de dévoiler, je ne sais s'il est juste de dire, « le secret de Hegel », mais au moins le secret de la doctrine de Hegel, et de porter à la négation déguisée un coup qui serait mortel s'il pouvait jamais y en avoir de ce genre pour les métaphysiciens. Mais le philosophe qui, le premier, regardant en face l'idée de l'évolution sans Dieu, sans origine divine, ni fin morale, ni permanence pour les personnes, et, l'acceptant comme expression définitive de la vérité des choses, a déclaré le monde un mal et installé en Occident la solution bouddhiste du problème de la vie, celui-là, par son génie humoristique, a rendu un service plus grand : il a forcé les doctrines négatives à se poser elles-mêmes, en tout cas à subir de la part des autres la terrible question qui se formule en ces termes : *La vie vaut-elle la peine de vivre?*

On dit à cela que la vérité à rechercher, ou à professer quand on croit l'avoir trouvée, est indépendante de nos sentiments, de nos goûts, et des satisfactions personnelles qu'elle peut nous promettre ou nous refuser. Soit, mais est-ce une chose faisable à se proposer, que d'éliminer nos sentiments moraux et nos instincts (sans parler de nos passions contingentes) du nombre des facteurs d'où dépendent nos jugements? et pouvons-nous faire que ce que nous appelons des vérités soient autre chose pour nous que *nos jugements*? C'est ce que j'aurai à examiner dans une autre partie de cette étude. On dit aussi, pour esquiver la question, que l'appréciation optimiste ou pessimiste de la valeur de l'existence dépend du caractère et de l'humeur de chacun; mais les auteurs de cette juste remarque devraient songer qu'on réclame une telle appréciation du philosophe, et non pas de l'« homme du torrent », de celui dont l'opinion sur la vie change avec l'âge, avec la santé ou la maladie, les plaisirs ou les peines; et que le métier du philosophe est ici de prendre toutes ces choses en bloc et de mettre en balance, avec le néant qui les précède et le néant qui les suit, cette somme totale d'illusions et de désillusions, ce système de leurres continuels, sans autre but dernier que la disparition de tout but, dont se compose l'existence individuelle de chaque être vivant, au point de vue matérialiste, et de se demander impartialement de quel côté se trouve le bien, de quel côté la vérité définitive et la dignité. Je ne dicte pas la réponse, mais il me semble que le problème du bien ou du mal de la vie naturelle, de la vie dans les conditions de douleur, de misère et d'universel avortement où la tient son conflit avec la mort, s'impose fatalement aux méditations du penseur qui prend parti pour le système de l'évolution athée, si toutefois l'orgueil de la « Science » ne lui ôte pas le sens.

L'optimisme a, on peut le dire, régné en philosophie depuis Descartes jusqu'à Schopenhauer. La doctrine religieuse contenait des éléments très considérables de vue pessimiste de la nature : je veux parler du péché originel et de tout ce qui s'y rapporte en morale et pour l'explication du règne de la mort et du mal dans le monde. Ils étaient rachetés par la supposition de la Providence, de la liberté et de la rédemption. La philosophie théiste du xviie, qui ne rompit pas avec la théologie, fut abstraite et rationnelle, intellectualiste, peu sensible au spectacle des faits, et s'interdit toute spéculation indépendante sur le problème du mal. Elle se trouva d'autant plus aisément optimiste que, dépouillant de leur caractère anthropomorphique, autant qu'on pouvait y parvenir, les notions du Dieu personnel, de la Providence et de l'immortalité de l'âme, elle évita d'avoir des vues propres sur le plan de la création, sur l'origine et la destinée des âmes. D'ailleurs on se contentait volontiers d'une certaine idée du mal, également générale et abstraite; on se représentait le mal comme une simple *privation*, essentielle à tout ce qui est fini ; et le mauvais usage du libre arbitre, source particulière du mal moral, semblait lui-même s'expliquer par l'imperfection de la connaissance. Spinoza, répudiant tous les dogmes théologiques et embrassant franchement celui de la nécessité, sentit et pensa plus profondément que ces cartésiens. La nature empirique ne lui sembla certainement pas *bonne*, mais *nécessaire*, et cela suffisait, suivant lui, pour qu'il fallût s'abstenir de la prendre pour objet d'un jugement moral. Au fond, si, de sentiment, il en portait un, ce n'était pas le jugement qui répond à la *pitié* des bouddistes (que ce philosophe ne connaissait pas), mais au *mépris*. Le sage, élevé à l'amour vrai par la connaissance vraie, et exclusivement appliqué à la contemplation des vérités éternelles, est de tous les produits de la substance le seul digne d'intérêt; le monde est fait pour lui, dans le même sens que « pour la gloire de Dieu », selon la doctrine orthodoxe. De là une espèce d'optimisme, comparable à celui des stoïciens, et fort différent de celui de Leibniz, mais réel, à la condition de partager l'élan intellectuel et mystique du penseur qui s'identifie avec son Dieu abstrait. Enfin, Leibniz donna à l'optimisme cette forme précise à laquelle le nom même d'optimisme resta attaché, et dont il ne faut négliger aucun des éléments si l'on veut la bien comprendre. Ce sont : 1° la supposition d'un monde, le « meilleur des mondes possibles », c'est-à-dire contenant la moindre part possible du mal inhérent à des existences finies; 2° la supposition d'une loi naturelle qui assure et ménage le progrès des êtres, et *répare* ainsi, en quelque sorte, le mal déjà *justifié* par sa nécessité métaphysique; 3° la doctrine de la division réelle de la substance, quoique rachetée par l'harmonie préétablie qui rend toutes les modifications individuelles à tout instant liées et solidaires à l'infini ; 4° la doctrine qui promet aux êtres inférieurs l'accession future à la conscience, et aux êtres conscients l'immortalité personnelle. De ces caractères inséparables de l'optimisme leibnitien, quand on abandonne les deux derniers, suivant la tendance qui a dominé en philosophie, depuis la fin de l'école de Leibniz et de Wolf, et sans que le criticisme kantien ait pu en rien arrêter ce mouvement; quand on substitue à l'individualisme fataliste un monisme également fataliste, excluant les destinées propres des individus; alors, quelque extension que prenne le second caractère, et de quelque appareil logique ou scientifique qu'on entoure l'hypothèse d'une évolution générale de la nature, il faut que l'on compte singulièrement sur le génie de l'abstraction et sur le désintéressement, ou plutôt sur l'insensibilité des philosophes et des savants, pour s'imaginer qu'on pourra conserver plus longtemps l'idée première du meilleur des mondes, je veux dire ici d'un monde simplement bon. Le fait est que l'optimisme, réduit à la supposition d'un progrès universel dont *ni moi ni personne* n'est appelé à goûter la fin, mais seulement les moyens douloureux et les sacrifices, est un système qui ne peut contenter que deux sortes de gens : ceux à qui la possession présumée de la vérité des choses procure une douce satisfaction qui leur suffit, et ceux qui sont assez légers de caractère et assez peu exigeants en matière de félicité pour ne ressentir qu'à peine les douleurs de l'humanité et s'estimer heureux des quelques jouissances qu'ils écument personnellement sur le cours du temps. Mais les uns sont trop des philosophes pour être bien des hommes, et les autres ne le sont pas assez. S'il existait cependant une troisième classe de gens, rares penseurs qu'on pût sérieusement croire *dévoués* à l'idée d'un progrès pour lequel toutes les créatures sont de purs moyens, sans qu'*aucune* ait jamais à espérer *pour aucune* une fin définitive et stable; ceux-là je ne pourrais pas même les comparer à ces quiétistes qui consentaient de bon cœur à être *damnés* s'il plaisait ainsi à Dieu; car encore fallait-il qu'ils crussent en Dieu et à la béatitude céleste !

Schopenhauer qui n'était pas un philosophe de la chaire, mais un homme de sentiments profonds, très médités et très aiguisés, fit donc cette découverte, que le monde évolutif, sans Dieu personnel ni destinées individuelles, auquel il ne croyait pas moins que les autres principaux disciples de Kant, qu'il a tant combattus, est un monde qui mérite la qualification de *mauvais*, et dont l'anéantissement serait à désirer. On dit, sans doute, que la conception cosmique de Schopenhauer n'est point une évolution, et cela est vrai, surtout comparativement au système de Hartmann (son disciple — et le disciple de Hegel), en ce sens que, premièrement, il considérait le monde phénoménal tout entier *comme représentation*, de la même manière que Kant, et, en second lieu, qu'il n'admettait dans ce monde rien de semblable à un progrès des espèces, ni dans l'humanité un développement historique. Mais cela cesse d'être juste, quand on regarde l'idée évolutionniste sous l'aspect général où nous la prenons pour l'opposer à l'idée de création. En effet, Schopenhauer, philosophe avant tout *moniste*, est nettement *idéaliste* sous un point de vue, mais non pas moins *matérialiste* sous un autre ; car il estime tous les phénomènes que produit la *Volonté*, source universelle, éternellement enchaînés par d'invariables rapports de causalité qui n'admettent point de premier terme ; et les effets et les causes reposent tous à ses yeux sur un fond de matière incréée et indestructible dont tous les phénomènes de l'intelligence et de la représentation dépendent (1). Il y a donc là une véritable évolution, encore que le penseur pessimiste se refuse à la voir soumise à une loi de développement progressif. Après avoir ainsi conçu le monde et attribué à toutes les espèces, à tous les individus mêmes de la nature, des *caractères* certains, immodifiables, qui reposent sur l'éternel *En-soi*, il ramène sa vue sur ce produit si chétif, l'homme, en qui pourtant ce monde tout entier est représenté. C'est alors, en considérant les individus, c'est-à-dire les véritables êtres, conscients et souffrants, dont il pèse les douleurs, les joies et les illusions, qu'il porte sur le monde un jugement moral ; c'est le salut des individus qui le passionne, comme autrefois le Bouddha ; c'est dans l'anéantissement qu'il cherche leur délivrance, et c'est dans l'abnégation de la volonté, cause de toute existence, qu'il trouve le moyen de cet affranchissement définitif. Le véhicule du nivarna est donc essentiellement individuel, en même temps qu'à l'adresse de tous. La morale, considérée dans son mobile, est une pitié qui procède de la solidarité, de l'identité profonde des êtres, et unit ainsi la charité pour soi-même à la charité pour autrui. Comme détermination de conduite, elle prescrit le renoncement au désir et à ses œuvres : on dirait le sacrifice entier des joies et des espérances de la vie, s'il s'agissait de la perte d'une

---

(1) C'est en me fondant sur ce matérialisme de Schopenhauer, et d'ailleurs d'après des textes formels de ce philosophe, que je lui ai attribué (dans la deuxième partie de mon esquisse), l'opinion de l'infini actuel, en opposition avec Hartmann qui n'admet qu'un monde fini qui a commencé et qui peut s'anéantir sans retour. Ce dernier remarque bien quelque part que Schopenhauer a reconnu, lui aussi, l'illogicité de l'infini actuel, et qu'il l'a au fond évité, en cela qu'il a regardé l'espace et le temps, sujets de cet infini, comme de pures représentations ; mais l'excuse ne vaut que par rapport au point de vue idéaliste de Schopenhauer ; son autre point de vue, celui du réalisme matérialiste, l'annule.

chose qui eût du prix, et non pas de la simple reconnaissance d'une illusion.

Le tableau du système serait complet, mais il faudrait pouvoir donner une réponse claire à la question : quel effet le produit universel de la Volonté, le monde, peut-il éprouver de ce que telle personne, ou quelques-unes, parviennent à se soustraire à l'essence de l'existence et, par suite, à toute palingénésie possible, en renonçant à la volonté en ce qui les concerne spécialement? Là aussi se trouve le nœud d'une difficulté grave qui a été plus d'une fois soulevée contre cette doctrine du désespoir. Le suicide n'en est-il pas la conclusion logique pour l'individu, et la solution satisfaisante, alors que les retours à la vie auxquels on demeure sujet pour n'avoir pas renoncé à la volonté, pour l'avoir même ainsi exercée le plus énergiquement dans un dernier acte, sont, de l'avis de l'auteur, des renaissances sans mémoire, et ne peuvent donc nous toucher réellement *nous-mêmes*? Il faut évidemment lier la détermination individuelle au sort de l'univers, et le monisme en fait d'ailleurs une loi. Le mot de l'énigme est sans doute placé dans l'impénétrable profondeur de l'unité d'un monde, à la fois réel par l'œuvre réelle de la Volonté, et pure apparence en vertu du solipsisme de la représentation. Au dernier fond de la métaphysique et de la morale du bouddhisme, on trouve que le monde extérieur est une phénoménologie en nous de créatures en proie à la douleur, et que notre renoncement est leur renoncement, notre affranchissement leur affranchissement (1).

(1) « Alors Subhuti parla ainsi à Bhagavat : jusqu'à quel point, ô Bhagavat, le Bodhisattva » — l'homme arrivé à l'état de Bouddha parfaitement accompli — « est-il revêtu de la grande cuirasse ? » — capable de supporter les plus grandes épreuves.

« Bhagavat répondit : C'est, ô Subhuti, lorsque cette réflexion se présente à l'esprit du Bodhisattva : il faut que je conduise au Nirvana les créatures dont le nombre est immense; il faut que je les y conduise; il n'existe cependant ni créatures qui doivent y être conduites, ni créatures qui y conduisent ; — et que cependant il ne conduit pas moins toutes ces créatures au nivarna complet... C'est le caractère d'une illusion que le caractère propre qui constitue les êtres ce qu'ils sont. C'est, ô Subhuti, comme si un habile magicien faisait apparaître dans le carrefour de quatre grandes routes une foule immense de peuple, et qu'après l'avoir fait paraître, il la fît disparaître. Que penses-tu de cela, ô Subhuti ? Y a-t-il quelqu'un qu'un autre ait tué, ait fait mourir, ait anéanti, ait fait disparaître ? Subhuti répondit : Non certes, Bhagavat. C'est cela même, ô Subhuti, reprit Bhagavat; le Bodhisattva mahasattva conduit au nirvana complet un nombre immense, incalculable, infini de créatures, et il n'existe ni créatures qui y soient conduites, ni créatures qui y conduisent. Si le Bodhisattva mahasattva, entendant faire cette exposition de la loi, ne s'effraie pas et n'éprouve pas de crainte, il doit être reconnu, ô Subhuti, comme revêtu d'autant de la grande cuirasse. » — « L'illusion n'est

Deux disciples originaux de Schopenhauer sont divisés sur la question de l'évolution, sur celle de l'infini, sur celle du monisme, sur celle de la fatalité du mal. Hartmann a replacé le pessimisme dans le grand courant hégélien dont Schopenhauer avait cru s'écarter sans retour; il a construit, sous le nom de *philosophie de l'Inconscient*, un système d'évolution générale de la nature et d'évolution de l'humanité, prenant les choses au point de départ du néant, et les y ramenant. Mais c'est un contre-sens à l'idée bouddhiste et au sentiment bouddhiste, que d'abandonner le point de vue de l'individu et de prendre pour agent progressif de l'anéantissement final la loi même par laquelle se produit l'ensemble des êtres. Cette tentative de revenir au vieux jeu historico-métaphysique auquel l'optimisme avait toujours paru approprié, et d'y substituer le pessimisme, a bien pu prouver une fois de plus la flexibilité des théories de ce genre et la facilité des interprétations contraires des mêmes données; toutefois, elle a été chèrement payée, au prix de soutenir, après avoir remplacé l'évolution infinie, à commencement purement logique et à cause éternelle, par un accident survenu dans l'Inconscient, cette thèse, que le même accident a d'autant moins de chances de se reproduire qu'il s'est déjà produit plus souvent; et puis d'avoir l'air de se moquer de ses lecteurs en leur présentant la perspective d'un accord futur de l'humanité pour s'anéantir en tous ses membres à la fois. Hartmann aurait pu, sans doute, adopter l'idée ancienne des Héraclite et des Empédocle, admettre les retours infinis des mondes évolutifs limités; mais, dans ce cas, son pessimisme aurait été sans remède, au lieu qu'il a pu présenter l'anéantissement définitif comme une solution optimiste d'une certaine manière, le monde étant meilleur, en ce qu'il peut finir sans retour, qu'il ne serait s'il devait durer toujours ou toujours renaître de lui-même après son extinction. Malheureusement pour le système, un monisme tel que celui de Hartmann, c'est-à-dire un panthéisme de forme assez ordinaire et à prétentions scientifiques, ne permet pas, comme le monisme idéaliste de Schopenhauer, la conception nette du nivarna bouddhique, et condamne plutôt le penseur à subir l'idée de la prolongation indéfinie des phénomènes enchaînés. C'est enfin une

---

pas une chose et la forme une autre chose... La connaissance même est l'illusion; l'illusion même est la connaissance... Le Bouddha lui-même est semblable à une illusion, les conditions du Bouddha sont un songe. » (Burnouf, *Introduction à l'histoire du Bouddhisme indien* (1844), p. 465-483.)

vue contraire au mode bouddhiste de sentir, que de considérer l'histoire humaine comme une sorte de progrès, alors même que le désir du néant en serait la fin; et non pas, ainsi que Schopenhauer, comme « le rêve long, pesant et confus de l'humanité », une suite de variations sur le même thème : *Eadem sed aliter*.

Bahnsen s'est montré fidèle à Schopenhauer sur ce point, mais infidèle sur un autre, et s'est vu forcé d'abandonner la doctrine du nirvana; en quoi son attitude est plus naturelle que celle du sémihégélien Hartmann. Il maintient fortement l'infinitisme de Schopenhauer et la négation de l'évolution, soit historique, soit cosmique. Il regarde le processus réel de l'histoire comme entièrement illogique, irrationnel (ce qu'il appelle *dialectique*, en un sens emprunté à Hegel); et quant au cours du monde, si une fin quelconque pouvait y être accommodée, elle serait déjà atteinte, pense-t-il, attendu que, durant le temps *infini* qui précède le moment présent, tous les possibles ont dû nécessairement se réaliser. Mais Bahnsen substitue au monisme de la Volonté de Schopenhauer un pluralisme et un individualisme de cette même unique essence réelle, qu'il se représente comme éternellement divisée, par son propre fonctionnement, en monades indépendantes et irréductibles, substances inébranlables, toutes de la même nature. La cause de la douleur, dans ce système, est rapportée au fait de la séparation primitive par laquelle des volontés s'opposent et cherchent à se détruire mutuellement; tandis que, suivant l'imagination de Hartmann, la source du mal serait dans l'inassouvissement nécessaire de la Volonté considérée en soi; et le remède, dans l'anéantissement de cette volonté. Mais la Volonté et l'Idée sont éternelles, et ne sauraient être anéanties, selon Bahnsen, en ceci mieux d'accord avec la direction habituelle des spéculations métaphysiques. Ce philosophe a dès lors le choix d'admettre des divisions et reconstitutions périodiques de l'unité substantielle, ce qui ramènerait le concept de l'évolution à la manière d'Empédocle, ou de nier toute espèce de développement régulier, et tout principe monistique, si ce n'est abstrait, c'est-à-dire relatif à la notion généralisée de la Volonté à la fois une et divisée dans la suite infinie des temps en arrière et en avant. Embrassant cette dernière opinion, et dût-il même incliner vers la première, il est clair qu'il ne peut regarder l'individuation comme nécessaire, ainsi qu'il le fait, et donner la préférence au « réalisme transcendantal » sur le « monisme idéaliste » de Schopenhauer, sans se retirer toute ressource pour faire sortir le monde du néant ou pour l'y reconduire. Il est donc pessimiste, sans être bouddhiste.

Cette conclusion du mouvement bouddhiste en Allemagne a été traitée d'ultra-paradoxale à cause de la désespérance absolue dont elle est l'expression morale. Mais ce jugement, qu'on accompagne parfois de moquerie, tient simplement aux dispositions optimistes *a priori* des esprits. On se fera une idée plus juste de ce cas singulier, si l'on envisage le pessimisme de Bahnsen comme le résultat des doctrines évolutionistes sans Dieu, ni liberté, ni immortalité personnelle, doctrines à la fois admises par un penseur indépendant, et par lui très justement qualifiées au point de vue de la satisfaction réelle qu'elles sont capables d'offrir aux désirs et aux espérances de l'homme.

Le passage de la question de l'évolution sur le terrain des sciences n'en change point la nature, et ne saurait en amener la solution; ou plutôt, il n'y a nul passage et nul changement en ceci, quoi qu'on se plaise à dire. Les problèmes abordables par les méthodes scientifiques peuvent s'étendre; ils ne sont jamais résolubles qu'autant qu'ils sont strictement limités. Tout ce qu'on a le droit de donner pour acquis à titre de *fait*, ou de *loi* assez constamment et rigoureusement vérifiée pour équivaloir à un *fait*, s'arrête, — ce n'est pas bien loin de nous, — à l'endroit où commencent les hypothèses propres des sciences, c'est-à-dire susceptibles soit de vérification directe, à la suite d'expériences convenablement instituées, soit de ce genre d'induction qui porte sur des cas observés en nombre assez grand, et semblables, tant qu'il ne s'est produit aucun cas contraire. Et entre ce domaine des hypothèses scientifiques et celui des affirmations de l'ordre le plus général (principes souverains et causes premières) qu'on peut bien appeler les hypothèses des philosophes, puisque les philosophes ne s'accordent pas entre eux, il y a un intervalle que rien ne peut combler, que je n'imagine même pas qui puisse jamais être comblé. La question de l'évolution appartient aux deux domaines, mais en des sens bien différents, et on ne les mêle pas que ce ne soit au détriment de toute méthode correcte. Il est clair que les sciences naturelles, les sciences physiques portant sur le concret et sur le développement des concrets dans le temps, sont forcées de considérer des phénomènes du genre évolutif. Cette obligation est parallèle à celle qui leur prescrit de regarder tous les phénomènes comme déterminés et enchaînés par des lois nécessaires. Ce n'est pourtant pas qu'il ne puisse exister que des phénomènes évolutifs, en tout et toujours déterminés par des antécédents et des circonstances, et qu'il n'y ait que cela dans le monde, aux fondements du monde; car comment les sciences le prouveraient-elles? mais c'est que les sciences ne s'occupent que de cela et ne doivent supposer que cela, partout où elles supposent un objet pour leurs investigations. A l'endroit où s'arrêtent les connaissances acquises à un moment donné, et où commencent des inférences qui étendent l'évolution et la nécessité au delà des lois démontrées, on voit paraître des hypothèses de l'espèce scientifique, c'est-à-dire limitées et dont la vérification est possible, et, à côté de cela, d'autres hypothèses qui poussent l'induction à l'absolu; en d'autres termes, des conceptions de l'ordre métaphysique. Or rien n'est plus facile que de mêler les deux genres, par la raison que beaucoup de savants, dès qu'ils ont perdu pied dans les faits, se trouvent affranchis de la précision et de la correction dans les idées, et qu'il existe en outre de certaines passions antiscientifiques qui poussent le penseur à vouloir faire profiter du crédit qui s'attache aux vérités des sciences les inductions plus ou moins vraisemblables, et puis les inférences arbitraires et à jamais invérifiables, tirées de ces mêmes vérités.

La confusion des deux sortes d'hypothèses est manifeste dans la doctrine évolutioniste de Lamarck. A cet égard, la *Philosophie zoologique* de ce grand naturaliste justifie son titre; mais la valeur proprement scientifique en est diminuée d'autant. Sa pensée, qui se rapporte en partie à l'ordre des sciences, et qui néanmoins ne constitue encore, en cela même, qu'une vaste hypothèse que les naturalistes ont à contrôler, ou dont ils doivent définir au besoin les limites, consiste à remplacer le système des espèces animales irréductibles et des révolutions de la nature, par le système d'un développement continu et progressif, dans lequel ces espèces s'enchaînent toutes par des modifications insensibles, en un laps immense du temps. Et voici la loi de ce développement : « Si, dit Lamarck (1), on eût considéré, depuis l'organisation animale la plus simple, jusqu'à celle de l'homme, qui est la plus composée et la plus parfaite, la *progression* qui se montre dans la composition de l'organisation, ainsi que l'acquisition

---

(1) *Philosophie zoologique*, édition Charles Martins, t. I, p. 26 et 79.

successive des différents organes spéciaux, et par suite d'autant de facultés nouvelles que de nouveaux organes obtenus ; alors on eût pu apercevoir comment les *besoins*, d'abord réduits à nullité, et dont le nombre ensuite s'est accru graduellement, ont amené le penchant aux actions propres à y satisfaire ; comment les actions devenues habituelles et énergiques ont occasionné le développement des organes qui les exécutent ; comment la force qui exécute les mouvements organiques peut, dans les animaux les plus imparfaits, se trouver hors d'eux et cependant les animer ; comment ensuite cette force a été transportée et fixée dans l'animal même ; enfin comment elle est devenue la source de la sensibilité, et à la fin celle des actes de l'intelligence ». — « Quantité de faits nous apprennent qu'à mesure que les individus d'une de nos *espèces* changent de situation, de climat, de manière d'être ou d'habitude, ils en reçoivent des influences qui changent peu à peu la consistance et les proportions de leurs parties, leur forme, leurs facultés, leur organisation même ; en sorte que tout en eux participe, avec le temps, aux mutations qu'ils ont éprouvées. — Dans le même climat, des situations et des expositions très différentes font d'abord simplement varier les individus qui s'y trouvent exposés ; mais par la suite des temps, la continuelle différence des situations des individus dont je parle, qui vivent et se reproduisent successivement dans les mêmes circonstances, amène en eux des différences qui deviennent en quelque sorte essentielles à leur être ; de manière qu'à la suite de beaucoup de générations qui se sont succédé les unes aux autres, ces individus, qui appartenaient originairement à une autre *espèce*, se trouvent à la fin transformés en une *espèce* nouvelle, distincte de l'autre. » (Lamarck suppose évidemment l'hérédité des modifications acquises.)

Ce qui subsiste des idées de Lamarck, dans les vues des savants évolutionistes actuels, est considérable. C'est l'unité du règne animal, la variabilité indéfinie des espèces, l'action du *milieu* pour produire les variations, celle de l'habitude (usage ou défaut d'usage des organes) et de l'hérédité pour les confirmer, en laissant de côté, car l'explication est ici trop profondément psychologique pour être de grand profit en histoire naturelle, l'ingénieuse théorie qui fait dériver les organes des fonctions, à la suite des penchants et des besoins. Tels sont les sujets sur lesquels peut porter l'investigation scientifique, aussi loin que va l'expérience, ou qu'on se croit le droit de l'anticiper. Mais Lamarck ne se borne pas là. Dans l'un des passages que je viens de citer, on le voit admettre une *force* qui se trouve *hors des animaux imparfaits* et qui les *anime* en excitant leurs mouvements organiques, une force qui se *transporte* et se *fixe* en de plus élevés. Cela n'est point de la science. Lamarck suppose des *générations spontanées* pour établir le premier fondement nécessaire et le plus bas degré de l'évolution animale (1). Au point de vue strictement scientifique, la supposition ne serait qu'arbitraire : besoin injustifié de rattacher par de purs mots les phénomènes organiques à la simple physique des « solides » et des « fluides » ; mais la supposition, chez le philosophe, se rattache directement à la métaphysique matérialiste. Lamarck affirme la matière, principe unique, et rapporte les phénomènes de l'intelligence à ceux de l'organisation. Il explique la vie, d'une manière vague, par les relations qui existent, dans un corps, entre les parties solides ou contenantes et les parties fluides ; les mouvements de ces dernières étant dus à une « cause excitatrice, étrangère aux corps qu'elle vivifie, et qui ne périt pas comme eux », laquelle « réside dans des fluides invisibles, subtils, expansifs et toujours agités, qui pénètrent ou se développent sans cesse dans les corps qu'ils animent ». Ces fluides invisibles sont naturellement ceux de la physique du temps de Lamarck : avant tout « le calorique » et « la matière électrique » ; Lamarck, qui proteste ne vouloir pas s'écarter d'un iota de « la nature », est bien loin de se douter qu'il forge là des corps hypothétiques, des fictions qui sont, pour les phénomènes de l'ordre externe, ce que les essences spirituelles sont pour les phénomènes psychiques. Après avoir ainsi établi sa *force-matière*, en conformité avec les idées alors régnantes, le naturaliste philosophe passe de la métaphysique de la substance à celle de la causalité ; il considère le sentiment et l'intelligence non comme des qualités inhérentes, mais comme des effets « produits dans un système d'organes approprié ». Il n'admet pas, comme Cabanis, une action du cerveau sur les impressions, semblable à celle de l'estomac sur les aliments, mais bien des fonctions spéciales du système nerveux, et, en particulier, celle qui « consiste à effectuer les émotions du sentiment intérieur », et « celle enfin d'effectuer la formation des idées, des jugements, des pensées, de l'imagination, de la mémoire, etc. ». Malgré ce mauvais style, il est inté-

---

(1) *Philosophie zoologique*, t. I, p. 81-2 et 214.

ressant de voir Lamarck se distinguer, en psychologie, de l'école de Condillac sur deux points de grande importance. Il combat l'opinion d'après laquelle la pensée serait entièrement dépendante de l'emploi des signes, et il place entre la sensation et l'idée, comme intermédiaire nécessaire, l'*attention*, acte de la première des « fonctions qui s'exécutent dans l'organe de l'intelligence », et commencement de la conscience. Ce sujet est traité d'une manière fort remarquable dans la *Philosophie zoologique* (1).

Tout considéré, on conçoit que Haeckel ait célébré Lamarck, non seulement comme le créateur des théories scientifiques « de la descendance », de l'action des milieux, et de l'influence des fonctions et des habitudes sur la formation des organes, mais encore comme auteur d'une « conception *monistique* ou *mécanique* » de la nature. Toutefois, il faut observer, quant au mécanisme, que la physique de Lamarck n'est nullement une physique mécanique, et que, à cet égard, des idées qu'il croyait positivement scientifiques ne trouveraient plus maintenant de défenseurs ; et, quant au monisme, il y a une réserve à faire, tellement considérable, que rien n'empêche aujourd'hui des partisans convaincus de la création d'accepter l'unité et l'évolution de l'univers dans les limites fixées par Lamarck. Il définit la nature : l'*ensemble* des corps physiques, des lois qui régissent leurs changements, et du mouvement d'où résulte l'ordre que cet ensemble nous présente ; et puis il fait la profession de foi que voici, dont les termes éloignent évidemment tout soupçon qu'on pourrait concevoir sur sa sincérité :

« Regarder la nature comme éternelle, et conséquemment comme ayant existé de tout temps, c'est pour moi *une idée abstraite, sans base, sans vraisemblance et dont ma raison ne saurait se contenter*. Ne pouvant rien savoir de positif à cet égard et n'ayant aucun moyen de raisonner sur ce sujet, j'aime mieux penser que *la nature entière n'est qu'un effet*; dès lors je suppose et je me plais à admettre une cause première, en un mot une puissance suprême qui a donné l'existence à la nature et qui l'a faite en totalité ce qu'elle est » (2).

Il convient de citer, immédiatement après ce remarquable passage, les dernières lignes et la conclusion morale, pour ainsi parler, du grand ou-

---

(1) Sur ces différents points, voir t. I, p. 398-407; t. II, p. 157-164, 172, 184 sq., 251, 340, 356.
(2) *Philosophie zoologique*, t. I, p. 349-351. Conf. Haeckel, *Histoire de la création des êtres organisés d'après les lois naturelles*, p. 32 et 99 sq. de la traduction française (1874).

vrage de l'*Origine des espèces* de Darwin. L'auteur récapitule brièvement les lois de la nature qu'il s'est proposé d'explorer : « Ces lois, dit-il, prises dans le sens le plus large, sont : la Croissance et la Reproduction, l'Hérédité, qu'implique presque la reproduction ; la Variabilité résultant de l'action directe et indirecte des conditions d'existence, de l'Usage et du Défaut d'usage ; un Taux d'Accroissement assez élevé pour entraîner à une Lutte pour l'Existence, qui a pour conséquence une Sélection naturelle, laquelle détermine la Divergence des caractères, et l'Extinction des formes moins améliorées. Le résultat de cette guerre de la nature, qui se traduit par la famine et la mort, est donc le fait le plus élevé que nous puissions concevoir, à savoir la production des animaux supérieurs.

« N'y a-t-il pas, continue et conclut Darwin, une véritable grandeur dans cette conception de la vie, *ayant été avec ses puissances diverses insufflée primitivement par le Créateur* dans un petit nombre de formes, dans une seule peut-être, et dont, tandis que notre planète, obéissant à la loi fixe de la gravitation, continuait à tourner dans son orbite, une quantité infinie de formes admirables, parties d'un commencement des plus simples, n'ont pas cessé de se développer et se développent encore » (1).

Je ne puis m'empêcher de remarquer ici, en addition à ce que j'ai dit plus haut du pessimisme, combien lamentable est ce spectacle de la « guerre de la nature », combien triste cette « conception de la vie » que Darwin appelle vraiment grande, et combien odieuse, si on l'attribue à un créateur qu'on supposerait avoir pu faire autrement. Je laisse le lecteur comparer l'impression que ce naturaliste paraît avoir reçue des voies de la Providence dans l'univers avec celle que le philosophe Stuart Mill a rendue éloquemment dans ses *Essais sur la religion*. Je ne rapporterai pas les beaux passages que tout le monde connaît sur les tortures et les supplices que la Nature inflige aux êtres vivants, mais seulement cette observation si juste : que le sentiment du sublime en présence des phénomènes grandioses de l'ordre cosmique est « plus voisin de la terreur que de toute autre émotion ; qu'il est d'un genre tout à fait différent de l'admiration ou de la perfection, et que si les individus chez qui la crainte produit l'admiration sont développés au point de vue esthétique, à coup sûr ils sont sans culture au point de vue moral ». Dans toute la suite de cet admirable morceau,

---

(1) *L'origine des espèces*, traduction de J.-J. Moulinié sur les cinquième et sixième éditions anglaises (1873), p. 513.

Mill ne cesse d'opposer les bons sentiments, les œuvres bonnes de l'homme et ses devoirs, aux exemples donnés par la nature, et de les présenter comme s'appliquant et se développant en antagonisme avec les forces naturelles (1); tandis que les évolutionistes darwiniens ne sauraient, sans renier la puissante logique de l'univers, éviter le nouveau *Sequere naturam* qui résulte de la connaissance définitive d'une loi à laquelle ils pensent que rien en fait ne peut échapper. Mais quelque difficulté qu'il y ait à concilier l'idée du monde, comme œuvre de Dieu, avec la théorie de la guerre universelle, comme loi du monde, il est constant que Darwin ainsi que Lamarck (toutefois moins explicitement) a laissé une place pour la création, à l'extrémité initiale de l'évolution. Ces savants n'ont été ni l'un ni l'autre des évolutionistes absolus ou métaphysiciens. Plus réservés que beaucoup de leurs disciples, ils ont eu l'intention de renfermer la théorie de l'évolution dans les limites de l'exploration scientifique possible.

Darwin a apporté à cette théorie, que Lamarck n'avait pu faire accueillir, même par les partisans de l' « unité de plan » dans les espèces naturelles, un supplément et un secours d'une extrême importance, lorsque réfléchissant, ainsi qu'il nous l'apprend lui-même, à la loi de la misère, exposée dans le livre célèbre de Malthus sur le *Principe de population*, et combinant avec le fait indéniable des obstacles à la multiplication des individus, en toute famille donnée végétale ou animale, et de la lutte pour l'existence, les faits de variations individuelles, d'adaptation, de survivance des plus aptes, et d'hérédité des aptitudes, il formula cette loi des *sélections naturelles* dont il emprunta l'idée au procédé artificiel que les jardiniers et les éleveurs emploient pour constituer des races, c'est-à-dire pour faire *varier jusqu'à un certain point* des espèces. L'hypothèse de la variabilité indéfinie (en disposant du temps, qui ne fait jamais défaut à la spéculation) acquit tout d'un coup plus de force et de consistance, en ce qu'à la loi de Lamarck, dont le mode d'agir ne paraissait pas suffisamment défini, la loi de Darwin vint ajouter le comment et le pourquoi de l'action modificatrice exercée de génération en génération, la connaissance du moyen continuel et le plus important des variations dans un sens déterminé. Toutefois, et puisque c'est au point de vue scientifique

---

(1) *Essais sur la religion*. — *La nature*. Traduction de M. E. Cazelles, p. 24 et suivantes.

qu'on se place ici, il faut rappeler que l'expérience et l'observation directe font également défaut pour constater soit des changements assez étendus, amenés par la sélection *naturelle*, soit la donnée réelle des termes d'une évolution à peu près continue, sans de trop graves et inexplicables lacunes. Malgré les secours que l'anatomie, la paléontologie et l'embryologie fournissent pour des inductions relatives à l'unité de développement et de descendance, et à l'absence de rupture dans certains caractères essentiels des espèces regardées comme successives, il faut convenir que la question des limites des variations et la question de leur continuité restent toujours posées, non résolues, pour ceux des savants qui savent tenir l'hypothèse à sa place et ne cèdent pas à l'engouement pour les théories absolues. Tout en admirant la vaste érudition et les ressources d'imagination de Darwin, son génie de théoricien, ils ne se dissimulent pas que ses ouvrages principaux renferment des amas de faits, de conjectures et de possibilités, dont le continuel mélange est bien fait pour rebuter tout esprit vraiment logique. Lui-même a reconnu la force de certaines objections, et s'est vu forcé de recourir à des hypothèses subsidiaires pour suppléer à l'insuffisance de la loi de sélection naturelle. Lui-même accorde avec une parfaite bonne foi qu'il a pu s'exagérer la puissance de cette loi ; que cela est « probable en soi ». « Je n'avais pas autrefois, dit-il (1), assez considéré l'existence de beaucoup de conformations qui, autant que nous en pouvons juger, ne sont ni avantageuses ni nuisibles, et c'est, je crois, l'une des omissions les plus graves qu'on ait pu jusqu'à présent relever dans mon ouvrage (de l'*Origine des espèces*). Qu'il me soit permis de dire comme excuse que j'avais en vue deux objets distincts : le premier, de montrer que l'espèce n'avait pas été créée séparément, et le second que la sélection naturelle avait été l'agent modificateur principal, bien que largement aidée par les effets des habitudes héréditaires et un peu par l'action directe des conditions ambiantes. Je ne pus encore néanmoins m'affranchir de l'influence de mon ancienne croyance, alors généralement admise, à la création de chaque espèce dans un but spécial ; ce qui me conduisit à supposer tacitement que chaque détail de structure, les rudiments exceptés, devait avoir quelque utilité, bien que non reconnue. Avec cette idée dans l'esprit, on est naturelle-

---

(1) *La descendance de l'homme et la sélection sexuelle*, trad. franç. de J.-J. Moulinié (1872), p. 164.

ment entraîné à étendre trop loin l'action de la sélection naturelle dans les temps passés ou présents ». A cet aveu honorable, il n'y a qu'un mot à ajouter : les suppléments d'explication apportés pour l'étiologie des variations de l'espèce, en dehors de l'utilité comme motif de survivance, ont un caractère précaire ou sont d'un emploi très incertain, comparativement à l'idée principale de Darwin. La théorie de la *sélection sexuelle* me paraît certainement dans ce cas.

En somme, deux points sont particulièrement faibles dans cette conception de l'évolution, en ce qu'elle a de général, et je laisse de côté la question d'origine première, car elle n'est pas du ressort de l'histoire naturelle, et Darwin a bien fait de la laisser à ses disciples métaphysiciens et monistes. Le premier point faible consiste en ce que l'idée des fins de la nature est en quelque sorte absente et présente à la fois, dans une théorie qui roule essentiellement sur l'utilité matérielle des caractères accidentels dont profitent les individus de chaque espèce donnée, pour lutter contre leurs rivaux et les vaincre actuellement et dans leur postérité, mais qui, d'une autre part, est destinée à représenter la cause principale ou le moyen d'un progrès universel de la vie. Il est impossible d'établir que le *struggle for life* ait pour effet, en général, et dans l'ensemble du monde végétal et animal, de donner la suprématie aux qualités que nous considérons comme répondant à plus de perfection, et d'éliminer les produits naturels, inférieurs ou médiocres, dont les propriétés de résistance et de conquête sont souvent si remarquables. Cependant Darwin, en excluant toute considération finaliste, en d'autres termes, toute *puissance* implicite de développement placée au fond de la nature, et toute force de suscitation nouvelle et discontinue, donnée à certains moments, chez certains individus, en une direction favorable, ne laisse pas de partager la tendance commune des esprits de ce temps à vouloir que l'évolution ait lieu dans le sens du bien, dans le sens de l'intelligence et de la moralité finalement. Il croit d'ailleurs ce progrès démontré en fait par la série observable des êtres, mais sa loi n'y conduit pas et ne l'explique pas, outre que, considérée en elle-même, elle représente plutôt l'essence du mal dans les relations mutuelles des vivants.

Il existe une sorte d'irréductible antinomie entre l'idée d'un progrès de l'organisation, dont les éléments sont envisagés dans la formation des engins naturels, offensifs ou défensifs, les mieux adaptés aux conditions de la « guerre de la nature », et l'idée morale d'un progrès qui a pour fin les sentiments « altruistes », la justice et la paix. On ne voit pas que les qualités supérieures de l'humanité puissent ou aient pu, au point d'avancement où elles sont parvenues, résulter d'un perfectionnement de ce premier genre. On ne voit pas que le développement des facultés intellectuelles proprement dites doive servir au progrès des sentiments moraux, et non pas se porter dans le sens de l'utilité pour la lutte, comme le veut le principe de la sélection naturelle, et conformément à l'expérience, plus que jamais triomphante en notre siècle, du grand usage que les hommes font du génie de la science et de la découverte pour s'entredétruire. Quiconque pénétrera bien l'esprit de la théorie de Darwin, reconnaîtra que, fondée tout d'abord sur une considération d'utilité, et d'utilité pour l'individu, et d'utilité dans la lutte de l'individu contre ses *semblables* et ses *différents*, elle ne saurait se prêter d'elle-même à l'explication de ceux des caractères qui se sont introduits dans une espèce donnée et qui n'étaient pas immédiatement utilisables pour l'individu ; à plus forte raison de ceux qui devaient plutôt lui nuire. Or, on peut bien montrer que la sociabilité, la sympathie, le devoir et le dévouement servent puissamment à la conservation d'une race ou d'une espèce une fois fixées, et dont un certain nombre d'individus éprouvent des sentiments de cette nature ; mais on ne fera jamais comprendre que ces mêmes sentiments naissent, commencent et s'implantent comme des effets de la lutte ; et pourtant, c'est cela qu'il faudrait. Les darwinistes les plus logiques sont ceux qui tirent ce qu'on appelle les conséquences sociales du darwinisme, c'est-à-dire du malthusianisme généralisé ou, — pour ne pas calomnier Malthus, — disons du malthusianisme, interprété dans le sens de l'*adaptation* du cœur humain à la cruelle nécessité des choses, non dans le sens de l'application de la sympathie et du devoir à la dureté des faits, partout où ils comportent du remède. La finalité favorable de l'évolution considérée sous le point de vue moral, est une supposition étrangère, qui s'introduit dans la théorie grâce au tempérament optimiste du savant ; la conclusion pessimiste serait plus conforme à ses prémisses. Il faudrait, pour qu'il n'en fût pas ainsi, qu'au lieu d'assigner seulement pour principe à la série des changements le fait brutal de la « guerre de la nature », à partir d'une forme ou d'un petit nombre de formes individualisées, extrêmement simples, prises pour données premières, le penseur admît l'existence d'une fin générale enveloppant par avance la suite entière des effets et des causes. Mais dans ce cas il lui serait difficile de ne pas admettre aussi des prédispositions réglées selon les temps, car la finalité implique la *puissance* d'aller aux fins.

C'est ainsi, par exemple, que l'idée d'un mécanisme universel de causalité naturelle se trouve corrigée, chez Kant, par le concept général de la finalité, sans lequel ce philosophe n'admettait pas que se pussent expliquer les voies évolutives de la vie. Kant n'a pas seulement, on le sait, précédé Laplace et Herschell dans leurs hypothèses cosmogoniques ; on peut invoquer son autorité en faveur de l'évolution des espèces et de la « théorie de la descendance ». « Il est beau, dit-il, de parcourir, au moyen de l'anatomie comparée, la grande création des êtres organisés, afin de voir s'il ne s'y trouve pas quelque chose de semblable à un système dérivant d'un principe générateur... La concordance de tant d'espèces d'animaux dans un certain schème commun, qui ne paraît pas seulement leur servir de principe dans la structure de leurs os, mais aussi dans la disposition des autres parties, et cette admirable simplicité de formes, qui, en raccourcissant certaines parties et en allongeant d'autres, en enveloppant celles-ci et en développant celles-là, a pu produire une si grande variété d'espèces, font naître en nous l'espérance, bien faible il est vrai, de pouvoir arriver à quelque chose avec le principe du mécanisme de la nature, sans lequel en général il ne peut y avoir de science de la nature. Cette analogie de formes qui, malgré leur diversité, paraissent avoir été produites conformément à un type commun, fortifie l'hypothèse que ces formes ont une affinité réelle et qu'elles sortent d'une mère commune, en nous montrant chaque espèce se rapprochant graduellement d'une autre espèce, depuis celle où le principe des fins semble le mieux établi, à savoir l'homme, jusqu'au polype, et depuis le polype jusqu'aux mousses et aux algues, enfin jusqu'au dernier degré de la nature que nous puissions connaître, jusqu'à la nature brute, d'où semble dériver, d'après les lois mécaniques (semblables à celles qu'elle suit dans ses cristallisations), toute cette technique de la nature, si incompréhensible pour nous dans les êtres organisés, que nous nous croyons obligés de concevoir un autre principe (1) ».

(1) *Critique du jugement*, trad. Barni, § 79, t. II, p. 111.

évolutionisme très net et même radical ne doit pas nous surprendre chez un philosophe aussi attaché que l'était Kant à l'opinion de l'enchaînement nécessaire et continu des phénomènes naturels ; mais le chapitre d'où ce passage est extrait a pour titre : « De la subordination nécessaire du principe du mécanisme au principe téléologique dans l'explication d'une chose comme fin de la nature. » Et, en effet, Kant continue en ces termes : « Il est permis à l'*archéologue* de la nature de se servir des vestiges encore subsistants de ses plus anciennes productions pour chercher, dans tout le mécanisme qu'il connaît ou qu'il soupçonne, le principe de cette grande famille de créatures (car c'est ainsi qu'il faut se la représenter, si cette prétendue affinité générale a quelque fondement). Il peut faire sortir du sein de la terre, qui elle-même est sortie du chaos (comme un grand animal), des créatures où on ne trouve encore que peu de finalité, mais qui en produisent d'autres à leur tour mieux appropriées au lieu de leur naissance et à leurs relations réciproques, jusqu'au moment où cette matrice se roidit, s'ossifie et borne ses enfantements à des espèces qui ne doivent plus dégénérer et où subsiste la variété de celles qu'elle a produites, comme si cette puissance formatrice et féconde était enfin satisfaite. Mais il faut toujours en définitive attribuer à cette mère universelle une organisation qui ait pour but toutes ces créatures ; sinon il serait impossible de concevoir la possibilité des productions du règne animal et du règne végétal. On n'a donc fait que reculer l'explication, et on ne peut prétendre avoir rendu la production de ces deux règnes indépendante de la condition des causes finales ».

Dans un autre passage : « il est absolument certain, écrit Kant, que nous ne pouvons apprendre à connaître d'une manière suffisante et, à plus forte raison, nous expliquer les êtres organisés et leur possibilité intérieure par des principes purement mécaniques de la nature; et on peut soutenir hardiment avec une égale certitude qu'il est absurde pour des hommes de tenter quelque chose de pareil, et d'espérer que quelque nouveau Newton viendra un jour expliquer la production d'un brin d'herbe par des lois naturelles auxquelles aucun dessein n'a présidé ; car c'est là une vue qu'il faut absolument refuser aux hommes (1) ».

Haeckel, combattant le « dualisme » de la causalité mécanique et de

---

(1) *Ibid.* § 74, t. II, p. 77.

la finalité, cite, en tout ou en partie, ces passages de la *Critique du jugement*. D'après lui, l'idée principale exprimée dans le premier serait complètement détruite dans les autres ; et, au surplus, le Newton déclaré impossible par Kant serait apparu soixante ans après en la personne de Darwin (1). Mais je ne vois point que les deux sortes de propositions soient inconciliables, ni que Haeckel tire tout le parti qu'il pourrait de la thèse d'évolutionisme mécanique admise conditionnellement par le philosophe critique.

Il faut d'abord laisser de coté la comparaison de la découverte de Newton avec une théorie supposée qui expliquerait la « création des êtres organisés » par un pur mécanisme. Ce rapprochement n'est pas bien juste de la part de Kant, car la loi de la gravitation est une simple formule mathématique de mouvements naturels, étrangère, mais non point opposée à l'hypothèse des causes finales ; ni de la part de Haeckel, attendu que Darwin n'a pas « expliqué la production » du moindre brin d'herbe sans supposer quelque production antérieure du même genre, en sorte que la question de la finalité première reste en suspens. La pensée de Kant n'a rien d'obscur. D'après lui, l'esprit humain est capable de former la conception d'un enchaînement universel des effets et des causes, qu'on doit qualifier de mécanique, dans lequel les êtres organisés prendraient place avec l'unité d'un seul et même développement physiologique ; mais ce qui serait au-dessus de ses forces, c'est de comprendre ce développement sans supposer l'existence des fins en vertu desquelles en seraient disposées les puissances. Kant, il est vrai, va plus loin ; il ne lui suffit pas de poser un principe de finalité dans la nature, principe qui, pour la philosophie critique, pourrait conserver la même généralité et la même indétermination que la loi universelle de causalité efficiente ; il veut, de plus, qu'il nous soit « impossible de concevoir et de comprendre la finalité, qui doit elle-même servir de principe à notre connaissance de la possibilité intérieure de beaucoup des choses de la nature, qu'en nous la représentant, ainsi que le monde en général, comme une production d'une cause intelligente (d'un Dieu) ». Ainsi donc l'idée générale de l'existence des fins dans le monde exigerait la supposition de l'unité de dessein dans une

---

(1) *Histoire de la création des êtres organisés d'après les lois naturelles*, p. 90-94 de la traduction française.

intelligence première identifiée avec la cause efficiente universelle. Mais, et c'est ici que Kant se montre moins éloigné qu'on ne croirait du pur évolutionnisme, la critique de la raison pure lui défend de donner un sens clair et net à cette impossibilité, dont il parle, « de concevoir et de comprendre. »

Qu'est-ce au reste que cette impossibilité prétendue qui n'est pas faite pour arrêter les évolutionistes athées dans leurs systèmes, de tout temps renouvelés? et cette nécessité du jugement téléologique général, inhérente à « la constitution et aux principes de notre faculté de connaître » (autres expressions de Kant), cette nécessité à laquelle tant de philosophes peuvent en fait se soustraire? Nous allons le voir : « il y aurait bien de la présomption à juger que, quand même nous pourrions pénétrer jusqu'au principe de la nature dans la spécification des lois universelles que nous connaissons, nous ne pourrions trouver un principe de la possibilité des êtres organisés qui nous dispensât d'en rapporter la production à un dessein; car comment pouvons-nous savoir cela ? » — Et ailleurs, en admettant que le monde est l'œuvre d'une intelligence : « Quant à savoir si cette intelligence a conçu et produit le tout pour un but final (qui ne résiderait plus dans la nature du monde sensible), c'est ce que l'investigation théorique de la nature ne peut nous apprendre. Quelle que soit la connaissance que nous ayons de la nature, il est impossible de décider si cette cause suprême l'a produite en vue d'un but final, ou si son intelligence n'a pas été déterminée à la production de certaines formes par la seule nécessité de sa nature (d'une manière analogue à ce que nous appelons chez les animaux un art instinctif), sans qu'il faille lui attribuer pour cela la sagesse, et à plus forte raison, une sagesse suprême et liée à tous les autres attributs nécessaires à la perfection de son œuvre ». — Et, pour conclure : « Nous ne pouvons donc décider objectivement, soit d'une manière affirmative, soit d'une manière négative, la question de savoir s'il y a un être agissant d'après des fins, qui, comme cause (par conséquent comme auteur) du monde, serve de principe à ce que nous nommons avec raison des fins de la nature. Tout ce qu'il y a de certain, c'est que, si nous jugeons selon ce que notre nature nous permet d'apercevoir (conformément aux conditions et aux limites de notre raison), nous ne pouvons donner pour principe à la possibilité de ces fins de la nature qu'un être intelligent. Cela seul, en effet, est conforme à la maxime de notre jugement réfléchissant, par conséquent à un principe subjectif, mais nécessairement inhérent à l'espèce humaine » (1).

Il est facile de mettre ces différentes affirmations d'accord, en modifiant un peu les termes dont Kant a coutume de se servir dans les questions ardues où la certitude est en jeu. Mais d'abord, il y a deux points assurés. Kant maintient que le jugement de finalité, inhérent à notre représentation réelle des phénomènes partiels de développement de germes et d'évolution physiologique, ne peut pas non plus être séparé de la conception du monde entier regardé comme un produit d'évolution; et Kant, d'autre part, a une forte tendance, pour ne rien dire de plus, à l'évolutionisme moniste qui considère la nature en sa totalité comme une suite d'effets rigoureusement déterminés en remontant de cause en cause, — on dirait à l'infini, n'était le noumène, au regard duquel toute question d'infini ou de fini s'évanouit, à l'en croire. Après tout cela, vient dans la « critique du jugement », le problème de Dieu comme intelligence et cause première, ordonnant la suite universelle des effets en vertu d'un dessein. Nous avons vu que la « raison pure » n'en pouvait rien décider et que l' « investigation théorique de la nature » souffrait tout aussi bien qu'on se représentât l'ordre général des fins comme l'œuvre d'un Inconscient, — de la manière précisément dont Schopenhauer, disciple de Kant, allait bientôt l'envisager, en sa théorie de la volonté. S'il en est ainsi, que signifie de « juger selon *notre propre nature*, conformément aux conditions et aux limites de notre raison » ? et que veulent dire ces mots : « *nous ne pouvons* donner pour principe de ces fins de la nature qu'un être intelligent » ? et qu'est-ce que cette « maxime de notre jugement réfléchissant », ce « principe subjectif, mais nécessairement inhérent à l'espèce humaine » ? Toutes ces formules enflées ne sauraient au fond porter au delà de ce qu'exprime ce seul mot du langage vulgaire : croyance. Il s'agit d'une croyance qu'on peut appeler naturelle, appuyée qu'elle est sur une grande *maxime* commune des jugements humains; croyance toutefois non *nécessaire*, les faits le montrent assez puisqu'elle n'est pas universelle; croyance qui a dû être celle de Kant personnellement, et qui, rapprochée de la thèse générale de l'évolution, nous montre ce philosophe dans une attitude d'esprit toute semblable à celle

---

(1) *Critique du jugement*, t. II, pp. 77-8, 152-3.

de Lamarck donnant l'idée de création pour limite à l'idée d'évolution.

Le système de Darwin s'éloigne de ce point de vue, surtout en ce qu'il exclut tout principe de finalité, tandis que l'existence réelle des fins, comme condition pour comprendre soit un procès total de la nature, soit simplement l'évolution d'un organisme particulier, est un élément inséparable de la conception du monde de Kant. Lamarck lui-même, en reconnaissant formellement un « Créateur », pose implicitement le monde comme la réalisation d'un dessein. Les milieux dont l'action modifie progressivement les espèces sont donc des milieux institués, et le développement des organes, par l'effet des fonctions dépendantes des penchants et des besoins, dépend aussi, au fond, d'un principe de finalité, car tout penchant et tout besoin suppose une fin que l'individu se propose en vertu de sa nature. Mais Darwin, en faisant porter foncièrement le poids de sa doctrine d'évolution sur le fait des sélections naturelles, qui ont pour cause la facilité ou difficulté de vivre de chaque individu donné, dans chaque condition donnée, a éliminé les causes finales de la manière la plus radicale. Par là, sans aucun doute, il a doté la théorie d'un *sérieux avantage scientifique*, parce que les causes finales ne sont pas, ne doivent pas être un objet direct de la science, et parce que les faits résultants de la lutte pour l'existence sont des faits incontestables, *sauf à en déterminer l'importance et les limites d'action dans la marche générale des choses*. Mais il a affaibli *philosophiquement* cette même théorie ; car le penseur ne saurait éviter de joindre l'idée d'une fin à celle d'une évolution organique quelconque, grande ou petite; et Darwin n'a su sur quoi appuyer sa croyance, ou ce qu'on nommerait peut-être plus justement sa forte velléité de croire, sans bien savoir pourquoi, au progrès général des êtres et tout particulièrement au progrès de l'espèce humaine (1).

A ce premier point faible de la doctrine darwinienne, l'impuissance à remplacer de même qu'à bannir l'idée de fin dans l'interprétation de la nature, il faut maintenant en ajouter un second : c'est l'absence de toute justification pour l'hypothèse fondamentale de cette doctrine elle-même ; je veux dire pour la loi de continuité, telle qu'elle y est entendue. Ici le vice est double : il existe au point de vue scientifique, il existe au point

---

(1) Il faut lire à ce sujet les pages curieuses à rapprocher : *Origine des espèces*, 372-3, 513; *Descendance de l'homme*, 178 sq., 191 sq., trad. Moulinié ; et Haeckel, *Histoire de la création*, p. 245.

de vue philosophique. Un savant distingué, dont le témoignage suffira parce que c'est celui d'un *croyant* à l'évolution, et qu'il est avéré que beaucoup de naturalistes tiennent le même langage en dépit de la mode régnante, s'exprime en ces termes, après avoir rappelé brièvement les problèmes, déjà oubliés, auxquels l'Europe savante a été suspendue tout entière il y a cinquante ans (1) :

« Combien ces vues de l'esprit, reposant pourtant, elles aussi, sur un certain nombre de faits positifs, ont-elles perdu de leur importance avec le progrès de nos connaissances en anatomie générale et en embryogénie! On peut se demander s'il n'en sera pas de même de cette fièvre qui nous fait imaginer de vingt façons diverses, au gré de chacun et selon l'importance qu'il attribue à tel ou tel organe, la descendance des êtres peuplant aujourd'hui le globe. Certes, *nous croyons fermement à cette descendance, à la variabilité indéfinie des formes animales, à leur origine par des êtres plus simples qu'une simple cellule.* Toutes ces conceptions n'ont rien pour nous effrayer, ou seulement nous étonner. Mais il faut bien reconnaître qu'elles demeurent, faute d'aucune preuve encore, *à l'état d'articles de foi.* Elles sont infiniment probables, mais elles ne sont nullement démontrées. Spéculer sur elles est sans utilité immédiate, et toutes les idées phylogéniques du monde ne vaudront pas, pour l'avancement définitif de nos connaissances, l'étude attentive et longuement suivie d'une seule des formes animales, fût-ce la plus commune ; raisonnons moins sur l'inconnu et tenons-nous davantage *sur le domaine des lois et des faits directement vérifiables.* »

Voilà le langage d'un savant qui ne confond pas *la* science avec *sa* foi. Et maintenant, pourquoi la descendance et la variabilité indéfinie ne sont-elles nullement démontrées suivant lui? pourquoi ne sont-elles pas des *articles* de science? Parce que la continuité des formes n'est pas établie, mais supposée. La divergence des caractères spécifiques est expliquée par des hypothèses; les lacunes qu'on avoue entre les espèces sont comblées par des interpositions gratuites, moyennant ce prétexte et cette défaite que les vides ne manqueraient pas de disparaître à nos yeux si nos connaissances étaient plus étendues qu'elles ne sont. Enfin, à chaque

---

(1) G. Pouchet, fin d'une leçon au Muséum d'histoire naturelle, publiée dans la *Revue scientifique*, n° du 10 février 1883.

passage plus difficile, comme entre les grands embranchements, la série généalogique et le raccord se définissent au gré de chacun, et ce n'est pas la continuité établie qui fait supposer la descendance, mais bien la descendante imaginée qui commande d'arranger une continuité fictive.

Il n'est d'ailleurs pas vrai que ce fût assez d'une certaine continuité dans les différences des caractères, entre *toutes* les espèces, pour conclure à leur communauté génétique, alors que la rupture entre des groupes innombrables auxquels on donne ce nom d'espèces, — la rupture sous le rapport génétique précisément, — est le fait général. Observons d'abord l'accord du sentiment spontané des hommes, en présence du spectacle des variétés naturelles, avec le jugement réfléchi du philosophe criticiste, pour qui la question de l'origine première des êtres, — question indissolublement liée à celle de leur communauté et de leur procès commun à partir d'un point à déterminer, — est au-dessus des efforts de la raison. L'homme ordinaire, et le philosophe, lui aussi, quand il ne consulte que ses impressions, est si vivement frappé par les *différences* de toutes sortes qui éclatent dans la nature, qu'il ne peut regarder que comme incompréhensible un système dont le but est de ramener la multiplicité à l'unité en disposant sériairement les *ressemblances*, et puis en remontant tout le long de la série, de manière à faire évanouir de proche en proche, par des diminutions graduelles, toutes ces mêmes différences dont part l'observateur et sans lesquelles il ne pourrait définir ni connaître aucune chose au monde. Peut-être les impressions d'un homme que l'existence des diversités offusque, ne prouvent-elles rien ; soit, mais le philosophe peut ajouter que tout objet dans la nature est, ainsi que toute définition dans la logique, assujetti à nous être représenté *per genus et differentiam*. En éliminant les différences par l'ascension des genres, on parvient finalement à un *tout* où il n'y a *rien*. Quelle valeur positive peut donc avoir, en histoire naturelle, une méthode qui aboutit forcément à réduire le tout réel, c'est-à-dire le tout des différences, à l'origine Zéro ? Ce n'est point là une méthode scientifique, mais bien une spéculation métaphysique.

Cependant ne poussons pas cette méthode à bout, consentons à en ignorer le caractère et les plus profondes racines, faisons de plus cette supposition (en dehors des faits), que les règnes, les embranchements, les classes et toutes les espèces données qui les composent, ou dans la paléontologie ou dans les êtres vivants sur le globe, se laissent ranger en une série unique, avec des transitions entre les caractères dans un même sens, assez visibles, et des différences assez atténuées, pour qu'il soit facile et naturel de penser que la loi de leur génération à tous a été, depuis l'origine, celle-là même que nous voyons servir à la production des individus, chez certains de leurs groupes que l'expérience nous montre constituant des *familles*. La conclusion si aisément tirée serait-elle nécessaire ? Nullement, elle se trouveverait au contraire plus infirmée qu'elle ne l'est dans l'état actuel de nos connaissances, s'il arrivait que des êtres voisins, successifs dans l'ordre sériaire, fussent inaptes à s'unir pour engendrer, et nous offrissent ainsi des solutions de continuité des uns aux autres, sous ce rapport particulier. Mais c'est précisément ce qui n'arriverait pas, dira-t-on, parce qu'il est conforme à tout ce que nous savons, de penser que la grande similitude à tous les autres égards entraînerait aussi l'aptitude des successifs à s'unir, jusqu'à ce que l'accroissement des différences devînt un obstacle à leurs unions, ou à leurs unions fécondes. Supposons donc cela encore, quoique nous puissions reprendre une pétition de principe dans cette réclamation basée sur l'idée que la continuité des caractères impliquerait la continuité génétique. Mais qu'est-ce qui empêcherait d'admettre que l'ordre des choses eût commencé, dans notre hypothèse, par un établissement d'espèces séparées, indépendantes, assez multipliées et assez graduées en même temps pour que les unions, survenues entre les moins éloignées, eussent donné en résultat l'apparence d'une continuité génétique originairement instituée ?

Plaçons-nous au point de vue de la pluralité primitive. Quelle que soit la cause première, on n'a nul besoin de supposer, loin de là, que les êtres initiaux n'ont eu entre eux rien de commun; car ils auraient en ce cas formé autant de *mondes* mutuellement incommunicables. Ils ont donc présenté des ressemblances et des différences : c'est cela même qui les a fait être *des espèces*. On a donc pu *a posteriori* les disposer en séries par la pensée, et la classification sériaire, toujours possible en quelque façon, se peut concevoir parfaite, unique et continue (il s'agit d'une continuité naturelle, approximative, et qui n'a point affaire à la continuité des grandeurs abstraites ou mathématiques), sans qu'il y ait pour cela aucune nécessité de conclure de l'échelle de classement au fait de la génération successive des termes les uns par les autres.

Rentrons des hypothèses dans les faits qui nous sont réellement soumis.

La continuité, nous ne l'avons pas; on la cherche. Le passage par voie de génération physiologique entre des espèces, même rapprochées, est insaisissable. Leur apparition à certaines époques géologiques est plus ou moins exactement constatée; elle a eu lieu dans un certain ordre plus ou moins défini, qui ne forme point un simple procès linéaire, et nous ne savons pas de quels germes elles sont le développement. En cet état des connaissances, et malgré les considérations précédentes, on est libre d'embrasser la théorie de la variabilité selon les lois de Lamarck et de Darwin, et d'admettre l'existence d'une échelle continue des produits de la nature. Scientifiquement, on a de grandes difficultés à vaincre pour justifier par l'expérience ces hypothèses, ou pour en déterminer les limites, ou enfin pour prouver qu'elles n'ont point de limites; mais philosophiquement, on les accepterait sans restriction, qu'on n'aurait pas fait un pas pour établir l'unité d'origine et d'essence du sujet de l'évolution organique, vu que les mêmes lois sont applicables à la donnée hypothétique d'espèces primitives et toutefois multipliées, dont elles détermineraient des modifications, sans qu'il fût nécessaire de leur attribuer une source commune et un seul ordre, ou même un petit nombre d'ordres de descendance. La passion métaphysique de l'unité empêche qu'on n'aperçoive cette vérité incontestable, et on paraît généralement croire que des lois comme celles de l'adaptation ou des sélections naturelles impliquent le progrès continu des formes de la nature et la solution matérialiste du problème de l'origine de la vie. C'est pour cela qu'elles ont, en dehors des sciences, tant d'adhérents qui les accueilleraient avec plus d'indifférence si on ne les proposait que pour régir des phénomènes renfermés dans les limites de l'observation. De savants investigateurs cèdent à la même illusion. Un Lamarck, un Haeckel, interprète de Darwin, se flattent de représenter les faits exactement, quand ils s'élèvent par des inductions accumulées à une synthèse où ils les rangent de manière à figurer un progrès continu de l'organisation; mais un Agassiz signale les erreurs et les déterminations arbitraires des classifications auxquelles on est ainsi conduit, et dénonce la synthèse qui prétend partir des faits et les envelopper, comme « une doctrine qui, de la conception, descend aux faits et *cherche des faits pour soutenir une idée* ». « Le darwinisme, dit ce naturaliste, exclut presque toute la masse des connaissances acquises, pour s'assimiler et faire ressortir exclusivement ce qui peut servir à la doctrine. Ce ne sont pas les faits qui déterminent pour les darwinistes le caractère des généralisations, c'est le système qui prétend dicter le caractère de l'ordre des choses (1) ».

Ce vice de méthode est en général celui des systèmes préconçus, et l'on sait qu'il s'aggrave toujours avec la facilité qu'on trouve à *manier* les faits, par exemple, dans la philosophie de l'histoire, quand le penseur s'inspire de la doctrine du progrès de l'humanité. En ce qui concerne la philosophie de l'histoire naturelle et la doctrine du progrès de la nature, le reproche adressé par Agassiz à Darwin et à ses disciples est indépendant des vues particulières d'Agassiz sur la question d'origine ; il est d'un genre tout critique et qu'on ne saurait éluder ; il consiste à remarquer que ces naturalistes, tout entiers à l'idée des variations spécifiques ou de leurs causes possibles, ont substitué à la notion ancienne, et que tant de faits appuient, de la conservation des types dans les générations successives, la notion contraire de la possibilité pour les êtres organisés de s'éloigner de plus en plus des caractères essentiels de leurs ancêtres ; et qu'ils ont pour cela tiré des inductions de longue portée de faits absolument insuffisants, lesquelles n'ôtent rien à la force des autres faits dont il leur a convenu de ne point tenir compte.

Un autre sujet d'interprétation, où l'esprit de système est visible, se rapporte également à la doctrine de la variabilité indéfinie et progressive. On falsifie les faits par la manière dont on les exprime, et on détourne l'attention de l'une des parties essentielles de la question. Il s'agit ici des phénomènes embryogéniques. On a coutume de parler comme si chaque embryon d'un type donné traversait en son développement les types définis et permanents des animaux inférieurs en organisation, au lieu qu'il traverse des états embryonnaires semblables à ceux de ces animaux, ce qui est fort différent, et ce qui ne dénote rien de plus que l'existence d'une forme générale de processus physique dont la puissance a une fin déterminée pour chaque type particulier. Cette puissance et cette fin gouvernent la suite entière de chaque évolution individuelle, sans aucun point d'arrêt. Au surplus, il est contesté que les embryons soient identiques, au premier moment, quand les animaux en préparation doivent, dans la suite des mouvements du tourbillon physiologique, se classer dans des embranchements différents. Mais quoi qu'on en pense, il faut toujours tomber d'ac-

---

(1) Agassiz, *De l'espèce et de la classification en zoologie*, trad. par F. Vogély (1869), p. 376-7.

cord sur un point : c'est que l'observateur est forcé de reconnaître un moment d'*identité sensible*, celui où l'observation est impuissante à rien *distinguer*. Mais qu'y a-t-il de certain à ce moment? L'évolutioniste qui assimile l'évolution de l'animal individuel à l'évolution des formes de la nature ne peut pas nier le fait de la puissance et de la finalité individuelles, cette espèce de *préexistence* par laquelle est différencié, dès ce premier moment, l'animal futur, *cet* animal, avec tous ses caractères essentiels, sous la seule condition de la donnée d'un milieu favorable à son développement prédestiné. Il n'obtiendrait même pas le droit de nier ce fait, au cas où, poussant à bout l'assimilation, dans le sens matérialiste, il voudrait voir dans un petit groupe de molécules inorganiques l'origine première de chaque évolution vitale particulière, de même que, dans la vaste agglomération d'atomes appelée nébuleuse, l'origine première de l'univers; car, il ne pourrait pas néanmoins se soustraire à la nécessité d'imaginer une loi propre de transition, allant, par la voie du germe, de l'animal développé à l'animal développable, son semblable, dont la forme doit être atteinte finalement et n'être pas dépassée. De quelque manière qu'une telle loi soit conçue, il faut toujours y reconnaître une puissance déterminée de spécification et d'individuation entre des limites fixes, puissance impossible à confondre avec celle dont on se forme l'idée comme applicable à la production de toutes les espèces ensemble, sériées dans le temps. A quoi se réduit alors le rapprochement fondé sur la similitude des formes affectées par une série embryogénique, et des formes qu'on voit disséminées selon les divers degrés de vie et d'organisation qui sont atteints par les espèces de la nature. Il est clair qu'on n'en saurait logiquement conclure à l'identité du procès par lequel s'engendrent ces espèces avec celui qui s'applique à la perpétuation de chacune d'elles. Au contraire, on s'explique suffisamment ce que les deux cas ont d'assimilable, en constatant simplement que les lois de l'organisation réalisent des types déterminés, porteurs de caractères communs à tous ou à un plus ou moins grand nombre d'entre eux, et de caractères différents, comme toute chose susceptible de définition ; et que, tandis que ces types se trouvent établis *statiquement*, sans que leur origine nous soit expliquée, et comportent des classifications relatives à leurs caractères inférieurs ou supérieurs d'organisation, la génération de chacun des êtres appelés à représenter l'un quelconque d'entre eux se développe *dynamiquement* par une succession de certains de ces mêmes caractères gradués, depuis l'état d'indistinction sensible jusqu'à l'état où son point d'arrêt est marqué d'avance. Rien n'est plus naturel, c'est proprement le fait d'un développement d'organes. Chaque ordre de phénomènes et chaque loi sont ainsi mis à leur place, sans hypothèse, et ce qu'il entre d'analogie dans les deux sortes de faits est exprimé correctement, en laissant de côté la question douteuse de la continuité des espèces et de leur filiation.

La doctrine de la continuité, chez les évolutionistes, ne s'applique pas seulement à la distribution sériaire des êtres, à la supposition des termes manquants de la série et à l'arrangement généalogique des espèces, par hypothèse; elle sert à remplir les vides existants dans les qualités, tout comme les lacunes entre les existences. La difficulté principale porte sur les caractères psychiques, quand il s'agit de la transition des autres animaux à l'homme. Il est relativement facile d'imaginer, faute de les pouvoir assigner, des « anthropidés » qui marqueraient un échelon au-dessus des singes; quoique la loi des sélections naturelles refuse son secours à l'explication de certaines modifications physiques (1); mais par quelle interposition de ce genre définirait-on des degrés entre l'intelligence de l'animal et la raison de l'homme, entre l'ordre des relations mutuelles des animaux et le principe de la moralité humaine, soit droite, soit perverse que nous la jugions en ses déterminations, selon les temps et les sociétés? Disposer ou non de ces formes générales du penser qu'on nomme des *concepts*, et, par suite, avoir ou n'avoir pas la puissance intellectuelle de la parole; — car la faculté d'articuler est complètement accessoire et n'est pas bornée à l'homme, tandis que les concepts le sont ; — être ou n'être pas capable de réfléchir à ses propres états de conscience, à ses actes passés et à ses actes futurs, et de se décider d'après un examen systématique des faits acquis et de ceux qui sont possibles ; — pouvoir ou ne pouvoir pas se former les notions opposées du juste et de l'injuste, c'est-à-dire de quelque chose qui *doit* être fait indépendamment de toute passion et de

---

(1) Elle le refuse à l'explication de toutes les qualités nuisibles ou simplement inutiles aux êtres qui les ont acquises. Voir à ce sujet le chapitre des *Limites de la sélection naturelle appliquée à l'homme*, dans l'intéressant ouvrage : *La sélection naturelle, Essais*, par A. R. Wallace, tr. par Lucien de Candolle, 1872. Darwin, n'a discuté d'une manière bien sérieuse aucune des difficultés exposées par cet auteur, qui partage avec lui l'honneur de l'invention du principe de la sélection naturelle. Voyez, par exemple : *Descendance de l'homme*, t. II, p. 394.

tout objet désirable, — enfin imaginer ou non l'existence d'agents invisibles, causes de certains phénomènes et influant sur le sort des individus, ces quatre dilemmes qui portent respectivement sur l'entendement, sur la volonté, sur la moralité et sur la religiosité sont inattaquables, à les prendre directement ; il faut donc, pour y échapper, recourir à des théories psychologiques, qui, grâce à des suppositions convenables sur l'origine de la parole, de la réflexion, des sentiments moraux et des idées religieuses, permettent d'envisager une certaine gradation des dispositions mentales, là où on n'en saurait clairement définir aucune. Le naturaliste entre alors dans le domaine du philosophe, et, s'il s'adresse à des lecteurs appartenant à l'école empiriste en matière d'origine des idées, utilitaire ou sentimentale en morale, il peut leur faire entrevoir comment les progrès de l'intelligence, de la sociabilité et de la sympathie, à travers de nombreuses générations de « semi-humains » et puis de « tout à fait humains » ont pu conduire l'homme à son état psychique actuel, sous l'influence de l'utilité des acquisitions successives et héréditaires.

Cette partie du livre de la *Descendance de l'homme*, de Darwin, sera certainement jugée la plus faible par toute personne dont le siège n'est pas fait sur ces sortes de questions. Et, cependant, l'auteur a été aidé dans sa tâche par la faiblesse même de ses adversaires, à qui il arrive rarement de présenter avec beaucoup de netteté et de force, des arguments solides au fond, mais inspirés par des doctrines ou des croyances étroites (1). Il l'a été plus encore par des préjugés régnants et invétérés, auxquels il n'a eu qu'à se conformer pour assimiler sans preuves le sauvage actuel à l'homme primitif (ou presque primitif), et pour admettre, ce que sa propre expérience aurait dû lui défendre, que l'intervalle mental à franchir est moindre entre les hommes de certaines races et les animaux supérieurs, qu'entre ces mêmes hommes et les plus intelligents des nations civilisées. Il est instructif de comparer le langage de Darwin, auteur attaché à des vues systématiques, et reproduisant des thèses convenues sur l'infirmité intellectuelle native des naturels des tribus humaines les plus dégradées, avec le témoignage fourni par Darwin, le voyageur, et jusque dans ses livres de

---

(1) Une grande exception à cet égard est à signaler dans la belle et profonde argumentation de Max Muller, sur les rapports de la parole avec les *concepts*, comme conditions nécessaires de la constitution des radicaux de toutes les langues : *Lectures on M. Darwin's philosophy of language*, 1873.

théorie, où l'aveu parfois lui échappe, touchant l'aptitude de tels sauvages qu'il a vus lui-même, tirés accidentellement des plus bas milieux physiques, intellectuels et sociaux que l'on connaisse, à s'élever, grâce à de nouvelles relations, au niveau moyen d'intelligence de leurs compagnons, matelots de race européenne. Faudra-t-il donc soutenir que ces derniers, eux aussi, sont plus près de l'animal que de l'homme cultivé ou de celui qui se distingue par des talents exceptionnels? Cette opinion de lèse-humanité n'est pas digne d'examen.

La prévention d'un naturaliste doit être bien forte, pour qu'il ferme les yeux sur ce qu'il y a d'antiscientifique dans la manière habituelle d'établir de pareilles comparaisons. Et d'abord, pour le rapprochement du sauvage et de l'animal, on est obligé de supposer résolues des questions de psychologie et de morale, de la façon qu'il faut pour affaiblir, exténuer des caractères humains mentaux qui paraissent les plus spécifiques qui se puissent imaginer; sans cela, il serait par trop manifeste que ces caractères fondamentaux appartiennent à l'homme « sauvage », et la question existerait en outre de savoir si leurs faibles déterminations actuelles dénotent chez cet homme un état primitif, et non pas plutôt un état de dégradation. Ces caractères étant abaissés et réduits en substance à des traits moins éloignés de l'intelligence et des mœurs des animaux, on a, d'autre part, à décrire et à interpréter les actions de ceux-ci, de manière à les rattacher à des procédés et à des mobiles tels que ceux qu'on ne peut refuser aux actions humaines, chez les hommes sans culture. Les nombreux auteurs qui ont traité ce sujet, ont montré une rare insuffisance dans la critique et dans la discussion des faits observés, ou prétendus tels, et des témoignages, et dans la définition, — si même ils donnent jamais des *définitions*, — des fonctions mentales d'ordre supérieur qu'ils disent être communes aux animaux et aux hommes. C'est quand le naturaliste se laisse ainsi attirer sur un terrain scabreux qui n'est pas le sien, qu'on voit bien le tort que lui a fait la nature, en lui refusant la connaissance expérimentale de quelques êtres convenablement gradués, dont il aurait besoin pour faire passer à travers le plus fâcheux des hiatus son échelle de continuité.

Cependant le vice de méthode est plus simple et plus saillant dans l'autre partie de la comparaison. La continuité qu'on veut établir à tout prix entre l'intelligence des animaux et l'entendement humain, on semblerait presque prêt à la nier entre les fonctions mentales du sauvage et celles de l'homme de génie, ou ne fût-ce que du savant le plus ordinaire, élevé dans une société civilisée. On fait ici un rapprochement direct, ce qui est absurde ; on ne tient compte ni de part ni d'autre du milieu social et de l'éducation ; on confond les facultés natives de l'homme avec le développement et l'exercice qui leur sont permis dans chaque état de société, et on oublie que l'hérédité psychologique n'est pas tout, quelque importance qu'on doive lui attribuer (question difficile), mais qu'il faut encore compter avec un fait indéniable : je veux dire l'influence *actuelle* des institutions, des mœurs et des circonstances, au sein de la société la plus civilisée, sur tel individu qui vient à y naître, pour faire de lui, en peu d'années, un académicien : soit un grand artiste, ou un calculateur des mouvements célestes, ou un homme d'État, etc.; ou bien un berger ignorant que rien ne distingue en apparence de la masse des illettrés. Il faudrait pourtant songer que nous avons parmi nous, non seulement des individus, mais des classes entières dont la condition en matière d'idées, de sentiments et d'habitudes, est assez exactement assimilable à celle des sauvages; et que même un certain nombre de *réfractaires* de la civilisation, ou de disgraciés, ressemblent aux plus abrutis des races inférieures, *par des traits de nature*. Nous avons des groupes nombreux de population dont l'intelligence, les connaissances réelles et les notions de droit et de devoir ne se soutiennent au point (peu élevé) où nous les voyons, que grâce à l'action des lois, à celle des fonctionnaires de l'État, et à cette espèce d'infiltration morale qui s'étend jusqu'à eux, en partant d'une certaine élite de la nation, à laquelle toute la civilisation est en réalité suspendue.

Tout ceci bien observé, il devrait sauter aux yeux de quiconque n'est pas absolument étranger aux méthodes scientifiques que, la question pour le naturaliste étant de comparer le sauvage, comme individu, c'est-à-dire considéré dans ses facultés et aptitudes naturelles, indépendamment de ce que son milieu social a fait de lui, avec l'homme civilisé, envisagé sous le même rapport, il est impossible d'arriver à une conclusion juste, quand on compare les deux mêmes hommes, pris dans leurs conditions respectives si différentes. Et je ne parle pas des erreurs et des préjugés au travers desquels nous parviennent la plupart des renseignements que nous possédons sur l'état mental des sauvages ; je ne m'arrête pas aux réflexions que pourraient suggérer la moralité comparative des nations qui couvrent en grande majorité le globe, et auxquelles on ne refuse pas le don de l'intelligence ; ou la moralité des Européens eux-mêmes, qui ne portent au loin la « civilisation », que souillée de tous les vices et propagée par des moyens criminels ; et, enfin, je passe outre à l'examen des causes qui expliqueraient la décadence intellectuelle et morale de familles humaines, peut-être aussi bien douées que d'autres à leur berceau ; car ce n'est pas un sujet à traiter en passant. Je conclus que la seule expérience applicable à l'hypothèse qu'il s'agirait de vérifier, touchant l'évolution de l'homme psychique *naturel*, est celle qui répondrait à la question suivante : De quel degré de développement est susceptible l'*homme moyen* d'une des plus infimes tribus sauvages, transporté et élevé, dès sa première enfance, dans un *milieu social européen moyen* ; et, que devient l'homme européen moyen, transporté et nourri dans cette même tribu, comparativement aux natifs de celle-ci ? Quand on saura répondre à la question d'après un nombre suffisant d'épreuves, pas avant, on aura les données indispensables, pour faire le départ entre les effets de l'hérédité et la puissance des aptitudes naturelles, combinées avec l'action morale d'un milieu donné ; et ce sera tout, car on ne pourra pas encore juger par là des aptitudes vraiment primitives, antérieures à l'expérience, aux épreuves de la vie, à l'établissement et à l'influence prolongée de la coutume en chaque groupe ethnique particulier.

Je dois remarquer en terminant que ce que nous savons des races humaines appartenant aux époques préhistoriques, ou aux formations géologiques antérieures à la nôtre, n'ajoute aucune force aux arguments qu'on prétend tirer de l'observation des tribus sauvages actuellement existantes. Que les hommes de ces temps fussent très dénués et misérables, cela n'est point douteux, mais ce n'est une raison pour leur refuser ni les facultés mentales dont l'exercice prolongé, sous des conditions favorables, conduit progressivement à la découverte des arts, ni la moralité et les qualités sociales qui sont indépendantes de l'étendue des connaissances et du degré d'avancement de l'industrie. Leur conformation physique était parfaitement humaine ; elle est représentée par des types variables, encore existants. Le don de la parole (qu'on n'a pas trouvé moyen de leur contester) et l'usage du feu, traits essentiels de genre différent, et d'autres encore importants, placent l'homme quel qu'il soit dont on a des restes au même rang que l'habitant actuel de plus d'une région terrestre. Et enfin, si ce n'est qu'arbitrairement qu'on peut prendre modèle sur le sauvage actuel pour représenter l'homme primitif, il est bien plus invraisemblable encore que ce dernier soit venu laisser son squelette dans les cavernes explorées par nos naturalistes. Les découvertes qui reculent l'existence de l'homme si loin au delà de ce que l'on croyait ne fortifient pas, affaiblissent au contraire beaucoup l'hypothèse de l'évolution continue. C'est un fait qui s'ajoute à ce fait général, tout au moins peu favorable à l'évolutionisme, que la succession des époques géologiques ne coïncide pas avec celle des espèces de plus en plus avancées en organisation, qu'elle n'entraîne régulièrement ni la disparition des plus imparfaites, ni le progrès ou même seulement la conservation de celles qui les ont déjà dépassées.

Mon but en m'étendant sur ces questions scientifiques au delà de ce que semblait comporter le plan de cette étude est facile à comprendre. Je traite des questions de philosophie, et je présente une esquisse historique du développement des thèses opposées de l'évolution et de la création. Or, nous assistons à une phase importante de la première de ces solutions du problème du monde. Ce qu'il en adviendra pour la formation des croyances générales, nul ne peut le dire ; mais elle a pour caractère la prétention de faire d'une question de philosophie et de religion une question de science, c'est-à-dire résoluble par une méthode scientifique correcte. Si cette prétention était fondée, l'opposition constante et inévitable que je veux montrer entre les deux thèses, — de même qu'entre certaines autres d'une égale portée, — se trouverait démentie, et la conclusion vers laquelle je tends, infirmée, du moins sur ce chapitre. C'est pourquoi j'ai dû non seulement insister sur les raisons pour lesquelles le problème, au fond, reste inaccessible à toute investigation d'ordre scientifique, mais donner aussi quelque idée, malgré mon insuffisance, des difficultés qu'il présente, alors même qu'il est étudié dans les limites d'une méthode d'exploration naturaliste. Dans ces limites, on peut le supposer résolu diversement, sans qu'il y ait aucun profit à tirer d'une solution ou d'une autre, pour la définition de la cause première, pour l'explication de « l'origine », c'est-à-dire de l'existence des « espèces », c'est-à-dire encore de l'existence des individus et de leurs fins. Car tout cela, c'est la même question, que nulle science ne peut aborder.

La réduction de la multiplicité à l'unité absolue est une tentative à laquelle on est habitué de la part des métaphysiciens. Il est plus étrange de la rencontrer chez un savant, voué par état à l'étude des faits, et qui de cette façon supprime ses propres matériaux. On comprend que Haeckel, partant de l'hypothèse de l'évolution continue, et appliquant les lois des variations spécifiques, entreprenne de manier les faits et les analogies, de façon à dresser un arbre généalogique de la création tout entière, et que Darwin, plus réservé, assiste sans déplaisir à cette énorme expansion de sa doctrine. Si Haeckel use trop librement de la faculté de déterminer par l'imagination, ou de disposer dans l'ordre qui lui convient les éléments de sa construction, c'est matière d'examen pour ceux des naturalistes qui acceptent les principes de la descendance unique et de la continuité. Mais il est clair que ce savant sort complètement du domaine de l'histoire naturelle et de la physique même, comme science, et devient un pur métaphysicien, — à cela près, qu'il ne s'inquiète pas de justifier rationnellement les notions dont il fait usage, — quand il pose, comme dans un accès d'enthousiasme, les thèses suivantes : 1° Affirmation de la matière éternelle, de quantité invariable ; négation de tout premier commencement des phénomènes ; l'origine spéciale de notre système planétaire devant devant être cherchée, jusqu'à nouvel ordre, dans l'hypothèse cosmologique de Kant et de Laplace, tout insuffisante qu'elle est, dit Haeckel, et impropre à rendre compte du véritable état des choses qui a précédé cette évolution partielle de l'univers. 2° Le pur mécanisme et le transformisme ; la réduction essentielle de toutes les forces à celle qui réside dans le mouvement et dont la somme est constante. « Chaque espèce animale ou végétale est l'expression transitoire d'une phase de l'évolution mécanique de la matière ». Cette doctrine se nomme *monistique* ou *unitéiste*, *mécanique*, *réalistique*, enfin *matérialiste*, sauf que Haeckel ne veut pas que ce dernier mot s'entende d'un « matérialisme des mœurs ». 3° Le déterminisme absolu, l'enchaînement mécanique des phénomènes excluant toute volonté libre. 4° Enfin le passage de la matière de l'état inorganique à l'organisation et à la vie, grâce à la génération spontanée dont le siège est dans le *protoplasma*, dans de certains petits corps albuminoïdes qui possèdent justement le genre d'activité qu'il faut pour composer en s'unissant les organismes les plus complexes (1). Haeckel, en présentant cet

(1) *Histoire de la création des êtres organisés*, p. 8, 20-21, 32-34, 211, 287, 290-292, de la traduction française.

ensemble de propositions comme le dernier mot de la « science », se flatte de faire reculer la « foi » jusqu'à la pure idée, suivant lui gratuite et de nul usage, de l'existence d'une cause surnaturelle, dont la Nature n'a pas besoin pour suivre le cours de ses transformations sans commencement ni fin.

L'*Inconnaissable* de Spencer est une concession moins frivole, — ou du moins on le croirait d'abord, — à la « religion », au sentiment de ceux qui ont peine à se figurer que le plasma, le protoplasma et les métamorphoses du mouvement pour aller de toutes sortes de choses en toutes sortes de choses, soient une réponse suffisante aux questions suggérées par le spectacle de l'univers. Ce philosophe est réaliste, transformiste, et évolutioniste, lui aussi ; et matérialiste, si c'est l'être que de poser le mécanisme au fond de tout phénomène, avec le déterminisme absolu, et d'imaginer la formation de l'intelligence à l'aide d'une certaine adaptation progressive d'organes percepteurs à ce qui est extérieurement donné. Mais il se défend de vouloir opérer de cette manière une réduction radicale de l'essence de l'esprit à celle de la matière. Ainsi le grand Inconnu, auquel ce philosophe laisse une place indéfinissable au-dessus de l'évolution, pourrait s'envisager également dans l'existence mystérieuse, en regard de la matière, de quelque chose qui serait la puissance de représentation des phénomènes de la matière, et la puissance de production de certains autres phénomènes en conséquence ; ou, pour entrer encore mieux dans sa pensée, la matière elle-même ne serait pas plus que l'esprit le vrai nom qui convient à la « nature ultime des choses ». En ce cas, il ne faudrait plus parler de matérialisme, et nous serions simplement en présence de cette forme de panthéisme, qui date surtout de Spinoza, dans laquelle les deux ordres de phénomènes se déroulent parallèlement l'un à l'autre et s'identifient dans l'unité de la substance qui les a pour attributs. Mais il y a plusieurs empêchements à cette interprétation. D'abord, Spencer ne refuse pas seulement, comme Spinoza, la conscience à la substance en elle-même ; il s'abstient, on va le voir, de tout concept d'unité qui entraînerait ou l'idée de tout l'ensemble du développement, quoique inconscient, ou la supposition de propriétés autres que mécaniques, comme fondamentalement inhérentes aux modes par lesquels cette substance se manifeste. De crainte de qualifier de quelque façon que ce soit l'*Inconnaissable*, il désigne les plus générales des idées de ce que nous pouvons connaître, comme étant ses symboles, non ses attributs. Mais surtout, l'évolution, que son système nous présente en place de l'infini, statiquement enveloppant de l'universalité des choses, du spinosisme, est tout entière, de l'origine à la fin, une évolution de la matière, soit de la force mécanique, qui en est inséparable. Or la matière, quoique « incompréhensible en sa nature intime », selon Spencer, et connue seulement en relation, « est aussi réelle, dit-il, au sens véritable du mot, que si nous pouvions la connaître hors de relation ; et en outre, la réalité relative que nous connaissons sous le nom de matière se représente nécessairement à l'esprit dans une relation persistante ou réelle avec l'absolue réalité » (1). C'est cette matière, et non point l'esprit, qui est le sujet de l'évolution. L'esprit est donc le nom d'une série de phénomènes dérivés, et il ne sert plus de rien de le placer au même rang que la matière, comme « signe de la réalité inconnue qui les supporte l'un et l'autre ». Les réflexions par lesquelles Spencer termine celui de ses ouvrages qui traite des *Premiers principes*, ont pu lui paraître suffisantes pour certaines polémiques ; au fond elles ne portent pas, faute, de sa part, de comprendre la vraie position prise par l'idéalisme, en philosophie, contre le réalisme matérialiste dont il est l'un des représentants. Il convient de les citer textuellement :

« L'interprétation de tous les phénomènes en fonction de Matière, de Mouvement, de Force, n'est rien de plus que la réduction de nos idées symboliques complexes à des symboles plus simples, et lorsque l'équation a été réduite à sa plus simple expression, les symboles n'en sont pas moins des symboles. Par suite, les raisonnements qu'on peut suivre dans les pages précédentes ne fournissent aucun appui à aucune des hypothèses rivales sur la nature ultime des choses. Ils n'impliquent pas plus le matérialisme que le spiritualisme. Tout argument qui semble militer en faveur d'une de ces hypothèses est aussitôt neutralisé par un argument de même valeur en faveur de l'autre. Le matérialiste, voyant que, par une déduction nécessaire de la loi de corrélation, ce qui existe dans la conscience sous forme de sentiment peut se transformer en un équivalent de mouvement mécanique, et par conséquent en équivalents de toutes les autres forces manifestées par la matière, peut croire démontrée la matérialité des phénomènes de conscience. Mais le spiritualiste, partant de la même don-

---

(1) H. Spencer, *Premiers principes*, trad. de M. Cazelles, §§ 16 et 48.

née, peut soutenir avec la même autorité que, si les forces déployées par la matière ne sont connaissables que sous la forme de ces mêmes équivalents de conscience qu'elles produisent, il faut en conclure que ces forces, quand elles existent hors de la conscience, sont de la même nature que lorsqu'elles existent dans la conscience ; et qu'ainsi se justifie la conception spiritualiste d'après laquelle le monde extérieur consiste en quelque chose d'essentiellement identique avec ce que nous appelons l'esprit. Évidemment, le principe de la corrélation et de l'équivalence des forces du monde intérieur et du monde extérieur peut servir à les assimiler les unes aux autres. Mais ceux qui comprennent bien la doctrine de cet ouvrage verront qu'aucun de ces deux termes ne doit être pris comme fondement. Bien que la relation du sujet et de l'objet nous oblige à ces conceptions antithétiques de l'Esprit et de la Matière, l'une est tout autant que l'autre le signe de la Réalité inconnue et qui les supporte l'une et l'autre » (1).

Là, comme encore ailleurs dans ses ouvrages, Spencer montre une singulière inaptitude à comprendre, en philosophie, des idées différentes de celles où il s'est arrêté lui-même. Certainement le « spiritualiste » refusera de raisonner sur des prémisses qui lui font admettre que les *forces* sont partout de la même nature, dans la conscience ou hors de la conscience, et que les dernières produisent les premières et leur sont équivalentes. Il demandera la preuve de cette équivalence, il en demandera même le sens, quand il s'agit de comparer des choses non seulement incommensurables, mais dont l'une n'admet pas la mesure mathématique. Enfin, sa conception n'est nullement celle qui voit dans le monde extérieur quelque chose « d'identique avec ce que nous appelons l'esprit ». Mais peut-être la doctrine à laquelle Spencer prétend donner une juste satisfaction n'est pas la doctrine *spiritualiste* ordinaire et la plus répandue ; en ce cas, le véritable adversaire à qui il a à répondre est l'*idéaliste*. Celui-ci lui contestera bien plus que l'équivalence des deux sortes de forces ; il lui déniera le droit de considérer « Matière, Mouvement et Force » comme des réalités autres que la réalité des représentations qui reçoivent ces noms. Il lui rappellera les contradictions, qu'il a lui-même entrevues, qui sont impliquées dans la supposition d'un réel *en soi* de ces choses. Il lui dira que si ces choses ne sont que des symboles simples, auxquels se

---

(1) H. Spencer, *Premiers principes*, trad. de M. Cazelles, § 194.

réduisent, suivant sa formule, nos idées symboliques complexes, alors il y a quelque chose qui n'est point symbolique, à savoir le sujet réel et l'auteur de ces symboles, « l'Esprit », la conscience ; que, par conséquent, « l'interprétation de *tous les phénomènes* en fonction de Matière, de Mouvement, de Force », est une interprétation toute fictive, tous les phénomènes ainsi réduits, demeurant eux-mêmes réductibles en masse aux phénomènes proprement dits, qui ne sont plus symboliques, qui sont des idées, des représentations pour des consciences données. Enfin, cette interprétation est ce qu'on appelle le matérialisme, quand elle va avec une conception de l'univers qui fait procéder tous les phénomènes de la matière, en niant l'existence de tout *plan* et de toute *tendance* inhérente au tout qui se développe.

La pensée de Spencer, sur ce dernier point, est clairement exprimée dans le jugement qu'il porte des erreurs des évolutionistes précurseurs de Charles Darwin. Ainsi, Erasme Darwin admettait que « l'évolution est prédéterminée par quelque activité intrinsèque » ; que le germe, ou les germes primordiaux, dont tous les êtres organisés sont descendus, se développent en vertu de tendances inhérentes, et que la « grande Cause première » a pu spécialement douer l'animalité de la « faculté de continuer à se perfectionner par sa propre activité native ». De son côté, Lamarck reconnaissait, nous le savons, un plan général de la nature, la création avant l'évolution. Spencer réfute ces façons de voir et regarde comme « antiphilosophique » toute supposition de plan, ou de tendance, ou d'inhérence, en général, ou « d'aptitude que les organismes posséderaient, soit naturellement, soit surnaturellement ». Il repousse de même l'autre idée de Lamarck, suivant laquelle les besoins et les penchants conduiraient aux actions, de là aux habitudes, et de là à la constitution des organes. Pour lui, les désirs supposent l'expérience préalable d'une fin à atteindre et des moyens par où elle peut s'atteindre. Or, c'est dans le monde externe et conformément à ses lois qu'une telle expérience existe (1). En d'autres termes, il n'y a de racine propre et primitive pour les états psychiques, même les plus élémentaires, ni dans les individus, ni dans le tout ; point de cause efficiente ou finale, immanente ou transitive qu'on la suppose ; il n'existe que des causes secondes, toujours matérielles en principe, c'est-à-dire réductibles

---

(1) H. Spencer, *Principes de biologie*, traduction de M. Cazelles, t. I, p. 487 et suivantes.

à des mouvements. Ce système est un pur réalisme matérialiste, puisqu'il faut en exclure l'idée caractéristique du panthéisme, l'idée d'une puissance immanente, aveugle peut-être, mais enfin qui embrasse de quelque manière le développement tout entier des phénomènes de l'univers. La raison et la place de l' « Inconnaissable » ne se voient plus nulle part.

La doctrine de Spencer se sépare donc de celles qui, évolutionistes ou non d'ailleurs, spéculent sur une substance qu'elles soient où sont renfermées les *semina rerum*, les propriétés destinées à se manifester dans le déroulement nécessaire des effets et des causes. Elle admet le fait d'une évolution à laquelle elle n'attribue aucun principe interne, et dont elle n'assigne aucune raison, en dehors de la loi qui fait passer la matière d'un état de mouvement à un autre état de mouvement. Suivant cette loi, qu'elle se flatte de tirer par induction des phénomènes, elle imagine un état initial et un état final, lequel est un retour au premier état ; et, comme l'évolution en est déjà partie, elle en pourra partir de nouveau quand le moment sera venu. On ne voit même pas pourquoi cet événement ne se serait pas produit une infinité de fois dans l'infinité du temps, ou ne se produirait pas, à présent même, une infinité de fois dans l'infinité de l'espace, attendu que Spencer n'a point de barrière logique, mais une simple allégation d'ignorance à opposer aux hypothèses portant sur l'infini. Le matérialisme arrive ainsi à ce même système des évolutions successives auquel Héraclite et Empédocle ont prêté jadis des formes mythologiques ou métaphoriques, les stoïciens, un caractère vitaliste et providentialiste, et Hartmann, de notre temps, un genre d'interprétation tout opposé. Spencer n'a pu l'éviter, parce qu'il avait à satisfaire à la double condition de supposer un commencement et une fin, tels qu'en exige une évolution matérielle définie, et de remplir ensuite avec quelque chose cet espace et ce temps sans bornes, où l'on ne voit pas pourquoi manqueraient une matière et un mouvement qui n'ont pas plus qu'eux de cause ou de limites, selon la doctrine réaliste.

La formule de l'évolution de Spencer, ou, pour exprimer à présent sa pensée plus complètement, la formule de l'*évolution* et de la *dissolution*, est le fruit de l'extrême généralisation d'une loi de la physique mécanique, employée à représenter deux états opposés de la matière dont l'un, pris pour initial, doit se retrouver comme final après qu'on a traversé l'autre. Partant du principe de la constance absolue de cette fonction du mouvement qu'on appelle la *somme des forces vives* (1), on peut imaginer tout composé matériel, tantôt dans un état où ses mouvements moléculaires internes dépensent une somme telle de forces vives, — quoiqu'ils demeurent insensibles pour nous, — que ce composé soit entièrement désagrégé et diffus, ce qui répond à un grand développement de chaleur; tantôt dans un état de concentration, de consolidation et de stabilité, auquel cas les mouvements internes disparus doivent se retrouver dans les mouvements du même genre d'autres corps, ou dans les mouvements des masses consolidées, qui sont mobiles les unes par rapport aux autres. Spencer interprète l'action de cette loi en ce sens que toutes les choses possibles, l'univers lui-même, autant qu'on peut se le figurer comme un tout, et chacune de ses parties, obéiraient à un rhythme d'évolution, et puis de dissolution, qui les ferait passer de l'imperceptible au perceptible, de l'incohérent au cohérent, du désintégré à l'intégré, et en même temps de l'homogénéité à l'hétérogénéité de leurs éléments, et les ramènerait au premier état, après avoir traversé certaines phases d'équilibre.

Que l'univers se soit trouvé dans cet état, qu'on ne saurait même appeler proprement initial, puisque l'éternité et l'indestructibilité de la *force* excluent l'idée d'un commencement des phénomènes, c'est ce que suppose Spencer, en adoptant l'hypothèse d'après laquelle les systèmes stellaires et planétaires actuels seraient les produits de l'intégration et de la différenciation progressives de la matière nébuleuse. Il étend la même loi, grâce à une suite d'assimilations et d'analogies, à la formation des organismes, à celle des sociétés, à celle des fonctions sociales; à la marche des institutions et des lois politiques et économiques, jusqu'à prendre un exemple dans l'agglomération des boutiques de libraires ou de droguistes dans un même quartier de ville! Mais bornons-nous à l'idée générale, en son application cosmique. A quelle fin doit-on s'attendre, en considérant l'état où le monde, parti d'une nébuleuse, est arrivé présentement sous

---

(1) C'est une erreur scientifique qu'on retrouve partout chez Spencer, de regarder la matière et le mouvement comme exprimés mathématiquement en fonction de la force (Voir, par ex., *Premiers principes*, § 50), tandis que c'est le contraire, et que la force, idée métaphysique, ne comporte qu'une définition nominale en mathématiques. Pour le mathématicien, la quantité $m v^2$, force vive, a ses deux éléments, masse et vitesse, empruntés au fait et à l'expérience du mouvement, et elle est une fonction de ces deux seuls éléments, sans aucune autre notion ou supposition. Les idées de *fonction* et de *valeur* sont ainsi prises à rebours par ce philosophe. Et cette erreur est chez lui d'une portée considérable, parce qu'il se croit en possession d'une idée directe et *scientifique* de la FORCE.

la loi de la gravitation? Différents systèmes d'étoiles ou soleils et de planètes offrent à notre observation des degrés d'intégration plus ou moins avancée. La fin de l'évolution serait-elle un monde peuplé de soleils éteints? Il faut plutôt croire, et il est probable, selon Spencer, que les corps célestes qui s'attirent à distance se réuniront les uns après les autres, et que leurs rencontres amèneront, avec un grand développement de chaleur, grâce à l'emploi exclusif des forces vives dans les mouvements moléculaires de mode répulsif, le retour à l'état désagrégé et confus, la désintégration générale. Les masses reviendront à la forme nébuleuse. Seulement l'hypothèse ne saurait être conduite au point de parfaite généralisation où l'on voudrait la suivre, faute au philosophe d'*intégrer* sa propre idée de l'univers, et de prendre un parti sur la question de savoir s'il y a plusieurs mondes pareils, et s'ils ont action les uns sur les autres, ou s'il n'y en a qu'un, et si la matière s'étend ou ne s'étend pas à l'infini dans l'espace. Quoi qu'il en soit de cette lacune, Spencer se croit autorisé par sa conception générale du rhythme du mouvement indestructible, ou du double mode de distribution de la matière mue, avec une limite fixe dans les deux sens, à « se former l'idée d'un passé, durant lequel il y aurait eu des évolutions successives, analogues à celle qui s'accomplit actuellement, et d'un avenir durant lequel il se peut que des évolutions pareilles s'accomplissent successivement, toujours les mêmes en principe, jamais les mêmes par le résultat concret ».

Pourquoi les produits de ces évolutions ne seraient-ils pas toujours les mêmes? Je n'en trouve pas la raison dans les principes de Spencer. Le point de départ est le même, les matériaux sont les mêmes, ainsi que la cause et la loi; la différence des effets ne pourrait provenir que de l'action exercée sur le monde évoluant par un autre monde extérieur à celui-ci. Or, Spencer, un peu après qu'il a exprimé des réserves touchant la définition du monde comme un ou multiple, limité ou illimité, se décide à dogmatiser dans le sens infinitiste : « S'il y a, dit-il, et nous avons des raisons de le croire, une alternative d'évolution et de dissolution *dans la totalité des choses*, si, comme nous sommes obligés de le conclure de la persistance de la force, l'arrivée à l'une des limites de ce rhythme immense introduit les conditions au milieu desquelles un mouvement en sens inverse commence; si nous sommes ainsi conduits à concevoir une série d'évolutions *remplissant un passé sans limite*, et une série d'évolutions *remplissant un avenir sans limite,* nous ne pouvons plus attribuer à la création visible un commencement et une fin définis, ou la croire isolée. *Elle s'unifie avec toute l'existence avant ou après,* et la Force que l'univers manifeste rentre dans la même catégorie que l'Espace et le Temps, elle n'admet pas de limite dans la pensée » (1). Nous arrivons ainsi, c'était infaillible, à la grande absurdité, que les évolutionistes de l'antiquité avaient du moins évitée, de considérer l'illimité comme un tout, le contenant *sans limite* comme *rempli,* une pluralité indéfinie comme une unité; et nous sommes forcés d'appliquer à cet un et à ce tout, sans limites dans le temps ni dans l'espace, notre idée du rhythme universel d'évolution et de dissolution, dont nous n'avons acquis l'idée que moyennant la supposition d'un commencement et d'une fin de la distribution du mouvement dans une masse déterminée de matière! Et comment serait-il possible, à moins de recourir aux idées de la liberté pure ou du hasard, celles de toutes qui répugnent le plus au philosophe évolutioniste, d'imaginer les phases de l'évolution totale autrement que toutes identiques, alors que rien n'existe au dehors pour les influencer.

Je puis dire, je crois, que si nous voulons bien ne considérer, *en philosophie,* que la conception *philosophique,* indépendamment de l'emploi plus ou moins habile et plus ou moins heureux que les philosophes font aujourd'hui des hypothèses, je ne dirai pas scientifiques, mais à substruction scientifique, nous trouverons que la doctrine évolutioniste moderne est encore essentiellement celle de l'antiquité. Elle comporte les mêmes affirmations et les mêmes négations générales; la même idée de *force et matière,* exprimée en termes moins symboliques, plus abstraits, tirés d'une idologie plus sèche; le même usage de l'imagination transformiste, seulement déguisée par l'établissement d'une corrélation constante entre toutes les qualités ou actions de la matière, rapportées à des mouvements équivalents, comme point de concours de leur identité fondamentale; enfin, le même genre d'attrait pour les penseurs, et les mêmes difficultés provenant de l'obligation qu'ils s'imposent et de l'impossibilité à laquelle ils se heurtent de comprendre cet Un qui devient spontanément toutes choses, et de donner et définir, aussi bien que de refuser une limite à son développement dans le temps et dans l'espace.

(1) Spencer, *Les premiers principes,* § 182 à 190, traduction de M. Cazelles.

Cette idée de l'évolution (ou devenir éternel avec ou sans périodes) d'une matière protéique; celle de l'infini; celle de la nécessité, dont je vais maintenant m'occuper, sont en matière dogmatique, et pour ne rien dire encore de la morale, le grand sujet sur lequel portent, aujourd'hui comme en tout temps, les débats entre les philosophes; et c'est là que se trouve après tout le siège unique d'une divergence radicale, qui se marque ordinairement entre eux dans le même sens, sur les trois questions : nécessité, infinité, matière. La principale exception consiste en ce que la matière de l'évolution peut être définie à l'aide de notions, concernant la substance et le fond des phénomènes, différentes de celles qu'on emprunte à l'ordre de la sensibilité et aux lois de la physique ou de la mécanique. De là vient qu'il y a plusieurs sortes de panthéisme évolutif, ainsi que de panthéisme statique. Mais il convient maintenant de remarquer que cette dernière espèce de panthéisme, dont le système de Spinoza est un type achevé, s'il peut être opposé à l'autre, ainsi qu'on a coutume de le faire et que je l'ai fait moi-même, c'est seulement quand on réunit dans une seule et même idée l'évolution et le progrès des êtres. Au demeurant, le spinosisme, par sa conception essentielle des phénomènes infinis et éternellement enchaînés, rentre certainement dans la classe des doctrines d'évolution, suivant le sens général et absolu, le sens légitime de ce mot, en opposition avec celles qui reconnaissent des limites au monde, une action de la liberté et un autre principe que le développement spontané et nécessaire de la substance unique des choses.

Ces dernières doctrines semblent avoir perdu beaucoup de leur crédit, non pas plus cependant qu'elles le paraissaient il y a dix-huit cents ans, à l'époque où florissaient le néoplatonisme et le stoïcisme romain. Un puissant courant entraîne visiblement les penseurs dans une direction qui n'est point celle des religions et philosophies du fini, de la création et de la liberté. Toutefois, le théisme et la croyance aux causes morales, premières et secondes, conservent au sein de l'humanité des racines que l'école opposée est impuissante à atteindre dans leur profondeur. La preuve en est dans l'empire que le christianisme (la religion musulmane en d'autres parties du monde) conserve toujours sur les âmes, surtout si ce fait est rapproché de l'existence du théisme philosophique et d'une classe de doctrines, panthéistes aux yeux de leurs adversaires, et même évolutionistes dans une grande mesure, mais qui s'estiment elles-mêmes conciliables avec la croyance en la personnalité divine et la providence. Ce sont là des modes de spéculation dont rien ne fait présager la fin, et qu'il serait plus que hardi d'imputer à faiblesse d'esprit chez tant d'hommes éminents qui ne s'en peuvent détacher. L'arrogante présomption des écoles négatives et de certaines philosophies « de combat » ne saurait faire illusion qu'à ceux qui ne réfléchissent pas à l'expérience, pourtant bien acquise, des changements de courants intellectuels et moraux dans l'histoire, à l'impuissance théorique et pratique de tout ce qui prétend au titre de démonstration en de tels sujets, et enfin au nombre relativement petit, à l'erreur, invariablement constatée par l'événement, des esprits qui peuvent croire, à une époque donnée, que leur pensée particulière est celle qui « vaincra le monde ».

Un penseur, avant tout sincère, a écrit sur la légitimité, sur ce qu'on pourrait appeler le droit à l'existence de l'idée de création, ces lignes très remarquées, et d'autant plus remarquables peut-être, qu'elles s'appliquent à la forme démiurgique et dualiste de cette idée, et non point à celle qui compte incomparablement le plus grand nombre d'adhérents.

« Il n'y a qu'une forme de croyance surnaturelle, une seule idée sur l'origine du gouvernement de l'univers, qui soit parfaitement purgée de contradiction, et qu'on ne puisse accuser d'immoralité. C'est celle dans laquelle, abandonnant irrévocablement l'idée d'un créateur omnipotent, on considère la nature et la vie, non plus comme l'expression dans toutes leurs parties du caractère moral et des plans d'un Dieu, mais comme le produit de la lutte entre un être bon et habile à la fois et une matière intraitable, comme le croyait Platon, ou un Principe du Mal, comme le professaient les manichéens... Toute croyance dogmatique mise à part, il y a, pour ceux qui en ont besoin, une vaste région dans le domaine de l'imagination, que l'on peut remplir d'hypothèses possibles, dont la fausseté ne saurait être constatée ; et si quelque événement vient leur prêter son appui, comme cela arrive dans ce cas (car quelque force que nous prêtions aux analogies de la nature avec les produits de l'adresse de l'homme, il n'y a pas à contester la remarque de Paley, que ce qu'il y a de bon dans la nature, montre plus fréquemment de l'analogie avec l'industrie humaine, que ce qu'il y a de mauvais), l'esprit a bien le droit de chercher dans la contemplation de ces hypothèses légitimes, une satisfaction qui, avec le concours d'autres influences, contribue pour sa part à entretenir et à stimuler les sentiments et les penchants qui le portent vers le bien » (1).

Purgée ou non qu'elle puisse être de contradictions. — Et c'est en tout cas un désidératum qu'elle partage avec les doctrines qui lui sont le plus opposées, et avec toutes celles qui prétendent répondre à la question de l'origine première, — la doctrine de la création, en thèse générale, a droit aux mêmes concessions que, du point de vue logique et du point de vue moral à la fois, Stuart Mill s'est senti obligé de faire à la forme dualistique et démiurgique de cette croyance. Quelles sont, en effet, les raisons qui ont dû lui paraître décisives contre l'hypothèse de la création 1° absolue, 2° toute conforme aux plans d'un être bon et omnipotent ? Il est facile de les pénétrer. En se plaçant au premier de ces deux points de vue, la difficulté particulière provient certainement de l'empire exercé sur l'imagination, par le principe *Ex nihilo nihil*, induit d'une règle de notre expérience, et transporté, dans ce cas, au delà des limites de toute expérience possible ; en se plaçant au second, l'obstacle tient au problème du mal, qui paraît insoluble dans la supposition que l'auteur du monde est bon et qu'il a fait ce qu'il a voulu. Réduisons les deux questions à leur plus simple expression, en les considérant non pas en elles-mêmes et comme pour les traiter, mais relativement à ce qu'elles admettent de *possibilités de croire*.

Sur l'existence du mal, peu de mots suffisent ici. Pour *démontrer* qu'elle est incompatible avec l'hypothèse du Créateur bon et tout puissant, il faudrait prouver ou qu'il n'y a pas d'agents libres dans le monde, ou que la liberté des agents n'explique pas le mal, ou enfin que la création des agents libres est un acte contraire à la sagesse et à la bonté du Créateur. Sur ce dernier point, la décision ne peut évidemment être attendue que du sentiment intime de chacun, touchant ce qui constitue la plus grande perfection de sa propre nature et celui de tous ses dons auquel il se sent le plus justement attaché ; cette décision est donc inattaquable ; on ne peut rien de plus que d'y opposer un sentiment personnel contraire. Quant à l'explication du mal par la liberté, elle a pour elle, en pratique, un jugement qu'on peut dire universel, si bien que les théories opposées ne la combattent point directement, mais seulement en lui faisant partager le caractère illusoire qu'elles attribuent à la liberté elle-même. Reste donc

---

(1) Stuart Mill, *Essais sur la religion* : — *Utilité de la religion*, trad. de M. Cazelles, p. 109-110.

la doctrine de la nécessité; les penseurs qui la tiennent pour assurée, comme Stuart Mill, peuvent bien en conclure que la création, en dehors de l'hypothèse dualiste, est injustifiable, — et je ne pense pas qu'ils aient tort en cela, quoique de nombreux et illustres philosophes aient été d'une autre opinion; — mais, quand ils se flattent d'avoir démontré cette doctrine, ils ne parlent que pour eux, et conformément à l'idée qu'on se fait d'une démonstration dans leur école. Les raisons qu'allèguent d'autres écoles, maintiennent la possibilité de croire à l'existence des agents libres, et d'admettre l'explication du monde moral qui s'en déduit.

Maintenant, pour ce qui est du point de vue logique, la question est facile à éclaircir, après tout ce que j'ai dit au sujet de l'infini, dans ma deuxième partie. Les mêmes difficultés que soulève l'hypothèse de la création absolue, ou d'autres plus graves, se rencontrent pour l'application du principe *Ex nihilo nihil* à l'existence du monde, c'est-à-dire pour la négation d'un premier commencement des phénomènes. En effet, l'idée de Dieu corrélative de celle de création absolue peut se poser philosophiquement de deux manières différentes. Examinons-les l'une après l'autre. Suivant celle qui a prévalu chez les théologiens, les phénomènes contingents ont commencé, sans doute, et peuvent aussi avoir des bornes dans l'espace; mais les attributs de la divinité, par rapport au monde, impliquent l'infini, à cause de la connaissance actuelle, qu'on suppose donnée en Dieu, de tout ce qu'il y a de réel, et de tout ce qu'il y a de futur, et de tout ce qu'il y a de possible dans l'infinité du temps et dans l'étendue intelligible sans bornes. Ces attributs impliquent l'infini encore, dans l'être éternel envisagé en lui-même, parce qu'on définit Dieu comme *vivant* et *pensant*, et qu'à moins de nier la réalité du temps en ce qui le concerne, ce qui rend l'éternité inconciliable avec la conscience, la pensée et la vie, on est forcé d'admettre qu'à chaque moment de la durée éternelle, un nombre infini d'actes propres de l'esprit se trouve déjà compté et accompli. Nous voilà donc arrivés, dans ce système, à la contradiction flagrante sur laquelle j'ai tant insisté. Mais cette contradiction ne peut pas être opposée à l'hypothèse de la création absolue, par les partisans du principe *Ex nihilo nihil*, ou, en d'autres termes, de l'éternité de la matière et du mouvement, parce qu'ils admettent eux-mêmes l'infinité actuelle des phénomènes. Ils transportent à la nature du monde la contradiction que les théologiens n'ont pas évité de mettre dans la nature divine. L'idée de création reste donc entièrement indépendante des empêchements logiques ou mathématiques que rencontre la conception de l'essence et de la cause première sous ce point de vue. Je veux dire que la distinction entre un créateur et un monde créé ne peut ici ni lever ni aggraver d'insurmontables difficultés.

L'avantage, à cet égard, passe décidément du côté de l'hypothèse de la création absolue, suivant l'autre manière d'entendre l'idée de Dieu. Tenons les attributs mathématiques rigoureusement séparés des attributs moraux. Pour compter la puissance et l'intelligence parmi ces derniers, au même titre de perfection que la justice et la bonté, interdisons-nous d'en vouloir définir les applications actuelles au Nombre, à la Quantité, au Temps, à l'Espace, en un mot à l'universalité des possibles. Ce n'est jamais que par la recherche d'une détermination de l'idée de divinité sous ce rapport, qu'on a été forcé de traiter Dieu d'*incompréhensible* : étrange épithète, si on la rapproche de la vraie nature et des exigences d'une croyance religieuse réelle ; épithète que n'ont pu rejeter pourtant, — car elle n'était pas même assez forte pour qualifier leur ouvrage, — ceux dont les spéculations ont fait dépendre l'existence de Dieu du renversement de la logique, et du mystère métaphysique de la non contradiction des contradictoires. Si nous prenons donc ce parti de séparer le dieu de la métaphysique du dieu des aspirations morales des hommes, nous sommes capables de comprendre et libres d'affirmer un créateur bon et tout puissant, dont nous définissons les attributs *par rapport à nous*, sans le connaître en soi, ni pouvoir en penser d'aucune façon les rapports avec nos idées *universelles* soit d'existence phénoménale, soit de cause absolue. En ce cas, les difficultés insurmontables se trouvent toutes du côté des systèmes de la matière éternelle et des phénomènes sans commencement et sans borne ; et la philosophie critique est tenue de reconnaître la légitimité de la croyance en Dieu et à la création.

On voit avec quelle force, du point de vue logique, ainsi que du point de vue moral, l'idée de création, et de création absolue, précisément, non de dualisme démiurgique, se soutient contre la métaphysique matérialiste ou panthéiste de l'Infini. Il est incontestable au surplus que, soit en religion, soit en philosophie, c'est à l'unité de principe et à la création pure que se rattachent presque tous les hommes à tendances théistes. La doctrine de la matière préexistante éternelle ramènerait aisément les esprits à l'idée d'une évolution de la nature, et d'une évolution non point subordonnée à un plan de création; mais dirigée par des lois nécessaires qu'on supposerait n'impliquer point un créateur. Si nous laissons maintenant de côté les spéculations discordantes des penseurs, et les prétentions injustifiables de ceux d'entre eux qui se vantent d'appliquer à ces questions la méthode des sciences positives, et d'atteindre le genre ou le degré de certitude que comportent ces sciences ; si nous jetons, sur les dispositions mentales de l'humanité, dans les circonstances moyennes de lieu, de temps et d'éducation, un regard impartial, il faudra convenir que la croyance à la création est et demeure, depuis déjà bien des siècles, adaptée à l'état intellectuel et moral de la grande masse des hommes de bonne volonté. Car, comme on l'a dit en termes bien pesés (1) : « Le théisme, indépendamment de toute garantie objective, est ancré subjectivement en nous, à raison de sa convenance avec notre mode essentiel de construction, comme penseurs ; il tire de cette adéquation subjective la plus forte garantie de sa permanence, quoi qu'il en puisse être de sa vérité. Il est et restera l'état moyen classique de l'opinion rationnelle, le centre de gravité de toutes les tentatives pour trouver le mot de l'énigme de la vie » (2).

(1) William James, *Action réflexe et théisme*, traduit dans la *Critique philosophique*, 10e année, nos 25 et 26.
(2) Je n'ai pas toujours ainsi pensé sur la doctrine de la création. C'est un sujet sur lequel mes idées se sont mûries depuis la publication de mes *Essais de Critique générale*. J'ai compris que la possibilité logique de l'acte créateur demeurait réellement intacte dans ma manière de traiter la question du premier commencement des phénomènes et celle de la limite de nos connaissances. Cette manière n'a pas varié.

QUATRIÈME PARTIE. — QUATRIÈME OPPOSITION

LA NÉCESSITÉ; LA LIBERTÉ.

Si nous considérons l'homme dans cet état qu'on est convenu aujourd'hui, quoique sans bonnes raisons, d'appeler *primitif*, où le sentiment moral et la réflexion lui font défaut, il est clair que les idées de nécessité et de liberté sont indistinctes pour lui. Il a l'impression vive de la donnée des puissances externes et des accidents dont elles le menacent, mais mystérieuses, irrégulières et du genre anthropomorphique, plutôt que nécessaires; il ignore l'existence de forces constantes, pour toute cette partie immense et la plus inquiétante des phénomènes qui ne sont point exactement périodiques et ne lui deviennent pas matière d'habitude. Et, d'un autre côté, il pense trop peu à ses propres actes comme pouvant dépendre de motifs différents de ceux que ses passions ou sa prudence instinctive lui suggèrent, pour que l'idée d'une responsabilité morale et, par suite, d'une liberté morale, entre dans ses délibérations. Nous n'avons donc à prendre l'origine de l'opposition des idées de nécessité et de liberté que chez l'homme en possession de la *moralité*, chez celui qui a la notion claire d'une certaine marche inéluctable des choses, et qui, en même temps, se sent *obligé* à l'observation *volontaire* de lois d'une autre espèce que celles qui régissent les phénomènes naturels.

C'est par conséquent dans l'ordre pratique, et c'est tout spécialement dans le domaine des idées religieuses, plus ancien que celui des idées philosophiques, que l'opposition se montre d'abord. Et ce n'est même qu'une opposition sourde, une juxtaposition. On comprend sans peine que se produise au début, et alors même à plus forte raison, un double phénomène mental qui a persisté encore après le plus grand développement de la réflexion, et qui n'est pas près de finir: d'une part, l'esprit théorique soumet le monde à l'empire d'une loi à laquelle rien n'échappe, — et toute religion aux vues larges, élevées, toute science visant à l'universel, ont leur pente vers des théories de cette espèce; — d'une autre part, l'esprit pratique, instruit par la reconnaissance d'une règle des mœurs, par l'établissement des lois civiles et par la formulation de préceptes divins de justice et de pureté, réclame ses droits, demande à regarder l'obéissance et la désobéissance, la soumission et la révolte, comme des actes facultatifs, également au pouvoir de l'homme, ce libre sujet de la loi. La contradiction est au fond ; mais si, aujourd'hui, après que tant de spéculations et de débats philosophiques l'ont faite ressortir à nos yeux, il est encore possible, et même ordinaire, qu'un penseur concilie la nécessité absolue, vérité de théorie, selon lui, et la liberté morale qu'il ne peut se défendre de supposer dans ses propres délibérations et dans tous ses jugements de l'ordre pratique, combien n'est-il pas plus naturel que la double tendance se soit accusée naïvement chez des esprits qui renfermaient les germes de toutes les pensées postérieures sans éprouver le besoin de réduire en système des idées émanées de sources différentes !

Tel est le cas de ce qu'on peut appeler la philosophie d'Homère, et en général des poètes de la Grèce, et tel il est resté, jusqu'à un certain point, aux époques suivantes, pour toute philosophie et toute théologie dans lesquelles il a fallu tenir compte de commandements moraux à soutenir, dont le fondement aurait été ruiné par le franc aveu du caractère illusoire de tout pouvoir humain d'option entre obéir et désobéir aux préceptes sans y être entièrement déterminé du dehors ou par des antécédents nécessaires. Il fallait arriver jusqu'à nos jours pour rencontrer la subtilité d'une loi morale qui *obligerait* réellement, pendant que tous les actes possibles seraient réellement arrêtés d'avance, et par suite *forcés*, et d'un libre arbitre trompeur dont la conscience nécessaire, et nécessairement menteuse, aurait tous les bons effets d'une vraie liberté, grâce au mirage créé par l'idéal dans un avenir ignoré. Mais les doctrines dont les auteurs se sont préoccupés des idées et intérêts pratiques de l'humanité ont généralement renfermé la contradiction à l'état latent, afin de donner satisfaction à la fois à ces intérêts et aux tendances absolutistes du dogmatisme religieux ou scientifique. Pour beaucoup d'entre elles, et des plus célèbres, le libre arbitre ainsi conservé n'a été, à vrai dire, que nominal, ou constitué, par définition, le serviteur de la nécessité : le nom de *vraie liberté* qu'on lui donnait alors devait tenir lieu de la liberté toute simple que le vulgaire entend. Nous regarderons ces doctrines comme nécessitaires, usurpant l'usage d'un mot utile pour la raison pratique. Mais d'autres, plus universellement répandues et enseignées, qui s'étendent sur une période de quinze cents ans de théologie orthodoxe, qui se prolongent presque partout où il y a enseignement officiel ou charge d'âmes, et conviennent enfin aux esprits timides, médiocrement attachés à la logique, désireux de ménager à la fois la « haute spéculation » et le sens commun ; d'autres, disons-nous, admettent simultanément les deux thèses contradictoires sans les avouer ou les discerner comme telles. En somme, la doctrine de la nécessité, quand elle s'est formulée d'une manière exclusive et nette, a toujours eu son origine dans l'idée d'un absolu divin ou d'un absolu cosmique, et dans celle d'une science absolue, comme idéal adéquat à cet objet. Et en dehors des systèmes engendrés par ce dogmatisme, la raison pratique a toujours réclamé une place pour la liberté, même avant que la notion de la liberté ait été élucidée par son opposition à ces systèmes et par les débats auxquels ils ont donné lieu.

C'est une erreur de croire ce qui a été si souvent répété, que la doctrine du *fatum* ait régné sans partage dans la haute antiquité grecque. Il serait contraire à la nature de l'esprit humain qu'antérieurement aux systèmes philosophiques, avant que l'idéal de la connaissance rationnelle et scientifique fût né, et d'ailleurs en l'absence de tous dogmes théologiques arrêtés, la raison pratique n'eût pas exigé, à côté des croyances et des jugements familiers aux hommes de tous les temps sur l'enchaînement et la force irrésistible des choses et l'existence d'un destin, d'autres jugements sur la part que l'agent moral prend à sa destinée, dont il accuse « les dieux » et dont il est seul responsable. Cette dernière pensée est d'Homère. Il ne faudrait pas objecter ici que des philosophes nécessitaires, tant anciens que modernes, ont su concilier le parfait déterminisme avec l'action de l'homme sur lui-même, car cette question dépend de finesses dialectiques qui n'ont pu naître qu'à la suite des systèmes. Le fait est que les poésies homériques, plus tard la poésie gnomique avec ses maximes, et enfin la poésie dramatique, malgré l'importance du *fatum* comme élément de la tragédie, abondent en pensées et jugements d'ordre pratique, impliquant formellement l'ambiguïté des futurs contingents ; et il était tout à fait impossible qu'il n'en fût pas ainsi. Et si nous examinons les applications de l'idée même du destin, chez les poètes, nous voyons qu'elles ne sont point absolues et que cette loi suprême, à laquelle les dieux sont soumis comme les hommes, laisse, entre les points qu'elle fixe, des intervalles dans lesquels des passions et des volontés peuvent encore se mouvoir librement. Un partage de puissance entre Zeus et le destin, si on fait seulement abstraction du caractère fabuleux des cas à propos desquels on le voit intervenir dans plusieurs passages d'Homère, ne représente-t-il pas, après tout, une vérité que nul partisan du libre arbitre ne songe à contester : je veux dire l'existence de cette sphère immense de déterminisme qui, de tous côtés, enveloppe et contient les désirs et les décisions d'un agent volontaire, quelle que soit sa puissance, et lui marque, en dépit de toutes les fins qu'il dépend de lui de poursuivre ou d'éviter, d'autres grandes fins inévitables ?

La doctrine proprement dite de la nécessité universelle ne commence donc réellement qu'avec les systèmes, avec le dogmatisme, avec l'esprit absolu de la science, appliqué à la conception de l'univers. Par contre, l'idée claire et nette de la liberté théorique, celle du pur accident dans le *petit* et dans le *grand monde*, en opposition avec l'enchaînement rigoureux des phénomènes du cosmos, ne se produira qu'avec un progrès de la réflexion et de la critique, à la faveur d'un commencement d'analyse psychologique. La psychologie elle-même, à son début, tombera d'emblée sur le déterminisme, et cela, toujours pour obéir à l'esprit de la science pure. Bientôt après, les deux systèmes s'éclaireront mutuellement en se combattant. C'est une lutte qui n'aura plus de fin.

Il y a de fortes raisons pour attribuer la doctrine nécessitaire à l'école ionienne, ou du moins tout l'esprit de cette doctrine, quoique les idées des plus anciens de ces philosophes aient pu être indistinctes à certains égards, et que les renseignements qui nous sont parvenus à leur sujet soient vagues. Mais la pensée qui leur est commune, de considérer le monde comme le développement d'une semence et, en son état actuel, comme formé d'une substance unique matérielle, susceptible de transformations régulières dont les conditions peuvent être assignées en des antécédents de même nature, cette pensée-mère de tous les systèmes plus savants d'évolution et de transformisme qui sont venus plus tard, a pour corollaire la nécessité de tous les phénomènes possibles, au moment et dans l'ordre où ils se produisent. Au reste, Héraclite, le philosophe du *devenir*, le penseur le plus profond de la série ionienne, a été précis sur ce point, et net en l'obscurité même d'une expression où se trouvent confondues la nécessité rationnelle et la nécessité matérielle des choses. Héraclite, nous dit le compilateur Stobée, dans un passage qui a tous les caractères intrinsèques d'authenticité désirables, « a défini la nature de l'*himarméné* : un *logos* répandu dans la nature du tout. C'est un corps éthéré, semence de la génération du tout et qui établit la mesure régulière de la révolution des choses. Et tout se produit suivant l'*himarméné*, qui est aussi l'*ananké* ».

Si maintenant nous passons au philosophe qui, le premier, distingua l'action de l'intelligence ordonnatrice d'avec une évolution spontanée de la substance du monde, nous trouverons qu'Anaxagore a dit que « rien n'arrive suivant l'*himarméné*, que ce n'est là qu'un nom vide »; et cette sentence, rapportée par une bonne autorité, semble au premier abord tout le contraire de l'opinion d'Héraclite. Mais la contradiction peut bien ne se poser ici qu'entre un ordre établi par l'esprit, *consilio*, et un ordre immanent qui résulterait d'une propriété évolutive du tout matériel, *fato*; et on comprend comment, sous ce point de vue, Anaxagore a pu remarquer que le destin n'était qu'un mot vide de sens, parce qu'on n'avait aucune idée claire d'une substance matérielle qui, d'elle-même, vînt à se constituer en des relations et transformations de ses parties, capables de réaliser un ordre conforme à l'intelligence. Il ne résulte nullement de là que l'Esprit, suivant le même philosophe, n'eût point à obéir, en tout ce qu'il ordonnait, à sa propre nature nécessaire. Ainsi la nécessité universelle nous revient sous une autre forme, dans un autre domaine, et peut-être avec plus de force. Une autre sentence est attribuée, en effet, à Anaxagore (que le compilateur rapproche cette fois des Stoïciens), et c'est celle qui est devenue et restée classique pour tous les partisans de la causalité absolue : à savoir que le hasard n'est qu' « une cause cachée pour le raisonnement humain », ou, comme on dit aujourd'hui, un nom donné à notre ignorance. Il me paraît donc probable que le premier des déistes et des dualistes a entendu, de l'esprit ordonnateur universel, cela même que nous verrons tout à l'heure le premier psychologiste, Socrate, entendre de l'esprit de l'homme ou sphère du petit monde. Il croyait, selon toute apparence, qu'une science parfaite, la science d'un esprit sans bornes appliquée au règlement des choses, avait dû les disposer toutes pour le mieux, sans exception ni lacune, et de manière à ne laisser place à aucune aventure.

L'esprit scientifique a été plus développé dans la branche mécaniste que dans la branche transformiste et évolutioniste de la philosophie antésocratique. Aussi la nécessité, ce postulat de la science absolue, s'y montre-t-elle sous une forme dogmatique plus claire. Ce n'est pas cependant chez Anaximandre qu'il faut en chercher la première expression, sous ce point de vue. Les renseignements nous manquent sur l'idée que le vieux penseur se faisait des causes de la génération et de la corruption de ces « mondes innombrables » qui naissent, qui meurent et qui se reforment, c'est-à-dire des causes de séparation et d'assemblage des infinis éléments qualitatifs dont ils se composent. Mais les hypothèses les plus vraisemblables à ce sujet ne nous conduiraient qu'à la conception d'une nécessité ou destin de fait, loi posée, non déduite, pour présider au débrouillement du chaos des qualités et donner lieu aux évolutions créatrices. En effet, la pensée du mécanisme appartient bien à Anaximandre, en tant que l'espèce d'harmonie des éléments qui constitue chaque monde, et puis chaque être en ses fonctions propres, est due à une séparation, et, par suite, à des groupements spéciaux de ces éléments, d'abord confus et désordonnés; mais, comme il y en a une infinité de divers, et qu'ils ne sont pas définis par un petit nombre de propriétés communes (les propriétés mécaniques), l'idée de la nécessité qui peut convenir à ce système est du genre de celles qui se sont dégagées dans l'école ionienne, soit avec l'évolutionisme finaliste d'Héraclite, soit encore avec la création soumise aux lois propres de l'intelligence, dans la doctrine d'Anaxagore. Il n'y a donc là rien encore qui annonce la forme vraiment scientifique de la nécessité physique.

Le grand inventeur à cet égard est Démocrite. Héraclite avait défini la nécessité : une raison immanente, en un corps éthéré; Démocrite, en une sentence exactement parallèle, la définit par le *tourbillon* (*diné*), et, cette fois le sens physique de la pensée est clair. Il n'y a au fond de la nature que les atomes et le vide. Les atomes sont infinis en nombre, et leurs propriétés sont exclusivement mécaniques. Tous les phénomènes sensibles proviennent de leurs assemblages, et leurs assemblages résultent de leurs mouvements enchaînés les uns aux autres et qui *n'ont point eu de commencement*; en sorte que tout ce qui se produit dépend de l'état actuel de quelque tourbillon atomique, dépendant lui-même des antécédents de mouvement auxquels il se rattache, en vertu des lois de l'impulsion. Tel est le sens de cette formule caractéristique donnée par un compilateur : « Démocrite dit que toutes choses sont engendrées suivant la nécessité, et qu'elles ont leur cause dans *le tourbillon, qu'il appelle la nécessité* ». Il est curieux qu'Épicure, partant de là et s'appropriant la thèse de l'atomisme, ait substitué à la nécessité le hasard, en attribuant à l'atome une propriété ou pouvoir intrinsèque d'écartement imprévoyable et sans cause. Mais ce qui fait pour nous le principal intérêt de la remarque, c'est la raison qui a permis à Épicure de corriger si singulièrement un système auquel la conception du plus absolu déterminisme a été presque toujours inhérente, à travers les modifications que la doctrine mécanique a subies depuis Démocrite jusqu'à nos jours. Cette raison est facile à découvrir. Épicure a été constamment signalé dans l'antiquité, par les sectes rivales, comme étranger à la culture scientifique de son temps et contempteur de la logique et de la science. Or le déterminisme mécanique puise certainement son inspiration dominante dans le désir de soumettre tous les phénomènes à la science, par le moyen d'une étroite dépendance établie entre eux tous et ceux d'entre eux que l'on conçoit soumis à des formes et à des lois mathématiques invariables. Épicure n'était pas sensible à cet avantage.

Il faut nous contenter ici d'un simple coup d'œil sur les autres écoles antésocratiques, faute d'informations spéciales assez nettes sur la manière dont la chaîne de la nécessité a été comprise par des philosophes qui ne faisaient pas dépendre exclusivement les phénomènes du développement de la matière du monde, ou des combinaisons des éléments, et qui, d'une autre part, n'ont pas dû se poser encore la question *spéculative* de la liberté des agents moraux. Quant au point de vue *pratique*, il est plus que probable que ceux qui admettaient la transmigration des âmes et l'influence de la conduite et des passions sur la nature des transmigrations, comme les pythagoriciens; ceux qui admettaient une chute primitive, comme Empédocle et quelques-uns des Éléates peut-être, ont été conduits à supposer la possibilité réelle d'une double détermination, bonne ou mauvaise, pour les pensées et les actes des hommes auxquels ils adressaient leurs conseils de vie sainte et pure. Ils l'ont fait au moins implicitement. N'est-ce pas d'ailleurs ce qui se retrouve chez Platon, dont le déterminisme théorique fait place à des idées d'un genre bien différent, chaque fois qu'il s'adonne à ses compositions mythiques. Mais en l'absence d'un débat contradictoire, formellement institué, il est naturel que les mêmes philosophes aient recouru, sinon à l'emploi de la vieille fiction des mythographes, la divinité impersonnelle antérieure à la génération des dieux, au moins à l'idée abstraite de ce qui est parce qu'il est, et a toujours été, et ne peut pas être autrement, toutes les fois qu'ils ont eu à envisager soit comme existence, soit comme cours des choses, une donnée en somme plus profonde, et plus vaste que n'importe quelle volonté imaginable. Et, après tout, les théologiens, postérieurement à l'époque où l'idée de la liberté, même divine, était entrée dans certaines doctrines à la suite de l'idée de création, n'ont-ils pas conservé presque tous, sous le nom de nature nécessaire de Dieu, un vrai dogme de la nécessité, avec le même sens et avec la même portée, quoique inavouée, qu'il avait eu dans les anciennes philosophies panthéistes ?

C'est ainsi que Parménide, en son poëme philosophique, parlait de cet « être, immuable dans les limites de ses grands liens... le même dans le même, en soi... qu'une puissante nécessité enferme dans les liens du fini ». Et si Parménide, tout en traitant de pure illusion le monde infini des phénomènes matériels et du changement, a consenti, comme on peut le croire d'après certains documents, à considérer ce monde illusoire comme descendu de l'immuable *Sphairos* par une chute primitive, et comme se rattachant de quelque manière, en ce qu'il a d'harmonique, et pour l'inéluctable nécessité propre de son développement naturel, à la nécessité suprême où il a son origine, ce philosophe a été sans doute un pur nécessitaire, dans le sens qui convient à l'absolutisme panthéiste ; mais ni la nécessité du *Sphairos* en soi, ni même celle de la descente du monde n'impliquent assez formellement la négation de la liberté des âmes séparées. La raison pratique fait reconnaître ses exigences, fût-ce au prix de quelques contradictions. Platon et les néoplatoniciens en ont donné la preuve ; et peut-être aussi Empédocle, à l'époque dont nous nous occupons.

Aristote (Phys. VIII, 1) a réuni dans une même critique Démocrite et Empédocle, pour s'être contentés d'une nécessité de fait, au lieu de donner la raison du monde, tel que chacun d'eux le concevait : Démocrite, pour avoir dit que les choses sont ce qu'elles sont, et ont été éternellement de même, sans motif qu'il y ait à en chercher ; Empédocle, pour avoir posé, sans non plus dire pourquoi, la succession alternative du repos et du mouvement, le fait de la domination tantôt de l'Amour et tantôt de la Haine, auteurs de l'union et de la division de l'être. La critique semble juste, et cependant toute nécessité, quand on l'envisage soit à l'origine première des phénomènes, soit dans l'universalité absolue de l'existence, soit enfin dans une succession de périodes de la vie cosmique, doit évidemment se réduire à un fait au-dessus duquel il n'est pas possible de s'élever. L'évolution de forme périodique d'Empédocle était à ses yeux cette nécessité de fait, à la conception de laquelle il s'élevait certainement par une simple généralisation de mythologie métaphysique, appliquée aux deux grandes forces opposées qui régissent le monde considéré du point de vue passionnel. Mais le même Empédocle donnait à la nécessité la forme d'une sanction divine, et admettait implicitement une liberté dont l'exercice devait motiver cette sanction, lorsque, se plaçant dans l'ordre actuel des choses, il parlait de la destinée des âmes criminelles : « C'est une nécessité (ἀνάγκης χρῆμα), un vieux décret des dieux, éternel, confirmé par de larges serments, quand il a souillé par un meurtre coupable ses membres chéris, ou qu'il a péché en se parjurant, un *daimon*, de ceux à qui la longue vie est échue, qu'il erre pendant trois mille ans loin des bienheureux, qu'il naisse, à travers le temps, sous toutes les formes d'êtres mortels et passe par les voies changeantes et pénibles de la vie. C'est ainsi que je suis moi-même, à présent, errant, exilé de Dieu, soumis aux lois de la Guerre déchirante ».

Quoique les idées dominantes et les méthodes de philosopher de la période antésocratique aient dû revenir dans les périodes suivantes, et même inspirer plus profondément que ne l'ont fait les idées propres de Socrate, de Platon et d'Aristote les doctrines qui ont exercé l'influence la plus considérable durant la première partie de l'ère gréco-romaine, ce n'en a pas moins été un grand changement, et comme un ordre intellectuel nouveau, que l'introduction de l'analyse psychologique dans l'examen de questions auparavant toutes relatives au *sujet externe* qu'on pensait pouvoir saisir directement. Aucun problème philosophique n'a reçu de là une lumière plus nouvelle que celui de la nécessité et de la liberté; ou, pour mieux dire, ce problème s'est alors montré sous sa véritable forme, que le dogmatisme avait semblé jusque-là ne pas même soupçonner. Les « sophistes » et Socrate, avec des vues plus élevées que les leurs, ont été, les auteurs de ce retour de l'esprit sur lui-même et de cette manière avouée de prendre « l'homme pour la mesure des choses », selon la formule fameuse de Protagoras. Or, Socrate, appliquant immédiatement cette méthode à l'examen du passage de la connaissance à l'acte, dans un esprit, a rencontré d'emblée ce principe du déterminisme interne qu'on a depuis lors expliqué ou commenté, tenté de démontrer de diverses manières, sans pouvoir y ajouter rien d'essentiel. Et c'est un auditeur des sophistes et de Socrate qui a formulé la thèse opposée, celle qu'on cite habituellement dans le latin d'Ovide : *Video meliora proboque, Deteriora sequor.* Voici ce qu'Euripide fait dire à Phèdre ; c'est un des passages nombreux de ce poète qui doivent l'excuser, au moins auprès des philosophes, d'avoir prêté de profondes réflexions philosophiques à ses personnages les plus emportés par la passion (1) :

« Souvent, dans la longue durée des nuits, j'ai réfléchi à quoi tient que la vie des mortels se corrompe. Ce n'est point par nature d'esprit (κατὰ γνώμης φύσιν) qu'ils me paraissent faire le mal, car beaucoup ont un bon jugement (ἔστι γὰρ τογ' ἐυφρονεῖν πολλοῖσιν). Voici comment il faut considérer la chose : nous savons, nous connaissons ce qui est bien (τὰ χρηστα), mais nous ne le faisons pas, les uns par paresse, les autres parce qu'ils préfèrent un plaisir à l'honnête (ἡδονήν ἀντὶ τοῦ καλοῦ ἄλλην τιν) ».

Bien juger et mal faire, savoir et n'agir pas en conséquence de ce qu'on sait, voilà précisément ce que Socrate déclarait n'être pas possible. « On peut, dit Aristote (2), se demander comment il se fait que celui qui juge comme il faut (ὑπολαμβάνων ὀρθῶς) soit privé du commandement de lui-même (ἀκρατεύεταί). Le sachant, il n'est pas possible qu'il le soit, disent quelques-uns. Il serait étrange, comme le pensait Socrate, qu'en présence du savoir (ἐπιστήμης ἐνούσης) quelque autre chose commandât (ἄλλο τι κρατεῖν) et entraînât cet homme comme un esclave. Socrate combattait absolument cette opinion d'un état où l'on ne commanderait pas à soi-même, et niait que personne, en jugeant (ὑπολαμβάνοντα), agît jamais contre le meilleur. Quand on le fait, c'est par ignorance ». Je m'attache, en traduisant ce texte très court dont tous les mots veulent être pesés, à conserver aux termes leur valeur étymologique et leurs relations, ce que les traducteurs feraient plus souvent s'ils voulaient rendre les pensées des anciens claires et précises. Le terme principal est ici celui qu'on rend ordinairement par *intempérance* ou *incontinence* (en un sens généralisé de ce dernier mot, que je vais employer maintenant pour éviter les périphrases) ; et il signifie

---

(1) Euripide, Hippolyte, v. 375.
(2) *Morale à Nicomaque*, VII, 2.

l'absence du commandement de soi-même (ἀκράτεια); il qualifie moralement l'état d'un homme *au moment* où on le supposerait se portant à l'acte sous l'empire d'une passion, et cela, nonobstant la *présence actuelle* d'un jugement qui condamne cet acte comme mauvais, ou simplement comme n'étant pas *le meilleur* qui convienne. Socrate niait la possibilité de cet état de l'esprit. Et c'est une vérité psychologique qui n'a guère été contestée depuis, que l'homme n'agit jamais en connaissance de cause, que ce ne soit conformément à l'idée présente du plus grand bien à obtenir.

Il me paraît clair, et sans cela le passage d'Aristote perdrait toute son importance, que Socrate : 1° considérait le moment qui précède immédiatement l'acte, le dernier moment du jugement, dans une délibération qui se termine par une volition formelle ; 2° qu'il niait la possibilité qu'à ce moment, supposé que l'esprit fût occupé par un droit jugement, un jugement faux pût survenir, sous l'influence des passions, dans un cours de la pensée dès lors prolongée, et déterminer un acte contraire à celui qu'aurait motivé le premier des deux jugements. Il est vrai que Socrate considérait la sagesse, la vertu, les vertus, autant de sciences, suivant lui, comme choses imperdables quand elles sont une fois acquises. En cela, le moment final d'une délibération se confondait, pour sa thèse, avec l'attitude constante du sage en toutes circonstances. Ce n'en est pas moins l'idée de ce moment final qui fait toute la force de l'argument dans lequel il demande comment, « *en présence du savoir* », quelque autre chose peut survenir qui maîtrise l'âme. Autrement, il eût été trop facile de lui répondre que le savoir n'est peut-être pas réellement *présent* à l'instant où celui qui l'a possédé se trouve dominé par d'autres pensées et par une autre espèce de savoir provenant de la sensibilité et des passions. Et c'est en effet ce qu'objecte principalement Aristote, qui, dans sa discussion, d'ailleurs assez confuse, n'envisage pas nettement la question théorique du passage du jugement à l'acte et ne sort pas du point de vue pratique des variations de la pensée et de l'action, et de cet état commun du savoir qui n'est ni constant, ni toujours clair, ni appliqué aux mêmes objets, quand il se fixe à un moment donné. Mais Socrate divisait rigoureusement les hommes en deux classes, inutile de dire laquelle des deux la plus nombreuse: ceux qui savent et qui ne peuvent jamais agir qu'en raison de ce qu'ils savent ; ce sont les sages et les vertueux ; et ceux qui, dans l'ignorance et croyant savoir, sont dans l'esclavage de leurs fausses pensées : les premiers déterminés par la science, et les autres par l'erreur. Il pensait, dit Aristote en termes formels et durs, qu' « il ne dépend pas de nous d'être bons ou méchants »; et, de ce que tout homme à qui l'on demande ce qu'il préfère avoir, de tel vice ou de telle vertu qui en est le contraire, opte toujours pour les vertus, il concluait que « s'il y a des méchants, ils ne le sont que sans le vouloir; et de même, évidemment, pour les hommes vertueux » (1).

C'est ainsi que le déterminisme psychologique fit son apparition en même temps que l'analyse psychologique, parce qu'il était beaucoup plus facile de se rendre compte de l'enchaînement des pensées entre elles, et des actes avec les pensées, et d'en conclure une stricte dépendance des conséquents par rapport aux antécédents, que de comprendre une égale possibilité de chaînes de faits diverses et mutuellement incompatibles, sans renoncer à l'esprit de la science et même à l'idée la plus naturelle de l'harmonie morale. On restait d'accord, en ce point, avec la philosophie antérieure, qui, optimiste ou pessimiste, ne se donnant le choix qu'entre l'illumination des vérités certaines et l'aveuglement de l'ignorance et des passions, avait toujours conclu, au moins du point de vue dogmatique, à l'universelle nécessité. La philosophie des âges suivants a d'ailleurs apporté peu de changements à ce dogmatisme, car la différence est complètement nulle, au fond, entre la doctrine socratique de l'identification du savoir et de la vertu, et du partage des hommes entre ceux qui sont déterminés par la science et ceux qui le sont par les passions, dans l'ignorance, et la théorie déterministe de Descartes, ou de Spinoza, dans laquelle le même partage ayant lieu entre la connaissance adéquate et la connaissance inadéquate, avec détermination des deux parts également, ce qu'on nomme *liberté* n'est pas autre chose que celle des deux nécessités qui résulte de la science. Ne poussons pas plus loin, pour le moment, la comparaison entre les doctrines anciennes et les doctrines modernes, mais notons ce grand exemple de la permanence ou du retour des mêmes solutions, à des époques de développement de la pensée qu'on a coutume de considérer comme bien différentes les unes des autres.

L'idée psychologique du libre arbitre ne s'est donc pas présentée tout d'abord avec la même clarté que l'idée antagoniste du déterminisme des actes, comme liés soit à des passions, soit à des jugements nécessaires. J'ai

---

(1) Aristote, *Magn. mor.* I, 10. — Conf. Xénophon, *Memor*, III, 9.

cité un curieux passage de l'*Hippolyte* d'Euripide. En formulant cette sentence, que nous savons ce qui est bien et que nous ne le faisons pas, soit paresse, soit que nous préférions quelque plaisir à ce qui est honnête, le poète contredit formellement la doctrine socratique (qu'il pouvait connaître ou non, au moment où il écrivait, peu importe ici). Sa thèse est le contraire de celle des indéfectibles vertus-sciences, ou efficacité nécessaire de la science adéquate. Mais elle ne préjuge rien sur la question de savoir si la paresse et l'attrait du plaisir agissent nécessairement quand ils agissent. On peut même ajouter que le caractère *fatal* de la passion de Phèdre, dans la tragédie, semble déposer en faveur du déterminisme, dans le fait de l'*incontinence* du personnage qui se rend si bien compte de l'impulsion au mal et la sent irrésistible. Mais ce n'est peut-être là que l'élément dramatique imposé par la fable (1). La même observation serait applicable à la discussion à laquelle Aristote a soumis la théorie qui nie l'incontinence, si l'on ne savait pas d'ailleurs que ce philosophe posait résolument, ce qui ne s'était pas encore vu, que nous sachions, le libre arbitre. En effet, il laisse la liberté en dehors de son analyse, si ce n'est que le lecteur l'y introduise lui-même à propos des arguments d'ordre pratique qui lui sont soumis. Il ne veut que montrer que des jugements opposés sont également aptes à se placer, à se trouver présents au moment de la résolution et de l'acte, dans l'esprit d'un seul et même agent qui peut, en un sens, avoir la science vraie, et, en un autre sens, ne l'avoir pas, quand il est dans un autre état, ou que d'autres considérations le touchent à ce moment. Sa polémique est ainsi toute dirigée contre le système qui lie indissolublement à la science, une fois donnée, la vertu et les actes vertueux. Elle confirme en même temps la liaison établie par Socrate entre le jugement final et l'acte, sous la notion d'un *bien* à obtenir,

---

(1) L'incertitude, à cet égard, pour ne rien dire de plus, règne également sur le fameux passage d'Ovide, que l'on cite toujours incomplètement et dans lequel il est alors naturel qu'on fasse entrer l'idée du libre arbitre, qui n'y est pas, et à laquelle le contexte n'est guère favorable. Il s'y agit du drame interne de la passion et du devoir, comme chez Euripide. Médée est agitée par la même lutte morale que Phèdre. Son amour combat sa soumission aux ordres de son père. Et luctata diu, postquam ratione furorem Vincere non poterat : frustra Medea repugnas; Nescio quis deus obstat, aït... Excute virgineo conceptas pectore flammas, Si potes infelix : *si possem sanior essem. Sed trahit invitam nova vis*, aliudque cupido, Mens aliud suadet. Video meliora proboque. Deteriora sequor (*Metamorph.* VII, 10). Il reste pour le moins incertain, si la pensée du poète lui-même est de traiter les mobiles de déterminants, selon la force avec laquelle ils agissent, ou de suggérer l'idée de la possibilité de choisir entre eux.

mais diversement appliquée, ajoute Aristote; et ceci ne préjuge rien sur la question de savoir si le jugement qui est *en fait le dernier* est un jugement nécessité, s'il exclut, *dès avant ce fait acquis*, la possibilité qu'un jugement opposé occupe la même place et se trouve en fait, lui aussi, le dernier. Ce n'est proprement que là que le problème du libre arbitre intervient tel qu'il a été envisagé surtout dans les débats des épicuriens, de l'Académie et du Portique, et tel qu'il est toujours resté depuis ; sur la psychologie.

Il y a peu à dire de Platon au sujet de ce problème. Déterministe absolu en ce qu'il adopte pleinement et détaille en toute occasion, dans ses dialogues, la théorie socratique de l'identité du savoir et de la vertu, et qu'il admet d'ailleurs la nécessité du mal, contre-partie du bien, dans le monde, Platon semble, à la vérité, reconnaître l'existence de quelque chose comme un libre arbitre, quand il parle de la chute des âmes et d'un ordre suprême et providentiel de l'univers, qui donne la victoire au bien, en distribuant les naissances et les places dans la vie comme des récompenses ou des punitions mesurées au mérite ou au démérite de chaque âme, en des existences antérieures. Mais ceci n'est que la contradiction interne que nous avons déjà signalée dans celles des doctrines nécessitaires qui font une part à la raison pratique, en traitant de la volonté et de ses effets conformément à une idée naturelle et commune, et comme s'il était vraiment au pouvoir de chacun de désirer ou de ne pas désirer ce qu'il désire, et d'agir ou de n'agir pas en conséquence de son désir. Mais en réalité, les formules dont se sert Platon, quand il lui arrive de toucher ce point, sont toujours telles, qu'on voit clairement que la liberté n'est pour lui que le point de vue de l'apparence, un mot en somme, et la nécessité le fond des choses, le déroulement *spontané* d'une *nature donnée*, qui ne peut jamais être ou devenir que ce qu'elle est et ce qu'elle devient.

Il en est tout autrement d'Aristote. Ce philosophe enseigne, dans ses livres éthiques, que les choses qui dépendent de l'homme peuvent être différentes de ce qu'elles sont : *peuvent*, c'est-à-dire ne *sont* ni plus ni moins l'une que d'autres, avant l'accomplissement ; que l'homme est principe et cause de ces actes (αἴτιος καί ἀρχή τῶν πράξεων), incompatibles entre eux, qui sont égaux devant l'expérience anticipée ; que ni l'appétit, ou le désir, ni la réflexion ne suffisent pour définir un de ces cas de volonté et de choix volontaire (ἐχουσία προαίρεσις) qui portent sur des possibles opposés ; qu'il dépend ainsi de nous (ἐφ'ἡμῖν) d'être bons ou mauvais, quoique la perfection morale nous soit refusée, et qu'enfin c'est pour cela seulement que nous sommes répréhensibles, ou que nous méritons qu'on nous loue, en sorte que la responsabilité est *la preuve* de la liberté de choisir. Ces déclarations contiennent l'essentiel de tout ce qui a été employé depuis lors à l'affirmation du libre arbitre. Sans doute, des termes tels que ceux où l'homme est posé comme principe et cause de ses actes, où ses actes sont dits dépendre de lui, être vraiment les siens, et produits spontanément, sans contrainte, ne sont interdits ni pour le langage, ni pour la pensée, en un sens, au déterminisme psychologique absolu. Les débats anciens et modernes ont créé, consacré et perpétué l'équivoque. Encore aujourd'hui beaucoup de partisans du libre arbitre, ou même la plupart, se contentent de ces formules et ont le tort de les estimer claires et probantes, ce qui assure un avantage dans la discussion à des déterministes comme Stuart Mill, par exemple. Aristote n'a certes pas éclairci la question si ardue, qui d'ailleurs ne se posa pour la première fois qu'entre les stoïciens et les académiciens ou épicuriens leurs adversaires, la question de l'ambiguïté possible de l'acte au moment critique d'une délibération dont tous les éléments et les mobiles soutiennent cependant des rapports de causalité entre eux et avec d'autres faits. Mais, s'il n'a pas aperçu le nœud de la difficulté, s'il s'est placé en morale à un point de vue expérimental, entièrement pratique, il n'a pas laissé de professer l'opinion de la réalité du libre arbitre avec une netteté qui a été rarement égalée depuis. C'est que le seul critère sûr de la sincérité et de la fermeté de cette opinion doit être cherché en dehors de l'analyse psychologique, où l'on a toujours eu beaucoup de peine à s'affranchir de l'équivoque et à convenir d'une terminologie. Il faut le prendre dans l'affirmation ou la négation du fait *externe* concernant le libre arbitre, dans l'affirmation ou la négation de l'*ambiguïté réelle* de certains futurs qui dépendent de la volonté. Or on vient de voir qu'Aristote est nettement affirmatif sur ce point ; et il l'est plus encore, s'il est possible, dans sa logique et dans sa physique que dans sa morale : dans sa physique, parce qu'il donne une place au pur *accident* dans le monde ; dans sa logique, à cause de cette si intéressante théorie des jugements portant sur le futur, dans laquelle il nie qu'on puisse en ce cas opposer deux contradictoires l'un à l'autre et comme exclusifs l'un de l'autre, ainsi qu'on le ferait si l'un des deux, encore bien qu'on ne sût lequel, était certain par avance (1).

Deux philosophes dont l'un fut le contemporain d'Aristote et l'autre plus jeune, non de beaucoup, ont rivalisé avec lui dans la position franche et résolue de la thèse de la liberté, quoiqu'ils fussent tous deux bien étrangers à sa doctrine et en même temps aussi éloignés que possible l'un de l'autre. Je veux parler de Pyrrhon et d'Épicure ; et l'on s'étonnera peut-être que je nomme ici le père du scepticisme, attendu que, n'*affirmant rien*, hormis le phénomène immédiatement perçu, le phénomène comme tel, il est clair qu'il n'affirmait pas le libre arbitre et l'ambiguïté réelle des futurs contingents. Mais si l'on réfléchit à l'attitude pratique d'un philosophe qui après avoir examiné la contrariété des motifs de juger de ce que sont les choses, et la contrariété des opinions de ceux qui prétendent les connaître et les définir en elles-mêmes, concluait à l'épokhè, c'est-à-dire à la suspension volontaire du jugement, et se fixait dès lors à l'état mental du penseur qui cherche toujours, examine toujours et demeure dans le doute (zètètikos, skeptikos, aporètikos), on reconnaîtra qu'il est difficile d'affirmer pratiquement le libre arbitre avec plus d'énergie que par cette résistance au commun penchant de l'homme à conclure, et par cet appel constant du motif contraire, à chaque décision qu'on se sent sur le point de prendre. C'est un des plus notables et des plus impardonnables contresens qui aient été commis par des historiens critiques de la philosophie, que d'avoir prétendu mettre l'école du scepticisme antique en contradiction avec elle-même, en lui reprochant d'*affirmer qu'on ne peut rien affirmer*. Mais ce contresens, attribuable aux habitudes dogmatiques de qui veut ainsi à toute force trouver le dogmatisme chez les autres, n'est précisément que le refus ou l'impuissance de comprendre l'attitude d'un esprit qui, usant de sa liberté pour éviter de juger *théoriquement*, comme d'autres en usent pour se décider *entre des théories contraires*, donne, par le fait, au libre arbitre une application frappante et toute la mesure d'adhésion compatible avec l'antidogmatisme.

Le cas du dogmatiste Épicure est naturellement bien différent. Épicure est un *physicien* (dans l'ancienne acception du mot) qui s'attache à la doctrine mécanique de Démocrite et, ne se trouvant apparemment point satisfait des lois du choc et du concours des atomes, qu'il trouvait dans les

---

(1) Sur cette dernière difficulté, voyez la *Critique philosophique*, vol. XV, p. 290.

livres de ce maître (et qui sont en partie restées obscures pour nous), imagine une pesanteur naturelle qui les précipite tous également et invariablement dans la même direction. Il cherche ensuite le moyen de faire leurs différentes figures s'accrocher dans le vide qui les sépare, et former des combinaisons. Ce moyen, c'est le petit mouvement de côté (*declinatio*) par lequel les atomes sont sujets à se détourner, sans cause, de la direction perpendiculaire. L'hypothèse a toujours été traitée de ridicule; elle ne l'est pourtant ni plus, au fond, ni autrement que l'idée fondamentale de composer des sensations et des idées avec des groupes ou assemblages de corpuscules insécables ; car elle est simplement une application de la même idée à l'explication spéciale du libre arbitre. Il n'est ni plus ni moins absurde que la liberté humaine de choisir soit fondée sur le fait que les atomes, dont ce choix dépend, peuvent imprévoyablement prendre différents chemins, qu'il ne l'est que des images, et des âmes capables de voir des images, soient les résultats de ces mêmes corpuscules, à raison de la manière dont ils sont faits et dont ils s'agglomèrent. Quoi qu'il en soit, les épicuriens ont été des partisans décidés de la liberté, franchement définie comme un pouvoir d'échapper à la chaîne infinie des choses et de créer des enchaînements nouveaux. Cette doctrine a été liée en plusieurs points à l'opposition radicale que leur école a instituée contre toutes les autres philosophies.

D'abord, l'individualisme atomistique, l'individualisme de composition et d'action, qui en était la conséquence pour les formations complexes, du moment que la nécessité d'enchaînement mécanique éternel des phénomènes était niée, ont conduit à plus forte raison l'école épicurienne à nier le *destin* sous la forme de la substance et de l'évolution nécessaire de la substance. Ensuite, ont dû disparaître, avec le destin, la divination, cette superstition socratique, et, avec la divinité s'occupant des choses du monde et les régissant, toute tendance à croire en une providence de forme panthéistique, et à chercher la perfection morale dans l'identification de la volonté humaine avec des décrets providentiels envisagés dans l'ordre de la nature et la marche des choses. Mais le fondement mécanique du système tout entier, le caractère abaissé, égoïste et négatif de sa morale, l'ignorance et le mépris de ce que l'antiquité avait amassé jusque-là de connaissances en logique et dans les sciences, sont des traits de l'épicurisme qui ont valu, par contraste, une grande supériorité à la doctrine stoïcienne. La thèse du libre arbitre a peut-être plus perdu que gagné à être soutenue par des partisans du pur hasard dans le monde et par des négateurs de la loi morale dans l'homme.

Les meilleurs défenseurs de cette thèse à l'époque où nous sommes, sont des philosophes de la *Nouvelle Académie*, dont nous ne possédons malheureusement rien que de seconde main. Ils prirent, on le sait, une position analogue à celle des sceptiques, mais plus raisonnable et plus forte. Comme eux ils représentèrent pratiquement la croyance à la liberté morale ; car, en étudiant les motifs de juger, ils constatèrent et prouvèrent, par leur exemple même, que l'affirmation n'est jamais nécessaire, ou imposée par l'évidence ; mais ils donnèrent en même temps à cette liberté une application théorique, puisqu'ils reconnurent qu'il faut s'attacher au vraisemblable et qu'il y a des probabilités morales. Leurs analyses portaient sur un terrain essentiellement psychologique ; cette circonstance, jointe à ce qu'elles se liaient à d'actives polémiques contre la doctrine stoïcienne, — elle-même très dialectisante à ce moment, et qui perdit plus tard ce caractère, — a dû leur interdire toute action étendue et durable sur les esprits, et les condamner à l'oubli dans la philosophie des âges suivants, toute entraînée plus ou moins dans le tourbillon de la théologie et du dogmatisme.

Au reste, il faut bien avouer qu'alors comme depuis, et comme à présent même, on s'égarait aisément dans la tâche ardue de concilier le principe de l'enchaînement et celui d'un premier commencement, ou d'une rupture de série, dans la succession des phénomènes internes d'une délibération. Ainsi, par exemple, le stoïcien Chrysippe, dont l'ingénieuse dialectique a plusieurs fois rencontré des arguments destinés à traverser les siècles, prétendait à la fois admettre le *destin* et éviter la *nécessité* ; regarder tous les futurs quelconques comme certains par avance (attendu la liaison de cause à effet qui enferme tout phénomène possible, en tant que conséquent, dans ses antécédents donnés), et sauver la liberté des assentiments et des actes, affirmer un τὸ ἐφ' ἡμῖν, en revendiquant la propriété, pour ainsi parler, que l'homme a de sa nature et de toutes les décisions qu'elle lui commande. Cette conciliation a sa valeur, dans le système du *destin*, quand on veut y distinguer une nécessité interne d'avec une externe et de contrainte ; mais elle n'accorde point aux partisans de la liberté ce qu'ils entendent par la liberté, et ne les délivre pas de ce qu'ils entendent par la nécessité. De là les intéressantes mais confuses polémiques dont Cicéron s'est fait le rapporteur (1), et dont les philosophes ne paraissent pas encore sortis à l'heure qu'il est.

De l'autre côté du débat, parmi les anciens, Carnéade, autant qu'on en peut juger, a été d'une correction très remarquable en posant ce que la véritable thèse du libre arbitre exige : savoir, 1° la franche négation du principe de causalité universelle et absolue, reliant toutes choses comme inséparables et solidaires les unes des autres ; 2° le refus de regarder comme ayant été vraies par avance des propositions portant sur le futur, du moment que l'événement les vérifie, sans savoir si elles affirmaient quelque chose ayant déjà sa cause suffisante donnée, et cela pour satisfaire au principe logique de l'*exclusi medii*, transporté à des cas qui n'en permettent pas l'application (2). Mais on peut voir, par la manière dont Cicéron présente les raisons alléguées des deux côtés, et par l'exemple de ses propres hésitations, combien les partisans de la liberté avaient de peine à échapper aux séductions de la loi d'enchaînement invariable, et surtout à ce penchant si commun qui nous porte à prendre *la vérité de ce qui arrive* pour une *vérification* de la proposition anticipée : *Cela arrivera.* C'est ce penchant qui explique la distinction sophistique entre un *futur nécessaire* et un *futur certain*, l'un qui exclurait la liberté, l'autre que l'on voudrait qui la permît.

J'insiste sur trois points : La résistance à l'admission d'une cause première, non causée, qui romprait dans l'esprit, à un moment donné, la chaîne générale des effets et des causes, et *commencerait* vraiment une série ; — la disposition à confondre la liberté avec une nécessité interne exempte de contrainte ; — le désir de concilier la certitude de la futurition dans tous les cas possibles avec quelque chose que chacun puisse encore nommer la liberté : d'où le parti pris de distinguer cette *certitude* des événements futurs d'avec leur *nécessité*, en conservant à ce dernier terme son rôle consacré de contradictoire du terme de *liberté*. Ce qui fait l'intérêt permanent de ces tendances déjà si bien établies dans l'antiquité, c'est qu'elles ressortissent, pour toute critique impartiale, à la classe générale

---

(1) Dans le *De fato*. — Conf. Bayle, *Dict.*, article *Chrysippe*, note K.
(2) Cicéron, *De fato*, XI et XIV.

des croyances nécessitaires ; qu'elles constatent un effort, chez des penseurs de cette classe, pour ne pas laisser à l'école opposée l'avantage des mots du langage courant, que dicte la raison pratique ; et qu'en somme, elles figurent une concession aux arguments des philosophes qui, depuis Aristote et la Nouvelle Académie, ont contamment réclamé l'existence d'un libre arbitre comme la condition *sine qua non* de la responsabilité de l'agent moral, et de tout fondement réel, de toute signification sérieuse des jugements moraux. Mais la concession a toujours été jugée insuffisante, ou même dérisoire, par des partisans d'une liberté qui exclut la prédétermination des actes auxquels elle s'applique.

L'école stoïcienne représente encore pour nous, après tant de siècles, après Descartes, Spinoza et Leibniz, et après ce que nous avons vu de formes variées du panthéisme postérieur à Kant, le type moral le plus parfait et le plus élevé d'une doctrine nécessitaire dans laquelle la liberté, c'est-à-dire ce qui peut y paraître sous ce nom, obtient les effets pratiques les plus considérables qu'il lui soit donné d'atteindre. Il n'y a peut-être pas de spectacle plus intéressant, fourni par l'histoire de la philosophie, que celui d'une théologie matérialiste, identifiant la Providence avec la loi d'évolution d'une substance physique, enchaînant rigoureusement tous les phénomènes possibles par la relation du conséquent aux antécédents donnés, les déclarant ainsi éternellement solidaires les uns des autres, et arrivant comme expression suprême aux formules d'Épictète : distinction de l'ἐφ'ἡμῖν et de l'οὐκ ἐφ'ἡμῖν, renoncement, résignation ou indifférence de l'agent moral à l'égard de ce qui *ne dépend pas de lui*, tension constante, action énergique en tout ce qui *dépend de lui*, c'est-à-dire éminemment pour sa direction intérieure. Ce n'est pas cette liberté dont on pourrait recommander l'exercice à celui de qui la nature n'aurait pas déjà composé le caractère et prédéterminé les pensées et les actes ; c'est en réalité celle qui est un nom de la nécessité consciente et consentante, et qui ne permet à l'agent que l'identification, — si tant est qu'ainsi le veuille le destin ! — de sa volonté avec l'ordre éternel des choses. De là une morale incontestablement élevée ; de là aussi, sans doute, un enseignement de liberté susceptible d'effets fortifiants, grâce à la présence, dans l'esprit du stoïcien lui-même, d'une raison pratique indépendante de son système et de ses théories. Mais de là d'autres effets en même temps : ce sont ceux qu'ont toujours dû produire l'optimisme et le panthéisme sérieux, celui qu'on appellerait volontiers le panthéisme du cœur, sur l'attitude et l'influence du « sage » dans le monde. Le caractère de l'empereur Marc-Aurèle peut servir d'illustration à la double espèce d'action morale que j'attribue au stoïcisme : l'une portant à l'accomplissement du devoir, l'autre à la confiance et à l'abandon, à la soumission à la destinée, et se terminant peut-être à l'inertie.

Suivons les résultantes des débats sur la nécessité et la liberté, dans deux autres grandes doctrines qui se disputèrent l'empire des esprits à l'époque de la décadence. L'une, destinée à la défaite, ensuite à des retours et à des transformations diverses, après bien des siècles, est le néoplatonisme, doctrine d'émanation et par conséquent de nécessité. L'autre est la théologie chrétienne, qui, embrassant avec force l'idée de création, semblait par là même devoir être une doctrine de liberté.

Le néoplatonisme s'attacha au principe intellectualiste de Socrate et en démêla clairement la portée. Le mal étant involontaire de la part de l'agent, et les bonnes actions, des effets nécessaires de la connaissance, les mauvaises, des effets nécessaires du désir, lequel dépend de la nature de l'âme, Plotin conclut que le τὸ ἐφ' ἡμῖν ne consiste point dans un pouvoir de choisir entre le bien et le mal, mais simplement dans l'absence de contrainte. Le plus haut degré de la liberté ainsi comprise est cet état où il n'y aurait plus rien d'inférieur qui fût l'objet du désir, mais où la volonté, affranchie des passions, serait fidèle à son essence qui est de suivre la raison. La liberté croît donc avec la nécessité rationnelle, chez l'agent, et s'accomplit en cette nécessité même, s'il est donné à celui-ci de revenir à sa pure nature. On reconnaît sans peine, dans plusieurs de ces formules, des traits de théorie avec lesquels Descartes, Spinoza, Kant, Hegel et tant d'autres philosophes moins illustres nous ont rendus familiers par leurs définitions de la « liberté ».

Ceci entendu, on demande naturellement à la doctrine émanatiste quelle a pu être la cause du mal, la cause de la descente de l'âme du monde intelligible où elle a son siège naturel. Il ne suffit pas de la réponse générale, que donne Plotin, en alléguant l'existence et la nature mauvaise de la matière avec laquelle l'âme entre en commerce afin d'exercer sa puissance génératrice ; car cette mythologie métaphysique n'explique pas pourquoi ce qui est essentiellement la raison tombe nécessairement dans le déraisonnable; et quand on fait ensuite intervenir des idées de faute et de châtiment dans les actes de déchéance de l'âme, ou des âmes, et dans les conséquences qu'ils entraînent, il est clair qu'on suppose une certaine notion de libre arbitre en désaccord avec la théorie qui identifie le libre et le nécessaire. C'est une contradiction latente, que Platon avait laissée sous un voile de poésie; les explications troubles du néoplatonisme n'ont fait qu'ajouter d'obscures abstractions à des mythes qui ne s'adressaient d'abord qu'à l'imagination et ne se compromettaient pas avec la logique.

Des difficultés d'un autre genre, et de nature à jeter leur philosophie dans des contradictions plus formelles, se sont rencontrées pour les théoriciens de la création. D'un côté, en effet, l'unité et la personnalité du créateur et son indépendance absolue de toute matière impliquaient sa liberté dans l'acte de produire le monde; et la nature morale de l'homme, créé bon et peccable, avec défense de mal faire, impliquait le libre arbitre de l'homme, au sens d'une liberté réelle de choisir entre le bien et le mal. Mais, d'un autre côté, il était *difficile* d'expliquer comment la perfection divine de puissance, de connaissance et de bonté se concilie avec la création d'un monde où il entre du mal; et il était *impossible* d'accorder cette toute puissance et toute connaissance absolues et *en acte*, ne laissant rien subsister au dehors qui n'en fût l'effet et l'objet, avec la liberté réelle d'un agent créé, capable d'actes qui lui fussent vraiment propres, d'actes par conséquent soustraits à toute détermination anticipée et à toute prévision certaine avant de devenir les produits de son activité. Je n'ai à m'occuper ici que de cette contradiction, non de la théodicée, ou des théories élaborées en vue de la justification du créateur; mais je dois remarquer que c'est seulement grâce à cette contradiction que ces théories ont eu *un problème insoluble à résoudre*, puisqu'elle leur a imposé pour données deux termes dont l'un, l'absolu divin, rendait inutile et vaine par avance la ressource qu'offrait le second, la liberté humaine, pour expliquer l'existence du mal sans accuser Dieu.

Pour tout vrai logicien, la contradiction entre la prescience absolue et le libre arbitre est indubitable, car la prescience infaillible n'admet que des futurs déterminés certains, par conséquent des futurs qui *ne peuvent pas ne pas devenir des présents*, aux temps fixés d'avance; et le libre arbitre, s'il est défini par un pouvoir actuel de décider, entre deux futurs imaginés, lequel devient présentement un acte et lequel ne le devient pas, suppose, au contraire, qu'il n'y en a aucun des deux dont on puisse dire qu'il *ne peut pas ne pas devenir un présent.* Les échappatoires logiques ne méritent pas même ici une mention : il serait bien temps de les ranger parmi les pures curiosités de la scolastique. Quant aux échappatoires métaphysiques, il faut avouer qu'il y en a une, et qui a été employée, mais généralement à mots couverts, sans trop s'avouer, par d'illustres philosophes : elle consiste à nier la réalité de la succession, à traiter les rapports de temps comme des phénomènes illusoires. Mais cette théorie absolutiste de l'éternité est étroitement apparentée à celle qui rapporte à l'absolu divin toute réalité d'être et d'agir ; en sorte que si l'on échappe, et à quel prix ! à la contradiction de la prescience et du libre arbitre, ce n'est que pour être plus fortement poussé vers l'autre face d'une seule et même contradiction au fond. C'est l'existence phénoménale même qui perd sa réalité, en présence du Tout-Puissant, cause réelle unique de ce qui est; comme tout à l'heure les futurs contingents, en présence de l'Éternel, pour qui tous les successifs sont des simultanés. La prédestination et la grâce nécessitante sont les formes théologiques de l'opposition au libre arbitre, sous ce dernier point de vue.

L'intérêt de la question pour la critique réside surtout dans les motifs qui ont porté la théologie chrétienne à des affirmations inconciliables entre elles. La doctrine du libre arbitre, dans le sens très net du pouvoir de choisir entre le bien et le mal, lui a été imposée par une raison pratique de forme religieuse, vu le fait admis des commandements de Dieu et de la responsabilité de l'homme, et vu la supposition du mérite ou du démérite de ses actes, auxquels sont promis la récompense ou la punition. Tout cela implique en effet pour la raison, et à moins de devenir entièrement dérisoire, la croyance à la possibilité réelle que l'agent se détermine en un sens ou en un autre, exclusif du premier, et que son choix ne soit pas arrêté avant qu'il ne l'arrête. Il n'est donc pas étonnant que l'Église ait toujours réprouvé les propositions qui revêtaient la forme directe d'une *négation* de ce libre arbitre. Il en a été autrement de celles qui portaient l'*affirmation* de quelque chose d'incompatible avec ce libre arbitre, parce qu'on pouvait en ce cas recourir à des subtilités capables de déguiser la contradiction. Cette ressource n'a jamais été refusée à l'esprit humain, et il s'y est souvent complu.

Quant aux motifs qui portaient les penseurs chrétiens à affirmer des dogmes théologiques inconciliables avec la liberté de l'homme, il y en a un qui les domine tous, c'est l'ardeur religieuse qui ne se trouve pleinement satisfaite que par l'exaltation du créateur et l'entière soumission de la créature; et c'est l'idée de la *perfection morale* absolue : idée logiquement irréprochable, mais à laquelle vient se joindre, par un entraînement facile à comprendre, celle de la *perfection métaphysique*. Cette dernière amène avec elle des attributs *infinis* de Dieu, qu'on ne peut poser sans nier implicitement la réalité des pouvoirs humains qui en seraient une limitation. A cet égard, non seulement le monothéisme juif, interprété suivant l'esprit de la philosophie grecque, arrivait de lui-même à former des concepts abstraits d'acte pur et absolu, d'entendement et de puissance sans bornes, qui supprimaient l'anthropomorphisme autant que possible, annihilaient la création en soi, la perdaient en Dieu; mais encore la philosophie, en son développement propre, formulait, dans le stoïcisme, une doctrine de prescience et de providence divine, de nécessité universelle, où l'on n'avait qu'à introduire l'esprit pur et la volonté d'un acte créateur, à la place d'on ne sait quelle matière spirituelle et rationnelle évolutive, pour obtenir un résultat fort semblable à celui qu'élabora la théologie de l'Église. Je dis semblable, en ce qui touche les questions métaphysiques que j'examine en ce moment; car, au surplus, la différence est grande, au point de vue religieux, entre l'idée de l'évolution spontanée de la matière du monde, et celle qui rapporte l'enchaînement certain de tous les phénomènes de l'univers à l'infaillible exécution du plan éternellement conçu par un créateur immuable. Il ne laisse pas d'être avéré par l'histoire entière de la théologie, que le chapitre *De Deo*, dans les écrits des docteurs chrétiens les plus renommés, a toujours renfermé les principes et les propositions affirmatives, caractéristiques d'une philosophie panthéiste. Ceux-là seuls ont été condamnés par l'Église qui furent assez hardis logiciens pour porter les conséquences directes de leur doctrine de Dieu dans leurs chapitres *De homine*, *De libero arbitrio*, ou encore pour infirmer les attributs de Dieu comme personne, les attributs moraux, en reconnaissant toute l'exigence des attributs métaphysiques ou absolus.

S'il y a une conclusion qui s'impose à qui se rend compte des motifs de ce qu'on pourrait appeler la politique philosophique de l'Église, et des efforts, des luttes des philosophes, durant cette longue période qui s'étend de Socrate à Descartes, dans la tâche de concilier l'absolutisme ou divin ou cosmique avec la liberté humaine, c'est certainement que le principe de l'enchaînement causal nécessaire et invariable de tous les phénomènes pèse d'un grand poids sur les esprits. Et la raison en est que ce principe donne satisfaction à deux puissantes tendances : à celle des penseurs qui veulent pour la science un idéal absolu, s'étendant à tout ce qui fut, à tout ce qui est, à tout ce qui sera ; et à celle des hommes religieux qui adorent cet idéal réalisé dans un être éternel, tout en acte, enfermant en soi tous les actes possibles, et à la fois doué des attributs de la personnalité. Mais d'une autre part, la constante réclamation de la raison pratique, soit morale, depuis Aristote et la Nouvelle Académie, soit religieuse, telle qu'elle se montre par le règne habituel d'un certain sémipélagianisme orthodoxe dans la doctrine chrétienne, enfin l'obligation que les philosophes ont presque toujours sentie de garder une place dans leurs doctrines à quelque chose portant le nom de liberté et paraissant remplir l'office du libre arbitre, tout cela témoigne clairement que le dogme de la nécessité n'a jamais triomphé dans sa logique pure et absolue, et que les raisons alléguées en faveur de la *chaîne des choses*, au sens stoïcien, ou encore de la prescience et de la prédestination théologiques, pour nier le pouvoir humain d'option entre des futurs à réaliser, n'ont point eu la valeur d'agir sur les croyances et d'annuler les jugements communs, contraires à ces dogmes.

L'état de la question n'est nullement changé, quand on passe à la philosophie de la Renaissance, ou même à la philosophie moderne, et il ne l'est pas davantage en arrivant, avec le cartésianisme, à des théories, plus nouvelles dans la forme qu'au fond, de la nécessité ou de son accord avec une liberté nominale. Pour ce qui est de la Renaissance, d'abord, il serait naturel que l'ardeur d'une spéculation plus indépendante eût porté les esprits les plus divers d'un même côté, qui est le plus favorable à la fois à l'absolutisme scientifique et à l'absolutisme théologique. C'est le dogme de la nécessité qui présente ce double avantage. Et en effet, les péripatéticiens italiens, tout comme les néoplatoniens, au moins les plus renommés d'entre eux, ont formellement admis tout ce qu'exige le principe nécessitaire le plus net. Pomponazzi, après un habile et minutieux examen du pour et du contre, se rallie à la chaîne stoïcienne des choses, comme étant la moins impropre à expliquer les phénomènes liés de l'âme et de l'univers, et rendant meilleur compte de l'existence du mal que la doctrine chrétienne. Celle-ci lui paraît enseigner exactement la même loi, en ce qui concerne l'enchaînement universel et nécessaire ; il en fait la vive satire quant à l'autre point, c'est-à-dire quant à l'identification du destin avec la volonté d'un créateur tout puissant et bon ; il donne donc la préférence à l'explication naturaliste et évolutioniste, sauf ensuite à protester, selon l'usage du temps, de son entière soumission à l'Église. Marsile Ficin n'avait pas à s'éloigner des traditions de son école, — le platonisme, — pour se placer au même point de vue que Pomponazzi, infidèle à la sienne, au véritable aristotélisme. Il est tout simple qu'il ait considéré l'univers comme le développement, absolument déterminé dans tous ses moments, d'un plan invariable, identique à l'intelligence primitive dont toutes les choses possibles sont l'émanation. Cependant ces philosophes n'ont entendu ni l'un ni l'autre abandonner la doctrine du libre arbitre. Ficin voulait, conformément à l'orthodoxie, que les âmes fussent libres tout en étant déterminées par Dieu ; et Pomponazzi, conduit évidemment par l'étude d'Aristote et d'Alexandre d'Aphrodisie, son commentateur, adversaire résolu du « destin », à se former de la liberté une idée moins illusoire, tâchait de concilier la prédétermination avec une faculté d'option réelle. Sa théorie de la délibération et du choix volontaire est celle-là même que Clarke fit accepter plus tard aux partisans du libre arbitre, et qui servit bien mal leur cause. Il admettait que la volonté est complètement passive, au regard de l'entendement, tant que l'agent se meut dans la sphère de la pensée et du jugement, et qu'elle devient tout à coup active, indifférente et également capable de deux actes contraires, au moment de l'exécution. Une telle notion du libre arbitre était en contradiction formelle avec le principe de l'enchaînement invariable, admis par ce philosophe ; mais de plus, et considérées en elles-mêmes, cette séparation du jugement et de l'acte et cette indifférence de la volonté portent une double atteinte aux deux principes qu'il s'agirait de concilier : au principe de causalité, parce que la loi du choix de ce qui paraît le meilleur s'impose à l'analyse psychologique, ainsi que l'ont si bien remontré à Clarke les déterministes ses adversaires (Leibniz, Collins et autres) ; et au principe de liberté, parce que c'est en détruire le fondement que d'en nier l'application aux jugements dont se compose le cours d'une délibération.

Mon intention, en entrant dans ces détails historiques, peut-être trop longs, n'est toujours que de montrer par des exemples avec quelle force l'idée du libre arbitre agit sur les penseurs qu'elle gêne le plus dans la construction de leurs théories, et qui aiment encore mieux se contredire que de s'en affranchir entièrement. Pour un philosophe qui, tel que Giordano Bruno, grisé de mathématique mystique, *démoralise* le panthéisme platonicien et semble en ses écrits se désintéresser du bien et du mal moral pour n'envisager qu'une sorte d'optimisme cosmique, en l'identification des contraires; ou qui, comme Spinoza, après la rénovation cartésienne, élève le stoïcisme à un degré d'abstraction encore inconnu et dirige toutes ses pensées vers la morale, mais pour ne laisser à l'agent moral d'autre refuge que son adéquation réfléchie aux propriétés nécessaires de la substance universelle, on n'en voit de tous côtés que de ceux qui travaillent les concepts et le sens des termes généraux de manière à paraître respecter les droits de la raison pratique, au milieu des théories absolutistes que leur suggèrent l'esprit de la théologie spéculative et celui de la science.

Pour compter Descartes parmi ces derniers, il suffirait de savoir qu'il prétendait admettre à la fois l'absolu de la connaissance et puissance divines et la réalité du libre arbitre humain : du libre arbitre, avec le sens de l'option entre des actes *indéterminés* d'avance et auxquels la volonté est *indifférente*. Il voyait évidemment l'incompatibilité des deux points de vue et ne trouvait que cette singulière raison pour se défendre de la contradiction, à peu près comme s'il l'avouait : c'était de dire que la liberté nous est assurée par l'expérience interne et ne doit pas être mise en doute par ce motif que nous ne comprenons pas quelque autre chose, incompréhensible de sa nature. Mais qui nous force à poser une chose, incompréhensible de sa nature, et qui est inconciliable avec une autre que, suivant Descartes, nous saurions directement et certainement? C'est ce qu'il ne disait pas, mais ce que sa doctrine tout entière explique, car elle est déterministe partout, en psychologie aussi bien qu'en physique, et la liberté y paraît comme une étrangère, peu à peu réduite pour se faire comprendre à revêtir la forme de la nécessité.

Il n'est pas moins vrai que, si la critique aujourd'hui ne se trompe pas en voyant le spinosisme préparé par les théories de Descartes, impliqué même dans ces théories, l'opinion très répandue ne manque pas non plus d'excuse, qui regarde Descartes comme l'un des principaux défenseurs de la doctrine du libre arbitre, et cela précisément sur le point où elle a coutume de trouver des adhérents infidèles : la liberté du jugement. À entendre ce philosophe dans sa théorie de l'erreur, puis dans celle de la liberté divine, il paraît clair que la volonté, d'après lui, s'étend réellement, en ses déterminations, à des actes dont ni l'entendement clair et distinct ni les pensées confuses ne décident nécessairement ; et que cette même volonté, élevée à l'absolu, c'est-à-dire en Dieu, fait que les vérités mêmes qu'on appelle éternelles et nécessaires, sont en réalité des décisions arbitraires ! Et cependant quand on suit ses explications psychologiques relatives aux mêmes questions, on voit cette notion de la volonté subir une transformation complète : on est invité à reconnaître que, d'une part, la *liberté* de l'homme va en diminuant à mesure que ses jugements sont moins déterminés par des idées nécessaires, ou que, en d'autres termes, il tombe dans la servitude de ses jugements *inadéquats* et de ses passions, et que, d'une autre part, la *liberté* de l'homme va en augmentant, à mesure que les motifs qu'il a de se déterminer laissent moins de place à l'hésitation et au doute, en d'autres termes, l'inclinent plus infailliblement à l'acte. On aboutit donc à la théorie, que nous avons déjà souvent caractérisée, qui définit la liberté par son identification avec la nécessité d'un bon et juste entendement. Et quand, au lieu de la psychologie, c'est à la physique de Descartes qu'on s'applique, on arrive au dogme de la nécessité universelle par un autre chemin plus clair que le premier ; car l'ordre tout entier des pensées et des actes étant indissolublement lié à celui de l'étendue, de la figure et du mouvement, et ce dernier formant lui-même une chaîne de phénomènes indissolubles, tous solidaires les uns des autres dans leurs positions relatives et leur succession, il est impossible de réserver une place quelconque aux effets d'une volonté qui serait indéterminée en certains de ses actes. Et enfin s'il pouvait exister un moyen d'échapper à cette conséquence, il serait annulé par la doctrine théologique qui rapporte à Dieu seul toute action réelle et la connaissance infaillible des futurs comme donnés de toute éternité.

Je n'ai pas besoin de parler de la doctrine si connue, parfaitement nette et tranchée de Spinoza. Là, tous les jugements d'ordre pratique sont traités d'illusions de l'imagination ; tout est mis d'accord avec les définitions du libre et du nécessaire, desquelles il résulte qu'il n'y a que le nécessaire qui puisse être libre. « Une chose est dite libre, lorsqu'elle existe par la seule nécessité de sa nature et est déterminée par soi seule à agir; nécessaire, ou plutôt forcée, lorsqu'elle est déterminée par autre chose à être et à opérer suivant une loi certaine et déterminée. »

L'homme ne peut éviter d'appartenir à ce dernier genre de choses qu'en se confondant par la connaissance avec cela seul qui est liberté absolue en tant que nécessité absolue. « Le sage, considéré comme tel, est à peine mu et troublé: conscient de soi-même et de Dieu, en vertu d'une certaine éternelle nécessité des choses, il ne cesse jamais d'être et possède toujours le repos véritable de l'esprit. » (1). Ces dernières lignes de l'*Ethique* rejoignent à merveille les définitions du commencement et concluent à cet état de l'âme que les moralistes de l'antiquité nommaient l'*ataraxie* : conclusion la mieux adaptée de toutes à la croyance de l'inébranlable certitude anticipée des futurs quelconques.

Et toutefois il y aurait moyen de découvrir chez Spinoza lui-même, la racine cachée d'une contradiction *pratique* de sa *théorie*. A ces lignes qui terminent réellement sa morale, il en ajoute encore quelques-unes qui précèdent le mot *finis*, à l'adresse du lecteur qu'il semble vouloir encourager, tout en se félicitant secrètement lui-même d'être du petit nombre des élus : « Si, dit-il, la voie que j'ai montrée, qui conduit à ce résultat, paraît très ardue, *on peut cependant la trouver*. Ardue, il faut bien qu'elle le soit, puisqu'il est si rare qu'on la prenne. Comment se pourrait-il en effet, si le salut était sous la main et pouvait être atteint sans beaucoup de peine, que presque tous le négligeassent? Mais tout ce qui est beau est aussi difficile que rare. » Ce n'est plus ici le métaphysicien qui suit le cours de ses théorèmes, mais bien l'homme pratique qui parle, et qui parle comme s'il croyait que la voie ardue est une voie qu'on *peut* réellement chercher et trouver. Il l'a trouvée lui-même et il écrit son livre pour la montrer à ses semblables. Il sait cependant que le destin de chacun fait partie des modifications éternellement et invariablement liées de la substance unique ! Je n'ai garde de vouloir relever ainsi une contradiction *logique*, même latente; un vieux stoïcien, parlant pour Spinoza, eût déjà su trouver à cette objection une réponse correcte : « Le destin de chaque lecteur de l'*Ethique* est parfaitement arrêté d'avance, aurait-il dit, mais la lecture qu'il fera de l'*Ethique*, et le fait que Spinoza a écrit cet ouvrage,

---

(1) *Ethique*, 1re partie, défin. VII, et Ve partie, Schol. prop. XLII.

sont des faits nécessaires aussi, et qui, étant *conécessaires* avec ce destin, peuvent en être des conditions. » Ma remarque n'a d'autre but que d'appeler l'attention sur ce qu'il y a de forcé et de *pratiquement* contradictoire dans la situation d'esprit du penseur que sa théorie condamne à entretenir sur l'effort, le mérite, le beau, et sur la déterminabilité des futurs, des vues destructives de celles que son instinct, sa nature mentale lui suggèrent dès qu'il est en rapport avec la vie réelle et les hommes, et dont il n'est pas le maître de s'affranchir.

On a coutume de présenter la doctrine de Malebranche comme l'analogue de celle de Spinoza, dont elle ne différerait guère que par la substitution, obligée pour le premier, mais gravement compromise au fond, de la personnalité divine et de la création à l'éternel développement des propriétés de la substance. Je ne prétends pas nier ce rapprochement, mais seulement le fortifier en un sens, et, en un autre, l'affaiblir. Il est très clair pour moi que toute la théologie dogmatique de l'Église se prête à une interprétation panthéiste, pour qui veut tirer les conséquences de certains dogmes, et en même temps ne les point infirmer en les forçant d'entrer en composition avec d'autres dogmes qui les contredisent. Mais il n'est pas moins certain que la foi religieuse et la piété sincère, jointes au génie spéculatif et à la force des traditions et habitudes scolastiques, engendrent telle doctrine que la pure logique n'expliquerait jamais, dans laquelle le logicien n'a pas le droit de choisir les éléments qui doivent être sacrifiés de préférence à d'autres, si ce n'est qu'il en juge pour son propre compte et ne prétende pas préjuger les vrais sentiments de l'auteur. Ce qui fait le principal intérêt du système de Malebranche, au point de vue où je me place pour rendre compte de l'éternel débat de la liberté et de la nécessité, c'est que tant de philosophes, et Descartes, en première ligne, parmi les modernes, ont altéré, détruit même la notion naturelle du libre arbitre, en leurs analyses psychologiques, afin de l'accorder avec des tendances nécessitaires qui dominaient dans leurs spéculations, religion à part. Au contraire, Malebranche, en étudiant les phénomènes psychiques de la délibération et de la décision volontaire, s'est expliqué en des termes qu'un partisan résolu du libre arbitre peut estimer corrects ; et il a trouvé des formules heureuses, sans pour cela nier, comme d'autres à tort l'ont fait, le principe de l'action constamment motivée, et motivée par un bien. Les exigences de la théologie l'ont conduit, par le fait même de la franchise de sa définition de l'acte libre, à des thèses encore plus étranges que de coutume en pareille matière : à soutenir, par exemple, que l'acte par lequel l'âme s'arrête à un « bien particulier » est un acte qui n'enferme « rien de réel », sans quoi il faudrait que Dieu en fût l'auteur. Mais sa doctrine du contingent n'en subsiste, en un sens, que plus nette et plus immaculée, pour n'avoir à se perdre et à disparaître qu'en compagnie de tout ce qu'il y a de phénomènes au monde, au sein de l'éternel omniprésent et seul agissant ; car nous disons *disparaître,* mais Malebranche affirme seulement que l'accord des attributs de Dieu avec les phénomènes est incompréhensible, parce que ces attributs sont incompréhensibles. N'est-ce pas comme s'il avouait que, du côté des phénomènes, dont la liberté fait partie, se trouve la *connaissance,* et, du côté des attributs de Dieu, la *foi* en l'absolu (1) ?

La théorie apportée par Leibniz dans le grand débat forme un véritable contraste avec l'analyse de la volonté, telle que la présentait Malebranche. L'une des deux colonnes qui soutiennent suivant lui tout l'édifice de la philosophie est un principe psychologique où la doctrine de la nécessité universelle est clairement renfermée. S'il a, suivant la coutume du temps, à voir de ne se pas brouiller avec les théologiens, ce n'est pas qu'il doive s'occuper de sauvegarder les attributs absolus de Dieu, menacés par la réalité d'un libre arbitre humain ; c'est bien plutôt de conserver, sous le nom de liberté, quelque chose qui paraisse exclure l'existence du destin en un sens que réprouve l'Église ; et c'est aussi d'écarter autant que possible l'idée d'un Dieu purement cosmique, sans liberté lui-même, et n'en accordant aucune à ses créatures, lequel répondrait mieux que le Dieu du christianisme à la doctrine stoïcienne de l'enchaînement éternel et invariable des phénomènes de l'univers. Le principe de « la raison suffisante » semble à qui ne l'examine que superficiellement ne pas dépasser l'affirmation du lien de causalité entre tous les états psychiques, envisagés comme les conséquents nécessaires de leurs antécédents qui les motivent, qui en contiennent les « raisons suffisantes ». En voilà assez déjà pour la négation de toute causalité libre, soit dans l'homme, soit en Dieu, à qui

(1) Je prends la liberté de renvoyer le lecteur, pour des développements qui ne peuvent trouver place ici, à ce que j'ai dit de Descartes, de Spinoza et de Malebranche, dans mes articles de la *Critique philosophique* (VIII⁰ année, n⁰ˢ 38, 43 et 47) sous le titre de *Labyrinthes de la métaphysique.*

Leibniz étend toute la force de cette relation nécessaire entre l'acte et les pensées nécessaires que comporte une nature nécessaire. Mais ce n'est pas tout ; quand on rapproche ce principe de la doctrine leibnitienne de l'harmonie préétablie des monades, quand on réfléchit que toutes les modifications quelconques des monades sont réglées, tant en qualité et quantité qu'en succession, de manière à être, chez chacune d'elles, absolument et rigoureusement solidaires des modifications de chacune des autres et de toutes ensemble ; et qu'il n'est rien dans le monde hormis ces monades ; et qu'il n'est pas de phénomènes réels qui ne se réduisent à ces mêmes modifications de nature psychique ; et qu'enfin le tout s'enchaîne à Dieu et fait de la création une série dont le premier terme ne peut avoir place dans le temps, parce qu'on ne saurait, pour l'y marquer plus tôt que plus tard, trouver aucune raison suffisante (1), on ne voit plus quelle différence mettre entre cette conception et la « chaîne des choses », le destin stoïcien. Je parle ici de la conception, eu égard à la seule question de la nécessité, abstraction faite de son mérite comme œuvre d'art et de l'étonnante énergie spéculative dont elle témoigne, et j'oublie que son auteur a prétendu la concilier avec la personnalité et les attributs moraux d'un créateur, ainsi qu'avec quelque chose qu'on pût nommer la liberté de l'homme.

Ce principe de la raison suffisante, racine de toute nécessité selon Leibniz, et appelé avec le principe de contradiction à poser le double fondement axiomatique de la métaphysique, n'est au demeurant qu'une affirmation arbitraire : arbitraire *extrinsecus*, vu qu'il le donne pour évident, et qu'une évidence philosophique à laquelle beaucoup de philosophes sont insensibles ne justifie pas son titre ; arbitraire *intrinsecus*, c'est-à-dire revenant à une pétition de principe. En effet, que porte la formule (2) ? « que rien ne se fait sans raison suffisante, c'est-à-dire que rien n'arrive sans qu'il soit possible à celui qui connaîtrait assez les choses de rendre une raison qui suffise pour déterminer pourquoi il en est ainsi et non pas autrement ». Les choses à connaître sont les antécédents et circonstances de ce qui se fait ou arrive, y compris la nature et le caractère de l'agent, s'il y en a un à qui ce nom d'agent convienne plus

---

(1) Pour ce dernier point, voyez la polémique de Leibniz et de Clarke, principalement le *Cinquième écrit* de L., n°* 55-57, et la *Cinquième réplique* de C., n°* 55-63.
(2) *Principes de la nature et de la grâce*, n° 7.

particulièrement. Or, tout le monde accordera qu'*après l'événement* il existe toujours des raisons qui *suffisent pour déterminer* pourquoi il en est ainsi. Mais il est clair que ces choses à connaître *avant l'événement* restant les mêmes, elles se prêteraient également bien à la détermination d'un événement différent de celui que l'on a constaté, si l'on pouvait y supposer l'intervention d'une sorte d'agents dont les décisions seraient, au moment même de l'acte, ambiguës entre des déterminations diverses à tirer pour l'avenir des antécédents et des circonstances. En ce cas, cet acte même serait à compter au nombre des raisons qui suffisent toutes ensemble pour déterminer ce qui arrive, et l'événement aurait une « raison suffisante ». Mais pour le sens qu'on entend donner au principe, pour l'usage qu'on en veut faire, on nie l'existence de ces sortes d'agents qui en modifieraient complètement l'application, et c'est par ce principe lui-même qu'on prétend justifier cette négation. On suppose donc ce qui serait à prouver : à savoir que toutes choses sont non seulement déterminées après l'acte, mais déterminées avant l'acte, et qu'il n'y a pas d'agents libres.

Leibniz ne fit au surplus que reproduire la terminologie et les arguments de ses prédécesseurs, tant scolastiques que cartésiens, en disant qu' « être déterminé par la raison au meilleur, c'est être le plus libre »; que la volonté est exempte de contrainte, et même de *nécessité*, « quoiqu'il y ait toujours une raison prévalente qui la porte à son choix »; que « *le choix est libre et indépendant de la nécessité*, parce qu'il se fait entre plusieurs possibles, et que la volonté n'est déterminée que par la *bonté prévalente de l'objet* »; que la prescience et la préordination de Dieu rend tous les futurs *certains*, mais non pas *nécessaires;* qu'il faut être, en théologie, pour les « prédéterminateurs », « en observant toujours que la prédétermination ne soit point nécessitante »; enfin que « la certitude objective, ou la détermination, ne fait point la nécessité de la vérité déterminée ». Le mot de ces énigmes, c'est que Leibniz ne donne point le nom de nécessaire à ce dont le contraire est faux de toute certitude, mais seulement à *ce dont le contraire implique contradiction;* en sorte que tous les futurs peuvent être aussi certains que s'ils existaient actuellement, et n'être pas le moins du monde nécessaires; et il appelle possible tout *ce qui n'implique pas contradiction*. Grâce à des définitions verbales, il se trouve ainsi que, pour chaque cas donné où l'on envisage un futur contingent, il existe plusieurs *possibles idéaux* qui tous, excepté un, sont *réellement impossibles*, suivant le sens ordinaire des mots; et que ce possible qu'on excepte *doit arriver infailliblement*, quoiqu'il soit *possible qu'il n'arrive pas* (1).

Le point le plus intéressant et qui me semble mériter ici le plus de réflexion de la part du psychologue, c'est que Leibniz, suivant cette nomenclature, n'est pas obligé d'abandonner la définition consacrée du *nécessaire : ce qui ne peut pas ne pas être.* Il lui suffit d'arranger à sa guise l'idée de *pouvoir*, ce qui est naturel quand il s'agit de ruiner le fondement de l'idée de *liberté*. On fait communément deux emplois différents de ce mot *pouvoir :* l'un qui se rapporte aux possibilités ou impossibilités logiques ou physiques ; — un triangle *peut* avoir ses côtés égaux, un triangle qui a ses côtés égaux *ne peut pas* n'avoir pas ses angles égaux, etc.; — l'autre relatif à la possibilité d'agir, et de faire passer présentement à l'acte des phénomènes dépendant de la volonté, envisagés dans l'avenir. Cette dernière acception implique, suivant la disposition spontanée commune des esprits, l'idée que le *pouvoir* s'étend, dans certains cas, jusqu'à réaliser l'un *ou* l'autre de deux possibles qui s'excluent mutuellement ; et on les appelle tous deux *possibles,* en entendant par là qu'il n'y en a aucun des deux qui ne puisse pas ne pas arriver, c'est-à-dire — toujours suivant ce qu'on entend — aucun des deux qui soit déterminé d'avance soit à exister, soit à ne pas exister. Leibniz supprime donc tout simplement la seconde notion du pouvoir et des possibles et se réduit à la première, à la notion logique. Cette décision de sa part est arbitraire, ainsi que celle qu'il prend au sujet du principe de la raison suffisante. Elle est d'ailleurs la même au fond, car nous avons vu que ce principe a pour lui le sens d'une négation du *pouvoir des contraires* chez l'agent libre. Elle classe en réalité son système à côté de celui de Spinoza, pour qui tous les phénomènes de pouvoir et d'action sont rigoureusement assimilables au déroulement logique des propriétés d'une trajectoire, impliquées dans son éternelle définition géométrique. La différence est dans l' « hommage rendu » par Leibniz aux doctrines adverses, je veux dire dans le parti pris qu'il montre de garder à la tête de l'éternelle géométrie un éternel géomètre, et de donner à ses thèses du libre et du nécessaire, au moyen de définitions

---

(1) Leibniz, *Théodicée,* 1re partie, n° 34 et suivants; *Nouveaux essais,* II, XXI, n° 8 et suivants.

nominales, une apparence qui répugne moins aux notions pratiques et aux idées religieuses communes.

Les *Essais sur l'entendement* de Locke marquent le commencement d'une suite de travaux sur la même question avec une autre méthode. Mais la méthode analytique, sur le terrain de la psychologie d'observation, et avec une position du problème généralement indépendante des doctrines religieuses, conduisit l'école anglaise à des résultats concordant en somme avec ceux de l'apriorisme philosophico-théologique des cartésiens, de Spinoza et de Leibnitz. La raison en est que l'esprit de la science inclina les philosophes, sur ce nouveau terrain ainsi que sur l'ancien, à considérer les jugements d'un agent moral comme ne pouvant être à chaque instant que ce qu'ils sont, c'est-à-dire comme s'enchaînant nécessairement de la manière que constate le fait une fois accompli, et comme transmettant à l'acte lui-même la nécessité de celui d'entre eux qui se trouve être *le dernier*.

Locke n'avait nulle raison pour partager la répugnance de Leibniz à user du mot *nécessité* pour exprimer cette liaison nécessaire. Toutefois, il évite, lui aussi, mais d'une autre façon, l'emploi de ce terme pour qualifier l'enchaînement des pensées qui se terminent à l'acte et le déterminent. Il définit comme Leibniz cette détermination ; il définit la volonté, une puissance de décider une idée ou un mouvement, conformément à un état actuel de la pensée. La liberté, pour lui, n'appartient pas à la volonté, mais n'est simplement que la puissance (lorsqu'elle existe) « de penser ou de ne pas penser, de mouvoir ou de pas mouvoir conformément à la préférence ou au choix de son propre esprit ». Tout ceci posé, Locke obéit, ce que ne voulait pas Leibniz, à l'analogie naturelle des termes, en opposant la *nécessité* non point à une contingence purement logique, dont l'idée lui aurait paru sans doute subtile et, au fond, dérisoire, mais à cette puissance non empêchée à laquelle il réduisait la liberté. Il voit donc la liberté, là où il est question d'agents capables de penser et de vouloir, dans la puissance d'agir, si rien d'ailleurs ne s'y oppose, en conséquence d'une direction particulière de l'esprit. C'est simplement une détermination produite sans contrainte ni cohibition [1]. Ainsi la sponta-

---

[1] Locke, *Essai philosophique sur l'entendement humain*, II, XXI, principalement aux nos 5, 8 et 13 sq, et Leibniz, *Nouveaux Essais*, aux endroits correspondants.

néité des mouvements psychiques, quoiqu'elle ne soit, à vrai dire, suivant l'opinion de ces philosophes, qu'une branche de la nécessité, à aussi bon titre que l'est la spontanéité de croissance ou de modification morphologique d'un végétal en un milieu donné, est soustraite par eux à l'appellation qui conviendrait le mieux à l'expression de leur pensée, et peut simuler jusqu'à un certain point les propriétés du libre arbitre qu'ils n'admettent pas.

Ces questions de nomenclature ont de l'importance pour la clarté des débats philosophiques. Le chapitre de Locke où sont analysées les idées de puissance, volonté, liberté, etc., est plein de finesse, de sincérité et de modestie, mais non point partout exempt d'équivoques ; il trahit, il avoue même des hésitations (1). Le vice tient précisément, et la remarque est particulièrement intéressante pour nous, à ce que l'auteur, dont l'opinion n'est pourtant pas douteuse, n'applique pas son principal effort à éclaircir la nature du lien entre les états successifs de la pensée aboutissant à l'acte volontaire, et se laisse aller parfois à des expressions qui semblent dénoter un libre pouvoir de l'agent sur ses propres états. Ces expressions sont naturelles, elles ont leur source dans la présence cachée de cette notion même qu'il s'attache à réfuter.

Locke dira, par exemple : « La liberté est une puissance d'agir ou de ne pas agir, *selon que notre esprit se détermine à l'un ou à l'autre* » ; et cette proposition distingue l'acte d'avec l'entendement et l'y subordonne. Mais un peu plus loin, il ajoutera, presque dans les termes de Malebranche : « Quoique le désir général d'être heureux agisse constamment et invariablement dans l'homme, *nous pouvons suspendre* la satisfaction de chaque désir particulier et *empêcher qu'il ne détermine la volonté* à faire quoi que ce soit qui tende à cette satisfaction, jusqu'à ce que nous ayons examiné mûrement si le bien particulier qui se montre à nous et que nous désirons dans ce temps-là fait partie de notre bonheur réel, ou bien s'il y est contraire ou non. Le résultat de notre jugement en conséquence de cet examen, c'est ce qui, pour ainsi dire, détermine en dernier ressort l'homme, qui ne saurait être libre, si sa volonté était déterminée par autre chose que par son propre désir guidé par son propre jugement ». — Un partisan sérieux du libre arbitre se déclarerait satisfait de cette formule, en prenant les mots sans aucune argutie dans le sens que chacun leur donne.

(1) Locke, *ibid*, nos 71 et 72.

Pourtant la théorie de Locke est, dans l'ensemble, une théorie de la nécessité. Ce qui manque à son analyse, c'est l'étude des jugements, qu'il faudrait, à son point de vue, démontrer nécessaires, en tant que rattachés nécessairement à des antécédents. Il s'exprime, au contraire, comme s'il dépendait de nous de suspendre notre jugement, ou, car cela revient au même, *d'avoir, en fait, d'autres jugements que ceux que nous avons.* Il serait aisé, si l'on avait à cela un intérêt de système, de soutenir que Locke n'a répudié le libre arbitre qu'autant qu'il se confondait pour lui avec la doctrine absurde de la liberté d'indifférence, et qu'il a cru réellement à la possibilité où serait l'homme de donner à ses propres décisions et, par suite, aux événements, une direction ou une autre, sans que nulle des deux fût prédéterminée à l'existence.

Quand on lit avec attention ce beau chapitre de l'*Erreur*, qui donne la conclusion pratique de l'*Essai* de Locke, on se trouve en quelque sorte un droit égal de lui attribuer deux opinions contraires : l'une où les jugements, considérés dans leurs motifs, sont tenus pour inévitables au moment où ces motifs sont présents à l'esprit ; l'autre où l'homme, envisagé pratiquement, est estimé en puissance de suspendre et, par suite, de changer son jugement. Ces deux opinions sont réunies dans un seul et même passage (1) : « Comme la connaissance n'est non plus arbitraire que la perception, *je ne crois pas que l'assentiment soit plus en notre pouvoir que la connaissance...* Mais quoique nous ne puissions pas nous empêcher de connaître la convenance de deux idées lorsque nous venons à l'apercevoir, ni de donner notre assentiment à une probabilité dès qu'elle se montre visiblement à nous après un légitime examen de tout ce qui concourt à l'établir, nous pouvons pourtant arrêter les progrès de notre connaissance et de notre assentiment en arrêtant nos perquisitions et en cessant d'employer nos facultés à la recherche de la Vérité. Si cela n'était ainsi, l'ignorance, l'erreur ou l'infidélité ne pourraient être un péché en aucun cas. *Nous pouvons donc en certaines rencontres prévenir ou empêcher notre assentiment.* » C'est, en un sens, le principal mérite, tout comme c'est un vice fondamental de la psychologie de « bonne foi » de Locke, que le manque de précision logique et d'esprit de système dans la plupart des conclusions et des formules de ce penseur sincère et si peu dogmatique. De quel côté penche la balance entre les deux propositions qu'on vient de voir ?

(1) Locke, *Essai*, liv. IV, chap. xx.

Évidemment du côté du libre arbitre, au point de vue pratique, c'est-à-dire pour toutes ces « certaines rencontres », — celles-là précisément pour lesquelles se pose la question de la liberté de l'assentiment, — où l'esprit ne se juge pas en présence d'une vérité irréfragable, mais bien suspendu entre des motifs différents, et où l'abstention actuelle est une sorte de décision qui n'a pas moins qu'une autre la valeur d'un acte, et n'est pas moins capable de produire des modifications dans les actes subséquents et dans la conduite. Nous pouvons corroborer ceci en remarquant que l'argument apporté par Locke en faveur du pouvoir de suspension (identique avec le pouvoir des décisions contraires) est celui que les partisans du libre arbitre ont coutume de tirer du fait moral du « péché. » Et ce n'est pas encore tout ; mais si nous songeons à l'esprit général de ce chapitre de l'*Erreur*, où l'homme nous est montré flottant, mal assuré et faiblement convaincu dans presque toutes ses opinions et dans celles-là mêmes qu'il met souvent le plus d'ardeur à défendre, la vérité n'étant presque jamais pour lui que la perception d'une probabilité, nous serons fondés tout au moins à citer Locke comme un des plus frappants exemples de philosophes que la raison pratique a obligés à conserver la notion de la liberté morale, en dépit de leur attachement à des principes contraires.

Ces principes contraires sont : 1° l'idée cartésienne de l'évidence, d'où la nécessité de l'assentiment, quoique Locke n'emploie pas volontiers le terme de nécessité pour exprimer cette idée ; 2° la définition du terme de liberté, — si toutefois ceci peut s'appeler un principe, — comme affecté exclusivement à la désignation du pouvoir d'agir conformément à une volonté donnée, quand il n'y a pas empêchement. La théorie déterministe, en psychologie analytique et empirique, n'est donc pas encore bien dégagée, pour l'école anglaise, au moment où nous sommes. Elle ne paraît clairement qu'avec les philosophes qui se servent sans hésitation du mot *nécessaire* pour qualifier les jugements, eu égard à leur dépendance des motifs, et prétendent prouver le déterminisme en alléguant leur enchaînement dans le cours d'une délibération, jusqu'au dernier de tous qui, basé sur le *motif le plus fort*, précède immédiatement l'acte et le détermine. Ces philosophes sont les adversaires de Clarke, lequel avait peu auparavant défendu la thèse de la liberté d'indifférence contre le principe apriorique de la raison suffisante de Leibniz.

J'ai déjà remarqué combien faible était la position d'un métaphysicien admettant à la fois la nécessité du jugement et la liberté de la volonté. En ce qui touche le principe apriorique, Clarke accordait à Leibniz que « rien n'existe d'une certaine manière plutôt que d'une autre, sans qu'il y ait aussi une raison suffisante pour cela »; mais il aurait fallu ajouter que le lien des moments successifs d'une délibération, et le lien du dernier de ces moments avec lui-même, pour constituer l'acte mental de la résolution, ne sont pas de *pures raisons*, mais impliquent à la fois des raisons, des désirs, et ce que nous appelons des volitions, par lesquelles nos idées sont évoquées, ou éloignées pour faire place à d'autres, ou maintenues fermement; et qu'ainsi des raisons diverses et opposées sont ou seraient suffisantes avant l'acte, et l'expliqueraient *pour la part qu'elles y prennent*, encore que, après l'acte, on soit porté, sous la pression du fait accompli, à considérer comme seule suffisante celle qui y a présidé.

Au lieu de cela, Clarke séparait la volonté du jugement et de la direction de l'entendement, ce qui revenait à la poser comme indifférente (une abstraction) et ses décisions comme des produits de hasard. Après avoir admis la loi de la raison suffisante invoquée par son adversaire, il ajoutait, — c'est au sujet de la liberté du Créateur que la question s'agitait entre eux : — « Mais cette raison suffisante est souvent la simple volonté de Dieu ». Il n'avait donc fait qu'une concession purement nominale, et s'il niait ainsi le dogme de la nécessité, sous la forme qu'en préconisait Leibniz, il niait également la liaison des actes délibérés avec leurs antécédents psychiques, ce qui est inadmissible en psychologie.

A la vérité, le désavantage de la position que prenait là le défenseur du libre arbitre ne paraît pas trop marqué quand on lit la dernière *Réplique* de Clarke à Leibniz dans cette polémique célèbre. Cela tient à ce que le problème de la liberté se pose pour eux relativement à l'absolu divin, plutôt que par rapport à la nature humaine, et qu'en ce cas une question plus ardue, celle du premier commencement des phénomènes dans l'espace et le temps, intervient et change complètement les termes d'un examen à faire de la relation entre le jugement et l'acte. Autre évidemment est le concept métaphysique d'une liberté absolue, antérieurement à toute détermination phénoménale quelconque, autre la notion de la liberté d'un agent qui se meut dans un ordre donné, auquel il est en grande partie assujéti. Clarke, descendu sur ce dernier terrain à la suite de ses antagonistes de l'école empirique, était irrémédiablement voué à la défaite.

Antoine Collins, en ses *Recherches philosophiques sur la liberté de l'homme*, définit la liberté comme Locke : *Le pouvoir qu'a l'homme de faire ce qu'il veut ou ce qui lui plaît.* Il cherche, ainsi que Stuart Mill l'a fait de nos jours, à nous persuader que la dépendance où nous sommes de notre propre nature pour vouloir ou désirer tout ce que nous voulons ou désirons, et pour conduire nos propres pensées, constitue toute la perfection souhaitable pour nous et satisfait pleinement à nos idées morales. Il croit même, et c'est encore ce que Stuart Mill a dit, que tel est vraiment le fond de la conviction de chacun en ce point. Cette liberté *soumise à la nécessité morale* est une soumission de nous à nous-même, toutes nos modifications comprises, selon que les antécédents et circonstances de tout genre les comportent. Quant à la liberté *exempte de nécessité*, elle est déclarée chimérique, par la raison que la « perception des idées » est nécessaire, le « jugement qu'on fait des propositions » nécessaire, et le « vouloir » une suite nécessaire du jugement porté sur le meilleur ou le probable en chaque rencontre ; de sorte que toutes les actions sont déterminées par les causes qui les précèdent, et qu'il est impossible « qu'aucune des actions que l'homme a faites ait pu n'arriver pas, ou qu'aucune des actions qu'il fera puisse ne pas arriver, ou être autrement qu'elle ne sera ». Ne nous arrêtons pas au sophisme qui résulterait de l'emploi des futurs *fera, sera*, dans cette dernière formule, si quelqu'un remarquait qu'il est bien évident que *ce qui sera ne peut être que ce qui sera*. Rien de plus clair en effet, mais on n'en déduirait la nécessité des futurs contingents que par une pétition de principe ; car la question est de savoir s'il est permis de dire de l'un quelconque de deux futurs contingents contraires *qu'il sera*, en d'autres termes, de dire, après l'événement, *qu'il a été devant être*. Collins s'est incorrectement exprimé, mais sa pensée est assez claire. Et maintenant que répondait Clarke à cette argumentation ?

Clarke admettait, nous l'avons vu, à titre de nécessaire, tout ce qu'on lui proposait comme tel : tout, à l'exception du pur acte du vouloir, qu'il détachait du jugement, sous prétexte que le principe actif, ou « pouvoir de commencer un mouvement, » est quelque chose d'entièrement à part des perceptions et des jugements, choses passives. Et l'on se tromperait fort, si on pensait que ce fût là le chemin pour atteindre la notion d'un libre arbitre réel, et non pas simplement verbal. Le théologien, défenseur de cette opinion de l'activité humaine absolument affranchie, considérait tous les futurs comme certains, vu la prédétermination exigée par la perfection de la science divine; et le philosophe qui admettait le « pouvoir naturel ou physique » de l'homme d'agir d'une manière opposée à son jugement actuel et nécessaire reconnaissait l'« impossibilité morale » d'une action de cette nature. Il réduisait deux fois à rien l'exercice de cette liberté dont il posait le fondement de théorie dans une abstraction (1).

Un autre point de la polémique, bon à noter parce que les arguments de part et d'autre se sont reproduits bien des fois depuis lors, c'est celui qui regarde l'explication des sentiments et jugements moraux des hommes, soit dans le système de la nécessité, soit dans l'hypothèse du libre arbitre. Clarke ne manquait pas d'insister fortement sur les raisons d'ordre pratique en faveur de la liberté, et de représenter à ses adversaires que leurs opinions étaient destructives des idées de mérite et de démérite, de justice et d'injustice, l'agent humain n'étant à leurs yeux qu'une simple pièce d'un vaste mécanisme dont toutes les parties s'enchaînent invariablement. Mais, outre que la *chaîne des choses* ne s'imposait pas moins à l'auteur du *Discours sur l'existence et les attributs de Dieu*, sous la forme de la préordination divine, qu'à Leibniz ou à Collins à titre de liaison causale invariable, ces derniers rétorquaient l'argument en observant que si les actes appelés libres étaient des effets de *nécessité* à leur point de vue, ils ne pouvaient être que des effets de *hasard*, dans le sens où on prétendait les leur faire accepter; et, de fait, une volonté pure, affranchie de tout motif, ne saurait nous suggérer d'autre idée que celle d'une cause existant et se déterminant fortuitement (2). Il est clair d'après cela que les notions morales ne s'expliquent et ne se justifient pas mieux dans le système de la volonté indépendante du jugement que dans celui qui assimile l'esprit à une balance. Le principe de la responsabilité de l'agent ne trouve à se placer nulle part.

La question entre la liberté et la nécessité étant donc posée d'une manière si défavorable aux partisans du libre arbitre, et l'avantage, tant du

(1) Clarke, *Remarques sur un livre intitulé* : Recherches philosophiques sur la liberté de l'homme (Recueil de des Maizeaux, t. I, p. 379 et suivantes, p. 391, 395 et suivantes, 401, 419-420).

(2) Id., ibid., p. 408; Collins, *Recherches philosophiques sur la liberté*, même recueil, p. 327, 340, 343; *Lettres d'un savant de Cambridge*, même recueil, p. 248-249; Leibniz, édit. Erdmann, p. 772, n° 70.

génie spéculatif que du mérite de l'analyse psychologique, se trouvant du côté des nécessitaires, on comprend sans peine que l'opinion de ceux-ci ait généralement prévalu dans toute la suite du développement des idées philosophiques jusqu'à nos jours. La résistance opposée par le sentiment moral au pur déterminisme n'en est que plus remarquable. Elle s'est montrée chez Kant de la façon la plus extraordinaire, à savoir dans une doctrine qui, d'une part, semblait accorder, accordait même réellement à l'opinion déterministe tout ce qu'elle réclame, *dans le monde des phénomènes*, mais, d'une autre part, plaçait la liberté à la racine du monde moral, *avant tout phénomène*. La force et la faiblesse du dogme de la nécessité ressortent à la fois de cette étrange conception métaphysique. Mais ne ressortaient-elles pas aussi fort clairement, quoique d'une autre manière et par des affirmations inverses de celles de Kant, de l'étonnant parti pris de Hume, le prétendu sceptique, qui d'une main, pour ainsi dire, enlevait le fondement de la nécessité dans la connaissance humaine, et, de l'autre, la réédifiait comme la suprême loi de la nature?

Lorsque Hume, en psychologiste, applique l'analyse à l' « idée de connexion nécessaire », il arrive à cette conclusion, « que la nécessité d'une cause, pour tout commencement d'existence, n'est appuyée d'arguments quelconques, ni démonstratifs ni intuitifs ». Il fait dépendre la notion de causalité, exclusivement, de l'association des idées, et de l'habitude opérant sur les données de l'expérience ; il définit la cause : « un objet qui en précède un autre et lui est contigu, *et qui lui est lié dans l'imagination* de telle manière que l'idée de l'un détermine l'esprit à se former l'idée de l'autre et l'impression de l'un à se former une idée plus vive de l'autre ». Il insiste sur ce que cette idée, dont l'unique fondement est dans nos impressions, ne contient rien de plus que cela, et renferme tout ce qu'on peut entendre par les termes à peu près synonymes de pouvoir, action, force, nécessité, etc. Enfin, il étend si bien sa théorie hors du domaine idéaliste, je veux dire jusqu'au principe de l'univers, que, réfutant les arguments par lesquels Locke et Clarke avaient prétendu démontrer l'existence d'un être éternel et nécessaire, il soutient que nous ne pouvons ni par voie de connaissance directe ou intuitive, ni par aucun raisonnement, arriver aux axiomes prétendus, que *toute chose doit avoir une cause*, que *tout ce qui commence d'exister doit avoir une cause d'existence*. C'est immédiatement après cette réfutation, logiquement irréprochable, du principe de causalité sur lequel s'appuient toutes les écoles nécessitaires, que Hume restreint son étude aux « causes particulières », et cherche dans l'expérience, dans l'association des idées et dans l'habitude née de l'observation des « conjonctions constantes », la source des inférences que nous formons de certains *effets* à certaines *causes* (1). Il est clair, si quelque chose au monde peut l'être, qu'on ne saurait, avec un tel point de départ, porter au delà de la sphère de l'empirisme, élever au-dessus de l'incertitude attachée à tout procédé inductif, une notion de la nécessité dont on a ruiné le fondement dans l'esprit humain et en tant que principe de l'univers.

Mais lorsque Hume, entraîné à son insu par le dogmatisme nécessitaire de forme scientifique, — j'ai le droit de le dire, puisque sa conclusion s'échappe si fort au delà de ses prémisses, — se place au point de vue d'un observateur de ces « conjonctions constantes » sur lesquelles se fonderait un principe expérimental de la nécessité, *au cas où l'on pourrait les observer partout et toujours*, il affirme résolument que les actes humains sont régis par ces sortes de conjonctions, et liés à leurs antécédents d'une manière aussi invariable et absolue que le sont entre eux les purs phénomènes physiques. Il définit, ainsi que Locke et Collins, la liberté, *le pouvoir d'agir ou de n'agir pas, conformément aux déterminations de la volonté*, lesquelles sont nécessaires. La liberté, en un autre sens bien connu, il en explique l'illusion, et prétend, qu'à descendre au fond des opinions, personne n'y croit, chacun cherche les causes, ou conjonctions déterminantes, et est bien convaincu qu'il en existe. Tout cela n'est qu'argumentation facile à rétorquer. Il n'y a qu'une raison qui ait du poids, c'est l'induction tirée des « uniformités connues, et prouvées par l'expérience », à l'*uniformité* universelle de tous les cas et de tous les temps, que l'expérience n'atteint pas. Mais cette induction ne peut être qu'un sophisme si le philosophe obligé d'y recourir est celui qui, n'admettant point d'aprioris, explique toutes les notions et toutes les croyances par des habitudes formées en une sphère d'expérience restreinte (2).

Stuart Mill n'a fait que reproduire, à un siècle d'intervalle, sans aucun changement essentiel, la philosophie de Hume, mais tout particulière-

(1) Hume, *Traité de la nature humaine*, livre premier, traduction Pillon et Renouvier, pp. 107-112, 209, 225, 229.
(2) Hume, *Essais: Recherches sur l'entendement humain*, VIII. *Sur la liberté et la nécessité.*

ment en ce qui concerne la liberté et la nécessité. La même double position, la même anomalie, le même sophisme, à parler crûment, nous frappent dans son analyse psychologique et dans sa conclusion dogmatique. Mill tient si fort à affirmer le caractère exclusivement empirique de tout ce que nous pouvons savoir de la connexion causale, qu'il n'a nulle répugnance à concevoir un état de choses, quelque part, dans la région des étoiles, où les phénomènes ne seraient pas soumis à une telle connexion pour se produire. N'est-ce pas le pendant de l'opinion de Hume sur l'impossibilité de s'assurer, par démonstration ou autrement, que nulle chose n'existe sans cause? Mill, objectant au critère de l'*inconcevable* de M. Spencer, soutient que toutes nos connaissances ou croyances sont fondées sur l'expérience, l'association et l'habitude; et que nos associations ne sauraient être rigoureusement indissolubles, puisque l'expérience qui les a faites peut se démentir et finalement les défaire; et qu'en fait cela est arrivé; et que, de plus encore, un philosophe est apte, en vertu de ses habitudes intellectuelles propres, à défaire les associations indissolubles des autres hommes; si bien qu'une inconcevabilité actuelle ou prétendue ne prouve rien d'une manière absolue. N'est-ce pas encore là où le fond où l'esprit le plus ingénieusement traduit de l'empirisme de Hume? (Mill, *Examen de Hamilton.*)

Mais ensuite, quand Mill, en son *Système de logique*, arrive à s'expliquer sur le fondement de l'induction et sur la portée universelle du principe de causalité, il obéit à son tour à des tendances inconciliables avec sa méthode et se confie dans un *apriori* qu'il ne lui plaît pas de reconnaître pour tel. Il affirme énergiquement le principe que Hume a nié, lui aussi, pour le rétablir, le principe que *tout ce qui commence d'exister a une cause.* Et sur quoi se fonde cette affirmation? Sur une induction, tirée de l'expérience qui ne nous a jamais montré de phénomène sans cause. Et cette induction sur quoi repose-t-elle? Sur le principe de causalité, comme toutes les inductions possibles, selon Mill. Comment échapper au cercle vicieux que lui-même il confesse ingénûment? Par un apriori? mais il n'en veut point, et d'ailleurs on pourrait le mettre en doute. Par l'aveu d'une croyance? il faudrait le dire; mais que prouverait-elle? Au fond il doit y avoir un peu de tout cela, si ce n'est un pur préjugé philosophique, une « idole de théâtre », dans l'esprit de Mill. Encore est-ce une sorte d'excuse, un moyen, quoique inavoué, de se mettre au-dessus du paralogisme patent ; mais ce qui reste sans justification possible, c'est l'appel à l'expérience pour établir l'universalité d'un fait — et d'un fait négatif : à savoir qu'*il n'y a pas* de phénomène sans cause ! Et n'oublions pas que, selon le sens qu'il s'agit de donner au principe de causalité, on veut en faire sortir la loi de l'enchaînement invariable et nécessaire des phénomènes de tout ordre : on s'oblige ainsi à regarder comme *un fait d'expérience* ce que rien ne nous empêche de nier de bonne foi, et ce dont chacun de nous est spontanément, à tout instant, enclin à penser le contraire : comme un fait d'expérience, l'impossibilité que les mêmes antécédents et les mêmes circonstances des actes humains comportent jamais à l'avance d'autres conséquents que ceux que le fait, une fois accompli, met en évidence ! Il est en vérité curieux que l'expérience, invoquée si souvent par les partisans de la liberté à l'appui de leur thèse, soit prise par un autre bout et réclamée par les nécessitaires comme le fondement de la leur. Cette circonstance n'est à l'honneur de la logique ni des uns ni des autres ; mais elle constate bien la force réelle des convictions antagonistes, dans la vaine recherche des motifs externes par lesquels il leur serait donné de s'imposer l'une à l'autre.

Le grand éclat de la méthode criticiste, dans l'œuvre de Kant, a détourné jusqu'à un certain point l'attention de ses contemporains et de la postérité de celles de ses théories où le subtil métaphysien qui était en lui s'est porté aux affirmations les plus contraires à l'esprit du criticisme. On a signalé, quoique en l'exagérant et la définissant généralement fort mal, la plaçant où elle n'est pas, l'espèce d'opposition qui existe entre les thèses *impossibilistes* de la critique de la raison pure et l'édification des postulats de la raison pratique. Ensuite, avec plus d'inintelligence encore, on a voulu présenter comme un sceptique le philosophe qui, tant en affirmations qu'en négations, s'est fait fort de démontrer tant de choses et a réussi à en mettre en lumière un certain nombre de vraiment essentielles. Mais on a peu remarqué que le même penseur qui dénonçait les paralogismes de l'ontologie et de la psychologie rationnelle, et découvrait le vice rédhibitoire des doctrines dont les auteurs transportent dans l'absolu, au delà de toute expérience possible, des notions qui ne valent que dans les limites de l'expérience et pour donner à l'expérience des formes et des règles ; que le même, dis-je, n'a point hésité à affirmer l'enchaînement invariable et nécessaire de tous les phénomènes dans le monde. C'était ériger la « catégorie de causalité » en loi de nécessité universelle, et c'était en vicier radicalement l'application, puisque la notion de cause (force, pouvoir, action) donnée à l'esprit, imposée à l'esprit avec toute la rigueur qu'on voudra, n'implique pourtant point (plusieurs pensent même qu'elle implique le contraire), qu'il n'existe pas de causes libres, et que des effets différents ne sauraient jamais résulter de causes complexes dont l'une est une cause libre. Et de fait, Kant admettait l'existence de ces causes libres, mais seulement hors de l'espace et du temps. Pourquoi donc pas dans l'ordre des phénomènes?

Cette anomalie n'est pas la seule qu'il y ait à reprocher au criticisme kantien, mais les autres ne doivent pas m'arrêter maintenant. A quoi l'attribuer? Évidemment à l'influence du leibnitianisme ou wolfianisme, en Allemagne, pendant la jeunesse de Kant. Les écrits d'un philosophe français aujourd'hui trop oublié, victime des injustes mépris et des inimitiés que lui attirèrent la vive satire de la doctrine dominante à cette époque, et la forme volontairement paradoxale de ses propres thèses, sont peut-être les plus propres à nous faire juger de la passion dogmatique avec laquelle on imposait aux théologiens et aux philosophes l'étrange théodicée qui donnait à tout logicien sincère le choix entre deux opinions choquantes : Dieu auteur du mal, ou le monde aussi bon qu'il est possible de le concevoir. Le lecteur qui voudra rechercher aujourd'hui les ouvrages de Le Guay de Prémontval, membre de l'Académie de Berlin, trouvera, au milieu de vues ingénieuses de toutes sortes, un système de déisme et de dualisme, analogue à celui qui, de notre temps, a paru à Stuart Mill moins inacceptable que le dogme de la création *ex nihilo* par l'absolue Toute-Puissance. Mais le système de Prémontval se distingue éminemment en ce que la source du mal y est envisagée dans la réelle indépendance des créatures libres, au lieu d'avoir à se chercher dans on ne sait quel principe vicieux, inhérent à la matière d'un monde où tous les phénomènes se produisent et s'enchaînent nécessairement.

Il faut avouer que les œuvres de ce demi-génie tiennent trop de l'improvisation, et qu'elles sont déparées par de l'affectation, un désir de briller et d'étonner le lecteur, une xcès de personnalité dans les polémiques. Elles n'en font pas moins beaucoup d'honneur, par leur originalité et par la claire entente des conditions, alors si mal comprises ou mal défendues, d'une réelle liberté morale, à l'aventurier philosophe (1) que des passions de jeunesse avaient forcé de s'expatrier, et qui, accueilli à Berlin, au siège même de l'optimisme, y combattit cette doctrine avec autant d'ardeur et d'autres armes que, plus tard, chez nous, l'auteur de *Candide*. Au reste, ce dernier avait déjà cessé de professer l'opinion du libre arbitre, à l'époque où il dut se rencontrer en Prusse avec Prémontval (en 1752). Peu porté, de sa nature, à de fortes réflexions *personnelles* sur des sujets de philosophie profonde, il ne s'avisa point de l'étroit rapport des idées auxquelles il était sérieusement attaché sur Dieu, l'ordre de l'univers et l'existence du mal, avec une notion à se faire du libre arbitre, toute autre que la définition de Locke interprétée par le franc déterminisme de Collins.

La polémique de Voltaire et de Frédéric, alors prince royal de Prusse (en 1737-1738), roule, du côté du premier, sur des notions assez imparfaitement démêlées, et n'a guère d'autre intérêt que de nous le montrer embarrassé et concluant, somme toute, à l'indéterminisme (2). Déjà, quelques années auparavant (1734), il avait écrit un *Traité de métaphysique* et, sous ce titre : *Si l'homme est libre*, un chapitre, une véritable élucubration de novice, où, ne voyant aucun inconvénient à la coexistence de la prescience divine et de l'indétermination des futurs, il trouvait d'ailleurs moyen de réunir lestement ces trois thèses : 1° la liberté, définie « uniquement » par le « pouvoir d'agir », par ce pouvoir qu'a l'homme « de se déterminer soi-même à faire ce qui lui paraît bon » ; 2° l'impossibilité de vouloir autre chose que ce qui fait plaisir ; 3° l'indépendance entière de la volonté par rapport à tout ce qui est présent à l'entendement.

Les mêmes idées contradictoires défraient les lettres de Voltaire à Frédéric. Le vif sentiment de la liberté, qui semble lui en avoir dicté quelques passages, se rapporte exclusivement à sa protestation contre les doctrines qui font de Dieu l'auteur réel des actes de l'homme, et qui dénient à ce

---

(1) Voir l'article *Prémontval* dans les grandes biographies. Les écrits assez nombreux de cet intéressant penseur sont en quelque sorte résumés dans un recueil de pièces de sa façon publié sous le titre de *Vues philosophiques* (Amst. 1757). On y trouve, outre de vives polémiques contre le déterminisme et l'optimisme leibnitien, une doctrine singulière de l'*être*, un infinitisme regrettable, et une curieuse réfutation de la manière, alors à la mode, de prouver l'existence de Dieu par les « merveilles de la nature » en méconnaissant la réalité du mal dans le monde.

(2) M. Bersot dans sa *Philosophie de Voltaire*, ouvrage plus qu'incomplet, a trouvé bon de ne montrer, dans le chapitre de la liberté, que le Voltaire indéterministe de 1737.

dernier jusqu'à la spontanéité et à la possession de lui-même. Il est facile de voir que ce n'est nullement l'enchaînement nécessaire des motifs entre eux et avec les actes, le déterminisme psychologique, qui lui déplaît. Et on s'explique fort bien l'attitude qu'il prit dans la question, quoique si peu après son retour d'Angleterre, où il avait dû s'assimiler non seulement la pensée de Locke mais celle des déterministes, adversaires de Clarke, bien plutôt que celle de Clarke lui-même.

L'argument principal de ce théologien lui revint à l'esprit, comme pouvant être utilisé contre une autre espèce de théologie qui dominait sur le continent et faisait du bruit dans son entourage. Son humeur, à ce moment, dut tenir à sa répugnance, qui fut de tous les temps, pour l'optimisme leibnitien, cette forme du dogme nécessitaire contre laquelle il avait à lutter. Mais le doute sur l'idée qu'il se faisait au fond du libre arbitre, et sur son adhésion à un déterminisme exempt de théologie, ne put guère se prolonger. A cette même époque (1738), en effet, appartiennent ses *Éléments de philosophie de Newton* et deux de ses *Discours en vers sur l'homme*, dont l'un traite *de la liberté*. Or celui-ci ne peut tromper qu'un lecteur inattentif ou mal instruit des termes du débat. La liberté n'y paraît que comme spontanéité, ou absence de contrainte, et le déterminisme théologique seul y est combattu. Le commandement de l'homme « à sa propre pensée et même à ses désirs » est le seul passage auquel on pourrait supposer une plus grande portée, si l'on ne savait pas que le déterminisme psychologique admet cet empire sur soi sans s'obliger en aucune façon à renoncer à l'enchaînement invariable des phénomènes (1). Quant à l'étude sur la liberté, qui a sa place dans l'exposition du newtonianisme (2), on y voit décidément, en dépit de quelques précautions de l'auteur, la thèse de Clarke abandonnée, celle de Collins approuvée, le libre arbitre réduit au pouvoir d'agir conformément aux dernières idées que l'esprit a reçues, la chaîne indissoluble des antécédents et des conséquents affirmée, enfin la morale déclarée indépendante de toute opinion à se former sur un sujet si ardu.

Tout ceci se rapporte à la première période d'activité de Voltaire et à

---

(1) Voir à ce sujet un très intéressant chapitre du *Système de logique*, de Stuart Mill (chap. II, liv. VI) : l'homme peut être l'auteur, quoique en tout et toujours déterminé, de son propre caractère.

(2) *Éléments de philosophie de Newton*, 1re partie, chap. IV et V.

la seule époque où il a pu passer pour un partisan du libre arbitre, aux yeux de ceux qui ne sont pas difficiles sur les formules. Plus tard, en attaquant l'optimisme avec un redoublement d'ironie terrible et de bonnes et solides raisons, il sépara complètement la cause de cette doctrine de celle du déterminisme, ainsi qu'il en avait certainement le droit, et soutint la franche opinion nécessitaire, dans le *Philosophe ignorant*, dans *Il faut prendre un parti*, et dans plusieurs des articles que ses éditeurs ont colligés sous le titre de *Dictionnaire philosophique*. Dans le second de ces ouvrages, un des plus brillants qui soient sortis de sa plume, il déclare qu' « un destin inévitable est la loi de toute la nature », et il peint cette loi sous les plus noires couleurs, qui au surplus ne paraîtront chargées qu'à des hommes légers. Dans le premier, il va jusqu'à repousser la plus ordinaire des distinctions en usage pour pallier l'action de la destinée sur l'homme, et il exprime avec force sa conviction définitive, en rappelant ses anciennes hésitations (1) :

« La nécessité morale n'est qu'un mot; tout ce qui se fait est absolument nécessaire. Il n'y a point de milieu entre la nécessité et le hasard, et vous savez qu'il n'y a point de hasard; donc tout ce qui arrive est nécessaire.

« Pour embarrasser la chose davantage, on a imaginé de distinguer encore entre nécessité et contrainte; mais au fond la contrainte est-elle autre chose qu'une nécessité dont on s'aperçoit? Et la nécessité n'est-elle pas une contrainte dont on ne s'aperçoit point? Archimède est également nécessité à rester dans sa chambre quand on l'y enferme et quand il est si fortement occupé d'un problème qu'il ne reçoit pas l'idée d'en sortir.

« *Ducunt volentem fata, nolentem trahunt.* »

« L'ignorant qui pense ainsi n'a pas toujours pensé de même, mais il est enfin contraint de se rendre ».

Rousseau, penseur antagoniste de Voltaire en tant de points et de sentiment et de méthode, — penseur complémentaire aussi, pour ainsi dire, dans l'œuvre de déblaiement des idées en ruines de leur temps, — Rousseau lui est tout spécialement opposé en doctrine morale, et touchant l'affirmation de la liberté comme essentielle dans la morale. Rien de plus faux d'ailleurs que le jugement le plus communément porté sur la nature d'esprit

---

(1) Œuvres, édit. de Kehl, in-8, t. XXXII, p. 94-95.

de ces deux grands hommes. Voltaire à qui la clarté des pensées, l'admirable limpidité du style et le maniement continuel de la plaisanterie, engin de destruction, ont fait une réputation de sécheresse de cœur, était au contraire un homme de sentiment très vif et très irritable, presque toujours déterminé par des émotions, poursuivant avec ardeur des objets d'utilité générale ou particulière, et servant l'intérêt d'une cause ; non pas peu pénétré, sans doute, de l'idée de justice dans les relations humaines, mais plus que médiocrement disposé à se former cette notion catégorique du devoir et de l'obligation qui, appliquée au jugement que nous portons du monde et de son but, change du tout au tout l'impression que nous recevons de l'existence du mal et nos croyances métaphysiques. De là des conclusions non seulement nécessitaires, mais encore empreintes d'un sombre fatalisme ; de là la faiblesse d'une doctrine déiste qui ne va même pas jusqu'à promettre l'immortalité aux personnes et à donner finalement raison au bien et à la vertu, et qui, toute fondée qu'elle est sur l'ordre de l'univers, ne parvient pas à faire paraître cet ordre comme quelque chose de bon, ou seulement à définir celui des deux éléments d'un inévitable dualisme auquel on doit attribuer l'impuissance de l'autre, c'est-à-dire l'impuissance du créateur ; et de là cette vue désespérée, ces tableaux lamentables de la nature et de la vie, où il n'est pas invraisemblable que se trouve l'origine première du pessimisme allemand de notre époque. Schopenhauer est un disciple de Voltaire, de même que Kant est un disciple de Rousseau. Et ce discipulat, en quelque sorte pratique, a plus d'importance réelle que n'en ont tant de parties caduques des théories métaphysiques de Kant et de Schopenhauer.

Rousseau, à l'inverse de Voltaire, a presque toujours passé pour un écrivain passionné, souvent sophistique, ne demandant guère ses preuves qu'au sentiment. Il est vrai que si l'on considère sa vie, ses fautes, ses malheurs, son tempérament anormal et la maladie mentale qui se développa chez lui progressivement, la contradiction flagrante de sa conduite et de ses principes, et l'ampleur d'éloquence de ses écrits qui parlent au cœur, si différente des phrases courtes et des affirmations serrées et rapides de son rival, si opposée en tout à la froide ironie voltairienne, on se croit mille fois autorisé à ne voir dans Rousseau qu'un moraliste à qui la passion du bien a inspiré de belles et nobles maximes, ainsi que des passions moins pures avaient été pour lui la source de beaucoup d'erreurs et de quelques mauvaises actions. Cependant ce jugement paraîtra superficiel à quiconque prendra la peine d'examiner ses thèses et ses raisonnements sur des matières proprement philosophiques. Rousseau, en plus d'une rencontre, a fait preuve d'une aptitude plus sérieuse que le vulgarisateur de Newton et de Locke, pour l'examen des questions de psychologie et de métaphysique. Mais surtout la raison pratique a trouvé en lui un interprète convaincu et profond, en un temps où l'intellectualisme gouvernait tous les esprits, celui de Voltaire autant ou plus qu'aucun autre, en dépit de son mépris pour les *systèmes*.

Je n'ai à m'occuper maintenant de la philosophie de Rousseau que par rapport à son opinion sur la liberté, et je me dispenserais même de donner ici le moindre extrait de quelques-unes des pages les plus belles qu'il ait écrites, où il traite ce sujet, et qui sont bien connues de tous, si je ne voulais appeler l'attention sur un passage où il s'énonce en termes abstraits, et signaler la manière neuve et décisive dont il s'explique touchant la relation du jugement et de la volonté, en se refusant absolument à les séparer, mais faisant porter le mystère de la libre détermination sur l'un et l'autre à la fois (1).

« Je ne connais, dit-il, la volonté que par le sentiment de la mienne, et l'entendement ne m'est pas mieux connu. Quand on me demande quelle est la cause qui détermine ma volonté, je demande à mon tour quelle est la cause qui détermine mon jugement : car il est clair que ces deux causes n'en font qu'une, et si l'on comprend bien que l'homme est actif dans ses jugements, que son entendement n'est que le pouvoir de comparer et de juger, on verra que sa liberté n'est qu'un pouvoir semblable, ou dérivé de celui-là ; il choisit le bon comme il a jugé le vrai ; s'il juge faux il choisit mal. Quelle est donc la cause qui détermine sa volonté ? C'est son jugement. Et quelle est la cause qui détermine son jugement ? C'est sa faculté intelligente, c'est sa puissance de juger ; la cause déterminante est en lui-même. Passé cela je n'entends plus rien...

« Le principe de toute action est dans la volonté d'un être libre, on ne saurait remonter au delà. Ce n'est pas le mot de liberté qui ne signifie rien, c'est celui de nécessité. Supposer quelque acte, quelque effet, qui ne dérive pas d'un principe actif, c'est vraiment supposer des effets sans

---

(1) *Émile, ou de l'éducation* (Jean Néaulme 1762, in-8°), t III, p. 75.

cause, c'est tomber dans le cercle vicieux. Ou il n'y a point de première impulsion, ou toute première impulsion n'a nulle cause antérieure, et il n'y a point de véritable volonté sans liberté. »

J'ai omis un passage où la pensée faiblit, donne lieu, pour mieux dire, à l'une de ces confusions qu'on évite rarement quand on traite une question aux termes si aisément équivoques. Le lecteur pourra le chercher dans le texte ; mais la pensée de Rousseau, touchant l'indéterminisme réel de la personne humaine à l'égard des antécédents de sa nature propre, ne saurait faire l'objet d'un doute, et je ne crois pas que la notion de la liberté ait jamais été posée avec plus de force et de clarté que dans le peu de lignes où elle est ramenée à celle de commencement, — c'est-à-dire d'initiative et de rupture dans les termes d'une suite de phénomènes internes *délibérés*, — sans nulle séparation admise entre l'acte de juger et l'acte de vouloir (1).

C'est parce qu'il part de la liberté comme source du mal, c'est parce qu'il nomme résolument l'homme le seul « auteur du mal », et qu'il regarde le monde comme corrompu moralement, et même physiquement, par l'œuvre seule de l'homme ; — ne nous arrêtons pas aux applications fausses, ou beaucoup trop bornées, qu'il a faites de ce principe à ses jugements sur l'état de nature, sur la cause de la douleur et les maux de la civilisation : ne prenons de cette idée d'une déviation primitive de la volonté libre et d'une corruption de la nature que ce qu'elle a de tout à fait général, en respectant le mystère des premières déterminations de l'être moral ; — c'est pour cela qu'il lui est permis d'envisager l'ordre naturel des choses sous un aspect relativement consolant et de se dire optimiste, en un sens, lui « le malheureux Rousseau », en face de « l'heureux Voltaire » pessimiste. L'optimisme de Rousseau est d'ailleurs tout opposé, est-il besoin de le dire ? à l'optimisme fataliste de Leibniz. Cette dernière doctrine spécule métaphysiquement sur l'origine du

---

(1) Ce qui cause tout l'embarras et empêche ordinairement qu'on se place à ce point de vue, c'est cette séparation vicieuse entre les idées, d'une part, qu'on se représente adventices en un esprit passif, et la volonté, d'autre part, que l'on conçoit faussement comme une cause directe d'effets externes, tandis qu'elle se termine dans le sujet, dans l'agent mental, tout aussi bien que l'idée, le désir et le jugement. L'acte vrai du vouloir est le dernier état du sujet, le dernier, parce qu'il est maintenu résolument et fixé sans appel à aucune autre représentation capable de l'altérer, maintenu, dis-je, pendant tout le temps qui suffit à la production spontanée des phénomènes organiques liés par la nature à certains de nos actes mentaux d'imagination et de désir.

monde et prétend justifier le mal; l'autre, au contraire, accuse le mal, en nomme l'auteur, et regarde aux fins de la liberté et de la vertu pour pénétrer les vues de la Providence » et le vrai sens de l' « harmonie universelle ».

L'inspiration de Rousseau est sensible dans tous les ouvrages de Kant qui concernent la raison pratique, et, avant tout, dans l'idée même d'élever le problème fondamental de la vie et de la connaissance humaine au-dessus des démonstrations prétendues de la raison pure, c'est-à-dire au-dessus des débats et des contradictions des métaphysiciens; de demander à la seule morale la garantie des affirmations premières (les postulats), et d'expliquer par les effets de la liberté l'écart entre la conscience et la raison, d'une part, les actes, de l'autre, et cette lutte établie de la sensibilité et des passions contre le devoir, qui caractérise l'état actuel de l'humanité. Kant, pour ne rien dire ici des admirables travaux critiques qui lui appartiennent en propre, a réalisé dans la conception générale de Rousseau un double progrès immense, et porté ainsi à sa définitive hauteur le principe suprême d'une philosophie de liberté. Il a défini nettement par l'*obligation* le fondement de toutes ces idées de conscience morale, de justice et de vertu qui, chez Rousseau, semblaient s'appliquer à une aperception directe du bien et du mal dans l'acte ou dans son objet, et prenaient volontiers la forme du *sentiment*, encore qu'à le bien lire on puisse penser qu'au fond c'est du devoir qu'il parle et non des émotions et des affections. Mais Kant, en détachant l'*impératif catégorique* de tout jugement hypothétique sur le désirable ou l'utile, a marqué par l'excès même de cette séparation forcée, rigoureusement inapplicable dans la vie, et grâce d'ailleurs au double critère, théorique et pratique, par où se définit l'obligation, a marqué, dis-je, les notions de la personne et du devoir, de la dignité et du respect, d'un caractère absolu qui n'avait jamais été atteint et qui ne sera pas dépassé. Voilà le premier point. Le second consiste dans la preuve de la liberté. La liberté est un postulat de la raison pratique, lequel se tire de la notion de l'obligation, par cette simple remarque que ce qui est posé comme exigible doit être posé comme possible. Il y a donc réellement des possibles autres que ceux qui deviennent des actes, et tout n'est pas nécessaire. Mais c'est ici que la métaphysique attendait, pour prendre sa revanche, le fondateur du criticisme. Enchaîné par les traditions de l'école de Wolf, et, sans doute aussi, séduit par le prestige de l'Absolu théologico-scientifique, Kant livre le monde des phénomènes à la succession invariable des effets et des causes, trahit la liberté dans l'ordre temporel, et la relègue dans un monde intemporel, dit *intelligible*, d'où l'on ne conçoit point qu'elle opère en celui-ci pour changer en faits contingents des faits nécessaires.

Il ne s'est produit depuis l'époque de Rousseau et de Kant aucun argument nouveau en faveur du libre arbitre. Ses partisans ont assez communément usé, soit de l'argument de Clarke, séparant l'entendement de la volonté, comme éléments, l'un passif et l'autre actif, soit du fait prétendu de l'*expérience* interne de la liberté. Ils ont en cela très mal servi leur cause et très mal attaqué celle des adversaires qui, de leur côté, invoquent l'expérience et s'appuient avec plus de raison sur l'identité de l'acte de vouloir avec le dernier jugement qui préside à cet acte. On doit dire cependant que l'argument moral a toujours prédominé dans les controverses courantes, à peu près tel, et déjà puissant, sous cette forme, qu'il s'était produit dans l'antiquité; plus rarement avec la rigueur qu'il doit au criticisme. En somme, il n'est pas commun que les partisans de la liberté se placent franchement au point de vue de la doctrine nécessitaire et consentent à la bien comprendre pour la combattre; ni qu'ils renoncent à faire valoir contre elle de fausses raisons qui ont été mille fois rétorquées; ni qu'ils présentent leur propre thèse, dépouillée de fausses prétentions, avec toute la simplicité qu'exige la méthode de la raison pratique, avec le franc aveu du fondement de croyance de toutes nos affirmations touchant la réalité; ni même enfin qu'ils abandonnent complètement d'anciens préjugés incompatibles avec l'idée de l'ambiguïté réelle des futurs contingents, et dont la source est tantôt dans l'absolutisme théologique, tantôt dans la métaphysique de la causalité et dans le principe de la raison suffisante, en un mot et au fond dans l'axiome *Ex nihilo nihil*.

Au premier abord, il peut paraître hardi d'assimiler, comme je ne crains pas de le faire dans ces derniers mots, l'axiome démocritéen et matérialiste, qui porte sur le jeu fatal des atomes éternels, avec un principe tel que celui de la chaîne providentielle des stoïciens et des docteurs chrétiens, ou de l'enchaînement rationnel mental de Leibniz et des psychologues nécessitaires. Qu'on y songe pourtant. Tous ces principes aprioristes, ou d'un apriorisme déguisé, puisqu'ils passent la portée de l'expérience possible, ont ceci de commun qu'ils supposent que *tout est précédé* : précédé en telle manière (sauf chez Épicure, dont le hasard atomique a trouvé peu de défenseurs) que les antécédents ne peuvent jamais avoir que les conséquents qu'on leur voit. C'est dire qu'il n'y a pas de cause première, ou cause non causée ; qu'il y a donc un procès régressif à l'infini des effets et des causes ; donc une *substance* de laquelle tout sort et se déroule éternellement et nécessairement, ou du moins une *loi*, un ensemble de lois qui ont le même sens que cette substance, en tant qu'on y conçoit enveloppés et prédéterminés tous les phénomènes qui se succèdent dans le temps sans commencement ni fin. Quelques distinctions qu'on doive admettre, à d'autres égards, entre les philosophies qui s'unissent dans cette formule fondamentale, leur substantialisme est certainement ce qu'on appelle un *panthéisme*; et ceux des partisans de la liberté, — ce sont les plus nombreux, — qui conservent une attache avec cette doctrine, ou avec l'interprétation du principe de causalité qui conduit à quelqu'une des formes connues de cette doctrine, échappent difficilement à l'engrenage du système de la nécessité.

En dépit de tant de désavantages qui se trouvent du côté des défenseurs du libre arbitre, dans l'interminable débat entre les deux systèmes, ils retrouvent une force toujours nouvelle et qui ne leur sera jamais retirée, en frappant pour ainsi dire du pied le terrain de la raison pratique. Bien ou mal défendue, la doctrine de la liberté se maintient et se maintiendra, parce que la doctrine opposée est hors d'état d'assigner, dans l'ordre universel des choses, un fondement réel pour des notions morales indestructibles dans le cœur humain, et parce que les nécessitaires eux-mêmes sont contraints d'accepter et d'appliquer à tous moments dans la vie le postulat même de l'ambiguïté des futurs contingents que leur théorie leur fait une loi de déclarer vain et sans objet réel.

C'est un curieux « signe des temps » que le parti auquel recourent plusieurs philosophes, de tendances d'ailleurs divergentes, afin de concilier la théorie d'une liberté tenue pour illusoire, avec les bienfaits moraux et le stimulant de progrès qu'il est difficile de n'attribuer pas à la croyance en une liberté réelle. On voit de tous côtés se répandre une théorie de l'idéal, à l'usage des gens qui ont la prétention d'avoir pénétré le creux des instincts moraux de l'humanité, et d'après laquelle les réalités dont d'autres doctrines se leurrent ne seraient que des idéaux sans réalité, mais non pas sans vérité ni sans utilité. C'est ainsi que, selon M. E. Vacherot, le *réel* répondrait dans l'univers à la nature aveugle et aux propriétés nécessaires de la substance éternellement développante, et le *vrai* à l'idée fausse de Dieu, idéal de toutes les perfections morales et objet admirablement controuvé de l'imitation et de l'appétition élevée des hommes. On pourrait à ce propos calquer sur des mots célèbres du sophiste Proudhon de nouveaux aphorismes. Il a dit : « Dieu c'est le mal »; on dirait plutôt : « Dieu c'est le faux », et on ajouterait immédiatement : « Dieu c'est le vrai », car « le mensonge c'est la vérité ». Le *grand trompeur* de Descartes se trouve ainsi réalisé en vertu des lois de la nature : il y a de plus ceci, à la décharge de ce grand-être, plus bienfaisant que malin, que s'il nous leurre des apparences de ce vrai-faux, ce n'est pas seulement pour notre bien, mais encore qu'il *ne le fait pas exprès*, puisqu'il n'existe qu'en nous. Nous nous trompons nous-mêmes !

M. E. Renan est tombé à son tour sur cette hypothèse du *grand trompeur*, et il l'a appliquée à un être inconscient, ce qui n'est pas facile à entendre. Selon cet écrivain, si Dieu existe c'est tout au plus dans le devenir, en tant que but auquel tendrait une nature aveugle. D'après ce sens du mot *Dieu*, « la vertu de l'homme est la plus grande preuve de Dieu », La vertu, en effet, l'amour désintéressé, le sacrifice, sont des moyens à l'usage d' « un monde qui va vers ses fins avec un instinct sûr », d'un « immense *nisus* universel pour réaliser un dessein ». « La conscience du tout, dit M. Renan, paraît jusqu'ici bien obscure ». Elle lui semble peu éloignée de celle d'un polype, ou d'une plante qui se dirige vers la lumière. C'est elle toutefois qui travaille à nous tromper : « L'univers, au regard de l'homme, agit comme un tyran fourbe qui nous assujettit à ses fins par des rouéries machiavéliques, et qui s'arrange pour que peu de personnes voient ces fourberies, car, si tous les voyaient, le monde serait impossible. Nous sommes dupés savamment en vue d'un but transcendant que se propose l'univers ». On pensera peut-être, en lisant ceci, que les poètes, — M. Renan a tous les droits à ce titre, — se font aisément les *enfants terribles* des doctrines philosophiques.

L'application la plus naturelle de la théorie de l'idéal est toutefois celle qui a lieu dans la question du libre arbitre, attendu qu'il n'y a aucune autre question où il soit si clair que la nature humaine est disposée de telle manière qu'elle ne puisse s'empêcher de regarder comme une vérité dans l'objet ce que cette théorie soutient n'être une vérité que par rapport à sa disposition propre. Il faut cela, il faut que nous soyons bien contraints de croire vraie la chose que nous croyons en même temps savoir qui est fausse, pour que l'idéal ait en nous toute son efficace. C'est un bénéfice de nature. On dirait volontiers que l'illusion est *providentielle*, et non pas purement et simplement *fatale*, n'était ce petit obstacle : que le providentiel, suivant la même opinion, ne doit pas être moins illusoire que le libre. On y tâche, cependant ; on justifie la Providence sans la nommer ; on établit dans la nature une heureuse finalité, sans se permettre de supposer un principe général d'intention clairvoyante, au-dessus des pauvres esprits humains qui se proposent des fins partielles et bornées. On cherche ainsi à montrer que tout est disposé pour le mieux, et que l'illusion a les mêmes effets qu'aurait la réalité, pour le progrès moral des individus et de l'espèce humaine tout entière. Usant d'un artifice analogue à celui des philosophes dont les formules sont des variantes de celle-ci : « La liberté c'est la nécessité », M. A. Fouillée développe avec ardeur une doctrine qu'on peut résumer ainsi : « La liberté, c'est l'apparence de la liberté ». Toute son étude, en effet, est de prouver que la liberté purement idéale est l'agent nécessaire des biens et des progrès qu'on attendrait vainement d'une liberté réelle.

L'exposition la plus complète de la théorie de l'idéal est à prendre dans l'*Histoire du matérialisme* de A. Lange, ouvrage extrêmement remarquable par la profondeur des vues et le talent de l'auteur, et surtout en ce que la doctrine rigoureusement matérialiste et fataliste, qui s'y trouve, on peut le dire, élevée à la plus haute puissance, est doublement corrigée, si elle peut l'être, par deux conclusions qui tendent à détruire les prémisses. Suivant Lange, le mécanisme absolu de l'univers fournit tous les phénomènes possibles, en un enchaînement fatal ; les phénomènes de cet ordre mécanique, déterminables objectivement, sont les causes indissolubles de tous ceux de l'ordre mental. C'est le point de vue de « la science », et aussi celui de la réalité, pense-t-il. Mais Lange admet également que le matérialisme absolu est logiquement réductible à l'idéalisme absolu, ce qui renverse le fondement du matérialisme, au moins à ce qu'il semble. Et, d'une autre part, la liberté, les notions morales et les idées religieuses ont une incontestable action dans le monde. Il faut les conserver comme des idéaux, efficaces aussi, grandement utiles, indispensables ; et, du reste, ils sauront bien toujours se conserver d'eux-mêmes.

Lange a réuni sous la désignation générale de *poésie*, l'ensemble de ces idéaux, qui, pour n'avoir point, selon lui, de fondement réel dans la nature et le mode de production des phénomènes, ne laissent pas d'être de vrais mobiles de la pensée et de l'action de l'homme, et réels à ce titre, autant que nécessaires. Au sujet de la liberté, spécialement, voici comme il s'exprime, après avoir posé le principe du déterminisme absolu (1) :
« Ce qui est aussi tout à fait dans l'ordre, c'est que l'importance de la liberté soit maintenue en face du fatalisme matérialiste, notamment sur le terrain de la morale ; car il ne s'agit plus seulement de soutenir que la conscience de la liberté est une réalité, mais encore que le cours des représentations se rattachant à la conscience de la liberté et de la responsabilité a, pour nos actes, une importance aussi essentielle que les représentations dans lesquelles une tentation, un penchant, un attrait naturel vers tel ou tel acte, s'offrent immédiatement à notre conscience (2). »

La théorie de la liberté illusoire, mais réelle en tant qu'illusion nécessaire et utile, me paraît, en même temps que plus franche que telles autres doctrines non moins nécessitaires au fond, mais équivoques, me paraît, dis-je, donner une certaine satisfaction mieux sentie à l'existence et aux exigences de la loi morale. Une fois cet aveu fait, je remarquerai que le principe de raison pratique qui le suggère, ne concluant pas dans le sens du postulat du criticisme, c'est-à-dire n'inférant pas de l'apparence nécessaire à la réalité, sur la foi de l'obligation, ressemble fort à des maximes du genre de celles où l'on dit que l'erreur et le mensonge ont leurs avantages, que les illusions viennent au secours de la morale, consolent l'infortune, etc. L'utilité est ainsi séparée de la vérité des choses : assertion peu séante au savant et au philosophe. Ainsi l'homme qui sait exactement ce qu'il en est au fond, — et nos gens prétendent le savoir, — cet homme, s'il était capable de se rendre sa propre conviction toujours bien présente et d'échapper à l'illusion commune, en pensée et en conduite, serait jeté par la vérité même dans une espèce d'erreur, et contredirait la nécessité par l'acte même de l'affirmer ! Voilà qui est bizarre. Pour bien juger de la valeur morale d'une semblable théorie, ne faut-il pas la supposer acceptée et appliquée ? Une thèse banale, qu'il n'est pas hors de propos de rappeler

(1) Voyez, pour plus de détails, les comptes rendus de l'ouvrage de Lange, dans la *Critique philosophique*, notamment IXe année, n° 35.
(2) Lange, *Histoire du matérialisme*, trad. de M. Pommerol, t. II, p. 430.

ici, c'est celle de « la religion bonne pour le peuple » : il s'agit en effet de déclarer l'illusion de la liberté, bonne pour l'humanité. Mais que deviendrait la religion bonne pour le peuple, si personne ne voulait plus être peuple? — prétention à la portée de chaque individu, car enfin ils sont bien tous de la même pâte, et le philosophe doit désirer que la philosophie se répande et que la vraie vérité soit universellement connue. De même, qu'adviendrait-il des idées, des jugements et des actes de celui qui serait profondément pénétré et incessamment animé de la conviction de sa liberté, à la fois illusoire et indispensable, de penser, de juger et d'agir sans être indissolublement lié à ses précédents et aux circonstances? Il faudrait qu'il *crût* que ce qu'il *croit* de son libre arbitre est faux, et qu'au même instant, il se sentît mis en demeure d'user de sa croyance fictive comme d'une essentielle vérité! On me répondra sans doute : « il s'ensuivrait une sorte de paralysie mentale, mais cet état est impossible en vertu de notre hypothèse même de la liberté, illusion nécessaire ». Soit ; cet état n'en est pas moins la traduction exacte de la théorie, une frappante image de l'étrange contradiction qu'on est impuissant à faire entrer dans l'esprit d'un individu et qu'on prétend loger dans la nature des choses.

Dirai-je maintenant de la doctrine de la nécessité, comme cela se voit assez de celle de la liberté, que, depuis les philosophes des deux derniers siècles, qui eux-mêmes n'ont guère fait que retrouver ou transformer des thèses connues des anciens, il n'a été apporté dans la grande controverse aucune vue vraiment nouvelle sur le déterminisme de l'esprit ou du monde, aucun argument direct assez puissant pour n'être pas subordonné, au fond, aux penchants moraux de ceux qui l'accueillent et qu'il faudrait qu'il pût modifier? Distinguons. En ce qui concerne la conception de l'univers, des systèmes tels que ceux d'un Hegel, d'un Schopenhauer ou d'un Spencer (je ne cite que les plus grands noms) diffèrent profondément les uns des autres en plusieurs points essentiels, et cependant ils s'accordent entre eux et avec ceux d'un Spinoza ou d'un Leibniz, avec le stoïcisme, avec d'autres doctrines de l'antiquité et avec celles de bien des théologiens, à nous présenter le monde comme un développement nécessaire de phénomènes, plongeant tous également dans l'éternité par leurs racines, et dans lequel sont inéluctablement, invariablement engagées d'avance nos volontés, causes toujours causées, et leurs effets quelconques, et la suite entière de tout ce qui est ou sera. Je suis loin de considérer comme indifférentes les manières diverses dont ces systèmes s'expliquent sur la nature de la substance ou de la cause, affirment ou nient la finalité, préfèrent l'optimisme au pessimisme, ou *vice versa* ; mais pour ce qui est d'un point capital et caractéristique : le *fatum*, n'importe comment qualifié, j'ai parfaitement le droit de dire, en termes triviaux, que *c'est toujours la même chose pour changer*. Je ne nierai pas non plus que ces systèmes, selon qu'ils donnent d'ailleurs plus ou moins de satisfaction d'une espèce ou d'une autre à l'esprit de leurs adhérents, ne les disposent plus ou moins à accepter le dogme de la nécessité qui est une de leurs importantes pièces; mais si je cherche quels arguments particuliers il leur a été possible de fournir à la démonstration de ce dogme, je n'en vois guère qui n'aient été connus en dehors d'eux et avant eux, ou qui ne dépendent de la vérité à d'autres égards et *in globo* de ces systèmes eux-mêmes. Or en ce qui touche cette dernière, tous les philosophes m'accorderont qu'elle n'est pas établie : je dis tous, en les consultant chacun sur les doctrines autres que celle qu'ils font en particulier profession de suivre. Cela suffit.

Les arguments indépendants de la méthode propre ou de l'ensemble de chaque système sont aujourd'hui de deux genres. Les uns se rattachent à la psychologie analytique et empirique, ou encore au principe apriorique de la causalité, pris dans le sens que j'ai expliqué ci-dessus. Ceux-là, il serait aisé de prouver qu'il n'y a été rien ajouté, d'une part, depuis Collins et Hume et leur école ; d'une autre part, depuis Leibniz et Kant (celui de Kant formant au sein du déterminisme phénoménal la grande et singulière exception que l'on sait). Je n'ai donc rien de plus à dire de ces arguments, déjà examinés. Les autres, qui ont maintenant la vogue, quoique sans préjudice des premiers, se disent empruntés à ce qu'on nomme la Science. Ce sont les seuls qui ne se soient bien dégagés qu'à notre époque, et ils méritent une attention particulière.

Les sciences, au fur et à mesure de leurs conquêtes, ont toujours eu le privilège de suggérer des vues métaphysiques nouvelles, et rien n'est plus naturel, puisque toute notable extension de ce qu'on sait devient un fondement d'inférences sur ce qu'on ignore. On n'a que le tort d'oublier trop souvent que les inductions universelles ne deviennent pas *science* par le simple fait qu'elles sont tirées de ce qui est acquis au domaine scientifique. Les théories propres des sciences ont elles-mêmes leurs hypothèses

ou leurs généralisations hypothétiques, et, en cela, leurs incertitudes, qui ne disparaissent jamais sur un point, grâce à l'expérience, que pour se retrouver plus loin, sur un autre point. A plus forte raison, les affirmations absolues, invérifiables, dépassant toute expérience possible, sont interdites au vrai savant. *Sa* science quel qu'en soit le nom, ne possède aucune méthode par laquelle il lui soit donné de se surpasser elle-même, et il n'existe que des sciences particulières; *la* science n'est pas *une* science.
Le positivisme s'est attaqué à un problème impossible en voulant constituer une philosophie qui fût plus qu'une philosophie, et fonder une école qui fût plus qu'une école. L'école s'est faite, car cela se peut toujours, mais la philosophie a été même quelque chose de moins qu'une philosophie, le fondateur n'étant pas un philosophe.

La critique historique des doctrines philosophiques a montré clairement dans la physique *a priori* de Descartes un système entraînant logiquement le déterminisme absolu. Cette physique est devenue de nos jours, moyennant certains amendements, la plus haute généralisation de l'idée de l'univers matériel. Un des concepts essentiels de cette physique est la conservation, la constance des forces, ou quantités de mouvement, principe qui, amendé et mieux défini qu'il ne l'avait été par Descartes, est devenu en même temps, par suite de quelques importantes découvertes et des inductions qui en sont nées, la plus générale des lois du mécanisme universel. Enfin cette loi de la « conservation de l'énergie » a été posée en négation de toute action et intervention de l'esprit et de la volonté, dans le monde, qui auraient pour effet de commencer ou d'annihiler des mouvements, d'en altérer par conséquent la somme donnée et invariable, et de « créer de la force ». De là une doctrine déterministe, non pas plus absolue que telle autre à laquelle les philosophes anciens ou modernes ont été conduits par d'autres considérations, mais traduite en une forme particulière et frappante, et appuyée en apparence sur une vérité de l'ordre scientifique. Le mobile scientifique des opinions philosophiques gagnant en puissance ce que le mobile théologique ou métaphysique a perdu dans l'esprit des penseurs, on se complaît à représenter le monde, non plus sous le point de vue de la chaîne providentielle des choses des stoïciens, — ou de la prédestination divine, — ou du déroulement des propriétés de la substance unique aux infinis attributs, deux desquels, à nous connus, auraient leurs modes correspondants et parallèles, — ou de la raison nécessaire et suffisante de tout ce qui vient à être, — ou de la dépendance des volontés par rapport à d'autres modifications mentales toujours précédées et causées indissolublement par leurs précédents, — ou du processus logique de l'Idée à travers des moments qui naissent les uns des autres et composent la seule histoire possible de l'univers, — ou de la manifestation et des fins fatales de la Volonté, à son tour substituée aux autres qualifications du fondement de l'être entre lesquelles le métaphysicien a le choix, — mais bien sous le point de vue d'un pur mécanisme, dont le jeu, qui porte sur le mobile objectif abstrait du physico-mathématicien, détermine et enchaîne tous les mouvements, et, par les mouvements, la série entière des phénomènes mentaux placés, dans leur stricte dépendance. On arrive ainsi à se figurer le monde donné *a priori* dans une équation de mécanique rationnelle. A. Lange a développé résolument, en rappelant une formule célèbre de Laplace, cette conclusion étrange et brutale; non sans avouer toutefois que, si elle s'impose au vrai penseur « scientifique », elle s'évanouit, d'une autre part, aux yeux du philosophe en état de se rendre ce témoignage, qu'après tout, les mouvements, causes des idées, et l'équation universelle de ces mouvements ne peuvent être affirmés avec certitude qu'en tant qu'idées et de ces mouvements et de cette équation! Mais tous les savants ou philosophes qu'on voit disposés aujourd'hui à regarder le déterminisme mécanique comme le dernier mot de la réalité, parce qu'il est le dernier de la physique, le dernier de la « Science », ne sont pas également prêts à reconnaître que la physique idéale est une idée, en somme une abstraction.

Il n'entre pas dans mon plan d'examiner les questions que soulève l'hypothèse générale du mécanisme, ou de chercher comment ce qu'elle comporte d'applications vérifiables au vrai monde réel, celui de l'expérience, est compatible avec la doctrine de la liberté (1). Je me bornerai à poser ces quelques points difficilement disputables :

1° C'est une question préalable à toutes les autres, que celle de savoir si la science et la prévision sont de leur nature susceptibles de s'étendre à tous les phénomènes ; or comment la science prouverait-elle jamais que la science embrasse tout? C'est pourtant d'elle seule qu'on se réclame. Mais son idéal n'est pas elle. Il ne peut jamais être qu'une hypothèse destinée à demeurer telle, une croyance.

(1) Voir à ce sujet la *Critique philosophique*, XIe année, n°° 20, 22, 50 et 51.

2° Plus particulièrement, la loi mécanique abstraite de la conservation de l'énergie, à laquelle on prétend soumettre absolument le monde, est du genre des principes mathématiques. Elle a toute sa valeur dans une mécanique rationnelle dont les définitions et les axiomes sont idéaux, comme ceux de la géométrie, un peu moins clairs seulement. Quand il s'agit de savoir jusqu'à quel point cette loi se vérifie dans les phénomènes concrets, on est arrêté de plusieurs manières. On l'est d'abord dans la physique scientifique même : je n'insisterai pourtant pas sur cet obstacle, car si ce n'est encore que par hypothèse qu'on admet que *tous* les phénomènes physiques, chimiques, biologiques, mentals même, ont leurs équivalents mécaniques, l'hypothèse du moins peut passer pour vérifiable de sa nature dans le cours des explorations prolongées. Mais on est arrêté définitivement par la radicale impossibilité de décider jamais, au moyen d'expériences destinées à trouver la confirmation de la loi abstraite et absolue dans l'ordre concret, si l'intervalle qui existe toujours entre les nombres théoriques et les approximations empiriques doit s'expliquer par les erreurs d'observation, et marquer une simple limite qu'il faut dépasser pour conclure ; ou si cet intervalle provient en partie du fait que certaines forces nouvelles, très petites, interviennent dans les phénomènes soumis d'ailleurs à la loi. Or il est prouvé, que les *moindres forces* introduites, troublant des états d'équilibre, ont le pouvoir de produire les révolutions mécaniques les plus considérables. Il se peut donc qu'une place demeure toujours pour les effets matériels de la liberté, dans un organisme donné, et de là dans le monde. Le contraire n'est pas et ne deviendra jamais démontrable.

3° Du moment qu'on est réduit à des inductions, c'est-à-dire à des hypothèses, c'est-à-dire encore à une croyance, et qu'on y sera toujours réduit, il est manifeste que la preuve du déterminisme, à tirer de « la science », est manquée. La science en général ne peut revendiquer plus de certitude qu'il ne lui en revient de chaque science en particulier, dans l'ordre circonscrit des constatations de celle-ci, et sous l'empire de sa méthode fidèlement observée.

4° Une dernière remarque va nous montrer toute la distance qu'il y a d'une physique mécanique, comme telle, au mécanisme universel que la philosophie de « force et matière » est tenue de prendre pour adéquat à l'ensemble des phénomènes de toutes sortes de l'univers. Sous le premier aspect, point de difficulté : on sait qu'on n'envisage qu'une seule face objective du monde ; on n'a rien à expliquer, rien même à connaître de l'autre. Mais, sous le second aspect, on est forcément engagé à se représenter de manière ou d'autre les phénomènes non mécaniques sous l'espèce du mécanisme. De là un système qui s'impose, qui, bien loin de pouvoir assumer le caractère scientifique, devra revenir aux plus anciennes imaginations des physiciens de l'Ionie, à la physique transformiste, à la physique mythologique. Voilà qu'on est en plein dans la philosophie, au-dessus de laquelle on prétendait s'élever grâce à la science. Et dans quelle philosophie !

Précisons. Il s'agit toujours du principe de la conservation de l'énergie et nous le supposons d'une application rigoureuse, absolue, aux phénomènes du mouvement observable. Le physiologiste mécaniste est en état, accordons-le, de calculer ce qu'il entre de forces dans un organisme, en un temps donné, par les voies *centripètes* de la nutrition, de la respiration, des organes des sens, et du système nerveux sensitif; de calculer de même tout ce qui sort de forces de cet organisme, dans le même temps, par toutes les voies *centrifuges* et notamment par les nerfs du mouvement et par l'exertion musculaire, tant volontaire qu'involontaire. Il peut se rendre compte de ce qu'il existe de forces disponibles dans les mouvements moléculaires des différents organes internes où l'énergie s'emmagasine pour se dégager et se manifester extérieurement sous des impulsions convenables. Il vérifie enfin qu'une équation telle que $S = E - I$ est constamment satisfaite, dans laquelle S exprime la somme des sorties, E celle des entrées, et I celle des forces retenues à l'intérieur. La physiologie mécanique est ainsi portée à sa perfection idéale. Mais les forces ne sont là que des expressions mathématiques de mouvements observés : savoir des produits de masses par des carrés de vitesses, la masse n'étant elle-même qu'un rapport donné par l'observation ; et le physicien n'a point à s'occuper de ce que peuvent être en soi des sensations de chaleur, lumière, ou autres qui par le fait accompagnent divers mouvements ; il n'a nullement à s'expliquer pourquoi et comment, entre un courant centripète et un courant centrifuge d'actions mécaniques, il s'interpose en certains cas ce qu'on nomme une volonté ou un effort, ni ce que ces termes proprement signifient. S'il se pose de telles questions, il abandonne du même coup le terrain de l'abstraction scientifique et celui de l'expérience et se met à faire de la métaphysique ou de la psychologie sans pouvoir se prévaloir d'aucune autorité particulière pour en traiter.

Au contraire, ces questions sont éminemment celles qui se posent au théoricien du mécanisme universel, qui, lui, s'oblige à expliquer par « force et matière » toutes les espèces possibles de phénomènes. Pour lui, il faut que les sensations ne correspondent pas simplement à des mouvements, mais soient même des mouvements en quelque manière ; et il faut que le stage intermédiaire où siègent les impressions mentales, les idées et les volitions, et par lequel passent en changeant de sens les courants centripètes et centrifuges, soit quelque chose aussi que le mécanisme est capable de représenter. C'est alors que l'on recourt à une imagination qui n'a de sens ni pour la science ni à aucun point de vue rationnel quelconque, et que, donnant au terme de *force* une signification vague, inspirée par un grossier réalisme, on dit que la force *se transforme* en sensations de chaleur ou autres et en tous genres de phénomènes mentaux, pour se retrouver toujours en quantité invariable dans les mouvements équivalents dont elle vient et auxquels elle revient. La source de cette doctrine mythologique est dans l'emploi fâcheux que les savants ont fait du mot — non de l'idée — de transformation des forces, en fondant la théorie mécanique de la chaleur : ce qu'ils entendaient fort correctement de certain passage des mouvements intermoléculaires à des mouvements de masse, ou *vice versa*, a été compris par nos métaphysiciens abusés dans le sens absurde d'un changement de nature, grâce auquel la chose qui serait à tel moment un transport de particules avec une vitesse donnée, pourrait se trouver, le moment d'après, la sensation du chaud, et puis n'importe quoi, par extension : le désir de chanter, ou l'idée de résoudre une équation ; pour se retrouver finalement ce qu'elle était au début, ce qu'elle est restée au fond ; car tout cela *c'est la force!* Voilà où aboutit le déterminisme absolu, sous la forme la plus nouvelle que le progrès des sciences lui ait permis de prendre. L'incontestable puissance de cette doctrine sur l'esprit humain ne sera certainement pas augmentée par la contribution que lui apporte ainsi la physique moderne faussée et défigurée.

Une science d'un tout autre genre a fourni à son tour un argument au déterminisme, et, cette fois encore, par l'effet de l'interprétation arbitraire ou vicieuse d'une vérité d'observation et d'une loi mathématique. Je veux parler du fait empirique de la constance approximative des nombres que relève la statistique, en matière d'accidents qui sont réputés dépendre en partie de l'exercice du libre arbitre sous des circonstances générales données et invariables. On conclut de la tendance observée des faits de cette nature à vérifier la loi dite des *grands nombres*, on conclut, dis-je, qu'ils sont tous, au fond, déterminés d'avance en ce qui touche chaque individu qui en est l'auteur, et tous nécessaires quand ils se produisent; les écarts numériques des rapports établis pour des périodes de temps égales et successives devant être attribués à de légères variations survenues dans le milieu ambiant des causes dont ces faits procèdent. Malgré le bruit qu'on a fait de ce nouvel argument depuis l'apparition des ouvrages de Quetelet et de Buckle (1), il est loin de se présenter avec une valeur, au moins logique, comparable à celle du principe de la conservation de l'énergie d'où se déduit un déterminisme mécanique universel. En effet, nul des auteurs qui le font valoir, à ma connaissance, n'a seulement cherché à montrer par un raisonnement clair et net, pourquoi, de ce que sur mille individus, par exemple, qui écrivent l'adresse d'une lettre, il s'en trouverait constamment un, je suppose, qui se tromperait en l'écrivant, il faudrait conclure que cet un-là n'aurait pu faire autrement que de se tromper. Et de même pour les crimes, les suicides et leurs mobiles ou moyens divers, etc. On s'est contenté d'une affirmation, comme s'il s'agissait d'une conséquence toute simple. Cependant un logicien doit convenir que si pendant un quart-d'heure chaque jour, et à la même heure, et toutes circonstances pareilles d'ailleurs, on arrêtait tous les passants sur le Pont-Neuf, et si, faisant le compte des repris de justice qui se rencontrent parmi eux on trouvait à peu près le même nombre proportionnel chaque fois, on aurait encore fort à faire pour démontrer que chacun d'eux, *individuellement*, a été nécessité à commettre un délit, qu'un agent de police a été nécessité à l'arrêter, un tribunal à le condamner, etc., et qu'enfin cet homme n'a pu faire différemment que de traverser la Seine à cet endroit, à ce moment. Le cas est le même quand la statistique, d'année en année, arrive à constater la proportion jusqu'à un certain point constante du nombre des délinquants reconnus, et de chaque sorte, au nombre total des habitants d'un État ou d'une grande ville. Mais pourquoi cette proportion varierait-elle beaucoup, dans la supposition que chacun de ces individus a agi sans que son acte propre fût déterminé entièrement par les précédents et les circonstances? C'est ce qui est à examiner.

(1) Voir la *Critique philosophique*, IXe année, nos 24, 27, 29.

Un cas d'une autre sorte, que l'expérience peut réaliser au degré que l'on veut, et sur lequel le calcul achève de conclure, est celui-ci, par exemple : On fait un nombre assez considérable de tirages successifs, en extrayant à chaque fois une boule d'une urne dont on ignore d'avance le contenu, et l'y remettant avant chaque nouveau tirage ; assez considérable, dis-je, pour établir 1° qu'il ne sort jamais d'autres boules que des blanches ou des noires ; 2° qu'à mesure que le nombre des épreuves augmente, le rapport des blanches aux noires sorties converge vers le nombre dix, encore qu'on observe des oscillations parfois assez étendues autour de ce nombre moyen. On conclut de là, avec plus ou moins de probabilité, selon qu'on s'est contenté de plus ou moins d'épreuves : 1° qu'il n'y a que de ces deux sortes de boules dans l'urne ; 2° qu'il y en a précisément dix fois plus de la première sorte que de la seconde. Sur quel fondement pourrait-on conclure en outre que chaque boule blanche ou noire a été extraite en particulier de l'urne pour des raisons toutes déterminées et nécessaires, au lieu de penser qu'entre les causes diverses qui l'ont amenée à sortir, il s'en trouve une, non nécessitée, qui rompt la chaîne des autres ; et que cela n'empêche pas la composition de l'urne de se dévoiler à la longue ? C'est au calcul des probabilités de répondre ; et, sous le point de vue logique, la question est bien la même que celle de savoir si, de ce qu'une société donnée renferme des honnêtes gens et des criminels, dans une proportion que nous pouvons aller cette fois jusqu'à supposer absolument fixe, il s'ensuit que chacun d'eux séparément a été nécessairement déterminé à agir de manière à mériter l'une ou l'autre de ces qualifications.

Le calcul des probabilités suit la marche inverse de celle qu'on vient de voir dans l'expérience des tirages. Il part de la composition de l'urne comme connue, et il parvient à démontrer *a priori*, par des raisonnements qui doivent compter au nombre des plus admirables produits du génie mathématique, que la suite indéfinie des tirages doit vérifier *à la limite* cette composition, de la manière que j'expliquais tout à l'heure. Il ne reste donc plus à s'assurer que d'un point : les principes et les règles fondamentales de ce calcul impliquent-ils que le résultat de chaque tirage est un effet de causes toutes nécessaires, ou, au contraire, qu'il peut ou doit entrer un élément de parfaite indétermination parmi les causes qui font sortir une boule plutôt qu'une autre ? Si ce dernier cas est le véritable, il est clair qu'on pourra penser de même que le fait de l'indéterminisme individuel de certains actes des hommes, en une société donnée, n'est nullement un obstacle à ce que ces mêmes actes se produisent en de certains nombres moyens qui tendent vers des valeurs constantes à mesure que l'on peut en considérer des nombres de plus en plus grands. Ces nombres feraient alors ressortir l'existence des causes générales qui agissent sur les hommes dans cette société, et ils mesureraient ces causes, — tout ainsi qu'ils constatent à la longue la composition de l'urne, laquelle est un fait déterminé et certain, — mais ils laisseraient la pure indétermination planer sur cet autre fait, que tels individus sont, en particulier, les auteurs de tels actes et non point de tels autres.

La réponse à la question est aisée. Si nous consultons les créateurs du calcul des probabilités, nous trouvons que leur pensée fut de soumettre les faits *de hasard* au calcul; que le premier principe dont ils partirent est l'*égale possibilité* de deux événements contraires d'une certaine espèce; et, en effet, cette supposition des *possibles égaux* est une condition absolument requise pour l'établissement d'une mesure numérique des chances : il n'y a pas moyen de se procurer autrement *une unité pour cette mesure*.

Si nous passons à des auteurs plus récents, nous les voyons s'efforcer de concilier la supposition du hasard, indispensable au calcul des chances, avec l'existence réelle du déterminisme universel, dont ils sont d'ailleurs et personnellement des partisans. Ils donnent à cet effet leurs explications, dont la plus extrême portée, pour ceux qui les jugent satisfaisantes, est de faire comprendre que toutes les causes puissent être déterminées et tous les événements nécessaires quand ils se produisent, sans que le fondement de ce calcul soit détruit. Ils ne contestent pas, ils ne peuvent pas contester que l'hypothèse de l'égale possibilité *a priori* de deux événements incompatibles l'un avec l'autre ne soit ce fondement même. Il est bon de rappeler à l'appui de cet aveu, quoiqu'il ne soit douteux de la part d'aucun mathématicien, le parti pris d'Auguste Comte en cette question. Comte a rejeté formellement le calcul des chances comme illusoire et foncièrement absurde; et pour quelle raison? parce qu'il exige du penseur que des événements certains et déterminés d'avance, — et pour un déterministe il n'en existe pas d'autres, — soient considérés comme pouvant indifféremment arriver ou ne pas arriver.

Mon objet n'est point ici de présenter le calcul des probabilités comme suffisant en lui-même pour démontrer la thèse du libre arbitre, que je ne crois *démontrable* d'aucune manière, non plus que la thèse contraire. Je veux seulement conclure que les auteurs qui, pour prouver le déterminisme, recourent à des faits de statistique dont l'interprétation dépend de celle de la loi des grands nombres, et ressortit par là même à la doctrine des chances, font fausse route. S'ils prenaient la peine de se rendre compte du principe de la mesure des possibles, et s'ils en étudiaient la plus importante des conséquences générales, ils reconnaîtraient que cette dernière, qui consiste précisément dans le grand fait qu'il leur convient de prendre pour la confirmation expérimentale de la doctrine déterministe, est au contraire une déduction mathématique de la règle la plus conforme à l'attente commune des hommes en présence des futurs contingents. Cette règle est d'imaginer la possibilité plus étendue que la nécessité et que l'actualité, et de poser deux futurs de certaine espèce, dont la réalisation simultanée serait contradictoire, comme n'étant ni plus ni moins susceptibles l'un que l'autre de se réaliser à l'exclusion l'un de l'autre.

Il est temps de mettre fin à ce chapitre, partie centrale d'une étude dont le but est de définir les principaux éléments à faire entrer dans une classification des doctrines, et de montrer comment ils se sont produits, rencontrés et combattus aux différentes époques de la spéculation philosophique. Les systèmes de la nécessité et de la liberté ont commencé et toujours continué leur lutte à dater du moment où la question s'est posée entre eux nettement, et où les conditions de sa solution ont été soumises à l'analyse. Depuis lors, les arguments les plus notables et les mieux faits pour motiver des convictions ont été pressés de part et d'autre, sans toutefois se détruire jamais ni convaincre les adversaires. Ils sont demeurés les mêmes essentiellement, encore que revêtus de formes diverses ou imparfaites, ou exprimés en termes variables, souvent sujets à équivoque. La doctrine nécessitaire n'a pas réussi de notre temps à faire passer le vrai débat sur le terrain de la science, mais simplement à donner une forme plus scientifique à certaines vues de l'univers conformes à l'hypothèse du déterminisme absolu. Enfin, cette doctrine et la doctrine rivale ont été, dès l'origine de la psychologie, en possession de leurs premiers principes, et elles sont parvenues l'une et l'autre, dans le cours des deux derniers siècles, à élever leurs conceptions respectives de l'esprit et du monde au plus haut degré de force, de clarté et d'opposition mutuelle où il semble possible de les porter.

CINQUIÈME PARTIE. — CINQUIÈME OPPOSITION.

LE BONHEUR; LE DEVOIR.

Le besoin du bonheur a, dans la nature humaine, une racine plus profonde que l'idée du devoir, puisqu'il se confond à vrai dire, avec cette nature elle-même, ainsi qu'avec celle de tout être sensible, aussitôt qu'il arrive au sentiment de soi, en percevant, même obscurément, un objet, éprouvant un désir et poursuivant une fin. Et cependant la réflexion ne s'est pas plutôt montrée dans l'homme, à un degré de développement qui suffit pour lui faire apercevoir l'incompatibilité mutuelle de deux fins de désir qui conviendraient l'une comme l'autre à son bonheur, selon qu'il en juge, et entre lesquelles il doit choisir, que l'idée du devoir se dégage. C'est une sorte de devoir tout relatif au moi et à ses satisfactions exclusives; mais encore entre-t-il déjà en opposition avec le bonheur pur et simple, et cette opposition est destinée à se marquer en traits de plus en plus profonds, cette idée nouvelle à se définir pour elle-même, en cessant de se rapporter, au moins directement, aux fins de l'être sensible. On en vient peu à peu jusqu'à douter qu'elle s'y rapporte d'une manière quelconque. La divergence des écoles philosophiques, suite de la divergence des déterminations progressives des deux notions, s'accuse sous des formes diverses et se perpétue de phase en phase. Dès le début, à la première apparition d'un antagonisme entre des fins à poursuivre ou des éléments du bonheur à réaliser, l'idée pratique de la moralité est donnée, le fondement de la recherche d'une morale théorique est posé. Les doctrines métaphysiques et les croyances religieuses entrent souvent dans un mélange intime avec la doctrine éthique qui se formule; cependant celle-ci peut toujours être considérée comme se rattachant à des principes généraux qui lui sont propres. Les questions qui se posent définitivement, quand, à force de débats continués ou renouvelés d'âge en âge, les méthodes s'éclaircissent en se dualisant, sans aucun mélange d'éléments associés à la pure morale, sont de savoir si le premier principe de cette pure morale est la recherche du bonheur ou la soumission au devoir; et, subsidiairement, si, supposé qu'on choisisse le devoir, le bonheur est une fin ultérieure qui existe d'elle-même, et qui soit liée au devoir, et que l'on puisse se proposer d'atteindre en renonçant à la viser directement. Dans tous les cas, on est évidemment tenu de se faire des idées précises du bonheur et du devoir.

Il faut que nous remontions aux sources les plus élémentaires de ces deux idées, si nous voulons nous rendre compte de leur opposition constante et la reconnaître à l'origine même de l'être moral, c'est-à-dire à un moment où l'idée du devoir est encore si éloignée de la définition où elle doit parvenir, qu'elle peut paraître, au premier abord, n'être pas même dégagée. J'entends par l'origine de l'être moral, — origine abstraite, si l'on veut, car je peux désintéresser mon analyse des questions d'histoire naturelle et d'histoire de l'humanité, — un état de la personne, considérée dans un milieu physique donné, et dans un milieu social aussi rudimentaire que possible, état dans lequel l'expérience tant interne qu'externe est encore peu développée, mais où la mémoire, la prévision et la réflexion permettent à cette personne de comparer des biens à poursuivre, de juger et d'opter entre des possibles opposés qu'elle se représente comme également réalisables à volonté; et où, d'une autre part, il existe déjà quelque idée et quelque coutume de ce que sont et de ce que comportent ses relations établies avec les autres personnes dont elle dépend, et qui réciproquement dépendent d'elle plus ou moins, selon que chacun fera telle chose ou ne la fera pas.

L'idée absolue du bonheur est d'une clarté parfaite. Il est visible qu'il faut la prendre dans l'individu, relativement à l'individu seul. Si elle peut s'étendre plus tard, c'est en partant de là et en y revenant, car elle ne pourrait conserver aucun sens, en s'appliquant, par exemple, à un groupe de personnes, famille, tribu, société, qu'à la condition de porter finalement sur des individus; et l'idée devenue ainsi plus complexe pose un problème au lieu de fournir une définition. Ce problème, que tout le monde entend bien, est de concilier le bonheur des uns avec le bonheur des autres. Encore une fois, c'est le bonheur de l'individu qui est à définir, et cela, pour la rigueur de l'analyse, en écartant tout élément étranger aux satisfactions de l'individu. Certes, il faut compter parmi ces dernières celles qui proviennent d'actes motivés chez lui par toutes les sortes d'affections, altruistes aussi bien qu'égoïstes; mais c'est à ce seul titre de *satisfactions* personnelles, et non sous aucun autre rapport, qu'il faut tenir les premières pour des éléments du bonheur de l'individu, exactement comme si elles nuisaient à autrui au lieu de lui profiter, ou encore qu'elles fussent le résultat d'actes entièrement indifférents à d'autres qu'à l'agent.

Voici donc quel serait le bonheur, supposé que l'idée en fût réalisable : imaginons une personne qui pourrait toujours tout ce qu'elle veut et obtiendrait toujours tous les biens qu'elle désire, sans trouver de difficulté en aucune chose, ni entrer elle-même en aucun trouble intérieur, en aucun conflit entre ses propres sentiments ou mobiles d'action, ni sentir aucun inconvénient au dehors, à la rencontre de ses modifications et de ses satisfactions particulières avec les objets auxquels elles se rapportent. On peut affirmer hardiment que, dans l'esprit de quiconque ne mêle à l'idée d'une personne et de ses fins naturelles aucune autre idée, le bonheur est un état de possession parfaite et durable de tous les biens ainsi compris, ou du pouvoir de se les procurer sans peine en toutes leurs variétés imaginables.

On ne saurait faire à cette définition qu'une seule objection : c'est qu'en ce cas le bonheur est impossible ; mais cela n'empêche pas que ce n'en soit exactement l'idée. Bien plus, luttant contre la conviction de cette impossibilité, il arrivera parfois au penseur de chercher un fondement au bonheur dans une conception qui peut paraître au premier abord moins irréalisable, et qui est la même au fond, avec une hypothèse plus complexe. Au lieu d'envisager une personne libre et sa puissance illimitée, sans conditions préétablies dans l'ensemble des choses, ce qui ferait du bonheur un perpétuel miracle, il étendra sa vue sur le tout ; il imaginera une harmonie donnée, un accord *a priori* entre les fins diverses d'une même personne, entre les fins séparées des différentes personnes, entre les passions qui les portent toutes et chacune à ces fins, et puis entre toutes ces fins et passions multipliées, d'une part, et les moyens de les atteindre et d'y satisfaire, qui, d'une autre part, ont alors à se rencontrer constamment et à point dans le double milieu de la société et de la nature. Je dis que cet idéal peut paraître moins irréalisable, parce qu'en effet il a été souvent poursuivi d'une façon partielle, avec une conscience imparfaite, il est vrai, de tout ce qu'il implique, mais, une fois du moins, par un homme qui en a compris toutes les conditions réelles et n'a reculé devant la supposition d'aucune. Il ne laisse pas d'être tout autre chose qu'un *postulat* ; il est même le contraire des principes qui portent ce nom, car il entraîne, on va le voir, une sorte d'abolition des notions spécifiquement morales, tandis que les postulats réclament l'existence d'un ordre naturel latent en concordance avec ces notions. La seule qualification qui lui convienne est expressément celle d'*utopie*, car il pose *a priori* comme donnée la chose même que l'expérience nous dit n'être pas donnée.

L'idée du devoir, maintenant facile à définir en sa plus grande généralité, se rapporte à ce fait que l'harmonie ne se produit spontanément, ni en nous, ni hors de nous, ni entre nous et le monde extérieur, quant aux choses que nous sommes sujets à rencontrer ou à désirer, et que nos biens ne se font pas sans peine et sans trouble, mais, au contraire, à travers plusieurs sortes de conflits et d'antagonismes. De là l'idée qui s'impose à nous à la moindre réflexion, de distinguer entre la chose qui *est*, ou qui *peut* ou *pourrait* être, et celle qui *doit* ou *devrait* être ou se faire pour satisfaire le mieux possible à des conditions et à des circonstances données. Cette dernière est le *devoir*, sous deux aspects corrélatifs : *ce qui doit être en la chose même*, et *ce qu'un agent supposé libre doit faire afin que la chose soit, quand elle dépend de lui*. La pensée du *bonheur*, soit rapportée à nous, soit reportée sur d'autres personnes qui nous intéressent, n'est pas, ne peut jamais être étrangère aux idées que nous nous formons des meilleures ou des mieux ordonnées d'entre tant de relations complexes, actuelles ou possibles, que comportent la nature des choses et cette marche des phénomènes qu'il nous appartient de modifier en partie; mais elle perd sa simplicité, son unité, son intégrité, et se brise, pour ainsi dire, en des *biens* multiples, auxquels sont opposés des *maux*, et qui eux-mêmes se trouvent presque continuellement incompatibles les uns avec les autres, en sorte qu'il faut choisir entre eux et se résigner à des privations ou à des souffrances positives. L'idée du devoir entre nécessairement dans la même confusion; non qu'elle s'affaiblisse; loin de là, son intensité va croissant, à mesure que se multiplient les oppositions du bien et du mal, en ce qui dépend des hommes, et que s'aggrave le sentiment qu'ils ont de l'importance des décisions journalières de chacun, tant pour lui-même que pour ceux dans les décisions desquels il est, volontairement ou non, intéressé et solidaire; mais, pour mille causes, dont les principales sont la multiplicité des possibles ou de leurs combinaisons, l'ignorance, l'insuffisance de la réflexion et la corruption du cœur, les applications de cette idée dominante du devoir tombent dans l'incertitude et varient sans règle fixe, et de là vient que l'idée elle-même, ne se définissant point dans le concret, semble s'obscurcir et peut perdre en conséquence, dans l'un des systèmes auxquels l'éthique a donné lieu, sa place de principe réel, supérieur à toute notion empirique, quoique, à son défaut, la morale impérative ne puisse conserver aucun sens.

Les contrariétés de biens à poursuivre, au sujet desquelles se pose la question du devoir, se rapportent à trois principaux chefs : 1° les liaisons logiques des phénomènes, qui sont telles que nous ne pouvons en déterminer directement certains, de notre dépendance, que nous n'en déterminions par là même d'autres qui s'y trouvent impliqués ; et les premiers peuvent nous attirer en qualité de biens pour nous, tandis que la réflexion nous en éloigne à cause des seconds, que nous envisageons comme des maux pour nous ; 2° les liaisons dans le temps, la chose actuellement bonne pouvant devenir mauvaise ou en entraîner de mauvaises dans la suite, en des circonstances dont la prévision est possible ; 3° les rapports de nos biens ou maux propres avec les biens ou les maux des autres personnes. Ces rapports sont sujets à de fréquentes et à de graves contrariétés ; et cependant, d'une part, c'est notre bien propre qui fondamentalement nous attire, et, d'une autre part, nous avons plusieurs raisons d'identifier le bien d'autrui avec le nôtre : 1° quand nos affections particulières nous y portent spontanément ; 2° quand nous réfléchissons que le mal d'autrui peut en fait et de plusieurs manières entraîner notre mal propre, soit à cause d'une communauté d'intérêts, soit à cause des réactions que nos actes provoquent dans les actes des personnes avec lesquelles nous sommes en relation ; 3° quand nous nous élevons par la raison aidée de la sympathie à l'idée générale d'une personne notre égale, qui ne doit pas avoir à souffrir, par notre fait et pour notre bien, un mal que nous ne devrions pas avoir à souffrir par son fait et pour son bien si nous étions à sa place et qu'elle fût à la nôtre, toutes choses égales d'ailleurs.

Toutes ces idées, jointes à celle du pouvoir que nous avons de réaliser différentes alternatives après avoir délibéré sur les biens et sur les maux si complexes et sujets à tant de doutes pratiques, dont chaque cas met en question les valeurs comparatives, toutes ces idées, dis-je, sont inséparables du concept de la chose qui doit être ou se faire, opposée à la chose qui ne le doit pas, quelque détermination au surplus qu'on donne à ce concept, et à quelque motif qu'on obéisse pour le définir, et soit enfin que l'on conforme ou non sa conduite à la vue générale qu'on a de ce qui se doit. Et toutes ces idées appartiennent à l'homme comme agent moral, dans l'état le plus rudimentaire où il puisse se trouver avant tout développement, ou dans l'état de corruption le plus avancé. Il serait facile, en effet, de montrer que la plus simple réflexion, appliquée aux cas que j'ai énumérés de l'opposition entre les biens, suggère à l'agent humain, c'est-à-dire doué de mémoire, de prévision et de jugement, et animé de passions diverses, les règles de conduite mêmes que les moralistes ont nommé des vertus, en les considérant comme fixées par l'habitude. Ce sont évidemment la *prudence*, ou calcul des possibles divers et de leurs inhérences ; la *tempérance*, ou abstention volontaire de certaines jouissances et résistance à certains attraits actuels ; la *force* ou empire sur soi-même, et enfin la *justice*, ou notion d'une égalité de différentes personnes dans les mêmes circonstances et avec les mêmes prétentions. On ne saurait ni observer ni imaginer une société quelconque, aussi élémentaire qu'on voudra, entre des hommes qui ne posséderaient pas et ne manifesteraient pas à un degré quelconque dans leur conduite, et surtout dans les jugements qu'ils portent les uns sur les autres, ces dispositions morales qui ont cela de commun de supposer que les actes de chacun, en chaque occasion, soit relativement à lui-même et à son caractère, soit par rapport aux choses, se divisent en actes qui conviennent et qui doivent être faits, et en actes qui répugnent et qui doivent être évités. L'aspect objectif du *devoir* est ce qu'on peut nommer généralement l'*idéal* : idéal dans le caractère humain individuel, — d'où la source des rivalités d'amour-propre, — et idéal dans l'ordre extérieur, ou dans la manière dont on imagine que les choses peuvent s'arranger. Prenons la notion du devoir par ce côté, et nous reconnaîtrons encore une fois qu'il n'existe pas un seul groupe d'hommes, vraiment hommes, assemblé sous des relations quelconques, pour des fins quelconques, dans lequel la loi de l'idéal et du devoir ne se fasse sentir et ne trouve des applications continuelles.

Deux circonstances capitales de l'esprit humain et de la vie humaine ont surtout contribué à obscurcir l'idée générale et abstraite du devoir, et empêché qu'on ne signalât plus souvent cette idée comme une des lois spécifiques de la nature intellectuelle de l'homme, une catégorie (1), assimi-

---

(1) Catégorie, ou sous-catégorie, dans la dépendance de celle de la finalité. Cette dernière, au moins telle que je l'ai présentée dans mon essai de classification des lois les plus générales de l'esprit (*Essais de critique générale* : *Logique*, II, 459 ; *Psychologie*, I, 249) envisage les

lable aux autres de ces lois qui dominent l'expérience (non toutefois sans la supposer), et qui ne se déduisent point de ses données, mais leur servent de règles. Ces deux grands faits sont la *coutume* et la *religion*.

Je n'ai pas à définir ici la coutume ni à rappeler la place immense qu'elle occupe dans les idées, les attentes, les résolutions et les réglements humains en toute société, principalement dans les plus élémentaires et les primitives : c'est un sujet qui a été traité d'une manière approfondie par plusieurs auteurs occupés à l'histoire du droit ou des mœurs. Il suffit de remarquer que la propriété essentielle de la coutume est de faire que les choses paraissent bonnes en simple raison de leur conformité avec ce qu'elles ont été et sont demeurées précédemment, et que les actes paraissent *dus*, uniquement parce qu'ils sont tels qu'on les a communément vus et admis dans certaines circonstances, tels que, par suite, on les attend toutes les fois que celles-ci se renouvellent. Il est clair que cette application de la loi générale de l'habitude, dans la mesure plus ou moins grande où elle maintient seule les rapports établis, et fournit seule les motifs de juger les actes, tend à éliminer de la conscience les appréciations morales directes, à effacer tout idéal et à réduire le devoir à une imitation empirique. Il est difficile, en ce cas, de se former du devoir une idée abstraite, et une idée en même temps fondée sur la nature : je veux dire définie par les propriétés de la nature raisonnable de l'homme, et non par la soumission à des faits dont la raison ne se voit plus. Et cependant si nous remontons, comme on peut l'exiger, à l'origine de la coutume, qui est celle des idées et jugements communs, des mœurs, des réglements, et, par suite, des *attentes* quelconques relatives à la conduite des individus, nous serons forcés de reconnaître que les fondements en ont été nécessairement pris dans les données premières de cette même nature, qui a dû se déterminer d'après quelque chose avant de s'immobiliser dans ses propres déterminations.

La *forme* du devoir ne s'obscurcit pas simplement par ce fait que la

---

fins comme posées par les passions; et, au reste, il me paraît toujours vrai que les motifs de poursuite des fins sont inséparables de certains éléments passionnels. Mais les fins de devoir, si elles impliquent ainsi quelque affection et la recherche d'un bien, peuvent néanmoins cesser de se rapporter, et, bien plus, devenir contraires à ce qu'on entend par le bonheur. Et quand l'idée du devoir se dégage le plus clairement, et prend dans la conscience la forme propre de l'*obligation*, la finalité revêt certainement un caractère nouveau : c'est celui qu'on appelle essentiellement *moral*.

puissance de l'habitude se substitue à la vue directe des motifs où il avait sa *matière*; il faut encore observer qu'entre la période primitive et très courte pendant laquelle une coutume aurait pu se former exclusivement sous l'action vivante de ces motifs, et celle où règnent des usages, et dont la durée peut être indéfinie, il s'en interpose une autre, d'une espèce fort trouble, où ces usages s'établissent, c'est-à-dire où des manières de penser et de vivre tendent à se fixer sous l'influence des actions et réactions d'ordre passionnel qui proviennent des déterminations vicieuses des individus. Une conséquence inévitable de l'apparition du mal moral, ou production individuelle des actes contraires au devoir, c'est la généralisation de ce mal, son extension à ceux qui d'abord n'y ont point participé. La corruption, dans la société élémentaire et primitive que je suppose ici, naît en partie de l'exemple, et en partie, et plus profondément, de certaines autres causes : 1° le mal rendu pour le mal, en vertu d'une impulsion ordinaire chez l'offensé; et de là la guerre au dedans et au dehors ; 2° la nature des moyens de répression et des moyens de prévention auxquels on a recours à l'intérieur pour assurer la paix; car ils ne peuvent jamais être des biens que relativement, et ils sont des maux très réels, ils portent matériellement les caractères les plus accusés du mal : peines infligées, privation de liberté; en sorte que, l'habitude se prenant de lier une idée de justice à ces moyens qui, considérés en eux-mêmes, sont odieux, on est conduit ensuite, sous l'influence des passions, à appliquer les mêmes méthodes de contrainte à d'autres cas que ceux qui en ont motivé l'établissement; 3° enfin, l'impuissance de remédier au plus grand nombre des actes délictueux, c'est-à-dire contraires à l'idéal originaire, et d'arrêter le cours de telles ou telles idées erronées ou perverses qui se sont produites à l'occasion des conflits survenus dans les relations humaines, et peut-être au milieu des pires épreuves de la misère physique : il résulte de cette impuissance, que la coutume s'établit sur d'autres bases que celles qu'aurait comportées l'état primitif de l'agent moral, et que les sentiments communs, les mœurs et les institutions se déterminent peu à peu de telle façon que la matière du devoir, les applications de l'idée générale du devoir, d'où cet agent a procédé et qui n'ont presque plus de modèle reconnaissable, varient en outre beaucoup de tribu à tribu, de nation à nation. Ces applications se trouvant ainsi empiriques en grande partie, et d'ailleurs diverses, peuvent paraître arbitraires à un observateur qui se demande plus tard ce que c'est au vrai que le devoir, et qui, se plaçant lui-même à un point de vue empirique, ne sait ni découvrir une forme constante sous une matière variable, ni reconnaître, dans cette matière, des éléments demeurés fixes et qui permettent de la reconstituer rationnellement dans sa pureté et son intégrité. De là vient l'opinion sophistique qu'il n'y a pas de devoir, parce que le devoir et la morale de préceptes varient avec les temps et les lieux.

Les idées religieuses sont la seconde cause de l'obscurcissement de l'idée rationnelle du devoir. La raison en est que les religions, depuis les plus grossières jusqu'à la plus épurée, qualifient les actes humains de bons ou de mauvais selon qu'elles les supposent être ou non conformes à la volonté, et de nature à causer ou non la satisfaction de telle puissance invisible de laquelle dépendent le bonheur ou le malheur des individus et des nations. Le devoir est alors subordonné à une déclaration externe qui le définit (jusque dans le cas où le siège principal de cette révélation est envisagé dans le sanctuaire de la conscience), au lieu d'être considéré sous son aspect rationnel de forme de la raison pratique. Les deux points de vue ne sont nullement incompatibles, — la remarque ici est essentielle, — attendu que rien n'empêche que les devoirs passent pour divinement prescrits en forme de commandement, et qu'ils aient leur sanction dans un ordre établi par le créateur, et qu'en même temps la loi du devoir soit inhérente à la constitution morale de l'agent libre; mais il s'élève une importante question de méthode, qui intéresse profondément la critique de la connaissance. Les hommes de religion exclusive voudraient que le principe de la morale fût pris de la religion et que la religion fût juge de la morale; pour le philosophe, cela ne se peut, car les principes premiers de la logique et les principes premiers de la morale gouvernent la sphère entière de l'esprit, et il est inadmissible que les religions soient soustraites à la critique, échappent aux critères universels de la vérité. Il n'y a pas à objecter que cette prétention, fausse pour les religions en général, peut être fondée en ce qui concerne la « vraie religion ». On a pu le penser, lorsque régnait l'ancienne apologétique, qui tenait l'autorité de la religion pour établie démonstrativement au moyen des principes communs de la critique historique et de la raison; mais dès qu'on renonce aux preuves de ce genre, ou qu'on n'en use que subsidiairement, en accordant qu'elles n'ont de réelle valeur qu'en supposant la foi chez le croyant qui les accepte, — et tel est bien l'état des choses, aujourd'hui, pour tout chrétien de bonne foi et d'un esprit éclairé, — on est forcé d'avouer que la vérité religieuse, en tant qu'elle se fait connaître, a son premier fondement dans l'état d'une conscience individuelle et ne se transmet à d'autres consciences que par des voies dans lesquelles le sentiment et la foi communicative sont encore les principaux mobiles. Il résulte de là que, si la doctrine ou métaphysique ou morale d'une religion est mise en question entre des personnes quelconques, l'examen auquel cette doctrine sera soumise devant se régler sur des principes communs, il faudra de toute nécessité que ce soit sur les principes généraux de la morale et de la raison. Donc la « vraie religion » ne peut s'attribuer à cet égard aucun privilège sur les religions fausses. *Sa* morale devra paraître au tribunal de *la* morale; car, encore bien qu'il y ait division entre les doctrines éthiques, ou touchant l'origine et la nature d'une loi morale, il ne laisse pas d'exister des principes moraux communs, de même qu'il existe, en dépit des systèmes divers des philosophes, une raison commune, une logique dont il n'est certainement pas une croyance religieuse qui ne subisse plus ou moins l'empire.

D'une manière générale, une doctrine religieuse, en ce qui touche les préceptes et la règle des relations humaines (même des rapports de l'homme à Dieu), se juge *par la morale*; ce n'est point la morale dont la vérité doit se juger *par la doctrine*. Si nous considérons les faits, dans l'histoire, nous voyons les religions prescrire, en qualité de devoirs, des pratiques, les unes bassement superstitieuses, les autres odieuses, d'autres encore monstrueuses. Cela seul devrait suffire pour nous éclairer sur l'origine de croyances immorales en elles-mêmes ou par leurs applications. A moins de supposer le cœur et l'esprit humains partis, non d'un état neutre ou innocent, avant tout développement de l'expérience, de la réflexion et de la liberté : non d'un état purement animal, et innocent à sa manière, dans lequel nous ne reconnaîtrions pas encore l'homme, sujet de nos études, mais d'un état déjà *perverti*, incomparablement inférieur à celui de l'animalité, ce qui ne se comprend point, force nous est d'admettre que les croyances religieuses, quelles qu'aient pu être leurs premières déterminations spontanées, ont suivi une marche semblable à celle de la formation des coutumes. Elles se sont fixées diversement après s'être écartées de leurs points de départ, et sous l'influence des mêmes causes qui ont fait varier la matière et obscurci ou altéré la notion du devoir. Quand il est clair pour nous que ces croyances ont été fausses, et que de plus elles ont supposé des applications fausses du devoir, des jugements moraux corrompus ou pervers, il ne nous est pas permis de penser qu'elles ont été le résultat d'idées et de raisonnements acceptables indépendamment de l'état mental moral des hommes qui se les ont faites ou les ont accueillies.

J'entends parler surtout des basses croyances fétichistes, de la sorcellerie, des offrandes et sacrifices destinés à capter la faveur ou apaiser le courroux des puissances invisibles, puis des idées et cérémonies d'expiation et de reversibilité, en tant qu'on suppose les supplices, le spectacle de la douleur, agréables à des dieux qui veulent être vengés, et la peine infligée aux innocents apte à obtenir le pardon des coupables. Si ce faisceau de superstitions *immorales* avait été autre chose qu'une *religion corrompue*, il aurait donc été une *religion primitive*; et on ne refusera pas d'y voir un état de l'esprit qui n'eût pas été moins caractéristique de l'homme, et plus étranger au pur animal, que peut l'être n'importe quel sentiment de religion noble et élevée. A ce compte, il y aurait là un argument sérieux en faveur des doctrines théologiques qui persistent à regarder les idées de ce genre comme adhérentes au fond même de la nature humaine religieuse, ce qui expliquerait leur présence constatée, sous des formes plus ou moins grossières ou raffinées, dans presque tous les cultes. Mais s'il en est autrement, et s'il convient d'expliquer l'universalité de ces idées par un fait universel de corruption de la religion, alors la religion corrompue ne saurait s'expliquer sans la corruption de la morale. La morale se corrompt, comme on l'a vu ci-dessus, par la substitution de la coutume au devoir, la coutume se formant elle-même sous l'empire des faits continuels ou répétés de violation du devoir, et par l'effet des actions et des réactions qui naissent des perturbations internes de la conscience, et des troubles survenus dans les états de société encore élémentaires. Les croyances et les cultes suivent la même loi, ils se ressentent de la coutume, à mesure qu'elle s'établit en d'autres modes de penser et d'agir; ils en sont en partie des applications, et ils sont aussi des coutumes d'un certain ordre, essentiellement liées à celles qui définissent un idéal faussé de l'homme et gouvernent les relations empiriques entre les hommes. Cet idéal et ces relations sont en effet des exemplaires sur lesquels il ne se peut pas qu'on n'imagine la nature et les qualités des puissances invisibles et l'espèce des rapports que l'on se croit avec elles. Dans l'hypothèse contraire, dans celle où les croyances religieuses se seraient déterminées indépendamment des notions morales, il serait étrange que la loi morale se fût trouvée implicitement violée par le fait de la détermination de ces croyances. On éviterait peut-être une pareille incohérence en refusant d'admettre aucune donnée normale initiale des notions, auquel cas on les considérerait comme dans un état d'infirmité et de barbarie primitives, en quelque sorte parallèle à celui de l'imagination religieuse. Mais alors on nie l'essence morale de l'homme et l'on trouve une difficulté extrême à comprendre le caractère à la fois pervers, réfléchi et soumis à l'examen et à la critique, sujet à sa propre réprobation selon les temps, qu'affecte, dans ses fausses religions et dans ses mœurs, dans ses institutions antiques, un être si différent de ceux qui n'obéissent qu'à des instincts et n'arrivent jamais à la distinction du juste et de l'injuste.

Enfin, si le penseur religieux est forcé d'accorder que l'état de la moralité est un facteur réel dans la formation des croyances religieuses, partout où il lui paraît clair que ces croyances sont fausses et immorales, il ne saurait se dispenser de faire le même aveu en ce qui concerne la foi même qu'il regarde en tout ou en partie comme juste et fondée; à moins toutefois qu'il ne prenne le parti violent de faire dépendre toute vérité religieuse exclusivement d'une révélation, qui deviendrait ainsi la source unique de toute notion morale vraie, en même temps que d'une certaine connaissance des choses invisibles. Mais cette dernière opinion est insoutenable par tous les côtés : 1° La doctrine de la révélation devrait s'étendre à tous les peuples qui ont possédé des notions morales, — et lesquels en ont manqué? — au lieu qu'on ne l'applique ordinairement qu'à la moindre partie d'entre eux. 2° Admettant qu'il y ait eu une révélation primitive unique, antérieure à la dispersion supposée de la famille humaine, on est toujours obligé d'admettre aussi telle chose qu'une nature morale de l'homme, à défaut de laquelle il lui eût été aussi impossible de comprendre l'enseignement du devoir, qu'il l'est aujourd'hui à un animal domestique d'apprendre de son maître d'autres mobiles d'action que les affections. Or cette nature morale, c'est la notion même du devoir, donnée avec la conscience spécifiquement humaine. 3° Une révélation n'atteint son but qu'à la condition de s'étendre à la postérité, même éloignée de ceux qui l'ont reçue ; c'est dire qu'elle est proposée à la constatation, à l'acceptation, et par suite au jugement des personnes formant cette postérité. On ne conteste pas non plus qu'elle ne soit susceptible d'altération ; et le fait est que toute doctrine et tout culte donnés pour révélés ont été altérés, en ce sens qu'ils se sont écartés de leurs origines. Un double contrôle de raison logique et de raison morale est donc inévitable, et, par conséquent, l'hypothèse des révélations, introduite dans l'histoire, implique elle-même chez l'homme auquel elles s'adressent une nature à la fois rationnelle et raisonnable, en d'autres termes, apte au raisonnement et capable de jugements moraux, pourvue de notions morales.

Je conclus définitivement à l'existence première de ces notions, à celle d'une *forme* générale du devoir, à la variabilité et à la corruptibilité de sa *matière*, et à la dépendance des déterminations de l'idée religieuse par rapport à celles de la moralité (1).

Je reviens à l'opposition du devoir et du bonheur, qui est le sujet de cette partie de mon étude. Cette opposition dépend de ce que l'idée du devoir est générale, abstraite, formelle, et, quoique inapte à se substituer, dans la nature humaine, à l'idée du bonheur comme fin de nos actes, réclame à tout instant des applications qui excluent ce bonheur immédiatement en vue (c'est-à-dire tel qu'une passion actuelle le fait envisager), et tantôt le remplace par un bonheur plus éloigné, ou de genre différent, relatif à de tout autres satisfactions, tantôt même, et souvent, ne laisse pas facilement voir le bien qui peut venir en échange de celui auquel elle nous oblige à renoncer. Enfin même il peut paraître, en certains cas, qu'il ne viendra que des maux. Je mets de côté, en ce moment, la grande difficulté de savoir ce qui reste de matière à une loi des fins, qui pourrait aller, à ce compte, jusqu'à supprimer les fins, en supprimant tout ce qui les rend désirables, et renverser ainsi les assises fondamentales de toute nature vivante. Car on ne saurait entendre par le devoir le plus formel une notion

---

(1) L'expression de « morale indépendante » ayant été très répandue de notre temps, et très discutée, je ne dis pas approfondie, il est à propos de remarquer ici que la morale subit, tant pour la doctrine qu'en application, des influences de la part de toute religion et de toute philosophie qui règnent plus ou moins à une époque quelconque. En ce sens, la morale ne peut se dire indépendante, excepté pour des préceptes ou maximes empiriques, et tout autant qu'on ne les soumet pas à l'examen. Mais il n'y a ni philosophie ni religion au monde qui aient pu se constituer sans dépendre au moins en partie de données morales antérieures et premières, ou de leurs altérations. En cet autre sens, la morale est originale et absolument indépendante, et ce sont les croyances et les doctrines qui dépendent.

n'ayant absolument aucune matière ; ce serait en rendre la place et l'intervention nulles dans la pratique, et cela non pas seulement pour l'ordre des choses sensibles, mais même pour un monde supérieur, où nous ne saurions concevoir des vivants et des agents, que ce ne soit encore en prêtant des motifs passionnels, des fins désirables à leurs actes. Il n'a fallu rien de moins que toute la suite des spéculations de philosophie morale, avant d'arriver à définir correctement cette matière du pur devoir. Mais autre chose est une formule, autre le sentiment confus de ce qu'elle doit contenir. Ce sentiment a toujours suffi à travers toutes les modifications des maximes de conduite, chez les individus ou les peuples qui ne sont pas descendus à un degré trop bas de corruption morale pour qu'ils aient pu opposer le devoir au bonheur, en donnant à la réflexion une autre tâche que celle d'un choix à faire entre deux biens diversement appréciables et exclusivement relatifs à l'agent individuel. Toute vertu, pour peu que le concept en ait été formé, a certainement impliqué une idée vague de cette règle de *généralisation possible* des maximes, dont l'*impératif catégorique* de Kant a donné la formule ; et le concept de la justice, en particulier, a renfermé, en dépit de toutes les dérogations de fait aux exigences de l'idée, la substance de l'*impératif pratique* du même philosophe. Il n'en a pas fallu davantage pour que des fins de devoir aient pu être distinguées profondément des fins de bonheur : celles-ci définies par de certains intérêts, individuels ou communs, mais logiquement réductibles à l'individu, et *appréciés hypothétiquement en leur qualité de biens supposés* ; celles-là par des biens d'un genre tout rationnel, conçus indépendamment du profit à retirer par l'agent, et *posés formellement et catégoriquement sans aucune hypothèse touchant ce qui peut advenir de la poursuite qu'on s'en propose*.

Telle est l'opposition dont nous allons observer les différentes formes dans le développement des doctrines. Mais je viens de nommer les biens définis par la raison comme étant ceux qui constituent les fins de devoir. Ceci appelle une remarque. Ces biens rationnels se rapportent toujours à des idées d'ordre ou de perfection dans le monde en général, ou dans la société humaine, ou dans l'homme individuel ; et ce dernier vise à sa propre perfection, idéal pour lui principal, unique au besoin, mais qui se lie toujours de quelque manière à celui qu'il peut envisager dans les choses extérieures, en partie dépendantes de ses propres déterminations.

Une classification détaillée des doctrines établit entre elles des distinctions suivant la manière dont elles définissent ce bien en général, le Bien, conforme à la raison, qu'elles opposent aux attraits sensibles, à l'utilité, à l'intérêt. On les distingue toutes, en outre, de la doctrine du devoir pur, ou formalisme absolu, depuis que celle-ci s'est formulée avec la dernière rigueur. Mais ici je puis les considérer toutes également comme des morales du devoir, en tant qu'elles sont d'accord à voir dans le *Bien*, comme qu'elles le définissent d'ailleurs, une fin qui *doit* être poursuivie indépendamment des attraits de plaisir ou motifs d'utilité de chaque individu, ou même de la communauté, et en sacrifiant ces derniers s'il est nécessaire.

Au moment où la réflexion philosophique commence à s'appliquer à des sujets dont la coutume et la religion disposaient à peu près entièrement jusque-là, quoique sur un fond de notions morales premières et permanentes dont la donnée est inséparable de celle de tout caractère humain que nous connaissions, il est naturel que l'idée du bonheur ait la première attiré l'attention, et que la question de savoir en quoi le bonheur consiste et comment l'individu peut se le procurer ait été posée avant toute autre. La religion, tant sous l'aspect d'adoration et de culte pieux (εὐσέβεια) que sous celui d'une chaîne imposée par la crainte des puissances invisibles (*religio a religare*) (1), se rapportait essentiellement à des pratiques et cérémonies destinées à assurer le bonheur des individus, des familles et des cités ; on peut même ajouter que les croyances communes (en dehors des *mystères*) laissaient l'imagination de la vie future plongée dans l'obscurité et la tristesse, et que dès lors les récompenses promises à la piété, les menaces faites à l'ennemi des dieux étaient presque toujours de l'ordre temporel. D'un autre côté, la coutume impose à la vie privée et à la vie publique des obligations sanctionnées par des biens à recueillir ou par des maux à craindre dont la nature est immédiatement perçue sous les espèces les plus sensibles : honneur et profits ; mépris et châtiments. Toute philosophie à principes empiriques sera donc préparée à placer dans le bonheur, autant qu'il est possible de l'atteindre, le but de la vie, et à en rechercher les moyens les moins incertains à la portée de chacun. S'il y a des

---

(1) Religio, id est metus, ab eo quod mentem religet dicta religio (Servius, *Ad. Æneid.*, VIII.

Connexa enim sunt metus et religio (Florus, I, 8).

Et arctis Religionum animos nodis exsolvere pergo (Lucret. I, 930).

devoirs et des vertus qui soient d'une espèce à ne pouvoir être méconnus, et à s'opposer souvent aux fins du bonheur individuel, à l'époque dont il est question ici, ce sont évidemment ceux qui se rapportent au patriotisme ; mais, dans l'antiquité, les biens les plus précieux d'un citoyen et de sa famille étaient matériellement liés à ceux de sa cité, en une mesure incomparable avec tout ce que nous voyons dans les États modernes ; le sentiment de la conservation de soi était donc solidaire de celui du salut public, et, se joignant aux passions patriotiques que les institutions civiles visaient toutes à exalter, il proposait à l'accomplissement du premier des devoirs, objet alors de précepte universel, une fin de satisfaction personnelle et de bonheur, impossible à méconnaître.

Les plus anciens sages ou philosophes, parmi ceux qui donnèrent à leur pensée une direction empirique, tendirent non seulement à définir le bien par la vie heureuse, mais encore à individualiser le concept du bonheur, ce qui se comprend à merveille quand on songe à la nature même de la philosophie, qui quelque méthode qu'elle suive, soumet en dernière analyse toute solution de problème, ainsi qu'elle ramène tout examen de vérité, à la satisfaction propre d'une conscience soustraite aux influences extérieures. Je me borne à rappeler les vues de sagesse pratique et les maximes éparses chez les poètes gnomiques, ou attribuées à des personnages du cycle des « sages de la Grèce ». On trouve assurément, dans le nombre, quelques pensées élevées, quelques préceptes de morale séparée de l'intérêt ; mais la plupart ont trait aux misères et aux vicissitudes de la vie humaine et de la destinée, et recommandent la modération et la justice comme les plus sûrs des moyens d'éviter ou de diminuer les maux. Il n'y a encore rien là de systématisé et qui ressemble à une éthique. Les premiers « physiciens » de l'école ionienne, si spéculatifs en matière cosmologique, ne paraissent pas avoir songé non plus à des systèmes de morale. Durant toute cette époque, il est clair que la morale ne se dégage pas, autrement que par quelques sentences isolées, de cette règle des mœurs qu'on demande à la religion ou à la coutume. Je ne parle encore que de l'école empirique.

Il faut donc arriver à Héraclite et à Démocrite. Mais le premier de ces philosophes se distingue profondément des autres ioniens par l'esprit de sa doctrine, dont je m'occuperai plus loin. Le second apporte un principe nouveau pour la conception physique du monde, et c'est lui qu'on peut regarder comme le premier auteur d'une doctrine morale du bonheur essentiellement envisagé dans l'individu, dans la personne du penseur, et d'ailleurs adapté à des dispositions mentales du genre scientifique et contemplatif.

Ce n'est pas Pythagore, le père des écoles idéalistes, qui est l'auteur d'une morale toute contemplative, malgré les adages que la tradition a mis sous son nom. Remarquons d'ailleurs que le mot fameux, prononcé, dit-on, aux jeux olympiques : D'autres viennent pour lutter, d'autres pour vendre, etc., ce mot eût toujours été bien placé dans la bouche d'un penseur quel qu'il fût. Le premier moraliste auteur d'un système de contemplation est le créateur de cette doctrine atomistique, à laquelle se lia plus tard la morale épicurienne, adoptant pour principe le plaisir et conseillant le renoncement à la vie publique. Démocrite définit l'existence heureuse par cet état de paisible jouissance des dons de l'âme, et d'absence de toutes les sortes d'ébranlement (εὐεστώ, εὐθυμία, ἀθαμβία, ἀταραξία), où tout ce qui est de nous, quant au bien-être et à la bonne humeur, se trouve réalisé, en sorte qu'il ne nous reste plus qu'à faire des vœux pour le dehors et à désirer « qu'il nous vienne des images raisonnables ». La possession de la science, la recherche de ce qui n'est pas sujet à périr, voilà ce qui constitue essentiellement cet état de bonheur ; et la justice, ainsi que le respect de soi-même en sont des conditions, parce que les passions de nature troublante apportent la crainte ou le dégoût et les regrets avec elles. Le plaisir tranquille est donc le seul qui convienne au sage. Ce plaisir (τέρψις) donne la définition et la mesure de ce qui nous est réellement avantageux (ξυμφορέων). L'amour, le mariage, la paternité et jusqu'à l'attachement à une nationalité exclusive appartiennent à la catégorie du désavantageux (ἀξυμφορέων), à cause de ce qui s'y joint toujours d'agitation, d'incertitude et de désagréments. Ces principes d'eudémonisme s'accordent sans peine avec certaines vertus privées et avec les préceptes les moins suspects du devoir envers soi-même qui se rencontrent dans les fragments conservés de Démocrite ; ils comportent même en certains points un véritable ascétisme, mais toujours motivé par l'*ataraxie* en guise de loi morale suprême, et par conséquent par l'égoïsme. Ils ne se concilient pas moins bien avec le respect de la religion, de la coutume et de la loi, en pratique, attendu qu'on ne saurait manquer à ce respect sans s'exposer à des troubles certains et à des dangers. Mais, en théorie, ce philosophe attribuait aux croyances religieuses une signification ou des origines qui en supprimaient le fondement réel ; et, en présence de son idéal du sage célibataire et cosmopolite, les conseils les plus judicieux qu'il donnait sur les matières d'État ne pouvaient jamais avoir de sa part qu'un caractère d'accommodation à un milieu de folie générale.

L'eudémonisme ataraxique fut l'attitude morale d'un assez grand nombre de penseurs de cette époque et de la suivante. C'était là une conséquence naturelle de la substitution de la philosophie, toujours individualiste par sa méthode, d'une part à la simple coutume comme donnant les règles de conduite, et d'une autre part à la religion comme prescrivant les conditions du bonheur. Cette conséquence est à prévoir chez un esprit, rationnel au fond, mais qui n'introduit pas dans sa spéculation l'idée d'un ordre moral de l'univers auquel les individus sont appelés à faire un acte de soumission volontaire. Elle entraîne naturellement une autre soumission, savoir à cette même religion et à cette même coutume au-dessus desquelles on se met par la pensée, mais qu'il faut subir en fait, parce qu'on ne saurait s'en affranchir trop ouvertement, ou tenter vivement d'en affranchir les autres hommes, sans compromettre son bonheur. Les principaux préceptes qui s'offrent à ce point de vue sont ceux du calme et de la modération en toute chose et du choix des plaisirs les plus intellectuels et les plus doux ; et la méthode par laquelle on obtient ces préceptes est ce qu'on a appelé longtemps après le calcul de l'intérêt bien entendu. Elle est impliquée par tous les arguments que Démocrite emploie pour établir la supériorité des biens qu'il préconise sur ceux dont il veut qu'on s'abstienne ; car les reproches qu'il fait à ces derniers sont toujours ou de n'être pas durables, ou d'entraîner des maux, immédiats ou futurs, ou enfin d'être incompatibles avec le premier de tous, la tranquillité, qui est le bonheur même tel qu'il le sent et qu'il l'estime possible, au milieu de tant de conditions incertaines et généralement indépendantes de la volonté de chacun. Si ses écrits nous étaient parvenus, nous reconnaîtrions probablement qu'Épicure a très peu inventé en morale. De plus, l'eudémonisme de Démocrite est fortement relevé par une tendance rationaliste et contemplative à la fois, et une ardeur pour la science, qui ne se retrouvèrent plus dans l'École d'Épicure. Son œuvre est remarquable, non seulement en physique, par la création de la doctrine atomistique, mais encore en morale, à cause de ce caractère de force et de franchise que nous avons pu admirer chez tous ceux des philosophes de l'ère antésocratique qui ont été les initiateurs d'idées destinées à garder une place à jamais dans l'arsenal des principes disponibles.

Mais pourquoi Démocrite a-t-il défini le bonheur par l'ataraxie, et regardé comme les plaisirs les plus à rechercher ceux que procure la culture des sciences? Évidemment, c'est que c'est ainsi qu'il sentait; mais, mieux que personne, il savait que ce sentiment n'est pas commun. Là est le point faible de sa doctrine : elle est *individualiste*, mais elle est *individuelle* aussi. Comment imposer à autrui le sentiment qu'on a soi-même du bonheur, et sur quel pied établir une discussion touchant la valeur relative des plaisirs? Tout argument doit être *ad hominem*, en semblable matière, ou bien il sera sans portée. On tâchera, par exemple, de montrer, et j'admets qu'on y parvienne, à l'homme qui ne conçoit pas qu'on définisse le bonheur par plus de privations que de jouissances, que les plaisirs à la recherche desquels il use sa vie sont les plus mêlés de tous à des douleurs, et que les biens qu'il préfère engendrent presque toujours des maux, les pires de tous les maux, à son propre jugement. On sera désarmé, si cet homme répond : Je n'ai pas dit que le bonheur fût facile à atteindre, mais, à mes yeux, il consiste dans le succès qu'on obtiendrait de se procurer les plus grands biens et d'éprouver les plaisirs les plus vifs en évitant les maux et les douleurs dont on courrait la chance. Et j'en mets volontiers l'enjeu, parce qu'au pis-aller je préfère à la monotonie des satisfactions paisibles les réelles jouissances gagnées à tout risque, et à l'assiette imperturbable d'un Démocrite le trouble des passions qui me font sentir la vie et qui ont agité en effet celle de tous les grands hommes d'action. Il n'y a rien à répliquer à cela, tant qu'on reste placé au point de vue des goûts individuels. Or telle est précisément l'attitude que prirent certains des « sophistes » grecs, dont les raisonnements discréditèrent dans la postérité ce nom de *sophiste*, tenu avant eux en honneur.

« Je vais te dire, — c'est ainsi que Platon fait parler l'un d'eux dans le plus beau peut-être de ses dialogues, — je vais hardiment te dire ce que c'est que le beau et le juste selon la nature. Pour bien vivre, il faut donner à ses passions leur plein développement, sans se contraindre, et, portées au plus haut point, savoir les satisfaire avec prudence et courage, à mesure que se produit chaque désir. Ceci n'est pas, sans doute, à la portée du plus grand nombre, et voilà pourquoi l'on blâme ceux qui en sont capables ; on cache par honte sa propre impuissance, et l'on traite de honteuse l'absence de contrainte. On enchaîne ceux que la nature a faits meilleurs, et, ne pouvant atteindre soi-même à la plénitude des plaisirs, on vante par lâcheté la sagesse et la justice. Mais, pour eux, s'il leur est échu tout d'abord de naître d'une famille de rois, ou s'ils sont aptes par nature à se procurer un commandement quelconque, empire ou tyrannie, qu'y aurait-il vraiment de plus honteux et de pire que la sagesse, s'ils l'embrassaient ? Ils peuvent jouir de tous les biens sans que personne leur fasse obstacle, et ils iraient subir volontairement le despotisme des lois, des discours et des réprimandes du plus grand nombre ! La beauté prétendue de la justice et de la sagesse ne les rendrait-elle pas misérables, quand ils n'auraient rien de plus à donner à leurs amis qu'à leurs ennemis, et cela dans leur cité, où ils gouverneraient ?... La volupté, l'absence de toute contrainte, la liberté, pourvu qu'y soit aussi la puissance, voilà ce que c'est à vrai dire que la vertu et le bonheur. Toutes ces autres belles choses, conventions contre nature, ou bavardages de gens, ne méritent pas la moindre attention (1) ».

On peut relever, dans ce discours impudent, un vice d'analyse psychologique. Le sophiste, en son mépris pour les doux, les tempérants et les pacifiques, et dans son admiration pour les forts et les injustes, oublie que la nature a donné aux premiers une humeur et des sentiments à eux qu'il ne sert de rien de méconnaître, et qu'elle les a par le fait autorisés à se former du bonheur, et des plaisirs qu'ils préfèrent, les idées mêmes qu'ils s'en forment, et non d'autres. La nature a fait plus encore, si c'est elle qui a fait les gens de tout acabit, puisqu'elle a donné au « plus grand nombre » la puissance, en même temps que l'intérêt et le goût de contraindre ou de réprimer, dans un grand nombre de cas, ceux qui seraient disposés à ne se contraindre eux-mêmes en rien chaque fois que leur vient un désir. Il est donc clair que la connaissance du vrai bonheur n'est pas accordée en privilège aux hommes qui le cherchent dans la satisfaction des passions violentes et troublantes; non plus que sa définition, aux sophistes auxquels il plaît de voir, dans la guerre entre les hommes qui se le disputent, la condition propre à la meilleure vie « selon la nature ». Mais, en revanche, il n'est pas moins clair que, quand on prend pour idéal unique le bonheur,

(1) Platon, *Gorgias*, édit. Didot, t. I, p. 359.

et le bonheur pour l'individu, et le bonheur remis à l'appréciation de chacun des chasseurs de cette proie, on n'a rien à objecter à ceux qui envisagent les fins de l'homme du même œil que le Calliclès de Platon. On peut bien leur trouver mauvaise grâce à se plaindre, quand ils ont mis leur théorie en pratique, et qu'ils s'aperçoivent à la fin que, ni dans le but manqué, ni même dans le but atteint, ils n'ont pas trouvé ce qu'ils ont attendu. *Patere legem quam fecisti*, peut-on dire au criminel que la loi condamne, et à celui qui gémit du vide ou de la satiété des plaisirs après avoir échappé à la loi. Mais ils ne se plaignent pas toujours : heureux ou malheureux en dernier résultat, ils peuvent croire qu'ils ont tiré le meilleur parti de la destinée. Dans tous les cas, pour les *juger*, il faut d'autres principes que ceux qu'ils ont reconnus. Et de même, pour juger la théorie de leur pratique.

Quelques hommes de l'école dite des sophistes arrivèrent ainsi à nier la justice et le droit, c'est-à-dire à les tenir pour de pures conventions, à regarder le bonheur comme l'accumulation des plaisirs, ou désirs satisfaits, et la force et l'habileté comme les moyens souverains de se procurer la vie bonne. Ils n'avaient pour cela qu'à suivre les conséquences de certaines opinions auxquelles on avait été conduit, d'un côté, par l'affaiblissement de la religion et de la coutume dans l'esprit des penseurs ; de l'autre, par les décisions incohérentes ou contradictoires de ceux qu'on avait vus se faire forts de substituer aux anciennes habitudes de penser des doctrines qui fussent le produit d'une exertion indépendante et spontanée de l'entendement. Ces opinions, c'était qu'il n'existe pas de vérité universellement reconnaissable ; que tout est empirique, les jugements humains comme les sensations ; que le sentiment particulier de chacun est donc le criterium de chacun, et qu'il n'y a pas d'autre criterium. En appliquant cette manière de voir à la morale et au droit, on ruine le fondement de l'obligation, lequel suppose toujours la reconnaissance d'une vérité générale ; on est seulement en présence de deux grands faits : 1° l'individu avec ses instincts ou passions, et avec ses jugements sur les moyens les mieux appropriés aux fins de ses désirs ; 2° un monde extérieur et des hommes tels que lui-même : hommes et choses qui lui sont continuellement instruments ou obstacles. Or l'individu est « la mesure de tout : de ce qui est, pour savoir ce qui est ; de ce qui n'est pas, pour savoir ce qui n'est pas » (formule célèbre de Protagoras) ; et ce savoir de l'individu, ce savoir corrélatif d'une vérité qui ne peut pas en être distinguée, n'est jamais que son sentiment propre et son opinion actuelle (autre formule du même philosophe). Il résulte de là que l'homme *mesure de toute chose* est aussi l'homme *libre de toute chose*, à la seule condition qu'elle soit en son pouvoir et qu'elle se trouve conforme à sa disposition mentale du moment présent. Rien donc n'empêche qu'il ne se place, en matière de morale et de droit, au point de vue du Calliclès de Platon.

La conséquence est juste, mais elle n'est pas nécessaire ; en fait, elle dépendra de la nature des sentiments de l'individu et de la manière dont il se représentera ce qui lui est bon ou agréable. Je n'ai nullement la pensée d'imputer à la plupart des « sophistes » grecs, ou à l'école empirique en général, des maximes odieuses. Les premiers n'ont réduit qu'exceptionnellement les notions morales à ces deux facteurs, la convention ou l'habitude, finalement subordonnables à ce que chaque agent croit lui être bon, selon qu'il juge de son bonheur. Les plus célèbres d'entre eux, au contraire, Protagoras qui donna la formule extrême du phénoménisme empirique, Gorgias, le métaphysicien nihiliste, Hippias, Prodicos, s'appuyèrent tous sur le sentiment de la justice, raisonnèrent sur les vertus et même ordinairement se chargèrent de les enseigner. Ce dernier est l'auteur du beau mythe d'*Hèraklès au carrefour*, où se trouve la comparaison des deux genres de bonheur que le Vice et la Vertu promettent au jeune homme qui suivra l'une ou l'autre de deux routes qui s'ouvrent dans la vie (1). C'est de la même manière que les philosophes de notre temps qui suivent la méthode empirique, et prennent le principe de la morale dans le bonheur, — au fond dans le bonheur considéré individuellement, — ne laissent pas d'admettre un idéal et des notions dont ils ont la charge d'expliquer la provenance ou raison d'être dans leurs systèmes. De l'idée des fins particulières, ils ont à tirer l'idée d'une fin générale ; et à la donnée des appétits individuels, il faut qu'ils ajoutent un principe substitutif ou générateur de cela qu'on appelle *justice* dans la doctrine du devoir, et dont ils ne sauraient répudier ni le nom ni la fonction en morale. La *sympathie*, terme longtemps employé, l'*altruisme*, expression plus générale du fait opposé à celui des tendances centripètes de l'individu, reçoivent ce rôle et servent à la généralisation requise des fins dans une conscience donnée. Mais que ces sentiments soient naturels et qu'on ait

---

(1) Voyez Grote, *Histoire de la Grèce*, 2ᵉ partie, chap. III.

dispense d'en chercher l'origine, ou qu'on se flatte de montrer cette origine dans l'expérience de chaque individu, ou encore dans l'expérience héréditairement accumulée de l'espèce, toujours est-il que ce sont bien des sentiments, et qu'on ne peut les invoquer qu'autant qu'ils existent réellement chez l'agent de qui l'on réclame une conduite plutôt qu'une autre.

Je reviens ici à la véritable objection qui se tire de la doctrine du devoir contre les sophistes anciens et les empiristes modernes, sans incriminer en rien leur intention morale ou mettre en doute leur rectitude pratique. Il s'agit d'une théorie. Si les sentiments sur lesquels ils fondent tout l'édifice de la moralité n'existent pas en fait chez l'individu, que lui dira-t-on, que lui fera-t-on comprendre, afin qu'il trouve expédient de sacrifier à la satisfaction d'autrui certaines de ses propres satisfactions, telles qu'elles lui apparaissent, alors qu'il a le pouvoir de se les procurer et ne se sent soumis à aucune contrainte extérieure ? Et s'il a ces sentiments dans une mesure quelconque, et que néanmoins il soit tenté d'obéir à d'autres mobiles, qui tiennent aussi bien que les premiers leur valabilité de sa nature, sur quoi s'appuyer pour lui présenter les premiers comme constituant une obligation, et le choix des autres comme condamnable ? Ni l'existence plus ou moins suspecte des sentiments altruistes, ni les raisonnements intéressés, les exhortations, les discours moraux employés à les fortifier ne sauraient faire que la morale prenne un caractère *impératif*. C'est là que se placent la distinction profonde et l'opposition constante de deux systèmes d'éthique : celui qui part de la seule *nature* soit fixe, soit évolutive, et procède à la recherche du *bonheur*, et celui qui pose une *loi morale*, sur quelque fondement d'ailleurs qu'il la fasse porter, et qui vise à la définition des *devoirs*.

J'ai conduit jusqu'à la période des sophistes, et jusqu'à la réforme socratique par conséquent, l'esquisse de l'idée générale de l'eudémonisme. Il faut maintenant remonter aux premiers développements de l'idée opposée, à dater du moment où elle se dégage des préceptes demandés à la religion ou à la coutume. Mais avant de nous attacher exclusivement à la Grèce et à la philosophie, à la Grèce, c'est-à-dire au pays originaire de la science et de la loi en matière morale ainsi qu'en tout autre sujet, il sera bon de dire quelques mots de la seule des civilisations orientales qu'on puisse regarder comme ayant produit et appliqué un système d'éthique. Cette civilisation est en même temps la seule à laquelle il est impossible de supposer que les Grecs aient fait un emprunt quelconque. La Chine, à l'époque même ou l'esprit grec commençait à sortir de ses enveloppes, avait créé cette espèce d'institution politique et morale qui a traversé les siècles en présidant à l'éducation de milliards d'êtres humains et à la direction de l'un des plus grands et du plus durable des empires connus. La religion et la rationalité se trouvent dans cette institution à un état de combinaison singulière.

Les *Sse-chou*, livres moraux qu'on appelle les quatre livres classiques de la Chine, et qui renferment la morale de Khoung-fou-tseu (Confucius) recueillie par ses disciples, composent le fond immuable de ce qu'on serait tenté de nommer une religion de raison pure, car on n'y trouve ni dogmes profonds, mystérieux, ni révélations divines, mais seulement des croyances, métaphysiquement peu déterminées, en un suprême Seigneur et en des Esprits, parmi lesquels le Ciel et la Terre sont au premier rang. Il y a bien à signaler, dans la religion positive de la Chine, quelques superstitions, et, avant tout, celle de la divination, avec des formes traditionnelles venues de la plus haute antiquité ; mais l'idée dominante est celle d'un mandat donné par le Ciel à l'homme, et d'une raison, ou voie droite, qui nous est transmise d'en haut, grâce à laquelle nous apprenons à gouverner notre vie et à mettre l'ordre en nous et autour de nous.

La règle suprême est le perfectionnement de soi-même. Le Ciel seul est parfait, mais l'homme se perfectionne en obtenant par ses efforts la connaissance de la loi céleste. L'homme arrivé à son but forme, après le Ciel et la Terre, un troisième pouvoir pour entretenir et améliorer les êtres. Ce pouvoir s'exerce en gagnant les cœurs par l'enseignement et les entraînant par la vertu de l'exemple, ensuite, autant que possible, en les soumettant à un gouvernement paternel, comme dans une famille patriarcale agrandie jusqu'aux limites de l'État.

Dans l'œuvre du perfectionnement de soi, le premier point est de connaître les principes des actions humaines, non pas les principes ou causes des êtres, prétention qui ne manquerait pas, ont dit les commentateurs les plus pénétrés de l'esprit confucéen, de nous jeter dans une mer d'incertitudes, mais les mobiles de l'activité humaine et les devoirs. Le second point est de déterminer les intentions et les fins à poursuivre. Le troisième est la droiture, d'où procèdent la correction de la famille, celle de l'État et finalement l'harmonie générale. Tout cela s'enchaîne sur le chemin de la perfection, principalement des rois, de leurs ministres et des sages qui travaillent au bien commun. La bonne conduite des supérieurs engendre la bonne conduite du peuple et le préserve des punitions du Ciel.

La droiture est de diriger les passions et de les modérer. La droite voie est une ligne moyennement située qu'il faut suivre en prenant de système le milieu des passions ainsi que des circonstances. L'harmonie résulte de la détermination de ces termes moyens en toutes choses. Garder une égale distance des extrêmes sur cette ligne si difficile à tracer, où les faibles n'atteignent pas le but, où les forts le dépassent ; s'y tenir sans fracas ni vanterie, sans prodiges, sans charlatanisme, c'est en quoi consiste la fameuse « invariabilité dans le milieu » formulée par Confucius.

Les vertus que les *lettrés* de la Chine énumèrent, en définissant les applications du devoir, sont celles que leur suggère la tradition patriarcale ; elles se rapportent à cinq sortes de relations, savoir : 1° du fils au père, 2° du frère au frère aîné, 3° de la femme au mari, 4° du sujet au prince, 5° de l'ami à l'ami, et elles constituent autant de formes de la *piété*; mais ensuite elles s'étendent jusqu'à la *bienveillance* universelle. Le moraliste chinois recommande à ses disciples d'« avoir pour autrui les mêmes sentiments que pour leurs propres personnes »; et il formule expressément la maxime plus usuelle de forme négative : « Ne faites pas aux autres ce que vous ne voudriez pas qu'on vous fît ». Enfin, la bienveillance est réglée et fortifiée par deux autres vertus ou *pouvoirs* dans lesquels il est aisé de reconnaître les équivalents de deux des vertus cardinales d'une autre tradition : la *force* et la *prudence*. N'oublions pas les préceptes de l'examen de soi-même et de la recherche du « principe des actes », c'est-à-dire de la vérité dans l'ordre moral.

Comment se fait-il qu'une éthique dans laquelle on retrouve plusieurs des éléments essentiels d'une analyse vraiment rationnelle, et, de plus, de remarquables analogies avec les doctrines grecques : avec le socratisme, dans le principe de l'étude de la conscience, à l'exclusion de la recherche des causes naturelles ; avec le stoïcisme, dans l'idée de la perfection humaine conforme à l'ordre du Ciel ; avec l'aristotélisme, dans la théorie de l'invariable milieu, et avec toutes les éthiques possibles, par des définitions correctes de vertus, comment se fait-il que cette éthique ait je ne dis pas manqué d'attirer l'attention, mais certainement d'obtenir de la part des philosophes les louanges qui sembleraient lui être dues? La cause n'en est pas à chercher seulement dans le fait du mélange des notions rationnelles des moralistes chinois avec la religion et les traditions de leur pays, telles que le culte des Esprits et des Ancêtres, les sanctions supposées de la bonne conduite et le principe général de l'obéissance, presque substitué à la conscience individuelle. Et cependant ce mélange est un obstacle au pur concept d'une loi morale ; les devoirs formulés par l'école de Confucius ont tendu à devenir pour le peuple une banale phraséologie de maximes, à mesure que les croyances nationales se sont affaiblies, et surtout après que le bouddhisme a conquis du terrain au-dessous de la philosophie des lettrés. Mais la principale raison de la froide estime en laquelle est tenue par les modernes l'éthique confucéenne est le sentiment plus ou moins confus que l'on a des vices d'une doctrine du devoir qui ne soutient pas et ne vivifie pas le devoir par la contre-partie du droit ; qui semble même ignorer les droits et devoirs positifs, fondés sur la notion du contrat ; qui, posant le bonheur pour but, en cherche les moyens dans l'action gouvernante de certains hommes et dans la subordination des autres ; qui prend pour mobile supérieur des actes la *bienveillance* et ne conçoit pas une justice pour en être la règle absolue, et qui enfin ne formule aucun criterium pour discerner les obligations.

Ces considérations nous disposent à comprendre la supériorité immense de l'esprit grec. Elle consiste originairement dans l'individualité de la réflexion et, par suite, de la philosophie. Cette individualité essentielle, qui donne lieu aux divergences et engendre les sectes, est aussi une condition de la science, puisqu'elle en est une de la recherche scientifique. L'examen est indispensable ; or l'examen qui n'amène point la division des jugements n'est pas indépendant et ne peut pas être sérieux. La recherche étant le moyen de la science en est la vie et, pour ainsi dire, la réalité, aussi longtemps que le but n'est pas atteint, et même encore au delà, en tant que l'individu doit s'approprier la vérité par une poursuite personnelle semblable à celle qui servirait à la découvrir de nouveau. Il résulte de là que la morale même, fût-elle excellente, si elle était sans hérésies possibles, manquerait de vie et de ce sel de la contradiction sans lequel toute vérité risque de se corrompre. La morale des Chinois, trop bien et trop scholastiquement fixée dans une école unique, invariable, affaire d'État plus que de libre exercice, constitution immobile et non matière de débats, est devenue lettre morte pour les descendants des hommes qui l'ont créée. Il est, sans doute, paradoxal, il est pourtant vrai de dire que la discussion, un examen critique incessamment repris et renouvelé, est une condition capitale de conservation des méthodes et des connaissances acquises, là même où l'entendement paraît décidément enchaîné et la contradiction impossible désormais. A combien plus forte raison doit-il en être ainsi, quand il s'agit non d'une science ou d'un art parvenus à des règles et à des modes d'application fixes, mais de cette doctrine des mœurs dont la constitution rationnelle, à la fois suppose l'adhésion du cœur et s'allie intellectuellement avec des théories toujours contestées; et de cet art de la vie sage, de cette autonomie du devoir, qui s'exerce au milieu de la liberté des pensées et de la liberté des passions !

Il y a deux conditions à remplir, pour une éthique visant à un établissement de lois morales : elle doit être *individualiste*, c'est-à-dire de construction autonome, parce que toute recherche a ce caractère, comme je viens de le dire, et de plus, parce que tout part de l'individu et tout revient finalement à l'individu, en fait de devoirs à prescrire; et elle doit être *universaliste* en ce qui touche la forme et la matière des lois, élevées au-dessus de l'empirisme. Elle doit donc poser la réciprocité des devoirs, partout où il s'agit des rapports entre les personnes, puisque autrement elle méconnaîtrait l'unité et la généralité de l'idée de personne morale, comme sujet unique de ces lois. On pourrait appeler *morale politique* une morale satisfaisant à ces conditions; car si on en suppose la conception appliquée, passée et accomplie dans les faits, la pensée se porte aussitôt sur l'idéal objectif d'une cité, d'une société de personnes ou êtres raisonnables, libres, égaux, qui se détermineraient harmoniquement dans leur autonomie. Les théocraties tendent aussi à l'harmonie en résultat, mais en s'efforçant pour cela de supprimer toute autonomie, et par conséquent de renverser le fondement même de la moralité, qu'elles voudraient assurer au moyen de commandements externes. Ceux des hommes de l'antiquité qui ont eu la claire conscience de l'idée de *loi* en toute matière, nos ancêtres moraux dans la science, dans l'art et dans les concepts sociaux, ont été les seuls bien placés pour atteindre aux principes d'une morale politique. Leurs institutions d'éducation (*musique* et *gymnastique*, termes généraux), leurs assemblées délibérantes, leurs débats sur le juste et l'utile, leurs œuvres littéraires, abondantes en observations et jugements dont le devoir et le droit sont le fond le plus ordinaire, enfin la supériorité qu'ils parvenaient à donner en mille choses à l'idée générale de faire ce qui se doit sur les mobiles de l'intérêt et de la crainte, tout cela fournissait aux Grecs les éléments d'une moralité rationnelle, partout ailleurs à peu près inconnue. Qu'on ait pu leur reprocher très justement des erreurs et des crimes, qu'ils n'aient réalisé leur idéal qu'en partie, au hasard de l'inspiration variable des assemblées et de l'éloquence des démagogues, cela va de soi ; mais jamais races ne s'élevèrent si haut, partant des milieux corrompus qu'avait constitués l'histoire. Au reste ils étaient aidés par leurs religions mêmes, dans l'intelligence de la justice, en même temps qu'instruits à reconnaître l'injustice dans les faits. Le monde divin leur était, comme le monde humain, représenté sous la forme d'un conflit de puissances rivales qui ont leur siège en des personnes et ne sauraient être amenées à l'harmonie que grâce à un accord entre des volontés libres ou par la victoire des êtres ordonnés et rationnels sur les agents de désordre et les monstres. L'idée d'une conscience divine ne s'était donc pas développée d'abord comme elle fit plus tard par l'action des philosophes, de manière à opprimer, pour ainsi dire, la conscience humaine. On ne cesse d'objecter aux anciens l' « immoralité de la mythologie » faute de savoir ou de se rappeler que les mythes se rapportaient originairement à un jeu de forces naturelles et non point à des actes moraux, et que ceux d'entre ces mythes auxquels on ne pouvait plus découvrir aucune explication satisfaisante tombèrent dans l'oubli ou dans le mépris, pendant que d'autres, dans la religion d'Apollon, par exemple, ou dans les mystères, recevaient de hautes interprétations, morales et servaient d'aliment à la piété. Par contre, quand on fait valoir les mérites du monothéisme, on ne songe à remarquer ni les altérations de dogme et de culte de la religion chrétienne, en son cours historique, ni le caractère panthéiste ou athée que l'absolutisme métaphysique n'a pu s'empêcher de donner à l'idée de l'être éternel et nécessaire. La justice dans le monde et la liberté dans la conscience se sont trouvées inconciliables avec une idée de la nature divine où il n'entrait plus rien de ce que nous connaissons dans la nature humaine ou par elle.

Le concept d'une législation *a priori*, et toutefois appuyée sur l'assentiment des sujets de la loi, cimentée par une sorte de contrat de ces sujets entre eux et avec le législateur, ressort clairement des faits les plus célèbres de l'histoire grecque. Toutes ces constitutions de cités qui furent des œuvres voulues et systématiques, au moment où les peuples échappaient soit à l'empire de la coutume, en exigeant des réformes et des lois formulées, soit au pouvoir arbitraire des tyrans qui avaient succédé à d'anciens dynastes, impliquèrent une morale politique, des idées sur les devoirs et les droits, et des plans d'éducation en vue de former des citoyens. Les philosophes furent souvent appelés à intervenir, et on peut même ici nommer les plus illustres et les plus dogmatiques, non pas seulement un Solon ou d'autres de la pléiade des *Sages*. Parménide fut le législateur d'Élée, Empédocle protégea et soutint la constitution d'Agrigente, Héraclite à Éphèse, Archytas le pythagoricien, à Tarente, donnèrent à leurs concitoyens des gouvernements « fondés sur la *raison* et la *vertu* ». Mais la plus ancienne de ces œuvres politiques, et celle dont les principes paraissent avoir guidé en quelque mesure les suivantes, est l'institut de Pythagore. Il n'y en eut jamais de plus remarquable, d'abord parce que désespérant sans doute de pouvoir jamais imposer une constitution parfaite et une règle de vie morale à un peuple pris en masse, les anciens pythagoriciens se réunirent pour former entre eux une société idéale; ensuite parce que le caractère apriorique de cette société put ainsi s'accuser pleinement et sans obstacle. La première circonstance causa la ruine de l'institut dont elle avait permis l'organisation; car les passions et les intérêts du commun des citoyens ne supportent pas facilement l'exemple et la menace suspendue sur eux d'une législation strictement adaptée aux sentiments d'une élite d'hommes raisonnables et vertueux. La seconde circonstance place la République de Pythagore, malgré son essai de réalisation, à la tête des conceptions, qui, depuis les Républiques de Platon et de Zénon jusqu'à nos utopies modernes, sont nées du désir de tracer un plan de société conforme a la morale et de trouver le moyen d'empêcher que les individus ne s'en écartent.

Malheureusement nous ne connaissons guère avec sûreté, de l'institut pythagorique, que son esprit. Rappelons en peu de mots les principes philosophiques d'après lesquels on doit en juger, et qui diffèrent profondément des idées orientales, desquelles on est toujours tenté de les rapprocher, ainsi que de la morale ascétique ou mystique des néopythagoriciens d'une époque postérieure. Le caractère essentiel de la méthode pythagoricienne tient à l'élucidation des notions de détermination et de limite. Le Nombre est l'essence du fini et du défini en toutes choses. L'infini est l'inconnaissable et l'irréalisable. Toute science a pour sujet, fin et moyens des rapports numériques à constater. Le monde tout entier est un ordre, une mesure, une harmonie, dont toute la connaissance accessible est donnée par des nombres. La géométrie, la mécanique, l'astronomie, la musique sont des applications sensibles de cette doctrine. La morale en dépend également. L'harmonie est la vertu propre de l'agent volontaire et rationnel, de même qu'elle est la condition de l'existence et de la connaissance des objets externes. Cette vertu est active et non contemplative, *ascétique*, dans le sens d'*exercice* bien ordonné des fonctions humaines, et non dans celui de renoncement et de mortification. L'ordre qu'elle se propose de réaliser n'est pas seulement intellectuel ; il porte surtout sur le tempérament et le gouvernement des passions, à l'aide d'une réflexion constante appliquée au passé et à l'avenir, et au choix des fins à poursuivre les plus favorables à l'harmonie. De là ces deux grands préceptes liés, les mêmes qui étaient inscrits dans le vestibule du temple de Delphes et qui résumaient la sagesse apollinienne (1) : — Connais-toi toi-même ! — En toute chose, la mesure. — Le premier réclame l'examen de conscience ; le second marque le but de cet examen, qui est l'établissement de l'ordre en soi, condition de l'ordre extérieur en ce qui dépend de chacun.

La morale pythagoricienne n'était pas encore détachée de la religion ; elle avait, on le sait, pour sanction de ses préceptes, des croyances religieuses dont l'origine est à prendre dans les mystères orphiques et, plus anciennement, en Égypte, selon toute apparence. La notion du devoir, en dehors de toute idée de sanction divine, ne pouvait y figurer que comme une application particulière de la doctrine cosmique ; et celle-ci affirme l'harmonie universelle comme un fait inféré d'une méthode scientifique, plutôt qu'elle n'est apte à en faire ressortir pour l'individu une obligation d'y conformer sa conduite. Il est vrai que la notion de l'obligation de pure conscience ne se dégagea nettement dans aucune des écoles de l'antiquité ; mais elle tendit à se dégager, grâce aux analyses psychologiques qui commencèrent avec Socrate, Platon et Aristote. Or, de telles analyses étaient

---

(1) Voyez Curtius, *Histoire grecque*, t. II, p. 68-71 de la traduction française.

tellement étrangères à l'école antique de Pythagore, que, au lieu de définir les notions morales et les vertus comme des lois propres aux phénomènes de conscience, elle spéculait sur certains nombres symboliques, destinés à les lui représenter et dont le sens même échappe le plus souvent à la postérité.

Il reste toujours à cette doctrine, la première en date de celles qui ont posé l'ordre, l'harmonie ou la beauté pour le fondement de l'éthique, deux grands mérites complètement étrangers à la morale confucéenne, dont il semblerait qu'on dût la rapprocher. Elle est autonomique en sa méthode et par son but; elle est scientifique, au moins d'intention, c'est-à-dire inquisitive en son effort pour découvrir les applications du principe du *cosmos* dans le grand et dans le petit monde, au lieu de se contenter d'idées vagues dont l'interprétation est laissée à la coutume. L'invention du mot *philosophie*, pour désigner ce qu'était et pouvait être alors la science, est un fait très caractéristique et dont on comprendra toute l'importance, si l'on réfléchit qu'outre qu'il signifie la substitution de l'idée de recherche à celle de possession du savoir, il implique, vu la nature éthique et politique des principales questions, la disposition de l'esprit du penseur et du chercheur à vouloir régler les mœurs et créer des institutions en conformité de la découverte, telle qu'elle sera, et non plus à subir l'empire de la tradition et de l'usage. Et en effet l'autonomie pythagoricienne se signala au plus haut degré par la tentative de former une société de toutes pièces, ou de philosophes, ou dirigée par des philosophes. Après la dissolution violente de l'institut pythagorique, l'école se signala par une ardeur fructueuse d'investigation et de théorie dans celles des sciences — ce furent nécessairement les premières fondées — auxquelles une méthode *a priori* est applicable. On sait quels grands résultats la spéculation permit alors d'anticiper en astronomie. Plus tard l'esprit scientifique s'affaiblit et l'apriorisme ne sut plus se nourrir que de rêveries. En même temps l'esprit pratique de l'ancienne morale pythagoricienne se perdit dans le mysticisme.

Cette morale, si elle était mieux connue, nous montrerait probablement un caractère optimiste dans la manière de comprendre la destinée et la fonction de l'agent humain sous la loi générale du cosmos. Cette loi était aux yeux des pythagoriciens une loi de progrès, une marche incessante vers le bien, par suite de l'introduction de plus en plus avancée du nombre et de la limite au sein de l'indistinction primitive. Au contraire, ce qu'on sait de la morale des éléates, d'Héraclite et d'Empédocle, indique des tendances pessimistes, je veux dire une appréciation plutôt triste que favorable de l'ordre du monde auquel l'homme doit se conformer. Cet ordre est, selon les deux derniers de ces philosophes, une évolution à retours périodiques, en chacune desquelles on ne peut attacher grande valeur à des phénomènes passagers et périssables. A plus forte raison l'éléatisme, qui séparait absolument le *Sphairos* du monde de la pluralité et du changement, et traitait ce monde d'illusoire, ne pouvait envisager sous l'aspect du bien les illusions dont il se compose. En dépit de ce qu'on dit ordinairement de l'heureuse sérénité de l'esprit hellénique, laquelle est en effet remarquable dans la plupart des cultes et dans les arts de la Grèce, et en grande partie, dans les poésies homériques, il est certain que la période de préparation et de fondation de la philosophie est empreinte d'un caractère fort différent. Les vers des poètes gnomiques sont remplis de pensées tristes et de plaintes amères sur la destinée humaine. Ainsi qu'eux, Héraclite déplore la condition des mortels, d'autant plus qu'il généralise et qu'il étend au monde entier, à son passé, à son avenir, ce sentiment de l'instabilité des choses qui fait du bonheur, alors même que l'on croirait le tenir, une vanité. La doctrine de l' « écoulement perpétuel » a cette conséquence extrême, et il la tirait, que rien de particulier n'est ni vrai ni bon ou satisfaisant. Il n'y a ni science ni possession réelle des choses sensibles. La pensée ne peut rien trouver de fixe en dehors de la raison générale (λόγος ξυνὸς) qui constitue l'ordre du tout et préside au procès éternel du feu divin « alternativement allumé et éteint ». De ce principe se déduit une morale, objet principal de la construction philosophique de ce vieux penseur, ainsi qu'elle le fut de Spinoza, vingt-deux siècles plus tard, pour une œuvre au fond toute semblable. L'individu doit se conformer à la pensée du tout; il en a le pouvoir par la connaissance. Il doit accepter en la subissant la condition de tout ce qui existe, la vie entraînée de contraire à contraire, l'évolution dont la Guerre est l'origine et la forme, et en même temps la dominer, en s'appropriant par une « inspiration puisée à la raison commune », cette loi universelle elle-même à laquelle il ne peut échapper. Le sage trouvera dans la soumission volontaire et réfléchie qui est une manière de participation et d'identification, la seule stabilité possible de l'âme, le vrai contentement, une quiétude divine.

On voit que le *sombre* Héraclite arrive, par un autre chemin, à la même conclusion que Démocrite, auteur d'une conception de l'univers si profondément différente. On le croirait du moins, s'il fallait s'en tenir à la simple idée du bonheur. Mais la ressemblance fait place à une complète opposition, quand on observe que l'ataraxie du physicien atomiste consiste dans l'indifférence systématique du savant au milieu des phénomènes dont il a la satisfaction de s'expliquer le mécanisme et dont tout le souci qu'il a est de supporter sans se troubler, s'il ne les peut éviter, ceux qui pourraient lui être des occasions de trouble. De là toute la morale de l'intérêt bien entendu, et la préférence donnée aux plaisirs tranquilles et aux plaisirs intellectuels sur tous les autres, qui n'offrent pas la même sécurité. Le principe et le but sont le bonheur de l'individu, il n'y entre rien de la pensée d'un ordre universel auquel on doive se conformer, rien par conséquent qui ressemble à un devoir. Tout au contraire, le métaphysicien du devenir, en possession de la loi générale de l'évolution et convaincu du néant des phénomènes particuliers et périssables, échappe à la tristesse et au mépris en s'élevant à la pensée de cette loi suprême, de cette loi « divine ». Après en avoir acquis la connaissance, il y conforme, il y subordonne ses sentiments et son être. Le bonheur, autant qu'on peut nommer ainsi la quiétude obtenue par le consentement de la volonté à la loi, est un résultat sans avoir été un but. C'est la manière panthéiste, mais c'en est certainement une de comprendre et de définir ce que nous avons appelé le devoir, en son acception la plus générale et par opposition à la poursuite du bonheur. Les stoïciens ont été de vrais disciples d'Héraclite en morale, et non pas seulement pour leur doctrine d'évolution cosmique.

Avant de passer à la réforme socratique et à ses suites pour la constitution de l'éthique, il convient de dire quelques mots de la philosophie d'Empédocle; non que nous ayons de ce penseur un principe de morale philosophique tel que celui d'Héraclite, de qui il suit au surplus les idées touchant le *Sphairos*, l'origine et la forme de l'évolution, et le rôle de la *Guerre* dans les phénomènes de la nature; mais la partie la plus importante de sa doctrine est relative à la destinée des êtres individuels, à leur solidarité et aux devoirs de l'homme. Il est à la fois plus et moins pessimiste que son prédécesseur : plus pessimiste, parce qu'au lieu de contempler la loi éternelle et universelle du devenir avec la sérénité du sage qui s'efforce de consentir à l'inéluctable nécessité, il maudit celui des deux principes de ce devenir et de la continuelle succession des contraires auquel est due la production des êtres séparés, leur sortie du Sphairos où règnent la parfaite unité et l'absolu repos ; moins pessimiste, à raison de la pensée du retour à cette unité primitive, qui est pour lui une sorte de paradis retrouvé, et non plus l'absorption finale, identique et simultanée avec la nouvelle origine des phénomènes, simple moment d'une trajectoire qui passe par des valeurs nulles dans le cours infini des périodes dont elle se compose. Le monde est donc pour Empédocle un lieu d'exil, un séjour de misères, non, comme pour Héraclite, la chose qui seule existe et peut exister et dont le développement a pour condition la *Guerre* (πόλεμος πατὴρ πάντων). Mais par là Empédocle sort du champ de la philosophie pour entrer dans celui de la mythologie et de la religion. Les préceptes moraux vont se tirer de la destinée et des devoirs des individus et se rapporter à leurs fins dans l'univers, tandis qu'auparavant le caractère de l'éthique était absolument universaliste ; et l'espèce de renoncement à l'individualité qui s'ensuivait de la soumission à une loi suivant laquelle les individus ne peuvent trouver nulle part un point d'arrêt pour une existence fixe ou réelle, deviendra le sacrifice des faux biens de la vie présente, dont la *Haine* est le mobile, afin de préparer le règne de l'*Amour*. Le monde est « la chute des membres d'un Dieu » ; la *Haine* a produit la division et causé la descente des êtres du sein de l'*Amour* ; l'unité et la pluralité doivent régner à tour de rôle. L'homme, maintenant exilé de l'Un et de la Vérité, condamné à « trois mille ans d'erreurs », a cependant un moyen de s'élever au-dessus des effets de la guerre universelle. C'est la *purification*, dont le point principal est l'abstention de tout meurtre, le respect de la vie, de celle des animaux, non moins que celle des hommes, et le renoncement à la nourriture animale. Empédocle liait ce dernier précepte au dogme de la transmigration des âmes et de l'existence des *daimons*, dont il regardait tous les êtres vivants comme des incarnations diverses infiniment multipliées.

On ne saurait méconnaître l'affinité de ces idées avec celles que la caste des brahmanes, depuis longtemps déjà, avait formulées dans l'Inde, et auxquelles, au temps même d'Empédocle, le bouddhisme donnait une impulsion nouvelle et un caractère différent. En Grèce, la doctrine de la chute par voie d'émanation, ou division et descente de l'être un et premier, les métempsychoses et la morale religieuse qui en dépend, provenaient des doctrines orphiques, quelle que fût d'ailleurs l'origine de ces dernières, et se liaient à la croyance d'une vie future. On ne pouvait reconnaître là qu'à l'état latent la même tendance au *nirvana* bouddhique qui était si profondément marquée dans la philosophie indienne antérieure au Bouddha. L'influence du génie hellénique s'exerça constamment jusque sur les philosophes les plus portés à s'écarter de la spéculation purement rationnelle; car ils conservèrent tous un sentiment de la beauté et de la mesure, entièrement opposé aux conceptions outrées, aux dévelopements monstrueux de la mythologie et de la poésie brahmaniques. Nous n'avons pas à nous enquérir, pour les questions que nous étudions, des sources premières d'une croyance et d'une morale si différentes des doctrines qui s'établirent et devinrent dominantes durant l'ère socratique, en dépit de l'invasion croissante de l'orientalisme dans le monde ancien. Mais nous devons voir, dans cette philosophie mystique, ou la source ou du moins la manifestation initiale, pour l'Occident, d'un ordre de spéculations qui, transmis avec un fond d'idées pythagoriciennes, et l'appui d'une partie accessoire et très brillante de l'œuvre philosophique de Platon, mais rejeté dans l'ombre par le grand éclat des systèmes éthiques d'Aristote, d'Épicure et de Zénon, reparut plusieurs siècles après chez les néoplatoniciens d'Alexandrie, et ne cessa plus, quoique énergiquement comprimé pendant le moyen âge, de tenir un emploi en quelque sorte parallèle à la doctrine chrétienne et de répondre aux tendances d'un grand nombre de penseurs. Toutefois ni l'ascétisme et l'extase, ni l'imagination sans frein appliquée à la pneumatologie et aux transmigrations, n'ont jamais produit chez les occcidentaux rien qui approche de l'extravagance indienne et de la littérature des *pouranas*. C'est une sagesse relative, évidemment due à la puissance des idées d'ordre et de raison qui faisaient corps avec les traditions de l'antiquité classique.

La morale mystique, — pour donner ce nom de *mystique*, faute d'un meilleur et plus clair, à la morale qui se rattache ordinairement à l'ensemble d'idées que j'indique ici — occupe une place intermédiaire entre les doctrines du bonheur et les doctrines du devoir. Elle paraîtra plus près des premières, comme l'est en général une éthique dépendante d'une religion, si l'on observe que ses prescriptions et sa pratique ont toujours un but direct de félicité, quoique situé hors d'atteinte de la vie présente et défini à l'exclusion de plusieurs des satisfactions de cette vie. Mais elle tient des secondes, autant que cela est possible à un dogmatisme essentiellement hétéronomique; car, tout en ne tirant point les préceptes moraux de la conscience et de ses impératifs immédiats, elle ne laisse pas de poser un vrai devoir; c'est celui qui se fonde sur la supposition d'une loi externe et sur la conformité, n'importe comment ordonnée, de la conduite à un ordre universel et divin. Elle ne permet pas à l'individu de prendre simplement ses goûts et convenances pour motifs, et de chercher son bien sans donner d'autre règle à ses passions que la prudence. L'idée pure du devoir ne put se dégager, et encore ne fut-ce qu'imparfaitement, qu'après la réforme socratique et grâce à l'application de la méthode psychologique. On ne peut cependant pas refuser de classer parmi les doctrines de devoir celles qui ont pris le chemin d'une conception métaphysique ou religieuse pour fixer l'idéal humain de ce qui se doit et la règle de la haute vie, et se sont ainsi mises en opposition formelle avec l'eudémonisme de la vie commune.

Il ne serait pas vrai de dire que Socrate a été le fondateur de la morale autonomique du devoir. Aucun même de ses successeurs, dans l'antiquité, n'a pu faire mieux que d'y tendre et d'en approcher. Mais Socrate a fait un effort extraordinaire pour y parvenir : 1° en considérant les notions morales comme un objet de science à prendre dans la conscience, et cela à l'exclusion de toute autre science dont l'objet serait à chercher dans la nature ; 2° en établissant un lien nécessaire entre le savoir moral et la conduite morale. La première de ces deux thèses était compatible avec la croyance en une providence divine et une volonté des dieux, attendu que cette croyance elle-même s'appuyait sur des raisons d'ordre psychologique. Il y avait là (quoique sans préjudice de la reconnaissance d'un fondement expérimental des traditions religieuses) quelque chose d'analogue à la position prise par les postulats du criticisme. Mais la détermination de la matière du devoir restait à l'état de problème, la nouvelle science se réduisait à l'invention d'une méthode. Quant à la seconde thèse, elle ne pouvait que poser, en prétendant la trancher, la question du déterminisme, qui n'a pas cessé d'être débattue depuis ce temps jusqu'à nos jours.

Socrate se forma donc une idée tellement absolue de la science intérieure, que le connaître et l'agir firent cause commune à ses yeux. Il partait, on le sait, de l'ignorance avouée, relativement à l'objet des systèmes des philosophes, et voulait, remplaçant leurs recherches par celle de la connaissance de soi, arriver à la définition du bien moral et de ses espèces, et de là aux applications pratiques, qui ne pourraient manquer de suivre la définition chez l'agent convaincu de son exactitude. La méthode, clairement décrite par Aristote, consistait à rechercher les éléments de la pensée en matière d'éthique, à dégager par cette analyse l'essence, autrement dit l'universel, et puis, après avoir obtenu des *définitions générales* à l'aide de *raisonnements inductifs*, à suivre la marche inverse et à raisonner en prenant ces définitions pour prémisses (1). Ce procédé scientifique, alors formulé pour la première fois, devait, suivant Socrate, conduire le penseur à l'établissement d'une *eupraxie*, opposée à l'*eutuchie* des hommes sans principes. Le but de la science une fois atteint, le rationnel et le moral s'identifiaient. Les passions et les mœurs, — l'*éthos* et le *pathos*, comme dit Aristote, — étant laissées de côté, l'abstrait et le général devant décider de tout, l'homme lui-même devenait en quelque sorte universel et article de science. Socrate entendait fonder la morale en guise de savoir apodictique, sur le modèle de la géométrie, par exemple, dont le fondement consiste en intuitions portant sur des rapports invariables, incontestés et donnés toujours les mêmes dans toutes les consciences. Il n'est pas étonnant que la démocratie ait trouvé chez lui un adversaire, et qu'une grande partie de ses polémiques orales aient eu pour objet de démontrer aux orateurs et hommes d'État de son temps qu'ils ignoraient leur propre métier et jusqu'à la nécessité de l'apprendre. C'était plutôt le socialisme qui se trouvait au bout de sa théorie éthique, en la supposant fixée; et un socialisme absolument autoritaire, attendu que l'expérience montre assez qu'une théorie, si bien reçue qu'elle soit, en fait de morale et de moralité, ne produit pas spontanément la constante pratique qui en serait l'application. A plus forte raison si elle peut être contestée; et elle le peut toujours.

Mais la théorie n'était pas même fixée; elle demeurait à l'état d'investigation. Socrate a enseigné une méthode; il n'a jamais donné ni prétendu donner les résultats positifs qu'il cherchait de ses applications dialectiques

---

(1) Aristote, *Métaphysique*, I, 6 et XIII, 4.

incessamment poursuivies (1). Quand on se demande, en lisant les renseignements que nous ont laissés Xénophon et Platon ses disciples, à quel principe il s'attachait lui-même de préférence pour juger de la nature des actes moraux, on s'aperçoit d'abord que les définitions et la classification cherchée des notions morales n'arrivent pas à se dégager d'une éristique où les prémisses n'ont rien de fixe. Puis on distingue les tendances qui, sans être encore exclusives, devaient cependant aboutir aux grands partis pris des écoles postérieures. Les cyniques, les cyrénaïques et les mégariques, aussi bien que Platon, purent emprunter des vues à l'enseignement de Socrate pour s'engager dans leurs opinions systématiques.

De tant de disciples, qui furent si opposés les uns aux autres, le moins fidèle fut peut-être celui qui fit du maître sa chose, pour ainsi dire, en le prenant pour prête-nom de ses propres idées; car il il alla directement à contre-sens de la réforme socratique et voulut replacer la morale sous la dépendance de la science universelle. Où Platon imita le mieux Socrate, et avec infiniment d'art et de goût, c'est dans sa méthode d'exposition et d'investigation. Socrate n'avait pas écrit, Platon écrivit, tout en déclarant qu'il eût préféré la parole vivante à l'enseignement mort de l'écriture. Jamais philosophe ne désira plus que Platon l'établissement d'une doctrine invariable, avec un plan d'éducation pour l'imposer aux hommes; et cependant il semblait estimer peu les systèmes didactiquement ordonnés, se complaisait dans les tâtonnements assaisonnés de doute et d'ironie, aimait à n'être pas deviné sans peine, et s'effaçait parfois, à l'abord des explications définitives, comme s'il eût craint de paraître dupe de sa propre spéculation. Singulière individualité de métaphysicien et d'artiste, qui fait suite à une personnalité encore plus étrange ! Socrate, le sage pratique, unissait les facultés extatiques au bon sens le plus acéré; le respect sincère des dieux et des oracles, et la foi en son *daimon* particulier, à une méthode rationaliste, naturellement destructive des mythes et des croyances traditionnelles; enfin, les mœurs démocratiques, le plus pur patriotisme, le respect absolu des lois, à la recherche d'une doctrine qui mît un terme au gouvernement populaire et donnât la direction de la cité à la science. Platon, le théoricien, nous semble dans ses Dialogues, où les contradictions abondent et où les mauvais raisonnements ne sont pas rares, avoir

---

(1) Voir le dialogue platonicien le *Clitophron* et le commentaire de G. Grote.

tantôt les allures d'un sceptique, et tantôt les jugements et les visées d'un adepte du dogmatisme sacerdotal. Mais l'inimitable tempérament du génie grec opère la fusion de ces éléments opposés.

Un point sur lequel Platon suivait l'initiateur de la science de la morale avec une extrême rigueur, c'est l'identification de la vertu avec le savoir et du vice avec l'ignorance. Il avait donc à définir les parties du savoir qui sont les vertus, à les classer par espèces, à en déterminer l'unité, s'il y en a une. Les idées morales étant à ses yeux des essences ou sujets donnés en soi, quoique participant les unes des autres, et toutes de l'idée, ou sujet suprême, le Bien, il était plus strictement obligé que Socrate de conduire l'analyse psychologique à la fixation de ces essences et à l'établissement de leur hiérarchie. Par là, il serait arrivé à donner à sa théorie un caractère scientifique analogue à celui de la géométrie, science idéale où toutes les idées d'un certain ressort sont coordonnées et ramenées à un petit nombre d'entre elles données en intuition, objectivement, avec les apparences d'une existence subjective. Mais faute de pouvoir exécuter un tel plan, Platon revint à l'espèce de science que Socrate avait répudiée, et fit dépendre la morale d'une sorte de mythologie de l'âme ou de ses parties. Ainsi, manifestement, la méthode et la vraie connaissance reculaient.

C'est en classant les âmes que Platon détermine les vertus. Il distingue trois sortes d'âmes : le *nous*, ou *logicon*, principe rationnel qui est fait de la substance même de l'âme universelle; l'*épithumia*, désir, appétit, âme ou principe concupiscible, ainsi que le nommèrent plus tard les théologiens; et le *thumos*, le cœur, âme passionnée, principe *irascible*, moyen d'union des deux précédents. Ces trois essences attachent à la même chaîne, dans un composé qui est l'homme, un agent raisonnable, un monstre polycéphale et un lion. En les considérant séparément, on trouve qu'elles correspondent à trois ordres ou fonctions d'une république parfaite : les gouvernants et les gouvernés *par nature*, et les défenseurs de l'État au dedans et au dehors. A ces trois âmes et à ces trois fonctions trois vertus se rapportent : à la première, la *sagesse* qui, de toutes, réalise le mieux l'idée de science qui leur est commune; à la seconde, la *tempérance*; à la troisième, le *courage*; mais elles se réunissent dans une quatrième, laquelle est la vertu même, c'est-à-dire l'ordre, l'harmonie, le *juste* mélange des éléments divers, dans l'individu comme dans l'État : la *justice*.

A ce dernier trait, à cette définition de la justice, nous voyons Platon s'éloigner décidément des notions pures de psychologie morale, et de la seule méthode qui puisse constituer l'éthique en science distincte. Il a fait du réalisme symbolique et de la psychologie mythologique pour déduire les vertus de l'ordre interne ; il fera maintenant du socialisme autoritaire pour expliquer la justice, et la notion propre du juste lui échappera.

En effet la justice platonicienne n'est pas cette vertu, principe d'égalité et de réciprocité des personnes, dans laquelle un droit se pose en corrélation d'un devoir (justice commutative). Le vrai sujet de la morale est, pour Platon, un ordre à produire en imitation d'un modèle éternel ; ce n'est nullement la conscience individuelle avec ses notions communes et son dictamen intérieur. Dès lors le monde et ses parties, l'âme et les siennes, la cité et ses éléments constituants sont les objets qu'il a à cœur de définir. Il conçoit une loi qui les régit et les coordonne en distribuant partout des fonctions (justice distributive). Il ne s'agit que de connaître cette justice : la connaître sera s'y conformer, selon le principe de l'identité de la science et de la vertu ; et ce sera, au regard de ceux qui ne possèdent pas la science, ce sera la mission de les y soumettre. Ainsi, le penseur, réaliste en métaphysique, déterministe en morale, est communiste en politique, au moins en ce qui touche le régime de vie des *gardiens* de l'État, seuls élevés dans l'idéal par les soins du petit nombre — *archontes* ou *philosophes*, — qui possède la science et qui gouverne par eux la masse ignorante, abusée pour son propre bien.

L'absence de toute notion du droit et de la dignité de la personne est le caractère saillant d'un plan de société où l'homme et le citoyen entrent comme de simples instruments de la réalisation de la cité idéale. En cette conception, le devoir ne saurait être un impératif moral, puisqu'il se présente sous la forme, ici du savoir, et là de l'obéissance exigée de ceux qui ne savent pas ; tandis qu'un véritable impératif a pour sujet toute personne, et pour objet une personne égale. En outre, le devoir ainsi compris (ou ce qui en tient lieu) ne peut plus avoir de but qu'il atteigne par lui-même, comme dans le cas où un homme rend à un autre homme ce qu'il lui doit en qualité de semblable et d'associé naturel : la vérité dans les paroles, par exemple ; et de fait, la république de Platon est fondée sur un établissement de castes, et l'imposture y est admise comme moyen de gouvernement. C'est donc le bonheur qui sera nécessairement le but : le bonheur tel que l'entend, et pour l'individu et pour l'État, l'organisateur de cette république. En quoi consiste-t-il? Il faudrait le définir. Si nous admettons l'idéal de la vie humaine et de la cité parfaite qu'on nous propose, nous admettrons également que le bonheur doit en suivre la réalisation, au moins pour ce qui concerne les chefs ou philosophes, qui, l'atteignant pleinement, ont charge de le communiquer aux autres, dans la mesure du possible. Mais c'est une hypothèse entée sur une autre hypothèse, et qui dépend du goût personnel de son auteur en matière de biens désirables pour l'humanité. Si au contraire nous prenons les hommes et les choses comme ils sont, ce qui paraît bien être le vrai théâtre de la morale, Platon nous déclare qu'il n'y a pas là de place tenable pour son philosophe. Il ne peut pas davantage assigner un critère des biens qu'il est moralement permis ou interdit à l'homme ordinaire de poursuivre. Il ne peut pas accorder qu'il existe autant de sortes de biens que de sortes d'attraits, quoique cela soit clair et avouable, mais à la condition de poser l'obligation, la loi morale, qui exclut la poursuite de tels ou tels de ces biens par l'individu qu'ils sollicitent. Il est donc forcé de jeter arbitrairement l'interdit, ou la défaveur, sur certains ordres de satisfactions, à cause de leur nature matérielle, qu'il estime basse, et de substituer, comme principe des relations sociales, à la justice commutative l'autorité des philosophes et l'obéissance des non philosophes, s'il s'agit de l'ordre idéal. Hors de là, le philosophe lui-même a pour loi le sacrifice.

Le type de la moralité étant défini par l'ordre des parties d'un tout, soit de ce tout qui est l'individu psychique, soit de celui qui est la communauté, et non par une loi de droit et de devoir immédiatement envisagée dans les rapports des personnes sous n'importe quel régime social, l'homme juste de Platon est déplacé partout ailleurs que dans la république de Platon. Il n'a nulle revendication à exercer, là où l'ordre extérieur n'existe pas, mais seulement à se soumettre, plutôt que de manquer à son ordre intérieur. Il tient l'injustice pour le plus grand des maux, il est prêt à la subir plutôt que de la commettre : précepte irréprochable, s'il s'agissait du juste et de l'injuste au sens juridique et rigoureux des mots, mais précepte qui implique l'abandon du droit, même du droit de défense personnelle, et livre le monde aux méchants, s'il signifie la défense de déroger en quoi que ce soit à l'ordre moral intérieur d'une personne parfaite en un milieu parfait. On interprétera la doctrine de Platon dans ce dernier sens, si l'on se tient strictement à l'idée générale qu'il nous donne de la justice. Cette doctrine pourra être comparée, en ce cas, à la théorie du devoir absolu et purement formel de Kant, avec cette grande différence pourtant que la vertu platonicienne n'a point d'impératif théorique formulé, d'impératif pratique, encore moins, et ensuite n'est pas corrigée par une doctrine du droit qui vienne se joindre à celle de la vertu. Ainsi, le philosophe qui ne rendrait jamais « le mal pour le mal », dans le sens absolu dont je parle, ne serait pas seulement condamné à subir sans résistance les injures et mauvais traitements des tyrans ou des démagogues, sous le gouvernement desquels sa destinée l'aurait fait naître ; il serait même incapable d'occuper une place quelconque dans une société dont les membres auraient à se défendre personnellement et à la défendre. Dans une telle société, ce philosophe serait incontestablement *malheureux*, selon que les hommes entendent et ont toujours entendu le malheur, le contraire du bonheur. Le sacrifice, c'est-à-dire le plein renoncement au bonheur, serait son lot dans la vie.

Il faut pourtant que le bonheur se retrouve quelque part. Suivons encore un moment cette interprétation de l'éthique platonicienne. Le sacrifice n'étant pas un devoir en un sens d'obligation, ne saurait s'opposer légitimement au bonheur ; on devra donc trouver un moyen de faire entrer le bonheur dans le sacrifice, puisqu'on ne songe pas à nier ce mobile universel. Or, il y a deux façons d'y parvenir ; ce sont : 1° l'amour de l'idéal, amour qui dicte le sacrifice et peut s'identifier avec le *vrai* bonheur, les autres biens que poursuivent les hommes étant alors qualifiés de faux biens ; 2° une hypothèse eschatologique, qui représentera ici quelque chose de semblable au « postulat de l'immortalité » de Kant.

Un attrait suprême serait ainsi le premier principe de la morale absolue. Mais cet attrait n'est pas même le bien, dans l'acception la plus générale du mot, attendu que le Bien pur qui, selon Platon, « donne aux choses que nous connaissons leur être et leur essence, n'est pas une essence, mais au delà de l'essence en dignité et en puissance », inaccessible, incompréhensible, et non point défini par une relation, ni par conséquent propre à figurer un idéal, et à s'attirer l'amour des êtres finis et relatifs. Cet attrait n'est pas le vrai, œuvre du bien, le Vrai considéré en soi, mais plutôt cet éclat, cette splendeur qui lui appartient, et qui est le Beau. C'est le Beau qui est, au fond, l'objet de l'agent moral, dans l'esprit de

Platon. De là vient l'attrait, et de là le bonheur, en tant que l'homme, le philosophe, possède la science et ressent l'orgueil de la possession. La conception de l'homme et de l'État, nommée la Justice, est cet idéal de vérité et de beauté qui doit être préféré à tout autre mobile et à tous les plaisirs de l'être sensible. L'éthique vient de la sorte se confondre avec l'esthétique. Le dualisme de deux espèces de désir ou d'amour et de deux espèces de beauté sert à classer les hommes, selon que leurs attraits les portent d'un côté ou de l'autre, et le vrai bonheur est envisagé du côté où la pensée se dégage le plus des sens. En ceci, Platon incline volontiers vers cet ordre d'idées qui devait trouver plus tard tant d'adhérents, et qui a pour extrémités, en pratique, la proscription absolue des passions, l'ascétisme poussé jusqu'à la mortification, en théorie, l'identification du mal avec la « chair », avec la matière, et la condamnation de la nature.

Le dualisme éthique et esthétique devient enfin physiologique et cosmologique, il reçoit une application dans la loi qui distribue aux êtres leurs formes et leurs destinées, et se rattache d'une part à l'eschatologie, de l'autre à ce qu'on pourrait nommer une protologie, c'est-à-dire aux origines de l'organisation. La descente des âmes dans le monde des sensations et des passions, de la génération animale et de la mort, est un effet de la concupiscence ($\dot{\epsilon}\pi\iota\theta\upsilon\mu\iota\alpha$) ou bas amour. Une chute morale progressive a déterminé les degrés d'organisation qu'on observe depuis l'homme jusqu'aux animaux qui se traînent sur la terre, ou qui s'y meuvent à peine. Les transmigrations variées se produisent en raison des caractères acquis dans les vies antécédentes. Le retour à un état supérieur se mesure au genre des attraits et dépend finalement, pour l'homme, de la contemplation des essences les plus élevées, c'est-à-dire de la détermination de plus en plus pure de l'amour. Ainsi les degrés de vie et les conditions de bonheur ou de misère ne résultent pas pour l'agent d'un choix de mobiles qui pût être différent de ce qu'il est, quoique Platon se serve parfois du langage ordinaire, au sujet de la volonté libre et du mérite ou de la faute ; mais ce choix tient à la nature des passions, lesquelles ne sont pas volontaires, mais données, et proviennent de l'irrémédiable fatalité du corps et de ses appétits. La liberté ne peut consister, chez chacun, qu'à vouloir être tel que le comportent ses désirs, et ses désirs sont tels que les comporte la nature de son âme. Les uns s'élèvent à l'intuition des Idées, les autres se prennent aux appâts inférieurs et se plongent dans l'animalité ; et le mal n'est pas moins inévitable que le bien ; car il est un effet de l'obstacle opposé par la nécessité primordiale à la production d'un monde où il puisse exister quelque chose de mieux qu'une imitation imparfaite et toujours contrariée des essences éternelles.

La rétribution par la voie des métempsychoses n'est pas la seule dont ait parlé Platon. De même qu'il a, dans son *Timée*, exposé la doctrine de la création démiurgique, dont le caractère est accommodé aux croyances déistes et anthropomorphistes, si naturelles à l'homme, plutôt qu'il n'est aisé de la rattacher à la théorie des idées; de même, et pour le même motif probablement, il a fait suivre les plus importants de ses dialogues relatifs à l'éthique (le *Gorgias* et la *République*), de mythes appropriés à l'intelligence ordinaire. Séparés de leur apparat théâtral, le sens de ces magnifiques récits est qu'il y a un juge des morts, une demeure des justes, après cette vie, et un lieu de supplice pour les méchants, — même en certains cas des peines qui ne finissent point, — indépendamment des transmigrations dont le choix est laissé aux aveugles appétits des âmes, à l'expiration de chaque période de mille ans. Platon revient de cette manière à l'idée juridique, absente de sa conception fondamentale de la justice, et reconnaît implicitement la vérité dont toute sa théorie de la justice et du bonheur voudrait être la négation : à savoir que le juste peut être malheureux, et l'injuste heureux en ce monde; et que l'opinion commune ne s'égare point, quoique sujette à s'exprimer avec des formes trop grossières, — dont le philosophe lui-même ne dédaigne pas d'emprunter l'usage aux mythologues, — quand elle pose une relation entre les idées de justice ou d'injustice, d'une part, de bonheur désirable ou de peines méritées, de l'autre, et qu'elle réclame partout l'application de cette loi de l'esprit, en même temps qu'elle en constate les démentis donnés dans l'ordre de l'expérience.

Platon, en sa théorie pure, admet que l'accord de la justice et du bonheur est un fait, et non pas seulement une aspiration; et il n'accorde pas que l'injustice mérite châtiment. Ce sont là, chez lui, des assertions formelles. Sur le premier point, sa doctrine du bonheur se présente sous deux faces : si nous considérons le philosophe et l'archonte de la cité parfaite, à qui seul convient cette détermination idéale du bien de l'âme, il est clair que le bonheur suppose ou un milieu fait tout exprès pour la pleine satisfaction de ce philosophe, ou des dispositions mentales particulières grâce auxquelles il prétendra accepter à titre de bonheur ce que d'autres appellent la douleur ou le sacrifice. Le problème n'est pas résolu d'une manière générale, ou tel que l'éthique doit le poser. Et si nous considérons les hommes du commun et le bonheur que le vulgaire entend, nous trouvons que le philosophe-archonte est chargé de rendre, dans la cité qu'il gouverne, les citoyens heureux comme ils peuvent l'être avec leurs faibles lumières et leur incapacité de contempler les idées : heureux et justes de la manière qui convient à leur nature, c'est-à-dire soumis et obéissants. On a ici quelque chose qui tient lieu de ce qui serait ailleurs une doctrine du droit par rapport à une doctrine de la pure vertu. Platon descend de l'idéal dans la sphère pratique. Seulement, au lieu d'un régime du droit, il installe un gouvernement absolu, théocratique, intolérant, supprimant toute dissidence de la pensée, et ouvertement fondé sur la fiction, du côté des gouvernants, sur l'éducation et les habitudes, du côté des gouvernés. De bien haut, nous voilà descendus bien bas, dans notre idée à prendre du bonheur. Après avoir, dans le *Gorgias*, dans le *Philèbe*, dans la *République*, combattu les théories hédonistes du bien, Platon remarque, dans les *Lois*, qu'il est impossible d'empêcher les hommes de suivre leur nature, qui est de se porter toujours vers ce qu'ils estiment être cause de plaisir ; et, partant de là, il faut, dit-il, leur persuader que la justice, le bonheur, l'utilité *et le plaisir* sont inséparables. Il est vrai qu'un gouvernement sous lequel la justice est identifiée avec un ordre invariable de l'État et des mœurs, que l'autorité impose, peut beaucoup pour convaincre les gens qu'ils seront heureux ou malheureux, éprouveront des plaisirs ou des peines, selon qu'ils se conformeront à la justice *ainsi définie*, ou qu'ils essaieront de s'y soustraire. Hors de là, ce serait trop compter sur le pouvoir de créer des opinions par l'enseignement d'un catéchisme.

Sur le second point, c'est-à-dire au sujet de la négation du principe juridique du rapport entre les idées d'injustice commise et de punition méritée, il est intéressant de voir comment Platon supplée à l'absence du droit, tout en conservant des lois pénales ; d'autant plus qu'il résout la difficulté d'une manière semblable à celle de certaines écoles modernes, lesquelles se croient bien éloignées de platoniser et ne laissent pas de se rencontrer avec le penseur absolutiste en leurs tendances tantôt conscientes et tantôt inconscientes de théocratie scientifique ou positive. La thèse de la non culpabilité de l'agent matériellement injuste est imposée à Platon, remarquons-le tout d'abord, par le grand principe socratique, un de ceux dont il ne s'écarte jamais, qui déclare que nul ne fait sciemment le mal, et que quiconque a la science agit conformément à ce qu'il sait. Les mauvaises actions étant donc des effets de l'ignorance ou de l'erreur, toujours involontaire, n'appellent pas le châtiment mais le remède. Elles résultent de ces maladies de l'âme, qui, procédant originairement du corps, se sont propagées dans les transmigrations en se modifiant suivant la mesure de rationalité acquise ou perdue au cours de chaque vie. Il faut donc, s'il est possible, les guérir par l'éducation et les autres disciplines, qui en sont les remèdes. Si elles sont incurables et en outre dangereuses, il faut prononcer un arrêt de mort, non pas contre un coupable et à titre de punition, mais par raison d'utilité publique, et d'ailleurs pour le bien de l'individu lui-même.

Que devient la pénalité dans ce système? L'idée qu'on doit s'en faire dépend de la distinction entre l'injustice d'un agent et le tort ou dommage qu'il peut causer à autrui. L'injustice consiste dans les passions, tant de celles du genre triste que de celles du genre agréable, lorsque la raison ne les contrôle pas. On n'est jamais injuste, quand on subordonne l'excitation reçue de ces passions à la croyance que la chose qu'elles nous conseillent ou dont elles nous détournent est une chose bonne ou une chose mauvaise. Croire cela et ne point s'abuser en le croyant, c'est posséder la science et atteindre le bien, le bonheur, suite des actes qu'elle commande; le croire et se tromper, ce n'est pas être volontairement injuste, mais c'est être conduit, par les mauvaises actions qui naissent des jugements erronés, à causer à la communauté ou à tels de ses membres un préjudice pour lequel il y a lieu à compensation ou à réparation. De là et, en outre, de l'utilité qu'on trouve à prévenir par la crainte les actions nuisibles, proviennent en principe les lois pénales.

On voit combien l'éthique platonicienne, prise dans le dialogue des *Lois*, s'approche de celles qui ont pour point de départ les idées d'utilité ou de bonheur, encore bien qu'étendues de l'individu à la société, et non pas l'idée de l'obligation. Cette doctrine semble rentrer dans la catégorie des morales du devoir, en tant qu'elle s'oppose à l'hédonisme et à l'eudémonisme vulgaires et qu'elle demande des règles de conduite à une conception générale de l'ordre cosmique et de l'ordre humain, non point aux satisfactions particulières de l'être sensible. Elle se réclame de la science.

Toutefois, même à cet égard, elle est *hétéronomique* au premier chef. Le philosophe qui découvre et promulgue la loi doit commander. La justice est que les autres obéissent, à lui ou à ceux qui savent comme lui, car le grand nombre ne possède pas et ne possédera jamais la science, qui est la justice même. Le bonheur dépend de cette double condition : chez le savant ou le sage, le commandement sur soi, l'empire sur les passions, obtenus par la contemplation des pures essences ; chez les ignorants, la soumission, une *tempérance* et une justice enseignées, fortifiées par l'habitude et par la crainte. Si la première condition est réalisée sans la seconde, le bonheur est encore accessible au sage, mais alors il faut qu'il se concilie avec le sacrifice et les douleurs acceptées, en vue de la préservation de l'idéal, qui reste le souverain bien. Ramenés à ce point de la morale platonicienne, le seul après tout qui soit indépendant de l'utopie de la cité parfaite selon la science, et du gouvernement des vrais savants, nous sommes forcés de reconnaître que cette morale repose, quoique avec les apparences les plus contraires, sur un principe au fond tout semblable à l'*euthumia* de Démocrite, un eudémonisme d'espèce très élevée, mais enfin un choix que fait une âme individuellement, entre les états à sa portée, de celui de tous où elle trouve la plus pure satisfaction. La détermination de l'objet à poursuivre avant tout dans la vie, la règle de la conduite en conséquence, ne se tirent pas à proprement parler du devoir, — d'autant plus que le sage platonicien se tient pour esclave de la science et enchaîné à ses attraits souverains, — mais du désir et de l'amour, tels qu'ils se font ressentir. Ainsi ce moraliste exalte certaines jouissances et en rabaisse d'autres, mais sa préférence tient à un état de l'âme, fruit de la destinée, qui est comme une grâce que rien ne saurait remplacer là où elle manque. Enfin les sanctions qu'il envisage dans une existence future appartiennent essentiellement à la catégorie du bonheur, de même que s'y rapportent en fait tous les attraits nobles ou bas qui peuvent diriger la vie présente. Cette remarque est d'ailleurs applicable à toute morale mystique et contemplative, aussi bien qu'à celle de Platon. Elles semblent toutes déclarer la guerre au bonheur ; un genre d'aspiration ou de plaisir est cependant leur vrai mobile. On va voir que le cas est précisément contraire en ce qui touche l'éthique d'Aristote. Ce philosophe pose plus ouvertement que Platon, ou en un sens plus ordinaire, le bonheur comme but de l'individu et de la cité ; cependant c'est du devoir qu'il fait au fond le principe des relations humaines, et il en définit les principaux éléments à l'aide d'une analyse psychologique que peu de penseurs ont égalée.

Le véritable continuateur de Socrate, dans l'étude de la morale comme science, n'est point en effet Platon, mais Aristote, et ce disciple, cette fois plus heureusement infidèle, rectifie le maître dans le point essentiel. Platon acceptait le principe socratique de l'*identité de la science et de la vertu*, et visait à construire la *science* sous la forme des mêmes spéculations que Socrate avait répudiées; comme si elles devaient assumer un caractère scientifique, de cela seul qu'on les mêlerait aux pures analyses de conscience que ce dernier avait voulu instituer. Mais Aristote conteste le principe déterministe et l'indissolubilité de la pratique et de la théorie; il n'admet pas que la théorie puisse être jamais, en morale, une science apodictique, semblable aux mathématiques. Il suit au surplus la ligne de Socrate, inventeur de la méthode inductive, et le premier, dit-il, qui ait posé des définitions de genres pour y attacher la chaîne du syllogisme : « deux choses qui se placent au commencement de la science ». Il fait à son tour des analyses et des raisonnements sur le sujet unique des connaissances éthiques, l'homme individuel et social.

Aristote, avec le sentiment si juste qu'il a de la science pure, remarque que celle-ci est indifférente sur ce qui est, tandis que la morale tend à un but qu'elle préfère à tout autre. De plus, la science s'applique au nécessaire, à *ce qui ne peut pas être autrement*, au lieu que la morale porte exclusivement sur *ce qui peut se faire d'une autre manière*. La morale est tenue de considérer les possibles, les contraires, et par conséquent *une matière capable de les revêtir* ; elle ne saurait donc prétendre à la rigueur d'une science dont les sujets sont fixes *en leurs manières d'être ou de se produire*. Pour bien apprécier la valeur de cete distinction, dont l'importance est ordinairement méconnue dans les écoles déterministes, il faut observer que sa vérité est indépendante de la question de savoir si, en soi, tout est nécessaire, les possibles contraires entre eux n'étant jamais que des possibles apparents ; ou bien s'il existe réellement des futurs indéterminés. Quoi qu'il en soit de ceci, en effet, l'homme pratique et le théoricien déterministe lui-même, quand ils agissent ou raisonnent en qualité d'agents moraux, se trouvent dans l'impossibilité la plus complète et la plus indéniable de considérer tous les futurs possibles sous l'aspect de la nécessité, sous l'aspect de la chose qui *ne peut pas être autrement*.

Aristote est donc irréfutable, en sa distinction de la science et de la morale, au sens qu'on vient de voir. Ce n'est pas à dire qu'on ne pourra point assembler en corps de doctrine des propositions concernant la morale ; en cet autre sens, la morale peut très bien être une science ; mais ce qui s'ensuit, c'est que cette science sera subordonnée, pour l'acceptation du penseur, à un acte, chez lui, de décision pratique, et ne pourra pas s'imposer à l'entendement pur de la même manière que les assemblages systématiques de propositions que cet entendement, d'un côté, ou l'expérience, de l'autre, nous montrent toujours affirmées et confirmées, comme si elles ne pouvaient pas être autrement. Il s'ensuit encore que le sujet de l'éthique, à la différence de celui des autres sciences, ne comporte pas la prédiction des phénomènes de son ressort, et que la constitution de l'éthique elle-même, en tant que fait futur à atteindre d'un consentement général, ne saurait être assuré au delà de ce qu'il est déjà permis de constater, c'est-à-dire de l'établissement de diverses écoles de morale.

Les affections, l'habitude et les mœurs, l'*éthos* et le *pathos*, dans le langage d'Aristote, sont, avec la liberté, les éléments qui donnent à la morale ce caractère particulier qui la distingue de la *science* qu'entendait Socrate. La vertu ou le vice sont, chez l'homme, un passage à l'acte des puissances contraires qui résident en lui, et ce passage n'a point lieu en vertu d'une nécessité inhérente soit à la science, soit à l'ignorance. C'est pratiquement, et non théoriquement et didactiquement, que nous apprenons la vertu. Trois choses, la nature, l'habitude, la raison (φύσις, ἦθος, λόγος), contribuent à nous rendre bons. La nature entre dans ce résultat pour une grande part, plus grande même que les socratiques ne l'ont cru. La politique achève de déterminer cet état moral en rattachant la moralité de l'individu à celle de l'espèce et de la nation par l'éducation et les lois.

La morale est même une partie de la politique, suivant la terminologie d'Aristote ; car la politique a pour objet la recherche du bien dans l'individu, la famille et l'État, et se divise ainsi en trois branches : éthique, économique et politique proprement dite. L'objet spécial de l'éthique est cette part du développement rationnel de l'homme qui a pour conclusion l'acte. On doit bien avouer ici que l'idéal suprême d'un philosophe, selon le sentiment d'Aristote, n'est pas la vie pratique, mais la vie purement intellective; il n'en déclare pas moins, — et sa thèse concernant l'éthique en est d'autant plus remarquable, — que ce but supérieur n'est point celui qu'il faut envisager dans la morale. L'œuvre de la morale est la détermination du but pratique.

La nature pose les fins de l'homme, et l'homme moral est celui qui trouve bien ce qui est le bien aussi pour la nature. Or le bien le plus grand, celui qui est à rechercher pour lui-même et conformément à la nature, c'est le bonheur. En quoi consiste-t-il? L'homme est un animal essentiellement politique. Le bonheur est pour lui dans l'accomplissement de l'œuvre qui lui est propre : une vie pratique pleine et parfaite en son ensemble. Les biens dont une telle vie se compose sont de trois sortes : en nous, des biens psychiques et des biens physiques ; puis des biens externes. Ceux qui regardent le corps et ceux qui nous viennent du dehors ne dépendent point de nous, mais de la nature, *qui n'atteint pas toujours son but*, et peut-être, ou en partie, d'une dispensation divine. Les circonstances de notre vie ne sont pas pour la plupart à notre discrétion. Le bonheur est donc rarement et difficilement atteint. Il n'en est que plus important de déterminer celles de ses conditions qu'il nous appartient de réaliser. Ce sont éminemment le choix et le tempérament des plaisirs et la modération des passions.

Aristote n'éprouve aucune hésitation à mettre le plaisir au nombre des éléments du bonheur. Il le regarde comme un bien, en lui-même d'abord, ensuite par sa liaison avec le bien en général, attendu qu'il est un but et un produit des énergies naturelles de l'homme. Mais les plaisirs sont, en fait, des obstacles les uns pour les autres et pour d'autres biens. On doit donc les comparer, se rendre compte de ce qu'ils impliquent et de leurs conséquences, donner la préférence à ceux qui naissent d'une activité vertueuse ou des énergies d'un amour noble et de l'amitié, rejeter tous ceux que la honte suit, leur refuser le nom même de plaisir. Les passions sont naturellement liées au plaisir et à la peine. Pris en soi, les mouvements psychiques, tels qu'attrait ou aversion, crainte, colère, pitié, etc., n'auraient point un caractère moral ; s'ils en acquièrent un c'est en devenant en quelque sorte des propriétés fixes du sujet qui les éprouve. Ils appartiennent à l'*éthos* en ce cas, et la vertu doit intervenir pour les régler, les exciter ou les réprimer. Qu'est-ce donc que la vertu?

La vertu n'est pas cet état d'excellence divine qui serait au-dessus de notre portée, pas plus que le vice confirmé (κακία) ne répond à l'état de la brute. Il faut toutefois mettre la vertu plus haut que certain empire sur soi-même (ἐγκράτεια), où les désirs honteux existent sans qu'on s'y abandonne ; de même que le vice confirmé se place au-dessous de la simple intempérance (ἀκρασία) de celui qui se livre à des actes dont ensuite il se repent. Ainsi, d'une part, la sagesse accomplie et la perfection de la vie nous surpassent, ou du moins ne se réalisent, si cela se peut pour l'homme, que *divinement* ; et, d'une autre part, il y a un certain tempérament des passions, duquel dépendent des sentiments et des traits de caractère (dignité, constance, pudeur, amour de la vérité et de la justice) qui approchent de la vertu, mais ne sont pas encore la vertu même.

La vertu n'est ni une puissance, car elle ne renferme pas les contraires, ni une connaissance, quoiqu'elle n'existe pas sans une connaissance du bien, mais alors puisée dans la pratique. Elle ne se définit ni par la sagesse pure, ni par la passion, même modérée et gouvernée ; mais elle est relative aux passions et caractérise un état où l'exercice nous conduit, celui de n'avoir plus à les combattre et, en les suivant, de suivre la raison. Elle est donc une habitude contractée dans l'action, une propriété acquise, un art de faire le bien pour lui-même avec connaissance et ferme dessein, immuable volonté.

Aristote avait ensuite à déterminer plus spécialement *la vertu* considérée dans son œuvre, sur le théâtre des passions, à définir *les vertus*. Cette partie de l'analyse n'a guère d'intérêt que par le principe qui la guide. Il ne s'agirait ici, selon notre moraliste, que de l'art de tenir un certain milieu dans les mouvements de l'âme et d'éviter en tout le trop ou le trop peu. Ainsi la simple énumération des passions conduirait à la définition des vertus, comme d'autant de moyennes situées entre deux vices, contraires l'un de l'autre, auxquels ces passions séparément ouvrent le chemin. Une semblable vue ne peut suggérer que des arrangements empiriques. L'auteur observe lui-même que la passion n'est pas susceptible d'une détermination scientifique. Il en est donc de même de la vertu appliquée. Chacun décidera de l'opportunité et des moyens de poursuivre ou d'atteindre tels ou tels biens et de contenter ses désirs sans perdre l'équilibre voulu. En un mot, la moralité est un état essentiellement pratique. Cette partie de l'éthique est d'une faiblesse manifeste, mais ce n'est pas sur elle qu'il faut juger de l'ensemble de la doctrine ; car la définition de la vertu suprême implique déjà ces vertus d'ordre général, appelées plus tard *cardinales*, qui n'ont pas leur place marquée parmi les vertus secondaires dont l'exercice consiste à prendre une moyenne entre des passions opposées. Ensuite, il faut voir l'analyse de l'idée de *justice*; là, nous allons trouver, entre autres théories, une définition qui s'approche d'assez près de ce que nous appelons aujourd'hui essentiellement la loi morale.

L'idée la plus générale de la justice, suivant Aristote, diffère profondément de l'idée platonicienne par le caractère de l'ordre et de la loi auxquels elle consiste à se conformer. En un sens universel, cette vertu serait aussi la vertu universelle, embrassant toutes les autres. Considérée dans un agent particulier, et dans le rapport de celui-ci aux autres, elle est une conformité aux lois; mais il faut en ce cas distinguer le juste naturel du juste purement légal, ou ne supposer que des lois ordonnant en toutes choses les actions bonnes. Cette vertu est d'ailleurs distincte de l'habitude morale (ἕξις) définie plus haut et qui s'accomplit dans l'individu; elle se prend relativement à autrui, elle a son principe dans la disposition à l'égalité (δίκαιος: ἴσος), disposition inverse du penchant à s'avantager (ἄδικαιος: ἄνισος, πλεονέκτης). Les devoirs envers soi sont ainsi distingués, sous la désignation générale de vertu, des devoirs envers autrui, qui rentrent dans l'idée de justice, et la notion du devoir est incluse dans l'idée de *commandement*, inhérente à tout ce qu'on appelle légal (νομικὸς), quoique le caractère moral de *l'obligation* ne se dégage pas encore clairement.

Il est vrai que, dans cette vertu particulière de la justice, Aristote tient encore à distinguer deux espèces, dont l'une revêt un caractère distributif (διανεμητικόν) et a pour fonction de répartir les avantages sociaux en se guidant non sur l'égalité des personnes mais sur la proportion des mérites. Le philosophe se pose alors la question toute politique de savoir si le mérite (ἀξία) se juge par la liberté (système démocratique), ou par la naissance ou la richesse (oligarchique), ou par la vertu (aristocratique). Mais dès qu'il arrive à la seconde espèce de la justice, nous passons avec lui sur le terrain moral d'une égalité où il n'est plus fait acception de personne.

Aristote définit clairement la justice qui *règle et redresse* (διορθωτικόν), là même, en dernière analyse, qu'on a pu appeler *commutative*, parce qu'elle est le principe général qu'on invoque dans les contrats. L'idée de contrat, sous ce point de vue, comprend toutes les relations humaines et civiles (συνάλλαγματα), volontaires ou même involontaires, constituées par le bienfait ou par l'injure et issues des libres déterminations des individus. Le philosophe pose ici l'égalité des personnes. L'homme juste est, dit-il, celui qui veut l'égalité, qui la réclame à son détriment comme à son avantage, *arithmétiquement*, non pas *géométriquement*. Rendre ce qu'il a reçu, ou l'équivalent, prévenir aussi les services rendus par ceux qu'il peut rendre, telle est sa fonction. Et si quelqu'un a souffert un dommage, le juste rétablit l'égalité par la peine infligée au coupable ; il réintègre l'égalité des parts en ajoutant ou retranchant ce qui convient aux pertes ou profits causés par l'injustice. Cette dichotomie à parts égales est exprimée par le nom même de la justice (δίκαιον ὅτι δίχα ἐστι... καὶ ὁ δικαστής διχαστής). Enfin, comme le délit, dans la personne du délinquant, est en sus du préjudice qu'il cause, la compensation ne dit pas le dernier mot de la justice rendue, si le délit pris en lui-même n'obtient pas sa contre-partie dans une peine qui lui corresponde.

La société repose sur la justice. Née du besoin mutuel des hommes, dit Aristote, elle suppose l'échange des biens, et l'échange suppose l'égalité. L'égalité à son tour exige l'emploi de la monnaie, afin qu'il y ait une unité de mesure pour la valeur des biens de différentes espèces, et que le commerce se règle et se développe. Aussi la monnaie a-t-elle été justement appelée νόμισμα ; c'est par la loi et en vertu d'une convention qu'elle existe, non par nature et nécessité.

Aristote a essayé de rattacher sa théorie de la justice à celle de la *vertu moyenne*. Il remarque, trop ingénieusement peut-être, que le *juste*, en qualité d'*égal*, tient le milieu entre le plus et le moins. L'homme injuste est toujours dans l'excès ou dans le défaut ; l'homme juste, en sa liberté, établit de ferme dessein l'égalité de lui-même à autrui, ou entre d'autres personnes. Une conséquence de cette vue semblerait être que l'homme juste tient pareillement le milieu entre faire l'injustice ou la subir ; mais Aristote n'admet point cela ; il déclare que dans ce cas *les extrêmes ne sont pas égaux*, et que le premier des deux est le plus grand. L'idéal moral l'emporte sur la logique d'une comparaison vicieuse.

Résumons les principaux caractères de cette éthique. La nature pratique de la morale, la puissance de l'habitude et des mœurs, la solidarité humaine, par conséquent, et la liberté, son contraire, y sont posées en opposition avec la doctrine platonicienne. Le philosophe, qui n'ôte rien de sa force à l'objectif du bonheur, ne tombe pas pour cela dans l'eudémonisme individualiste d'Aristippe ou d'Épicure. Par contre, chez lui, nulle tendance ascétique : tous les biens admis avec une convenable subordination, la justice, principe d'égalité et de réciprocité, d'où la reconnaissance, au moins implicite, du devoir et du droit, comme notions collatérales. La justice distributive, ou justice d'État, n'est nullement proéminente dans cette théorie; mais Aristote suit le plus possible l'expérience, et c'est elle qui le conduit, en politique, à donner la préférence aux gouvernements mixtes et pondérés, sur tous les autres genres de constitutions. Malheureusement, c'est elle aussi qui l'empêche d'appliquer l'idée pure de justice à la société civile, et qui lui impose, pour l'établissement des relations normales des hommes, des distinctions telles que celle du maître et de l'esclave, et d'autres encore, où la loi de l'égalité se trouvait démentie dans l'idéal antique de la famille et de la cité.

On peut reprocher à la théorie de la vertu, encore que la vertu n'y soit point confondue avec la sainteté divine, une détermination peut-être trop fixe et trop absolue de l'état qui la constitue. La parfaite habitude et l'entière possession de la *propriété de bien faire* est un idéal qui a le tort d'exclure la lutte et les victoires morales, alors que le but, détaché des moyens de l'atteindre, est si peu à la portée de l'homme de l'expérience. On a vu qu'Aristote refuse de nommer la vertu une puissance; c'est qu'il la sépare de cette puissance des contraires dans l'acte, la liberté, qu'il admet cependant sans réserve. Sans doute, le choix des mots est facultatif, pourvu qu'on les définisse, et il était loisible au philosophe de nommer vertu l'état de moralité absolue, fût-il inaccessible, qui est le but de la liberté, mais dans lequel elle ne pourrait qu'être absorbée après avoir rempli sa tâche. Mais alors il n'évitait pas la conséquence qu'il avait voulu exclure : celle d'assimiler la condition de l'homme vertueux à un état de perfection divine, puisqu'il ne la plaçait pas dans l'effort constant pour conformer la vie au devoir. En réalité, l'idéal dernier de ce penseur dont la méthode confine cependant sur plus d'un point à l'empirisme, a été, j'en ai déjà fait la remarque, la *vie contemplative*, et non point la *vie active*. Par là, sa morale rejoint au fond la conclusion de sa métaphysique, et, à cet égard, le *sage* du Portique, avec sa prétention à l'impassibilité, mais avec l'effort qu'il n'en sépare point (et qui en est la négation) est un exemplaire moins éloigné de l'homme vivant que l'homme vertueux d'Aristote, dont les bonnes actions sont de purs effets de l'habitude.

Ce qui manque à l'éthique aristotélicienne, c'est moins le fond que l'accent, la note énergique de la loi morale, telle qu'elle s'élève du combat de la vie. Si, chez lui, le génie de l'analyse, avait pu s'appliquer à l'étude du devoir en tant qu'obligation, abstraction faite des conditions empiriques des sociétés de son temps, il aurait laissé pour l'instruction morale du genre humain, ce qu'il a fait pour la logique, une œuvre indélébile, dont nul de ses successeurs anciens n'a pu réparer l'absence. Les stoïciens ajoutèrent à l'acquis antérieur l'idée, au moins beaucoup plus accusée, de la *tension morale* (τόνος) par laquelle le sage se commande à lui-même et réalise les biens *qui dépendent de lui*. Ils s'approchèrent de la notion formelle de l'obligation, sans toutefois l'atteindre, mais reculèrent sur Aristote, quant à la doctrine de la liberté. Entraînés dans un mouvement général de retour des écoles vers les grandes spéculations cosmologiques, ils lièrent indissolublement les déterminations individuelles à la chaîne universelle des effets et des causes, développée au sein d'une substance; et ils immolèrent ainsi, en théorie, la liberté dont ils acceptaient le nom et dont ils donnaient le plus haut enseignement pratique que le monde ait connu.

Avant de suivre chez les stoïciens le développement de la recherche de la morale comme science, revenons aux premiers temps de la réforme socratique et voyons comment se déclara tout d'abord l'opposition de la doctrine du bonheur et des fins individuelles à celle du devoir et d'une fin d'ordre général dans le monde. La dispersion des disciples après la mort de Socrate, en dépit de quelque tentative de Platon pour maîtriser l'école, fit éclater cette opposition avec une force qui ne fut jamais égalée depuis. Il en est toujours ainsi au début de chaque grande période, et celle dont nous nous occupons est de beaucoup la plus importante qu'on ait à considérer dans l'histoire de la morale rationnelle entre le quatrième siècle, avant, et le dix-huitième siècle après notre ère. Le sujet de mon étude me permettra de passer rapidement sur tout ce temps intermédiaire. Ici, il faut insister sur le plus frappant exemple de la divergence radicale des jugements humains touchant la nature du bien et le but de la vie.

Platon et Euclide de Mégare, attaquant le problème du Bien, s'empressèrent de rappeler la spéculation transcendante et les hautes vues cosmiques, que Socrate avait entendu bannir : non que celui-ci n'eût envisagé l'existence du bien dans le monde, mais comme homme de religion, non comme *physicien*, et sous l'aspect d'une Providence anthropomorphique ; tandis qu'Euclide et Platon identifièrent le Bien avec l'Un absolu de Parménide, et retournèrent ainsi à la métaphysique la plus abstruse. Aristippe et Antisthène, au contraire, entrèrent dans la pensée critique du maître, mais ce fut pour se séparer aussitôt l'un de l'autre : tous deux voulant définir le bien, au point de vue de la conscience de l'agent moral et de sa satisfaction individuelle, mais l'un n'étudiant la question que par rapport au choix et à la conciliation des plaisirs, et l'autre se créant un modèle de vie qui les supprime autant que possible, et ouvre par conséquent la voie à la morale du devoir.

Aristippe admet donc le plaisir comme mobile des actes : le plaisir et non pas le bonheur, car le bonheur est la somme des plaisirs, et cette somme est ce qu'elle peut être et se forme successivement sans que nous puissions la poursuivre en elle-même. Le plaisir qui agrée à ce philosophe est celui qui se compose de sensations douces, sans trouble dans le présent et avec les moindres éventualités fâcheuses à prévoir pour l'avenir. Il faut, pour se l'assurer, s'adapter, comme nous disons en langage moderne, au milieu donné quel qu'il soit, s'accommoder surtout aux choses qu'on ne peut changer, mais se les soumettre à soi, autant que possible, et non pas s'y soumettre. Cet enseignement de parfait égoïsme n'est mitigé que par la reconnaissance d'un fait : à savoir que les plaisirs des autres sont aussi des plaisirs pour nous, en bien des cas, et par conséquent des éléments de notre propre bonheur et des résultats à rechercher. La justice n'a point à entrer en ligne de compte dans les calculs de la prudence, si ce n'est au même titre que la coutume, dont elle dépend.

L'opinion que la justice n'existe nullement par nature mais en vertu de la loi ou d'un usage établi (οὐ φύσει ἀλλὰ νόμῳ) était répandue parmi les « sophistes » comtemporains de Socrate, et elle fut adoptée par ceux des socratiques qui répudièrent l'ancienne *physique*, cette métaphysique avant la lettre, et se réduisirent au domaine mental et moral. Elle pouvait l'être par Socrate lui-même en un sens ; car si l'on réfléchit à la signification que dut prendre le mot *nature* pour les philosophes adversaires des investigations *naturelles*, et pour Socrate éminemment, il paraîtra douteux que la sentence ci-dessus ait toujours impliqué ce que nous sommes portés maintenant à lui faire dire, à savoir que la loi ou coutume d'où procède la justice est une convention arbitraire, sans fondement dans quelque donnée antérieure qu'on puisse nommer la *nature humaine mentale*. La doctrine de la relativité des connaissances et de leur commun rapport à l'homme, ce phénoménisme de l'antiquité, dont Protagoras a fourni l'une des premières formules (πάντων μέτρον ἄνθρωπος), pouvait avoir, dans cette formule, la portée d'une négation de toute notion propre du juste, et pouvait également être compatible avec la reconnaissance d'une règle intérieure de l'entendement, telle que l'impliquait l'analyse des idées morales dans la méthode de Socrate. La distinction que je fais ici n'est en somme que notre distinction actuelle du phénoménisme purement empirique et de celui qui admet des formes générales de la pensée, régulatrices de toute expérience. Celui-ci fut, ce me semble, le vrai fond de la doctrine inquisitive de cet admirable penseur, mais ne se transmit pas à ses disciples. Il arriva que ceux d'entre eux qui poursuivirent la recherche de l'universel (Euclide, Platon, l'Ancienne Académie) revinrent à la grande abstraction éléatique de l'Un absolu, ou encore aux abstractions pythagoriciennes des nombres réels ; tandis que les particularistes, les individualistes, s'attachèrent à l'étude exclusive de l'homme empirique, et conclurent, les uns, de la donnée des sensations et des passions, à l'eudémonisme dans l'acception la plus bornée, à l'hédonisme sous le contrôle de la prudence, les autres, avec un sentiment tout contraire, à l'affranchissement le plus complet possible du besoin par la force de la volonté. Tous ces derniers, au surplus, se trouvèrent d'accord à bannir la spéculation scientifique (naturaliste, ou métaphysique, ou même mathématique), la morale seule ayant, suivant eux, une valeur, et seule promettant des résultats. Enfin un quatrième parti, moins préoccupé de morale, continua l'œuvre réputée toute négative des « sophistes », mais rendit ainsi le service, beaucoup trop méconnu (1), de soumettre les idées générales et les procédés de l'esprit à une critique radicale qui faisait ressortir, d'une part, des sophismes a éclaircir par l'ana-

---

(1) Voyez, pour une juste appréciation des mérites des écoles éristiques ou négatives, ainsi que pour d'autres points importants de cette période vraiment unique de l'histoire du génie de la Grèce, la dernière partie de l'ouvrage de George Grote : *Plato and other companions of Socrates* (t. III, p. 465). Je doute qu'un historien professionnel de la philosophie puisse avoir jamais l'esprit aussi ouvert à toutes les questions pratiques et vivantes qui se lient à l'interprétation des doctrines philosophiques.

lyse grammaticale, ou psychologique, et, de l'autre, des difficultés profondes, sur la solution desquelles les doctrines philosophiques sont restées constamment en désaccord et dont elles ont toujours tenté vainement de s'affranchir. Ce parti comprend les écoles éristiques de Mégare et d'Erétrie, les premiers sceptiques, et les nihilistes intellectuels, qui niaient la possibilité de la connaissance.

Aristippe et les cyrénaïques ses disciples, Antisthène et les cyniques, du côté opposé, furent donc individualistes et hostiles à la science, ou à ce que la science prétendait être de leur temps. Quand vint le moment où le dogmatisme naturaliste gagna à leur tour ces écoles, la première fut représentée par l'épicurisme et la seconde par le stoïcisme, doctrines dans lesquelles la morale s'allia, là avec le mécanisme atomistique de Démocrite, et ici avec le substantialisme unitaire et évolutioniste d'Héraclite.

Le choix d'Aristippe et le choix d'Antisthène, en fait de principe moral, furent également dirigés par l'idée du bonheur comme but, mais avec la différence profonde que le premier de ces philosophes se contenta de l'espèce de décomposition du bonheur en plaisirs, que nous avons vue, dont l'imparfaite synthèse correspondante était en partie demandée au calcul, en partie remise au hasard; et que le second, prenant une autre idée du bien, mit l'accent moral sur le commandement de soi-même, l'entière indépendance de l'extérieur, et fut ainsi conduit à adopter un système de concentration du moi, à réclamer l'effort constant du sage en vue de réduire les fins sensibles et passionnelles au minimum compatible avec la vie. C'est là l'origine du devoir stoïque, qui toutefois voulut, chez les stoïciens, se définir comme principe de vie *conforme à la nature*. Le mot *nature* prenait alors un sens en partie nouveau.

Le procédé cyrénaïque du bonheur ne saurait s'attribuer une valeur régulatrice des actes et prétendre à l'universalité, car chacun est libre de préférer au calcul d'Aristippe une autre appréciation de ce qui est désirable, mépriser la « plate prudence » et les plaisirs modérés, éprouver des passions violentes et se plaire aux dangers que l'on court en s'y livrant. L'expérience nous instruit à cet égard, surabondamment, et Aristippe n'a rien à opposer à l'expérience et au goût des gens, si ce n'est son propre tempérament, qui ne vaut que pour lui. Mais ce n'est pas tout, le disciple, prenant le problème du bonheur précisément tel que le maître l'a posé, et s'appliquant à la considération de la somme des plaisirs et de leur nature, inséparable des privations et des douleurs, peut juger que le mal l'emporte sur le bien dans cette somme; que même les bons éléments dont elle se compose sont rendus illusoires par ce mélange et, tout bien examiné, assez méprisables en eux-mêmes. Le pessimisme naît ainsi de l'hédonisme, sans autre changement que celui de l'humeur optimiste du philosophe. Ceci n'est point une supposition; la conclusion fut tirée, dans cette école, par Hégésias, surnommé *conseille-la-mort* (πεισιθάνατος), qui soutint qu'il fallait surtout éviter ou diminuer les peines de la vie, et se rendre indifférent aux causes de plaisir; que les plaisirs étaient relatifs aux personnes et aux circonstances, variables, fugitifs, moindres en tout cas que les peines qui les accompagnent; et que la mort, faute d'un bonheur toujours irréalisable, devait être acceptée, comme la meilleure solution possible du problème de l'existence. Il est bon de remarquer en passant que ce philosophe, bannissant toute recherche au delà des phénomènes sensibles, — qu'il ne laissait pas de regarder eux-mêmes comme dénués de réalité — et réduisant l'intérêt de chacun à sa propre personne, concluait cependant au précepte pratique des écoles pessimistes en tout temps, c'est-à-dire à ce que nous appelons aujourd'hui sympathie ou charité pour les êtres illusionnés, souffrants et irresponsables.

Le parti pris du cynique comporte-t-il plus d'universalité? peut-il davantage s'attribuer la valeur d'une règle de conduite? Non sans doute, en tant qu'il est l'effet du choix personnel d'un idéal à poursuivre dans la vie, et de la définition de l'espèce du bonheur, ou attitude de l'âme dont on se trouve soi-même satisfait. Il manque là un principe d'obligation pouvant donner une conclusion morale généralisable. Mais au défaut du devoir proprement dit, il y a cet idéal de la personne, qui n'est pas, comme celui du bonheur de l'hédoniste, déclaré irréalisable en même temps que posé comme but, mais qui est, au contraire, et réalisable et réalisé, chez les héros de la force morale, tels qu'Antisthène, Diogène et Socrate leur maître, et se trouve en proche parenté avec le mobile des doctrines de l'obligation. Le sage de cette école a devant les yeux une fin fixe, et qu'il appelle *divine*, à atteindre, et fait consister essentiellement la vertu dans l'effort de se soumettre à la loi qu'il s'est imposée. C'est là de l'autonomie au premier chef.

Antisthène rejette, de même que les écoles négatives, toute science de l'externe, par le même motif radical que les mégariques, en exagérant l'application du principe du phénoménisme, en alléguant que nous ne saisissons jamais dans les choses que des attributions et des relations, lesquelles ne nous faisant point connaître le sujet lui-même, nous nous leurrons de ces vaines propositions dont la forme constante est qu'*une chose est une autre chose!* Mais après s'être ainsi réduit comme Aristippe aux impressions individuelles, il prend le contre-pied pour en juger. Il nie que le plaisir soit désirable. *Plutôt perdre l'esprit que de jouir*, est une de ses sentences (Μανείην μᾶλλον ἢ ἡσθείην). Le bonheur ainsi que la vertu est dans le travail et dans l'effort; la réelle satisfaction est celle qui naît des besoins supprimés au delà d'une absolue nécessité, de la peine prise, de l'empire sur les passions et de l'indifférence pour tout ce qui n'est que convention sociale. Il faut donc exercer sa force morale et se donner la sagesse qui est une forteresse inexpugnable, avoir chez soi *la raison ou une corde* (Δεῖν κτᾶσθαι νοῦν ἢ βρόχον). La vertu et le vrai bien s'apprennent de ceux qui les possèdent, parce qu'ils se sont rendus indépendants des faux besoins et des autres hommes : de la famille, de la patrie, de l'opinion, de la gloire, de tous ce qui est éventuel. Le sage muni de cette forte armure approche de l'état divin. Dieu, le Dieu réel quoique indéfinissable de l'univers, — car les dieux du vulgaire ne sont que des fictions, — a dû lui assurer, dans sa prévoyance, tout le nécessaire en fait de biens, après que lui-même a porté les réductions à l'extrême limite. Cette croyance théistique n'a rien d'étonnant chez un disciple de Socrate. Elle est attribuée à Antisthène par d'assez bonnes autorités, ses nombreux ouvrages étant malheureusement tous perdus. Ce n'est probablement que plus tard, au moment du grand retour de faveur du dogmatisme cosmologique, que l'école de morale issue de Socrate par Antisthène s'attacha à l'évolutionisme providentiel d'Héraclite, pendant que l'école opposée, issue de Socrate par Aristippe, embrassait le pur mécanisme de Démocrite.

On sait quel éclat fut jeté sur ce système d'individualisme moral excessif par la vie et les sentences de Diogène de Sinope, dit le Cynique, auxquelles se joignit sans doute une part d'amplification légendaire. On a quelquefois comparé l'attitude de ce « Socrate en délire » à celle des ascètes indiens qui commencèrent à être connus des Grecs à la même époque, non sans les étonner beaucoup. Pour les doctrines dont s'inspiraient d'une part, un disciple des brahmanes, de l'autre un Antisthène, un

Diogène, disciples de Socrate, il n'y a pas de comparaison à essayer ; mais même pour la pratique, il n'y en a aucune de tolérable entre la paresse et l'inaction, puis les tortures volontaires, les supplices religieux, le bûcher théâtral d'un croyant des métempsychoses, et ce mépris du plaisir pour le plaisir, ce goût pour la peine à prendre (πόνος), cette réduction des besoins au minimum, qui définissent dans la pensée du sage cynique un genre de vie et non un mode de suicide. Ce genre de vie donne l'exemple de la haute estime et du ferme gouvernement de soi-même, ce qui est l'extrême opposé du sacrifice de la personnalité. Au point de vue social, il est bien certain que la famille et la patrie ne pourraient s'accommoder de l'acceptation des maximes cyniques ; mais si l'on considère l'individu qui les professe et qui en dépose, pour ainsi dire, le levain dans l'esprit des moralistes qui doivent venir après lui, on trouve qu'il loue le travail, estime la pauvreté, condamne les fausses grandeurs et les fausses vertus, et va jusqu'à diriger ses traits de satire contre l'institution de l'esclavage et le fléau de la guerre. Diogène est arrivé, sans théologie et sans mysticisme, sous la dictée immédiate de la conscience morale, à des résultats que n'ont entrevu ni les Platon ni les Aristote, les philosophes-poètes, ravis dans la contemplation des pures essences, et les philosophes savants, enchaînés, en politique, à l'expérience et à la coutume. Ne soyons pas surpris qu'Epictète ait placé Diogène au premier rang des sages, et peut-être au-dessus de Socrate lui-même. Après une période écoulée de quatre ou cinq siècles, quand l'école stoïcienne avait parcouru toute la partie active de sa carrière, quand ses adhérents perdaient l'espoir de réformer le monde, quand une religion nouvelle en prédisait la fin et visait exclusivement au salut individuel des âmes, le vice capital de la perfection cynique, c'est-à-dire le caractère purement individualiste de cet idéal, cessait de répugner au penseur même le plus attaché à la méthode rationnelle en morale ; la grande figure de Diogène, ce Socrate irrité, insociable, devait alors représenter le type achevé de l'énergie philosophique, aux yeux d'Epictète, qui était lui-même un Diogène adouci et comme calmé par une longue expérience de la vie humaine.

Les écoles d'Aristippe et d'Antisthène, non pas moralement transformées, mais organisées, en quelque sorte, dans l'épicurisme et le stoïcisme, et fortifiées, chacune dans l'opinion de ses adhérents, par l'adjonction d'une physique à une morale, représentèrent les deux faces opposées d'une éthique rationnelle, pour les penseurs de l'antiquité grecque et romaine, jusqu'au temps où le mysticisme néoplatonicien, l'ascétisme monacal, le dualisme gnostique ou manichéen, ennemis de la *chair*, et, définitivement, les préceptes moraux du christianisme remplacèrent à la fois la recherche des lois générales de la conscience et de la cité et celle d'un idéal de vie heureuse de l'individu.

Epicure établit d'une manière plus systématique la définition du bonheur, en tant que portant sur l'ensemble de la vie et soustrait à l'empire et aux chances des satisfactions envisagées dans le présent. L'*euthumie* de Démocrite étant posée comme l'état heureux par dessus tout et comme la fin à s'assurer en toutes circonstances, les règles de la prudence et de la tempérance s'ensuivent immédiatement : Rechercher les plaisirs qui ne se lient point à des peines, fuir la peine qui ne se lie point au plaisir; mais rejeter le plaisir qui tient à des peines plus grandes, ou qui s'oppose à des plaisirs plus grands, et accepter la peine qui évite des peines plus grandes ou conduit à des plaisirs plus grands. Quant à la règle du juste, elle a son point de départ dans le fait naturel de la sociabilité, dans le sentiment qui s'y rapporte et qui nous incline à ne pas faire du mal à autrui, et enfin dans l'existence de la réciprocité des attentes en matière de bien ou de mal dont les hommes peuvent être cause les uns pour les autres. La justice est fondée, comme la société elle-même, sur des conventions, et celles-ci sur l'utilité; le mal réel attaché à l'injustice n'est donc au fond que celui dont elle est la cause, mais il se retourne, ou peut du moins toujours se retourner contre l'agent injuste; il est forcé de s'y attendre et de le craindre; ainsi toute injustice crée le danger et l'inquiétude et trouble le bien-être mental.

Si l'on pouvait ainsi, en psychologie morale, remplacer par un calcul d'intérêt le sentiment que l'injustice en elle-même est un mal, et la notion de l'obligation, cette théorie du bonheur poserait toujours sur un fondement ruineux, comme je l'ai déjà remarqué, faute, pour le doctrinaire épicurien, de démontrer que la vie tempérée, en grande partie abstinente et dirigée par la crainte de la douleur plutôt que par l'attrait des jouissances, est préférable pour l'individu à celle qui comporte des passions fortes, des sensations vives et des risques à courir. C'est là une affaire de goût, et la morale d'Epicure, proposée à qui n'a ni les goûts d'Epicure ni un principe supérieur au sien, n'est qu'une morale de valétudinaire, incapable d'arrêter les élans naturels de l'homme en bonne santé. On peut dire, sans doute, que ces maximes étroites et presque toutes négatives, cette doctrine d'intérêt personnel raisonné et calculé, jointe à cette appréciation également personnelle (qu'il faut supposer) de ce qui constitue réellement le bonheur, auraient encore la vertu d'engendrer, si l'application en était correcte, une vie matériellement honnête, et meilleure que celle de la plupart des hommes, en beaucoup de points essentiels; tant le pouvoir de la raison est grand, partout où elle apporte une règle des actes. Le véritable épicurien systématise, à un point de vue, une partie importante des dépendances de la morale, et définit certains des motifs de la bonne conduite; il observe les principaux devoirs envers soi et la justice dans le sens du *Neminem lœdere*; même un peu plus que cela, s'il est doué de sentiments bienveillants. Mais il ne s'oblige à rien, et sa doctrine n'oblige à rien. Une école pourra naître de la réunion des hommes qui sentent de la même manière que lui, mais chaque adhérent devra se faire de son bien en particulier l'idée qu'on se fait du bonheur dans cette école: circonstance empirique, accidentelle, jugement indémontrable et même intransmissible; car si l'expérience a jamais prouvé clairement quelque chose, c'est bien l'impossibilité d'enseigner la prudence et la tempérance par des discours, par de sages considérations fondées sur l'intérêt de l'agent et employées à lui montrer son bien autre part que dans la satisfaction de ses passions fortes, quand elles existent.

Les épicuriens, fidèles au principe du bonheur individuel, n'ont pas prétendu en déduire un mobile supérieur, celui de l'utilité générale: c'était une tentative réservée aux eudémonistes modernes, et qui ne s'est pas trouvée facile; ils ne paraissent pas même avoir dépassé le point de vue de l'intérêt direct de chacun, et essayé de faire entendre à l'agent qu'en travaillant au bien commun il travaillerait essentiellement à son bien propre; que, par exemple, en observant la justice, il se rendrait utile à lui-même, en cela que ce qui profite à tous profite à chaque particulier. Ils ont bien reconnu que la justice est bonne à observer pour l'individu, à cause du trouble et de la crainte inévitables en toute autre hypothèse; et encore que la réciprocité des bons offices et la fidélité aux conventions sont de l'intérêt de tous; mais ils n'ont pas conclu de là que l'utilité particulière avait à se déterminer d'après l'utilité commune. Cette espèce de généralisation de l'intérêt part d'une bonne intention, mais elle est sophistique. En l'adoptant, les épicuriens n'auraient jamais pu répondre, non plus que ne l'ont fait les utilitaires modernes, à l'objection tirée d'une bonne analyse du rapport de l'intérêt individuel à l'intérêt général. Le plus grand intérêt de chacun, en effet, consisterait dans la dispense pour chacun d'observer la justice que tous les autres observeraient. Mais cela est contradictoire? évidemment; mais comme énoncé général seulement, tandis que l'individu peut très bien viser à gagner ce privilège et réussir à se l'assurer. C'est l'histoire du tyran, en grand et en petit. Et il n'est pas vrai de dire qu'en se dispensant il dispense les autres (ou du moins c'est là une vérité qui implique la notion rationnelle et juridique à laquelle on s'est interdit d'en appeler, quand on a décidé de n'admettre pour premier principe que l'intérêt personnel (1). En effet, les autres peuvent être retenus par la crainte ou par d'autres motifs, pendant que lui-même ne l'est pas; et là où lui-même se contiendrait, ce n'est point une raison pour que d'autres se contiennent. Le système épicurien pur est donc plus logique et plus franc que celui qui prétend trouver dans l'utilité particulière un mobile suffisant des actes dont l'utilité générale est le but. Il ramène toute fin morale au principe de la tranquillité personnelle, laquelle est bien réellement incompatible avec l'injustice. Mais encore faut-il que l'agent soit effectivement disposé à regarder sa tranquillité comme son unique bien et à lui sacrifier toute autre fin, propre ou commune, ou d'utilité ou de plaisir, dont la poursuite lui paraîtrait demander trop de peine ou s'accompagner de trop nombreuses chances de trouble et de douleur. Ce tempérament, ce caractère, objet ordinaire de mépris parmi les hommes, est le postulat de la morale d'Épicure.

On doit accorder à l'épicurisme plusieurs mérites : il a voulu affranchir l'esprit humain des terreurs superstitieuses, il a eu le sentiment très vif du libre arbitre, de l'individualité et de l'accident, à l'encontre des tendances panthéistiques communes à toutes les autres philosophies spéculatives, et il a été, grâce à ce double caractère d'indépendance d'esprit, une école de raison pratique, mais malheureusement abaissée au niveau des hommes d'aspiration minimum, contents de s'assurer, pour toute fin,

---

(1) Kant, en énumérant quelques applications du précepte de généralisation des maximes de conduite (impératif catégorique), s'est servi d'arguments qui ressemblent à celui que je réfute ici. Mais c'est une pure apparence. L'objection est levée par le fond de la méthode criticiste. Kant relève ce qu'il y aurait de contradictoire dans une maxime qui vaudrait pour motiver la conduite *d'un individu*, et ne pourrait pas motiver de même celle de *tout individu*; mais c'est seulement en tant que le principe rationnel de la généralisation (au fond l'obligation) est posé préalablement.

des plaisirs modérés et les meilleures chances de paix personnelle présente et future. Cette adaptation de toute une doctrine aux vues des gens d'une certaine humeur, assez commune en tout temps, sans être jamais dominante, a permis la fondation d'une école; mais, si l'on y joint le manque de goût des disciples pour la logique, pour les sciences, pour l'examen des thèses que le maître avait arrêtées une fois pour toutes, on comprendra que la secte épicurienne ait pu durer longtemps sans varier et sans avoir d'histoire. Ce n'est point une variation, en effet, mais une simple dégradation attribuable à des individus, et un vrai contre-sens, que l'interprétation de l'épicurisme en faveur de l'intempérance et de la sensualité grossière, non de la modération et d'une vue plutôt triste qu'avantageuse de la condition humaine. Le vrai philosophe épicurien, qui pose pour fin le plaisir, incline au pessimisme, en son appréciation de la vie, et rien n'est plus naturel; au contraire, le stoïcien, homme de devoir, soutenant que le plaisir n'est pas *un bien*, que la douleur n'est pas *un mal*, est optimiste et s'interdit de ne se pas louer de la destinée. L'opposition de ces deux philosophies est d'ailleurs complète sur tous les points. Les pôles contraires en morale attirent à eux toutes les autres déterminations. D'un côté, nous avons les essences individuelles, ou atomes, le vide, le hasard, les dieux oisifs et bienheureux, la liberté humaine, les lois conventionnelles, la recherche calculée du plaisir, la tranquillité de la vie; de l'autre, l'unité d'essence, le plein, la solidarité absolue, la Providence toujours en travail, la nécessité, la loi naturelle, le devoir et l'effort.

 Le stoïcisme, dans l'antiquité, a son histoire. Sur les questions les plus générales, touchant le plaisir, le bonheur et la fin morale, il n'a pas profondément varié pendant les trois phases distinctes qu'il a traversées; mais comme il avait de la peine à définir le devoir et la justice par une conception à la fois autonomique et pratiquement fondée sur l'essence morale de l'homme et des relations humaines; qu'il avait même commencé par reculer sur Aristote à cet égard, et que sa *physique* ou théologie panthéiste lui faisait envisager l'objet essentiel, la fin idéale de la vertu dans cet universel qu'il appelait *la Nature*, et non pas simplement dans l'humanité ou nature humaine normale; mais que d'une autre part il travaillait énergiquement à déterminer les *offices*, les fonctions politiques et sociales de l'homme *selon la nature*, il arriva que les applications de la notion du devoir subirent d'importantes modifications dans cette école, en raison de l'esprit des temps et de ce que les circonstances permettaient au philosophe d'espérer de la société et de l'harmonie des institutions avec la vie et la pensée du *sage*. De là les trois phases dont j'ai parlé. Mais voyons d'abord l'idée maîtresse et les points communs.

Le choix du terme par lequel Zénon, le premier, exprime la notion du devoir est ce qu'il y eut de plus caractéristique. Ce terme ne signifie pas directement ce qu'on est obligé de faire (ou le fait d'être ainsi obligé) en vertu d'un commandement (interne ou externe et n'importe comment sanctionné) et d'une exigence légitime ; il est emprunté aux idées générales de rapport, appartenance, convenance (τὸ καθῆκον), avec application à l'homme considéré soit dans l'ensemble de ses fonctions propres, soit dans le milieu où ces fonctions s'exercent. Il y a affinité, sans doute, entre l'idée de ce qui convient à un tout, à un ordre donné, entre la pensée des déterminations que les parties de ce tout, les éléments de cet ordre, ont à recevoir pour entrer dans sa composition, et l'idée que les choses *doivent* ainsi se disposer, qu'un agent moral est *obligé* de s'employer à ce qu'elles le soient ou le deviennent, et qu'il y a quelque part, en quelque manière, un *droit* existant qui correspond à ce *devoir*. Mais le passage de l'une de ces idées à l'autre ne s'opère qu'en tant que la notion de l'obligation est déjà dans l'esprit; celle-ci reste instinctive, imparfaite, tant que l'analyse ne la dégage pas formellement; elle peut d'ailleurs être affaiblie par un mélange avec d'autres doctrines qui tendent à effacer sa signification. Le concept stoïcien du devoir se rapporte plus directement aux idées d'ordre et de perfection et a dès lors pour essence la volonté de l'agent de *se conformer* à l'ordre. Selon que la volonté se détermine, il y a droiture et succès dans l'œuvre de la vie, ou erreur et manquement (κατόρθωμα, ἁμάρτημα).

Mais pourquoi se conformer, et quel est cet ordre auquel il faut se conformer ? Sur le second point, la formule primitive et la plus générale de la loi morale stoïcienne paraît n'avoir pas été, chez Zénon, au delà du vague concept de ce qui constitue la vie harmonique (ὁμολογουμένως ζῆν), et l'on comprenait par là un accord de la vie avec ce *logos* qui est dans l'homme et par lequel il se distingue des animaux. Puis Cléanthe aurait dit : avec la nature (ὁμολογουμένως τῇ φύσει), voulant parler probablement du grand monde et de sa marche providentielle, ce qui, sans préciser davantage, plaçait surtout le devoir dans la soumission à la destinée. Mais Chrysippe s'attacha expressément à l'idée de la nature humaine pure ou normale, alléguant d'ailleurs l'identité des deux sortes de conformismes, par suite de la mutuelle conformité des deux modèles. Il restait toujours à déterminer l'essence même de la loi interne; mais du moins les questions de morale se trouvaient ainsi ramenées à l'étude de la conscience et à la méthode socratique. Cette direction s'accusa de plus en plus à mesure que l'école s'appliqua moins à la spéculation physico-théologique, encore que sans jamais en abandonner le principe.

Et maintenant pourquoi cette conformité, quel qu'en soit le modèle? Où trouver l'impératif? La vraie, l'unique réponse, au fond, se réduit à un fait : c'est le choix d'Antisthène, opposé au choix d'Aristippe; le choix d'Héraclès, dans le mythe de Prodicos; la reconnaissance d'un idéal de la pensée humaine et de la vie humaine, l'idée d'une perfection, qui fait dire : cela est beau et bon, cela est raisonnable, *il faut* s'y conformer. Cet impératif est insuffisant, je veux dire n'a pas logiquement plus de force pour s'imposer à des hommes sans idéal, ou d'un idéal différent, que n'en a la définition épicurienne du bonheur pour se faire accepter de ceux qui n'ont pas le tempérament d'Épicure. Les stoïciens avaient-ils cependant une réponse plus satisfaisante que celle dont la sincérité aurait comporté de leur part des idées, touchant la certitude, analogues à celles que soutenaient alors les philosophes de la Nouvelle Académie, mais auxquelles ils refusaient de se rendre? La doctrine platonicienne primitive leur en tenait une toute prête, dans le principe de l'identité de la *science* et de la *vertu*, et ils l'adoptèrent. Si le savant est nécessairement le sage, il est clair que connaître vraiment la nature, selon le sens stoïcien, c'est aussi s'y conformer. Le déterminisme psychologique, dans le petit monde, l'*himarméné* dans le grand monde, répondent à la question : Pourquoi se conformer? Au lieu du devoir, impératif moral, nous avons le devoir inculqué par une nécessité naturelle. Le sage stoïcien subit cette nécessité volontairement, — d'une volonté elle-même naturelle et nécessaire; — et quant à l'ignorant, qui ne se conforme pas à la nature, celui-là s'y conforme encore d'une autre manière, et non moins nécessairement, sous le mode de sa résistance qui fait partie de l'enchaînement providentiel des effets et des causes.

Mais l'antinomie de la liberté, affirmée pratiquement, et de la nécessité, posée théoriquement, est un caractère saillant du stoïcisme en toutes ses phases. C'est là une intéressante similitude entre cette doctrine et celle des théologiens prédestinatiens (ou celle de Kant, encore), dans lesquelles le précepte a été poussé avec plus de vigueur qu'il n'en paraît d'ordinaire dans les prédications à l'adresse d'un libre arbitre phénoménal, formellement supposé. Le sentiment vif et profond de la liberté se témoigne chez les stoïciens par ces trois traits originaux :

1° La fonction du sage, définie par l'effort constant, ou état de tension de l'âme (τόνος), afin de passer des sensations et des passions, premiers fondements de la connaissance, à la science et à la vertu, qui dépendent de jugements rationnels opposés à ceux qui s'identifient avec les appétits irrationnels, et de se maintenir dans cette attitude, dont la lutte incessante est une condition. L'idéal dernier d'*apathie divine* est inaccessible et sans aucun rapport avec l'activité réclamée de la vie humaine.

2° L'idée de la certitude, étroitement liée au précepte de l'effort, et par là fortement distinguée du pur intellectualisme, et dérogeant à l'esprit commun des doctrines nécessitaires. Les stoïciens de toutes les époques ont eu, dans leur manière de s'exprimer sur ce qui fait l'essence d'une affirmation, et dont on ne saurait séparer la vérité d'une connaissance, quelque chose qui rappelait et justifiait la belle comparaison de Zénon : de l'imagination, à la main ouverte; de l'assentiment, aux doigts pliés, et de la certitude au point fermé.

3° L'indépendance absolue, qui est l'un des caractères de l'état de sagesse accomplie du stoïcien. Sans doute, il ne s'agit ici que d'un idéal, tenu pour inaccessible, et ce serait une grande erreur, quand on regarde aux réalités, de supposer un agent moral affranchi, par la science et la vertu, des liens de la solidarité humaine, soustrait dans ses actes, et dans les idées mêmes qu'il se forme du bien et du devoir, aux influences accumulées des lieux, des temps, de l'autorité, de la tradition et de l'exemple, et, en outre, exempt du trouble des passions : mais cette erreur même, autant que les stoïciens l'ont commise, dénote chez eux un sentiment puissant de la liberté par opposition au monde de l'expérience. C'est exactement ainsi que Spinoza, longtemps après, contemplant la fiction de l'identité de pensée et de volonté du philosophe avec la loi universelle, se créa l'idéal d'une liberté qui repose sur l'union imaginaire de l'âme avec Dieu ou le destin; et c'est encore ainsi que, sous une forme plus exclusivement éthique, Kant, non moins déterministe que Spinoza ou Zénon, envisagea la liberté comme la conformité nécessaire de la volonté à la loi morale, chez un agent raisonnable qui n'a point encore éprouvé l'effet des appétits du domaine sensible. Cette dernière théorie est justement stoïcienne, et remonte à l'origine du stoïcisme, où elle va rejoindre l'idée platonicienne de la vertu-science. Zénon voyait dans la volonté en essence, non pas le principe des actes conscients et délibérés, tant des mauvais que des bons, et non pas davantage un nom général des attraits suivis d'actes, mais une affection toujours bonne de soi, un appétit raisonnable (εὔλογος ὄρεξις), qu'il opposait à toutes les passions de l'ordre de la sensibilité (ἐπιθυμία). Cette idée de la volonté n'est autre que celle de la conformité à la raison, obtenue par une détermination, mais constante et naturelle, en ce cas, de ce qu'on entend d'ordinaire par le vouloir. En imaginant la conformité parfaite, on a évidemment le concept Kantien de la volonté humaine intacte, impervertie, qui est la raison même allant à son but à la manière des instincts, abstraction faite de ce que Kant appelait le *mal radical*, et dont les stoïciens, absolument optimistes, évitaient la reconnaissance directe. Or, toutes ces conceptions similaires, — c'est ici le point où je voulais arriver, — ont beau impliquer la négation du libre arbitre; il suffit de remarquer en quelle inévitable lutte elles entrent avec l'homme de l'expérience, chargé de mille liens intérieurs et extérieurs : on comprendra que la pensée d'une volonté pure, identique avec la connaissance du bien, indépendante du milieu, des précédents et des faits, est capable de produire la même excitation pratique sur l'agent, et de lui valoir le même affranchissement de la solidarité que le pourrait la conviction qu'il aurait de sa liberté de choix entre ce qu'il estime le bien et ce qu'il estime le mal. Le modèle est présent, et le sentiment de l'indétermination des futurs dont il dispose, alors même qu'il le dit illusoire, est inaliénable.

La première phase du développement de l'école stoïcienne est spéculative au plus haut degré, et fait converger toute spéculation vers la définition de la vie morale. Si l'on ne regardait qu'à la direction de la pensée, on verrait peut-être Zénon se rattacher à Socrate par un lien plus étroit que les disciples immédiats de ce dernier, Antisthène, Platon ou les mégariques. Ainsi qu'Antisthène, il met avant tout l'accent sur l'idéal de perfection austère de la personne, et sur ce qu'on appellerait volontiers l'imitation de Dieu; il poursuit la théorie en vue de la pratique : il la fait essentiellement porter sur la connaissance de soi-même, suivie de l'effort sur soi-même afin de réaliser cette nature humaine idéale que nous découvre l'étude. Ainsi que Platon, il cherche dans les philosophies antérieures à Socrate un principe universel qui permette de formuler l'accord du petit avec le grand monde. Mais Zénon a l'esprit plus ouvert, le caractère plus large, plus socratique en son dogmatisme même, que son maître Antisthène, et, d'une autre part, instruit probablement par la forte polémique d'Aristote contre la doctrine des idées, il diffère de Platon en ce qu'il évite, par un certain retour à la doctrine empirique, en matière d'origine de la connaissance, et tout en admettant des sortes d'anticipations naturelles, ou idées natives, cet idéalisme réaliste qui tendait à altérer profondément l'esprit et les résultats des analyses instituées par Socrate. La théorie déterministe et celle de la science-vertu ne relient le stoïcisme au platonisme que parce qu'elles-mêmes remontent au commun maître. Enfin Zénon s'éloigne encore de Platon et des mégariques en repoussant et l'idéal dernier, l'Un absolu des éléates, et l'éristique aux tendances nihilistes; et, s'il ne répudie les deux espèces de spéculation cosmologique dont Pythagore et Démocrite avaient été les premiers initiateurs, que pour remonter au lieu d'eux au *physicien* Héraclite, encore est-ce pour asseoir les idées éminemment socratiques de la Providence et de l'ordre du monde sur le fondement d'une théorie d'évolution finaliste qui autorise chez ses adhérents un langage, on dirait souvent même des croyances, tout semblables à ceux d'une religion dont la personnalité de Dieu serait le dogme capital. Ce caractère religieux s'est retrouvé intact plusieurs siècles après, chez les derniers des grands représentants du stoïcisme. La croyance à la divination est encore un point par lequel l'école stoïcienne tient directement de Socrate et des religions de l'antiquité. Le déterminisme la favorisait, et même la justifiait, eu égard à l'état d'infirmité où se trouvait alors la critique historique, la critique des témoignages. Aussi les débats concernant la possibilité de la divination formèrent une partie notable de ceux qui portaient en général sur la certitude anticipée, ou l'incertitude et l'ambiguïté réelle des futurs contingents, ainsi qu'on peut le voir dans les ouvrages philosophiques de Cicéron.

Ces débats entre stoïciens, épicuriens et académiciens, et la discussion approfondie des points théoriques de morale connus sous le nom de paradoxes stoïques sont l'un des traits caractéristiques de la seconde phase. Un autre, de sens opposé, est la direction plus pratique donnée par des philosophes de l'école stoïcienne à la recherche et à la définition des devoirs applicables à la vie civile et politique. Les fondateurs de la secte avaient été dogmatiques au plus haut degré dans leurs vues panthéistes du monde, individualistes en leur conception de vie parfaite pour le sage, utopistes, communistes, en matière sociale. Les contemporains qui reprochèrent à Zénon d'écrire « sur la queue du chien » faisaient certainement allusion au mépris qu'il professait dans ses ouvrages, ainsi qu'en acte Diogène, pour toutes sortes de conventions ou coutumes et de bienséances, et pour des sentiments que nous nommons *naturels*, mais qui, d'après lui, n'étaient point « selon la nature ». La loi de famille était aussi peu respectée dans sa République que dans celle de Platon, et la loi de patrie devait l'être beaucoup moins, parce que le cosmopolitisme, avec tout ce qu'il comporte d'idées justes ou fausses, morales ou dangereuses, et de sentiments élevés, a de tout temps appartenu au stoïcisme, comme un héritage des premiers cyniques. Cléanthe fut un disciple très fidèle de Zénon, et rappela au surplus par sa vie de travail et l'esprit de ses maximes ce que l'enseignement d'Antisthène et de Diogène avait eu de grand et irréprochable. Mais, après Chrysippe, philosophe d'humeur sectaire et dialecticien à outrance, l'école, en même temps qu'elle se montra, pour ainsi dire officiellement, aussi absolue que jamais, arrêtée dans le parti pris de soutenir des formules à dessein paradoxales, fut inclinée à en esquiver subtilement les conséquences, jusqu'à faire douter qu'entre un stoïcien et un péripatéticien il y eût d'autre différence que celle des mots.

On entrait alors dans une époque du monde ancien où les premiers principes d'une morale du devoir devaient être débattus, non plus dans l'abstrait, et de manière alors à suggérer des plans de républiques utopiques, ou bien comme si la question était de définir la perfection humaine, abstraction faite de la société humaine, mais au point de vue complexe et de cette perfection et d'un État politique réel, organisé pour le maintien de la liberté, la défense de la justice et la bonne administration des intérêts communs. Le mot latin *officium*, choisi pour rendre le grec καθῆκον dans la langue des philosophes, est le signe d'une certaine transformation des idées et d'un progrès de la raison pratique, probablement dû à l'influence romaine; car ce mot, au lieu de se rapporter à des notions générales d'accord et de convenance, dont le principe est à prendre dans « la nature » tient à cette idée de charge, fonction, service rendu parce qu'il est dû, d'obligation, enfin, qui est devenue l'acception courante du devoir. Or il est impossible d'envisager le devoir et, par suite, la vertu et la sagesse à ce point de vue, et de n'arriver pas à considérer les biens et les maux sous l'aspect relatif qu'ils prennent dans la société, pour chacun de ses membres plus ou moins solidaires entre eux ; de ne pas tenir compte de l'utilité et des affections de l'ordre sensible ; de ne pas se départir des affirmations absolues du pur stoïque sur la condition du sage et sur l'indifférence, en matière de *bonheur* et de *bien* (εὐδαιμονία, τὸ ἀγαθὸν), de tout ce qui dépend du sentiment ou de la sensibilité. Ils furent certainement plus logiques, ceux des stoïciens qui, en vertu de leurs maximes, opinèrent que le sage devait rester étranger aux affaires publiques, et même renoncer à tout lien de famille. En théorie, le parti le plus net fut celui de quelques philosophes ultra-stoïciens (Hérille, Ariston et autres), contemporains de Zénon, qui soutenaient que des choses indifférentes quant à la sagesse, et à ce bonheur qui suit toujours la sagesse, devaient également et de toute manière être indifférentes au sage. Ce système d'indifférence semblerait avoir pu conduire le penseur dévoyé à un résultat fort opposé à la *sagesse*, par l'effet d'un raisonnement bien connu dans l'histoire de certaines sectes manichéennes ou quiétistes ; car tout ce qui est indifférent peut indifféremment se faire ou ne se pas faire ; si les sensations sont dans ce cas, on voit la conséquence.

Mais Zénon avait déjà tâché de remédier à l'absolutisme de sa doctrine. Après avoir posé les thèses les plus inapplicables, les plus contraires en fait à la nature, et qu'il était néanmoins forcé par son principe fondamental de regarder comme dictées par la nature, il avait déployé les ressources de la définition nominale et du raisonnement bâti sur des termes équivoques, pour rendre au sage la faculté de juger des biens et des maux comme les autres hommes, de les mesurer, de trouver des motifs de choix pour ses actes, en dehors d'un idéal qui ne souffrirait ni différence ni comparaison; et enfin de se connaître des devoirs définissables par rapport à l'ordre civil et politique. De même que Chrysippe devait s'imposer la tâche, souvent reprise depuis ce temps, de concilier l'existence des possibles, dont la raison pratique a besoin, avec l'invariable enchaînement des effets et des causes exigé par la doctrine du destin, ainsi, et pour un autre but pratique, Zénon construisit et transmit à ses disciples une théorie faite exprès pour corriger l'absolutité des thèses paradoxales sur la vertu et le bonheur. Sous d'autres noms que ceux de bien et de mal, les biens et les maux de tout le monde redevinrent des objets autorisés de préférence ou de répugnance pour le pur stoïcien. On reconnaîtra dans le problème d'où naquit cette faible tentative, quelque chose d'analogue à celui qui ressort de la pure éthique de Kant, pour qui éprouve le besoin de concilier l'impératif catégorique, en sa teneur absolue, avec les exigences du sentiment chez un agent passionnel, et avec l'état de désordre et de corruption du milieu dans lequel cet agent est requis d'appliquer les préceptes moraux. L'idéal moral des paradoxes stoïciens n'est à comparer ni pour la clarté, ni pour le caractère d'obligation à l'impératif kantien; il se rapporte à l'on ne sait quelle perfection individuelle de vertu-science exigeant formellement l'impassibilité, au lieu de reposer sur le fondement le plus profond à la fois de l'autonomie et de la justice *commutative*, et de ne réclamer que l'empire sur les passions, leur écartement d'entre les motifs des actes moraux, non leur étouffement; il ne rend ainsi l'attitude du « sage » dans la vie que plus évidemment incompatible avec la condition réelle de l'homme et les relations sociales.

Le sens véritable des paradoxes se compose en effet de deux parties : dans la première, on nie le bonheur en tant que bien, ce qui est aller directement contre l'ordre de la nature, et ce dont Kant s'est bien gardé, car on supprime par là le grand si ce n'est l'unique problème de la morale, qu'il faudrait au moins poser : je veux dire l'accord de la justice avec la félicité. Dans la seconde, on rétablit le bonheur comme bien et comme but, mais alors avec l'acception, arbitrairement imposée à ce mot, de quelque autre chose. « Rien n'est bon que le beau » (le beau moral) (ὅτι μόνον ἀγαθὸν τὸ καλόν), c'est le premier paradoxe, auquel le second ajoute, en entendant par la vertu la possession de ce qui est bon, c'est-à-dire du beau moral seul : « la vertu suffit pour le bonheur » (ὅτι αὐτάρκης ἡ ἀρετὴ πρὸς εὐδαιμονίαν). Des deux autres principales formules, l'une énonce durement le principe de la vertu-science et place l'idéal absolu du sage dans la connaissance : « Quiconque n'est pas sage est fou » (*sagesse* devant se prendre au sens de *savoir*) (ὅτι πᾶς ἄφρων μαίνεται); et l'autre, prenant pied dans cet absolu, nie qu'il existe des degrés dans le mal faire ou dans le bien faire, dans le vice ou dans la vertu (ὅτι ἴσα τα ἁμαρτήματα καὶ τὰ κατορθώματα). C'est le tout ou rien de la sagesse. Les autres paradoxes sont matière de déclamation plutôt que de philosophie ; il est inutile de les rapporter. On voit à quel point le stoïcisme s'écartait de toute morale applicable, et combien il était indispensable qu'une fusion ou des compromis s'établissent entre la doctrine des successeurs d'Aristote et celle des disciples de Zénon, pour que l'école stoïcienne produisît cette suite d'hommes de mérite pratique, savants, jurisconsultes et hommes d'État, d'une moralité sévère, humaine cependant et transigeante au besoin, qui exercèrent sur le monde romain l'influence d'une sorte de religion de la raison. Les expédients de théorie qui ramenèrent l'absolutisme moral aux proportions d'une affirmation énergique de supériorité de la fin morale de l'homme sur toutes les satisfactions possibles à sa portée furent en eux-mêmes sans valeur ; — et du reste la même difficulté, quoique transformée, pèse encore sur l'éthique, aux jours où nous sommes, en bonne partie, semblables à ces jours anciens. — Les adversaires et demi-adversaires du stoïcisme, depuis Arcésilas jusqu'aux contemporains de Cicéron, qui nous a conservé leurs principaux arguments, ne réussirent pas moins bien à réfuter la scolastique stoïcienne en matière de devoirs rattachés à la « sagesse » pure, qu'en matière de notions prétendant à la science absolue. Mais un résultat considérable se trouva atteint : je veux dire la composition en forme de théorie et la vulgarisation d'un système de devoirs sociaux et politiques, rationnellement définis, fondement moral unique de la civilisation occidentale, sans lequel, et au cas où rien n'en eût été perpétué, elle aurait entièrement péri pendant le moyen âge, et qui représente encore aujourd'hui la grande somme des idées courantes, tant philosophiques que vulgaires, sur ce qu'un homme doit à ses semblables et à soi-même.

Le succès ainsi obtenu par les moralistes éliminait et ne résolvait pas la question de théorie, l'antinomie du devoir pur et du bonheur. On peut voir, dans le traité *De officiis* de Cicéron, les mêmes questions de casuistique rationnelle, qui se posent pour nous au sujet de l'impératif catégorique de Kant, s'agiter parmi les stoïciens, et recevoir des réponses incertaines, tantôt sévères, tantôt visiblement basées sur la considération de l'utilité, en opposition avec le devoir : le devoir, que l'on soutient, pour la théorie, être inséparable de l'utilité, mais que l'on voit fort bien en fait en être séparé, en être souvent le contraire. Les stoïciens, au moins d'après ce que nous savons de leurs ouvrages, ne semblent pas être arrivés à la distinction fondamentale de Kant entre l'acte de pur devoir et l'acte motivé par des fins dans lesquelles entrent des hypothèses (*impératif catégorique, impératifs hypothétiques*). Il leur manquait pour cela et la notion formelle de l'obligation en général et la définition précise de la matière essentielle du devoir (formule de l'*impératif*, tant *théorique* que *pratique*, *loi morale*). De là vient qu'ils ont pu souvent résoudre des cas de morale appliquée en prenant pour principe la bonne intention de l'agent, et pour motif une fin de bonheur (supposé), une raison d'utilité commune ou particulière (juste ou fausse, telle que cette raison pouvait être) et non point une loi fixe, supérieure à toute suspicion. Et de là vient également qu'il leur est arrivé d'incliner à prendre pour mobile général des bonnes actions les bonnes affections, l'amour élevé de degré en degré jusqu'à la *caritas generis humanis*, en quoi ils devaient sentir qu'ils abandonnaient l'idée maîtresse de leur école. Mais c'était le résultat du besoin qu'ils avaient d'un principe réellement pratique et de l'impuissance où ils étaient d'en fournir une formule rationnelle. Les paradoxes stoïques ne pouvaient être de mise que pour l'aspirant à la sagesse égoïste et pour une sorte de moine de la philosophie.

Arrêtons-nous encore un moment sur la comparaison de ces paradoxes avec l'esprit de l'éthique kantienne. Il n'y a pas à contester que le paradoxe, — qui fut platonicien avant d'être stoïcien, — de la vertu-science, et celui qui supprime tous degrés dans la vertu et dans l'absence de vertu, n'aient une véritable affinité avec le principe de Kant. Pour le premier, on remarquera, en effet, qu'une morale exclusive de toute passion chez l'agent, et demandée en pratique à l'application d'une formule rationnelle absolue, est une affaire de savoir, de science, avant tout. On ajoutera que l'enchaînement universel et nécessaire des phénomènes est posé tout aussi dogmatiquement par Kant que par les stoïciens, en sorte que le pécheur, déterminé à pécher, vu l'état de sa raison dominée par la sensibilité, ce pécheur, qui serait au contraire déterminé par la raison pure à agir conformément à la loi morale, si celle-ci était intacte, est une espèce de fou dans l'ordre de la nature raisonnable (πᾶς ἄφρων μαίνεται). Pour l'autre paradoxe, il est clair que le caractère absolu de l'impératif catégorique rapporte à deux classes aussi rigoureusement tranchées l'agent qui n'admettrait aucun motif en dehors de la loi morale et celui qui obéit si peu que ce soit à une impulsion de la sensibilité ou du sentiment, que peut le faire la définition systématique de tout bien par le beau moral (μόνον ἀγαθὸν τὸ καλον) appliquée à la distinction de l'homme qui ne connaîtrait que ce seul bien et de ceux qui croient à d'autres et qui les poursuivent. Aussi Kant a-t-il fait le même aveu que les stoïciens : le sage n'a peut-être jamais existé parmi les hommes. En quoi, d'après cela, consiste la différence essentielle entre l'éthique de Kant et l'éthique de Zénon ? En ceci, que le double caractère du devoir, impératif d'un côté, autonomique de l'autre, a été dégagé par Kant avec une netteté parfaite, au lieu que le principe de la conformité à la nature ou demeurait vague ou pouvait aussi bien servir à Épicure, selon qu'on l'eût interprété ; et en ceci, de plus, que Kant en opposant le devoir au bonheur s'est gardé de vouloir changer le sens de ce que l'humanité tout entière entend par le bonheur, et de refuser la qualité de bien à tous les biens de l'ordre sensible. Il a maintenu le mobile fondamental de tout ce qui a vie dans le monde, et envisagé résolument la grande antinomie dont l'optimisme stoïcien se détournait et qui constitue l'unique problème au fond qui soit posé à l'homme par le sentiment du devoir.

La morale stoïcienne ne peut être mieux éclaircie qu'en insistant sur ses différences, non moins importantes que ses ressemblances avec la morale de Kant. Je remarque donc que la théorie kantienne de l'impératif autonomique a corrigé les deux vices principaux du stoïcisme. Le principe de l'obligation rationnelle interne a fait disparaître ce conformisme à la nature, qui viciait à la fois les idées de la nature et du bonheur, et obscurcissait celles de la liberté et de la justice ; et le principe de l'autonomie dans l'obligation a renversé la base d'une doctrine de subordination pure et simple de l'individu au tout, qui, en théorie, constituait le panthéisme et, en pratique, autorisait les stoïciens à devenir avec le temps les agents du despotisme impérial, et les conduisait au besoin, de leur vieux concept idéal de la sagesse intransigeante, aux maximes utilitaires et aux œuvres de la raison de l'État.

Ce concept lui-même, vu le principe du conformisme, se tournait aisément du sens de l'individualisme absolu à celui du sacrifice de l'individu, aussitôt qu'intervenait la considération du tout, et que l'isolement du sage cessait d'être recommandé. La justice du stoïcisme étant essentiellement la justice distributive, quand on la porta jusqu'à l'utopie, on eut des plans de communauté et d'harmonie intégrale du genre humain fondée sur l'*amitié de tous pour tous*, sans distinction de patrie, sans guerre et sans esclaves, parce que l'idée de l'égalité *naturelle* des hommes entraînait cette conséquence. La condamnation *théorique* de l'esclavage passa même, on le sait, des philosophes aux juristes stoïciens de l'Empire. Mais de tels plans commencent par supposer la fraternité universelle qu'il faudrait qu'ils pussent produire. Quand on retombe de là dans les faits, on se retrouve avec les mêmes idées dominantes d'unité, d'amour et de dévouement de chacun à tous, idées qui ne sont ni réalisées, ni réalisables, et l'on n'a pas à sa disposition cette notion du droit, étrangère à un idéal où elle ne peut paraître qu'inutile, mais à laquelle rien ne peut suppléer pour donner aux personnes des garanties contre l'État qui n'est pas ce qu'il devait être. Les préceptes demeurent, savoir l'injonction faite à l'homme, cet « animal politique », de vivre pour son tout qui est la République embrassant, s'il se peut, l'humanité entière, et d'obéir aux « lois divines et humaines », supposées parfaites et selon la nature, mais au fait remplacées par des jugements contingents de magistrats et plus tard par la volonté de César, à qui tous les pouvoirs de la communauté sont transférés fictivement, *cessione populi*. Les devoirs cèdent tous au bien public ainsi représenté. Voilà comment des stoïciens furent transportés d'une théorie où l'individu se dicte à lui-même le devoir de s'accorder avec un ensemble de convenances ou harmonies morales ayant pour fin l'humanité et Dieu, dans un système politique où la législation qui définit le juste est elle-même dominée par des ordres souverains, dont l'exécution est assurée par des moyens, justes ou injustes, que l'utilité générale est en tout cas censée justifier. Bien avant ces serviteurs du césarisme, et comme pour en préparer la venue, on avait vu, à côté d'un Posidonius, enseignant que les conséquences à prévoir d'un acte n'avaient point affaire à sa moralité, et que la morale était quelque chose de supérieur au bien public, d'autres philosophes de son école regarder comme licite un mal, un mensonge, par exemple, dont tels individus seuls ont à souffrir, mais dont le bien général est le but.

Il n'en faut pas moins reconnaître et louer l'esprit général du stoïcisme, même de celui des derniers temps, qui maintint la doctrine d'une justice naturelle, opposée tout à la fois à l'autorité arbitraire des princes, à l'utilité, à la coutume et aux conventions qui plaisent aux individus. C'est le droit *humain* dit *naturel*, c'est cet apriorisme balancé par une mesure énorme de consultation de l'expérience et de concessions faites aux nécessités des temps, qui, passé sur le terrain des affaires, fut l'agent constant de la réforme des lois civiles et de l'amélioration de la coutume par voie de législation. Il faut aller plus loin, et observer qu'il n'était pas possible que cette grande école parvînt par un travail séculaire à faire entrer dans l'esprit des nations de l'Occident une conviction de la puissance de la raison et de la souveraine donnée de la justice naturelle, que tant de causes réunies tendaient à détruire, et qui se perpétua quoique affaibli à travers tout le moyen âge, et qu'elle ne transmît pas nécessairement par là même une semence des idées de liberté et d'autonomie qui s'y joignent spontanément dès que le dogme panthéiste est écarté. Mais l'Aristotélisme exerça une influence plus considérable encore pour le maintien de la rationalité sous le règne de l'Église.

Deux sortes d'hommes et de caractères furent incapables de plier leur philosophie aux dures conditions de l'Empire : d'une part, des descendants stoïciens des anciennes familles, qui résistèrent jusqu'à la mort à l'arbitraire impérial ; et on doit même dire qu'il y eut en tout temps des jurisconsultes dont la condescendance pour le pouvoir absolu trouva des limites ; d'une autre part, des philosophes proprement dits, qui, désespérant de corriger les mœurs et de rectifier la marche des affaires humaines, et n'estimant plus que la vie publique fût moralement possible pour le sage, revinrent à l'individualisme des premiers temps des sectes cynique et stoïcienne. Ces derniers représentent dans l'école une troisième phase qui se distingue de la première par les traits suivants : le délaissement de la dialectique subtile et de toute la partie ardue des dogmes, des formules et des démonstrations ; un sentiment plus attendri, formé du mélange singulier de l'optimisme systématique et des jugements indignés, de la charité et du mépris ; une vraie dévotion pour la Providence divine, encore bien que ni la croyance en la personnalité de Dieu, ni celle de l'immortalité de l'âme ne s'accusassent mieux qu'elles n'avaient fait jusque-là sous l'empire d'une doctrine générale panthéiste qu'on ne songeait nullement à désavouer ; enfin une ardeur de propagande auparavant inconnue, qui prenait des allures religieuses et s'adressait aux individus pour opérer en quelque sorte leur conversion, en leur enseignant l'entier détachement de tout ce qui ne concernait pas leur direction intérieure et ne dépendait pas de leur liberté absolue. Le type de ces nouveaux stoïciens, philosophes essentiellement pratiques, mais non politiques, dont plusieurs parcouraient le monde comme de vrais missionnaires et prédicateurs de morale, fut l'admirable Épictète. Il ne convient de compter parmi eux, si ce n'est pour l'expression de sentiments communs à tous, ni le rhéteur Sénèque dont la vie fut sujette à reproche et dont les déclamations nous semblent souvent froides et dures, ni Marc-Aurèle Antonin, qui ne s'estima lui-même qu'un écolier des philosophes, et qui, enclin par le cœur à toutes les tendresses, et même à quelque mollesse et à beaucoup de résignation, se crut, en pratique, tenu de sacrifier à la raison d'État et finit par se rendre à la manière commune de comprendre une tâche d'empereur. C'est lui qui, pouvant le plus, espéra peut-être le moins, ne tenta rien d'important pour le monde et laissa sans se troubler l'empire au monstre que la destinée lui marquait pour successeur.

La réduction du stoïcisme au for intérieur s'opéra chez Epictète avec une force de concentration extraordinaire, une si grande simplicité dans la formule, jointe à une si pure énergie de l'âme pour l'appliquer, que la sagesse théorique et pratique de l'antiquité vint se résumer, on peut le dire, en ce saint de la raison, comme s'il était né pour démentir ceux de ses maîtres qui avaient déclaré l'impossibilité d'atteindre l'idéal du sage. Ici, nous devons faire abstraction de toute recherche d'un principe d'obligation proprement dite : c'est le point qui laissa toujours le plus à désirer chez les stoïciens ; mais le premier ou plutôt l'unique précepte général d'Epictète peut passer pour un postulat de l'éthique personnelle pure. Nous devons envisager la perfection de la personne en dehors des conditions de la solidarité humaine, la séparer de l'ensemble des relations externes, dont l'individu ne dispose point, et qui la rendraient impossible, s'il devait s'accommoder à ces relations en les acceptant telles que la famille et la société les donnent, et avec les passions qui les accompagnent. Ceci posé, la morale d'Epictète atteint un idéal très élevé, qu'elle ne pouvait autrement atteindre, et présente une réelle analogie avec l'éthique de Kant, en deux points : elle se concentre en un précepte dont la reconnaissance et l'application appartiennent à la personne seule et à son autonomie pratiquement absolue (quoi qu'on pense du déterminisme des phénomènes) ; et elle soulève la question de savoir s'il est possible que l'homme soit sage tout seul, ne pouvant certainement l'être avec tous, ou à quel degré il peut ou doit se rendre insensible aux passions communes de tout ordre, pour travailler à sa perfection propre. Cette grave question est la source des objections principales adressées de tout temps à la morale stoïcienne, et auxquelles Kant, se les attirant à son tour, n'a point eu de réponse.

Il est singulier que les adversaires de l'absolutisme moral, parmi lesquels on voit au premier rang ceux qui préconisent exclusivement la morale chrétienne, n'aient pas songé que l'amour absolu est aussi peu réalisable que la raison absolue, dans l'ordre naturel. Les purs préceptes du christianisme, — qu'on a le droit de considérer à part du péché originel, qui explique pourquoi ils ne sont pas suivis, et à part de la méthode que suit l'Église pour rémédier à ce mal, puisqu'il s'agit ici de l'éthique théorique et nullement des applications, — ne sont pas moins impraticables que les purs préceptes du stoïcisme ou du kantisme. On l'avoue, par cela seul qu'on s'y soumet communément si peu et pleinement jamais. On l'avoue encore, en distinguant parfois ce qui est de précepte et ce qui est de conseil; car il ne suffit pas de donner le nom de conseil à ce qui a forme de précepte, pour en effacer le caractère de formule visant à exprimer la souveraine perfection morale. Au contraire, on ne fait ainsi que mieux constater ce caractère. Les trois morales sont donc également absolues dans la théorie. Celle de l'Église exige comme les deux autres l'abnégation des sentiments et des passions de l'agent, tant vis-à-vis d'autrui que par rapport à soi; elle nie, comme le stoïcisme, que les biens sacrifiés soient de véritables biens, ou les maux volontairement subis de véritables maux. La grande différence c'est qu'elle est une doctrine de bonheur au fond, ainsi que d'amour, parce qu'elle offre les espérances positives d'une autre vie en échange des misères acceptées de celle-ci, et que l'amour divin est son premier mobile, une révélation externe sa garantie; au lieu que le stoïcisme renferme sa loi dans la conscience et réclame une subordination de chacun à l'ordre souverain du monde, une conformité à l'universel, dont la raison est juge et qui s'obtient par l'exercice constant de la volonté.

C'est le principe de cette conformité, qu'Épictète retient dans la sphère intérieure de l'agent moral, afin de le définir. Après tant de discussions de l'école stoïcienne, le problème capital de la théorie demeurait posé : comment, à quelles conditions l'acte de conformisme est-il possible pour le philosophe ? Il l'est seulement, pensa Épictète, si l'agent opère sur ce qui est à lui et ce qui vient de lui, s'il cesse de s'irriter et de se plaindre quand les autres choses n'arrivent pas conformément à ses propres désirs. « Parmi les choses, il y en a qui dépendent de nous, et il y en a qui ne dépendent pas de nous. Ce qui dépend de nous, c'est l'opinion, la passion(1), le désir et l'aversion, en un mot toutes les choses qui sont notre ouvrage ; ce qui ne dépend pas de nous, c'est le corps, les biens, la réputation, le pouvoir, en un mot toutes les choses qui ne sont pas notre ouvrage ». L'auteur du recueil connu sous le nom de *Manuel d'Épictète* a placé cette sentence la première ; les autres, en effet, et tout le livre admirable des *Entretiens* (2) n'en sont en grande partie que l'explication ou la déduction.

La conséquence qu'Épictète tire de cette dichotomie morale, c'est que l'œuvre essentielle de l'homme et sa vertu consistent en un travail sur ses représentations, en un certain usage qu'il en fait (χρῆσις τῶν φαντασιῶν). Toute autre volonté que celle-là porterait sur ce qui n'est pas de sa dépendance et se trouve généralement n'être pas possible. Or il faut que l'œuvre soit possible et, par conséquent, *indépendante de ce qui ne dépend pas de l'agent*. Épictète pose de cette manière le principe, aussi certain qu'inscrutable au fond, de l'action sur soi-même, dans le changement volontaire de ses propres représentations. C'est à la fois une expression directe du sentiment de la liberté, qui est loin d'avoir été familier à Kant, sous cette forme, et le fondement le plus sûr pour établir l'indépendance du jugement par rapport au monde extérieur.

Mais un rapprochement qui reste à faire ici entre Épictète et Kant, et qui présente un grand intérêt, concerne cette même indépendance, au point de vue de ce qui doit être le sujet propre de l'action morale. Il existe une réelle analogie entre l'opposition qu'Épictète envisage des choses qui dépendent de nous et de celles qui ne dépendent pas de nous, et dont nous devons en un certain sens nous désintéresser, parce qu'elles ne sont pas notre ouvrage (οὐχ ἡμέτερα ἔργα), et l'opposition kantienne de l'impératif catégorique et des impératifs hypothétiques. Le premier ne sort pas de l'enceinte de la raison, il est *notre ouvrage*, un produit de notre autonomie

---

(1) Appetitus : ὁρμή graece, qui hominem huc et illuc rapit (Cicero, *De off.*, I, 28). C'est un contre-sens de traduire ce mot par *volonté*, comme on l'a quelquefois fait.

(2) Composé par Arrien. La dernière traduction de cet ouvrage, due à M. Courdaveaux est peut-être la meilleure et la plus vivante que nous ayons d'aucun livre de l'antiquité philosophique.

et notre règle absolue, que ne doivent point faire varier des considérations tirées d'un fait extérieur. Les faits extérieurs, qui ne sont pas *notre ouvrage*, peuvent nous le paraître et se présenter comme nous étant commandés par d'autres impératifs (à savoir hypothétiques, parce que nous ignorons les suites et effets des événements et des actes et n'en sommes pas les maîtres). Il faut répudier ces derniers. Il faut, dit Kant, exclure des actes moraux tout sentiment et toute considération tirée des fins anticipées d'utilité ou de passion; songeons, dit Épictète, à faire ce qui se doit, sans autre préoccupation, et cessons de nous créer des tourments sur ce qui n'est pas notre seule et véritable affaire d'homme. Toutefois Kant ne prétend pas que l'accomplissement du devoir suffise pour le bonheur; mais Épictète estime que le sage, alors même que son effort dans la sphère où il lui appartient d'agir aurait, dans sa sphère extérieure, des résultats contraires à ceux qu'il eût souhaités, peut en quelque sorte retirer à lui son énergie, et se dire qu'il n'a rien pu gagner ni perdre, s'agît-il même de sa vie, puisqu'il n'a rien gagné ni perdu de son seul *bien*, de ce qui seul est sien et lui appartient.

J'ai déjà remarqué qu'en affectant les termes de bien et de mal exclusivement au bien et au mal moral, le stoïcien ne soulevait qu'une inutile question de mots et tentait de supprimer le problème à résoudre de l'accord de la vertu avec le bonheur. Toutefois on sent qu'il faut voir là simplement la plus énergique affirmation possible de la souveraineté du bien moral. Considérons la thèse à ce point de vue. Elle rencontre deux sortes d'opposants. Les uns contestent l'idéal moral, ou prétendent, ce qui revient au même, rapporter l'origine et subordonner l'autorité du devoir à l'enseignement de l'expérience; d'où il suit qu'au lieu de la poser sérieusement et comme un but fixe à la pratique, ils favorisent la maxime opposée qui consiste à conseiller à chacun de se laisser modeler par son milieu, sans vouloir dépasser certaine règle moyenne des actes empiriquement reçus. D'autres, plutôt mystiques qu'autoritaires, voudraient que l'homme, loin de se raidir dans le for de sa vertu, et également loin de se plier à suivre le cours du monde, affirmât sa solidarité avec ses semblables et se dévouât pour leur service, vivant de leur vie, pratiquant leurs maximes, afin de mieux agir sur eux, entrant en participation de leurs fins douteuses et de leurs moyens mauvais, en vue de résultats à atteindre, que lui-même se persuade être les meilleurs. C'est là ce qu'on pourrait appeler l'amour révolutionnaire, employant pour triompher la méthode de la haine. Je ne parle pas des saints de la charité pure, aussi rares que les purs stoïciens, et d'attitude semblable, à cela près que leur mobile est l'amour, non la raison. Or, dans l'une comme dans l'autre des deux directions d'esprit opposées à l'absolutisme moral, on s'écarte de tout plan possible d'une morale rationnelle et scientifique. Que la morale pure soit ou non praticable, ou de quelle manière elle pourrait l'être, c'est une grande question, mais qui, résolue ou non résolue, ne touche pas à l'existence même de cette morale, je veux dire ici à l'existence d'un pur idéal de la conduite de l'individu considéré par rapport à sa propre perfection.

Il semble, et cela se conçoit bien, qu'on soit ordinairement moins éloigné de comprendre la recherche de ce type de perfection, à l'exemple du stoïcisme, que choqué par l'espèce d'égoïsme transcendantal dans lequel arrive à se confiner le sage, qui ni ne peut agir suffisamment sur son milieu pour le transformer, ni ne doit s'y adapter, et, jugeant le trouble de l'âme incompatible avec l'état où il aspire, se prescrit l'insensibilité; on dirait presque l'indifférence. A cet égard, il est juste de remarquer que l'indifférence, dans la morale d'Épictète, et en général des nouveaux stoïciens, est démentie de la meilleure de toutes les manières par l'ardeur la plus active de prédication et de propagande. L'insensibilité n'est que pour le discours, une sorte de gageure, née du besoin de faire triompher l'optimisme systématique, en ce qui concerne la loi divine de l'univers, à laquelle il faut s'unir d'intention, sur le pessimisme des sentiments et des jugements qui naîtraient volontiers du spectacle des choses humaines. Spinoza, après bien des siècles écoulés et bien des révolutions, a compris la sagesse à peu près de même. Épictète, plus encore que lui, unissait à l'extrême sévérité l'extrême douceur, une véritable tendresse de cœur. La « charité chrétienne », sentiment non pas inconnu mais peu encouragé chez les anciens, tempère la dureté de la raison dans beaucoup de ses discours. Enfin, si nous appliquions à ce prétendu égoïsme transcendantal de la sagesse stoïque, qui prescrit toute action vertueuse et n'interdit que la participation au mal, le critère de Kant : *Pouvons-nous vouloir que la règle stoïcienne soit érigée en loi universelle ?* Cette règle serait justifiée. On peut vouloir en conscience que *tous* les hommes soient sages à la façon d'Épictète. Le *règne des fins* commencerait aussitôt sur la terre, pour emprunter encore le langage de Kant. Chaque personne poursuivant par hypothèse sa perfection propre, et l'atteignant, les relations des personnes entre elles ne pourraient manquer de se trouver spontanément réglées en conformité avec la raison. Mais cela ne fait pas que les notions morales des stoïciens soient définies par une analyse telle qu'elles satisfassent aux conditions empiriques de l'humanité.

Les points défectueux, qu'il suffit maintenant de récapituler, concernent : 1° les notions fondamentales mêmes de devoir et de droit, la première se tirant non de l'obligation, mais de l'idée d'une conformité mal éclaircie avec l'ordre universel, et la seconde ne se dégageant pas parallèlement à la première, en sorte que les principes moraux d'un ordre politique pratique ne viennent pas en évidence ; 2° le parti pris de l'optimisme à l'égard du monde, et la gageure du bonheur du sage et de sa suffisance à lui-même, autre forme de cet optimisme ; 3° la double conséquence de cette pensée d'une perfection absolue et contemplée comme actuelle : d'une part, la méconnaissance du problème du mal et de ses causes, et de tout ce qui fait, en morale, la matière des postulats et des sanctions ; d'une autre part, l'impossibilité de trouver place à ce que j'appellerais volontiers une casuistique générale et rationnelle pour ménager l'accord pratique du devoir et de l'utilité, de l'idéal et du possible.

J'ai maintenant un grand intervalle de temps à franchir, dans cette revue rapide des doctrines. Mon sujet est la morale exclusivement rationnelle, et la constante opposition, dans l'histoire des écoles éthiques, du principe du devoir et de celui du bonheur, de l'utilité et du plaisir. A ce point de vue, ni la morale néoplatonicienne ni la morale chrétienne n'exigent rien de plus qu'une mention de leurs traits principaux. Elles sont toutes deux des doctrines de devoir en un sens, et de bonheur ou d'utilité en un autre, mais sans que les données et conditions du problème moral soient étudiées, et sans que la solution en soit cherchée abstraction faite de la métaphysique ou des croyances religieuses. Pour les alexandrins, l'idée générale est celle de Platon, mais développée en un système formel d'émanation. La descente et le retour des âmes, le dualisme de l'esprit et de la matière, parallèle à celui du bien et du mal, l'existence des différents ordres d'esprits, les transmigrations, l'ascétisme, comme moyen d'affranchissement, forment un ensemble d'idées qui montrent simultanément à l'homme son devoir et le chemin de son bonheur : son devoir, ou plutôt ses attraits providentiels, quand la destinée le porte du bon côté. En ce cas, son idéal suprême et sa félicité, dès à présent accessible, est l'union à Dieu par l'extase. Nous trouvons, à ce sommet de la voie de perfection, une détermination personnelle et gratuite de l'idée du bien ; toutes les questions de l'éthique s'engloutissent à la fois dans ce résultat, et s'évanouissent, ainsi que tout devoir et toute vertu pratiques.

Il n'en est pas de même de la morale chrétienne. Son souverain précepte est l'amour de Dieu et du prochain, promulgué par commandement divin. De là le devoir, mais prescrit extérieurement et hétéronomique à la conscience, d'autant plus que l'amour, comme sentiment, n'est guère prescriptible, mais seulement ce qui serait ses effets, et que, dès lors, ces derniers semblent attendre une loi plus déterminée, de la même source externe. D'un autre côté, le bonheur est donné pour sanction au devoir : le bonheur dans une autre vie, sous la condition du sacrifice, en celle-ci, de beaucoup de biens que l'on ne nie point, de beaucoup de plaisirs auxquels on ne conteste pas ce titre de bien. Il manque à cette doctrine, qui s'est trouvée plus satisfaisante pour l'homme moyen que le stoïcisme, j'entends qu'il lui manque au point de vue où je suis placé dans mon étude, de porter sur un fondement de raison, et de pouvoir se développer par des analyses d'ordre rationnel. Aussi le christianisme n'a-t-il point exclu la « morale naturelle » ; il n'a pas nié l'existence des critères moraux, en tant que témoignés dans la simple conscience, non plus que les principes de la raison en général, et ceux-ci comme indispensables pour le contrôle de sa propre autorité. Mais il n'a point apporté et fourni lui-même cette morale naturelle, défini ses données, déduit ses règles ; il a été par le fait, et sauf ses propres réserves, conciliable avec les systèmes les plus différents. Pendant le moyen âge, il s'est adressé aux anciens, et spécialement, à Aristote. C'était le meilleur choix qu'on pût faire. Mais les docteurs du moyen âge et leurs successeurs jusqu'à nos jours ont porté deux sortes d'entraves qui ont arrêté leurs progrès en morale vraiment théorique : ils ont subi l'autorité usurpée des théologiens et de l'Église, que j'oppose ici à l'Évangile et au christianisme primitif ; et ils ont mêlé, ce qu'il aurait fallu distinguer profondément et séparer : la loi morale et la foi religieuse ; les préceptes de la raison, et le premier ou le seul commandement de Dieu, la charité.

« Il y a, dit un philosophe contemporain, dans la situation actuelle des connaissances humaines, peu de circonstances plus contraires à toute attente, ou plus caractéristiques de l'état arriéré de la spéculation sur les plus importants de tous les sujets, que la faiblesse du progrès qu'a fait vers sa décision la controverse sur le critère du bien et du mal moral (*of right and wrong*). Depuis l'aurore de la philosophie, la question du *summum bonum*, ou, ce qui est la même chose, du fondement de la moralité, a été considérée comme le problème capital de la pensée spéculative ; elle a occupé les plus grands esprits et les a partagés en sectes ou écoles guerroyant vigoureusement les unes contre les autres. Après plus de deux mille ans les mêmes discussions continuent, les philosophes sont rangés sous les mêmes bannières opposées, et les penseurs et le genre humain tout entier ne semblent pas plus près de s'entendre que lorsque le jeune Socrate écoutait le vieux Protagoras et affirmait (si le dialogue de Platon est fondé sur une conversation réelle) la théorie de l'utilitarisme contre la morale des philosophes appelés *sophistes* (1).

L'auteur de ce remarquable aveu aurait pu ajouter que toutes ces sectes ou écoles se rangent en définitive sous deux grandes classes, dont la dissidence porte sur un point essentiel, qui ne varie pas, et où il faudrait que l'accord fût possible ; que lui-même, en se plaçant sous l'une des deux bannières, ne pouvait pas prétendre qu'une seule vue vraiment nouvelle, un argument nouveau, en ce qui touche le principe et le point de départ, eussent été fournis, de ce côté, depuis les anciens, ou depuis le renouvellement de la spéculation au xviie siècle ; qu'il ne s'engageait pas, pour son compte, à apporter dans le débat des raisonnements autres ou plus saillants que ceux qu'on trouve dans un grand ouvrage (2) écrit depuis plus d'un siècle ; que, du côté opposé, la philosophie morale avait donné en tout temps des signes considérables de vitalité par des œuvres dont la dernière avait eu et avait encore un grand retentissement ; qu'enfin l'expérience, sa propre et unique règle en toutes choses, ne l'autorisait pas à penser que la controverse pût se terminer démonstrativement ou par la lassitude de l'une des deux opinions belligérantes.

Hobbes et Spinoza sont les premiers de l'ère moderne de la philosophie qui aient abordé le problème moral d'une manière vraiment systématique

---

(1) Stuart Mill, *Utilitarianism*, chap. I.
(2) Le *Traité de la nature humaine* de Hume, 2e et 3e volumes.

et avec des vues pleinement indépendantes ; et il est remarquable que ces deux philosophes, vivant à la même époque, aient comme pris à tâche de reconstruire la grande opposition de l'épicurisme et du stoïcisme sur laquelle semblait s'être épuisé le débat dans l'antiquité. L'originalité de la forme et du langage, non plus que l'écart de certaines vues, n'ôte rien aux ressemblances, qui sont profondes, et en augmente au contraire l'intérêt. Voyons d'abord le premier principe et occupons-nous de Hobbes. Il pense, comme Épicure, que toute chose est au fond réductible à la matière des corps ; que toute connaissance est d'origine sensible ; que du mouvement procèdent les sensations ; des sensations, le plaisir et la peine ; du plaisir et de la peine, l'appétence et l'aversion, et les différentes passions relatives aux objets de désir ou de crainte ; que ces objets, le plaisir ou la douleur qui s'y attachent, sont ce qu'on appelle le bien et le mal ; et qu'enfin le bien et le mal ainsi définis sont les seuls mobiles de tous les actes. A la différence d'Épicure, Hobbes regarde toute action comme un effet résultant nécessairement de ses antécédents, et n'entend par liberté qu'un pouvoir non empêché. Mais une vue toute contraire chez le premier n'avait aucune influence sur l'idée qu'il se formait de la moralité. Hobbes apprécie d'une façon brutalement pessimiste les passions naturelles de l'homme ; il considère l'état de nature comme un état de guerre de chacun contre chacun pour l'acquisition ou la jouissance des biens sujets à compétition, et par rapport auxquels ils ont tous les mêmes *droits* : il entend par là les mêmes passions et les mêmes raisons d'agir pour se les procurer, et, essentiellement, afin de pourvoir à leur propre conservation. Sans doute, Épicure n'est point allé jusqu'à nier l'existence d'une faculté sociable et des sentiments humains qui mitigent les affections du genre de la haine et de la crainte ; mais il s'est appuyé sur les mêmes motifs que Hobbes pour montrer l'origine de la société dans les conventions, et celle des conventions dans l'intérêt, et pour assigner le principe du respect dû aux conventions. Ce principe est l'utilité générale, à l'exclusion de tout autre. La grande caractéristique de Hobbes, en ce fond commun d'idées, c'est une appréciation, qui lui est personnelle, de la matière principale et de la suprême condition du bonheur que poursuit l'homme. Au *droit naturel*, cette égale prétention de chacun sur ce qui lui est immédiatement utile, il fait succéder la *loi naturelle*, c'est-à-dire une intervention de la logique et du raisonnement bien conduit, pour décider de l'utilité, en tenant compte des données contradictoires de cet état de nature, funeste pour tous, puisqu'il n'admet de garanties pour personne. La première décision de la raison ainsi consultée étant qu'il faut passer de l'état de guerre à l'état de paix, chercher la sécurité comme le bien par excellence, Hobbes en conclut qu'il faut que chacun renonce à son droit ou pouvoir sur toutes choses, et le transfère tout entier, par contrat, à une volonté unique, individuelle ou multiple d'ailleurs, qui sera la puissance publique, l'État, ce Dieu, ce monstre qu'il appelle *Leviathan*. Et de là suit aussi qu'il faut observer les conventions, attendu que si l'on n'admettait pas cette règle, le contrat social lui-même serait évidemment invalidé. Enfin, par voie de conséquence, en observant simplement, dans la conduite de chacun, ce qui est favorable ou ce qui est contraire au maintien de la paix, Hobbes arrive sans peine à déterminer les vertus et les devoirs universellement avoués dans la société humaine ou prescrits par la religion.

Le respect des conventions est tout ce qui constitue la justice dans ce système. Elle est donc fondée sur l'utilité générale, laquelle n'est elle-même qu'un nom de l'utilité de chacun ; et l'on voit que la morale tout entière a le même fondement, puisque toutes ses prescriptions partent du désir de conserver la paix dont chacun a besoin. Reste la question de savoir si l'individu est obligé à ce respect des conventions et, en d'autres termes, à l'observation du contrat social, quand il n'y trouve pas son avantage ou qu'il est insensible au bien de la paix. La logique répond, ce semble, en se plaçant successivement au point de vue de l'individu et à celui de la puissance publique issue d'une convention supposée : premièrement, soit que l'individu s'avise d'alléguer qu'il n'a point contracté personnellement, soit même qu'il veuille admettre cette fiction, il peut toujours déclarer qu'il entend rentrer dans le *droit naturel*, à ses risques et périls, et qu'il ne s'oppose pas à ce que les autres en fassent autant. Il en a le *droit* selon qu'il en a la *puissance*, en vertu de la première thèse, portant que le bien et le mal de chacun, c'est-à-dire ce que chacun désire ou craint, son désir ou sa peine sont les seuls mobiles de ses actes. Il n'y a ni contrat, ni reconnaissance d'utilité générale, — en supposant cette reconnaissance, — qui ait la vertu d'effacer une loi psychologique aussi absolument formulée, de laquelle il résulte que nul ne reste le sujet de l'État qu'autant qu'il désire le rester. Secondement, et les choses étant ainsi posées, la puissance publique a une ressource ; c'est de changer les désirs de l'individu en faisant agir sur lui le ressort de la crainte. L'obligation, qui n'a point de fondement assignable, sera remplacée par la contrainte, partout où la contrainte pourra s'appliquer et être efficace. La force, en somme, aura le même rôle souverain sous le régime civil que selon le droit naturel, mais avec le profit de la supériorité immense acquise par n'importe quels moyens au pouvoir de *Léviathan* sur les volontés individuelles.

Cette solution du problème est, à vrai dire, celle qui se comprend et semble ressortir le mieux des thèses radicales de Hobbes; mais il n'en prétend pas moins maintenir une distinction profonde, autre que de fait, entre l'état de nature et l'ordre civil, parce que ce dernier est fondé sur la raison; et il ne s'aperçoit pas que, n'ayant reconnu dans la raison aucun élément d'obligation et de droit, mais seulement une fonction ratiocinative, il n'a plus aucun moyen logique ni moral d'en imposer la loi à ceux qui s'en tiennent à sa propre loi première du bien et du mal exclusivement rapportés à la mesure du plaisir et de la peine. Il traite donc de la convention sociale, comme si elle était réelle et pouvait réellement obliger; il s'embarrasse dans une sorte de casuistique, au sujet de ce qu'il faut supposer qu'un homme n'a jamais pu vouloir abandonner de ses droits, c'est-à-dire de la puissance qu'il avait dans l'état de nature; il a beau enfin réduire au minimum cette portion réservée, il finit par reconnaître la faculté naturelle de révolte à tous individus (fût-ce même une bande de brigands), dès l'instant qu'ils sont menacés dans leur vie, — quel nul n'a pu promettre de céder volontairement, — ou dans quelque autre chose qu'ils estiment aussi précieuse que la vie.

Spinoza accepta le système de Hobbes, sur le droit naturel, mais avec cette différence considérable et très logiquement introduite, qu'il a lui-même formulée à propos du rapprochement fait par un contemporain : que, selon lui, le droit naturel se conserve dans toute son intégrité sous le régime civil, au lieu de disparaître dans le contrat social, tel que Hobbes le comprend; et qu'il n'accorde pas « plus de droit au magistrat suprême sur les sujets, en une cité quelconque, que n'en comporte la mesure de puissance par laquelle il surpasse un sujet, ce qui est toujours le cas en l'état naturel ». (*Epist.* 50, édit. 1677). Cette brève explication est susceptible de deux sens qui peuvent au premier abord sembler contradictoires, mais qui appartiennent tous deux à la pensée de Spinoza. Le premier est d'accord avec la politique libérale de ce puissant penseur : il faut entendre que les sujets, tout en se reconnaissant engagés par la raison dans une convention sociale, n'abdiquent pas le droit, c'est-à-dire ne renoncent pas à exercer le pouvoir, quand ils l'ont en effet, de s'empêcher d'être lésés par l'autorité publique, et de s'assurer telles ou telles libertés. L'État ou son représentant ne jouissent pas d'un pouvoir absolu qui leur soit conféré par le contrat fondamental, ainsi que le voulait Hobbes. Le second sens, également spinosiste, c'est que le magistrat suprême a cependant ce droit, pour autant qu'il a cette puissance, parce que ces deux mots ont, aux yeux de Spinoza, la même signification, quand il s'agit de la nature. Tout ce qui est ou se fait est également nécessaire et dépend de Dieu comme essence, existence et cause universelle, et ne peut être dit ni bon ni mauvais, que par rapport à des intérêts partiels, qui s'évanouissent devant la considération du Tout infini. D'un côté, on peut attribuer à Spinoza la même vue pessimiste du monde, de l'homme et des choses humaines que la passion régit, et le même sentiment profond de la *guerre*, dans la nature et dans la société, qui est si frappant chez Hobbes. Mais d'un autre côté, la contemplation métaphysique de l'être nécessaire et de ses infinies perfections le ramène à un jugement optimiste comparable à celui des stoïciens, des théologiens chrétiens et de Leibniz (*Tract. polit.*, II, 8) :

« Il n'est pas au pouvoir de chacun d'user toujours de la raison et d'être au faîte de la liberté humaine ; et pourtant chacun et toujours, autant qu'il est en lui, s'efforce de conserver son être ; et (comme la mesure de son droit est celle de sa puissance), qu'il soit sage, qu'il soit ignorant, tout ce qu'il fait ou s'efforce de faire, il le fait ou s'efforce en vertu du droit suprême de la nature. Il suit de là que le Droit, et cet établissement de la nature sous lequel tous les hommes naissent, et pour la plus grande partie vivent, ne défendent rien que ce que personne ne désire et ce que personne ne peut, et ne répugnent ni aux luttes, ni aux haines, ni à la colère, ni aux fourberies, ni absolument à rien que l'appétit conseille. Et cela n'est point étonnant. Car la nature n'est pas renfermée dans les lois de la raison humaine, qui ne tendent qu'à la conservation des hommes et à leur utilité vraie ; elle en comporte une infinité d'autres, relatives à l'ordre éternel de son tout, dont l'homme n'est qu'une particule, et par la seule nécessité duquel toutes les choses individuelles sont déterminées à être et à opérer d'une façon certaine. Quand donc les choses, dans la nature, nous paraissent ridicules, absurdes ou mauvaises, c'est que nous ne les connaissons qu'en partie, que nous ignorons pour la plus grande part l'ordre et la liaison de la nature entière, et voulons que toutes choses fussent dirigées par les prescriptions de notre raison ; tandis que ce que la raison déclare mauvais n'est pas un mal au regard de l'ordre et des lois de la nature universelle, mais seulement des lois de notre seule nature. »

Il résulte de là, non pas comme dans la formule de Leibniz, — dictée par la considération d'une finalité inhérente à l'ensemble des choses, finalité que Spinoza niait expressément, — que le monde est *le meilleur possible*, mais, plus simplement, que *tout est parfait*. Et cette conséquence est en effet la mieux déduite de la doctrine de Spinoza sur la nature nécessaire de Dieu, sur sa perfection absolue, et sur la loi qui fait dépendre des propriétés de cette nature nécessaire tout être et tout mode d'être et d'opérer. L'idée de l'infini appliquée à toutes les modifications possibles de l'existence, et jointe à l'idée que tout ce qui est possible doit exister (thèse du déterminisme absolu), conduit à imaginer un monde dans lequel tout ce que nous appelons d'un nom ou du nom contraire doit entrer à titre de relation possible, et contribuer à former une perfection qui consiste précisément en ce que nulle relation concevable n'en est exclue. Tel est le sens de cette proposition de Spinoza (*Ethic.*, prop. XVI) : « De la nécessité de la nature divine doivent suivre une infinité de choses avec des modes infinis, c'est-à-dire toutes les choses qui peuvent tomber sous une intelligence infinie. » Lui-même y a recours pour répondre à l'objection de ceux qui demandent : « d'où vient qu'il y a tant d'imperfections dans la nature, s'il est vrai que toutes choses s'ensuivent de la nécessité de la nature souverainement parfaite de Dieu ? » et ensuite : « pourquoi Dieu n'a-t-il pas fait les hommes de telle manière qu'ils ne fussent gouvernés que par la raison ? » Il répond sur le premier point : « La perfection des choses doit s'estimer seulement d'après leur nature et leur puissance, et non selon ce qui plaît ou déplaît aux hommes et convient ou répugne à leur nature. » Et sur le second point : « je n'ai rien à dire, si ce n'est que la matière n'a pas manqué à Dieu pour tout faire depuis le plus haut jusqu'au plus bas degré de perfection, ou, pour parler plus proprement, que les lois de sa nature ont eu assez d'ampleur pour s'étendre à la production de toutes les choses qu'un entendement infini peut concevoir, ainsi que je l'ai démontré » (*Ethic.*, P. I, appendix).

Il faut se rappeler que la perfection et les degrés de perfection ne signifient ici que la réalité et les degrés d'être ou de puissance, indépendamment de toute idée morale. Cet optimisme est donc tout intellectualiste. Spinoza passe sur un terrain nouveau en arrivant à l'éthique. Il considère l'homme comme un sujet particulier qui, tout en étant le produit de la nature en tout ce qu'il est ou peut être, ne laisse pas d'avoir l'idée de sa perfection propre et la puissance de réaliser cette idée. Les notions du bien et du mal, de ce qui est utile et de ce qui est nuisible, changent alors de sens. Au lieu de se rapporter à la nature, et de s'entendre comme dans la psychologie épicurienne, ou telles qu'elles s'appliquent à une description de l'état de nature non seulement conforme à celle de Hobbes, mais même étendue à l'état de fait de la société humaine, ces notions réclament leur définition de la raison. Spinoza rappelle sa thèse métaphysique première du bien et du mal, à savoir de l'insignifiance, au regard de la cause nécessaire universelle, des notions du bien et du mal qui sont formées par comparaison et relativement à l'homme, mais « ne marquent rien de positif pour les choses considérées en soi »; et puis il déclare que, voulant passer à l'étude de l'idéal moral, il va conserver aux mots ce sens qu'ils n'ont pas dans l'absolu : « Quoiqu'il en soit ainsi, dit-il, nous devons retenir ces vocables. Car, dans notre désir de nous former une idée de l'homme qui soit comme l'exemplaire à contempler de la nature humaine, ils nous seront d'un emploi utile au sens que j'ai dit. J'entendrai donc par bien, dans la suite, ce que nous savons certainement être un moyen d'approcher de plus en plus de l'exemplaire de la nature humaine que nous nous proposons ; et par mal ce que nous savons certainement nous empêcher de le représenter. Et nous dirons que les hommes sont plus ou moins parfaits ou imparfaits, selon qu'ils s'approchent plus ou moins de ce même exemplaire. »

C'est après avoir donné à son lecteur cette explication, qui dénote un complet changement de front, et en s'y référant, que Spinoza définit le bien « ce que nous savons certainement nous être utile », et le mal « ce que nous savons certainement qui nous empêche de posséder un bien. » C'est alors qu'ayant besoin de quelque chose qui tienne lieu du libre arbitre qu'il n'admet pas, il définit comme des possibilités, quoique toutes relatives à notre ignorance, les éventualités de sens contraire auxquelles on ne peut se défendre de penser quand on envisage un *exemplaire de la nature humaine* comme pouvant être ou n'être pas représenté par un individu donné : « J'appelle contingentes les choses individuelles, en tant que, considérant leur seule essence, nous n'y trouvons rien qui pose ou qui exclue nécessairement leur existence »; et j'appelle possibles, ces mêmes choses, en tant que, regardant aux causes qui les doivent produire, nous ne savons pas si elles sont déterminées à les produire »; et enfin « j'entends par vertu et puissance la même chose; c'est-à-dire que la vertu, en tant que relative à l'homme, est son essence même, ou sa nature, entant qu'il a la puissance de faire certaines choses qui se peuvent entendre par les seules lois de cette nature même » (1). En d'autres termes, l'homme vertueux est un être intelligible, et un homme particulier *peut* représenter l'idéal humain, *s'il le peut*, si la détermination des causes efficientes est telle qu'il y puisse parvenir. Cette réserve, d'une logique irréprochable, n'empêche pas qu'en fait et pour la pratique, le moraliste déterministe ne nous présente notre idéal, et ne nous engage à entrer dans la voie qui mène à le réaliser, exactement comme si cela était en notre puissance. J'ai déjà fait cette remarque à propos de la doctrine de la nécessité chez Spinoza, et des dernières lignes de l'*Éthique* (2).

Rien ne saurait être plus conforme que tout ceci au sens de la doctrine stoïcienne. Il ne reste qu'une difficulté apparente, qui provient de l'emploi du mot *utile* dans la définition du *bien*. On pourrait croire que Spinoza se sert de ce mot, comme il le ferait au point de vue du *droit naturel* de Hobbes et de l'épicurisme; mais il n'en est rien, et la difficulté est purement verbale. Il suffit pour le prouver de citer quelques propositions empruntées à cette même partie de l'Éthique : « Agir absolument par vertu, ce n'est rien autre en nous que d'agir, vivre et conserver son être (trois choses qui ont le même sens) sous la conduite de la raison, et cela sur ce fondement de rechercher *l'utile qui nous est propre* (*ex fundamento proprium utile quærendi*) ». — « Tout l'effort de notre raison n'est que de connaître, et l'âme, en tant qu'elle use de raison, ne juge rien qui lui soit utile, si ce n'est ce qui mène à comprendre ». — « Nous ne savons rien d'une manière certaine, qui soit bon ou mauvais, excepté ce qui mène réellement à com-

---

(1) *Ethique,* Préambule et Définitions de la quatrième partie.
(2) Ci-dessus, p. 255-6.

prendre, ou qui en est l'empêchement » (ceci se rapporte à la théorie de la connaissance par idées adéquates).— « Le souverain bien de l'âme est la connaissance de Dieu, et la souveraine vertu de l'âme est de connaître Dieu ». Citons enfin la conclusion de cette partie de l'*Éthique* qui a pour titre : *De la servitude humaine, ou des forces des passions;* elle est du stoïcisme le plus pur, jusque dans la formule :

« La puissance humaine est très limitée, et surpassée infiniment par la puissance des causes externes; nous n'avons donc pas le pouvoir absolu d'adapter à notre usage les choses qui sont hors de nous. Cependant nous supporterons avec égalité d'âme celles qui nous arrivent contrairement à ce que la raison de notre utilité réclame, si nous avons la conscience d'avoir rempli notre devoir *(si conscii sumus nos functos nostro officio fuisse)*, et que la puissance que nous avons n'a pu s'étendre assez pour que nous pussions les éviter; et que nous sommes une partie de la nature, dont nous suivons l'ordre. Si nous comprenons clairement et distinctement cela, cette partie de nous-même qui se définit par l'intelligence, et qui est la meilleure en nous, y trouvera un plein repos, dans lequel elle s'efforcera de persévérer. Car, en tant que nous comprenons les choses, nous ne pouvons en désirer aucune qui ne soit nécessaire, ni trouver le repos absolument, si ce n'est dans celles qui sont vraies ; et en tant donc que nous comprenons bien cela, l'effort de la meilleure partie de nous-même est d'accord avec l'ordre de la nature entière » (1).

Distinction de ce qui dépend de nous et de ce qui ne dépend pas de nous; — recherche de notre perfection propre, c'est-à-dire conformité à la raison, qui est le propre de notre nature d'homme, autant du moins que la puissance en est réellement en nous, puisque tout est nécessaire ; — acceptation et soumission, quant aux choses qui ne sont pas en notre pouvoir et que nous reconnaissons inévitables, c'est-à-dire encore une fois conformité à la nature, à celle qui nous enveloppe et dont nous suivons l'ordre; — conscience d'avoir rempli notre devoir ; — quiétude d'esprit, en conséquence : — il n'y a rien dans ces préceptes et dans cette promesse qui terminent l'étude des passions dans l'œuvre de Spinoza, où nous ne retrouvions exactement l'enseignement d'Épictète. La partie suivante et dernière de l'*Éthique* : *De la puissance de l'intelligence, ou de la liberté hu-*

---

(1) *Éthique*, 4ᵉ partie, prop. XXIV, XXVI, XXVII, XXVIII et App., cap. XXXII.

maine, met le sceau à la doctrine en fondant sur la connaissance *adéquate* l'utilité vraie de l'homme, sa vraie liberté, sa joie et son bonheur, et le conduisant à l'union avec Dieu et à l'immortalité ou, pour mieux dire, à l'éternité, en cette partie de son être qui n'est pas sujette au changement (1).

On voit quelle grave méprise ce serait de considérer la morale de Spinoza comme une « conciliation de l'épicurisme et du stoïcisme », ou de dire que ce philosophe a « rattaché » des principes stoïciens à l'épicurisme (2). L'erreur peut s'expliquer par l'emploi que fait Spinoza du terme d'utilité pour désigner des biens de pure raison, dans lesquels il n'entre aucun élément ni d'intérêt matériel ni de plaisir, et qui, au contraire, repoussent l'attrait des objets ordinaires des passions (servitude humaine). Ce n'est pourtant qu'une question de mots. Elle semble s'expliquer plus sérieusement, quand on songe à cette théorie du *droit naturel*, commune aux épicuriens, à Hobbes et à Spinoza, étendue même par ce dernier jusqu'à l'état social, tel qu'il est de fait, ou sous l'empire des passions, et établie en négation formelle de tout ce que d'autres philosophes ont compris sous le nom de droits et devoirs naturels. Et cependant c'est cette théorie même qui, par la séparation radicale de la sphère où elle a son application, et de celle où paraissent la *raison* et la *liberté*, nous apprend qu'il ne s'agit pas pour Spinoza d'une conciliation, mais bien de la plus parfaite opposition qui se puisse concevoir : d'un côté, la puissance et les faits, qu'on appelle le droit en faisant abstraction de la raison, ou nature propre de l'homme, pour n'envisager que la nature en général, ou enchaînement nécessaire des causes efficientes; de l'autre, la raison et ce qu'elle apporte de nouveau pour former des conventions, en enseigner la fidèle observation, et faire succéder à la guerre naturelle la paix rationnelle autant que la nature extérieure et les passions le peuvent souffrir. Voilà le pur spinosisme en fait de morale politique. Si l'on trouvait que ce point de vue sur l'ordre uni-

---

(1) Spinoza comprend la *liberté* de la même manière que les stoïciens. Il s'est trompé quand il leur a reproché (Préface de la 5ᵉ partie) d'avoir soutenu « que nos passions dépendent absolument de notre volonté, et que nous pouvons absolument leur commander ». Lui-même, en effet, eût admis cette proposition, pourvu qu'on lui eût accordé aussi que notre volonté dépend à son tour de la chaîne nécessaire des choses ou « ordre de la nature » ! Or, c'est bien ainsi que tous les stoïciens l'ont entendu. Mais rien n'est si commun que le manque d'attention des philosophes dans les jugements qu'ils portent les uns des autres.

(2) C'est l'interprétation que nous trouvons dans un ouvrage qui renferme d'ailleurs d'excellentes parties : *La morale d'Epicure* par M. Guyau, p. 227 et suivantes.

versel et sur l'homme de la nature, raison à part, est plus pessimiste que ne le comporte en général la doctrine stoïcienne, c'est qu'on ne se souviendrait pas assez que Spinoza se retrouve optimiste à sa manière lorsqu'il passe de la considération du bien et du mal, notions relatives, à celle du monde comme tout infini ; et ensuite que les stoïciens eux-mêmes n'ont pas pu réellement prendre du théâtre de la nature et des passions une idée bien différente, quand ils l'ont comparé à l'idéal de la nature raisonnable ou du sage.

On vient de voir Spinoza conduit par la force de cet idéal à parler de la conscience du devoir rempli (*conscii nos officio functos*), comme si l'homme avait réellement une obligation à se reconnaître, une tâche reçue des mains d'une autorité souveraine, au lieu de n'être lui-même rien que le réceptacle partiel d'une puissance universelle, en vertu de laquelle il est nécessairement ceci ou cela, et ne peut autre chose. Je ne saurais au fond distinguer ce premier principe de l'éthique rationnelle, telle exactement que les stoïciens l'avaient comprise, de celui que Descartes, Leibniz et leurs écoles ont embrassé, et qui, dans sa généralité, caractérise, en opposition avec l'école issue de Hobbes et de Locke, en Angleterre, tout ce qui s'est produit de morale apriorique antérieurement à Kant. En effet, ni Descartes, ni Leibniz, ni Malebranche n'ont connu d'autre premier principe que l'idée générale de la raison appelée à définir le bien (le vrai bien), et menant à sa suite les idées de perfection et d'ordre pour se réaliser dans l'homme et dans le monde. Il est vrai que ces philosophes semblent différer beaucoup de Spinoza, si on s'arrête à leur langage, quand il est question de Dieu, de création et de libre arbitre ; en cela, la notion du devoir revêt pour eux une forme plus nette ; mais quelques expressions que leur dictent les habitudes d'une théologie pleine de contradictions et la doctrine officielle de la liberté de l'homme, quelque mesure de bonne foi qu'il convienne de leur reconnaître, il reste toujours que cette notion, ramenée à son fondement rationnel, séparée de ce qui vient s'y mêler d'éléments relatifs à un commandement divin (externe, *hétéronomique*), ne représente rien de plus ni de moins que dans la doctrine de Spinoza, et ne suppose pas non plus un autre rôle à la volonté par rapport à la raison, à la connaissance, aux « idées adéquates ». Il suffira donc ici de nous être rendu compte de cette doctrine, comme du type achevé de toutes les autres. Elle a le mérite d'être complètement élaborée, avec une rare puissance et d'une manière absolument indépendante.

Malgré l'état vague où les idées de *raison* (raison morale), *bien* souverain, *perfection* et *ordre* demeurèrent chez les philosophes aprioristes, en dehors du spinosisme, incompris et décrié, qui seul était parvenu à les définir en se plaçant ouvertement au point de vue panthéiste, il est certain qu'elles occupèrent toujours une importante place et conservèrent une indéniable valeur de protestation, à l'encontre des systèmes de morale empirique qui se produisirent à la même époque et obtinrent des adhésions de plus en plus nombreuses. La résistance à l'empirisme s'appuya principalement, toute doctrine à part, sur cette pensée, qu'il existe des rapports généraux, essentiels à la nature des choses, ou à celle de l'esprit, et qui font loi pour nous. « L'illustre auteur de l'*Esprit des lois*, dit quelque part David Hume (1), suppose que tout droit est fondé sur de certains *rapports*, ou relations. Ce système, dans mon opinion, ne se conciliera jamais avec la vraie philosophie. Le père Malebranche est le premier, que je sache, qui ait mis en avant cette théorie abstraite de morale, qui ensuite a été adoptée par Cudworth, Clarke et plusieurs autres. Comme elle exclut tout sentiment et prétend fonder toute chose sur la raison, elle n'a pas manqué d'adhérents en cet âge philosophique ». Toutefois, le fait que cette « théorie abstraite de morale », inconciliable avec la vraie philosophie, suivant lui, se conciliait avec la vue que beaucoup de grands esprits prennent de l'univers, a porté ce penseur éminemment sincère à faire, dans un autre endroit, un aveu bien intéressant pour nous, qui n'en voulons pas tirer cependant la même conclusion que lui. C'est une velléité de retour à ce scepticisme qu'il met si habituellement de côté quand il traite de la morale. Il vient d'énumérer les vertus et de les rapporter toutes sans exception, et tous les mérites, au plaisir ou à l'intérêt ; et « je sais bien, dit-il, à ce propos (2), que rien n'est moins philosophique que le ton positif ou dogmatique, en quelque sujet que ce soit ; le scepticisme *excessif* lui-même, s'il se pouvait soutenir, ne serait pas plus destructif de tout juste raisonnement ou recherche. Je suis convaincu que là où les hommes sont les plus sûrs et arrogants, ils sont communément le plus trompés... Pourtant, je dois

---

(1) Hume, *Inquiry concerning the principles of morals*, sect. III, part. 2. en note.
(2) Hume, *Inquiry concerning the principles of morals*, sect. IX, *Conclusion*, part. I, *sub fin*.

confesser que cette énumération met la matière en si forte lumière, que je ne puis *à présent* être plus assuré d'aucune vérité que je tienne du raisonnement et par des arguments, que de celle-ci : que le mérite personnel consiste entièrement en l'utilité ou agrément dont les qualités qu'une personne possède peuvent être pour elle-même ou pour d'autres qui ont affaire à elle. Mais lorsque je fais réflexion que le volume de la terre a été mesuré, sa figure décrite, les mouvements des marées expliqués, l'ordre et l'économie des corps célestes ramenés à leurs véritables lois, et l'infini lui-même soumis au calcul, et que cependant les hommes disputent encore du fondement de leurs devoirs moraux, quand je réfléchis à tout cela, dis-je, je retombe en défiance, je me retrouve sceptique, *je soupçonne qu'une hypothèse aussi facile à trouver aurait été, si c'en était une vraie, depuis longtemps reçue du consentement et par le suffrage unanime des hommes* ».

L'hypothèse, ainsi que Hume consent à la nommer, n'est que celle de Hobbes, amendée par une appréciation psychologique plus favorable de la nature passionnelle de l'homme. Deux assertions, par lesquelles toute la question morale est dominée, sont les mêmes de part et d'autre : 1° le bien et le mal, tous les mobiles d'action en conséquence, se rapportent aux plaisirs qu'un individu goûte ou désire, ou à son utilité, qui elle-même se définit en dernière analyse par des plaisirs ; 2° on juge des vertus et des vices, en dehors des mobiles propres de l'agent, selon que les actes de ce dernier tendent ou non à l'utilité considérée sous un point de vue d'ensemble, en ce qui le concerne lui-même, ou le public, dont il est une partie. La divergence de l'école utilitaire tout entière relativement à Hobbes, — mais, qui n'en est pas une par rapport à l'épicurisme en général, — consiste en ceci : que, revenant à une opinion plus modérée sur le compte de l' « homme de la nature », on lui reconnut une part de sentiments altruistes suffisante pour le porter à l'établissement et à l'observation telle qu'elle des conditions et conventions sociales utiles à tous, sans supposer que l'utilité générale et celle de chacun en particulier exigeât le renoncement complet aux droits individuels et leur transmission à l'autorité absolue de *Léviathan.*

Cette séparation de l'idée épicurienne et des jugements pessimistes portés sur la nature humaine se fit d'abord chez Locke. Il admit que la pensée n'est d'elle-même l'origine de rien ; qu'elle emprunte aux sensations tous ses objets, et que le dernier motif de toute action, le bien quelconque objet d'un désir, est l'imagination d'un plaisir dont on se souvient ; mais il étendit assez l'idée de plaisir pour qu'on y pût renfermer beaucoup de mobiles élevés et de sentiments désintéressés qu'on n'a pas coutume de désigner sous le nom. De plus, tout en professant que le bien et le mal ne sont absolument que le plaisir et la peine, il leur attribua des caractères moraux partout où se pose une question de conformité à la *loi* sous ces trois formes : loi divine, loi civile, loi de l'opinion. Il n'y avait là rien de comparable à la forte logique de Hobbes, aucun moyen de tirer de l'analyse une explication de la moralité par le plaisir, aucune raison pour élever l'autorité de la *loi*, sous n'importe quelle dénomination, au-dessus des attraits qui sont la loi unique à laquelle on a d'abord posé l'individu comme soumis dans l'ordre de la nature.

Shaftesbury essaya de définir le bien moral par la distinction de deux directions opposées des affections naturelles. Grâce à lui, la morale épicurienne moderne rompit décidément avec la mauvaise humeur de Hobbes et prit la direction optimiste, qu'elle devait en général garder, quoique d'une façon moins marquée et moins systématique, jusqu'au jour où la doctrine de l'évolution progressive lui permettrait de s'accuser de nouveau, et très énergiquement, en renouvelant complètement l'idée du bien par rapport à l'ensemble du monde. Placé à l'ancien point de vue de l'harmonie de la création, Shaftesbury trouva un fondement externe et une loi pour l'éthique, dans la considération des êtres, en tant que chacun d'eux est placé dans une certaine *espèce* et fait partie d'un certain *système* auquel il ne se peut pas que ses affections ne se rapportent d'un côté, tandis qu'elles se rapportent de l'autre à lui-même, à son *système personnel*. Il y a donc un fondement dans la nature à la fois pour les sentiments intéressés (*self-regarding*), relatifs à l'individu (*self-system, private system*), et pour ceux qui l'intéressent au bien de l'espèce ou de l'entourage (*system of the kind, public system, common nature*). Les deux systèmes se partagent la direction des affections et passions humaines ; ils les excitent légitimement partout où ils sont conciliables, et même ils ne sont pas moins susceptibles d'excès l'un que l'autre, quand ils se contrarient. D'une manière générale, il y a bien moral lorsque l'affection est dirigée vers le bien commun, et mal moral, lorsqu'elle est dirigée contre ce même bien, dans l'intérêt particulier; mais les passions intéressées ne laissent pas d'être ordinairement bonnes, parce qu'elles servent au bien public d'une manière indirecte; et les passions altruistes le sont surtout par la plus grande quantité de bonheur, ou somme de biens individuels, qu'elles produisent.

On voit que tout l'art, pour ainsi parler, de la morale pratique doit s'appliquer à obtenir un ajustement convenable, en chaque individu, des deux ordres d'affections *sensibles*. A cet effet Shaftesbury leur ajoute une troisième affection qu'il appelle *rationnelle*, et qui est essentiellement, quand elle prévaut chez un homme, ce qui lui donne un caractère de bonté, de mérite et de vertu, quelles que soient d'ailleurs les passions entre lesquelles elle a une juste balance à établir. L'objet de cette affection, c'est la *qualité de bon* (*goodness*). De là cette doctrine du sens moral (*moral sense*), dont ce philosophe est le premier auteur. Elle ne s'éloigne guère de l'épicurisme, car elle ne suppose pas un autre emploi de la raison que celui qui consiste, pour chaque agent moral, à porter des jugements empiriques sur les biens ou les maux comparés, avec approbation et satisfaction intérieure, mais sans aucune loi générale qui préside aux décisions. C'est même précisément pour tenir lieu de cette loi absente que Shaftesbury imagine l'existence d'un sens *naturel* du bien et du mal moral (*natural and just sense of right and wrong*)(1) comme premier principe de la *constitution* de l'homme. Ce sens dépend d'une affection propre et naturelle de la créature pour son espèce; il s'exerce d'abord sur des objets directs; puis, quand on le considère dans une créature capable de former des notions générales des choses, il prend pour objets les actions elles-mêmes et les affections. Ces dernières, « les affections de pitié, bonté, gratitude et leurs contraires, portées dans l'esprit par la réflexion, deviennent des objets. Ainsi, par le moyen de ce sens réflexe, il naît une autre sorte d'affection tournée vers les affections elles-mêmes que nous avons déjà senties et qui se trouvent être maintenant les sujets d'un nouveau plaisir ou déplaisir (*new liking or dislike*). » Il s'agit donc bien toujours de sentiment et de plaisir (moral) et l'affection n'est dite rationnelle qu'à cause de l'intervention de la réflexion. Épicure admettait à peu de choses près ce sentiment et cet emploi de la raison, en les ramenant, sans doute, au mobile souverain du bonheur personnel (2) ; mais peut-on dire que le

---

(1) Shaftesbury *An inquiry concerning virtue or merit*, boock I, part. II, sect. 3.
(2) Voyez Guyau, *La morale d'Épicure*, livre II, chap. I et livre III, chap. I.

mobile est changé, lorsqu'en dernière analyse le fondement de la moralité est une affection à prendre chez l'agent moral ? Cette affection existe-t-elle en réalité chez l'individu ? alors elle est son plaisir et une condition de son bonheur, et nous voilà au point de vue d'Épicure. N'existe-t-elle pas ? il y aurait un argument à chercher pour l'encourager à naître.

Cet argument, Shaftesbury en a parfaitement senti le besoin ; or, c'est à la méthode épicurienne qu'il l'a emprunté. Il se demande, et c'est là le nœud de son ouvrage, « quelle obligation est attachée à la vertu, ou quelle raison nous avons pour l'embrasser. » « Nous avons trouvé, dit-il, que, pour mériter le nom de bonne ou vertueuse, une créature devait avoir toutes ses inclinations et affections, ses dispositions d'esprit et de caractère, en accord et harmonie avec le bien de son espèce, avec ce système dans lequel elle est incluse, et dont elle constitue une partie. Se trouver ainsi bien affecté, ou avoir ses affections droites et entières, non seulement par rapport à soi-même, mais envers la société et le public, c'est la rectitude, l'intégrité, ou la Vertu. Et manquer de quelqu'une de ces affections ou en avoir de contraires, c'est dépravation, corruption ou Vice » (1). Partant de ces définitions, le philosophe s'adresse à lui-même l'objection inévitable et bien connue qui se tire de la contrariété, de l'incompatibilité, en tant de cas, de l'intérêt personnel et de l'intérêt général, qu'il s'agirait de concilier. Au fond, le mot *Vertu*, change ici de signification ; il devrait s'entendre évidemment, non plus d'une balance à tenir entre les convenances du *self-system* et celles du *public system*, mais à faire tomber, s'il le faut, du côté opposé aux premières. Et pourquoi le faut-il ? L'auteur, qui s'est servi du terme d'*obligation*, mais pour lui donner aussitôt ce faux synonyme : « une raison d'embrasser la vertu », emploie tout le reste de son livre à démontrer : « que ce que les hommes représentent comme un ordre défectueux, une mauvaise constitution de l'univers, en voulant faire passer la rectitude morale pour le mal, et la dépravation pour le bien et l'avantage d'une créature, est précisément le contraire de cela dans la nature ; que d'avoir ses affections tournées du côté de l'intérêt public, ou de les avoir tournées du côté de son intérêt propre, ce sont choses non seulement concordantes, mais inséparables ; et qu'enfin la rectitude morale, ou vertu, doit, en conséquence, être à l'avantage, et le vice au détriment et désavantage de toute créature. » Après avoir ainsi

---

(1) *An inquiry*, etc., II, I, 1.

déplacé la question et développé sa thèse de l'optimisme, — qui n'est à cet égard qu'une généralisation de celle de l'intérêt bien entendu, — en guise de réponse à ceux qui demandent s'il existe définitivement des *obligations* et à quel caractère on peut les reconnaître, Shaftesbury arrive à cette conclusion absolue, que tout homme peut être heureux par la vertu et ne peut être que malheureux sans elle; et que « la vertu est le bien, et le vice le mal de chacun. » Épicure prétendait également donner la vertu pour le moyen assuré du bonheur, et l'on peut citer telle des formules de sa doctrine qui exprime la pensée même du philosophe anglais : « Il n'y a que la vertu qui soit inséparable du bonheur. » — « Il n'y a de vie heureuse, que la vie sage, honnête et juste, et il n'y a de vie sage honnête et juste, que la vie heureuse » (1).

Afin de résumer ce système, et d'y montrer en même temps la présence des principaux éléments de théorie dont l'école utilitaire n'a pu dans la suite que varier les modes de combinaison et de justification, nous pouvons le définir : un essai de synthèse des affections naturelles, les unes d'intérêt personnel, les autres de bienveillance et de sympathie et tendant à l'utilité générale : synthèse dont l'œuvre est attendue chez chaque individu non pas d'une loi rationnelle, mais d'un sentiment où la raison ne prend part que pour ce qui exige du raisonnement et du calcul; synthèse qui assure d'une manière générale, quand elle est effectuée, cet état de satisfaction et de plaisir qui est l'unique fin cherchée, quoique souvent mal comprise et manquée, de toutes nos actions particulières.

Hutcheson ne modifia pas bien profondément la doctrine de Shaftesbury, en employant d'une manière décidée l'idée du *plaisir*, au lieu du mobile de l'*affection*, dont le plaisir ou le bonheur est le but, — car il alla jusqu'à nommer la vertu elle-même un plaisir, — ni en insistant beaucoup sur l'existence d'un sentiment de bienveillance et sur le caractère pur et *désintéressé* de ce sentiment, — auquel s'attache pourtant la plus douce des satisfactions, — ni enfin en définissant le *sens moral* « une détermination à approuver les affections, les actions ou les caractères des êtres raisonnables qu'on nomme vertueux. » Cette formule reproduit en d'autres termes les *affections réflexes* de Shaftesbury, jointes à son *sens naturel du bien et du mal moral*. Hutcheson met surtout l'accent sur le « sentiment d'approbation ou de blâme » que nous éprouvons à propos des actions

---

(1) Diogène Laerce, livre X; 138 et 140 (Wettstein).

d'autrui ou des nôtres mêmes, puis sur le désir que nous avons du bonheur de ceux qui font des actions bonnes, c'est-à-dire des actions que nous approuvons par l'effet de ce sentiment supérieur et immédiat, sans faire usage d'aucune « idée ou proposition innée ». Il regarde les affections comme les seuls motifs de nos actes, la bienveillance en particulier comme le fondement de l'approbation, et la vertu comme une « détermination naturelle » à aimer nos semblables et à leur faire du bien. Le rôle de la raison n'est suivant lui que de juger les suites des actions, au lieu qu'on pourrait céder aux premières apparences du bien ; en sorte que la mauvaise conduite et les mauvaises coutumes ne procèdent que de faux jugements et ne marquent rien de défectueux dans le sentiment. L'idée de l'*obligation* lui paraît consister essentiellement dans un effet de ce même sentiment d'approbation ou de désapprobation qui nous rend mécontents de nous-mêmes, et cela indépendamment de notre intérêt propre, quand nous agissons contrairement aux indications que le sens moral nous donne ; toute autre acception du mot suivant laquelle on se tient pour obligé étant relative à l'intérêt : soit à la prudence et à l'estimation faite du vrai bonheur, soit à la loi divine, quand l'affaiblissement du sens moral exige qu'on ait recours à cette sanction. Enfin c'est de l'utilité générale que Hutcheson fait naître l'idée du droit : « Toutes les fois, dit-il, que nous jugeons que la faculté de faire, de demander ou de posséder quelque chose généralement permise dans certaines circonstances, doit contribuer au bien général, nous disons de celui qui se trouve dans ces circonstances, qu'il est en droit de faire, de posséder ou de demander cette chose ; et ce droit est plus ou moins grand, selon que le bien public y est plus ou moins intéressé » (1).

Il est inutile d'entrer dans le détail des combinaisons multipliées et des remaniements d'idées qui composent l'histoire de cette forme de l'épicurienne appelée l'utilitarisme, depuis l'origine de la doctrine du sens moral jusqu'à notre époque, autrement que pour arriver à la théorie de l'association, et plus tard à celle de l'évolution. Ces théories ont changé en partie, non les thèses à proprement dire éthiques de l'école empiriste, mais le point de vue favori de ses explications et de ses arguments. Elles ont eu le pouvoir d'affaiblir, — sous conditions de certaines hypothèses introduites,

---

(1) *Recherches sur l'origine des idées que nous avons de la beauté et de la vertu* (trad. franç., 1649).

— une difficulté capitale, qui consiste dans la genèse à trouver des notions d'obligation et de justice ; mais, par contre, l'école aprioriste en morale, les adversaires de l'utilitarisme, ont puisé dans le criticisme kantien de nouvelles ressources, et se sont mieux rendu compte de la force inexpugnable de leur position. Nous allons voir que les points fondamentaux sont demeurés les mêmes du côté des doctrines de la famille épicurienne.

Shaftesbury et Hutcheson ont regardé les affections comme les seuls principes d'action, et réduit la raison à de simples opérations sur des données qu'elle ne fournit en rien. Ces affections, à quelque objet qu'elles se rapportent, répondent dans tous les cas à une propriété intérieure de l'agent sensible, à une sorte de goût (*a kind of taste or relish*) dont les satisfactions diverses sont pour lui les éléments du bonheur et doivent s'appeler des plaisirs dans l'acception la plus générale du mot. Hume, succédant à ces deux philosophes, et plus apte qu'eux et que ne l'avait été Locke à formuler des propositions d'une netteté parfaite, professe que « la raison est parfaitement inerte et ne peut jamais ni prévenir, ni produire aucune action ou affection » ; que *bien* et *mal* sont synonymes de *plaisir* et de *peine*, et que tout désir a un plaisir pour objet, quoiqu'il y ait des passions naturelles que ne précède pas un plaisir déjà éprouvé, mais qui le produisent. Les distinctions morales ne consistent qu'en de certaines *impressions*, qui sont des plaisirs ou peines *particuliers :* « Une action, un sentiment, un caractère est vertueux ou vicieux ; pourquoi ? parce que sa vue cause un plaisir ou un déplaisir d'une espèce particulière... Avoir le sentiment (*the sense*) de la vertu, ce n'est que *sentir* (*to feel*) une satisfaction d'espèce particulière, par la contemplation d'un caractère. C'est le sentiment même (*feeling*) qui constitue notre approbation ou admiration. Nous n'allons pas plus loin, nous ne cherchons pas la cause de la satisfaction, nous n'inférons pas de ce que le caractère plaît qu'il est vertueux; mais en cela que nous sentons qu'il plaît d'après cette manière particulière de plaire, nous sentons effectivement qu'il est vertueux. Le cas est le même pour toutes les espèces de beauté, de goûts et de sensations. Notre approbation est impliquée dans le plaisir immédiat qu'ils nous apportent (1) ».

(1) Hume, *Treatise of human nature*, vol. II, part. III, sect. 3 ; vol. III, part. I, sect. 1 et 2.

Voilà le point initial bien éclairci. Que nous dira maintenant le fondateur de l'utilitarisme le plus systématique, J. Bentham? Au lieu de se placer au point de vue psychique individualiste de Hume, il généralise, il objective l'application du plaisir et de la peine (ce que Hume fera lui-même ultérieurement, à sa manière); mais à cela près, il s'inspire des mêmes idées ; « Mal, c'est peine, douleur, ou cause de douleur; Bien, c'est plaisir ou cause de plaisir... Je suis partisan du principe d'utilité, lorsque je mesure mon approbation ou ma désapprobation d'un acte privé ou public sur sa tendance à produire des peines et des plaisirs ; lorsque j'emploie les terme *juste, injuste, moral, immoral, bon, mauvais* comme des termes collectifs qui renferment des idées de certaines peines et de certains plaisirs et qui n'ont aucun autre sens... Le bien moral n'est *bien* que par sa tendance à produire des biens physiques ; le mal moral n'est mal que par sa tendance à produire des maux physiques ; mais quand je dis *physiques*, j'entends les peines et les plaisirs de l'âme, aussi bien que les peines et les plaisirs des sens (1) ». « Par le principe d'utilité, dit encore Bentham, on entend ce principe qui approuve ou désapprouve toute action d'après sa tendance à augmenter ou à diminuer le bonheur de la partie dont l'intérêt est en question (*of the party whose interest is in question*) ». Or l'intérêt est toujours individuel à sa racine : « Un homme est dit *avoir un intérêt en quelque sujet*, en tant que ce *sujet* est considéré comme devant être plus ou moins vraisemblablement pour lui une source de plaisir ou d'exemption de peine ; — sujet : à savoir, *chose* ou *personne* : *chose* et alors en vertu de tel ou tel *avantage* qu'il peut lui arriver d'en retirer ; *personne*, en vertu de tel ou tel *service* qu'il peut lui arriver de recevoir d'elle... Suivant le sens le plus étendu, qui est aussi le sens originaire et le seul rigoureusement propre du mot *désintéressé*, jamais acte humain n'a été ni ne peut être désintéressé. Car il n'existe pas d'action volontaire, quelle qu'elle soit, qui ne soit le résultat de l'opération d'un ou de plusieurs motifs ; ni de motif que n'accompagne un intérêt correspondant, ou réel ou imaginé ». Si, suivant une acception moins propre du mot, on appelle « le plus désintéressé des hommes un homme qui n'est pas moins sous l'empire de l'intérêt que le plus intéressé, c'est seulement parce qu'on n'a pas observé que l'espèce de motif (soit, par exemple, la

---

(1) Bentham, *Traités de législation*, publiés par Ét. Dumont, t. I, p. 3.

sympathie pour un individu ou une classe d'individus) correspond et se lie à un intérêt aussi réel que le fait toute autre espèce de motif ». Cet intérêt des passions bienveillantes, ainsi que celui qui s'attache aux actions qu'on dit faites *par devoir*, Bentham les explique de la même manière qu'Épicure, en éliminant les mobiles et de l'affection purement altruiste et de l'obligation, et faisant valoir ceux de l'espérance ou de la crainte des différentes conséquences que peuvent avoir nos actes, ou ne fût-ce que nos sentiments, selon que nous sommes disposés à servir d'une façon ou d'une autre les intérêts des autres hommes ou à leur nuire. Mais ensuite (et de même encore qu'Épicure l'avait tenté, surtout en ce qui concerne l'amitié) il voudrait employer les sentiments désintéressés dans le sens où ils sont généralement admis. La table des plaisirs dressée par ce grand classificateur en comprend beaucoup qui sont des « états de l'esprit » constitués par une espèce d'intime satisfaction spéciale où n'entre évidemment plus la conscience des motifs intéressés d'où procèdent suivant lui les bonnes actions. Par le fait, il admet que des affections réelles de bienveillance et de philanthropie peuvent et doivent naître en conséquence de l'exercice des vertus fondées sur le calcul des plaisirs ; et comme il faut pour cela qu'elles soient elles-mêmes des plaisirs, nous revenons par un détour, difficile, sans doute, mais enfin nous revenons à cette vertu-plaisir de Hutcheson, que Hume admettait aussi, quand il parlait du plaisir inhérent à notre bienveillance et à notre désir du plaisir d'autrui, bienveillance naturelle en elle-même, et probablement inexplicable (1). C'est là, c'est pour ce passage malaisé de l'égoïsme à l'altruisme, que la théorie utilitaire attendait le secours de la méthode de l'association et la trouvaille de la fameuse comparaison de l'*avare* que nous trouverons un peu plus tard.

Les deux difficultés capitales du système utilitaire sont, l'une, de passer du critère de l'intérêt personnel, qui est le point de départ adopté, à celui de l'utilité générale, auquel on se contenterait d'arriver ; — et la question est la même, en ce système, que de tirer des sentiments *self-regarding*, ou *centripètes* à l'individu, ceux qu'on pourrait nommer *excentriques* ou *centrifuges* ; — l'autre de rendre compte des notions communes d'obli-

---

(1) Bentham, *Déontologie*, I, 27 (trad. franç.) et *A table of springs of action*, pp. 5, 15 et 31. — Hume, *Treatise*, vol. II, part. II, sect. 9, et *Inquiry concerning the principles of morals*, sect. 5, et note BB.

gation, de justice et de droit, que les adversaires soutiennent ne pouvoir être expliquées suffisamment par aucune raison prise de l'utilité particulière ou publique. Arrêtons-nous d'abord sur le premier point. On voit sans peine comment la théorie du sens moral a dû prendre naissance : elle répond au problème par la supposition d'une faculté naturelle, à laquelle on associe un plaisir *sui generis*, afin que l'accord avec le principe premier du plaisir, mobile unique, soit conservé, et que le *centrifuge* se présente comme une manière de *centripète*. Et l'histoire de cette théorie n'est pas moins facile à comprendre. Hume l'accepte encore ; Bentham la repousse, et prend le parti de professer la parfaite concordance des effets du sage égoïsme des individus, s'il est fondé sur de justes calculs, avec le plus grand intérêt, « la plus grande somme de plaisirs du plus grand nombre » ; Stuart Mill y revient, et cette fois pour poser des sentiments, non plus naturels ou innés, mais acquis par une cause qu'il explique et qu'il estime capable de leur prêter la force d'une *religion*; enfin Spencer suit la même marche, en rapportant seulement la formation des sentiments moraux à une cause d'une autre nature et infiniment plus générale.

Les raisons données par Hume en faveur du sentiment moral sont remarquables, au moins en ce qui touche la nécessité d'admettre, au pur point de vue psychologique, des fins du moi extérieurement au moi. Il reconnaît d'abord comme un fait qui vaut à ses yeux *experimentum crucis* l'existence des cas de différence et même de contrariété entre l'intérêt personnel et l'intérêt public ; car nous observons, dit-il, que le sentiment moral persiste nonobstant cette disjonction des intérêts : « nous devons donc répudier la théorie qui explique tout sentiment moral par le principe de l'amour propre (*of self-love*). Nous devons poser une affection plus générale (*more public*) et accorder que les intérêts de la société ne nous sont pas, même en leur propre compte, entièrement indifférents. L'utilité n'est rien qu'une tendance vers une certaine fin, et *c'est une contradiction dans les termes que quelque chose nous plaise comme moyen pour atteindre une fin, alors que la fin elle-même ne nous affecterait en aucune façon*. Si donc l'utilité est une source de sentiment moral, et si l'utilité n'est pas toujours considérée par rapport à la personne, il s'ensuit que toute chose qui contribue au bonheur de la société se recommande directement à notre approbation et à notre bonne volonté. *C'est là un principe qui rend compte en grande partie de l'origine de la moralité.*

Et qu'est-il besoin de systèmes abstrus et tirés de loin quand il s'en présente un à notre portée, et qui est si naturel ! (1) ».

Ce passage appartient à un ouvrage de Hume, auquel on a coutume de se référer, et très à tort, s'il s'agit d'avoir l'exposition la plus approfondie de ses idées. Il considère là les affections désintéressées, et spécialement la bienveillance, comme des sentiments naturels, d'ailleurs liés à des plaisirs, et au delà desquels il n'y aurait rien à rechercher. Mais ce n'est pas ainsi qu'il avait pris la question dans son premier et grand ouvrage. On va voir qu'il y a une réserve à introduire dans l'acceptation que nous venons de lui attribuer d'une thèse du sens moral analogue à celle de ses prédécesseurs. A vrai dire, Hume, en son *Traité de la nature humaine*, regarde les sentiments altruistes comme acquis, quoique parfaitement naturels, c'est-à-dire naturellement et nécessairement acquis en vertu des lois de l'association ; il en explique la génération en exposant sa théorie de la *sympathie*. A cet égard, c'est lui qu'on devrait signaler comme le premier philosophe qui ait essayé de ramener au moi les affections désintéressées au moyen de l'associationisme, et son explication atteint même à plus de profondeur que celles de Mackintosh et de Stuart Mill. Il rappelle les faits connus concernant les passions qui sont *communiquées* d'une personne à une autre, mais ne procèdent pas d'une disposition propre et naturelle chez cette dernière ; puis il applique à ce phénomène de la *sympathie* sa théorie psychologique de la *conversion des idées en impressions*, quand les idées atteignent un degré convenable de force. Voici comment il s'exprime (2) :

« Quand une affection s'infuse par sympathie, elle n'est d'abord connue que par ses effets, par des signes extérieurs d'attitude physique ou de conversation, qui en transmettent l'idée. Cette idée acquiert tout de suite, en se convertissant en impression, un tel degré de force et de vivacité qu'elle devient passion elle-même et produit autant d'émotion que n'importe quelle affection originale. Il est bien évident que, quand nous sympathisons avec les passions et sentiments des autres, ces mouvements apparaissent tout d'abord dans *notre* esprit comme de pures idées, et sont

---

(1) *An inquiry* etc., loc. cit., au commencement de la 2ᵉ partie de la section : *Why utility pleases*.
(2) *Treatise of human nature*, vol. II, part. I, sect. 11, et vol. III, part. III, sect. 1. Conf. la conclusion de l'ouvrage.

conçus comme appartenant à une autre personne, tout comme nous concevons d'autres faits quelconques. Il est encore évident que les idées des affections d'autrui se convertissent dans les impressions mêmes qu'elles représentent, et que des passions naissent en conformité des images que nous nous formons de ces passions. Tout cela est de parfaite expérience, sans aucune hypothèse de philosophie... Outre la *relation de cause à effet,* par quoi nous sommes convaincus de la réalité de la passion avec laquelle nous sympathisons, il faut que nous soyons assistés par les *relations de ressemblance et de contiguïté* pour que nous sentions la sympathie dans sa plénitude. »

« Les esprits des hommes, écrit Hume dans un autre endroit, sont semblables en leurs sentiments et leurs opérations, et nul ne peut être sous l'influence d'aucune affection dont tous les autres ne soient susceptibles à quelque degré. De même qu'il arrive, pour des cordes dont la tension est la même, que le mouvement de l'une se communique aux autres, ainsi les affections passent promptement d'une personne à une autre et produisent des mouvements correspondants chez toute créature humaine. Quand je vois les *effets* de la passion dans la voix et les gestes d'une personne, mon esprit passe immédiatement des effets à leurs causes, et se forme une idée de la passion, tellement vive qu'elle se convertit immédiatement en la passion même. De la même manière, quand je perçois les *causes* d'une émotion, mon esprit est conduit aux effets, et subit l'influence de la même émotion ». Hume explique ensuite par ce « principe de la sympathie » le sentiment du beau, le sentiment moral, et les vertus (y compris la justice) qu'il nomme artificielles, parce qu'elles tendent toutes au bien de l'humanité et qu'elles sont, suivant lui, de pures inventions faites dans l'intérêt social (*mere human contrivances for the interest of society*). « Puisqu'il existe, dit-il, un sentiment très puissant de la moralité, qui, chez toutes les nations et dans tous les âges, s'est attaché à ces vertus, nous devons accorder que la réflexion, en s'appliquant aux tendances des caractères et des qualités mentales, suffit pour nous donner les sentiments de l'approbation et du blâme. Or, les moyens d'une fin ne peuvent être accueillis ou acceptables (*agreeable*) qu'autant que l'est la fin; et, d'un autre côté, le bien de la société, là où notre propre intérêt n'est pas en jeu, ou celui de nos amis, ne nous plaît que par sympathie. Il suit de là que *la sympathie est la source de l'estime que nous avons pour les vertus* ».

Ainsi Hume fait sortir de la sympathie, du même coup, le principe ou critère de l'utilité générale, pour juger des qualités morales des hommes et de la moralité des actions, et la détermination psychologique du mobile qui porte un homme à sentir et à agir autrement que ne le comporterait son propre intérêt, mais non pas, ajoutons ceci, sans éprouver un sentiment spécial de plaisir, ni en cessant de rapporter toutes ses affections à soi et de chercher le bien et le mal exclusivement dans le plaisir et dans la peine. C'est ce qu'on va voir par une dernière citation où l'on trouvera la bienveillance et les passions de l'amour et de la haine expliquées par la sympathie, qui elle-même a été expliquée par la théorie de l'association (1) :

« La bienveillance est un plaisir original qui naît du plaisir de la personne aimée, et une peine qui procède de sa peine; et de cette correspondance des impressions, naît un désir subséquent du plaisir de cette personne et une aversion de sa peine. Afin qu'une passion ait cours parallèlement à la bienveillance, il faut que nous sentions cette double impression en correspondance avec celle de la personne que nous considérons; une seule ne suffirait pas. Quand nous compatissons à une seule impression, et qu'elle est de nature pénible, la sympathie est relative à la colère et à la haine, à raison du malaise qu'elle nous apporte. Mais comme la sympathie étendue ou limitée dépend de la force de la première sympathie, la passion de l'amour et celle de la haine dépendent du même principe. Une forte impression communiquée donne aux passions une double tendance, laquelle est relative à la bienveillance et à l'amour, à cause d'une similarité de direction, quelque pénible que puisse avoir été la première impression. Une impression faible, si elle est pénible, est relative à la colère et à la haine, par la ressemblance des sensations. La bienveillance naît donc d'un haut degré de mal ressenti (*of misery*), ou de tout degré de ce mal avec lequel on sympathise fortement; la haine où le mépris, d'un degré faible, ou avec lequel on sympathise faiblement. » Après quelques exemples à l'appui de sa thèse, et quelques ingénieuses remarques sur les différents mouvements conciliables avec la sympathie, il conclut de la manière suivante, en joignant, pour l'explication générale des affections altruistes, au principe de la sympathie, celui de l'habitude, dont l'action

---

(1) *Treatise*, vol. II, part. II, sect. 9.

s'allie évidemment à celle du premier et s'applique tout commé la sienne à des associations d'idées.

« Ce phénomène de la double sympathie, et de sa tendance à causer l'amour, peut contribuer à la production des bons sentiments que nous portons naturellement à nos parents et à nos connaissances. La coutume et la parenté nous font entrer profondément dans les sentiments des autres ; quoi que nous supposions que leur réserve la fortune, notre imagination nous le rend présent, et l'action en est la même que si nous étions originairement nous-mêmes les intéressés. Leurs plaisirs nous causent de la joie, et leurs chagrins de la peine, *simplement par la force de la sympathie*. Rien de ce qui les intéresse ne nous est indifférent, et *comme cette correspondance des sentiments est la compagne naturelle de l'amour, elle produit réellement cette affection* » (1).

Notons sommairement les traits caractéristiques de la doctrine utilitaire, et voyons si nous les trouverons bien changés, en arrivant jusqu'à Stuart Mill, chez qui la commune théorie a pris une forme à la fois sentimentale et positive, toujours empirique, qui en résume toutes les tendances. Ces traits sont : 1° Le bonheur défini par le plaisir, à sa racine première, en ses éléments constituants, et considéré comme donnant, par le moyen de ceux-ci, le seul mobile des actions, à l'exclusion de toute fin définie par la raison ou posée *a priori* ;

---

(1) Je me suis arrêté sur le principe de l'éthique de Hume un peu plus longuement que ne le comportait peut-être une esquisse historique telle que celle-ci Je donnerai la raison des citations que j'ai cru devoir faire. 1° De toutes les théories utilitaires *prises du point de vue psychologique pur*, celle de Hume est à mon avis la plus approfondie et la mieux raisonnée. Je ne compte parler ni d'Adam Smith ni de quelques autres auteurs qui ont travaillé sans grande originalité sur le même fond d'idées. 2° Hume est de tous les philosophes celui qui a été le plus pillé et le moins volontiers cité par ses successeurs, psychologues, moralistes et économistes. 3° Le *Treatise of human nature*, ouvrage capital qu'il eut la faiblesse de désavouer, quand, dans l'intérêt de sa réputation, il donna, dans son *Inquiry* (partie des *Essais*) une forme exotérique à des thèses qu'il n'entendait pas abandonner, et qu'il en affaiblit quelques unes pour se mettre au ton du sentimentalisme à la mode ; cet ouvrage, dis-je, semble être resté aussi inconnu aux successeurs de Hume que s'il eût péri dans un cataclysme. On a attribué, par exemple, l'explication de la sympathie par la bienveillance à cet auteur qui a précisément voulu opérer la réduction inverse. M. Bain, en son analyse des différentes théories morales (*Mental and moral science*, 1868, p. 598), ne cite que l'*Inquiry*, ne se sert que de l'*Inquiry*, en ce qui touche Hume. Est-il possible qu'il n'ait pas lu le *Treatise* ? cela est incompréhensible. Enfin ce long et injuste oubli, cause de plus d'une fausse attribution de priorité, au sein de l'école associationiste, a été réparé par feu M. T. H. Green, qui a réédité le livre (en 1874) avec une introduction (écrite du point de vue aprioriste) dans laquelle il ne manque pas de signaler (p. 44-46) la théorie originale de la génération des affections désintéressées.

2° L'idée du plaisir étendue et en quelque sorte moralisée, de manière à se joindre à ces sentiments, à ces jugements et à ces actes (bienveillance, amitié, approbation, peine prise pour autrui, occupations intellectuelles, etc.), qu'on nomme désintéressés, mais auxquels on peut toujours attribuer pour l'agent cet intérêt et, par suite, cette raison d'être, qu'ils sont liés chez lui à une satisfaction personnelle : de là, un moyen de passer du mobile de l'intérêt personnel à celui d'un intérêt collectif.

3° Une certaine disposition optimiste de l'esprit, qu'on doit nécessairement, sous quelque forme, rencontrer chez l'utilitaire, parce que, ne voyant dans l'ordre des phénomènes psychiques, au fond, que le mobile de l'intérêt personnel, c'est-à-dire d'un plaisir d'espèce ou d'autre à rechercher par l'individu et pour lui, et tenu néanmoins, comme philosophe, de se préoccuper des conséquences de son principe relativement à la marche générale des choses et à l'intérêt social, l'utilitaire est porté à supposer l'existence d'un accord naturel entre l'utilité commune et la résultante des déterminations intéressées des particuliers;

4° Un effort de théorie psychologique pour découvrir un procédé latent de l'esprit qui soit capable de donner à nos affections, toutes et constamment intéressées au fond, l'apparence que nous leur trouvons souvent de sentiments et de motifs dont l'objet n'est point notre satisfaction particulière;

5° Enfin, une tentative d'explication des notions d'*obligation* et de *justice,* qui semblent s'opposer aux affections centripètes, et non pas en être dérivées.

Sur le point de départ, c'est-à-dire sur l'idée à se faire du *premier mobile* moral, et mobile unique, il ne s'est produit certainement depuis l'origine aucun changement dans l'école utilitaire. Stuart Mill nie comme ses prédécesseurs tout fondement rationnel du devoir, n'admet que des sentiments, et des sentiments non pas innés, mais acquis, dans tous les cas où leur objet se généralise et dépasse la sphère des fins individuelles. Il est vrai que ce philosophe, dans le petit livre spécial qu'il a intitulé « *Utilitarianism* », et qui a malheureusement la forme d'un plaidoyer plutôt que d'une exposition logique, s'exprime volontiers en termes ambigus qui confondent l'intérêt personnel et l'utilité générale; mais les principes généraux de sa méthode lui défendent de poser un centre premier et naturel d'appétition ailleurs que dans l'individu. Et au fait, le seul résultat auquel il peut arriver est de croire que la poursuite de l'utilité générale est ce qui conduit réellement l'individu au bonheur, et par conséquent au but même qu'il se propose en toutes ses affections intéressées (1). Il reste toujours que la déclaration suivante se rapporte fondamentalement à l'individu et à lui seul : « La croyance qui accepte, comme fondement de la morale, l'Utilité, ou Principe du plus grand bonheur, tient que les actions sont bonnes (*right*) selon qu'elles tendent à accroître le bonheur, et mauvaises (*wrong*) selon qu'elles tendent à produire le contraire du bonheur. Par bonheur on entend plaisir et absence de peine ; par malheur, peine et privation de plaisir. Pour donner une vue claire de l'étalon moral posé par la théorie, il faudrait s'expliquer plus longuement, dire surtout quelles choses on renferme dans les idées de peine et de plaisir, et jusqu'à quel point cette question reste ouverte. Mais ces explications n'affectent pas la théorie de la vie sur laquelle est fondée cette théorie de la moralité : — Le plaisir et l'exemption de peine sont les seules choses désirables comme fins, et toutes les choses désirables (aussi nombreuses dans l'utilitarisme que dans tout autre système) sont désirables ou pour le plaisir inhérent en elles, ou comme moyens d'accroître le plaisir et de prévenir la peine » (2).

Touchant la seconde des questions que j'ai distinguées, — celle de la qualité et du choix des plaisirs, — Stuart Mill fait observer qu' « on ne connaît pas de théorie épicurienne de la vie qui n'ait assigné aux plaisirs de l'intelligence, de l'imagination et des sentiments moraux, une valeur, *comme plaisir*, beaucoup plus élevée qu'à ceux de la pure sensation. » Il accorde cependant que, si les utilitaires ont en général attribué la supériorité aux plaisirs de l'esprit sur tous les autres, c'est moins à cause de leur nature intrinsèque que parce qu'ils sont les plus sûrs et les plus durables ; mais le principe de l'utilité est compatible, dit-il, avec ce fait que certains plaisirs sont « plus désirables que d'autres », ont « plus de valeur », doivent être évalués d'après leur « qualité » et non d'après leur « quantité » seulement (3). En effet, Stuart Mill n'a pas innové ; les épicuriens sérieux de l'antiquité et les Anglais de l'école du sens moral et du bonheur, de la

---

(1) *Système de logique*, livre VI, chap. XII, § 8, conclusion de l'ouvrage, et conf. *Mes mémoires*, trad. Cazelles, p. 135-136.
(2) *Utilitarianism*, p. 9-10.
(3) *Ibid.*, p. 11.

sympathie et du plaisir, des satisfactions intimes et des avantages réels à tirer, pour chaque personne, de la conformité de ses actions avec l'intérêt d'autrui et le bien de la communauté, tous, avant lui, autant que lui, avaient relevé, intellectualisé la nature des plaisirs dont se compose le bonheur, et cherché le passage de l'intérêt particulier à l'utilité générale. Bentham, en cela, quoique plus calculateur, n'est pas plus matérialiste que Shaftesbury, et Hume n'était pas moins bien arrivé que Bentham à rapporter le « sentiment de la moralité » à celles des qualités qui ont « une tendance au bien public », à placer le criterium de la justice, des vertus et des lois, dans le jugement porté sur la concordance de la conduite ou de la législation avec le bonheur commun, et à soutenir l'identité du but individuel et du but universel dans la poursuite du plaisir (1). Ce qui distingue Stuart Mill, c'est seulement quelque chose de plus pénétré et de plus ému, dans l'alliance du sentimental et de l'utile, un sentiment humanitaire très vivant, par lequel, au moment de sa crise morale il se détacha de cœur, non d'esprit toutefois, de la secte froide et compassée des benthamistes (2). L'épicurisme aimable de Hume laisse trop voir un fond d'égoïsme satisfait, et l'épicurisme de Bentham propose une méthode singulièrement artificielle pour déterminer ce « plus grand bonheur » de l'ensemble, dont chacun doit suivre les indications, s'il veut réaliser son plus grand bonheur particulier.

La méthode de Bentham était inspirée par l'esprit le plus pur de l'épicurisme, puisqu'elle visait à résoudre le problème par excellence et à combler le desideratum constant de l'éthique épicurienne. Si elle n'a pas été découverte avant Bentham, et si elle n'a pu lui survivre, dans l'école même où l'on posait le principe de l'utilité générale, et l'accord de ses applications avec l'intérêt particulier de chaque agent qui les fait, c'est que le calcul qu'elle exige est doublement chimérique. Il s'agit, en effet, de considérer les plaisirs comme des quantités, et de les comparer, d'évaluer la somme des plaisirs et la somme des peines de tout genre et de toutes personnes, qui doivent probablement s'ensuivre, directement ou indirectement et par voie de conséquence, de chaque action ou mesure sur laquelle il y a lieu à délibérer; et, cela fait, il n'y aurait qu'à prendre une détermi-

---

(1) Hume, *Treatise* vol. III, part. III, sect. 1; *Inquiry concerning the principles of morals*, sect. 9, et *appendix concerning moral sentiment*.
(2) *Mes mémoires*, p. 126 et suivantes.

nation du côté où les plaisirs emportent la balance. Or Bentham observe bien que, dans l'évaluation d'un plaisir, il faut tenir compte de son *intensité*, de sa *durée*, de sa *certitude* et de sa *proximité*, mais il ne réfléchit pas que l'intensité d'un plaisir n'est pas mesurable, que sa certitude n'est le plus souvent qu'une probabilité dont l'appréciation est incertaine et variable, dès qu'on s'éloigne du moment présent; et il oublie qu'il y a un cinquième élément, le plus important de tous et le plus rebelle à la mesure: la *qualité*. C'est pure chimère d'imaginer l'existence d'une unité commune pour des plaisirs hétérogènes : si elle existait, on ne verrait pas les hommes *disputer des goûts*, et chercher leur satisfaction dans des directions contraires. Enfin, tous ces obstacles seraient levés, qu'on se trouverait en présence d'une seconde chimère; je veux dire la prétention de se rendre un compte exact de la portée et des suites à attendre des actes publics ou privés, quand on doit les envisager dans toute l'étendue et avec l'extrême complexité que réclame le calcul de Bentham. Les Benthamistes ont répondu que, dans les cas les plus ordinaires et les plus importants de la vie humaine et de la législation, la difficulté n'est pas si grande et le jugement a lieu sans peine. S'il en est ainsi, la théorie *exacte* devient inutile en devenant praticable, et on se voit ramené à la consultation de l'opinion. Mais alors des philosophes persuadés qu'au fond, l'utilité est l'objet réel unique de toute action et de toute législation auraient dû sentir que les discordances des jugements individuels, et celles des nations, en leurs législations ou coutumes, témoignent, à la lumière même du principe de l'utilité, que la détermination de l'*utile* n'est pas sujette à de moindres incertitudes et variations que celles que l'école empiriste reproche à la détermination du *juste*.

Stuart Mill est donc revenu de la fausse exactitude de Bentham aux idées antérieures plus vagues qui admettent une distinction entre les plaisirs, et qui les comparent sous le rapport de la *qualité*. « Alors, dit-il, qu'en estimant toutes sortes d'autres choses on tient compte de la qualité aussi bien que de la quantité, il serait absurde de ne considérer que la quantité lorsqu'il s'agit d'évaluer les plaisirs. » *Évaluer* signifie tout simplement, cette fois, décider quelles sortes de plaisirs sont *à préférer* entre toutes; car le problème difficile n'est pas de définir des espèces entre lesquelles on a le choix. Mais à quel critère peut-on recourir, quand il est certain que la qualité la meilleure de plaisir, selon le goût de quelqu'un, est celle qui convient à ce même goût, et que chacun sent pour son propre compte, et non pour le compte des autres. Dans l'impuissance de généraliser en semblable matière, et d'induire de l'expérience une règle, Mill consent à s'en remettre au suffrage, non pas universel, mais des hommes qui « connaissent et apprécient deux sortes de manières de vivre », celle qui abaisse l'homme vers l'animalité, et celle qui emploie les « facultés les plus élevées » (1). Si l'opposition des deux vies était correctement définie de cette manière, on objecterait 1° que les jurés dont on suppose ici le verdict sont tous à récuser, puisqu'ils sont tous des gens qui, ayant déjà déclaré leurs goûts particuliers en préférant la vie supérieure à la vie basse, ont cessé d'être impartiaux pour l'évaluation des goûts particuliers qui motivent un choix contraire ; 2° que ce choix contraire est un fait avéré par les continuels exemples qu'on a des hommes auxquels l'éducation, tant privée que publique, a tout fait pour communiquer les goûts supérieurs, et qui ont définitivement penché vers les plus bas, ou du moins vers les plus vulgaires, opté pour l'égoïsme et les plaisirs matériels. Mais la question que Mill voudrait résoudre est celle de savoir de quel côté se trouve le bonheur, dans le choix des sortes de plaisirs. En ce cas, les deux genres de vie qu'il conviendrait d'opposer l'un à l'autre ne sont pas ce qu'il a cru. Il faut prendre, d'une part, l'homme vertueux, tempérant, pacifique, ami des douces jouissances et résigné à supporter des peines ; de l'autre, l'ambitieux, le débauché, l'injuste et le violent, que rien n'empêche de supposer sensible aux plaisirs les plus raffinés de l'intelligence et des arts. Ce dernier, par ses facultés, ses passions et ses satisfactions propres, ne s'élève pas moins que le premier au-dessus de la sphère purement animale. On ne lui démontrera jamais qu'il est moins heureux, et que ses plaisirs sont de moindre qualité, quand il sent lui-même le contraire ; non plus qu'on ne trouvera de raison valable pour condamner sa conduite, tant qu'on ne renoncera pas à définir le bien par l'utilité, et l'utilité par le plaisir, regardé comme le but unique de chacun en son particulier.

Ceci nous amène à la thèse de l'optimisme. C'est une espèce de postulat de l'école utilitaire, quoiqu'il ne soit pas toujours mis assez en évidence, que la satisfaction la plus grande possible de l'intérêt général est la résul-

---

(1) Stuart Mill, *Utilitarianism*. p. 12.

tante naturelle des satisfactions nécessairement cherchées par les égoïsmes. La thèse de l'égoïsme fondamental fait presque à l'utilitaire une loi de cette croyance à l'harmonie des intérêts ; elle le porte tout au moins à regarder les choses humaines comme dans une condition fort tolérable en somme et qui est tout ce qu'elle peut être. Aussi l'état mental d'intime contentement épicurien est-il très prononcé chez Hume. Ce même caractère apparaît plus ou moins chez les philosophes, qui admettent ou un sens moral directement apte à discerner le bien du mal, ou des facultés naturelles de bienveillance et de sympathie désintéressées (auxquelles ils attribuent une fonction semblable à celle de ce *sens*) ; car, si ceux-ci ne cherchent pas dans l'intérêt l'origine psychologique du désintéressement, ils ne recourent pas cependant à la raison et à la notion de l'obligation pour trouver le fondement de ce dernier. Or c'est de la notion de l'obligation, et non de la considération des passions bonnes ou mauvaises de l'humanité, que dépend la reconnaissance du mal moral. L'optimisme proprement dit, quant à la condition morale de l'homme, est une idée maîtresse de Bentham, penseur de la famille des utopistes, qui, il est vrai, ne fait pas, ainsi que d'autres, dépendre la réalisation du bonheur d'une organisation apriorique des rapports sociaux, mais qui, sans se préoccuper des devoirs de l'homme social, accomplis ou violés, attend cette réalisation du simple fait que chaque personne soit apprise à calculer correctement son intérêt. Enfin la doctrine du progrès, en projetant la vue du bien dans le futur, et étendant même la spéculation jusqu'à supposer une transformation des sentiments régnants, est venue concilier l'optimisme avec une pensée plus juste de tout ce qui resterait à faire et de ce qui devrait être changé, avant que les intérêts individuels pussent se déterminer spontanément en accord avec l'utilité générale. Les sentiments altruistes, selon Stuart Mill, ne sont point innés mais acquis, *naturels*, seulement en ce sens qu'ils le sont devenus. Bien plus, étant artificiellement acquis, l'analyse d'un penseur peut toujours *les dissoudre*. Heureusement le progrès de l'humanité, qui ne fait encore que commencer, les fortifiera. Ils sont des produits, chez l'homme, du principe de l'association des idées ; le principe de l'habitude, agissant par les institutions sociales, leur communiquera la force même de la nature et leur imprimera le caractère du *devoir* (1) :

(1) *Utilitarianism*, p. 46.

« L'état social est à la fois si naturel, si nécessaire et si habituel à l'homme, excepté en quelques circonstances extraordinaires ou par un effort d'abstraction volontaire, qu'il ne se conçoit jamais que comme membre d'un corps ; et cette association se resserre de plus en plus à mesure que l'humanité s'éloigne de l'état d'indépendance sauvage... Non seulement le renforcement des liens sociaux crée pour l'individu un intérêt personnel plus grand à consulter pratiquement le bien-être des autres, mais encore le conduit à identifier de plus en plus ses *sentiments* avec leur bien, ou au moins à prendre ce bien en plus grande considération pratique. L'individu arrive comme instinctivement à avoir conscience de lui-même, comme d'un être qui *naturellement* paye un tribut d'attention aux autres. Le bien d'autrui lui devient une chose dont il a naturellement et nécessairement à se préoccuper de semblable manière que de l'une des conditions physiques de notre existence. Or à quelque degré que ce sentiment atteigne chez une personne, elle est poussée par les plus puissants motifs d'intérêt et de sympathie à le mettre en évidence et à l'encourager de tout son pouvoir chez les autres ; et même ne l'éprouvât-elle point, elle est toujours aussi intéressée que quiconque à ce que les autres l'éprouvent. Aussi les plus petits germes de sentiment sont recueillis, nourris par la contagion de la sympathie et les influences de l'éducation, et un tissu complet d'association corroborative se forme pour l'envelopper, au moyen de l'action puissante des sanctions externes... Dans un état progressif de l'esprit humain, les influences augmentent constamment, qui tendent à produire chez chaque individu le sentiment de son unité avec tout le reste ; et ce sentiment, s'il était porté à la perfection, ne lui permettrait plus de penser ou désirer rien d'avantageux pour lui-même, en quoi les autres n'eussent également un avantage. Supposons maintenant que ce sentiment de l'unité soit enseigné comme une religion, et que toutes les forces de l'éducation, des institutions et de l'opinion soient dirigées, comme c'est le cas pour une religion, de telle façon que toute personne se trouve de tous les côtés, dès l'enfance, entourée de ce sentiment à la fois professé et pratiqué : je pense que celui qui peut imaginer cela ne doutera nullement de la suffisance de la sanction dernière de la morale du Bonheur. A ceux qui s'occupent d'éthique et qui auraient de la peine à entrer dans cette conception, je recommande, afin de la leur faciliter, la lecture du second des deux principaux ouvrages de M. Comte, le *Système de politique positive*. J'ai les plus fortes objections contre le système de politique et de morale exposé dans ce traité, mais je pense qu'il y est surabondamment démontré qu'on peut donner au service de l'humanité, même sans le secours de la croyance à la Providence, le pouvoir physique et l'efficacité sociale d'une religion, en lui faisant prendre possession de la vie humaine, et donner couleur à toute pensée, tout sentiment et toute action, d'une manière telle, que le plus grand ascendant que jamais religion ait pris n'a pu qu'en donner une idée et un avant-goût. Le danger serait alors non pas qu'il y eût insuffisance, mais excès, et que le système n'entreprît mal à propos sur la liberté et l'individualité humaines. »

Cette dernière remarque est juste ; on est heureux de la trouver ; seulement Stuart Mill aurait pu se dire aussi que cette même liberté, pour laquelle la religion de l'humanité est une menace, est capable d'empêcher l'établissement des voies et moyens que *des hommes* voudraient employer pour y faire entrer *les autres*. Et puisqu'il citait Auguste Comte, il aurait encore pu citer Robert Owen dont les plans d'association étaient fondés sur un art de mouler les caractères en disposant du milieu moral où ils se forment. James Mill, père de John-Stuart, avait également professé la « théorie des circonstances : » « En psychologie, sa doctrine fondamentale consistait à expliquer la formation du caractère tout entier de l'homme par les circonstances, d'après le principe universel de l'association des états de l'esprit, et à admettre comme conséquence la possibilité illimitée de perfectionner l'état moral et intellectuel de l'humanité. De toutes les idées qu'il professait, aucune n'était plus importante que celle-ci. Malheureusement, il n'en est point qui soit plus opposée aux tendances prépondérantes en philosophie, aussi bien du temps de mon père que depuis »(1). A cela près de l'imperturbable logique d'un utopiste et d'un metteur en œuvre radical, Owen n'entendait pas autre chose, et Stuart Mill, parlant d'un débat public qui eut lieu entre les économistes attachés aux idées de Bentham et les partisans d'Owen (en 1825), a parfaitement raison de dire : « Nous qui représentions l'économie politique, *nous avions les mêmes objets en vue que les owénistes* » (2). Cette théorie des circonstances, application psychologique de la doctrine générale de l'invariable enchaînement des effets et des causes, entra pour une part dans les accès

---

(1) Stuart Mill, *Mes mémoires*, trad. de M. Cazelles, p. 102.
(2) *Id., ibid.*, p. 118.

de tristesse et de profond découragement que Stuart Mill eut à traverser pendant sa jeunesse : « durant la dernière rechute, écrit-il, que j'avais faite dans mon abattement, la doctrine qui porte en philosophie le nom de nécessité pesait sur mon existence comme un incube. Il me semblait scientifiquement prouvé que j'étais irrévocablement l'esclave des circonstances antécédentes, que mon caractère et celui des autres hommes avaient été formés pour nous par des agents sur lesquels nous ne pouvons rien, et qu'ils étaient tout à fait hors de nos prises. Quel soulagement pour moi, me disais-je, si je pouvais rejeter la croyance que le caractère est formé par les circonstances !... quel bonheur, pensais-je, s'il nous était possible d'admettre la doctrine de la nécessité quand il s'agit du caractère d'autrui et de la rejeter quand il s'agit du nôtre ! » (1). Stuart Mill n'abandonna jamais la théorie des circonstances. Il crut seulement trouver deux moyens de se rendre la paix de l'âme. Le premier, qu'il indique à la suite de ce passage, et qui est développé dans sa *Logique*, ne peut satisfaire que le penseur bien décidé à se payer d'une raison quelconque ; il dépend de la distinction, illusoire dans l'espèce, entre la nécessité (interne) et la fatalité (externe), qu'on regarderait comme la loi de production et de succession des phénomènes par lesquels le caractère se forme et se déploie. En s'attachant à la loi interne, au moins pour une partie de ces phénomènes, — et c'est d'ailleurs ce qu'en général ont fait les déterministes, — on conserve le droit de considérer, dans chaque personne, l'*homme antécédent*, pour ainsi dire, comme agissant sur l'*homme conséquent*, et capable, par suite, de contribuer à former le caractère de ce dernier ; mais on n'échappe pas à la condition que cette action elle-même soit l'effet des données antérieures de ce caractère et de l'ensemble des antécédents et des circonstances qui en ont conduit la formation au point où on la prend. On ne se trouve donc pas plus avancé pour fuir l' « incube » dont parle Stuart Mill. Le second moyen qu'il a employé est infiniment moins chimérique, et c'est celui qui lui a réussi, mais au prix de certaines contradictions latentes de sa pensée, ou grâce à un éclectisme mal débrouillé qu'il justifiait par la « culture du sentiment » et par la reconnaissance des difficultés pratiques de la théorie. De là vient que, tout en gardant, comme on le voit dans son livre de l'*Utilitarisme*, les principes fondamentaux de Bentham

---

(1) Stuart Mill, *Mes mémoires*, trad. de M. Cazelles, p. 161.

et de James Mill, il a rejeté les applications sociologiques de ces principes, dans les points mêmes où il est difficile de les taxer d'inconséquence (1), et qu'il a écrit ce bel ouvrage de *La liberté* dans lequel il place la condition essentielle du progrès des sociétés humaines à l'antipode des institutions et des gouvernements fondés sur la « théorie des circonstances » (2).

Je reviens maintenant à la psychologie pour l'éclaircissement du passage de l'intérêt personnel, qui est toujours de base chez les utilitaires, à l'intérêt collectif, et pour l'explication des notions d'obligation et de justice. L'emploi de la méthode associationiste à cet égard remonte à Hume, de même que lui appartient la réduction formelle du jugement moral, touchant les qualités ou actes des personnes, à la considération du bénéfice qu'elles peuvent apporter à l'utilité générale (3). Il est étrange qu'on ait présenté Hartley comme l'auteur du « premier effort systématique pour expliquer les phénomènes de l'esprit par la loi de l'association (4) », alors que le *Traité* de Hume, antérieur de dix ans à l'ouvrage de Hartley, n'est tout entier que cela même, et qu'on y trouve tous les principes de l'utilitarisme (hormis le calcul propre de Bentham) avec les mêmes essais d'explication et de justification. Hartley, Mackintosh, James Mill, Stuart Mill ont rendu compte autrement que Hume, mais non pas de la même manière les uns que les autres, de l'origine des sentiments altruistes par le simple jeu des associations d'idées; et en effet la loi de l'association et de l'habitude peut opérer de plus d'une façon; celle qu'assigne de préférence chaque psychologue reste hypothétique, en supposant qu'une telle hypothèse soit nécessaire pour expliquer ces sentiments, et qu'elle y suffise. La méthode est donc ici la seule chose qui importe et c'est elle qui caractérise l'école. L'une des expressions les plus nettes qui en aient été données se trouve dans un ouvrage de Mackintosh sur les *Progrès de l'éthique*, durant les deux derniers siècles. Cet auteur distingue deux choses, qu'il reproche et avec raison à d'autres d'avoir confondues : le sens moral en tant que faculté, et le critère (*standard*) des actions bonnes ou mauvaises. Ce dernier est, selon lui, l'utilité, unique fondement réel des distinctions morales. La moralité et le bien général (*general benefit*) sont *coextensifs*.

---

(1) Stuart Mill, *Mes mémoires*, trad. de M. Cazelles, p. 201-4.
(2) *De la liberté*, trad. en fr. par Dupont-White, et *Mes mémoires*, p. 240-5.
(3) Voyez pour ce dernier point, le *Treatise*, vol. III, part. II, sect. 2, et part. III, sect. 6.
(4) Bain, *Mental and moral science*, p. 633. — Cette fausse opinion semble être passée en Angleterre, et de là en France, à l'état de chose jugée.

Ils s'accordent avec le bonheur individuel de l'agent qui dirige en ce sens ses actes : non que l'accord se vérifie toujours dans les cas particuliers, mais parce qu'on peut assurer que la *disposition* aux actes vertueux surpasse par son plaisir intrinsèque les peines attenant aux sacrifices qu'elle inspire. Cela posé, le sens moral consiste dans les sentiments (*feelings*) qui se rapportent à cette disposition et aux actions qui en résultent. Mais ceux-ci, d'où procèdent-ils? Ni l'amour propre ni la sympathie ne sont la source de nos passions ou affections motrices (*impelling*); ils en sont au contraire les derniers résultats. Le premier se forme graduellement de la réunion en un seul bloc de tous les appétits séparés qui ont pour objet des satisfactions personnelles : ils forment une sorte d'appétit général, qui existe à la fin pour lui-même, indépendamment de tout but particulier. La sympathie devient d'une manière analogue un sentiment désintéressé, après qu'elle a été produite par des associations. Nous transportons nos sentiments personnels à d'autres êtres, puis les leurs aux nôtres, et les sentiments sociaux prennent naissance. Ceux-ci portent la volonté aux moyens par lesquels ils peuvent être satisfaits. Grâce à de nouvelles associations, ces actes volontaires donnent lieu à des plaisirs. Nous désirons *éprouver des volitions bienfaisantes* et cultiver nos dispositions à en produire de telles. Nous finissons par désirer ces dernières *pour leur propre compte*. La marche des phénomènes est semblable à celle qu'on peut observer dans la formation d'une passion, telle que l'avarice, par exemple, qui se termine dans l'amour de l'argent pour lui-même, après n'avoir eu d'abord pour objet que d'autres plaisirs dont l'argent est le moyen. C'est ainsi que se forme la conscience : elle est une *faculté acquise,* mais naturellement et nécessairement acquise, et pleinement désintéressée, tout en ayant sa source dans les sentiments relatifs au moi (*primitive self-regarding feelings*). La nature morale de l'homme s'accomplit dans le bonheur que lui fait éprouver la vertu ainsi parvenue à l'état de complet désintéressement.

La théorie de Stuart Mill est essentiellement la même : « La vertu, suivant la doctrine utilitaire, n'est pas naturellement et originairement une partie des fins, mais est capable de le devenir : elle l'est devenue chez ceux qui l'aiment d'une manière désintéressée; ceux-là la désirent et l'aiment non comme un moyen de bonheur, mais comme une partie de leur bonheur. Pour que ceci soit plus clair, nous devons rappeler que la vertu n'est pas la seule chose qui, n'étant d'abord qu'un moyen et ne pouvant être qu'indifférente si elle n'était pas un moyen pour une autre chose, s'associe ensuite avec ce dont elle est le moyen et vient à être désirée pour elle-même, et même avec une extrême intensité. Que dirons-nous, par exemple, de l'amour de l'argent?... ». — Suit le développement de la comparaison de Mackintosh. — « On peut dire la même chose de la plupart des grands objets de la vie humaine, du pouvoir ou de la gloire, par exemple, quoique, à chacun de ces derniers, il s'ajoute une certaine somme de plaisir immédiat qui a au moins l'air de leur être naturellement inhérent; ce qu'on ne pourrait pas dire de l'argent. Toutefois, ce qui fait le plus grand attrait naturel du pouvoir et de la gloire, c'est encore l'aide immense qu'ils apportent à la réalisation de nos autres désirs. C'est cette forte association établie entre eux et tous nos autres objets de désir, qui donne au désir direct des premiers cette intensité qu'il prend quelquefois au point de surpasser, sous certains rapports, en force tous les autres... La vertu, d'après la conception utilitaire, n'a été ni désirée ni motivée, sauf qu'elle était propre à mener au plaisir, et spécialement à préserver de la peine. Mais grâce à l'association, ainsi formée, elle peut être sentie comme un bien en elle-même, et désirée avec autant d'intensité que tout autre bien ». C'est là un simple phénomène d'habitude, et l'habitude n'a pu être contractée que par la répétition des désirs et des volontés, dont les mobiles particuliers ont été toujours et nécessairement des plaisirs à atteindre ou des peines à éviter. « La volonté est l'enfant du désir; elle n'échappe à l'empire de son père que pour passer sous celui de l'habitude... L'habitude est la seule chose qui fixe et assure les sentiments et la conduite. Et c'est à cause de l'importance qu'il y a pour les autres à pouvoir compter sur la conduite et les sentiments d'une personne, et, pour soi-même, à pouvoir compter sur soi, que la volonté de bien faire doit être cultivée dans cette indépendance habituelle. En d'autres termes, cet état de la volonté est un moyen pour arriver au bien, mais non pas intrinsèquement un bien, et ne contredit pas la doctrine d'après laquelle rien n'est bon pour les êtres humains si ce n'est comme étant de soi un plaisir, ou comme un moyen d'atteindre le plaisir ou d'éviter la peine (1) ».

Ainsi, la vertu serait un produit de désirs et de plaisirs d'une certaine

---

(1) Stuart Mill, *Utilitarianism*, p. 55-61.

espèce, qui, unis et organisés par l'association et l'habitude, constitueraient à la fin un état mental désiré et agréable en lui-même, et d'une utilité générale. Quoi que l'on pense de ce mode de génération, expliqué d'une manière un peu vague, toujours est-il qu'il n'entre rien dans les facteurs, ni dans le produit, excepté du plaisir à trouver ou de la peine à éviter. Or, l'état mental défini de la sorte ne peut pas être accepté sous le nom de *vertu* par les moralistes qui exigent de l'agent vertueux une disposition à faire ce qui est *juste* et ce à quoi il est *obligé*, indépendamment de la question de savoir si les conséquences de son action seront des plaisirs ou des peines. Les utilitaires doivent prouver que les notions qui entrent dans la vertu, *ainsi comprise*, ou sont fausses, ou ont elles-mêmes leur source dans le désir personnel du bonheur.

Ce n'est pas ce que fait Stuart Mill ; car il admet l'existence d'une « pure idée du devoir », formant l' « essence de la conscience » ; mais au lieu de nous expliquer la genèse de cette idée, touchant l'obligation, point caractéristique, il se rejette sur l'extrême complexité d'un phénomène dont il énumère les éléments, à l'exclusion de celui-là précisément dont il s'agirait de rendre compte : La conscience, dit-il, « telle qu'elle existe actuellement, est un phénomène complexe où le fait simple est en général recouvert par des associations collatérales, dérivées de la sympathie, de l'amour, encore plus de la crainte ; de toutes les formes du sentiment religieux, des souvenirs de l'enfance et de toute la vie passée ; de l'estime de soi et du désir d'être estimé, et parfois même de l'humiliation. Cette complication extrême est, je pense, l'origine de cette espèce de caractère mystique qui, suivant une tendance de l'esprit humain dont il y a tant d'autres exemples, est attribuable à l'idée de l'obligation morale. On est porté à croire que l'idée ne peut s'attacher à d'autres objets qu'à ceux qui, en vertu d'une mystérieuse loi supposée, se trouvent dans le cas de l'exciter en notre expérience présente. Mais sa force enchaînante tient à l'existence d'une masse de sentiment qu'il faut briser pour agir en violation de notre règle du bien, et qui, si nous le faisons, reviendra probablement plus tard, nous assaillir en forme de remords (1) ». Stuart Mill oublie que la *masse de sentiment* n'est qu'une matière de l'idée ; mais l'idée même, c'est d'être obligé. Il ne s'agit pas non plus d'un *caractère mystique*, mais d'un

---

(1) *Utilitarianism*, p. 42.

caractère de *loi*; la sanction intérieure que Stuart Mill a spécialement en vue n'est pas le sentiment d'une *brisure de sentiments*, mais bien la reconnaissance et la première peine du *péché*, c'est-à-dire de la violation volontaire de la loi dont on se reconnaît le sujet.

Hume avait mieux posé la question, en remarquant que tous les moralistes, après avoir raisonné quelque temps à l'aide de la copule ordinaire, *est* ou *n'est pas*, arrivaient immanquablement à se servir d'une autre : *doit* ou *ne doit pas* (an *ought*, or an *ought not*) (1). Il faut expliquer cette nouvelle idée. Hume en assigne la provenance dans les prescriptions sanctionnées par des lois positives ou imposées par la coutume; c'est-à-dire que l'idée de l'obligation serait née de cela même qui, suivant l'école opposée, n'a pu qu'en être une application. Aussi Hume pense-t-il que cette idée, en son état actuel, n'est toujours que celle de faire quelque chose ou pour éviter des peines légales, ou pour éviter cette autre sorte de peine à quoi nous serions exposés par la communication sympathique des mauvais effets qu'une action contraire de notre part produirait sur les autres hommes. Dès que se trouve ainsi niée la notion propre d'*être obligé*, il est clair que la *vertu*, ou ce qu'on entendra sous ce nom, n'a plus de signification possible indépendamment des choses que l'on peut désirer comme des plaisirs, ou craindre comme des peines. Cela n'aurait plus aucun sens de dire que la vertu finit par être désirée pour elle-même. Plus logique que ne l'a été Stuart Mill qui, partant des mêmes prémisses, s'est flatté de tirer, par voie d'association, de l'essence du plaisir l'essence de la vertu, et n'a pas réfléchi qu'il faisait de cette manière aboutir l'utilitarisme au mysticisme, — aboutir le désir naturel d'avoir soi-même du plaisir au désir habituel de sacrifier son plaisir au plaisir des autres, — Hume déclarait nettement qu'un acte « ne peut pas être moralement bon s'il n'est pas inspiré par un motif distinct du sens de la moralité ». Car si l'acte, ainsi qu'on l'admet, est qualifié de vertueux à cause du plaisir qui s'attache à sa contemplation, en tant qu'il procède lui-même d'un motif dirigé vers la production du plaisir chez l'agent ou chez d'autres personnes, on ne saurait évidemment le considérer jamais comme motivé « par le motif de la seule vertu ». Cette généralisation serait dénuée de sens.

Stuart Mill est arrivé, sous des influences contraires au benthamisme,

---

(1) *Treatise of human nature*, vol. III, part. I, sect. 1.

savoir, en premier lieu, par l'effet d'un vague besoin de faire, comme on dit, une part au sentiment, plus tard peut-être en inclinant à l'idéal de pur altruisme d'Auguste Comte, à des idées du mérite et de la vertu qui semblent ne se pas déduire des principes psychologiques de son école ; il n'a pas laissé de garder ces principes intacts. Il a fait sortir le désintéressement d'une habitude contractée par l'individu de voir son intérêt et de trouver son plaisir dans l'intérêt et le plaisir des autres. Ce procédé est conforme à celui des philosophes ses prédécesseurs ; seulement, cela fait, il aurait voulu que la vertu, c'est-à-dire, selon cette idée, l'esprit de sacrifice, se trouvât établie philosophiquement sur un fondement aussi solide que si elle n'était pas née du plaisir, constituée par le plaisir, et sans défense, autre que l'habitude, contre les plaisirs de nature différente qui lui disputent l'empire de l'âme. Dans le fond, la vertu reste quelque chose d'arbitraire. Le fondement qu'on lui refuse dans les notions, dans la nature morale de l'homme, on est réduit à le chercher dans la supposition optimiste d'un progrès des individus et des sociétés, allant de l'égoïsme naturel à l'altruisme artificiel produit par l'association des idées et par l'éducation. Au reste, le passage du principe du plaisir au principe du sentiment n'a rien qui doive nous étonner. *Trahit sua quemque voluptas :* les deux dispositions de l'âme ne sont nullement contradictoires. La seconde, ici, entend bien ne différer de la première que par l'espèce de la détermination qu'elle adopte du *bonheur,* et elles s'accordent toutes deux en leur opposition à la doctrine du *devoir,* qui prend, elle, son appui dans une idée étrangère au sentiment quel qu'il puisse être. Ainsi Stuart Mill n'a pas cessé d'appartenir logiquement, en dépit de son attrait particulier, à l'école de Hume, en morale comme en tout autre sujet ; à celle de Bentham même, qui n'admet de *lois* que les volontés sanctionnées des législateurs et les forces de la nature ; à celle de Mackintosh et de James Mill, et à celle aujourd'hui de M. Bain. Ce dernier admet à la fois l'utilité, critère recommandé, et le sentiment, comme mobiles originaux, effectifs, de nos actions ; il démontre par d'irréfragables arguments, tirés de l'expérience et de l'histoire, que les opinions et pratiques humaines ont eu fréquemment leur source en de tout autres jugements que ceux de l'utilité bien ou mal entendue ; mais il nie que la conscience et la notion de l'obligation soient autre chose qu'une « imitation en nous-même du gouvernement hors de nous » une extension de l'idée de *prohibition,* qui part des choses défendues par une autorité externe (famille, éducation, ou toute espèce de supériorité ressentie dès l'enfance par l'individu et imposée tout d'abord par la crainte), et qui va à toutes celles que nous interdit ensuite la prévision de conséquences que nous pouvons redouter pour d'autres motifs quelconques. « Tout ce que nous entendons par l'autorité de la conscience, le sentiment (*sentiment*) de l'obligation, le sentiment (*feeling*) du droit, l'aiguillon du remords, tout cela ne peut être qu'autant de modes d'expression de l'aversion acquise ou de la crainte éprouvée à l'endroit de certaines actions associées aux conséquences dont nous avons parlé (1). »

Toute cette école est vraiment une, et fortement caractérisée par la négation de l'idée du devoir, en tant que principe propre dans la raison, appelé à régir les applications de l'intelligence à l'ordre pratique ; et sa doctrine est toujours celle dont on peut marquer le commencement dans Hobbes (pour ne pas remonter jusqu'à Occam), sauf que la *sympathie* s'est ajoutée à l'*intérêt* et à la *crainte*, comme principe empirique d'action. Mais ce changement ne touche point à la méthode. Chaque philosophe, selon ses dispositions personnelles, de Shaftesbury et Hutcheson à Hume, à Smith, à Bentham et à Stuart Mill, a eu sa manière de comprendre la bienveillance et la sympathie, leur nature et leur rôle, et de se représenter le degré d'importance que ces affections peuvent réclamer dans les relations sociales. Aucun n'a voulu qu'elles fussent autre chose, pour l'agent à la poursuite du bonheur, qu'une espèce de plaisir à comparer avec d'autres espèces de plaisir. Par conséquent, le principe de l'intérêt personnel est demeuré le seul admis au fond, et les applications de ce principe n'ont pu qu'être attendues et acceptées des mains de l'expérience, sans aucun *droit* qui pût venir de quelque part pour imposer aux actes moraux une règle.

La négation de l'obligation en psychologie implique celle de la justice et du droit naturel en philosophie de l'histoire ; ou plutôt c'est la même avec une formule plus abstraite. La théorie de la justice de Hume n'est donc que celle de Hobbes, en ajoutant au principe de l'intérêt l'action de la sympathie, et de ce plaisir, propre à la sympathie, d'où naît la moralité : « La distinction entre la justice et l'injustice a deux différents fondements :

---

(1) Alex. Bain, *The Emotions and the Will*, second edit., pp. 277 sq., 286.

savoir, celui de l'intérêt, quand les hommes observent qu'il est impossible de vivre en société sans se contenir par certaines règles; et celui de la moralité, quand cet intérêt est une fois observé, et que les hommes éprouvent un plaisir à la vue des actions tendant à la paix de la société, et un malaise, de celles qui y sont contraires. C'est la convention volontaire et l'artifice des hommes qui donnent lieu au premier intérêt, et en cela donc ces lois de la justice sont à considérer comme *artificielles*. Après que cet intérêt est une fois établi et reconnu, le sens de la moralité dans l'observation de ces lois suit *naturellement* et de lui-même; quoiqu'il soit certain qu'il est augmenté par un nouvel *artifice*, et que les instructions publiques des politiciens et l'éducation privée que donnent les parents contribuent à nous donner un sens de l'honneur et du devoir, dans le strict règlement de nos actions par rapport aux propriétés des autres ». D'autres passages méritent également d'être cités pour la netteté des formules : « C'est seulement de l'intérêt personnel, dit Hume, et de la générosité restreinte des hommes, jointe à la maigre provision que la nature a faite pour leurs besoins, que la justice tire son origine ». La considération de l'intérêt public et une forte dose de bienveillance ne sont pas le motif premier et original de l'observation des règles de la justice; car « si telle chose que cette bienveillance eût existé, on n'eût jamais rêvé de ces règles... Le sens de la justice n'est pas non plus fondé sur la raison, ou sur la découverte de certaines connexions et relations d'idées, éternelles, immuables et universellement obligatoires... Le sens de la justice n'est pas fondé sur nos idées, mais sur nos impressions... Ces impressions qui donnent naissance au sens de la justice ne sont pas naturelles à l'esprit de l'homme, mais elles naissent de l'artifice et des conventions humaines ». Enfin, si nous attachons une idée de vertu à la justice, une idée de vice à l'injustice, c'est seulement parce que la sympathie nous rend participants des plaisirs ou des peines que l'expérience nous fait voir qui résultent, dans la société, de l'observation ou de la violation des règles de la justice. « Ainsi, l'intérêt personnel est le motif originel de l'*établissement* de la justice; mais une *sympathie* pour l'intérêt public est la source de l'*approbation morale* qui accompagne cette vertu (1) ».

On voit que Hume admet une sorte de contrat social, ou premier éta-

---

(1) Hume, *Treatise*, vol. III, part. II, sect. 2 et 6.

blissement de règlements conventionnels, partant d'une reconnaissance, à laquelle chacun serait apte, de son véritable avantage personnel, sans avoir d'ailleurs aucune idée de ce que des égaux *se doivent* réciproquement là où leurs intérêts peuvent se trouver en conflit. Bentham n'a point eu dans le fond une manière de voir différente. Il a attaqué toutes les théories du contrat social, et n'a pas réfléchi que sa propre conception de la justice était nécessairement de la même espèce, et fondée sur des conventions, nées elles-mêmes de l'intérêt. En effet Bentham identifie la moralité avec la soumission à la loi ou à d'autres règles sanctionnées par la société, l'éducation et la coutume. Or, quelle que soit l'origine de la loi, ou celle des mœurs en tant qu'elles s'imposent, et alors même qu'on les penserait établies primitivement par l'action de la force, ou de quelque autre ascendant d'un individu dominateur (et peu de partisans du contrat social se le sont réellement représenté sous la forme d'une constitution votée par une assemblée délibérante), il faut bien les regarder comme des sortes de conventions, du moment qu'elles ne sont en rien provenues d'idées aprioriques touchant ce qui *doit être*, et que le fait de leur existence témoigne de celui de l'acceptation générale qui peut seule les soutenir. Il n'y a point de *droit naturel*, selon Bentham, si ce n'est qu'on voie dans ce terme une métaphore tirée de cette autre métaphore : la *loi naturelle*. Mais les lois naturelles ne sont pas autre chose que les inclinations générales des hommes, antérieures à la société et aux lois politiques et civiles. Le droit proprement dit est la créature de la loi proprement dite. « Ce qu'il y a de naturel dans l'homme, ce sont des moyens, des facultés ; mais appeler ces moyens, ces facultés des *droits naturels*, c'est mettre le langage en opposition avec lui-même : car les droits sont établis pour assurer l'exercice des moyens et des facultés. Le droit est la garantie, la faculté est la chose garantie. » Ainsi Bentham, contrairement à la pensée de tous les publicistes libéraux depuis Locke, tient que le droit n'est pas la revendication de ce que l'emploi d'une législation est de garantir, mais bien la concession de ce que, en fait, une législation garantit. Le premier sens de ce mot *droit*, c'est-à-dire l'idée même à laquelle les progrès de l'humanité ont été suspendus depuis l'origine des libertés civiles et politiques dans l'antiquité, l'idée que « *la loi ne peut pas aller contre le droit naturel* », l'idée du droit « dans un sens supérieur à la loi », il l'appelle « le plus grand ennemi de la raison et le plus terrible destructeur des gouvernements », un dogme inintelligible arbitrairement appliqué par des fanatiques (1). Ce sont là les principes absolutistes de Hobbes, avec le contrat social en moins, avec l'espoir illusoire en plus, qu'il se rencontre un jour un gouvernement puissant et convaincu, acquis aux vues de Bentham, et prêt à donner au peuple un système de lois composé d'après le calcul de l'utile, en la manière qu'il faut pour assurer *le plus grand bonheur du plus grand nombre*.

Voyons maintenant si les idées de Stuart Mill sur la justice et le droit sont moins inconciliables avec celles de l'école libérale. Remarquons d'abord un signe curieux de l'apparente inaptitude du philosophe utilitaire à comprendre la pensée de la *loi morale*. Stuart Mill voudrait que l'*impératif catégorique* de Kant ne fût autre chose au fond que la règle de l'intérêt collectif. « Lorsque, dit-il (2), Kant propose comme principe fondamental de la morale : « Agis de façon que ta règle de conduite puisse être adoptée « comme loi par tous les êtres raisonnables », il reconnaît virtuellement que l'intérêt de l'humanité collectivement, ou du moins de l'humanité indistinctement, doit être dans l'esprit de l'agent, quand il se prononce consciencieusement sur la moralité de l'acte. Autrement il emploierait des mots sans signification : car on ne peut soutenir comme plausible qu'une loi même de parfait égoïsme ne puisse être adoptée *peut-être* par tous les êtres raisonnables; que la nature des choses oppose à son adoption des obstacles insurmontables. Pour donner quelque signification au principe de Kant, il faut l'entendre en ce sens, que nous devons modeler notre conduite sur une règle que tous les êtres raisonnables puissent adopter *avec bénéfice pour leur intérêt collectif*. » Plusieurs points me frappent dans cet étrange passage : 1° l'incapacité où celui qui l'écrit semble se trouver de distinguer entre ce que permet la *nature des choses*, et ce que *peut* un *être raisonnable* ; 2° l'introduction que de son chef il fait de l'idée de l'humanité en tant que *collection*, là où Kant a en vue l'*Homme* ; 3° la confusion qui paraît exister dans son esprit entre un intérêt idéal de l'humanité *indistinctement* (lequel, à l'emploi des mots près, serait conforme à l'esprit de Kant), et l'intérêt, suivant le sens de ce mot que l'école utilitaire explique par le plaisir ; 4° l'oubli, en admettant que Mill ait bien lu la *Critique de la raison pratique*, l'oubli de l'opposition fondamentale établie par Kant entre un jugement moral apriorique, absolu, et les jugements divers portés

---

(1) Bentham, *Traités de législation civile et pénale*, publiés par Et. Dumont, t. I, p. 132-136.
(2) *Utilitarianism*, p. 78.

sur l'utilité, qui ne peuvent jamais être fondés que sur des hypothèses.

Toutefois, Mill paraît user comme nous tous de l'idée du devoir : « nous *devons* modeler notre conduite, etc. » ; mais l'explication qu'il donne du droit et du devoir ne justifie pas ce mot *devons*, tel que les hommes l'entendent; car elle se borne à combiner trois éléments: des lois existantes, des passions et le principe de l'utilité, dont aucun n'en fournit la signification propre, et qui tous sont sujets à en vicier l'application. « Quand nous appelons une chose le droit d'une personne, nous voulons dire que cette personne est valablement fondée à réclamer pour sa possession la protection de la société, soit par la puissance de la loi, soit par celle de l'éducation et de l'opinion ;.. donc avoir un droit c'est avoir quelque chose dont la société doit défendre chez moi la possession. Si on me demande pourquoi la société doit, *je n'ai pas d'autre raison à donner que celle de l'utilité générale.* » Mill remarque ici lui-même que « cette expression ne semble pas exprimer un sentiment suffisant de force de l'obligation, rendre compte de l'énergie particulière du sentiment. » D'où cela vient-il? Il se satisfait par cette réponse, que le genre d'utilité classé sous le chef de justice est le plus important, le plus puissant, le plus nécessaire de tous à chaque personne et à toutes : c'est la sécurité; ensuite, qu'il entre *dans la composition du sentiment* en question « un élément *animal*, la soif des représailles. » La justice, en tant que sentiment, « se compose de deux éléments essentiels : le désir de punir une personne qui a fait du mal, et la connaissance ou croyance qu'il y a un ou plusieurs individus auxquels il a été fait du mal » ; et le désir de punir, en un tel cas, provient, à son tour « du développement spontané, excessif, de deux sentiments, tous deux naturels au plus haut degré, et qui tous deux sont des instincts, ou ressemblent à des instincts : l'impulsion de la défense personnelle et le sentiment de la sympathie » (1).

Stuart Mill reproduit les objections ordinaires contre l'existence d'une loi morale, tirées des difficultés et variétés d'application de cette loi dans les sociétés humaines. Il n'évite peut-être pas complètement la contradiction dont Hobbes, Hume et Bentham savaient mieux se garder, quand, à propos de la distinction de la morale et du droit, de ce qui est moralement bien et de ce qui est obligatoire, il se sert du langage de ceux qui admet-

---

(1) *Utilitarianism*, p. 76-80.

tent un principe de droit naturel, un fondement de revendication de l'homme vis-à-vis de son égal. Somme toute, la conclusion de son ouvrage est résolument opposée à toute notion formelle et rationnelle du juste. Mais on y remarquera, en des traits fort saillants, le principe benthamiste d'utilité envahi et altéré par « le sentiment », et, là même, et partout, l'utilité et le sentiment forcés pour s'exprimer d'emprunter la langue de la justice :

« La justice est un nom désignant certaines exigences morales qui, considérées dans leur ensemble, occupent un rang plus élevé dans l'échelle de l'utilité sociale, et sont par conséquent d'une obligation supérieure à celle de toutes les autres. Cependant il peut se rencontrer des cas où d'autres devoirs sociaux sont tellement importants qu'ils *l'emportent sur laquelle que ce soit des maximes générales de la justice*. Ainsi, pour sauver la vie d'un homme, *non seulement il est permis, mais c'est un devoir* de voler, de prendre par force la nourriture ou les médicaments nécessaires, d'enlever et contraindre à fonctionner le seul médecin praticien qui a qualité. Dans de tels cas, comme on n'appelle justice que ce qui est vertu, on dit ordinairement, non pas que la justice doit céder la place à quelque autre principe moral, mais que ce qui est juste dans les cas ordinaires, en raison de cet autre principe, n'est pas juste dans le cas particulier. Par cet commode ajustement des termes, on sauvegarde le caractère irrévocable qu'on attribue à la justice, et on échappe à la nécessité de soutenir qu'il peut y avoir des injustices louables... Tous les cas de justice sont aussi des cas de ce qui est avantageux, *ceci a toujours été évident* ; la différence consiste dans le sentiment particulier qui s'attache aux premiers par opposition aux seconds. Si l'on tient suffisamment compte de ce sentiment caractéristique, s'il n'y a nulle nécessité de lui supposer une origine particulière, s'il est simplement la passion (*natural feeling*) du ressentiment, rendue morale par sa coïncidence avec ce que le bien social réclame, et si cette passion non seulement existe, mais doit exister dans toutes les classes de cas auxquelles correspond l'idée de justice, cette idée cesse de se présenter comme la pierre d'achoppement de l'éthique utilitaire. La justice reste le nom approprié à certaines utilités sociales qui sont de beaucoup plus importantes, et par conséquent plus absolues, plus impératives que toutes les autres, en tant que classe (quoique pas plus que d'autres peuvent l'être dans des cas particuliers). Ces utilités doivent donc être protégées, ainsi que naturellement elles le sont, par un sentiment différent non seulement en degré, mais encore en espèce, des autres sentiments ; elles doivent être distinguées du sentiment plus doux (*milder feeling*), qui s'attache à la pure idée de favoriser le plaisir ou les commodités de l'homme, à la fois par la nature plus définie de ses commandements et par le caractère plus sévère de ses sanctions » (1).

Les hypothèses de Mill sur l'origine de l'idée de justice ne sauraient écarter la *pierre d'achoppement* de la morale utilitaire, parce que, en fait, et contrairement à ce que ce philosophe dit être *évident*, les hommes, dans leurs délibérations tant privées que publiques, ont toujours tenu pour certain, que *tous les cas de justice ne sont pas des cas d'utilité*, ni pour les individus ni pour les peuples. L'idée de supprimer le conflit de l'utile et du juste (à moins de recourir à des sanctions extratemporelles, fondées sur la métaphysique ou la religion), est démentie par l'expérience tout entière de la vie morale. Le prétexte que Mill imagine, et dont il voit bien l'illogicité, à l'usage de ceux qui ne voudraient pas renoncer au caractère absolu de la justice, et qui cependant désireraient lui reconnaître des exceptions, montre à quel point il est resté confiné dans son école et étranger à la question fondamentale qui, posée par Kant avec une netteté parfaite, n'a cessé depuis lors d'être discutée sur le continent, et n'a plus permis aux défenseurs de la morale du sentiment de conserver, ne fût-ce que dans les mots, tout son empire à la règle du Juste. Au reste, l'attitude illogique qu'il prête aux philosophes qui cèdent au sentiment et prétendent en cela même respecter la justice, cette attitude est la sienne propre, quand il cède comme eux au sentiment et qu'il croit rester fidèle au principe de l'utilité. Il est manifestement contraire à l'utilité générale de *voler* pour secourir une infortune particulière, puisqu'on viole ainsi en faveur d'un individu l'une des règles les plus nécessaires à l'état social, à la sécurité commune, l'une de celles, précisément, que, à cause de leur importance sans égale, Mill a choisies pour constituer la justice sur le fondement de l'utilité. M. Bain s'est montré plus conséquent. Après avoir énuméré les motifs, tels que la prudence, la sympathie, et d'autres *émotions ou passions* qui coopèrent puissamment avec la prudence et la sympathie dans l'œuvre de porter l'homme aux actions conformes au droit (*inducements to what is right in action*), il réclame un autre pouvoir encore où se mar-

---

(1) *Utilitarianism*, p. 95.

que l'*attribut particulier* (c'est lui qui souligne) du droit et du devoir (*the peculiar attribute of rigthness*). Il faut, dit-il, pour celui-ci, avoir recours au gouvernement, à l'autorité (1). C'est ainsi que Hume avait aussi résolu la question, en remontant jusqu'à l'institution primitive de la loi ou de la coutume pour retrouver le principe d'utilité, fondement suivant lui de ces dernières. Et en effet, l'entreprise est vaine de chercher l'explication vraiment topique d'une idée aussi profondément originale et caractéristique de ce qui *se doit*, de ce qui *est juste*, ailleurs que dans une forme apriorique de la conscience morale, — ou dans l'habitude contractée de certaines relations et de certains réglements, quand on croit qu'il n'existe point de telles formes irréductibles, et qu'on se flatte, sans en supposer aucune, de posséder les éléments indispensables à la formation de l'habitude elle-même.

J'ai dû pour rester dans la philosophie pure, et me bornant même aux auteurs les plus systématiques, omettre, dans la revue des thèses principales de l'école eudémoniste moderne, deux classes d'écrivains. L'une d'elles a cependant exercé la plus grande influence sur le mouvement des idées en ce sens, pendant le xviii⁰ siècle, et l'autre occupe une position caractéristique dans l'ensemble des moralistes qui n'admettent point de loi rationnelle du devoir, point de règle des relations humaines essentiellement donnée dans la conscience. Ces derniers sont des théologiens attachés à un principe dont la source remonte au moyen âge, et dans lequel ils trouvent une facilité singulière 1° pour justifier des dogmes qu'on accuse d'être inconciliables avec les idées qu'on se fait communément de la justice; 2° pour admettre des *devoirs positifs* et en faire accorder l'observation avec le *bonheur* (au moyen d'une sanction surnaturelle); 3° pour déterminer de la plus franche manière l'*autorité :* recours naturel et dont on a vu le besoin se faire sentir, sous la forme du pouvoir politique ou de la coutume, chez des penseurs empiristes auxquels la théorie du plaisir comme mobile unique d'action ne fournit aucun critère pour le discernement du bien dans l'acte. Ce principe, en la plus transcendante des doctrines théologiques, est que la volonté pure de Dieu précède toutes les vérités possibles, et par conséquent les constitue arbitrairement par le simple fait de sa propre détermination. On ne conclut pas de là que les lois de Dieu ne sont

---

(1) M. Bain, *Mental and moral science,* seconde édition, p. 455.

pas justes et sages, mais on en conclut au moins qu'elles sont justes et sages parce qu'elles sont la volonté de Dieu, et non parce qu'elles sont la *raison en soi*, ou la raison en nous. Si donc on pense que la volonté de Dieu nous a été révélée empiriquement, il n'y a plus à chercher une loi morale, ni à nous préoccuper d'aucune divergence entre les jugements humains et les prescriptions divines, ni enfin à douter du rapport du devoir, qui est l'obéissance, avec le bonheur, qui est la récompense promise. Tous les problèmes sont résolus. Ce qui intéresse le philosophe dans cette doctrine, c'est son accord fondamental avec la morale empirique, eudémoniste et utilitaire. La méthode est au fond et des deux parts la même, avec la révélation en plus, d'un côté, qui apporte, comme un *ex machina* de la spéculation, la souveraine *hétéronomie*, pour remédier aux vices et combler les lacunes d'une éthique psychologique incapable de s'élever logiquement au-dessus de l'intérêt personnel.

L'autre classe d'écrivains, moins intéressante pour l'histoire des théories, mais dont l'importance serait plus grande s'il s'agissait d'apprécier l'action du penseur sur l'opinion, est celle des moralistes, non pas sans système, — ils ont été très systématiques, au contraire, — mais sans psychologie vraiment construite et prise par les fondations, qui ont réuni des observations et soutenu des thèses d'éthique à la portée du grand nombre des lecteurs, avec le parti pris de n'admettre d'autre mobile d'action, chez l'homme, que l'amour-propre, l'intérêt ou le plaisir. Quel que soit le mérite d'un Larochefoucauld, ou quelque pouvoir que le *Livre des maximes*, et beaucoup plus tard le *Livre de l'Esprit* d'Helvétius, la *Morale universelle* de d'Holbach, la *Loi naturelle* de Volney, aient eu pour fortifier les tendances opposées à la morale du devoir, il suffit ici de les mentionner, en marquant leur place dans le conflit général des deux morales. Les vrais principes philosophiques de l'opposition que nous avons à définir et à discuter ne sont pas approfondis dans ces ouvrages. Mais il faut rappeler également que la morale individualiste, opposée à l'obligation et à toute règle invariable de la raison, a pris en littérature et dans l'esprit public, en France, au XVIIIe siècle, une direction qui paraît au premier abord différer grandement de celle qu'avoue la morale du plaisir et de l'intérêt. L'école sentimentale a paru opérer une sorte de transfiguration, et d'ennoblissement et d'attendrissement de l'égoïsme, par le simple moyen de la préconisation des passions bienveillantes et du plaisir particulier qu'elles sont susceptibles de causer. La théorie du sens moral, des psychologues anglais, a sans doute été l'origine de cette direction d'idées, contraire en apparence, contraire aussi (non pas toujours dans le cœur de l'homme qui professe le culte du sentiment), à l'esprit général des maximes de Larochefoucauld ou des thèses d'Helvétius, mais pourtant rapportée, au fond, au même principe de pur empirisme, et également dépendante des désirs et du genre de bonheur préféré de chacun, et plus étrangère à toute règle dans la détermination des droits et devoirs et de la conduite. En Angleterre, l'effort des penseurs, depuis Hume, a eu pour but principal, en matière d'éthique (en dehors de l'école plus faible qui a persévéré dans la défense des notions rationnelles ou des facultés *intuitives*), de découvrir le mode de génération des sentiments désintéressés, et par là de sauvegarder l'unité de la doctrine du plaisir, et de ne rien laisser des fonctions de la conscience qui ne fût soumis à la méthode empirique de l'association, à partir des plus simples affections de la sensibilité chez l'individu, relatives à l'individu seul. Nous avons vu Stuart Mill se proposer toujours cette réduction radicale, quoiqu'il pensât bien se séparer de ses devanciers en faisant ressortir l'importance du sentiment. Mais, en France, l'école sentimentale est restée dans le vague; la déclamation y a tenu lieu de psychologie. Le principe de l'eudémonisme individuel n'en a pas moins été toujours celui qu'un philosophe pouvait découvrir à première vue chez ses adhérents, puisque leur « sensibilité » si vantée n'était jamais qu'une heureuse tendance personnelle des passions, et, ne se reconnaissant ni devoir formel ni règle, avait pour méthode unique de démonstration son propre panégyrique en tant que source de bonheur. Diderot a été le grand coryphée de ces hommes sensibles. Rousseau a subi l'influence de Diderot, moins, il est vrai, pour le fond de la doctrine que pour l'expression passionnée et quelquefois déclamatoire des idées; car, même dans la *Nouvelle Héloïse*, la raison se pose en règle absolue, et la soumission de la passion au devoir est le sujet du roman, le thème des morceaux les plus éloquents (1).

(1) On confond ordinairement (c'est un grand tort, dont on serait préservé si l'esprit de la *raison pratique* du criticisme était mieux compris) le *sentiment*, en tant que nom familier de l'un des éléments de conscience qui entrent dans l'affirmation des postulats dépendants de la loi morale et dans la croyance à la réalité suprême de cette loi elle-même, et le *sentiment* comme principe de l'éthique, tenant lieu de tout ce qui s'appelle devoir, et primant toute règle des relations humaines. C'est dans le premier de ces deux sens du mot seulement qu'on peut dire que le sentiment a dicté les croyances de Rousseau exprimées dans la *Profession de foi du vicaire savoyard*. Rousseau, dans cet ouvrage, s'est énergiquement prononcé contre

Mme de Staël, vrai disciple de Rousseau, a cependant paru trahir une certaine tendance à prendre le sentiment pour loi. Mais presque toute la littérature française en réaction contre le classicisme, pendant la première moitié de notre siècle, a répudié les idées et jusqu'aux noms de de devoir et de vertu; et le sentiment lui-même, sous la forme philanthropique et attendrie que le xviiie siècle lui avait donnée, étant tombé dans le ridicule, assez mérité d'ailleurs, dont il ne semble pas près de se relever, c'est la passion en elle-même et sans autre but que sa propre satisfaction qui a été glorifiée par le roman et le théâtre. On pouvait descendre encore plus bas : aujourd'hui la sensation pour la sensation, l'impression, aussi vive qu'on peut la sentir ou la peindre, paraissent à beaucoup d'écrivains le but de l'art et de la vie. La littérature « tableau des mœurs » devient la peinture des jouissances, des intérêts, des vices et des crimes, pendant que les intérêts eux-mêmes, à l'état d'aveugle et cruel conflit, dans la société, travaillent à leur propre ruine en voulant se satisfaire à tout prix. Telle est la décadence de la morale du sentiment. La règle de l'utilité générale n'y peut rien changer. En réalité, lequel ne l'a pas posée ou supposée, cette règle, de tous les moralistes qui en ont placé le fondement naturel, les uns dans l'intérêt bien raisonné de l'individu, les autres dans ses affections sympathiques et bienveillantes ? Vauvenargues ne l'a pas moins connue que les auteurs de catéchismes de morale intéressée. Mais elle ne mène à rien, parce qu'on n'en saurait donner, en théorie, une autre raison que l'utilité de chacun, c'est-à-dire son plaisir et son bonheur, dont nul ne peut se faire juge à sa place, et parce que le bien public lui-même est, en pratique, un objet de définition et d'appréciation incertaines et incessamment débattues.

Je reviens à la grande école utilitaire, qui, fortifiée par la théorie de l'association des idées et de l'habitude, représente de la manière la plus sérieuse et la plus complète, à la fois l'opposition à la morale du devoir et la négation de la méthode des notions aprioriques. Le vice capital de l'em-

---

l'eudémonisme et contre le système qui fait de l'intérêt ou du plaisir le mobile unique des actes. Il a formulé l'opposition entre le « principe inné de justice et de vertu » et le « penchant naturel à se préférer à tout ». Il a rattaché cette opposition à l'existence d'une loi universelle de justice et d'ordre, dont la conscience porte témoignage. Il a enfin expliqué le devoir par la liberté, établi la responsabilité, subordonné le bonheur, et regardé le mal comme l' « ouvrage » de l'homme. Si c'était là une philosophie du sentiment, la doctrine de Kant en serait donc une aussi.

pirisme en morale, — Car c'est bien ainsi qu'il faut qualifier maintenant l'utilitarisme, — consiste à laisser les jugements moraux dans l'arbitraire. La raison, cet unique fondement commun des déterminations d'idées et de motifs sur lesquels il peut être donné aux hommes de tomber d'accord autrement que par accident, la raison n'étant appelée à l'œuvre qu'en sa fonction logique et purement instrumentale, le principe de l'action reste livré à la discrétion et au goût de l'agent, soit que les affections et les maximes de ce dernier tiennent à son idiosyncrasie en matière de satisfactions désirables, soit que son caractère ait été convenablement moulé par l'action éducative et législative des autres, dont les goûts ont différé des siens. Hors de la raison, on ne trouvera jamais que le *fait*, et non le *droit*, non la règle, pour s'imposer à tous également et d'avance, non le moyen de décider qui *a raison*, dans la préférence à donner à des plaisirs sur des plaisirs, à une idée du bonheur sur une autre idée du bonheur; car il ne faut pas oublier que la satisfaction de l'individu est la première et dernière raison, le point unique d'où tout part, où tout doit revenir.

On remarquera en passant combien la doctrine de la nécessité, le déterminisme absolu, est utile pour ôter le scrupule qui pourrait s'attacher à l'adoption d'une éthique sans impératif; et puis, combien la venue de la doctrine de l'évolution était désirable, pour donner à l'eudémonisme, en disposant spéculativement du passé et de l'avenir, un caractère universel, « objectif », qui lui est refusé d'ailleurs. La première de ces doctrines fournit la consolante assurance que les choses vont de la seule manière qu'elles peuvent aller, sans qu'on s'efforce de régler par de vains jugements aprioriques le jeu des passions individuelles et la marche du monde. La seconde fait mieux : elle se charge de démontrer que la loi des phénomènes est un progrès universel et spontané vers le bonheur.

Un autre défaut de la morale empirique, et qui a été souvent signalé, c'est l'impuissance de ses partisans à trouver un équivalent pour l'idée de ce que l'école opposée nomme des *devoirs envers soi-même*. Ces sortes de devoirs impliquent en effet le concept général de la *Personne*, en tant que marquée d'un caractère de dignité, et dirigée par un idéal de perfection propre. Quand le bien de l'individu est défini par le plaisir; et les objets désirables ramenés, directement ou indirectement, à ceux qui sont des causes de plaisir; et le choix qu'on fait des plaisirs, déterminé simplement par les attraits respectifs qu'ils sont en possession d'exercer, et par des comparaisons et des raisonnements touchant leurs probabilités, leurs durées, leurs liaisons avec des peines à craindre, etc., il est clair que tout idéal de la personne humaine disparaît. Il ne reste plus que l'approbation ou la désapprobation qu'une personne encourt de la part d'une autre; et ces jugements ne signifient rien de plus que le goût de cette dernière en fait de plaisirs, qu'elle appelle les *vrais* parce qu'ils sont *les siens*.

Quant aux *devoirs envers autrui*, la morale empirique en renferme toute la matière dans la bienfaisance (dans le fait de faire du bien aux autres, de leur causer du plaisir). La bienfaisance dépend des affections sympathiques et bienveillantes. Celles-ci, en chaque cas donné, existeront ou n'existeront pas chez l'individu, et s'exerceront plus ou moins intelligemment, toujours gratuitement, sans autre nécessité ou sanction que celles que d'autres passions peuvent imposer. La bienveillance, passion acquise, suivant la méthode associationiste, n'est ainsi qu'un fait plus ou moins incertain, et qui d'ailleurs n'apporte pas avec lui sa règle. Fût-elle innée, dans la mesure départie à chacun par la nature, elle aurait toujours ce même caractère empirique. L'obligation et la justice ne peuvent sortir de là. On renonce à les en tirer; on cherche seulement à montrer que l'expérience a pu engendrer des sentiments auxquels se seraient attachés ces noms d'obligation et de justice, quoiqu'ils n'aient pas le même sens. Enfin on se contenterait de lier au principe de l'intérêt personnel la règle de l'utilité générale. Mais cela non plus n'est pas possible.

Tout ce qui se peut, c'est, de même qu'on pose en psychologie l'association naturelle comme génératrice du sentiment altruiste, de même, en pédagogie et sociologie, de prendre l'association provoquée et artificielle pour l'agent de production ou corroboration de ce même sentiment, afin que l'habitude en rende les applications plus faciles et plus nombreuses. Mais on n'offre, en dehors d'une utopie telle que celle de Robert Owen, aucune garantie de ce fait social à produire, aucun moyen de diriger les affections et les actes des individus dans le sens de l'utilité générale. Il faudrait que ce fait arrivât spontanément, en conséquence de la libre expansion des personnes à la recherche de leur bonheur propre, que l'on dit être l'origine et la fin de tout; mais il se trouve, au contraire, qu'on est forcé de recourir à des institutions et à des règlements dont l'objet est de porter les volontés où apparemment elles ne se porteraient pas d'elles-mêmes. On a cru pouvoir nier le principe de l'obligation, et que fait-on, si ce n'est de l'appliquer, tout en le méconnaissant, lorsqu'on prend sur soi de nécessiter autant qu'on le peut les gens à préférer le bien public à ce qui leur semblerait être leur bien propre, opposé au premier? Il ne suffirait pas d'avoir soi-même ce goût bizarre, pour se sentir le droit de l'imposer aux autres. Il y a plus, c'est qu'on n'a jamais la prétention de l'imposer que dans certaines limites, en des cas frappants et bien déterminés. Par le fait de cette limitation inévitable, on avoue implicitement l'existence d'une *notion de la justice*, à la fois plus étroite que le *sentiment de la bienveillance*, et seule impérative; et on avoue que l'utilité générale, quelque avérée qu'on la suppose, ne peut pas être absolument prescrite aux individus pour leur règle. Ce critère prétendu de la moralité, d'une part, ne se déduit pas du principe de l'intérêt ou plaisir de l'individu, duquel il faut que tout dépende, en ce système, et, d'une autre part, il est impropre à se définir lui-même et à fournir des jugements distinctifs.

Le premier de ces vices logiques ressort à la lumière d'une vérité qui n'est pas sérieusement contestable : c'est que l'intérêt personnel et l'intérêt public ne s'accordent pas *d'eux-mêmes*. Ou l'agent établira volontairement la conformité requise, ou bien, soit ignorance, soit mauvaise volonté, il s'en écartera. Le cas de l'harmonie ne peut se poser en fait universel, cela est trop clair. Quand l'autre cas se présente, le moraliste, afin d'apprécier l'acte, substitue son jugement au jugement de l'agent, et l'éducateur ou le législateur font tout leur possible pour que ce dernier jugement soit modifié; mais celui-ci, tel qu'il est de fait, ne reste pas pas moins le seul fondé à représenter l'intérêt, le plaisir de l'agent qui, par hypothèse, et selon le premier principe du système en question, agit toujours en vue de son intérêt, de son plaisir. Il n'y a pas de substitution acceptable en pareille matière. Ainsi, la règle théorique de l'utilité générale ne saurait se déduire de la règle empirique de l'intérêt de l'individu, toujours consulté par l'individu. On tente néanmoins cette opération illogique, car on répugne à confesser qu'on n'a d'autre ressource ici que celle de mettre son propre sentiment à la place du sentiment d'autrui, pour une chose dont il appartient à ce dernier de juger; et puis de faire agir, directement ou indirectement, tous les ressorts dont on dispose pour le contraindre à faire ce que soi-même on juge bon. Le paralogisme usité, pour la démonstration de l'accord des deux points de vue de l'utilité, consiste dans la confusion de l'intérêt de l'*individu propre*, et pris en lui seul, avec l'intérêt de l'*individu en général*, comme membre d'un corps. Or celui-ci est une abstraction, tandis qu'en réalité c'est à celui-là que s'adressent les prescriptions de la morale utilitaire, c'est à celui-là qu'on demande de trouver son plaisir là où il est très souvent certain de ne rencontrer que la douleur.

Le second des vices logiques du critère prétendu est qu'il manque de la propriété essentielle d'un critère. La consultation de l'utilité générale, au lieu de se prêter au discernement des devoirs stricts, ouvre un champ à perte de vue. La règle une fois posée s'étend démesurément et ne circonscrit rien. Le point de départ a été le plaisir, le but semblerait être le sacrifice : rien n'est déterminé dans l'intervalle. Au vrai, la bienveillance, moteur unique, moteur sans autre frein que les passions qui la neutralisent ou la combattent, et sans autre guide que l'appréciation, peu sûre et sujette à sophismes, de l'utile, exercera l'action que la nature, l'habitude, les précédents et les circonstances comportent pour chacun en chaque rencontre. Le résultat, tout empirique, confirme le principe empirique d'où l'on est parti. Mais est-ce pour arriver là qu'on entreprend l'œuvre d'une éthique? Comment l'âme ne serait-elle pas saisie par le dégoût, chez le penseur ardent pour le bien, et qui, animé, au moins instinctivement, du désir de découvrir la règle et la raison supérieure des faits moraux, est condamné par sa méthode à contempler ces faits, non pas comme souverainement gouvernés, mais tels que l'association seule les compose et les décompose au gré des circonstances et que l'impitoyable analyse les dénude en dissolvant l'association elle-même (1)?

Ainsi le motif de l'utilité générale, n'étant pas déduit, ne s'appuie en réalité que sur le sentiment, lequel existe ou n'existe pas, selon que les faits, les circonstances le veulent ; et, supposé que le sentiment existe, son action n'est circonscrite par aucune limite que la théorie soit apte à définir : le motif altruiste est naturellement borné dans ses effets, auxquels des motifs personnels s'opposent, mais rien, en dehors des lois et des usages, ne permet de prononcer sur ce qui est licite, exigé ou facultatif, dans le partage à faire des intérêts. Ce n'est pas tout ; la règle de l'utilité est subordonnée, en son application, au jugement de l'utile, et ce juge-

---

(1) Voyez Stuart Mill, *Mes Mémoires*, trad. de M. Cazelles, pp. 130-133.

ment est très communément fondé sur des probabilités trompeuses et sur des hypothèses. L'utilitaire allègue qu'il n'y a point de principe de morale, admis par d'autres écoles, qui ne soit également sujet à erreur, l'application en étant nécessairement confiée à l'individu faillible. Mais cette assimilation est fausse. L'impératif de Kant, par exemple, est assez exempt d'équivoque pour que ceux qui ne l'admettent pas en voient toutes les exigences, et déclarent non pas qu'elles sont obscures, mais qu'elles dépassent ce qu'on peut attendre d'un homme. Ce n'est point par erreur, touchant ce qu'il prescrit, qu'on s'en écarte, mais par faiblesse ou parce qu'on suit d'autres maximes. Au reste, il suffit de consulter l'expérience : c'est une condition continuelle et de la vie publique et de la vie privée, que la justice et l'utilité soient mises en balance dans les délibérations ; c'est un cas des plus communs, qu'il n'y ait pas lieu à la plus légère hésitation, en tant qu'il s'agirait *simplement* de prononcer sur la justice rigoureuse d'un acte ou d'une mesure proposée ; et c'est un fait journalier, que l'issue désastreuse, pour un individu, une famille, une nation, de telle décision qui a été prise en vue de l'utilité particulière ou générale. L'histoire tout entière porte témoignage de la difficulté du calcul de l'utile, et du peu de solidité des hypothèses et des prévisions sur lesquels un tel calcul se fonde. Quelques succès qu'on doive aussi lui reconnaître, mais principalement alors pour les cas où l'utilité consultée n'est pas en conflit avec la justice, la question n'est pas là ; elle est ici de savoir si le discernement du juste est, comme celui de l'utile, subordonné à des hypothèses touchant les conséquences à attendre des actes ; or, il ne l'est pas, et c'est même un de ses caractères essentiels de ne pas l'être.

Nous remarquerons, en terminant ce sujet, que l'école utilitaire est mal fondée à qualifier sa morale d'*inductive*, par opposition à la doctrine du devoir, qu'elle nomme *intuitive*. Cette dernière dénomination provient probablement d'un terme adopté par les philosophes écossais qui réagirent contre l'empirisme de Hume, mais elle est inexacte, si on l'applique à l'apriorisme de Kant, où le terme d'intuition est réservé aux formes de la sensibilité. Quant à la prétention de l'utilitarisme d'être une induction tirée de l'expérience, elle ne s'appuie sur rien. L'utilitarisme aurait ce caractère, qu'il ne laisserait pas d'être tenu de poursuivre, ainsi que cela se fait dans les sciences expérimentales, la preuve de la légitimité de l'induction, toujours entachée d'hypothèse. Mais ni la réduction des mobiles d'action à l'intérêt et au plaisir de l'individu, ni le passage de l'intérêt personnel à l'utilité générale ne sont des inductions dont on puisse montrer une forme régulière. Le principe du plaisir, excluant tout autre mobile, est une vue des plus contestées, un apriori, dans le fond, et tout gratuit, puisque n'étant ni l'énoncé d'un fait irrécusable, ni induit ou déduit d'autres faits par une opération logique, il n'est pas non plus capable de s'imposer de lui-même à la pensée. Ce principe est le premier, nous l'avons vu, pour toute l'école empirique. Dès qu'il est posé en guise de fait, il faudrait au moins que le second principe, la règle de l'utilité générale, pût s'y rattacher logiquement. Mais, au lieu de la conciliation qu'on voudrait, c'est alors une contradiction insoluble qui se présente.

Il est temps de revenir à la direction stoïcienne du développement moderne de l'éthique, et de voir comment cette direction a été déterminée par l'œuvre de Kant. Mais je me suis assez étendu sur la discussion des principes de la méthode empirique en morale (épicurisme moderne), pour qu'il me soit maintenant facile de marquer et définir brièvement les traits caractéristiques d'une théorie dont les principales thèses sont déjà mises en forte saillie par les thèses qui les contredisent dans l'école opposée.

L'empirisme professe que la raison n'est qu'un instrument de comparaison des jugements, lesquels, soit raisonnés, soit immédiats, sont toujours les produits des perceptions et de l'expérience. L'apriorisme kantien tient que la raison fournit elle-même certains jugements fixes qui ne sont ni déduits de jugements antérieurs, ni induits de l'expérience, mais inhérents à la nature de l' « être raisonnable ».

L'empirisme veut que le plaisir, élément de composition du bonheur que tout être vivant appète, soit la fin de tout acte, à l'exclusion de tout autre mobile dont on supposerait l'agent moral apte à recevoir volontairement l'impulsion. L'éthique apriorique affirme qu'il existe chez l'homme, outre les idées et les attentes nées de l'expérience, outre les passions relatives au plaisir et à la peine, un pouvoir de juger de la chose qui doit ou devrait être, et de l'acte qu'un être raisonnable doit ou aurait dû faire, en chaque circonstance où l'imagination envisage des volontés comme pouvant ou ayant pu se déterminer d'une manière ou d'une autre manière.

L'éthique dont le premier principe est la poursuite individuelle du bonheur prend à tâche de mettre ce principe d'accord avec celui de l'intérêt public; elle en vient à regarder ce dernier comme le critère des actes moraux : force lui est dès lors de se confier à l'hypothèse, dans l'application du critère, et cela doublement; car il faut d'abord supposer que l'agent est réellement enclin à trouver son plaisir là où la théorie le lui montre, et ensuite il faut se fier aux jugements particuliers que la théorie lui confie, sur ce qui est ou n'est pas conforme à l'utilité générale. L'éthique du devoir, et très éminemment l'éthique de Kant, exclut de la morale les jugements *hypothétiques*; ses préceptes sont toujours *catégoriques*.

L'éthique du bonheur soumet la volonté à une loi qui, suivant les termes de Kant, n'est jamais qu'une *hétéronomie de la volonté*; c'est-à-dire que la volonté, dans ce cas, « ne se détermine pas *immédiatement* elle-même par la représentation de l'action, mais qu'elle est simplement déterminée par l'influence que l'effet supposé de l'action a sur elle »; c'est la nature, et c'est par conséquent l'expérience qui donne la loi au sujet. L'éthique de Kant pose une *autonomie de la volonté*; « c'est-à-dire que l'appropriation de la maxime de toute bonne volonté à une loi universelle est l'unique loi que la volonté de tout être raisonnable s'impose, sans la subordonner à aucune espèce de mobile ou d'intérêt ».

Enfin l'éthique du bonheur, dans sa tentative pour accorder le bien de l'agent, tel que l'agent *peut* se le représenter lui-même, avec le bien public, est amenée, plus ou moins sciemment, à prendre pour principe fondamental le sentiment, au lieu de l'intérêt, et comme produisant un plaisir spécial, supérieur à tout autre plaisir. L'éthique de Kant reconnaît que le sentiment moral, — dans lequel il faut comprendre aussi la sympathie, la bienveillance, l'amour, la disposition altruiste de l'esprit, puisque les psychologues partisans du sens moral unissent ordinairement à ce *sens* ces affections de la nature humaine, et l'espèce de satisfaction intime dont elles sont accompagnées, — se rapproche du moins de la moralité, « en faisant à celle-ci l'honneur de lui attribuer immédiatement notre satisfaction et le respect que nous ressentons pour elle, et ne lui disant pas en face, pour ainsi parler, que ce n'est pas sa beauté, mais notre avantage qui nous attache à elle ». Mais c'est, dit-il, faiblesse d'esprit, incapacité de penser, que d'en appeler au sentiment, là où il s'agit de lois universelles. On ne peut prétendre à régler les mœurs au moyen de sentiments dont les degrés diffèrent à l'infini et ne permettent point de mesure du bien et du mal. Et enfin « celui qui juge par son sentiment n'a pas le droit d'imposer ses jugements aux autres ». Le sentir est un fait ; s'il s'attribue la portée d'un jugement valable en général, il est arbitraire. C'est une loi *morale* qu'il faut ici, et cette loi doit être autonomique, universelle, et conçue et applicable sans aucune fin d'intérêt et sans hypothèses (1).

Kant n'a pas assisté aux derniers développements que l'épicurisme moderne a reçu dans l'école associationiste et dans l'école de Bentham, et qui lui ont donné sa forme actuelle de doctrine de l'utilité générale ; mais on voit qu'il n'aurait rien à ajouter aujourd'hui à ce qui peut caractériser son attitude vis-à-vis de l'éthique du bonheur. Son opposition est absolue, et ses arguments portent à une profondeur où les diversités que le principe de l'empirisme permet chez ses adhérents deviennent indifférentes. Voyons maintenant la position que la morale kantienne occupe par rapport aux morales antérieures du devoir. Ce n'est plus une divergence radicale, c'est bien plutôt un dégagement définitif de la pensée, un accomplissement. Le trait le plus irrécusable de ce progrès consiste dans la formule enfin donnée de la loi morale, qui avait été seulement pressentie, quoique le sens et les principales conséquences en eussent été plus ou moins présentes à l'esprit des moralistes, dans les écoles rationnelles. Un autre trait essentiel, le premier suivant la pensée de Kant, est l'accent mis sur l'autonomie de la volonté : ici, le philosophe s'est élevé à un degré d'abstraction extraordinaire, et qui a beaucoup servi au relief de sa doctrine, mais en même temps fourni de nouvelles armes à ses adversaires et soulevé les plus difficiles et les plus troublantes questions d'éthique rationnelle, que j'indiquerai tout à l'heure. Si cependant nous comprenons l'autonomie de la volonté, dans un sens, non pas plus faible, mais pressé moins sévèrement par l'analyse psychologique, et qui n'a pas laissé de poser un idéal de conduite qu'on a presque toujours trouvé au-dessus des forces de l'homme, il est certain que le stoïcisme a enseigné l'autonomie de la volonté. Je crois l'avoir montré plus haut (2). Il n'est pas jusqu'au problème du libre arbitre, où la théorie formulée par Kant, tout en étant singulièrement

---

(1) Kant, *Fondements de la métaphysique des mœurs*, section II, § 4.
(2) Voyez ci-dessus, les passages concernant Zénon et Épictète.

originale, ne nous place, en pratique, dans une condition tout à fait semblable à celle qui résulte de la doctrine stoïcienne. En effet, les stoïciens soutenaient à la fois le dogme de la nécessité universelle des phénomènes et affirmaient la liberté absolue du sage ; et nous avons vu Spinoza conduit par la spéculation substantialiste à un résultat à peu près semblable. Kant embrasse, ainsi que ces philosophes, l'opinion du déterminisme absolu, et maintient la liberté humaine, induction et postulat indispensable de la loi morale, comme s'exerçant hors des phénomènes, c'est-à-dire dans l'*être en soi* et dans l'éternité. On pourrait essayer de montrer une certaine identité métaphysique entre ces diverses conceptions. Je me borne à remarquer que la même position est faite pratiquement à l'agent moral, entre les deux points de vue contraires : celui d'un monde où ses propres actes sont tous rigoureusement prédéterminés, comme phénomènes, et celui d'une volonté autonome qui doit se déterminer elle-même dans une pleine indépendance des phénomènes.

Quelle que soit l'importance, immense assurément, de la séparation rigoureuse de la morale d'avec l'ontologie et la métaphysique, et de la définition pure des impératifs, que Kant a apportée à l'éthique du devoir, il a exagéré la distance entre les premiers principes de sa théorie et les idées dont se sont inspirées les grandes écoles de morale rationnelle. Mais la faiblesse réelle de la philosophie autorisée, ou la plus en vue, de son temps, en matière d'éthique, et le formalisme absolu de son idée de l'obligation ont dû lui déguiser des points communs qui ne pouvaient pas ne pas exister entre sa doctrine et d'autres ou anciennes ou méconnues. Il ne voit, avant l'avènement de la critique de la raison, que des « principes de moralité partant de la notion fondamentale de l'hétéronomie » : il faudrait, pour que cela fût exact, que la notion pure de la justice, en tant que donnée de la nature humaine, supérieure à l'expérience, et l'idée du devoir, comme loi de la volonté, indépendante de l'utilité, eussent été pour la première fois posées dans le criticisme ; or, ces idées ne remontent pas moins à l'antiquité que les idées opposées de l'épicurisme. Ensuite, Kant divise les principes de moralité fondés sur l'hétéronomie en *empiriques* ou *rationnels*. Il préfère sans doute ces derniers, s'il fallait choisir, aux premiers, c'est-à-dire au principe du *sens moral*, et, à plus forte raison, à celui de l'*intérêt*, mais non pas de telle manière qu'ils forment une classe où sa propre éthique entre avec les autres éthiques du devoir. Il en mentionne deux espèces : l'une, où l'on fait dériver la moralité d'une volonté divine absolument parfaite ; — et il objecte à la notion *théologique* de la perfection le cercle vicieux dans lequel elle tourne, à moins de renoncer à définir la nature divine par des attributs au nombre desquels sont précisément des idées morales que nous ne connaissons qu'en nous-mêmes ; — l'autre, où l'on emploie la notion *ontologique* de la perfection, mais sans pouvoir déterminer le genre de réalité qui constitue cette perfection, si ce n'est qu'on tombe encore dans un cercle vicieux, en la qualifiant à l'aide et par la supposition de la moralité même qu'il s'agit d'expliquer (1). Cette dernière critique enveloppe l'éthique stoïcienne et l'éthique de Spinoza, toutes les morales rationnelles qu'on peut dire fondées sur la conception d'un ordre universel (idées de réalité et de perfection identifiées) auquel l'homme, ou du moins le *sage*, l'*être raisonnable* de Kant, doit se conformer, et qui, lorsqu'on le prend spécialement dans cette nature humaine parfaite qui en est une partie, constitue la *moralité* cherchée. Le cercle vicieux reproché par Kant au système *ontologique* du devoir est-il bien véritable ? — Si l'on en convient, est-il du moins possible à quelque autre doctrine rationnelle d'éviter toute pétition de principe et d'éliminer absolument l'idée de perfection de la morale ? — et, enfin, si l'éthique métaphysique, et ordinairement panthéiste (panthéiste, elle l'est par ses tendances quand ce n'est pas de profession), qui se tire des idées universelles d'ordre, de bien ou de perfection, appartient à la classe des morales du devoir, en quoi consiste essentiellement la révolution dont Kant est l'auteur. La réponse à ces questions importe beaucoup pour justifier le principe de classification auquel je m'attache, en même temps que pour éclaircir la pensée propre au criticisme dans la morale.

Premier point : Il y a visiblement un certain vice logique dans les systèmes de *conformisme* dont l'éthique stoïcienne et l'éthique de Spinoza sont les types les plus achevés, sans aucun mélange de croyances religieuses, ou de théologie dépendante de ces croyances. Si le principe de conformité devait réellement s'entendre et s'appliquer d'après la contemplation et imitation de la nature, et des lois qui régissent les relations des vivants, dans le grand monde, le penseur serait conduit aux antipodes de la moralité. C'est en réalité dans le petit monde de la nature humaine, et, plus parti-

---

(1) *Fondements de la métaphysique des mœurs*, sect. II, § 4.

culièrement encore, de la nature humaine *morale*, qu'est son idéal ; et malgré toutes les constructions de métaphysique substantialiste et déterministe qu'il peut faire, il ne lui est pas donné de mettre un pont sur l'intervalle qui sépare ces deux mondes. Il résulte de là que la morale qu'il prétend se faire dicter par l'ordre extérieur universel des choses, et par la connaissance qu'il en a, est une morale autonomique au fond, non pas modelée sur la perfection de l'univers, mais bien sur la perfection de la personne, telle que lui-même se la représente et se reconnaît *obligé*, de manière ou d'autre, à la rechercher.

Second point : Cette idée de la perfection, quand elle est envisagée dans sa véritable essence et sur son unique théâtre : la personne humaine et la conscience morale, on ne peut l'éliminer que par la plus abstraite des distinctions, de l'idée de l'obligation. Il est vrai que ce n'est pas la même chose, pour l'analyse, de se connaître obligé, et de reconnaître qu'*il est bien* de faire ce à quoi on est obligé, en d'autres termes, qu'une certaine perfection de la personne est attachée à la fonction de remplir ses obligations. Cette fonction est la moralité. Si on sépare l'idée du bien d'avec celle du devoir connu et accompli, on ne comprend plus ni l'agent moral ni l'agent naturel, car il n'y a pas d'acte sans une idée quelconque de la *matière* d'un bien à obtenir. Convenons donc que la morale, même la plus autonomique, implique une notion générale de la perfection : ici, c'est l'idéal de la personne humaine, que nous ne pouvons pas séparer de la notion de l'obligation à laquelle il faut que cette personne *trouve cela bien* de se soumettre. S'il y a un cercle vicieux dans la définition de la moralité ainsi comprise, il serait plus juste de le nommer une inévitable pétition de principe, une sorte de postulat du bien comme inhérent à la notion de l'obligation. Ce postulat serait alors le premier à faire pendant à celui de la liberté, et le plus général, ainsi que le plus instinctif, de ceux auxquels on est conduit par la morale, et afin de mettre la morale en rapport avec l'idée du bien. Éviter le « cercle vicieux », comme le veut Kant, en séparant l'ordre intimé à la volonté de tout mélange avec l'idée d'un bien à obtenir par l'effet de l'acte, et ne lui laissant que la forme de l'obligation (1), c'est ne donner qu'un principe abstrait à l'éthique, et se mettre

---

(1) « Partout où un objet de la volonté doit servir de principe pour prescrire à cette volonté la règle qui la détermine, cette règle n'est qu'hétéronomie... La volonté absolument bonne, celle dont le principe doit être un impératif catégorique, sera donc indéterminée à l'égard de *tous les objets*, et ne contiendra que la *forme du vouloir en général* ». (Kant, *loc. cit.*) —

ainsi dans l'impossibilité d'expliquer à quel titre les impératifs se recommanderaient à la conscience, leur matière n'étant ni présentée comme bonne, ni soutenue d'ailleurs par aucune autorité externe.

Troisième point : Laissant maintenant de côté la question de savoir si l'idée du bien et des conséquences de l'acte qui touchent l'agent lui-même, ou les objets de ses affections, peut être éliminée absolument, et ne laisser subsister que la forme de l'obligation, il faut se rendre compte du grand résultat obtenu pour l'accomplissement de l'éthique du devoir. Nous devons à Kant : 1° la réduction complète de la moralité à un jugement tout entier du for intérieur, exempt d'hypothèses en lui-même, et sans aucune sujétion à des dogmes ou opinions sur Dieu, la Nature, ou la marche du monde ; 2° une formule rigoureuse et claire du principe caractéristique de ce jugement. Grâce à la réduction à la conscience, la métaphysique et l'ontologie sont écartées ; la pensée de Socrate, que les philosophes, après Aristote, avaient tous et de plus en plus cessé de comprendre, reparaît avec une force nouvelle et des arguments définitivement approfondis ; la perfection morale cesse d'être cherchée, comme elle l'avait été par les stoïciens, ou à leur imitation, dans la conformité de l'agent individuel avec une certaine *réalité* ou *perfection* universelle ; et, ce qui est plus nouveau, ce qui fait l'originalité de Kant, à la fois dans son œuvre critique et

---

Cette forme du vouloir en général étant déterminée exclusivement par l'impératif catégorique, c'est-à-dire par le principe de la possibilité de la généralisation des maximes de conduite, sans aucune considération de la fin des actes ainsi réglés, les adversaires de Kant ont demandé ce qu'il fallait entendre au juste par cette possibilité, et de quelle manière on pouvait en juger en ne sortant pas de la *forme de vouloir*. Kant n'a levé nulle part la difficulté. Au point de vue où je suis placé ici, l'objection doit remonter encore plus haut. Évidemment, le philosophe qui bannit ainsi, en morale, l'idée du bien et de la fin, l'idée de la matière des actes que prescrit la *loi*, ne manquera pas de retrouver ces idées en quelque autre partie de sa doctrine. On sait en effet que la liberté, dont Kant envisage le siège en dehors de la série entière et entièrement déterminée des phénomènes, est selon lui *le vouloir* même, expression pure, expression nécessaire de la raison, et qui est aussi le bien, abstraction faite de l'inexplicable « mal radical » par lequel la volonté est soumise aux affections sensibles. C'est dire qu'il existe, non pas précisément dans la *nature*, au sens stoïcien, mais plus au fond, dans le *noumène*, un principe absolu du bien, cette raison à laquelle la volonté de l'agent individuel, — à savoir de celui qui est engagé d'autre part dans la série des phénomènes, — se conforme en tant qu'il obéit à la loi morale formelle avec défense de se préoccuper de la matière et des conséquences des actes. On voit que la métaphysique Kantienne nous ramène, par une voie imprévue, à ce principe du conformisme à la raison universelle et souverain bien, dont le principe de l'autonomie semblait exempter l'agent moral phénoménal. L'inévitable hétéronomie que Kant reproche à toute éthique admettant le « principe de perfection » se retrouve dans sa propre doctrine quand on s'y enquiert de l'ultime fondement de l'impératif.

dans son œuvre morale, cette métaphysique qui avait prétendu engendrer et dominer l'éthique, et dont l'éthique, abandonnant les édifices en ruine, ne pouvait cependant supprimer tout l'objet, se retrouve comme son produit subordonné, en ce qu'elle a d'essentiel et de moins incertain : les *postulats* viennent à la place des *dogmes*. Ce renversement de l'ordre ancien des spéculations est une dépendance logique, dont on a souvent le tort de détourner la vue, de la réforme philosophique totale que Kant lui-même a comparée à celle de Copernic (1) déplaçant en astronomie le centre des révolutions, parce que l'ancien point de vue, qui avait d'abord paru le plus naturel, ne pouvait plus se maintenir. En effet, les notions morales, en tant qu'elles *demandent* certaines croyances parties de la conscience et étendues à l'ordre du monde, donnent à ces dernières un fondement semblable à celui qui reste seul aussi pour les vérités de l'ordre logique, affirmées *universelles et nécessaires* par une philosophie qui cherche dans les formes de l'esprit humain le propre et le dernier appui de toute affirmation échappant au contrôle de l'expérience.

La définition nette et rigoureuse de l'obligation était indispensable afin que la morale, ainsi dégagée et élevée à la primauté, reçût une solide assiette rationnelle, et revêtît le caractère scientifique dont l'analyse n'avait encore approché dans aucune des directions de la psychologie. L'école empirique, à cause de sa méthode même, se trouvait ici, pour ainsi dire, hors de concours. Dans l'école opposée, à ne tenir point compte des ressources qui pouvaient se tirer de principes hétéronomiques, on manquait d'une formule générale embrassant les devoirs envers soi et envers autrui; et, quant à la notion du juste en particulier, on n'avait pas dépassé les idées encore vagues d'égalité et de réciprocité, d'une application toujours incertaine, ou le vieux précepte : *Ne fais pas à autrui*, etc., dont le vrai sens, qui se devine, est si peu logiquement rendu en ces termes usuels (2), pour s'élever au principe philosophique dont ces idées et ce précepte sont

---

(1) Voir la *Critique de la raison pure*, l'admirable préface de la seconde édition.

(2) A comprendre ce que ce précepte dit, et non ce qu'il suggère vaguement, il impliquerait, ce qui est manifestement faux, que ce n'est jamais un devoir de faire à quelqu'un ce qu'on ne voudrait pas qui vous fût fait. Si l'on ajoutait à la volonté dont on parle une condition sous-entendue, à savoir que cette volonté soit juste, il resterait à définir la justice et on ne serait pas plus avancé. Quand on donne à l'énoncé, comme quelques-uns le préfèrent, la forme affirmative : *Faites à autrui*, etc., on s'éloigne davantage de l'idée du juste ; le précepte devient entièrement illimité et sans force ; au lieu de définir le devoir, on recommande la volonté sans restriction ni règle de contenter les désirs de tout le monde.

de simples dépendances. Ce principe est l'*impératif catégorique* : « *Agis toujours d'après une maxime telle que tu puisses vouloir qu'elle soit une loi universelle* », ou encore, en donnant ici au mot *nature* le sens de l'« existence des choses en tant qu'elle est déterminée suivant des lois universelles » : « Agis comme si la maxime de ton action devait être érigée par ta volonté en une loi universelle de la nature » (1).

L'idée que le vieux précepte suggère à tout esprit disposé à l'entendre est celle-ci : l'agent moral qui se propose un acte envers le prochain, en des circonstances données, et qui pense avoir une bonne raison pour agir de cette manière, doit imaginer qu'il est mis lui-même à la place du prochain, et le prochain à la sienne, les circonstances demeurant les mêmes, et, cela fait, se demander si son motif continue à lui paraître aussi bon qu'il lui paraissait ; l'acte ne sera légitime qu'autant que le jugement dont il procède pourra supporter ce genre de contrôle. En interprétant ainsi le précepte, nous en dégageons un élément latent, la *maxime de la conduite*, élément très réel, inséparable de tous les cas dans lesquels le précepte peut intervenir pour guider la réflexion de l'agent ; en portant l'attention sur la *maxime*, nous donnons à l'expression vague du vouloir dans le précepte (à l'idée de ce qu'on *voudrait* ou de ce qu'on *ne voudrait pas*) la signification d'un jugement ; et ce jugement, qui porte dès lors sur une raison à reconnaître, et non sur un désir et un intérêt, est en outre rendu équitable et impartial par l'échange des rôles, point capital et le seul bien en vue dans l'énoncé du précepte. Si cette analyse est juste, elle peut faire ressortir le mérite de la formule de l'*impératif catégorique* ; car les mêmes idées ne sont pas seulement éclaircies dans cette dernière, mais encore élevées au plus haut degré de généralité, et acquièrent la rigueur des définitions scientifiques. La *loi morale* est semblable à l'une de ces généralisations, dont les sciences exactes offrent des modèles, où se concentrent et d'où se peuvent déduire et développer des propriétés qu'on n'apercevait auparavant qu'à l'état de dispersion.

L'idée de la *maxime*, ou « principe subjectif du vouloir » est d'abord dégagée, ainsi que je viens de le dire. On peut la poser comme un fait psychologique indubitable, dans tout les cas où l'agent se rend compte de son acte et lui donne un motif à ses propres yeux ; et ces cas sont les

---

(1) *Fondements de la métaphysique des mœurs*, trad. Barni, p. 58.

seuls qu'on ait à considérer en morale. Kant oppose ce « principe subjectif » à la *loi*, ou « principe objectif », entendant par ce dernier « celui qui servirait aussi subjectivement de principe pratique à tous les êtres raisonnables, si la raison avait toujours une pleine puissance sur la faculté de désirer (1). » La comparaison de la maxime à la loi est donc celle de *la raison* empirique d'agir, que se prête à elle-même une volonté individuelle, à *la raison* universelle, ou telle que toute volonté la connaîtrait et l'appliquerait en tant que volonté raisonnable. Une critique rationnelle requiert évidemment la possibilité de cette opposition.

L'idée de la législation universelle vient parallèlement à l'idée de la raison, puisque l'opposition entre la raison et la maxime se présente sur un terrain où toutes deux légifèrent, pour ainsi parler à l'égard des actes, l'une avec une valeur générale, l'autre avec une détermination particulière qui doit être contrôlée. Dans la formule de l'impératif catégorique, ce sont les mots : *que tu puisses vouloir*, qui impliquent (2) la supposition de la nature raisonnable de cet agent dont cette formule n'admet pas que la volonté puisse consentir à une loi générale qui aurait, dans l'application, des conséquences contraires à la raison.

La condition du renversement possible des rôles entre les personnes, pour juger de la justice d'un acte, est une propriété qui rentre, comme cas particulier, dans l'impératif catégorique; car il est clair qu'une loi qu'on veut être universelle ne saurait faire acception de personnes, et que toute maxime qui cesse de paraître applicable à la relation de deux individus par le seul fait qu'ils échangent entre eux leurs positions, sans aucune autre modification des choses, est le contraire d'une prescription générale. Ainsi le vrai sens de l'ancien précepte ressort du nouveau et y trouve son explication.

Une autre idée encore est comprise au fond dans la formule de l'impératif catégorique, une idée qui n'y est pas moins nécessairement impliquée que l'est celle de raison ou d'agent raisonnable, et qui est, à vrai dire, la même sous un autre point de vue. On est conduit, en l'éclaircissant et la

---

(1) *Fondements*, etc., p. 25, et *Critique de la raison pratique*, p. 153 (Barni).

(2) On voudrait que ce fut plus clairement. L'énoncé de l'impératif catégorique, à différents endroits des ouvrages de Kant, admet des variantes. Mais les exemples qu'il donne des applications de sa formule, quoiqu'ils aient paru parfois criticables, ne laissent aucun doute sur ce point, que c'est l'agent, *en tant qu'être raisonnable*, qui est appelé à décider si oui ou non une maxime *peut être* érigée, ou si lui-même *peut vouloir* qu'elle soit érigée en loi universelle.

dégageant, à un impératif de forme plus concrète, où le sujet et l'objet nécessaires du premier sont mis en évidence, en sorte qu'on peut, avec Kant, l'appeler *pratique*.

En effet, de même que l'impératif catégorique suppose la donnée de cet agent qui, en sa qualité d'être raisonnable, ne *peut pas vouloir* généraliser une maxime qui n'est pas raisonnablement généralisable ; de même aussi l'impératif catégorique porte tout entier sur une certaine matière : à savoir la personne, non seulement sujet, mais objet unique à considérer, des maximes quelconques de conduite, et de la législation universelle avec laquelle ces maximes doivent toujours être compatibles. Cette idée de la personne ayant un caractère universel, ainsi que la raison même dont elle est le siège, — un caractère indépendant de la circonstance que c'est elle qui est appelée à légiférer idéalement, pour le contrôle de ses maximes d'action, ou que c'est elle, réciproquement, qui a à devenir l'objet et à recevoir l'effet des décisions et des actions d'autrui, — il résulte de là que l'impératif catégorique exclut d'avance toute maxime suivant l'esprit de laquelle différentes personnes seraient considérées de différentes manières sous le rapport de leur *dignité*, ou sous le rapport de leurs *fins propres*, et en tant que *moyens* pour les *fins des autres*. C'est en ce sens que l'impératif catégorique *a pour fondement* réel un impératif pratique. L'explication de ce dernier est indispensable pour l'intelligence de la *loi morale*. Kant la tire de la considération de la personne comme *fin en soi* (1) :

« S'il y a, dit-il, quelque chose dont l'existence ait en soi une valeur absolue, et qui, comme fin en soi, puisse être le fondement de lois déterminées, c'est là et là seulement qu'il faut chercher le fondement d'un impératif catégorique possible, c'est-à-dire d'une loi pratique.

« Or je dis que l'homme, et en général tout être raisonnable, existe comme fin en soi et non pas simplement comme moyen pour l'usage arbitraire de telle ou telle volonté, et que dans toutes ses actions, soit qu'elles ne regardent que lui-même, soit qu'elles regardent aussi d'autres êtres raisonnables, il doit toujours être considéré comme fin... La valeur de tous les objets que nous pouvons nous procurer par nos actions est toujours conditionnelle. Les êtres dont l'existence ne dépend pas de notre volonté mais de la nature, n'ont aussi, si ce sont des êtres privés de raison, qu'une

---

(1) *Fondements*, etc., trad. Barni, p. 69-71. Conf. *La morale indépendante et le principe de dignité*, par M. F. Pillon, *Année philosophique*, 1867, p. 276 et suivantes.

valeur relative, celle de moyens, et c'est pourquoi on les appelle des *choses*, tandis qu'au contraire on donne le nom de *personnes* aux êtres raisonnables, parce que leur nature même en fait des fins en soi, c'est-à-dire quelque chose qui ne doit pas être employé comme moyen, et qui par conséquent restreint d'autant la liberté de chacun, et lui est un objet de respect...

« S'il y a un principe pratique suprême, ou si, pour considérer ce principe dans son application à la volonté humaine, il y a un impératif catégorique, il doit être fondé sur la représentation de ce qui, étant fin en soi, l'est aussi nécessairement pour chacun... *La nature raisonnable existe comme fin en soi*, voilà le fondement de ce principe. L'homme se représente nécessairement ainsi sa propre existence, et, en ce sens, ce principe est pour lui un principe *subjectif* d'action. Mais tout autre être raisonnable se représente aussi son existence de la même manière que moi, et par conséquent ce principe est en même temps un principe *objectif*, d'où l'on doit pouvoir déduire comme d'un principe pratique suprême toutes les lois de la volonté. L'impératif pratique se traduira donc ainsi : *Agis de telle sorte que tu traites toujours l'humanité, soit dans ta personne, soit dans la personne d'autrui, comme une fin, et que tu ne t'en serves jamais comme d'un moyen* ».

A ces deux manières de représenter le principe de la moralité, à ces deux formules, au fond, d'une même loi, envisagée, là, dans sa *forme* et, ici, dans sa *matière*, ainsi qu'il s'en explique lui-même, Kant en ajoute une troisième, qui s'en déduit, par où il passe du point de vue des préceptes qui s'adressent à la personne, au point de vue de l'état social qui s'ensuivrait de l'observation générale des préceptes (1) : « Le concept d'après lequel tout être raisonnable doit se considérer comme constituant par toutes les maximes de sa volonté une législation universelle, pour se juger lui-même et juger ses actions à ce point de vue, ce concept conduit à un autre qui s'y rattache et qui est très fécond, à savoir au concept d'un *règne des fins*.

« J'entends par *règne* la liaison systématique de divers êtres raisonnables réunis par des lois communes... Tous les êtres raisonnables sont soumis à cette *loi* de ne jamais se traiter eux-mêmes, ou les uns les autres,

---

(1) *Fondements*, etc., p. 77-89.

comme de simples moyens, mais de se toujours respecter comme des fins en soi. De là résulte une liaison systématique d'êtres raisonnables réunis par des lois objectives communes, c'est-à-dire un règne (qui n'est à la vérité qu'un idéal) qu'on peut appeler un règne des fins, puisque ces lois ont précisément pour but d'établir entre ces êtres un rapport réciproque de fins et moyens...

« La moralité consiste dans le rapport de toute action à la législation qui seule peut rendre possible un règne des fins. Cette législation doit se trouver en tout être raisonnable, et émaner de sa volonté, dont le principe est d'agir toujours d'après une maxime qu'on puisse regarder sans contradiction comme une loi universelle... La raison étend toutes les maximes de la volonté, considérée comme législatrice universelle, à toutes autres volontés, ainsi qu'à toutes les actions envers soi-même, et elle ne se fonde pas pour cela sur quelque motif pratique étranger, ou sur l'espoir de quelque avantage, mais seulement sur l'idée de la dignité d'un être raisonnable qui n'obéit à d'autre loi qu'à celle qu'il se donne à lui-même. »

Ce *règne des fins* n'est autre chose que la *société idéale* : non point celle que les penseurs d'une autre école se représentent comme un *organisme* entraîné dans une certaine évolution et atteignant son but définitif; non pas davantage une *harmonie* qui pût résulter des impulsions spontanément concordantes des sentiments et des passions des individus, sous certaines conditions externes; mais l'idéal d'un *État*, sous le régime de la *loi morale*, où la raison serait le principe directeur commun de toutes les volontés autonomes, constituées et maintenues ainsi dans l'unité, indépendamment des liens naturels des hommes et de leurs affections, et sans que jamais la nécessité de recourir à la force pour obtenir de certains actes d'autrui, ou pour s'en défendre, vînt altérer les notions purement rationnelles de droit et de devoir (de dignité et de respect), en introduisant dans les relations humaines cette idée particulière du *droit* dans laquelle entre le pouvoir de contraindre.

Ce règne des fins, n'est point une idée théorique employée à expliquer ce qui est, comme s'il s'agissait d'un règne réel de la nature envisagé sous le point de vue téléologique ; « c'est une idée pratique servant à réaliser ce qui n'est pas, mais ce qui peut être réalisé par notre manière d'agir, conformément à cette idée même ».

« Ce règne des fins serait réalisé par les maximes dont l'impératif catégorique trace la règle, *si elles étaient universellement suivies*. Mais quoique l'être raisonnable ne puisse espérer que, quand il suivrait lui-même ponctuellement ces maximes, tous les autres les suivraient également, et que le règne de la nature et son ordonnance se mettraient d'accord avec lui, comme avec un membre convenable pour réaliser ce règne des fins possible par lui-même, c'est-à-dire lui donneraient le bonheur qu'il attend, cette loi; Agis d'après les maximes d'un membre qui établit des lois universelles pour un règne des fins purement possible, n'en subsiste pas moins dans toute sa force, car elle commande catégoriquement. Et c'est précisément en cela que consiste ce paradoxe, que la dignité de l'humanité, considérée comme nature raisonnable, indépendamment de tout but à atteindre ou de tout avantage à obtenir, et par conséquent le respect d'une pure idée, devraient être la règle inflexible de la volonté, et que c'est justement cette indépendance des maximes par rapport à tous les mobiles de cette espèce, qui fait la sublimité de l'humanité, et rend tout être raisonnable digne d'être considéré comme un membre législateur dans le règne des fins, puisque autrement on ne pourrait plus le regarder que comme un être soumis par ses besoins à la loi de la nature. Aussi, quand même nous supposerions réunis sous un maître suprême le règne de la nature et celui des fins, et, quand même ce dernier ne serait plus une pure idée, mais aurait une véritable réalité, il y aurait un mobile puissant ajouté à cette idée, mais sa valeur intérieure n'en serait nullement augmentée; car il faudrait toujours se représenter ce législateur unique et infini comme ne pouvant juger la valeur des êtres raisonnables que d'après la conduite désintéressée dictée par cette idée même. L'essence des choses n'est point modifiée par leurs rapports extérieurs, et ce qui, indépendamment de ces rapports, constitue seul la valeur absolue de l'homme, est aussi la seule chose d'après laquelle il doit être jugé par tout être, même par l'Être suprême. La *moralité* est donc le rapport des actions à l'autonomie de la volonté, c'est-à-dire à la législation universelle que peuvent constituer ses maximes. L'action qui peut s'accorder avec l'autonomie de la volonté est *permise*; celle qui ne le peut pas est *défendue*. La volonté dont les maximes s'accordent nécessairement avec les lois de l'autonomie est une volonté absolument bonne, une volonté *sainte*. La dépendance d'une volonté qui n'est pas absolument bonne, par rapport au principe de l'autonomie (la contrainte morale) est l'*obligation*. L'obligation ne peut donc regarder un être saint. La nécessité objective (1) d'une action obligatoire s'appelle *devoir* ».

Trois hypothèses sont possibles sur le rapport des affections avec le devoir, dans un acte dicté par le devoir : — ou bien l'acte s'accomplit d'accord avec les affections et est attribuable en partie au mobile du genre affectif qui agit plus que tout autre sur l'esprit au moment de la décision ; — ou l'acte est résolu et fait contrairement à la pression exercée par l'un de ces mobiles, qui, si ce n'était l'idée du devoir, serait prédominant, mais sans qu'il soit vrai de dire pour cela qu'une telle détermination n'implique la présence d'aucun élément du genre affectif, chez l'agent ; — ou enfin la motivation de l'acte est absolument sans mélange d'affection, indépendante de tout sentiment et de toute idée autre que celle de la soumission à la loi morale, en sa pure forme, la forme de l'impératif catégorique. Cette dernière hypothèse est généralement considérée comme inconciliable avec la nature mentale de l'homme. Kant a lui-même accordé qu'il était douteux qu'elle fût réalisable, et qu'il fût jamais arrivé à quelqu'un d'agir *purement par devoir*, dans le sens rigoureux et abstrait qu'il attache à ces mots ; et on peut grandement contester que le principe de l'obligation, quoique donné *a priori* dans l'esprit, soit séparable en ses applications et dans la reconnaissance *pratique* de son *fondement* (la *dignité* de la personne humaine et sa qualité de *fin en soi*), avec d'autres éléments essentiels de l'intégrité de l'homme moral. En d'autres termes, on niera que *la raison*, dans le sens de ce mot qui exprime la qualité de l'être *raisonnable*, puisse être posée à part de l'*amour-propre* et de l'*amour du prochain*, ainsi que le serait à bon droit *la raison* en tant que fonction des principes *rationnels* et des opérations du *raisonnement*. Mais non seulement les deux premières hypothèses, qui se partagent en fait la classe des actes conformes au devoir, répondent pleinement à l'idée du devoir, telle qu'elle est accessible à tous, dans sa simplicité et dans toute sa force, mais encore on n'a nul besoin d'en envisager une autre pour suivre, comprendre et accepter

---

(1) Kant entend ici par *nécessité objective* cette raison suprême de l'acte autonome et conformé à l'impératif catégorique, qui ne dépend de rien de *subjectif*, c'est-à-dire individuel, chez l'agent, et résultant de ses mobiles particuliers, mais qui est un dictamen universel de l'ordre moral, et nécessaire de ce genre de nécessité propre à l'ordre moral. L'idée de l'*objectivité*, à prendre de la terminologie kantienne, est directement opposée en certains cas à celle qui convient aujourd'hui aux partisans de la « méthode objective ».

les admirables analyses du principe de la moralité, que nous devons à Kant ; il suffit d'en écarter les expressions, quand elles s'y rencontrent, qui se rapportent à la thèse de l'exclusion absolue des éléments affectifs, partout où se montre un devoir, et il est facile de s'assurer que la théorie subsiste d'ailleurs et n'éprouve de là aucun dommage. Cette observation a beaucoup d'importance, parce que l'attention du public s'est tellement fixée sur ce point du formalisme absolu, comme caractère de la doctrine morale Kantienne, qu'il a pu paraître que cette doctrine y était renfermée tout entière ; tandis que la constitution définitive de l'éthique rationnelle (ce seul point de psychologie réservé) n'est que rarement comprise.

L'opposition de l'éthique rationnelle et de l'éthique du bonheur doit donc être considérée comme indépendante de la question du pur formalisme du devoir. Cette opposition est parfaite sans qu'on ait à entrer dans cette question, et elle est même plus claire encore et plus radicale quand on compare la méthode et les premiers principes du criticisme avec ceux de Bentham, ou de Hume et de l'école associationiste, que quand on envisage la même divergence fondamentale, dans l'antiquité, entre les stoïciens et les épicuriens. Il est donc inutile, pour l'objet que je me propose dans cet ouvrage, que j'examine les problèmes suivants (1) : — Quelle part doit-on faire au principe des affections, dans les actes qui portent le caractère de la moralité, et, plus généralement, dans le consentement donné à la raison, en tant que principe impératif ? — L'éthique s'adresse-t-elle aux hommes d'une manière vraiment pratique, alors qu'elle fait abstraction de la solidarité morale (c'est-à-dire ici de la solidarité que les institutions et les mœurs établissent pour la violation de l'impératif catégorique dans toutes les sociétés humaines), et qu'elle considère, dans l'agent moral, l'« être raisonnable » pur, armé du critère de la « raison pratique pure », sans vouloir s'enquérir des conditions d'existence réelle de la « dignité » et du « respect » parmi les hommes ? Et Kant, qui cependant, et presque le seul de tous les penseurs rationalistes, a eu le sentiment profond de la solidarité du mal dans l'espèce humaine, a-t-il tenu compte de ce fait capital, lorsqu'il a séparé théoriquement la *morale* du *droit*, et, par là, for-

---

(1) Ces problèmes sont traités en détail dans ma *Science de la morale* (2 vol. in-8°, 1869). Les deux derniers, sur lesquels doit porter à l'avenir, si je ne me trompe, l'effort des penseurs en matière de morale, et cela pour toutes les écoles, sont ceux que j'ai eus surtout en vue en écrivant ce livre. Je n'en dirai rien ici.

mulé, d'une part, une morale inapplicable, et reconnu, d'une autre part, un droit qui implique la négation de cette morale? — N'est-ce pas enfin un cercle vicieux que de regarder l'observation de la loi morale pure comme le moyen d'atteindre le « règne des fins », quand il est certain que la possibilité d'observer cette loi *pure* dépend de la réalisation de ce règne, ou du moins de ses conditions essentielles? N'y a-t-il pas lieu, pour éviter ce cercle vicieux, de procéder théoriquement à la recherche d'une casuistique générale, différente de la casuistique dont s'est occupé Kant, dans sa *Théorie de la vertu*, et de combler ainsi l'intervalle entre l'idéal de la raison pure pratique et la pratique morale conciliable avec un état réel des relations humaines, dont l'agent moral ne doit pas et ne pourrait jamais répudier *entièrement* la solidarité?

Quoi qu'il en soit de ces graves questions, on peut juger, par l'esquisse de la théorie kantienne de la loi morale, du point auquel est parvenue l'éthique du devoir, dans la direction stoïcienne de l'esprit. Les difficultés du stoïcisme ont été écartées : d'abord, tout mélange de la morale avec la physique cosmique et avec la théorie de l'évolution du monde a disparu ; la morale a été posée comme une œuvre d'indépendance absolue de la raison. Ensuite et par là même, les idées de nature et de conformité à la nature comme principe régulateur des actes, ont été éclaircies ou rectifiées ; la nature, prise en ce sens, a été dévoilée telle qu'au fond on l'entendait, c'est-à-dire la *nature de la raison*, et non plus en accord, mais en opposition avec la *nature des choses* enchaînées par la causalité, insaisissables en leur ensemble, manifestement soumises en partie à des lois qui ne sont pas les lois de la raison. Enfin le devoir a été défini en toute rigueur, et la théorie du bonheur a été placée dans la dépendance de la morale du devoir, grâce aux postulats de la raison pratique, en même temps qu'elle reste nécessairement une matière de spéculations plus hasardées sur l'histoire de la nature et l'histoire de l'homme.

Nous avons vu la doctrine du bonheur, en son opposition à la doctrine du devoir, incliner de plus en plus vers la direction sentimentale et altruiste, qui ne contredit nullement sa méthode, et qu'on a toujours pu observer, en effet, chez plusieurs de ses adhérents modernes, tandis que l'égoïsme, avec la prudence pour règle, demeurait le dernier mot des autres, personnellement moins doués peut-être en bienveillance. Cette doctrine est ainsi devenue une éthique du *sentiment* et du *progrès*, opposée à l'éthique de la *raison* et de l'*invariabilité de l'idéal*. La double tendance, égoïste, altruiste, intéressée, bienveillante, est très remarquable chez Bentham. Après lui, dans la marche de l'école utilitaire, l'idée de progrès vient donner à l'altruisme, comme fondement de la morale, une garantie qui manquait, en le présentant sous la forme d'un *fieri* continu de la nature sociale de l'homme. Stuart Mill, en Angleterre, mais surtout le saint simonisme, le positivisme et l'école sociétaire, en France; finalement, et de nouveau en Angleterre, H. Spencer, s'unissent philosophiquement en une phase de la doctrine du bonheur, dans laquelle les sentiments altruistes, dont le développement est d'autant plus nécessaire, pour la fin qu'on se propose, que toute idée d'obligation est écartée, reçoivent pour garantie ou l'hypothèse du progrès, ou l'utopie d'une organisation systématique de la société, selon les vues d'un seul penseur, ou l'hypothèse et l'utopie à la fois, l'une portant l'autre. Il y a des différences considérables entre philosophes et socialistes, entre auteurs de systèmes spéculatifs sur l'avenir de l'espèce humaine et auteurs de systèmes d'organisation donnés pour immédiatement applicables, entre partisans de l'autorité et partisans de la liberté, quant aux voies et moyens du progrès. Il y en a d'aussi grandes entre les *organisateurs* eux-mêmes, tels que Fourier, Owen ou Comte, partis d'hypothèses hétérogènes et procédant par des méthodes qui ne le sont pas moins. Mais tous, sans excepter Comte, en dépit de quelques apparences, ont cela de commun qu'ils suivent la direction épicurienne, éliminent fondamentalement la notion du juste, le droit et le devoir, et rattachent la morale à la poursuite du bonheur comme but et au développement des sentiments comme moyen.

Il peut paraître étrange que des conceptions aussi disparates que celles de Comte et de Fourier, par exemple, se classent dans la même catégorie de doctrines éthiques, sous un point de vue. Il en est ainsi cependant, pour un trait de classification aussi important que celui qui met la morale du bonheur et du sentiment en opposition avec celle du devoir et de la raison. Comparons sous ce double rapport les deux utopistes. Que l'utopie de Fourier soit essentiellement fondée sur l'idée, ajoutons et sur l'hypothèse du bonheur, nul ne le contestera; c'est là, pour ainsi dire, la définition même de cette doctrine, au fond toute mystique, dont l'auteur pose ces deux principes qui le dispensent de tout recours à la contrainte morale ou physique, au devoir ou à la force, pour sa construction sociale : 1° Que la Providence a tout disposé, dans chacune des parties de l'univers, en vue de la réalisation spontanée de l'harmonie ou bonheur (sauf un certain degré d'*exception*, indispensable à toutes les sortes de *mouvements* et au jeu des destinées des êtres animés, que la perfection universelle immobiliserait) ; 2° que les conditions du règne de bonheur sont : l'une d'établissement, qui peut avancer ou retarder sur un globe donné, mais ne manque nulle part de se produire, parce qu'elle dépend de lois nécessaires entre certaines limites ; l'autre de fonctionnement, qui consiste dans l'entier abandon de chaque créature à ses sentiments naturels et à ses passions, et dans le plein renoncement aux règles dites de raison ou de devoir, lesquelles n'ont d'utilité que pendant les périodes inharmoniques, où les choses ne sont pas disposées pour que tout aille de soi et s'accorde. En vertu de cette dernière condition, le sentiment, dans l'acception la plus générale de ce mot, et d'une manière exclusive, est le principe de la morale dont le bonheur est le but. Ce sentiment n'est pas plutôt égoïste qu'altruiste, puisqu'il comprend tout le clavier des émotions et des affections, et que Fourier en admet, dans le nombre, qui appartiennent les unes au genre de la bienveillance, et d'autres même à celui de l'enthousiasme et du dévouement au bien général. Et si l'on voulait objecter que toutes ces passions tiennent également par leur racine au plaisir éprouvé par celui qu'elles animent, il faudrait adresser le même reproche aux partisans du principe de la sympathie, ou du sens moral, ou de l'altruisme, depuis Shaftesbury et Hutcheson jusqu'à Hume et Stuart Mill, puisque tous ont fait fond sur ce plaisir spécial inhérent aux passions bienveillantes. Il faut même avouer que les systèmes d'éthique rationnelle ne sont pas exempts de la nécessité de lier de manière ou d'autre les actes moraux à une satisfaction personnelle de l'agent, et qu'il y a toujours un sens où il est impossible que ce dernier soit absolument désintéressé et *ne s'intéresse pas à soi-même* en songeant aux raisons et aux conséquences de sa conduite.

Le contraste est certes aussi grand que possible entre une doctrine mystique de spontanéité pure et la doctrine politique et gouvernementale absolue qui confie la direction de l'humanité, le commandement moral (et la faculté de contraindre, en résultat) à des chefs, les plus intelligents et les plus dévoués de tous les hommes, par hypothèse. Et cependant, ici comme là, c'est la pierre philosophale du bonheur qu'on dit avoir trouvée, et c'est aux sentiments que la fonction de l'harmonie est remise. Il semblerait tout d'abord que le saint simonisme et la « politique positive » enseignent la morale du devoir, mais il n'en est rien ; le devoir de raison, la justice et le droit n'ont aucune place dans la pensée de saint Simon et des sectes issues de lui : ce qu'elles demandent aux supérieurs comme devoir, c'est le dévouement, et aux inférieurs l'obéissance. Elles sont toutes des produits de la réaction qui, au lendemain de la Révolution française, conduisit tant de penseurs, exclusivement possédés de la passion de l'ordre, à l'abandon des idées d'autonomie, de liberté et de droits naturels, à la réhabilitation et à l'imitation des gouvernements par « en haut », dont l'idéal du moyen âge était pour eux le type, aux croyances près, qu'ils voulaient remplacer par les arrêts des savants. A prendre la religion positiviste en toute rigueur, on pourrait la comparer à l'harmonie phalanstérienne, à la condition de substituer à l'utopie divine, qui remet la conduite aux impulsions infaillibles d'une nature ordonnée par la Providence, l'utopie humanitaire, qui la soumet à un sacerdoce impeccable, incarnation de la science définitive et du parfait amour, providence temporelle chargée de pourvoir au bien de tous. La « loi vivante » de Prosper Enfantin n'était pas elle-même autre chose que ce dernier système, avec d'autres idées sur les mœurs, mais non pas avec la prétention mal plus mal justifiée de regarder son plan comme dicté par la *vraie* théorie du progrès.

« Au nom du passé et de l'avenir, disait Comte, en terminant la dernière leçon d'un *Cours philosophique sur l'histoire générale de l'Humanité*, les serviteurs théoriques et les serviteurs pratiques de l'HUMANITÉ viennent prendre dignement la direction des affaires terrestres, pour construire enfin la vraie providence, morale, intellectuelle, et matérielle, en excluant irrévocablement de la suprématie politique tous les divers esclaves de Dieu, catholiques, protestants, ou déistes, comme étant à la fois arriérés et perturbateurs » (1). L'objet de cette prise de possession était d'organiser le progrès et de tendre au plus grand bonheur possible que puisse permettre l'inflexibilité des lois naturelles, en appliquant la « théorie la plus systématique de l'ordre humain ». Tel aussi avait été le but

---

(1) En octobre 1851, — passage reproduit par Comte, au début de la préface du *Catéchisme positiviste*.

constant de Saint-Simon, depuis la fiction bizarre de la « Religion de Newton », au commencement de sa carrière, jusqu'à la publication de ses derniers ouvrages, où il appela le sentiment à prendre la première place dans l'inspiration et la direction du progrès social, et comme moyen de coordination, et lien des inférieurs et des supérieurs. Comte, qui avait, au début, subi des réserves de la part de son maître, pour n'avoir exposé que la « partie scientifique » et non la « partie sentimentale et religieuse » du système, comprit, longtemps après, que, dans un plan d'organisation sociale où les savants exercent le « pouvoir spirituel », ceux-ci doivent posséder quelque titre en plus de celui de capacité « d'ordre positif ». Or, si l'on retranche des mérites ou prestiges qu'on leur suppose ceux qui se rapporteraient à l'ancien ascendant « métaphysique ou théologique », ou qui naîtraient de la libre culture morale et politique et du mandat librement donné par des gouvernés à des gouvernants, il faut supposer que le don qu'ils auront de convaincre et de se faire obéir tiendra à l'art de manier les sentiments, de les inculquer par l'éducation (en première ligne celui de la subordination et du dévouement), et, condition indispensable, à ce fait qu'ils passeront eux-mêmes pour des modèles des vertus altruistes qu'ils enseigneront. De là la primauté accordée au sentiment, en théorie; et de là, en pratique, la nécessité d'une méthode pour le faire naître. C'est une conséquence de la répudiation tout à la fois de la philosophie et de la morale rationnelles, de la politique des droits de l'homme et de la politique empirique. Comte n'admet dans son « tableau cérébral », ou « classification positive des dix-huit fonctions intérieures du cerveau », que des « moteurs affectifs », des « fonctions intellectuelles » et des « qualités pratiques ». Or les fonctions intellectuelles, en leur partie active et constructive, ne sont pour lui, comme pour toutes les écoles empiriques, que des fonctions instrumentales, ou de raisonnement (généralisation et systématisation), sans aucune donnée *a priori* de la raison théorique ou pratique. D'un autre côté, il ne dispose pas des moyens que l'associationisme et l'évolutionisme ont trouvés pour expliquer la genèse des idées et des sentiments ; il ne peut donc qu'adopter pour principe social, directement, « le cœur », passant ainsi de son ancienne méthode « objective » à celle qu'il nomme « subjective » apparemment parce qu'il prend pour loi l'état de son propre esprit. Les *moteurs affectifs* sont, les uns, *personnels (intérêt, ambition)*, les autres *sociaux (attachement, vénération, amour universel).*

Le « grand problème humain » est de « subordonner l'égoïsme à l'altruisme »; le précepte suprême sera : « Vivre pour autrui »; le but de la société : « Réaliser dignement cette double maxime : dévouement des forts aux faibles, vénération des faibles pour les forts »; et l'observation de plus en plus fidèle du précepte sera due à l'action de l'autorité nouvelle, imitée du papisme, dont l'établissement prochain est assuré par la loi du progrès. Le Progrès et l'organisation qui s'en déduit sont la garantie unique ainsi que l'argument invoqué pour obliger les individus à l'obéissance et au sacrifice, à l'acceptation d'un État politique d'où « la notion de droit doit disparaître ». Progrès ou non, on reconnaît là la méthode des Platon et des Campanella, d'Owen et de Saint-Simon, et à laquelle inclinent à leur corps défendant les philosophes associationistes. C'est la méthode du penseur qui invente un régime de mœurs et de gouvernement, et demande à une autorité, qui reste à créer, le moyen de modeler le cœur humain pour le plier à ce régime (1).

Revenons à la philosophie. L'opposition à la morale rationnelle du devoir, en même temps que celle-ci atteignait sa plus haute expression dans l'œuvre de Kant, se déclara sous la forme d'une morale du sentiment, dans la doctrine de Jacobi. Ce philosophe ne nia pas seulement l'idée fondamentale du criticisme, l'interversion des rôles entre la raison théorétique et la raison pratique, pour l'affirmation des réalités transcendantes; — à cet égard, des soi-disant disciples de Kant n'ont pas mieux suivi leur maître; — mais il voulut que ces réalités fussent des objets de conscience immédiate; la foi, une espèce d'intuition; la vérité, une affaire de sentiment, et le jugement moral, le produit spontané d'une grâce intérieure qui révèle absolument le bien et le mal de la conduite en chaque circonstance (2). Avec Jacobi, la méthode du sentiment conclut au réalisme, au théisme et au libre arbitre; plus tard, se conciliant avec l'idéa-

(1) *Système de politique positive.* Conf. *Troisième cahier du Catéchisme des industriels* (1824), avec une note préliminaire de Saint-Simon.
(2) L'origine première de la morale de Jacobi est probablement à prendre chez Diderot, — qu'il avait connu personnellement. Elle est surtout bien sensible dans les déclamations sentimentales et souvent peu saines du roman de Jacobi (*Woldemar*, 1784). On a parlé aussi de l'influence de Rousseau, mais à tort, si ce n'est sur les points où Rousseau lui-même avait reçu l'influence de Diderot. Cela ne va pas au fond. La vraie doctrine de Rousseau en appelle du dogmatisme philosophique au sentiment, dans le sens criticiste, et n'oppose pas le sentiment à la raison et au devoir.

lisme, contre lequel les objurgations de Jacobi sont impuissantes, cette méthode se retrouve sous une forme nouvelle, non plus réaliste mais toujours esthétique, dans l'école de l'*idéal*, qui regarde les notions morales et religieuses, et la liberté, comme des sentiments dont l'objet est fictif, quoiqu'ils aient une existence nécessaire et une action réelle, mais entièrement « subjectives ».

La tendance sentimentale est fortement accusée jusque dans la morale de Fichte, encore que le principe de l'autonomie y soit prédominant, mais le rationalisme kantien y plonge dans une obscure métaphysique. D'autres philosophes, avant Schopenhauer, Hegel lui-même, montrent peu d'originalité dans la partie éthique de leurs constructions. Schelling est celui de tous qui s'éloigne le plus de la doctrine du devoir, car il étend son principe de l'indifférence, ou identité des contraires, au bien et au mal, ainsi que l'avait fait un grand maître en panthéisme, Giordano Bruno. Mais parmi les nombreux systèmes qui se produisirent à la suite de l'ébranlement causé par la critique de la raison pure, le plus sérieux, le plus original, et le seul qu'on puisse dire émané d'une pensée forte et vivante, sur le sujet réel de l'éthique, est le système de Schopenhauer, c'est-à-dire une adaptation de la morale bouddhiste aux méthodes modernes, et même en partie à la philosophie de Kant; une morale du sentiment et du bonheur, opposée à celle de la raison et du devoir, comme pour constater une fois de plus le partage des esprits entre ces deux points de vue.

L'alliance du principe du sentiment avec l'eudémonisme est tout aussi naturelle, *mutatis mutandis*, dans l'école pessimiste que dans l'école empirique optimiste, où nous avons eu à la constater. L'ardeur à contempler et à désirer le bien des êtres sensibles n'est pas plus vive chez ces philosophes empiriques, qui se nourrissent d'espérances dans le progrès nécessaire des choses vers la félicité universelle, que chez ceux qui considèrent la douleur comme inhérente à la génération et à la destruction, c'est-à-dire à l'organisation, c'est-à-dire à la vie, et, ne lui voyant ni fin dans la nature, ni vraie compensation dans le plaisir, demandent au néant d'être et de sentir l'unique satisfaction décisive de l'appétit du bonheur auquel ils subordonnent toute pensée. Ces derniers sont donc eudémonistes à leur manière, et le sont au plus haut degré. Nécessitaires convaincus, et préoccupés exclusivement des conditions empiriques de la vie, ils ne sont pas moins éloignés que les premiers de l'idée d'un ordre supérieur du monde, ordre moral, suivant lequel le prix de la vie et les destinées dépendent au fond d'une loi de la raison et d'une action de la liberté, qui gouvernent, à l'origine et à la fin, et doivent contrôler, dans le présent, les phénomènes sensibles. Mais, exempts, en outre, du mirage d'un progrès qui ne mène à rien et n'intéresse réellement personne, et cherchant le port du salut dans l'affranchissement de toutes les illusions, ils ne peuvent opposer aux maux de la sensibilité qu'un autre sentiment, douloureux lui-même, qui en est le palliatif et qui prend sa source dans la solidarité des compagnons de misère de la vie. Ce sentiment est la *pitié*, que Schopenhauer appelle « le seul motif moral véritable », et qu'il définit aussi « la volonté poursuivant le bien d'autrui ». L'affection et le vouloir sont ainsi confondus, ce qui est d'ailleurs conforme à l'esprit général de cette philosophie.

Schopenhauer est un vrai disciple de Kant, *en métaphysique*, et sa méthode est diamétralement contraire à celle de Kant, en ce qu'il prétend déduire sa morale de sa métaphysique, conformément aux communs errements des métaphysiciens, au lieu d'instituer la morale sur un fondement rationnel indépendant, et d'y subordonner toute affirmation d'ordre transcendant. Disciple de Kant, il admet 1° la nature essentiellement représentative du temps et de l'espace et de leur universel contenu ; 2° le déterminisme absolu de la série entière des phénomènes ; 3° la *chose en soi*. Il voit dans celle-ci le siège de quelque chose de semblable à la liberté nouménale de Kant, à savoir d'un certain « caractère intelligible », invariable, que chaque individu apporte, à lui transmis, en naissant, et duquel dépend son « caractère empirique », cause nécessaire de toutes les déterminations de la Volonté en lui. Adversaire de Kant, Schopenhauer rejette tout principe d'obligation, toute distinction entre les idées théoriques de droit et de devoir et les motifs passionnels, ou sentiments qui dirigent la conduite. Il divise les hommes en deux classes, très inégales en nombre : l'une, de ceux qui veulent le bien, l'autre, de ceux qui veulent le mal d'autrui. *Bien* et *mal*, ces mots doivent s'entendre dans le sens le plus vulgaire. Toute action, dit-il, se rapporte, comme à sa fin dernière, à quelque être susceptible d'éprouver le bien ou le mal. Si cette fin est relative à l'agent, elle s'appelle *égoïste* et n'a aucune valeur morale. Un acte moral n'a pour motif, direct ou indirect, prochain ou éloigné, aucune fin égoïste. Il n'y a donc pas de *devoirs envers soi-même*. Or, les actes qui ont pour fin autrui dépendent de l'un de ces deux motifs généraux, qui, joints à l'*égoïsme*, achèvent la classification : 1° la *méchanceté*, ou volonté poursuivant le mal d'autrui ; 2° la *pitié*, ou volonté poursuivant le bien d'autrui. Tous deux sont entièrement désintéressés, selon Schopenhauer, qui en fait remonter le principe au caractère nouménal et établit de la sorte un véritable manichéisme moral à l'origine et dans tout le développement des phénomènes. Ainsi la *pitié* est le motif moral unique des actes, la source de toute moralité et le nom général de la vertu. Ses objets sont les êtres *en tant que souffrants*. De là deux parties, dans son application, et deux *vertus cardinales ;* la première, ne point faire de mal aux êtres : c'est la *justice ;* la seconde, leur faire tout le bien qu'on peut : c'est la *charité*. On voit que l'idée spécifique du juste, telle qu'elle est dans tous les esprits, est absente de la définition de Schopenhauer. Il est vrai qu'il consent à attacher l'idée d'obligation, ou devoir proprement dit, aux actes dont l'omission est cause pour autrui d'un dommage, et qui presque toujours sont expressément stipulés par des contrats d'une espèce ou d'une autre, et constituent des droits correspondants aux devoirs (notion de la *dette*). Mais quel fondement d'obligation peut avoir le contrat positif lui-même, à plus forte raison le droit naturel, pour qui ne trouve à s'appuyer que sur le sentiment du bien et du mal, quand il s'agit de *juger* que c'est le bien d'autrui qu'on *doit* faire : le bien d'autrui, sans penser à son bien propre, ou en le sacrifiant? Et de même pour l'explication des jugements d'approbation ou de désapprobation, qui accompagnent les actes, et dont Schopenhauer reconnaît l'existence; ne devraient-ils pas dans son système, se réduire à de simples sentiments de contentement ou de peine? Mais ce n'est point là la conscience morale. Schopenhauer ne peut assigner aucune raison morale à l'abnégation, pas plus que les utilitaires n'en connaissent une au sacrifice de l'utilité individuelle à l'utilité générale : il n'y a que le fait du sentiment, qui est ou n'est pas, et qui est ce qu'il est. Aussi ne craint-il pas d'avouer que, pour la psychologie, la pitié, telle qu'il la comprend est un paradoxe. La vraie raison de la pitié est métaphysique. L'unité de l'être en est le réel fondement. Au fond, c'est toujours vers *nous-même* que la pitié est dirigée. Schopenhauer revient par ce chemin à une sorte d'égoïsme unitaire, fondamental, ainsi que d'autres philosophes de l'école de l'identité, qui ne comprennent l'amour qu'à la condition de penser que, dans autrui, c'est encore soi que l'on aime.

« L'individuation est une pure apparence ; elle naît de l'espace et du temps, qui sont les formes créées par la faculté de connaître dont jouit mon cerveau, et imposées par elle à ses objets ; la multiplicité aussi et la distinction des individus sont une pure apparence, qui n'existe que dans l'idée que je me fais des choses. Mon être intérieur, véritable, est aussi bien au fond de tout ce qui vit, il y est tel qu'il m'apparaît à moi-même dans les limites de ma conscience. Cette vérité, le sanscrit en a donné la formule définitive : « Tat twam asi », « Tu es cela »; elle éclate aux yeux sous la forme de la pitié, principe de toute vertu véritable, c'est-à-dire désintéressée, et trouve sa traduction réelle dans toute action bonne... Au contraire, l'égoïsme, l'envie, la haine, l'esprit de persécution, la dureté, la rancune, les joies mauvaises, la cruauté, viennent de l'autre idée...

« Selon que c'est l'une de ces pensées, ou l'autre, qui prévaut en nous, c'est la φιλία d'Empédocle, ou le νεῖκος, qui règne entre l'être et l'être. Mais celui qu'anime le νεῖκος, s'il pouvait par un effort de sa haine pénétrer jusque dans le plus détesté de ses adversaires, et là, parvenir jusqu'au dernier fond, alors il serait bien étonné : ce qu'il y découvrirait, c'est lui-même. En rêve, toutes les personnes qui nous apparaissent sont des formes derrière lesquelles nous nous cachons nous-mêmes; eh bien! durant la veille il en est de même ; la chose n'est pas aussi aisée à reconnaître, mais « Tat twam asi » (1).

Pour Schopenhauer, dont la doctrine peut pénétrer, grâce au principe de l'idéalisme, à des profondeurs que les éléates avaient entrevues probablement, mais desquelles Empédocle et les autres évolutionistes anciens ou modernes se sont détournés, la rentrée dans l'indistinction fondamentale est la fin tout à la fois universelle et individuelle de cette manifestation de volonté d'où descend ce monde des apparences *qui n'est tout entier qu'une représentation*. Il n'y a pas lieu de s'occuper du salut de l'humanité, ou de l'univers, autrement que dans l'individu et par l'individu. La morale est donc individualiste en son principe et en sa fin, malgré la forme altruiste que prennent la justice et la charité, puisque la multiplicité des êtres est une pure illusion. L'égoïsme et l'altruisme sont identifiés, quand, la fin morale

---

(1) Schopenhauer, *Fondement de la morale*, traduction de M. Burdeau, p. 112 et suivantes, et 182 jusqu'à la fin. — Conf. la *Critique philosophique*, 8ᵉ année, nᵒ 48, et 9ᵉ année, nᵒ 2.

suprême de l'individu étant placée dans l'anéantissement de l'individualité, cette fin est considérée, d'une autre part, comme l'unique vrai bien de cet individu lui-même. Au reste, on ne s'étonnera pas que le réel de l'idée et du sentiment de l'amour disparaisse avec l'individuation. Il faut être deux pour s'aimer.

Si maintenant nous distinguons, pour conclure, entre la morale transcendante et absolue du pessimisme et ses préceptes applicables à la vie, nous dirons que la première n'est que la métaphysique de l'*indifférence des différents*, transportée d'une certaine forme du *noumène*, l'Idée, à une autre forme, la Volonté; en sorte que l'*identité du sujet et de l'objet* se présente alors sous un point de vue pratique idéal, inconnu aux panthéistes intellectualistes : l' « euthanasie de la volonté ». Mais les préceptes ne diffèrent en rien de ceux que des sectes religieuses et des penseurs mystiques de tous les âges ont enseignés, lorsque le sentimentalisme excessif et la poursuite ardente du bonheur les ont poussés jusqu'à l'extrême ascétisme : à la haine des formes organiques de la vie, à cause des maux inséparables de la nature; au renoncement et au sacrifice, soit dans l'espoir d'une félicité future, ultramondaine, soit dans la pensée d'une expiation, sous l'influence de la doctrine de la solidarité humaine et grâce à l'attrait spécial qu'exercent en certains cas les souffrances volontairement subies.

Que la morale exotérique du pessimisme ne soit en effet que cela, et aussi vieille que l'ascétisme religieux, indien, manichéen, gnostique, catholique, c'est ce que Schopenhauer et Ed. de Hartmann après lui ont amplement reconnu. Seulement ce dernier ne condescend pas à entrer comme l'a fait, dit-il, Schopenhauer, et comme le faisait « occasionnellement Jésus », « dans l'horizon visuel de ceux qui ne pourraient s'élever à la vue ascétique des choses, et à leur donner des préceptes moraux pour le point de vue inférieur de la volonté se réalisant et se satisfaisant dans le siècle (1). » Mais Ed. de Hartmann n'est pour cela partisan d'une morale plus sévère; tout au contraire, il veut que l'individu s'accommode au siècle, de peur que le *Progrès* ne vienne à s'arrêter, et par cette raison que le bonheur de l'anéantissement doit être l'œuvre de l'humanité en masse, la fin de l'évolution, et que l'individu est impuissant pour l'atteindre. Il y a contradiction, suivant lui, entre les deux manières de considérer la volonté, universelle, d'une part, individuelle, de l'autre, dans la doctrine de Scho-

(1) *La Religion de l'avenir*, par Ed. de Hartmann, trad. franç. p. 75.

penhauer : « Son absolue incapacité, qui se trahit partout, de s'élever à la notion du progrès peut seule expliquer, sur ce point, l'étroitesse de sa manière de voir, et l'impossibilité où il se trouvait de corriger dans son système cette évidente inconséquence » : — l'inconséquence d'admettre que l'individu peut supprimer son vouloir propre et rentrer dans le néant, alors que le vouloir qui constitue son individualité n'est qu'un rayon de la Volonté, universelle et unique. — « L'effort pour anéantir la volonté de vivre qui agit dans l'individu est aussi insensé, aussi stérile, ou plutôt est plus insensé que le suicide, puisque, au prix de plus longues tortures, il n'aboutit qu'à un résultat semblable. Il détruit cette manifestation phénoménale, mais non l'essence même de la volonté inconsciente, qui, pour une individualité phénoménale qui a disparu, s'objective sans cesse dans de nouveaux individus. Toute forme d'ascétisme, toute tentative pour anéantir la Volonté dans l'individu, est donc reconnue et démontrée comme une erreur; mais ce n'est qu'une erreur dans le choix des moyens, non dans le but poursuivi. Le but qu'y poursuit l'individu est légitime. Aussi l'ascétisme est-il, à titre d'enseignement isolé, un exemple rare et comme un appel adressé au monde, comme un *memento mori* qui rappelle aux individus le terme où doivent aboutir tous leurs efforts : et en cela consiste le prix de l'ascétisme. Il est au contraire dangereux et mortel, lorsque s'étendant à des nations entières il menace d'arrêter l'évolution du monde et de perpétuer le malheur de l'existence. A quoi servirait, par exemple, que l'humanité tout entière disparût peu à peu en renonçant à se reproduire? Le monde comme tel continuerait de vivre, et ne se trouverait pas dans une situation essentiellement différente de celle où il était immédiatement avant l'apparition du premier homme sur la terre. L'Inconscient devrait saisir la première occasion de créer un nouvel homme ou une autre espèce analogue; et toutes les misères de la vie reprendraient leur ancien cours...

« Celui qui a compris le sens de l'évolution universelle ne saurait douter que le terme... ne sera réalisé qu'à l'entier achèvement du processus du monde. Celui qui croit avant tout à l'unité universelle de l'Inconscient ne peut voir dans la délivrance, dans la transformation du vouloir en non vouloir, qu'un acte même de l'Un-Tout, une résolution non pas de la volonté individuelle, mais de la volonté universelle et cosmique (1). » — L'auteur

---

(1) *Philosophie de l'Inconscient*, par Ed. de Hartmann, trad. de M. D. Nolen, t. II, p. 490-496.

insiste ensuite sur ce point que le processus doit avoir un terme dernier, que l'évolution ne peut être infinie ni en arrière ni en avant, que le temps a commencé et doit finir, que le progrès, la finalité de l'Inconscient exigent qu'il en soit ainsi. Il veut bien seulement ne pas trancher absolument la question de savoir si l'humanité est capable de « ce haut développement de la conscience qui doit préparer le renoncement absolu à la volonté » (ceci ne lui semble point impossible), ou si une race supérieure d'animaux est destinée à continuer l'œuvre commencée sur la terre et à atteindre le but, ou si enfin l'évolution doit aboutir sur quelque autre planète, longtemps après que la terre, ce théâtre d'un effort avorté, aura depuis longtemps augmenté le nombre des astres glacés.

Le reproche de contradiction, adressé à Schopenhauer, porte à faux, attendu qu'en pénétrant jusqu'à la dernière profondeur de son idéalisme unitaire, conciliable avec son matérialisme pluralitaire, on reconnaît l'identité du monde, comme évolution objective, et du monde comme représentation de cette évolution tout entière en une conscience donnée quelconque, qui n'est individuelle qu'en apparence. Il est donc logique que l'univers disparaisse au moment où s'anéantit la volonté du penseur qui seule en maintenait la représentation. La contradiction n'existe que pour le point de vue réaliste de l'auteur de l'objection; et, en ce cas, c'est contre lui-même que celle-ci se retourne; car, dans l'hypothèse d'une multiplicité *réelle* d'êtres, dans un processus réel, il n'est pas facile de comprendre, et Ed. de Hartmann explique fort mal (1), comment l'anéantissement simultané de tous, tant qu'ils sont, pourrait être l'effet du renoncement au vouloir chez un certain nombre de consciences qui se trouveraient les plus avancées. Mais revenons à la morale, que ces quelques mots sur le système de l'évolution, au point de vue pessimiste, n'ont ici pour but que d'éclaircir.

Ed. de Hartmann, en introduisant le réalisme, l'évolution réelle et le progrès dans la doctrine de Schopenhauer, plus franchement et radicalement *moniste* que la sienne (quoiqu'il pense le contraire), est passé du pessimisme pur et simple à une sorte ambiguë, artificielle et sans sérieux d'optimisme dans le pessimisme. L'œuvre de la *délivrance* est donnée pour tâche à l'Un-Tout, par le moyen d'un processus dont la finalité contredit

---

(1) *Ibid.*, p. 499 et suivantes.

l'origine et l'essence, et ne repose sur rien. Cette œuvre n'étant plus demandée à l'individu, perd le caractère *moral* que le bouddhisme et Schopenhauer lui donnent ; et elle n'a absolument aucun intérêt pour personne, mort ou vivant, dans le présent ni dans l'avenir, attendu que chaque individu vit et meurt à son tour, exactement comme s'il n'y avait pas d'évolution, et qu'on ne suppose aucune palingénésie individuelle, et qu'il est indifférent à une conscience quelconque que la volonté de vivre s'anéantisse ou persévère dans l'univers. Or que peut nous faire ce qui n'intéresse aucune conscience! La conséquence de ce transport à l'Un-Tout d'une tâche morale qui n'a de sens que pour une conscience morale, et de ce mélange de pessimisme, quant à la vie en général, avec un optimisme d'évolution cosmique et historique, c'est que l'éthique, obligée de renoncer à l'ascétisme, cherche vainement un autre principe qui la détermine. D'un côté, sans doute, la morale demeure théoriquement régie, comme dans le pur pessimisme, par l'idéal du bonheur du non vouloir, et par le sentiment de l'unité de cette volonté qui doit tendre à s'anéantir ; mais, d'un autre côté, les applications lui sont refusées : le but immédiat a disparu et l'action personnelle ne sait où se prendre. Il faut arriver aux accommodations de la conscience à la nature et à la marche des choses, et à cet état d'esprit des doctrinaires du progrès qui comptent sur l'évolution pour accomplir une œuvre qui ne leur incombe personnellement presque plus.

Cette conclusion est forcée pour le pessimisme optimiste, quoique Ed. de Hartmann la déguise en formulant le précepte de l' « entier dévouement de la personne au processus universel, en vue de sa fin : l'universelle délivrance du monde », — ou, en d'autres termes, de « faire des fins de l'Inconscient les fins de la conscience ». A ce vague précepte, donné pour un « principe positif d'action » que « la philosophie pratique et la vie » réclament après qu'on a reconnu que la vie est mauvaise et le « bonheur positif » illusoire, il faudrait pouvoir ajouter l'indication précise de ce qui est à faire pour entrer au service du processus et travailler aux fins de l'Inconscient, puisqu'on n'admet plus le moyen vraiment topique, et connu de tout temps, de l'ascétisme tant individuel que collectif. Mais il est bien plus difficile au progressisme pessimiste de découvrir les moyens de seconder le destin dans ses voies vers le renoncement universel, qu'il ne l'est au progressisme optimiste et utilitaire de discerner les actes et mesures les plus favorables parmi celles que le Progrès peut employer pour l'accroissement du *bonheur positif*. Le philosophe qui abandonne la vraie, l'unique morale du pessimisme « pour rétablir l'instinct dans ses droits et proclamer l'affirmation de la volonté de vivre comme la *vérité provisoire* » n'a plus aucune morale à nous proposer, ni définitive ni même provisoire, qui lui soit propre. « C'est seulement, dit-il, par l'absolu dévouement à la vie et à ses souffrances, non par le lâche renoncement de l'individu qui se retire de la lutte, que le processus du monde peut être efficacement servi ». En s'exprimant ainsi, Ed. de Hartmann ne dit rien qui ne soit d'accord avec toutes les éthiques du sentiment, en dehors de l'ascétisme égoïste; rien donc qui puisse caractériser une morale dont les préceptes tendraient à aider le processus du monde vers le non vouloir. Il ajoute immédiatement : « Le lecteur intelligent comprendra aisément quelle philosophie pratique pourrait se construire sur ces principes. Il entendra sans peine qu'elle n'entraînerait pas le divorce, mais l'*absolue réconciliation avec la vie* » (1). Ce que le lecteur comprendra le mieux, ce me semble, c'est que, de cette manière, le pessimisme de théorie aboutit en pratique à une capitulation de conscience, et se donne à lui-même un procédé pour revenir à l'eudémonisme altruiste et sentimental le plus ordinaire, avec lequel s'accorde au besoin très bien la vie épicurienne la plus satisfaite. Le philanthrope optimiste a l'avantage, en consacrant ses efforts au bien des hommes, de penser qu'il travaille à augmenter la vie, c'est-à-dire quelque chose qui doit en effet s'accroître, et qui a du prix à ses yeux. Le pessimiste évolutioniste, à qui cette consolation est refusée, est cependant forcé, s'il veut faire un seul pas au delà de l'exercice de la charité privée, d'adopter la méthode même de cet utilitaire, et de poursuivre le bonheur de tous et de chacun, exactement comme si ce bonheur était un but sérieux et le but dernier. Son vague « dévouement à la vie » ne fait valoir ni un motif particulier de s'exercer, ni des moyens particuliers de se déterminer pour l'application, qu'on puisse déduire de l'idée de l'évolution de l'inconscience vers l'inconscience, à travers les misères de l'existence.

L'évolution de l'inconscience vers l'inconscience, en traversant toutes les formes de l'énergie et de la conscience, est le dernier mot du système de H. Spencer, pris en bloc, tout comme du système d'Ed. de Hartmann.

(1) *Philosophie de l'Inconscient*, par Ed. de Hartmann, trad. de M. D. Nolen, t. II, p. 496-498.

La différence ne s'établit entre l'optimisme et le pessimisme, qu'en ce qui concerne le stade intermédiaire où se développe la vie, et spécialement la vie de l'humanité. L'entraînement commun de notre époque, auquel résistent l'éthique rationnelle, enfin formulée par le criticisme, et les anciennes doctrines du devoir, quoique affaiblies, est dans le sens de la croyance à une évolution naturelle et nécessaire constituant *d'elle-même* un progrès. Mais l'idée de progrès s'allie spontanément à l'opinion du bonheur réellement croissant, et non à celle d'un dégagement progressif du caractère illusoire du bonheur, et à la supposition d'une fin humainement acceptée de néant pour la volonté de vivre et de sentir. Laissant donc de côté, pour comparer ces deux systèmes d'évolution, la fin cosmique ultime, touchant laquelle ils se retrouvent d'accord, on ne saurait voir dans le progressisme pessimiste qu'une adaptation forcée et répugnante du pessimisme ordinaire et de la pensée bouddhiste aux opinions à la mode, à l'hypothèse de l'évolution *historique* de l'humanité comme simple branche de l'évolution *naturelle* et universelle. C'est dans le pessimisme *statique*, et non pas *dynamique*, c'est dans celui qui parle aux sentiments de l'individu en tout temps et en présence des phénomènes de la vie, indépendamment des constructions de la métaphysique ou de la philosophie de l'histoire, que nous pouvons reconnaître un état sérieux de l'esprit. La pensée moderne, en revenant à cet état après un long oubli, ou du moins se remettant à le comprendre, lui donne la portée d'une protestation, quoique toute négative, contre les doctrines qui joignent l'espérance et le culte du bonheur à la répudiation des seules croyances capables de donner un prix réel à l'existence et une valeur à la personne, c'est-à-dire un fondement suffisant à l'idée de ce bonheur dont elles prétendent systématiser la poursuite. Mais ce sont ces doctrines, optimistes de parti pris, qui fournissent la vraie conclusion, en morale, de l'évolutionnisme joint à l'hypothèse du progrès. Elles ont leur expression achevée dans la philosophie de H. Spencer.

Cette philosophie est une résultante et une synthèse des idées chères aux penseurs de l'école empirique, depuis deux cents ans, dans les différentes branches d'étude, en même temps qu'elle satisfait les aspirations du genre devenu dominant au cours de notre siècle. L'idée maîtresse est l'emploi exclusif et illimité de l'expérience, pour la génération, la succession et l'explication de tous les phénomènes possibles, rattachés à leurs antécédents de toute nature, sans admettre un point d'arrêt dans aucun. De ce principe de déterminisme absolu et de continuité, appliqué au concept réaliste de la Force et de la Matière, dans l'hypothèse de l'évolution totale et progressive d'un monde où la force subit d'incessantes transformations dont les manifestations intellectuelles font partie, on tire les conséquences suivantes : l'intelligence se *forme* graduellement, elle est une adaptation de l'*interne* à l'*externe*, sous des modes de sentiment et de connaissance, par le moyen de l'organisation. Ainsi la physiologie devient inséparable de la psychologie, en ce que les sujets de ces deux sciences ont une seule et même histoire ; 2° les phénomènes psychiques, dans le cours de leur établissement progressif, s'ordonnent par les lois de l'association, de l'habitude et de l'hérédité. Les sentiments et les concepts s'établissent par l'expérience, par la répétition des faits auxquels ils se rapportent ; puis ils se transmettent par les voies de la génération. La psychologie empirique, étendue de l'individu à l'espèce, et de celle-ci, en remontant, aux espèces dont elle est descendue, est donc libre enfin d'accepter l'innéité, que l'école de Locke avait été jusqu'alors forcée de nier en dépit des plus fortes apparences ; 3° la psychologie et la physiologie réunies rentrant dans une histoire naturelle universelle, la partie de cette histoire qui concerne la succession des espèces vivantes et les conditions d'acquisition et de changement de leurs propriétés réclame l'existence d'une loi spéciale qui représente pour ainsi dire le mécanisme de l'évolution de la vie. Cette loi est celle de l'adaptation, sous le régime de la concurrence vitale et des sélections naturelles ; 4° cette loi est une loi d'utilité, relativement à l'individu dont la conduite y est assujettie, puisque ce qu'elle exige de lui, c'est qu'il s'accommode aux circonstances et mette ses sentiments et ses actes d'accord avec le milieu où il doit vivre, sous peine pour lui de périr ou de ne point laisser de postérité ; 5° l'utilité particulière se confond avec l'utilité générale, dans l'hypothèse où la loi de l'évolution des espèces assure le progrès de la vie, puisque, dans ce cas, l'adaptation est le fait même de ce progrès, partout et en chaque point où elle est obtenue et confirmée. Nous remarquerons ici que, de même que la méthode de l'expérience agrandie, passant de la psychologie humaine et individuelle à la psychologie évolutive des espèces, a permis de faire droit à l'innéité, dont l'école associationiste ne pouvait avant cela s'arranger ; de même, elle a pu remédier à un autre défaut de cette école en donnant à l'utilitarisme un fondement universel, (indépendant de l'altruisme et de l'égoïsme) que la considération du bien et du mal, relativement à l'individu comme racine, n'avait pu fournir. Il va sans dire qu'une telle amélioration a pour condition le changement complet du point de vue et de l'idée à se faire de la science des phénomènes psychiques La psychologie de Spencer n'a plus le même sujet que celle des Mill et de M. Bain, c'est une *histoire naturelle* générale de la mentalité; et cette histoire, qui ne parle que de l'expérience, est toute apriorique, non pas construite sur des aprioris de la raison, mais sur des hypothèses invérifiables. 6° La morale, enfin, celle du bonheur et de l'utilité, profite de l'agrandissement de la sphère de la spéculation. L'idée de la *conduite* est définie d'une manière générale, et le sujet de la morale est cette conduite humaine, en particulier, sur laquelle on porte les jugements appelés moraux.

« La conduite, dans la pleine acception du mot, doit être prise comme embrassant toutes les adaptations d'actes à des fins, depuis les plus simples jusqu'aux plus complexes... Guidés par cette vérité que la conduite dont traite la morale est une partie de la conduite en général; guidés aussi par cette autre vérité que, pour comprendre la conduite en général, nous devions comprendre l'évolution de la conduite, nous avons été amenés à reconnaître que la morale a pour sujet propre *la forme que revêt la conduite universelle dans les dernières étapes de son évolution* » (1). D'après cette seule définition, il est aisé de s'expliquer comment Stuart Mill a pu appliquer à Spencer le nom d'*anti-utilitaire*, et comment Spencer a dû protester contre une telle qualification. En effet, ce dernier n'est pas utilitaire à la façon de Bentham et de ses disciples, qui soumettent la règle morale des actes à l'appréciation individuelle et empirique que chacun peut faire des plaisirs et des peines à attendre de la conduite en des circonstances données; mais il est utilitaire à un degré plus éminent, utilitaire à titre universel et scientifique. « L'idée que je défends, écrivait-il, en répondant à Mill, c'est que la morale proprement dite, la science de la conduite droite, a pour objet de déterminer *comment* et *pourquoi* certains modes de conduite sont nuisibles, certains autres avantageux. Ces résultats bons et mauvais ne peuvent être accidentels. Ils doivent être des conséquences nécessaires de la constitution des

---

(1) *Les bases de la morale évolutioniste*, par Herbert Spencer, p. 3 et 15. — L'ouvrage dont la traduction française a paru sous ce titre dans la *Bibliothèque scientifique internationale* (1880) est celui qui est intitulé en anglais *The data of ethics*.

choses. A mon avis, l'objet de la science morale est de déduire des lois de la vie et des conditions de l'existence quelles sortes d'actions tendent nécessairement à produire le bonheur, quelles autres à produire le malheur. Cela fait, ces déductions doivent être reconnues comme les lois de la conduite ; *elles doivent être obéies indépendamment de toute considération directe et immédiate de bonheur ou de misère* ». (1). Il ne faudrait cependant pas croire que la philosophie du bonheur déduite de l'évolution exprime par ces derniers mots un précepte proprement dit de soumission des individus, ainsi que peut le faire une doctrine éthique de conformité à la raison. Les déductions dont il est dit qu'elles *doivent être obéies*, — suivant des termes équivoques en français, quoique naturellement indiqués pour une traduction, — ne se rapportent pas à des actions comme devoirs prescrits à des personnes, mais à des actions comme choses qui *ont à se produire*. Elles sont appelées à être reconnues et à amener une conduite qui leur soit conforme (*are to be recognised,* — *are to be conformed to*), en vertu des lois de l'évolution. Est-ce donc à dire qu'il n'existe pas telle chose que le devoir ?

La réponse à cette question, c'est que le principe du devoir existe d'une manière, dans la pensée de Spencer : non avec la valeur d'un impératif invariable, inhérent à la nature morale de l'homme, non sur le fondement de la loi éternelle de la raison, mais comme un sentiment produit par les expériences d'utilité, accumulées de génération en génération. Nous avons vu le sentiment intervenir presque toujours dans les théories du bonheur, pour rendre possible un accord de l'intérêt particulier et de l'utilité commune ; et nous avons vu la genèse des affections altruistes cherchée par les philosophes dont le point de départ était individualiste, et définitivement trouvée, ils en ont eu la ferme confiance, grâce à la méthode des associations d'idées, et sans dépasser la considération de la conscience individuelle. Ici le sentiment, — car c'est bien encore lui, — s'emploie pour le même but, en vue de la même difficulté, mais sous une forme nouvelle, qu'il tient de la doctrine de l'évolution. Le *sens moral* des anciens psychologues devient, à ce point de vue, une « intuition morale » engendrée et confirmée progressivement dans l'organisme intellectuel et physique de l'être humain, au cours du développement de l'espèce, et finissant par

---

(1) *Les bases de la morale évolutioniste*, p. 48.

prendre la valeur impérative et le caractère abstrait que nous attribuons au devoir. Les objets de cette intuition tendent à s'identifier avec ceux que définit une science des mœurs fondée sur les principes de l'utilité générale et du progrès de la vie. Spencer explique fort clairement, quoique avec un abus choquant du terme d'*intuition*, ce qu'il entend par la formation des *facultés* et des *émotions* du genre moral, formation qu'il ne craint pas de comparer à celle qui, suivant lui, a produit l' « intuition de l'espace ».

« En correspondance avec les propositions fondamentales d'une science morale développée, certaines intuitions morales fondamentales ont été et sont encore développées dans la race, et bien que ces intuitions morales soient le résultat d'expériences accumulées d'utilité, devenues graduellement organiques et héréditaires, elles sont devenues complètement indépendantes de l'expérience consciente. Absolument comme je crois que l'intuition de l'espace, qui existe chez tout individu vivant, dérive des expériences organisées et consolidées de tous les individus, ses ancêtres, qui lui ont transmis leur organisation nerveuse lentement développée; comme je crois que cette intuition, qui n'a besoin pour être rendue définitive et complète, que d'expériences personnelles, est devenue pratiquement une forme de pensée entièrement indépendante en apparence de l'expérience ; je crois aussi que les expériences d'utilité, organisées et consolidées à travers toutes les générations passées de la race humaine, ont produit des modifications nerveuses correspondantes, qui, par une transmission et une accumulation continues, sont devenues en nous certaines facultés d'intuition morale, certaines émotions correspondant à la conduite bonne ou mauvaise, qui n'ont aucune base apparente dans les expériences individuelles d'utilité. Je soutiens aussi que, de même que l'intuition de l'espace répond aux démonstrations exactes de la géométrie, qui en vérifie et en interprète les grossières conclusions, de même les intuitions morales répondront aux démonstrations de la science morale, qui en interpréteront et vérifieront les grossières conclusions...

« L'hypothèse de l'évolution nous rend ainsi capables de concilier les théories morales opposées, comme elle nous permet de concilier les théories opposées de la connaissance. En effet, de même que la doctrine des formes innées de l'intuition intellectuelle s'accorde avec la doctrine expérimentale, du moment où nous reconnaissons la production de facultés intellectuelles par l'hérédité des effets de l'expérience, la doctrine des facultés innées de perception morale s'accorde avec celle de l'utilitarisme, dès que l'on voit que les préférences et les aversions sont rendues organiques par l'hérédité des effets des expériences agréables ou pénibles faites par nos ancêtres (1) ».

Il faut évidemment entendre ceci d'un accord avec la doctrine du sentiment moral, — dont la théorie de Spencer n'est en effet qu'une sorte d'explication et de preuve par le principe de l'évolution, — et non avec la doctrine rationnelle du devoir, mal nommée intuitive; car il n'y a que la première de ces deux doctrines qui puisse accorder à Spencer deux points essentiels de sa conception; la seconde les lui dénie : 1° que la loi morale soit subordonnée à l'expérience, engendrée par l'expérience; d'ailleurs la même négation est opposée à la génération des facultés intellectuelles par le fait d'une adaptation « à l'externe »; 2° que la matière des jugements moraux soit fondamentalement l'utilité (le plaisir et la peine).

Spencer s'élève, par le bénéfice de sa méthode, au-dessus de l'empirisme ordinaire, en morale, comme pour la question de l'*origine des idées*, et il n'aurait pas tort de placer la matière de la *science-morale* dans la théorie de l'évolution, si cette théorie avait réellement un caractère scientifique, et si de plus il pouvait ajouter à la genèse des « facultés et émotions » du genre moral, selon cette théorie, quelque chose d'indispensable à ce que tout le monde appelle une morale : je veux dire une *raison* pour l'individu de conformer sa conduite à l'évolution et à ses fins, supposées connues : une raison autre que le *fait* même du degré plus ou moins avancé de conformité auquel les sentiments de cet individu, tels qu'ils sont et peuvent être, ont été amenés par cette même évolution. Dans le cas où l'éthique évolutioniste, comparée à la géométrie, comme on l'a vu tout à l'heure, justifierait cette comparaison, en soutenant avec les phénomènes empiriques de la moralité la relation qui existe aujourd'hui entre les théorèmes d'Euclide et les résultats de l'arpentage des champs; dans le cas où l'utilitarisme évolutioniste réclamerait à juste titre, vis-à-vis de l'utilitarisme vulgaire et de la moralité de l'à-propos, de l'*opportunisme*

---

(1) *Les bases de la morale évolutioniste*, p. 106. Le premier alinéa de ce passage est encore emprunté par l'auteur à sa lettre à Stuart Mill, — lettre dont le texte entier a été donné par M. Bain, dans son livre : *Mental and moral science*, p. 721.

et des expédients (*expediency-morality*), — c'est une autre comparaison de Spencer, — la supériorité que l'astronomie moderne a prise à l'égard de l'ancienne « en ne se bornant pas à prédire empiriquement et approximativement les positions de certains corps célestes pour de certaines époques, mais en déduisant de la loi de la gravitation la raison en vertu de laquelle les corps célestes occupent *nécessairement* certaines places à certaines époques » : dans ce cas, la trajectoire historique de l'humanité se trouvant déterminée, l'utopie de l'évolutionnisme optimiste, la fin de bonheur universel, l'harmonie définitivement réalisée entre chaque individu et son milieu naturel et social, pourrait servir d'idéal pour les fins de la conduite. Mais il faut observer que la science de la morale, ainsi comprise, a pour se fonder une carrière immense à parcourir, avant que la loi de l'adaptation ait pu donner aux vérités de l' « intuition morale » cette base *consolidée*, inébranlable, que les « expériences accumulées » des phénomènes externes ont, de temps immémorial, obtenue pour les axiomes, définitions et déductions de l'intuition spatiale. Jusque-là, comment, à l'aide de quel instrument mental, l'agent moral discernera-t-il, dans les cas particuliers, les traits de conduite les plus conformes à la loi de l'évolution, mieux et plus sûrement que ne le peut faire un utilitaire empirique?

« J'admets écrit Spencer, dans la lettre déjà citée, que le bonheur est la fin ultime à contempler ; mais je n'admets pas qu'il doive être la fin prochaine. La philosophie de l'à-propos, dans la pensée que le bonheur est une chose à accomplir (*a thing to be achieved*), suppose que toute l'affaire de la moralité est de généraliser empiriquement les résultats de la conduite et de donner pour règle à la conduite, uniquement, ses propres généralisations empiriques (1) ». Mais on ne voit point dans les *Data of Ethics*, comment le bonheur pourrait n'être pas considéré par l'individu comme une chose à se procurer, puisque l'auteur professe formellement, dans cet ouvrage, les mêmes opinions que Mill et Bentham, sur la nature du bien et du mal, sur le plaisir et la peine, et sur l'unique objet de la conduite; et qu'il va jusqu'à prétendre que toutes les doctrines éthiques reposent sur ce même fondement (2). On n'y voit point comment il serait possible à l'agent moral, placé au point de vue utilitaire, de trouver mieux que des généralisations empiriques pour définir le bien et le mal dans les

(1) Bain, *Mental and moral science*, p. 721.
(2) *Les bases de la morale évolutioniste*, chap. III.

actes, par rapport à lui-même et à d'autres personnes, tant que son esprit n'a pas été porté par l'évolution à ce degré d' « intuition morale » qui n'exigerait plus de nouvelles « expériences d'utilité ». Et on n'y voit point pourquoi cet agent, dans l'embarras où Spencer lui-même nous le montre de reconnaître ce que l'évolution comporte réellement de possible à une époque et pour des circonstances données, — dans cet état d' « imparfait ajustement de l'humanité à la vie civilisée et aux relations pacifiques de ses membres, qui trouble le rapport entre l'utilité et le plaisir, et fausse la fonction de guide moral, appartenance naturelle du sentiment du plaisir et de la peine (1), — on ne voit pas, dis-je, pourquoi cet agent ne s'en remettrait pas du soin d'une œuvre ardue, pleine d'embûches pour le penseur, à l'évolution elle-même, à cette providence immanente dont les voies sont faciles à troubler mais impossibles à perdre. Il obéirait alors à ses mobiles particuliers, sous le contrôle de la prudence, laissant à la marche nécessaire des choses la tâche de les conduire à une harmonie où elles ne peuvent manquer d'arriver. L'utilitarisme ordinaire, celui qui ne se sert pas de l'hypothèse de l'évolution, est certainement poussé par un motif plus fort à travailler à la détermination de l'utilité générale, et il n'a pour y réussir ni moins de ressources que l'évolutionisme, ni plus de chances d'erreur ; ou, pour mieux dire, ces ressources sont les mêmes. Stuart Mill, dans sa réponse à Spencer, au sujet de la distinction des deux espèces prétendues de l'utilitarisme (2), a fait observer, en effet, que la méthode de « déduire des lois de la vie et des conditions de l'existence quelles sortes d'actions tendent à produire le bonheur, et quelles le malheur », est parfaitement acceptée par les philosophes accusés de se contenter de généralisations empiriques ; et que, d'une autre part, la méthode de contrôler l'expérience et la théorie l'une par l'autre, méthode commune à toutes les branches d'investigation scientifique, est sans doute avouée par le moraliste théoricien lui-même. Cette réponse est sans valeur pour combler l'intervalle immense qui sépare de l'empirisme et de l'utilitarisme à fondement psychologique et individualiste de Stuart Mill, l'utilitarisme universel de Spencer, pour qui l'expérience embrasse le processus entier de l'esprit et du monde. Stuart Mill a dû le sentir, et ne pas se soucier d'entrer en conflit à ce propos avec la doctrine de l'évolution,

---

(1) *Les bases de la morale évolutioniste*, chap. VI.
(2) *Utilitarianism*, seconde édition, p. 93.

alliée de la sienne contre de communs adversaires. Mais cette réponse est concluante, en ce qu'elle dénie à toute hypothèse ou théorie admettant le critère du plaisir et de l'utilité pour les jugements moraux, la faculté d'appliquer ce critère avec plus d'assurance ou par d'autres moyens que ne le peuvent l'école associationiste antérieure à Spencer et les disciples de Bentham.

Pour qu'il en fût autrement, il faudrait que l'évolutionisme n'apportât pas seulement, comme il le fait, l'énoncé général de la loi du développement universel, et la formule de la fin de bonheur de l'humanité, — idéal identique avec celui qu'envisagent aussi les autres écoles utilitaires et dont elles tirent le même parti pour la détermination de la bonne conduite, — mais qu'il y joignît des procédés à lui pour *prévoir et pourvoir* au mieux de l'avenir en des circonstances données. Mais c'est là ce qu'il ne fait ni ne peut faire : on ne lui voit point de moyens de s'élever, dans l'application, au-dessus de la morale qu'il appelle de l' « à propos » et qui est, en style Kantien, celle des impératifs hypothétiques. Les ouvrages de Spencer abondent en considérations justes et profondes sur l'extrême difficulté et les innombrables bévues de l'adaptation des moyens dont on dispose aux fins d'utilité qu'on désire ; on trouve en particulier, dans ses *Data of Ethics*, de fortes et originales observations sur les conflits d'utilités contraires, dans la vie humaine, et, par suite, une sorte de casuistique d'un sérieux intérêt pour le lecteur ; mais on ne voit nulle part que la loi de l'évolution lui fournisse un procédé, pour découvrir et démontrer *la chose qui est actuellement bonne à faire*, autre que la réflexion, la comparaison, la supputation des éventualités et des probabilités, c'est-à-dire la méthode dont dispose également l'utilitarisme le plus ordinaire, et à quoi ne sert de rien l'hypothèse de la loi universelle. Il nous engage, il est vrai, à nous guider en toute circonstance sur la « morale absolue », en la modifiant, selon les lieux, les temps et les cas, par la « morale relative » ; mais cette morale absolue, que Spencer nomme aussi apriorique, n'est nullement fondée sur des impératifs de raison et de conscience, mais bien d'utilité générale, ainsi qu'on va le voir ; et, en tant qu'il peut la supposer généralement obéie et pratiquée par les membres d'une société, c'est une sorte d'idéal admis par les moralistes empiriques ; elle leur rend le même service qu'à lui pour les diriger ; et cette morale relative est celle qu'ils consultent nécessairement comme lui, et dont il n'a pas d'autres moyens que les leurs d'apprécier les conditions et les exigences. Force lui est donc de se résigner à l'opportunisme.

« En morale, il y a deux théories contraires, et, comme il arrive si souvent aux théories contraires, elles ont toutes deux tort et raison. Dans la théorie de la morale *a priori*, il y a du vrai ; il y en a dans la morale *a posteriori* ; et pour se bien conduire dans la vie, il faut rendre hommage à ces deux vérités.

« D'une part, on nous dit qu'il existe une règle absolue de vie **droite** ; et, s'il s'agit de certains actes, on a raison. *Partant des lois premières de la vie et des conditions premières de la vie en société, on peut déduire certains impératifs qui limitent l'activité de l'individu et hors desquels il n'y a pas de vie parfaite ni pour l'individu ni pour la société;* en d'autres termes, sous leur discipline seule, l'humanité peut atteindre tout le bonheur possible. Comme ils se tirent en toute rigueur de principes premiers indéniables, dont la racine est l'essence même de toute vie, ils forment ce que nous pouvons nommer la morale absolue.

« D'autre part, on nous soutient, et en un sens non sans raison, que les hommes étant ce qu'ils sont, et la société ce qu'elle est, les commandements de la morale absolue sont impraticables. Déjà la loi, cette surveillante qui ne va point sans l'idée de peine, de peine infligée et à ceux qu'elle châtie et à ceux qui payent les frais du châtiment, *la loi, par là même, cesse d'être absolument morale;* car la moralité absolue, c'est une règle s'imposant à tous, et telle que nulle peine n'ait à être infligée. Si donc on reconnaît que nous ne pouvons aujourd'hui nous passer d'un code pénal, on doit reconnaître que cette règle *a priori* n'est point faite pour s'exécuter sur le champ. Par conséquent, nous devons, dans nos lois et dans nos actes, nous *accommoder à la nature humaine d'aujourd'hui*, peser le bien et le mal que peut entraîner telle ou telle combinaison, et ainsi nous faire *a posteriori* un code pour notre époque. *Bref, c'est aux expédients qu'il nous faut revenir.*

« Maintenant, *comme les deux thèses sont vraies*, ce serait se méprendre grandement de s'attacher à l'une aux dépens de l'autre. Elles ont besoin l'une de l'autre et se complètent. La civilisation, qui marche, n'est qu'une suite de compromis entre l'ancien et le nouveau ; sans cesse il faut défaire et refaire ce compromis entre l'idéal et le possible, d'où sortiront les arrangements sociaux ; et pour cela il faut avoir présentes à l'esprit les deux puissances à accorder. S'il est vrai que l'honnêteté pure nous commande d'établir un état de choses qui serait beaucoup trop bon pour les hommes d'aujourd'hui, il ne l'est pas moins qu'avec de purs expédients on n'est pas du tout certain d'être sur la voie du mieux. La morale absolue a besoin des leçons de la politique d'expédients, pour ne point se lancer dans d'absurdes utopies ; mais la politique d'expédients a besoin de la morale absolue, qui l'aiguillonne dans la poursuite du mieux. »

« Admettons que notre principale affaire soit de connaître ce qui est *relativement juste ;* il n'en résulte pas moins que nous devons d'abord regarder l'*absolument juste ;* car, pour concevoir celui-là, il faut d'abord concevoir celui-ci. Pour mieux dire, si nous devons viser toujours à ce qui est le mieux pour notre époque, toutefois nous ne devons pas perdre de vue ce qui, dans l'abstrait, serait le mieux, car il faut que tous nos pas soient vers ce mieux et non en sens contraire. L'honnêteté pure a beau être inaccessible aujourd'hui et pour longtemps encore ; nous devons avoir les yeux sur la boussole qui nous montre où elle se trouve ; sinon, nous pourrions bien errer tout à l'opposé » (1).

Les doctrines contraires ne sont pas où les a vues Spencer. L'opposition qu'il a définie n'est pas du genre irréductible ; elle n'existe qu'entre la théorie du bonheur dans l'hypothèse de l'évolution, et la théorie du bonheur à poursuivre par des études psychologiques et sociales directes ; mais l'idéal qu'on envisage est le même ; les expédients nécessités par les doutes touchant les applications actuelles de l'utile, ou par l'écart ordinaire entre l'utilité et la conduite des individus, sont des deux parts à examiner dans les mêmes conditions. L'opposition véritable de l'apriorisme et de l'empirisme, en morale, est celle de l'éthique rationnelle de l'obligation, prise dans la conscience, et de l'éthique passionnelle du plaisir et de l'intérêt, quelque extension que l'on prête à l'idée de l'intérêt, et par quelque voie qu'on pense qu'il peut lui être donné satisfaction. Pour l'éthique du devoir, il ne saurait être question de l'absolument juste et du relativement juste ; il y a simplement, d'un côté, le juste, et, de l'autre, ce qui peut passer pour expédient, ou peut-être nécessaire, mais sur quoi on n'a pas moins toujours à se demander *s'il est juste.* Le problème de la possibilité de la justice humaine *pure*, celui du rapport de l'idéal avec la conduite et les

---

(1) *Éthique de la prison (Prison Ethics)*, essai de M. Spencer, traduction de M. Burdeau, t. II des *Essais de morale, de science et d'esthétique*, p. 313.

faits, existent. C'est un grand mérite de Spencer de l'avoir posé avec une profondeur et une sincérité qui ne sont pas communes chez les moralistes, et en y joignant des réflexions personnelles d'une grande force. Mais, supposé que l'obéissance à la loi morale pure soit pratiquement au-dessus des forces de l'humanité, dans sa condition présente, il ne s'ensuit point que cette loi de la raison n'est pas absolue et n'implique pas, par son essence même, la notion de l'obligation, pour l'agent qui l'a une fois comprise. Or, que nous dit Spencer de la notion de l'obligation ? que c'est « un sentiment abstrait, engendré d'une manière analogue à celle dont se forment les idées abstraites », c'est-à-dire par la dissociation d'un caractère concret d'avec tous les objets à l'idée desquels son idée a été associée par l'expérience sans s'attacher exclusivement à aucun. L'idée de *valeur* pour la direction de la conduite s'est associée aux sentiments servant à ajuster la conduite aux besoins éloignés et généraux, de préférence aux immédiats, simples et primitifs (à moins d'une grande intensité de ceux-ci), comme plus importants pour le bien-être. De là est provenue leur autorité supérieure, qui elle-même, associée à l'idée de *coercition*, dont l'origine s'explique par la crainte et par l'action des *freins* sociaux, politiques et religieux, a produit finalement la « conscience abstraite du devoir ». Les freins eux-mêmes sont devenus moraux, ce contrôle spontané de l'individu sur sa propre conduite, qu'on peut observer chez les animaux et chez les sauvages, est devenu moral, quand l'individu s'est représenté le bien ou le mal à provenir de ses actions, pour d'autres personnes ou pour la communautés entière, et non plus seulement la peine à laquelle il s'expose personnellement par certaines manières d'agir. Un sentiment d'abord vague a été confirmé progressivement par l'hérédité et par l'adaptation sociale, à mesure qu'une société plus tolérable a été obtenue. De là l'*intuition morale*, dont nous avons parlé plus haut, et qui, relativement aux actes qu'elle dicte, a pour expression abstraite le devoir (1). »

Je n'entends pas discuter la genèse à la fois historique et naturaliste des sentiments sociaux et de la double maxime finale de la moralité : justice et bienfaisance (ne jamais nuire, toujours s'entr'aider). Cette philosophie de l'histoire est, à mon avis, complètement artificielle et arbitrairement rattachée à l'hypothèse de la loi d'évolution universelle. Mais je me renfer-

(1) *Les bases de la morale évolutioniste*, p. 107 et suivantes.

merai dans mon sujet en examinant rapidement les deux points essentiels de cette éthique du bonheur : 1° ce qu'elle peut en tant que commandement à l'adresse des individus ; 2° à quelle vue elle conduit sur le règne futur de la *morale absolue*, au dernier terme de l'évolution de l'humanité.

Le précepte stoïcien de se conformer à la nature est remplacé, chez Spencer, par un autre précepte de conformité, et de conformité à la nature également, mais avec un sens diamétralement opposé. En effet, la loi de la nature, relativement à l'être moral, n'est plus envisagée dans l'essence de la raison, et quelle que puisse être d'ailleurs l'évolution des choses ; cette loi est prise dans cette évolution même, et on la suppose connue. On ne demande plus à l'individu de faire son œuvre d'être moral, en tout ce qui dépend de lui, quoi qu'il puisse arriver en ce qui ne dépend pas de lui ; on lui explique comme quoi c'est l'évolution qui se charge de cette œuvre, en sorte que c'est elle aussi qui est l'agent de la conformité, telle qu'elle peut se produire chez chacun et à chaque époque. Et on ne définit plus son office par un devoir supérieur à tout empirisme, mais par la recherche des sensations et sentiments agréables, le devoir n'étant que le sentiment de certains biens à rechercher préférablement à d'autres, tout autant que de l'évolution est né ce sentiment, là où il existe, quand il existe.

L'auteur d'un récent traité de morale a reconnu (1) — c'est un aveu qu'on voudrait obtenir plus souvent de la bonne foi des moralistes utilitaires, — que, tout en opinant pour le critérium de l'utilité, ou plus grand bonheur, et pour la loi optimiste de l'accommodation progressive des caractères, on ferait bien de renoncer à démontrer l'accord constant de la moralité avec la prudence, l'accord du plaisir et de l'utilité, l'accord de l'intérêt particulier et de l'intérêt général. Le principe régulateur de Spencer est d'ordre universel, non individuel. Il ne réclame pourtant pas de la volonté de l'individu qu'elle se sacrifie pour l'avancement du tout : à quel titre le ferait-il ? c'est assez du sacrifice qui résulte matériellement du fait de l'évolution pour tout ce qui est individuel. L'altruisme ne lui paraît pas plus être la loi morale que l'égoïsme. Un balancement doit, selon lui, se produire incessamment, et avantageusement pour tous, entre les deux impulsions ou motivations contraires, en attendant que les fins

---

(1) M. Leslie Stephen, *The science of Ethics*. Voir le compte rendu de cet ouvrage dans la *Revue philosophique*, n° de mars 1884, p. 302-305.

de l'adaptation soient atteintes. Mais par là même, en attendant, on est forcé de chercher le règlement moral d'une lutte continuelle et de poser les bases d'une casuistique, puisqu'on ne peut éviter la considération des cas où les décisions opposées ne sont ni obscures ni moralement égales et indifférentes. Or une casuistique implique deux choses : une obligation reconnue en thèse générale; un motif d'exception et d'exemption particulière. L'obligation, dans l'éthique de Spencer, n'est rien de plus, on l'a vu, que le fait donné d'un certain sentiment de ce qui est le meilleur. Les raisons de détermination de ce meilleur sont empruntées à la biologie et à la sociologie, ce qui veut dire ici à la philosophie des sciences naturelles et à la philosophie de l'histoire, systématisées par l'hypothèse de l'évolution. Les raisons de dispense que l'individu peut avoir, s'il déroge à la loi du meilleur, sont tirées ou de ce que l'application de cette loi dans un cas donné, est incertaine pour lui; ou de ce que, la trouvant claire, il en juge comme d'un idéal et la tient pour inopportune, à cause de l'état réel des choses extérieures et des personnes; ou enfin de ce qu'il en résulterait pour lui-même et pour ses intérêts un sacrifice qui n'est pas même admissible à un point de vue général, car il serait contradictoire que le sacrifice de la partie au tout fût exigible *en général*, alors que le tout lui-même n'est rien que le composé de ses parties. Dans ce dernier cas (dont le principe est cependant contestable, si l'on songe au fondement monistique de la théorie de Spencer), le prétendu meilleur n'aurait même pas droit à cette qualification; mais il n'en est que plus clair que nulle règle ne nous est fournie pour marquer la limite entre l'exigible et le non exigible, non plus que la vraie raison de l'un et de l'autre n'est définie pour servir à la justification de la conduite dans les cas de légitime écart de l'idéal.

Maintenant, considérons alternativement les motifs d'agir en dehors de la contemplation de la morale absolue, et ceux desquels cette morale tire sa force d'injonction aux individus, selon Spencer. Les premiers, soit qu'il s'agisse d'un refus légitime de l'agent de travailler au plus grand bonheur commun, au détriment de son utilité particulière (qui est une partie de ce bonheur), soit qu'on allègue l'ignorance et l'incertitude de ce qui est actuellement, et pour un cas donné, ou le meilleur ou simplement le possible, ouvrent tous une carrière de comparaisons, d'appréciations personnelles et de suppositions, où l'on chercherait vainement quelque chose de plus que l'*expediency-morality* au-dessus de laquelle Spencer a à cœur de s'élever. Ce n'est donc que dans sa morale absolue que nous pourrions trouver et la *direction* et l'*injonction*, par rapport à la conduite. Mais la *direction* n'y est point, parce qu'au lieu de la formule absolue de la moralité, ce philosophe nous offre deux choses qui ne la remplacent pas, savoir : 1° cette fin de vie et de bonheur universel à poursuivre, dont les moyens demeurent indéterminés pour la conduite, ainsi que nous venons de le dire ; — et rien n'est plus abondant ni plus intéressant, dans les ouvrages de politique et de morale de Spencer, que l'analyse des insurmontables difficultés que rencontre le penseur désireux de juger du plus grand intérêt commun, afin de prévoir et de seconder la marche véritable de l'évolution ; — 2° l'hypothèse d'un état futur où cette fin de bonheur sera atteinte, quoi que les individus puissent faire d'ici là; et comme cette fin est définie par *le fait d'une adaptation accomplie* de la conduite de chacun à la conduite d'autrui et aux conditions du milieu externe, non point par la *soumission obtenue à une loi de la conduite*, ou loi morale, il ne s'y trouve rien qui soit propre à diriger l'agent dans ses déterminations présentes. Admettons, si l'on veut se contenter de cela, que la « morale absolue » du bonheur renferme le précepte d'une vague philanthropie, d'une sympathie générale, susceptible de certaines applications tempérées par l'égoïsme. C'est là ce qu'on peut accorder aussi aux systèmes utilitaires individualistes. Mais le mot précepte ne sera pas plus juste qu'il ne l'est pour ces derniers systèmes. Il n'y a pas de fondement pour l'*injonction*. Le fait du flot montant de l'évolution, et l'idéal posé de la société « absolument morale » de l'avenir, représentent non point *une morale* promulguée par la philosophie ou la religion, pour être la règle de la vie, mais, admettons-le, une *histoire des mœurs*, composée par la science d'après une loi de développement universel des relations des êtres vivants, et étendue jusqu'à la prévision de la conduite des individus au sein de l'humanité future. Rien de ceci ne peut prétendre à la vertu d'un commandement. Pourquoi l'individu ne s'écarterait-il pas, à raison de sa volonté propre, de ce que la loi de l'évolution enseigne à ceux qui la connaissent et qui y joignent, si cela leur plaît, l'invitation de s'y conformer? Le fait est, au contraire, qu'il s'en écarte plus ou moins ; et, que ce soit plus, ou que ce soit moins, ses déviations et ses résistances sont toujours du fait et du fait nécessaire de l'évolution même. C'est elle qui dicte les motifs et la mesure de violation de sa propre loi, si tant est que ce mot *violation* conserve encore un sens ; c'est-elle qui *se résiste* en la personne des individus. Passant au point de vue de l'un de ceux-ci, que me font, dira-t-il, vos « lois premières et conditions premières de la vie » en tant que les unes ne me nécessitent pas et que les autres ne me conditionnent pas ; et vos « principes premiers indéniables qui se tirent des lois de la vie », alors que d'autres principes sortis des mêmes lois sont encore plus indéniables, et même les seuls en ce qui me concerne, toutes les fois qu'ils s'affirment effectivement sous la forme de mes intérêts et de mes passions de façon à régir ma volonté ?

La conclusion la plus naturelle de l'éthique évolutioniste, pour le philosophe, est le respect du fait, quel qu'il soit, sous la seule réserve des actes de défense individuelle ou sociale, lesquels sont d'ailleurs suffisamment dictés par la nature, et à la portée d'une morale et d'une politique purement empiriques. L'*argument paresseux* est opposable à cette doctrine, à plus juste titre qu'il ne l'a été au déterminisme avoué des stoïciens, ou au déterminisme mêlé de contradictions des théologiens prédestinatiens ; car les premiers ont admis du moins une loi interne de la raison, ayant valeur de commandement, et supérieure aux passions et à l'expérience ; et les seconds une loi divine externe, sans nier le principe d'une conscience morale fixe et invariable. Au reste, il est à remarquer que la maxime du laisser-faire semble être réellement la conclusion de ces nombreuses analyses, et de ces développements de science sociale appliquée et illustrée, dans lesquels excelle Spencer ; et il doit en être ainsi, parce que le progrès, selon lui, consiste essentiellement à demander et à obtenir de plus en plus, de la spontanéité des déterminations individuelles, ces actes utiles, ces actes dans la direction de la vie croissante et du bonheur, qu'on a jusqu'ici attendus de l'action de l'autorité, et tâché d'imposer par des mesures coercitives dont l'efficacité, si elles en ont une, est souvent à contre-sens de l'intention de leurs auteurs.

La spontanéité absolue est le dernier mot de l'éthique du bonheur poussée à son idéal. L'éthique de l'obligation elle-même, quand elle atteint le sien, fait disparaître de l'action ou de ses impératifs, à l'égard de ceux qui obéissent à la loi morale, les dernières traces de l'effort sur soi-même qu'exigent plus ou moins les actes faits par devoir dans la vie humaine.

C'est ce qu'on peut voir dans l'hypothèse du « règne des fins » de Kant, par exemple, et c'est ce qui résulte de l'application de la loi de l'habitude à l'idée de la vertu (observation capitale que la science des mœurs doit à Aristote). Mais du moins, à quelque degré que le moraliste de l'obligation suppose que la spontanéité acquise, en matière de bien agir, s'élève, dans une société d'êtres humains, il ne perd de vue ni l'existence d'une loi distincte de la simple loi des phénomènes psychiques, spontanément produits, ni le caractère de subordination de ces derniers à cette loi, quand on peut les dire volontaires et les attribuer à une volonté bonne. Le moraliste évolutioniste du bonheur, lui, qui ne reconnaît déjà point d'obligation, point de loi morale, dans l'ordre actuel des mœurs, mais seulement des sentiments et des actes qui se partagent en bons et mauvais selon qu'ils sont de nature à promouvoir ou à retarder la félicité générale, doit à plus forte raison, lorsqu'il passe à la considération de l'homme idéal dans la société idéale, supprimer tout ce qui ressemblerait à la loi d'une conscience autonome, distincte de ses propres impressions, émotions et impulsions. L'idéal, à ses yeux, doit consister dans l'hypothèse que tous ces phénomènes internes et leurs effets soient toujours et naturellement bons, c'est-à-dire favorables au bonheur, et s'harmonisent tous les uns avec les autres. On reconnaîtra, si l'on y pense bien, que cela ne va pas à moins qu'à l'évanouissement de l'action réfléchie, et de la volonté comme distincte des impulsions spontanées; à la disparition de toute morale proprement dite, à la rentrée de l'humanité dans l'ordre animal des instincts, d'où l'évolution l'avait fait sortir.

Le rapprochement paraîtra sans doute imprévu, mais je ne peux me dispenser de le signaler à l'attention, entre l' « harmonie » de Charles Fourier et celle de Spencer. La différence entre les deux utopies ne procède pas de leur fond, mais seulement de ceci, que les voies et moyens d'inauguration de l'ère du bonheur sont plus prompts dans la première, et obtenus par une autre méthode. En revanche, la doctrine de Spencer est peut-être plus absolue; car c'est à peine si l' « exception » y garde encore une part. L'œuvre dont Fourier suppose tous les éléments créés et disposés par la Providence, est une adaptation préparée qui ne demande plus que l'art du metteur en place et la résolution de la mise en train, pour qu'on voie commencer le fonctionnement de la société parfaite et de cette moralité absolue d'où doit résulter l'inutilité et même la nuisance de la morale. Ce grand événement est présenté comme la conséquence nécessaire de l'évolution humaine, dont les phases sont décrites, et qui n'est elle-même qu'une partie de l'évolution universelle à formes périodiques. Une œuvre semblable est attendue par Spencer des effets d'une autre sorte d'évolution, qui, au lieu de supposer les éléments de l'harmonie déjà existants et tout prêts pour l'adaptation définitive, quand il nous conviendra de la réaliser, est chargée de continuer et de mener plus tard à fin cette adaptation, trop imparfaite encore, mais écrite dans les propriétés du sujet évoluant. Au demeurant, l'avenir de l'humanité, quant au rôle de la morale, est envisagé sous un seul et même jour dans les deux systèmes. Un critique qui n'estime pas les hypothèses plus solidement fondées d'un côté que de l'autre est libre de croire que les premières sont tombées dans le ridicule, à cause de la forme naïve qui a été donnée à leur exposition ou à leur justification, et que le succès des secondes auprès du public est dû en grande partie aux formules pédantesques dont l'apparat simule l'application de la méthode des sciences. Mais, quel que soit l'attrait de ces formules, une personne sensée, pourvue de quelque connaissance expérimentale et historique de la nature humaine, et qui sera directement mise en face de l'avenir promis à l'humanité par le système évolutioniste de Spencer, n'éprouvera certainement pas un sentiment différent de celui qu'ont inspiré les merveilles annoncées du phalanstère.

La résistance de l'esprit aux utopies morales fondées sur l'autorité (communisme, catholicisme, saint-simonisme, positivisme religieux), a toujours été motivée essentiellement par le prix qu'on attache à la liberté, tant en elle-même que comme condition d'une moralité vraie de l'individu. Et la résistance de l'esprit aux utopies fondées sur la spontanéité pure des affections, a sa source dans le refus de croire que les données réelles du cœur humain et du monde extérieur puissent être jamais compatibles avec l'hypothèse que l'individu, pour se conduire moralement, cesse d'avoir à exercer sur lui-même aucune contrainte morale. Or c'est là le point capital sur lequel l'idéal phalanstérien et l'idéal utilitaire s'accordent. Encore même faut-il remarquer que Fourier s'est aperçu de la nécessité de compléter providentiellement la création, afin d'adapter à l'homme son habitat terrestre, actuellement très mal ordonné. Mais Spencer, sans aucune raison de penser que les lois des climats, de la production et de la population, et la nature des passions se modifient beaucoup sous le règne de la loi, qu'il reconnaît, de la guerre universelle des vivants pour conquérir les uns sur les autres la vie ou s'en assurer les conditions ; et malgré la théorie, qu'il développe, de la nécessité de la contrainte physique et de l'action de la société et des lois, comme condition de l'acquisition et du maintien de ce qui a été gagné, et pourrait se perdre, en fait d'adaptation sociale, Spencer compte sur l'évolution dont la loi constante est ainsi faite, pour rendre cette même loi finalement inutile et amener l'établissement d'une harmonie générale des hommes et des choses, la paix universelle et l'abolition de tous les genres de contrainte :

« Avec une adaptation complète à l'état social, cet élément de la conscience sociale exprimé par le mot d'obligation disparaîtra. Les actions d'ordre élevé nécessaires pour le développement harmonieux de la vie seront aussi ordinaires et faciles que les actes inférieurs auxquels nous portent de simples désirs. *Dans le temps, la place et les proportions qui leur sont propres, les sentiments moraux guideront les hommes d'une manière tout aussi spontanée et exacte que le font les sensations.* Bien qu'il doive exister encore des *idées latentes* des maux qui résulteraient de la non conformité au bien, jointes à l'influence régulatrice de ces sentiments alors qu'elle s'exercera, *ces idées n'occuperont pas plus l'esprit que ne le font les idées des maux de la faim, au moment même où un homme en bonne santé satisfait son appétit...* Les plaisirs et les peines qui ont leur origine dans le sentiment moral deviendront, comme les plaisirs et les peines physiques, des causes d'agir ou de ne pas agir si bien adaptées, dans leurs forces, aux besoins, que la conduite morale sera la conduite naturelle » (1).

La difficulté principale qui arrêtait les efforts des épicuriens modernes, des théoriciens du sens moral et des moralistes utilitaires, le grand problème que visaient évidement toutes leurs recherches dans le sens optimiste, depuis la répudiation du principe de Hobbes jusqu'au complet développement de l'associationisme ou de ses applications, chez Stuart Mill, c'était l'accord à trouver du principe individualiste et hédoniste, commun à ces philosophes, avec le bien général des hommes. Le bonheur

---

(1) *Introduction à la science sociale* (*Study of sociology*), chap. 14 de l'édit. franç., et *Les bases de la morale évolutionniste*, p. 109-113.

étant le guide unique ainsi que l'unique fin de chacun, et le bonheur se composant de plaisirs, et la raison n'apportant point de règle qui oblige, mais seulement un moyen de discernement et un instrument de calcul, il s'agissait de concevoir la conduite en telle sorte que le genre de plaisir attaché aux sentiments altruistes et aux actes appelés moraux, c'est-à-dire (dans cette théorie) favorables au bonheur universel, offrît à l'individu des attraits comparables à ceux de l'ordre passionnel ordinaire, et d'une intensité suffisante pour que la direction de l'utilité générale lui parût toujours coïncider avec celle de son intérêt particulier, généralisé lui-même et placé au-dessus de toutes les passions de l'heure présente. A cette condition, l'égoïsme restait le fondement, et l'harmonie était le résultat. L'individualisme systématique, l'unité de mobile du plaisir et les aspirations sociales se trouvaient conciliés. Cet idéal moral de l'empirisme, dont la pensée aurait dû décourager le pur psychologue, en présence des faits sociaux et de l'expérience des passions, mais dont la séduction le tentait seulement de recourir aux méthodes par lesquelles on se flatte d'organiser l'esprit humain d'après un modèle conçu, a été transporté par Spencer sur un terrain nouveau. Le problème humainement insoluble est remis par ce philosophe aux infaillibles mains de la nature, et c'est l'évolution qui doit le résoudre.

Outre l'avantage de porter ainsi dans une sphère infiniment supérieure à l'empirisme vulgaire une conciliation et des conclusions historiques et morales qui répugnent à la vraie méthode empirique, Spencer s'est assuré l'inappréciable bénéfice de théorie, de rattacher solidement la morale à la physique et à la métaphysique, dont la psychologie pure s'était séparée. Je dis bénéfice, au jugement de ceux qui ne voient pas là ce que le criticisme y voit : un immense recul de la méthode en philosophie, tant pour la direction *a posteriori* et pour l'analyse, que pour l'établissement des premiers principes de la connaissance. Mais, à cause de cela même, et si nous remarquons que la nouvelle construction dogmatique donne pleine satisfaction aux prétentions naturalistes de la métaphysique de notre époque; — qu'elle apporte une formule de panthéisme, attrayante pour ceux des penseurs substantialistes qui définissent par l'abstraction de « Force et Matière » la substance du connaissable, et rejettent dans l'inconnaissable tout principe intellectuel et moral de l'univers; — qu'elle emploie l'idée de transformation ou métamorphose de la Force, d'une façon à la fois familière aux imaginations, à la nature symbolique du langage, et qui semble trouver une confirmation dans de réelles lois scientifiques dont l'expression incorrecte est la seule accessible au public ; — qu'elle s'appuie de même sur le principe mathématique du mécanisme universel (la loi de conservation de l'*énergie*), pour fortifier de l'autorité de la « Science » les arguments psychologiques du déterminisme ; — et qu'enfin elle présente les idées favorites d'infinité et de continuité, les hypothèses d'évolution et de progrès nécessaire, sous la forme la mieux adaptée au penchant réaliste des philosophies de la nature, — grande supériorité, au point de vue du succès actuel, sur tout évolutionisme idéaliste à la manière de Hegel ; — nous pouvons dire, en rappelant la suite entière des thèses et antithèses, fondamentales en philosophie, que nous avons passées en revue avant de nous occuper de la question morale, que la doctrine de Spencer forme de toutes ces thèses un seul corps, très remarquable par le mérite de l'exécution et le renouvellement des procédés de la preuve, avec un fond de conception identique, et avec les mêmes oppositions, par rapport aux antithèses, en tout ce qui est d'un réel intérêt pour la conception du monde.

Nous joignons maintenant, aux thèses ainsi assemblées, celle de la morale du bonheur, également portée au plus haut degré d'achèvement et de perfection, enchaînée, par la grâce d'une méthode nouvelle où l'apriorisme et l'expérience prétendent former une indissoluble union, à la conception cosmique dont elle n'est plus qu'une partie, et formulée dans la plus radicale opposition possible avec la morale du devoir. Celle-ci, de son côté, a reçu du criticisme une forme définitive, qu'on peut regarder comme l'accomplissement de tous les travaux de théorie qui ont été faits dans la direction stoïcienne de l'esprit. Son caractère principal, et celui qui la distingue des doctrines rationnelles dont elle est pourtant le résultat et le dernier mot, c'est qu'elle se fonde, pour la première fois, sur la répudiation du dogmatisme métaphysique qui leur créait des attaches plus ou moins embarrassantes avec des systèmes, leurs antagonistes moraux. La contrariété des deux morales devient ainsi plus complète et paraît mieux en évidence, en se joignant aux autres contrariétés qui lui sont le plus logiquement liées aux yeux de la critique.

Il me reste à préparer la conclusion de cette étude en rapportant les oppositions de doctrine dont j'ai esquissé l'histoire à une opposition dernière, dont elles sont toutes nécessairement tributaires : c'est celle de l'*évidence* et de la *croyance*, en tant que celle-ci ou celle-là serait le nom qui convient à la cause déterminante des jugements des philosophes en leurs affirmations contradictoires.

FIN DU TOME PREMIER.

Saint-Denis. — Imprimerie Ch. Lambert, 17, rue de Paris.

www.ingramcontent.com/pod-product-compliance
Lightning Source LLC
Chambersburg PA
CBHW050609230426
43670CB00009B/1331